Français Méthodes 2de/1re

Sous la direction de Marie Berthelier

Marie Berthelier
agrégée de lettres classiques

Françoise Bourgeois
agrégée de lettres classiques au lycée de Montgeron

Dominique Brunet
agrégée de lettres classiques au lycée Maurice Ravel à Paris

Elisabeth Charbonnier
agrégée de lettres classiques au lycée de la Légion d'Honneur à Saint-Denis

Marie-Françoise Lemonnier-Delpy
agrégée de lettres modernes
maître de conférences à l'IUFM de Rouen

Claire Stolz
agrégée de lettres classiques
maître de conférences à l'Université Paris IV-Sorbonne

HACHETTE
Éducation

Dessin de couverture : LAURENT PARIENTY
Couverture, maquette intérieure : Studio FAVRE & LHAÏK
Mise en page : ANNE-MARIE RŒDERER
Iconographie : JOSSELYNE CHAMARAT

www.hachette-education.com

Avant-propos

En réponse aux objectifs définis par les programmes actuels, le manuel *Français Méthodes 2de/1re* vise le développement des capacités de lecture, d'écriture et de communication orale.

Se situant dans le prolongement des apprentissages du collège, ce manuel tend à l'**acquisition progressive de savoirs organisés et de pratiques méthodiques en classe de seconde**.

Prenant en compte les nouvelles modalités de l'épreuve anticipée de français au baccalauréat, il propose une **préparation systématique à l'examen oral et écrit pour les séries générales et technologiques**.

L'organisation de l'ouvrage

L'ouvrage s'ordonne en cinq parties.

- Les **Repères culturels** présentent une approche simple de l'histoire littéraire et culturelle, permettant de situer dans le temps les œuvres et les textes.
- La deuxième partie, **Langue, discours, texte** propose un apprentissage raisonné de la langue, articulé avec l'étude des textes.
- La troisième partie, **Lecture, expression écrite et orale**, propose un entraînement à la lecture du texte et de l'image, ainsi qu'à l'expression écrite et orale.
- La quatrième partie, Les **épreuves du bac**, offre des mises au point synthétiques sur les savoir-faire à maîtriser à l'examen.
- Les **Objets d'étude** au programme des classes de seconde et de première sont abordés dans la cinquième partie.

Ce découpage autorise une utilisation simple de l'ouvrage, adaptée aux exigences de chaque niveau et de chaque série.

L'organisation des chapitres

- **Dans la première partie**, sept chapitres récapitulent l'essentiel des connaissances à maîtriser sur les mouvements littéraires et culturels au programme, sous la forme de **fiches**. Des **exercices** variés permettent de s'approprier ces connaissances.

- **Dans la deuxième partie**, des **fiches** proposent des mises au point systématiques sur les mots, les mécanismes énonciatifs, les fonctionnements syntaxiques, l'organisation des textes. Dans les **exercices**, organisés de façon progressive, l'étude de la langue est articulée avec l'étude littéraire.

- **Dans la troisième partie**, des **fiches**, suivies d'**exercices d'entraînement**, proposent des mises au point synthétiques sur les types de discours, les genres, les registres, les figures. Des fiches **Méthode**, également accompagnées d'exercices, visent l'autonomie de l'élève dans la lecture du texte et de l'image, et dans toutes les formes d'expression.

- Les sept chapitres de **la cinquième partie** proposent une approche méthodique des **Objets d'étude** au programme, organisée de façon à acquérir progressivement, au cours des deux années d'apprentissage, les compétences nécessaires à la réussite à l'examen.

Dans chacun de ces chapitres,

- des **fiches** offrent des rappels synthétiques sur les savoirs littéraires à maîtriser ;
- des fiches **Méthode** dispensent des conseils pour la lecture ou l'écriture ;
- des **exercices d'observation et d'interprétation** abordent l'essentiel des connaissances à posséder dans le cadre des quatre grandes perspectives du programme (histoire littéraire, genres et registres, singularité des textes, argumentation) ;
- un **entraînement au commentaire, à la dissertation et à l'écriture d'invention** est proposé sous forme d'exercices indépendants qui décomposent les diverses étapes de la préparation du devoir, de l'analyse des textes à la rédaction ;
- **les deux parties de l'épreuve orale** font l'objet d'une préparation méthodique, à partir d'un groupement de textes dont la composition est indiquée ;
- un **entraînement à l'étude du corpus** et au traitement de la **question préalable** précède l'énoncé complet de sujets de bac (avec des sujets spécifiques pour les séries technologiques).

À la fin de l'ouvrage, un **glossaire** récapitule les termes techniques à connaître et en propose des définitions simples. Les **fiches d'auto-évaluation** des travaux écrits sont destinées à être utilisées au cours de la phase d'apprentissage ainsi qu'au moment des évaluations finales.

Fondé sur l'acquisition progressive de savoirs et de savoir-faire et, conformément aux finalités assignées dans les programmes à l'enseignement du français, cet ouvrage souhaite favoriser l'autonomie des apprentissages, la maîtrise de la langue française et l'accès à la culture par les textes.

Les auteurs

Sommaire

1 Repères culturels 10

2 Langue, discours, texte 56

3 Lecture Expression écrite et orale 110

4 Les épreuves du BAC 158

5 Les objets d'étude 168

Les objets d'étude (suite)

1 Repères culturels

1 Le Moyen Âge

ART ET LITTÉRATURE AU MOYEN ÂGE

Le Moyen Âge, qui s'étend du ve au xve siècle, est une période d'une extrême diversité.

1. LE CONTEXTE

• Le contexte politique

Dès le début du XIIe siècle, les rois de France travaillent à étendre et organiser le royaume. Les efforts de souverains comme Philippe Auguste (roi de 1180 à 1223), Saint Louis (1226-1270), Philippe le Bel (1285-1314) et Louis XI (1461-1483) permettent la **constitution d'un État centralisé**. L'autorité royale se renforce malgré la menace que constituent les puissants vassaux, comme le roi d'Angleterre (guerre de Cent Ans, de 1337 à 1453).
La volonté de libérer le tombeau du Christ à Jérusalem, puis des mobiles politiques et économiques, conduisent les chrétiens d'Occident à organiser de vastes expéditions en Terre sainte. On compte huit croisades de 1096 à 1270.

• Le contexte social

La **société féodale** est strictement organisée en **trois ordres** : ceux qui prient (le clergé), ceux qui se battent (les chevaliers) et ceux qui travaillent (le peuple). Cette répartition cache de grandes inégalités, au sein d'un même ordre, entre riches et pauvres.

• Le contexte artistique

L'art a essentiellement pour fonction de **servir la foi chrétienne**. De nombreux monastères et églises sont construits dans une architecture d'abord **romane** (XIe-XIIe siècle) puis **gothique** (XIIe-XIIIe siècle) et sont le plus souvent richement ornés (sculptures, peintures, vitraux, objets sacrés).

2. LES VALEURS DU MOYEN ÂGE

• L'idéal du clerc

L'Église, grâce au rayonnement des ordres religieux (les bénédictins, les cisterciens et, au XIIIe siècle, les franciscains et les dominicains), assure la **transmission du savoir** hérité de l'Antiquité et impose à la société **une vision religieuse du monde**. Le clerc, qui n'est pas forcément prêtre, suit l'enseignement de l'Église et apprend les « sept arts » (d'abord la grammaire, la rhétorique, la dialectique, puis l'arithmétique, la géométrie, l'astronomie et la musique).

• Les valeurs chevaleresques

Le chevalier a d'autres valeurs que le clerc : le courage physique, la loyauté, le goût de la gloire.
À ces qualités militaires et morales, la **courtoisie*** ajoute à partir du XIIe siècle de nouvelles vertus. Le chevalier courtois, représenté idéalement par Gauvain, est un homme raffiné et surtout **un parfait amant**. L'amour – la *fine amor* – permet au chevalier de s'accomplir à travers les épreuves que lui impose sa dame, le plus souvent mariée et d'un rang social supérieur (ainsi Yseut, aimée de Tristan, est la femme du roi Marc).

3. LA LITTÉRATURE DU MOYEN ÂGE

L'épopée

Écrites dès le XIe siècle par des auteurs anonymes, les **chansons de geste** racontent les exploits de chevaliers du temps de Charlemagne et expriment l'idéal guerrier d'une chevalerie que n'a pas encore tempérée la courtoisie. La plus célèbre de ces épopées est *La Chanson de Roland* (vers 1070).

Le roman

Le **roman**, long poème en vers (octosyllabes*) écrit en langue **romane** (d'où le nom de *roman*), se développe au XIIe siècle. Il adapte d'abord les épopées et mythes* antiques (*Roman de Thèbes, Roman de Troie*) avant de s'inspirer des légendes celtiques. Ces récits rapportent des aventures merveilleuses : épreuves, quêtes, amours féeriques et voyages dans l'Autre Monde. Vers 1180, Béroul et Thomas racontent chacun à leur manière les amours de Tristan et Yseut. Chrétien de Troyes (1135-1185), le plus grand romancier du Moyen Âge, consacre ses romans (*Érec et Énide, Lancelot ou le Chevalier à la charrette, Yvain ou le Chevalier au lion*) aux aventures des chevaliers du roi Arthur.
Au début du XIIIe siècle apparaît le roman en prose*. L'immense *Lancelot-Graal*, vaste cycle inspiré par le *Conte du Graal* de Chrétien de Troyes, raconte les amours de Lancelot, la quête du Graal (coupe dans laquelle a été recueilli le sang du Christ mourant) et le déclin du monde arthurien.

Les fabliaux et la littérature satirique

À partir du XIIIe siècle, rompant avec l'idéologie courtoise, les **fabliaux** mettent en scène maris trompés, amants et femmes rusées. Ces courts contes en prose, souvent anonymes, relèvent d'un comique populaire, voire grossier.
La même veine, **parodique*** et **satirique***, se retrouve dans le *Roman de Renart* (XIIe-XIIIe siècle), qui transpose dans l'univers des animaux les structures et les thèmes de l'épopée.

La poésie lyrique

Trouvères et troubadours célèbrent la *fine amor*, respectivement en langue d'oïl au nord de la Loire et en langue d'oc au sud. Cette poésie savante et raffinée se différencie par sa forme de l'épopée et du roman en vers.
Les plus célèbres de ces poètes sont, au nord, Thibaut de Champagne (1201-1253) et, au sud, Bertrand de Born (1140-1215) et Bernard de Ventadour (vers 1125-1200).
À la fin du Moyen Âge, l'individu prend une importance nouvelle. Deux figures très différentes illustrent **la naissance de la poésie lyrique* moderne**. Le prince Charles d'Orléans (1394-1465) consacre les vingt-six années de sa captivité en Angleterre et toute la fin de sa vie à la poésie. François Villon (vers 1431-après 1463) est un marginal qui fut poursuivi pour vol et pour meurtre. Ses œuvres les plus connues sont son *Testament* et la « Ballade des pendus ».

Le théâtre

Le théâtre médiéval est issu des **mystères** ou des **miracles** que l'on représentait devant le porche des églises au moment des grandes fêtes religieuses. D'une inspiration d'abord sacrée (Rutebeuf, *Le Miracle de Théophile*, 1262), le théâtre évolue vers des sujets profanes (Adam de la Halle, *Le Jeu de la feuillée*, 1276) et souvent comiques. La **farce***, d'un comique populaire proche du fabliau, se développe aux XIVe et XVe siècles (*Farce de Maître Pathelin*, anonyme, vers 1465).

Les chroniques et histoires

Des chroniqueurs ont laissé de nombreux récits des croisades. Certains, comme L'*Histoire de Saint Louis*, de Joinville (vers 1305), sont encore proches de l'hagiographie (histoire de la vie des saints), mais d'autres témoignent d'une conception plus moderne de l'histoire : *Chroniques* de Froissart (fin XIIIe) et surtout *Mémoires* de Philippe de Commynes (1524).

2 L'humanisme et la Renaissance

LE COURANT HUMANISTE EN EUROPE

L'humanisme est un phénomène intellectuel européen. Le mot, qui date du XIXe siècle, désigne le mouvement par lequel savants et artistes du XVIe siècle – les humanistes – ont cherché dans les œuvres de l'Antiquité les modèles permettant de penser l'homme et sa place dans le monde.

1. LE CONTEXTE

Un siècle contrasté

Les premières années du siècle sont brillantes. François Ier (roi de 1515 à 1547) et Henri II (1547-1559) affirment l'autorité royale et jouent un rôle actif en Europe. Les guerres d'Italie (1494-1559) font découvrir aux Français le raffinement de la Renaissance italienne, à son apogée depuis le siècle précédent (le *quattrocento*).

Cet essor est compromis dans la seconde moitié du siècle. Les trois fils d'Henri II, les rois François II (1559-1560), Charles IX (1560-1574) et Henri III (1574-1589), meurent sans héritier. La crise dynastique est aggravée par les **guerres de Religion** qui, de 1562 à 1598 (Édit de Nantes) opposent catholiques et protestants (massacre de la Saint-Barthélemy en 1572).

Une culture européenne

La découverte de l'Amérique en 1492, puis celle de l'héliocentrisme (Copernic découvre que la terre tourne autour du soleil) en 1543 entraînent **une modification radicale des mentalités**. Grâce à l'imprimerie (mise au point vers 1450), les livres et les gravures se multiplient et diffusent dans toute l'Europe les idées nouvelles.

La Réforme

Cet esprit nouveau touche la religion. Un moine allemand, Luther, puis un français, Calvin, prêchent une réforme de l'Église, discréditée par les abus, et proposent une nouvelle spiritualité, qui aboutira au protestantisme. Pour eux, l'homme est faible et ne peut faire son salut sans la grâce de Dieu.

2. LES IDÉES DE L'HUMANISME

La redécouverte de l'Antiquité

Dans toute l'Europe, des érudits, tel Érasme (1469-1536), essaient de restituer les textes antiques dans leur état originel. Les œuvres grecques et latines apparaissent comme des modèles, qui inspirent les écrivains et les artistes. Ce souci du texte authentique conduit à étudier et traduire **la Bible**. Les **évangélistes** proposent de méditer les textes sacrés et privilégient un rapport direct avec Dieu.

Une philosophie de l'homme

L'humanisme reconnaît et célèbre **la double nature de l'homme, physique et spirituelle**. Peintres et sculpteurs, comme Léonard de Vinci ou Michel-Ange, s'intéressent au corps humain. Au moment où se développe chez les plus riches un art de vivre raffiné, les philosophes s'interrogent sur les conditions du bonheur terrestre. À Florence, Machiavel (1469-1527) analyse l'exercice du pouvoir (*Le Prince*, 1513), tandis que Thomas More (1478-1535), un humaniste anglais, décrit une société idéale dans l'*Utopie* (1516).

Valeurs et idéaux

La confiance dans l'esprit humain entraîne une **soif de connaissances** et le **développement de l'esprit critique**. Léonard de Vinci (1452-1519) est à la fois peintre, poète, ingénieur et architecte. L'humanisme est porteur de valeurs nouvelles : le goût du savoir entraîne un besoin de liberté dans tous les domaines. Les humanistes défendent la justice et la tolérance.

3. LA LITTÉRATURE ET L'HUMANISME

La Pléiade

Les **poètes de la Pléiade** – Ronsard (1524-1585), Du Bellay (1522-1560), Baïf, Belleau, Jodelle, Pontus de Tyard et Jacques Peletier du Mans – appliquent à la poésie les idées de l'humanisme. Ils souhaitent **rénover la poésie** en s'inspirant des poètes latins ou italiens comme Pétrarque (1304-1374). Il faut pour cela enrichir la langue française et moderniser les formes poétiques, en pratiquant par exemple le sonnet*, venu d'Italie.
En 1549, Du Bellay résume les idées essentielles du mouvement dans sa *Défense et Illustration de la langue française.*

Rabelais et Montaigne

François Rabelais (1483-1553) raconte dans ses quatre œuvres essentielles (*Pantagruel*, 1532, *Gargantua*, 1534, le *Tiers Livre*, 1546, et le *Quart Livre*, 1548) les aventures de deux géants, Gargantua et Pantagruel. Ces récits, inspirés par le folklore populaire et apparemment grotesques, sont au service d'une réflexion humaniste ambitieuse. Rabelais, dont la culture est immense, aborde sous une forme comique toutes les questions les plus graves de son temps : rapports du corps et de l'esprit, pédagogie, politique. Il fait la satire des institutions sclérosées (tribunaux, Église et université) et plaide en faveur des idées nouvelles.
Vers la fin du siècle, **Montaigne** (1533-1592) met en œuvre un programme humaniste en se faisant la matière de son livre. Les *Essais* racontent l'expérience personnelle de leur auteur et montrent l'exercice de sa pensée, nourrie d'une vaste culture et intéressée par tout ce qui est humain.

4. LES ARTS AU XVIe SIÈCLE

Le nouveau statut des artistes

Les œuvres d'art n'ont plus seulement, comme au Moyen Âge, un intérêt religieux ou décoratif. Rois et princes s'entourent d'artistes afin de rehausser leur propre prestige. François Ier fait venir Léonard de Vinci d'Italie, le pape Jules II fait travailler Raphaël et Michel-Ange (peintures de la chapelle Sixtine au Vatican).

L'expression de l'idéal humaniste

L'humanisme renouvelle les sujets et les formes artistiques. Les artistes s'intéressent non seulement à l'être humain, dont ils célèbrent la beauté et interrogent les rapports avec le monde, mais aussi à l'**individu**. Portraits et autoportraits se multiplient.

La recherche de la beauté

Malgré les liens étroits entre l'art et les sciences ou techniques (dessins de Léonard de Vinci), les artistes ne se cantonnent pas dans l'étude de la réalité. Ils aspirent, comme les poètes, à une beauté parfaite qui les conduit à **idéaliser** (Madones de Raphaël) ou **transformer le réel** (peintres « maniéristes »).

EXERCICES

A Étudier le contexte

1. Les grandes découvertes

Notre monde vient d'en trouver un autre (et qui nous répond si c'est le dernier de ses frères, puisque les démons, les sibylles[1] et nous, avons ignoré cettui-ci[2] jusqu'asteure[3] ?) non moins grand, plein et membru[4] que lui, toutefois si nouveau et si enfant qu'on lui apprend encore son a, b, c ; il n'y a pas cinquante ans qu'il ne savait ni lettres, ni poids, ni mesure, ni vêtements, ni blé, ni vignes. Il était encore tout nu au giron, et ne vivait que des moyens de sa mère nourrice. [...] Bien crains-je que nous aurons bien fort hâté[5] sa déclinaison[6] et sa ruine par notre contagion, et que nous lui aurons bien cher vendu nos opinions et nos arts. C'était un monde enfant ; si[7] ne l'avons-nous pas fouetté et soumis à notre discipline par l'avantage de notre valeur et forces naturelles, ni ne l'avons pratiqué[8] par notre justice et bonté, ni subjugué par notre magnanimité.

Michel de Montaigne (1533-1592), *Essais*, III, 6, 1588-1592 (orthographe modernisée).

1. *les démons, les sibylles* : êtres surnaturels et prêtresses qui rendaient des oracles. 2. *cettui-ci* : celui-ci. 3. *asteure* : à cette heure. 4. *membru* : qui a des membres vigoureux. 5. *bien crains-je que nous aurons bien fort hâté* : je crains bien que nous ayons beaucoup hâté. 6. *déclinaison* : déclin. 7. *si* : pourtant. 8. *pratiqué* : séduit, gagné.

a) À quel événement fait allusion la première phrase de ce texte ? Quelles sont les conséquences de cette découverte sur la façon dont Montaigne se représente le monde ?

b) Que signifie l'expression « être au giron » ? Quelle image du nouveau monde est développée dans le texte ?

c) Quelles sont dans ce texte les marques de l'énonciation* ? Qui désignent les pronoms et adjectifs de la première personne du pluriel ?

d) VERS LE BAC Quel jugement Montaigne porte-t-il sur son temps ? Vous répondrez dans un développement argumenté d'une dizaine de lignes.

B Étudier les valeurs de l'humanisme

2. Le retour à l'Antiquité

Qui voudra voir tout ce qu'ont pu nature,
L'art et le ciel, Rome, te vienne voir :
J'entends s'il peut ta grandeur concevoir
Par ce qui n'est que ta morte peinture.

Rome n'est plus : et si l'architecture
Quelque ombre encor de Rome fait revoir,
C'est comme un corps par magique savoir
Tiré de nuit hors de sa sépulture.

Le corps de Rome en cendre est dévalé[1],
Et son esprit rejoindre s'est allé
Au grand esprit de cette masse ronde[2].

Mais ses écrits, qui son los[3] le plus beau
Malgré le temps arrachent du tombeau,
Font son idole[4] errer parmi le monde.

Joachim du Bellay (1522-1560), *Les Antiquités de Rome*, 5, 1558.

1. *en cendre est dévalé* : est tombé en poussière. 2. *cette masse ronde* : le monde. 3. *los* : gloire. 4. *idole* : image.

a) Que représente la ville de Rome aux yeux du poète ?

b) Quelle est la situation d'énonciation* dans le premier quatrain* ? Est-elle identique dans le second quatrain ? Quel est l'effet produit ? Quels sont les différents sens du mot « Rome » ?

c) Quelle métaphore apparaît dans le second quatrain ? Est-elle développée par la suite ? dans quels vers ?

d) Quelle valeur de l'humanisme est affirmée dans les vers 12-14 ? Quel effet produit la chute* du sonnet ?

3. La soif de connaissances

Alors qu'il fait ses études à Paris, le géant Pantagruel reçoit une lettre de son père Gargantua qui l'encourage à travailler.

Maintenant toutes disciplines sont restituées, les langues instaurées[1] : grecque, sans laquelle c'est honte que personne se dise savant, hébraïque, chaldaïque[2], latine ; les impressions[3] tant élégantes et correctes en usance[4], qui ont été inventées de mon âge[5] par inspiration divine, comme à contrefil[6] l'artillerie par suggestion diabolique. Tout le monde est plein de gens savants, de précepteurs très doctes, de librairies[7] très amples, et m'est avis que, ni au temps de Platon, ni de Cicéron, ni de Papinien[8], n'était telle commodité d'étude qu'on y voit maintenant, et ne se faudra plus dorénavant trouver en place ni en compagnie qui ne sera bien expoli en l'officine de Minerve[9]. Je vois les brigands, les bourreaux, les aventuriers, les palefreniers de maintenant plus doctes que les docteurs[10] et prêcheurs de mon temps.

Rabelais (1483-1553), *Pantagruel*, II, 8, 1532 (orthographe modernisée).

1. *les langues instaurées* : l'étude des langues instituée. 2. *chaldaïque* : le chaldéen, variété de l'hébreu. 3. *les impressions* : l'imprimerie. 4. *en usance* : en usage. 5. *de mon âge* : de mon vivant. 6. *à contrefil* : au contraire. 7. *librairies* : bibliothèques. 8. *ni au temps de Platon, ni de Cicéron, ni de Papinien* : ni au Vᵉ, ni au Iᵉʳ siècle avant J.-C., ni au IIIᵉ siècle après J.-C. 9. *et ne se faudra plus [...] en l'officine de Minerve* : et ne devra plus se montrer en public ou en société quiconque ne sera pas cultivé dans la boutique de Minerve, déesse du savoir. 10. *docteurs* : savants.

a) Quels facteurs de progrès intellectuel évoque Gargantua ?

b) Relevez les temps utilisés. Quel temps domine ? Quel indice temporel est répété ? Comment se situe-t-il par rapport à la situation d'énonciation* ? Quel est l'effet produit ?

c) À quel registre* se rattachent l'expression « comme à contrefil l'artillerie par suggestion diabolique » ou la deuxième phrase ? L'éloge de Gargantua est-il sans nuance ?

d) VERS LE BAC De quelles valeurs Gargantua fait-il l'éloge ? Quel est son idéal humain ?

4. L'intérêt pour le corps humain

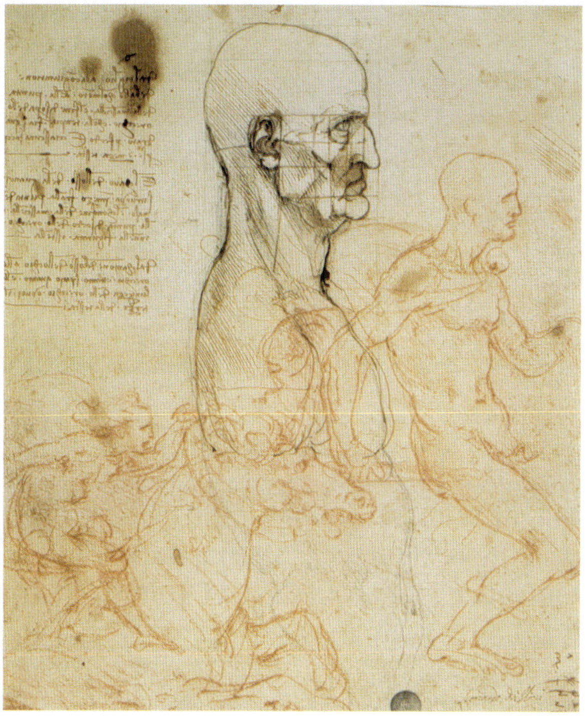

Léonard de Vinci (1452-1519), *Études anatomiques*, 1490 environ, Venise, Musée de l'Académie, © Bridgeman Giraudon.

a) Que représente le dessin ci-dessus ?

b) Quels éléments montrent l'intérêt de l'artiste pour le corps humain ?

c) Quelle est la fonction de la figure géométrique visible sur le profil central ? Quelle préoccupation de l'artiste révèle-t-elle ?

C Étudier l'esthétique de la Renaissance

5. L'expression de l'idéal humaniste

Hans Holbein (1497/8-1543), *Portrait des ambassadeurs Jean de Dinteville et Georges de Selve*, 1533, Londres, National Gallery, © Bridgeman Giraudon.

a) Quelles sont les lignes de force du tableau reproduit ci-contre, en bas ? Par quels procédés le peintre met-il ses personnages en valeur ?

b) Quels objets sont représentés ? Quels aspects de l'humanisme symbolisent-ils ?

c) Que représente la forme oblongue aux pieds des personnages ? Pour répondre, observez le tableau du côté gauche, dans l'axe de l'objet. Comment appelle-t-on ce type de représentation ?

d) Un crucifix apparaît, à peine visible, dans le coin supérieur gauche. Quelle signification confère-t-il à l'ensemble du tableau ?

e) **VERS LE BAC** Ce tableau est-il un éloge de l'humanisme ? Répondez dans un développement argumenté en vous appuyant sur des éléments précis de l'œuvre d'Holbein.

6. La représentation du corps humain

Michel-Ange (1475-1564), *La Sainte Famille* ou *Tondo Doni*, 1503-1504, Florence, Musée des Offices, © Bridgeman Giraudon.

a) Quelle est la forme du cadre du tableau ci-dessus ? Quelles en sont les lignes de force ? Quel est l'effet produit ?

b) Le sujet de ce tableau est-il profane ou religieux ? Quels sont les personnages représentés au premier plan ?

c) Quelles sont les couleurs dominantes ? Que constatez-vous ?

d) Quels éléments du tableau manifestent l'intérêt de Michel-Ange pour la représentation du corps humain ?

3 Le baroque

ART ET LITTÉRATURE À L'ÉPOQUE BAROQUE

Le mot « baroque » vient du portugais *barroco*, perle irrégulière. Le terme, qui signifiait « bizarre, de mauvais goût » a été longtemps péjoratif. Depuis un siècle environ, le mot désigne un courant littéraire et artistique européen qui s'est développé en France de la fin du XVIe à la fin du XVIIe siècle. En Europe, le mouvement s'est prolongé jusqu'au milieu du XVIIIe siècle.

1. LE CONTEXTE

Le contexte politique

Au cours du XVIIe siècle, le **pouvoir royal** se renforce. Henri IV (1589-1610) et Louis XIII (1610-1643) préparent l'avènement de la monarchie absolue réalisée par Louis XIV.
Pour tous les souverains d'Europe, le **faste** devient **un signe de puissance** et un instrument de gouvernement. Louis XIV va plus loin : à Versailles, il se met en scène dans l'exercice du pouvoir. Ballets et représentations théâtrales célèbrent le pouvoir royal.

Le contexte religieux

Après les troubles des guerres de Religion, l'Église catholique essaie de susciter un regain de ferveur. C'est le mouvement de la **Contre-Réforme**.
Tous les arts sont mis au service de la **propagation de la foi**. Des architectes construisent des églises somptueuses, les peintres et les musiciens participent à la restauration du catholicisme. Architecte et sculpteur, Bernin (1598-1680) travaille à la construction de Saint-Pierre de Rome. **L'ordre des jésuites**, fondé vers 1540 par l'espagnol Ignace de Loyola, administre de nombreux collèges, fait construire des églises de style baroque et prêche la foi catholique dans le monde entier.

Le contexte intellectuel

Le renouveau religieux engendre de nombreuses polémiques. Les **jésuites** affirment que l'homme est libre et qu'il peut faire lui-même son salut en obéissant aux règles morales et religieuses. Ils combattent le protestantisme et s'opposent aux **jansénistes** qui pensent que seul Dieu décide du salut de l'homme.
Les **philosophes libertins**, qui critiquent le christianisme, défendent une conception matérialiste du monde.

2. LES CARACTÉRISTIQUES DU BAROQUE

L'instabilité universelle

Les artistes baroques imaginent un monde constamment changeant. Le cycle des saisons, les transformations des éléments traduisent dans le monde de la nature **l'inconstance** du cœur humain. L'eau et le feu, les reflets, les jeux de lumière, tout ce qui change de place ou d'état rapidement fascine peintres et poètes. Partout **le mouvement** est présent. La vie humaine est elle-même fugace : l'instabilité des choses conduit à la mort.

Le triomphe des apparences

L'époque baroque a été fascinée par **le théâtre**, qui est perçu comme la meilleure image de la vie humaine, où tout n'est qu'apparence. Tous les genres littéraires, comme les arts plastiques, abordent les thèmes du **déguisement** et de la **métamorphose**. La théâtralité et les transformations de la matière débouchent souvent sur une **méditation morale et religieuse**. L'époque baroque, troublée, **est obsédée par la mort**.

Le goût de l'ornement

Peintres et sculpteurs privilégient les lignes courbes, spirales et volutes, qui permettent de rendre le mouvement. Un **décor surabondant** exprime la complexité d'un monde en permanente transformation. De la même façon, l'écriture baroque recourt aux images, aux **métaphores*** souvent saisissantes, aux **personnifications***. La diversité du réel est rendue par de nombreuses **antithèses***.

3. LA LITTÉRATURE BAROQUE

Le théâtre

Beaucoup des grands auteurs baroques européens sont des **dramaturges**, comme Shakespeare (1564-1616) en Angleterre, ou l'espagnol Calderón (1600-1681), qui écrit *La vie est un songe* en 1634. Le théâtre baroque se caractérise par sa **liberté** : il ignore les règles du théâtre classique et la distinction stricte entre les genres tragique et comique.

La poésie et le roman

Le **courant précieux** s'est épanoui en France entre 1650 et 1660, mais a exercé une influence durable. Il s'agit d'un **idéal social autant qu'artistique de raffinement et de distinction.** Les précieux, dont Molière s'est moqué dans *Les Précieuses ridicules* (1659), souhaitent débarrasser les sentiments et le langage de tout ce qui est corporel et vulgaire. La préciosité a inspiré une **poésie recherchée** aux images travaillées et codées. Le poète précieux le plus connu est Vincent Voiture (1597-1648).
Les précieux ont été aussi de grands lecteurs de **romans**. Ces romans, souvent très longs, comme *L'Astrée* d'Honoré d'Urfé (1567-1625) ou *Le Grand Cyrus* de Mlle de Scudéry (1607-1701), expriment un **idéal héroïque et galant** à travers le récit d'aventures merveilleuses* et symboliques.

Le **courant burlesque** est une réaction contre l'idéalisme précieux. Les burlesques, sensibles eux aussi à la vanité des apparences, **dénoncent les illusions héroïques et les grands sentiments.** Ils placent l'action romanesque dans le **monde réel** et décrivent les **réalités quotidiennes.** Ainsi Scarron (1610-1660) décrit dans *Le roman comique* (1651-1657) les aventures et tribulations familières d'une troupe de comédiens dans la région du Mans.

4. L'ART BAROQUE

Un art européen

L'art baroque a connu un large développement dans l'Europe du sud (Italie, Espagne) et de l'est (Autriche, Bohême). En France, son développement est moins marquant, mais les auteurs classiques subissent son influence et on trouve dans leurs œuvres de nombreux traits baroques.

Un art de la persuasion

Les artistes baroques cherchent à persuader de la grandeur d'un souverain ou de la puissance de Dieu. Ils recourent donc aux effets susceptibles de **frapper l'imagination et la sensibilité.** Leurs œuvres sont souvent monumentales, ostentatoires et ont la même fonction qu'un discours rhétorique, car les architectes (Borromini, 1599-1667), les peintres (Rubens, 1577-1640) et les sculpteurs (Bernin, 1598-1680) **pratiquent à leur manière l'éloge* et le blâme*.**

EXERCICES

A Étudier le contexte

1. La célébration du pouvoir royal

Pierre-Paul Rubens (1577-1640),
Henri IV reçoit le portrait de Marie de Médicis,
vers 1622, Paris, Musée du Louvre, © RMN / Ojeda / Le Mage.

a) Cherchez, dans un dictionnaire ou un manuel d'histoire, qui est Marie de Médicis. À quel événement le tableau fait-il référence ? Quel épisode représente-t-il ?

b) Quelle déesse, casquée, est représentée à droite du roi ? Quels autres dieux sont présents ? À quels attributs les reconnaît-on ? Quelle est leur fonction ?

c) Quel personnage est mis en valeur ? par quels procédés ?

d) Que font les petits amours au premier plan ? Quel est le sens de ce détail ? De quelle figure de style* ce tableau est-il proche ?

B Étudier les caractéristiques du baroque

2. La métamorphose dans les arts

a) En vous aidant du titre de l'œuvre, dites quel épisode de la mythologie est représenté dans la sculpture ci-contre, *Apollon et Daphné*.

b) Quel moment de la métamorphose le sculpteur a-t-il choisi de montrer ? Pourquoi ?

c) Par quels procédés donne-t-il l'illusion du mouvement ?

Gian Lorenzo Bernini, dit Bernin (1598-1680),
Apollon et Daphné, 1622-1625,
Rome, Musée de la villa Borghèse, © Dagli Orti.

3. La métamorphose en littérature

Le poète décrit la mer sur la plage de La Rochelle.

Le soleil à longs traits ardents
Y donne encore de la grâce,
Et tâche à se mirer dedans
Comme on ferait dans une glace.
Mais les flots de vert émaillés
Qui semblent des jaspes[1] taillés
S'entredérobent son visage,
Et par de petits tremblements
Font voir au lieu de son image
Mille pointes de diamants.

Tristan L'Hermite (1601-1655),
La mer, v. 21-30, 1627.

1. *jaspes* : pierres dures et vertes.

a) Quelle est la première image qui désigne la mer ? la seconde ? Dans quels vers se rencontrent-elles ?

b) Observez la composition du dizain*. Quels termes signalent le passage d'une image à l'autre ? Quel est l'effet produit ?

c) Quels éléments rapprochent le comparé, la mer, et ses comparants ?

d) Que signifie le verbe « entredérobent » (v. 7) ? Quelle métamorphose s'opère dans le vers 10 ?

e) **VERS LE BAC** Pourquoi les métamorphoses inspirent-elles les artistes baroques ? Répondez en un développement argumenté d'une page ou deux. Vous ferez des références précises à la statue du Bernin et au poème de Tristan L'Hermite.

C Étudier le théâtre baroque

4. Le rêve et l'illusion au théâtre

Le prince Sigismond a été depuis sa naissance emprisonné par son père à qui les astres avaient prédit que son fils deviendrait un tyran. Une première tentative de libération a confirmé ces craintes et Sigismond a été replacé dans sa tour, persuadé que tout ce qu'il a vu à la cour n'était qu'un rêve. Mais ses partisans reviennent le chercher.

DES VOIX EN COULISSES. — Vive Sigismond ! Vivat !
SIGISMOND. — De nouveau – oh ! cieux, que signifie [cela ? –
vous voulez que je rêve
d'une grandeur que le temps détruira ?
De nouveau vous voulez que je voie,
parmi les ombres et l'illusion,
les splendeurs majestueuses que fait se dissiper le vent ?
De nouveau vous voulez que je touche du doigt
le désabusement[1], ou le péril,
auxquels par naissance toute puissance humaine
humblement est soumise,
auxquels il faut toujours être attentifs ?
Eh bien ! je ne veux pas, je ne veux pas ;
regardez : me voici de nouveau
la proie de mon destin ; mais puisque je sais
que toute cette vie est un songe,
allez-vous en, ombres qui simulez
aujourd'hui à mes sens moribonds
un corps et une voix, tant il est vrai
que vous n'avez ni voix ni corps ;
je ne veux pas de fausses majestés,
je ne veux pas de splendeurs chimériques[2],
illusions fantastiques[3]
qui, au plus léger souffle s'évanouiront,
pareilles à l'amandier fleuri,
dont les fleurs fraîches écloses,
innocentes et imprudentes,
s'éteignent sous le premier souffle,
laissant se flétrir et laissant se ternir
de leurs roses boutons
la beauté, l'éclat, l'ornement.
Je vous connais, ah oui ! je vous connais,
et je sais que vous en usez de même avec quiconque [s'endort ;
mais il n'est plus pour moi désormais d'illusions ;
car désenchanté à présent,
je sais bien, je sais que la vie est un songe.

DEUXIÈME SOLDAT. — Si tu crois que nous te trompons,
tourne les yeux vers ces monts orgueilleux,
afin de voir les gens qui t'y attendent
pour t'obéir.

Pedro Calderón (1600-1681), *La vie est un songe*, 1635, troisième journée, trad. de l'espagnol par B. Sesé, © Flammarion, 1992.

1. *le désabusement* : fait de perdre ses illusions. **2.** *chimériques* : illusoires. **3.** *fantastiques* : imaginaires.

a) À qui s'adresse Sigismond ? Quelle conséquence cette situation d'énonciation* a-t-elle sur la portée de sa réplique* ?

b) Quelles images désignent les charmes trompeurs de la vie humaine ? À quels différents réseaux lexicaux* appartiennent-elles ? Quels sont néanmoins leurs traits communs ?

c) Quelle est la fonction symbolique du paysage évoqué par le deuxième soldat ? Quel rôle joue ce personnage ?

d) VERS LE COMMENTAIRE Quels éléments de ces répliques invitent à une réflexion morale ? Le fait que ce soit un personnage de théâtre qui parle est-il important ? Pourquoi ? Vous répondrez à ces questions dans un développement organisé d'une demi-page environ, en vous référant précisément au texte.

D Étudier l'art baroque

5. L'architecture baroque

a) Combien d'étages compte cette façade ? Ces étages sont-ils égaux en taille? Comment sont-ils raccordés ?

b) Les travées du niveau inférieur sont concaves / convexes / concaves. En est-il de même au niveau supérieur ? D'où provient l'impression de mouvement qui anime l'édifice ?

c) Par quels procédés l'architecte a-t-il conféré à cette église de dimensions modestes un caractère monumental ?

Francesco Borromini (1599-1667), vue de l'église Saint-Charles-aux-Quatre-Fontaines, Rome, 1667, © Scala.

4 Le classicisme

L'ÂGE CLASSIQUE EN FRANCE

À la différence de l'humanisme et du baroque, le classicisme est un phénomène spécifiquement français, qui s'est développé dans la seconde moitié du XVIIe siècle, sous le règne de Louis XIV.

1. LE CONTEXTE

• Le contexte politique et social

Les auteurs dits classiques écrivent entre 1660 et 1685, au moment où se met en place la **monarchie absolue**. Le roi est le représentant de Dieu sur terre et exerce personnellement le pouvoir. Les nobles deviennent des courtisans et sont privés de leur pouvoir politique.

• Le contexte religieux

La foi est vivante, mais de nombreuses controverses religieuses agitent le siècle, opposant en particulier jésuites et jansénistes. Pour les **jésuites**, l'homme est libre de faire son salut par ses actes. Les **jansénistes** sont les partisans de Jansénius, pour qui seule la grâce, accordée ou non par Dieu, peut sauver l'homme. Pascal (1623-1662) prend le parti des jansénistes dans les *Provinciales* (1656-57). Les jansénistes furent condamnés, et leur couvent, Port-Royal, fut détruit sur ordre du roi en 1710. **L'Édit de Nantes** accordait depuis 1598 la liberté de culte aux protestants. Sa **révocation**, en **1685**, entraîne une vague de persécutions et le départ de nombreux protestants pour l'étranger.

• Le contexte intellectuel

En 1634, Richelieu fonde l'Académie française, chargée d'établir les règles du bon usage de la langue française. Louis XIV poursuit l'**organisation de la vie intellectuelle** en fondant d'autres académies. Il pensionne de nombreux artistes. Les arts assurent le rayonnement du pouvoir royal.

2. L'IDÉAL CLASSIQUE

• L'honnête homme

Les artistes classiques n'abandonnent pas tout à fait **l'idéal héroïque de la première moitié du siècle**. Les héros des premières pièces de Corneille (1606-1684) sont capables de maîtriser leur destin et leurs passions. À partir des années 1650, les personnages tragiques perdent, sinon leurs vertus, du moins leur liberté. Les héros de Racine (1639-1699), sous l'influence du jansénisme, sont soumis à la **fatalité**.
Un autre idéal apparaît, celui de **l'honnête homme**. L'honnête homme sait vivre en société, possède le talent de la conversation et se comporte avec simplicité et naturel. Cet idéal social est aussi un modèle intellectuel : l'honnête homme possède des connaissances variées, mais il n'est pas un savant et n'ennuie jamais. Enfin, les classiques croient à l'existence d'une **nature humaine**, permanente et universelle.

• L'imitation des Anciens

Jugeant que les **auteurs de l'Antiquité** ont donné une image juste de la nature humaine, les classiques les **imitent** et poursuivent, en se fondant sur la raison, l'analyse de l'esprit et du cœur de l'homme. Les œuvres classiques (romans, tragédies et comédies, œuvres morales) privilégient **l'analyse psychologique**. De nombreux auteurs (La Bruyère, La Rochefoucauld) sont des moralistes*. Mais tous les auteurs classiques ont le même souci : **il faut instruire et plaire**, c'est-à-dire faire servir les agréments de l'art au progrès moral. L'idéal classique croit en une **vérité** que l'art a pour mission d'exprimer avec clarté et élégance.

3. L'ESTHÉTIQUE CLASSIQUE

L'âge classique aime les **règles**. De nombreux érudits, dont le plus connu est l'abbé d'Aubignac (1604-1676), élaborent une véritable doctrine, que Boileau met en forme dans son *Art poétique* (1674). Vaugelas et Guez de Balzac formulent les règles d'un bon usage de la langue. Mais la réflexion essentielle porte sur le théâtre, le genre le plus noble, avec l'épopée.

• Une nouvelle définition des genres

Les auteurs classiques établissent des **distinctions** et des **hiérarchies** strictes entre les genres*. Contrairement aux auteurs baroques, qui pratiquaient le mélange des genres, les dramaturges classiques distinguent soigneusement la tragédie* de la comédie*.
D'autres genres se développent, liés à la **religion**, comme les sermons* (Bossuet), ou à la vie mondaine, comme les maximes* (La Rochefoucauld), les lettres (Mme de Sévigné) ou le roman classique (Mme de Lafayette).

• Vraisemblance et bienséance

Théoriciens et écrivains insistent sur la nécessité de la **vraisemblance***. Les faits racontés, dans un roman ou au théâtre, doivent paraître vrais et correspondre à l'attente du public. Il faut donc bannir tout ce qui pourrait sembler extraordinaire et invraisemblable.
Quant à la **bienséance***, elle veut que les personnages soient dignes d'intérêt, vertueux malgré leurs faiblesses. Il faut que chaque personnage parle et agisse conformément à sa nature : une jeune fille doit s'exprimer comme une jeune fille, un soldat comme un soldat. Enfin, au théâtre, il ne faut représenter aucun acte indécent ou violent : combats et morts ont lieu en coulisse.

• La règle des trois unités au théâtre

La vraisemblance exige que l'action représentée au théâtre se rapproche le plus possible des conditions de sa représentation. L'action doit être simple pour que l'attention du spectateur ne se disperse pas. Elle doit se dérouler en vingt-quatre heures et dans un même lieu. C'est la règle des trois unités : **unité d'action, unité de temps** et **unité de lieu**. Le théâtre de Racine respecte ces règles.

4. L'ART CLASSIQUE

• Un art royal

L'art classique est au service des puissants, de l'Église, et surtout du roi. De 1661 à 1715, Louis XIV fait travailler à **Versailles** de grands artistes : les architectes Le Vau (1612-1670) et Jules Hardouin-Mansart (1646-1708), le peintre Lebrun (1619-1690) et le jardinier Le Nôtre (1613-1700).

• L'idéal classique

Les artistes recherchent un beau atemporel et poursuivent un **idéal d'ordre, de mesure et d'équilibre**. L'architecture classique emprunte de nombreux éléments à l'architecture antique (colonnes, frontons) et se caractérise par le goût de la régularité et de la **symétrie**. Les peintres, comme Nicolas Poussin (1594-1665), recherchent les compositions harmonieuses et les justes proportions.

EXERCICES

A Étudier le contexte

1. Le règne de Louis XIV

Charles Le Brun (1619-1690) suite de l'*Histoire du roi*, « Louis XIV à la manufacture des Gobelins, le 15 Octobre 1667 », Manufacture des Gobelins, Musée du château de Versailles, © RMN / Jean Schormans.

a) Sur cette tapisserie, où se trouve le roi ? À quoi le reconnaît-on ?

b) Comment la composition et le choix des couleurs mettent-ils en valeur la figure royale ?

c) À quelles activités se livrent les différents personnages ? Quel est l'effet produit ?

d) Quelle image donne-t-on du roi Louis XIV et de son règne ?

B Étudier les caractéristiques du classicisme

2. L'idéal de l'honnête homme

PHILINTE

Mais quand on est du monde, il faut bien que l'on rende
Quelques dehors civils[1] que l'usage demande.

ALCESTE

Non, vous dis-je ; on devrait châtier sans pitié
Ce commerce[2] honteux de semblants[3] d'amitié.
Je veux que l'on soit homme, et qu'en toute rencontre
Le fond de notre cœur dans nos discours se montre ;
Que ce soit lui qui parle, et que nos sentiments
Ne se masquent jamais sous de vains compliments.

PHILINTE

Il est bien des endroits[4] où la pleine franchise
Deviendrait ridicule et serait peu permise ;
Et, parfois, n'en déplaise à votre austère honneur,
Il est bon de cacher ce qu'on a dans le cœur.
Serait-il à propos et de la bienséance[5]
De dire à mille gens tout ce que d'eux l'on pense ?
Et, quand on a quelqu'un qu'on hait et qui déplaît,
Lui doit-on déclarer la chose comme elle est ?

ALCESTE

Oui.

Molière (1622-1673),
Le Misanthrope, Acte I, scène 1, v. 65-81, 1666.

1. *dehors civils* : marques de politesse. 2. *commerce* : échange. 3. *semblants* : apparences. 4. *endroits* : circonstances. 5. *à propos et de la bienséance* : convenable et bienséant.

a) À quelle valeur sociale Philinte obéit-il ? Quels termes la désignent dans la première réplique de Philinte ? et dans la deuxième ?

b) Que dénonce Alceste ? Quelle valeur morale défend-il ?

c) VERS LE BAC Philinte vous semble-t-il incarner l'idéal classique de l'honnête homme ? Pourquoi ? Vous répondrez dans un développement argumenté d'une demi-page, en vous référant précisément au texte.

3. Le travail du moraliste

On est prompt à connaître ses plus petits avantages, et lent à pénétrer ses défauts. On n'ignore point qu'on a de beaux sourcils, les ongles bien faits ; on sait à peine que l'on est borgne ; on ne sait point du tout que l'on manque d'esprit.

Argyre tire son gant pour montrer une belle main, et elle ne néglige pas de découvrir un petit soulier qui suppose qu'elle a le pied petit ; elle rit des choses plaisantes ou sérieuses pour faire voir de belles dents ; si elle montre son oreille, c'est qu'elle l'a bien faite ; et si elle ne danse jamais, c'est qu'elle est peu contente de sa taille, qu'elle a épaisse. Elle entend tous ses intérêts[1], à l'exception d'un seul ; elle parle toujours, et n'a point d'esprit.

Jean de La Bruyère (1645-1696),
Caractères, XI, 83, 1688.

1. *elle entend tous ses intérêts* : elle comprend tout ce qui est à son avantage.

a) À qui renvoie le pronom « on » dans le premier paragraphe ? Quelle est la valeur du présent ?

b) Quels termes du premier paragraphe sont repris dans le second ? Quels parallélismes peut-on relever ? Quel est le lien entre les deux paragraphes ?

c) Quels défauts étudie La Bruyère ? En quoi consiste la pointe* finale ?

C Étudier l'esthétique classique au théâtre

4. La scène d'exposition

ALBINE

Quoi ! tandis que Néron s'abandonne au sommeil,
Faut-il que vous veniez attendre son réveil ?
Qu'errant dans le palais sans suite et sans escorte
La mère de César[1] veille seule à sa porte ?
Madame, retournez dans votre appartement.

AGRIPPINE

Albine, il ne faut pas s'éloigner un moment.
Je veux l'attendre ici. Les chagrins qu'il me cause,
M'occuperont assez tout le temps qu'il repose.
Tout ce que j'ai prédit n'est que trop assuré.
Contre Britannicus Néron s'est déclaré.
L'impatient Néron cesse de se contraindre,
Las de se faire aimer il veut se faire craindre.
Britannicus le gêne, Albine, et chaque jour
Je sens que je deviens importune à mon tour.

Racine (1639-1699), *Britannicus*, Acte I, scène 1, v. 1-14, 1669.

1. *César* : surnom de Néron, comme de tous les empereurs successeurs de César. Agrippine est la mère de Néron.

a) Où se passe l'action ? Quand ? À quelles règles du théâtre classique Racine obéit-il ?

b) Qu'apprenons-nous de l'action ? Quelle est la situation initiale ?

c) Quels conflits le dialogue laisse-t-il présager ? Appuyez votre réponse sur l'étude du vocabulaire.

d) Qui sont les personnages en présence ? Tiennent-ils des propos en rapport avec leur situation ?

D Étudier l'art classique

5. L'architecture et l'art des jardins

a) Combien d'étages comporte la façade du château ? Ces étages sont-ils identiques ? Quel est l'effet produit ?

b) Quels éléments architecturaux animent la façade ?

c) Comment le jardin est-il dessiné?

d) En quoi la façade et le jardin sont-ils représentatifs de l'idéal classique de mesure et de régularité ?

VERS LE BAC Comparez cette façade avec celle de l'église Saint-Charles-aux-Quatre-Fontaines (► p. 21). Sur quels points s'opposent essentiellement architecture classique et architecture baroque ? Répondez dans un court développement argumenté, en vous référant précisément aux deux monuments.

Vue du château de Versailles, aile nord, © Doug Scott / AGE / Hoa-Qui.

5 Les Lumières

LES IDÉES DES LUMIÈRES

Le courant de pensée qui se développe en Europe au XVIIIe siècle doit son nom à la métaphore des « lumières de la raison », qui dissipent les ténèbres de l'obscurantisme.

1. LE CONTEXTE

Le contexte politique

Louis XIV meurt en 1715. Les souverains qui lui succèdent, Louis XV (1715-1774) et Louis XVI (1774-1792), se révèlent incapables d'accomplir les réformes nécessaires à la modernisation de l'État. **La monarchie est de plus en plus critiquée.** Sous Louis XVI, les ministres novateurs Turgot et Necker sont renvoyés avant d'avoir pu effectuer de véritables réformes. **L'acharnement de la noblesse à conserver ses privilèges** rend inévitable **la crise** qui éclate en **1789**.

Le contexte économique et social

La majeure partie de la population demeure paysanne, mais le début de la révolution industrielle en Angleterre, l'urbanisation croissante et le développement du commerce favorisent **l'enrichissement de la bourgeoisie**. La division de la société en trois ordres (clergé, noblesse et tiers-état) ne correspond plus aux réalités économiques. La **bourgeoisie**, active et prospère, conteste les privilèges de la noblesse et souhaite accéder au pouvoir. **Elle veut que soient reconnues les valeurs qui font sa réussite, le mérite et le travail.**

Le contexte intellectuel

Les **progrès scientifiques et techniques** sont immenses. Le XVIIIe siècle voit la naissance des sciences modernes. Les sciences naturelles progressent en même temps que la connaissance du monde (expéditions de Bougainville, Cook et La Pérouse). Des inventions préparent la révolution industrielle du siècle suivant : métier à tisser, machine à vapeur. L'information circule dans les **salons**, les **cafés**, mais surtout dans les **journaux** et les **livres**, de plus en plus nombreux. **Cela favorise la transmission des idées nouvelles.** La **censure limite toutefois la liberté d'expression** : des écrivains sont emprisonnés (Diderot) ou doivent s'exiler (Rousseau et Voltaire) pour avoir exprimé des idées trop hardies.

2. LES VALEURS DES LUMIÈRES

La raison

Les Lumières sont liées au **développement de l'esprit critique**, qui affranchit l'homme des préjugés et des superstitions. **L'usage de la raison remet en question toutes les autorités**, politiques, intellectuelles et religieuses. *L'Encyclopédie* (1751-1772) pratique dans tous les domaines du savoir un systématique examen rationnel. **Le philosophe incarne un nouvel idéal, social et intellectuel.** Il prépare l'avènement des idées nouvelles, s'intéresse aux sciences et aux techniques, et s'engage dans la vie de son temps.

Progrès, liberté et tolérance

Les hommes des Lumières croient au **progrès**. Ils revendiquent les libertés nécessaires à l'exercice de la raison, **liberté de penser et de s'exprimer**. Dans les années 1760, Voltaire (1694-1778) défend des victimes de l'intolérance religieuse. En dénonçant les abus de la religion, l'esclavage et la torture, les philosophes des Lumières s'engagent en faveur des valeurs essentielles, qui sont la **liberté**, la **justice** et la **tolérance**.

Le bonheur

L'homme du XVIIIe siècle aspire au bonheur terrestre. Les philosophes s'interrogent sur la nature du pouvoir et sur la **société idéale.** La réflexion politique se poursuit dans le domaine moral : la **vertu** et le respect de la **nature** apparaissent nécessaires au bonheur. Dans la seconde moitié du siècle, la **sensibilité** devient une qualité essentielle. L'homme sensible, apte à ressentir toutes les passions, préfigure le héros romantique.

3. LES FORMES LITTÉRAIRES DE LA CONTESTATION

Comme les humanistes, les écrivains des Lumières cumulent les compétences. Beaucoup sont à la fois savants, philosophes, dramaturges, romanciers, poètes ou critiques d'art.

La littérature philosophique

Les combats des Lumières s'expriment à travers des textes dont le rôle est de diffuser les idées nouvelles. Les **dictionnaires** (*Dictionnaire philosophique* de Voltaire, 1764 ; *L'Encyclopédie*) sont à la fois des **instruments de connaissance et de lutte.** Des **essais*** explorent des points essentiels de la pensée politique : Montesquieu (1689-1755) étudie les différents gouvernements et les lois (*De l'esprit des lois*, 1748), Rousseau (1712-1778) s'interroge sur les fondements de la société (*Du contrat social*, 1762). Pamphlets*, discours, lettres, dialogues philosophiques, toutes les **formes argumentatives** servent les débats d'idées.

L'arme du rire : satire et ironie

Les abus de l'Ancien Régime sont l'objet de vives **satires***. **Les écrivains utilisent la fiction pour dénoncer les inégalités et les injustices du monde réel** : les *Lettres persanes* (1721) de Montesquieu mettent en évidence les défauts de la société française ; à la veille de la Révolution, Beaumarchais (1732-1799) se livre à une violente critique de la société dans *Le Mariage de Figaro* (1784). Une des armes favorites des écrivains est **l'ironie***. Voltaire fait de ses contes philosophiques, comme *Candide* (1759), de véritables pamphlets*.

Le roman

Le roman, par un besoin accru de vraisemblance, essaie de faire oublier qu'il est une fiction. La plupart des grandes œuvres romanesques se présentent comme des histoires vraies, des mémoires* ou d'authentiques correspondances. Ce souci de réalisme permet de présenter **une peinture critique de la réalité.** Les romans de Marivaux mêlent analyse psychologique et réflexion sociale. Mais le roman prête aussi sa forme souple à l'**utopie*** (Rousseau, *La Nouvelle Héloïse*, 1761) ou à des **débats** d'idées (Diderot, *Jacques le Fataliste*, 1778).

4. L'ESTHÉTIQUE DES LUMIÈRES

L'image au service des Lumières

Certains artistes diffusent les idées des philosophes. L'*Encyclopédie* comporte plusieurs volumes de planches qui illustrent les articles, en montrant les différentes étapes des techniques étudiées et les instruments utilisés. De nombreuses gravures satiriques* circulent pour dénoncer les abus, d'autres célèbrent le mythe de Voltaire ou Rousseau.

Le goût du bonheur

Les architectes privilégient l'agrément et les arts décoratifs se développent. Les peintres représentent des sujets légers (fêtes galantes de Watteau, 1684-1721 ; Boucher, 1703-1770 ; Fragonard, 1732-1806) ou des scènes de la vie quotidienne (Chardin, 1699-1779).

L'expression de la sensibilité

Les artistes s'intéressent à la peinture des passions. Les œuvres de Greuze (1725-1805) sont marquées par le pathétique, Joseph Vernet (1714-1789) et Hubert Robert (1733-1808) annoncent le romantisme par leur technique et leurs sujets (tempêtes, ruines...).

EXERCICES

A Étudier le contexte

1. La société

Usbek à Rhédi, à Venise

À Paris règnent la liberté et l'égalité. La naissance, la vertu, le mérite même de la guerre[1], quelque brillant qu'il soit, ne sauve pas un homme de la foule dans laquelle il est confondu. La jalousie des rangs y est inconnue. On dit que le premier de Paris est celui qui a les meilleurs chevaux à son carrosse.

Un grand seigneur est un homme qui voit le roi, qui parle aux ministres, qui a des ancêtres, des dettes et des pensions. S'il peut, avec cela, cacher son oisiveté par un air empressé ou par un feint attachement pour les plaisirs, il croit être le plus heureux de tous les hommes. [...]

De Paris, le 9 de la lune de Gemmadi 2, 1715.

Montesquieu (1689-1755), *Lettres persanes*, lettre 88, 1721.

1. *le mérite de la guerre* : la valeur militaire.

a) Qui sont l'énonciateur* et le destinataire* du discours ? Quel est le genre de ce texte (aidez-vous du paratexte*) ?

b) Quelle est la date fictive de ce texte ? Quel événement historique important a lieu cette année-là ?

c) Quelles affirmations dans le premier paragraphe vous semblent étonnantes ? Pourquoi ? Comment les comprendre ?

d) Quels sont les éléments essentiels de la critique politique et sociale faite par Montesquieu ?

e) Cette critique est-elle servie par la situation d'énonciation ? Pourquoi ?

B Étudier les valeurs des Lumières

2. La connaissance

a) Que montre la gravure ci-contre, en haut ? Quelle est la fonction des différents personnages représentés ?

b) Quelles connaissances techniques cette image illustre-t-elle ? Faites-en un inventaire le plus précis possible.

c) VERS LE BAC Roland Barthes commente ainsi les planches de l'*Encyclopédie* consacrées aux mines :

Une coupe nous montre sous la nature déserte un réseau puissant de sapes et de filons : une mine est née. Ceci est comme un symbole : l'homme encyclopédique mine la nature entière de signes humains ; dans le paysage encyclopédique, on n'est jamais seul ; au plus fort des éléments, il y a toujours un produit fraternel de l'homme : l'objet est la signature humaine du monde.

Nouveaux essais critiques, « Les planches de l'*Encyclopédie* », 1972.

Quelle action l'homme « encyclopédique » exerce-t-il sur la nature ? À quel grand débat de l'époque des Lumières le commentaire de Roland Barthes renvoie-t-il ? Répondez en un court développement argumenté.

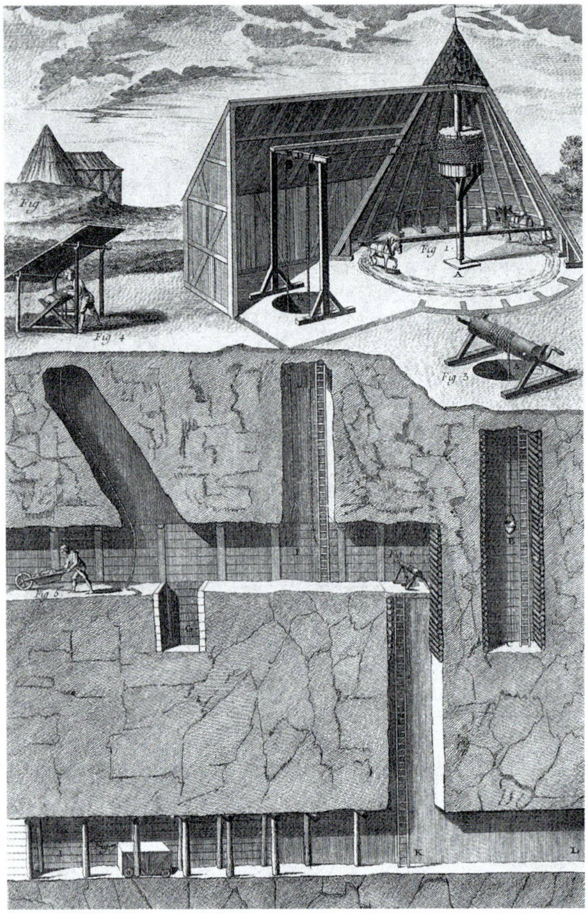

L'*Encyclopédie*, article « Minéralogie », Coupe d'une mine, © Photothèque Hachette-Livre.

3. La figure du philosophe

« La Maison des Délices, vue par-delà les jardins », gravure de Queverdo, 1769, © Photothèque Hachette-Livre.

a) À quel type d'architecture s'apparente la façade de la Maison des Délices (► fig. 3) ? Justifiez votre réponse.

b) Quelles sont les différentes parties du jardin ? À quels principes esthétiques obéit son organisation ?

c) Comment l'espace du jardin est-il délimité ? À quel autre espace s'oppose-t-il ?

d) Des personnages représentés, lequel pourrait être Voltaire ? Pourquoi ?

e) VERS LE BAC Quel célèbre conte de Voltaire s'achève par ces mots : « il faut cultiver notre jardin » ? Lisez ou relisez ce passage : quel est le sens de cette formule ? Pensez-vous que cette gravure puisse en être l'illustration ?

4. L'esprit des Lumières

Il ne resterait enfin qu'un dernier tableau à tracer, celui de nos espérances, des progrès qui sont réservés aux générations futures, et que la constance des lois de la nature semble leur assurer. Il faudrait y montrer par quels degrés ce qui nous paraîtrait aujourd'hui un espoir chimérique doit successivement devenir possible et même facile ; pourquoi, malgré les succès passagers des préjugés, et l'appui qu'ils reçoivent de la corruption des gouvernements ou des peuples, la vérité seule doit obtenir un triomphe durable ; par quels liens la nature a indissolublement uni les progrès des lumières et ceux de la liberté, de la vertu, du respect pour les droits naturels de l'homme ; comment ces seuls biens réels, si souvent séparés qu'on les a crus même incompatibles, doivent au contraire devenir inséparables, dès l'instant où les Lumières auront atteint un certain terme dans un plus grand nombre de nations à la fois, et qu'elles auront pénétré la masse entière d'un grand peuple, dont la langue serait universellement répandue, dont les relations commerciales embrasseraient toute l'étendue du globe.

Condorcet (1743-1794),
Esquisse d'un tableau historique des progrès de l'esprit humain, 1795.

a) Sur quoi le philosophe fonde-t-il sa confiance dans l'avenir de l'homme ?

b) Combien y a-t-il de phrases dans le texte ? Quelle est la structure syntaxique de la deuxième phrase ? Quel effet produit cette structure ?

c) Quels sont les temps utilisés ? Quelles étapes de l'évolution de l'homme permettent-ils de distinguer ?

d) VERS LE COMMENTAIRE En vous appuyant notamment sur l'étude du vocabulaire, répondez aux questions suivantes en deux paragraphes. Quelles valeurs des Lumières apparaissent dans ce texte ? Quelle définition Condorcet propose-t-il de l'esprit des Lumières ?

e) VERS LA DISSERTATION Ce texte de Condorcet est-il prémonitoire ou utopique* ? Quelles réflexions inspire-t-il à un lecteur du XXIe siècle ? Vous répondrez dans un court développement argumenté, en vous référant précisément au texte.

C Étudier l'esthétique des Lumières

5. L'expression de la sensibilité

a) En vous aidant du titre de l'œuvre ci-dessous, dites quelle scène est représentée.

b) Dans quel milieu social se déroule la scène ? Quels détails l'indiquent ?

c) Identifiez les principaux personnages. Quels sentiments variés expriment leurs visages et leurs attitudes ?

d) Diderot dit des figures de ce tableau qu'« elles vont en ondoyant et en pyramidant ». Expliquez et justifiez ce propos en vous appuyant sur une étude précise de la composition du tableau et de la disposition des personnages.

e) ÉCRITURE D'INVENTION On voit souvent dans la jeune fille accoudée, à droite, l'aînée des enfants. Quels sentiments semble-t-elle éprouver ? Vous rédigerez un court monologue intérieur (un paragraphe environ) exprimant ses pensées, à l'instant précis représenté par le peintre.

Jean-Baptiste Greuze (1725-1805), *L'Accordée de village*, 1761, Paris, Musée du Louvre, © RMN / J. G. Berizzi.

6 Le XIXe siècle

LE ROMANTISME

Plus qu'un courant littéraire et artistique, le romantisme désigne une nouvelle manière de penser, de sentir et de vivre qui a profondément marqué tous les domaines de la vie.
Issu de la sensibilité du siècle des Lumières, le mouvement apparaît en Allemagne (Goethe, *Les Souffrances du jeune Werther*, 1774) et en Angleterre. Il connaît son apogée entre 1820 et 1830, mais inspire des œuvres majeures jusque dans la seconde moitié du siècle.

1. LE CONTEXTE

Le contexte politique

Le siècle voit l'avènement difficile de la démocratie. À la chute de Napoléon (1815) se met en place la monarchie constitutionnelle de Louis XVIII, puis Charles X, qui reconnaissent quelques droits démocratiques. En 1830, une révolution populaire permet à la bourgeoisie libérale de porter le roi Louis-Philippe au pouvoir. C'est le début de la Monarchie de Juillet. En 1848, une autre révolution instaure la Seconde République jusqu'au coup d'État du 2 décembre 1851, par lequel Louis Napoléon Bonaparte s'empare du pouvoir. Le régime autoritaire de Napoléon III (le Second Empire) dure jusqu'à la guerre franco-allemande de 1870. En Europe (Italie, Allemagne, Grèce), le romantisme se développe en même temps que des mouvements de libération nationale dont il exalte les valeurs.

Le contexte économique et social

La **révolution industrielle** modifie en profondeur les conditions de travail et le cadre de vie d'une grande partie de la population. L'exode rural amène dans les centres industriels une main d'œuvre abondante et peu qualifiée, aux conditions de vie souvent misérables.

Le contexte intellectuel

Les **progrès scientifiques et techniques** sont nombreux. En même temps, l'ébranlement des structures traditionnelles de la société et l'instabilité politique entraînent **un profond malaise** qu'expriment les artistes romantiques. Après un premier moment d'enthousiasme royaliste, beaucoup sont déçus par la médiocrité de la Restauration et de la Monarchie de Juillet, puis s'opposent à la dictature de Napoléon III (exil de Victor Hugo). **Les écrivains s'engagent** dans la vie politique et y jouent un rôle de premier plan (Chateaubriand, Lamartine, Hugo).

2. LES CARACTÉRISTIQUES DU ROMANTISME

L'affirmation du moi

La crise des valeurs entraîne le repli de l'individu sur lui-même. Le héros romantique, souvent marginal ou révolté, se caractérise par sa **sensibilité exacerbée** et son tempérament passionné. De nombreuses œuvres prennent une forme autobiographique*, qu'il s'agisse de mémoires* (Chateaubriand, *Les Mémoires d'outre-tombe*, 1848) ou de romans (Musset, *La Confession d'un enfant du siècle*, 1836).

Le mal du siècle

Poètes et romanciers expriment **un sentiment de désenchantement et une mélancolie** si fréquents qu'ils finissent par caractériser le siècle. Les désillusions conduisent le héros romantique à préférer la **nature** à une société fausse et décevante. Le spectacle de la nature invite à une réflexion spirituelle ou philosophique (Lamartine, *Méditations poétiques*, 1820 ; Hugo, *Les Contemplations*, 1856) où l'âme romantique peut exprimer un **besoin d'absolu**, amoureux ou religieux.

Le rêve et l'irrationnel

Le **besoin d'évasion** pousse les artistes à voyager et à s'intéresser aux contrées et aux époques lointaines (**goût pour l'Orient, le Moyen Âge**). Le surnaturel et **le fantastique*** séduisent l'imagination (contes de Charles Nodier, Théophile Gautier). Gérard de Nerval explore les confins du rêve et de la folie (*Aurélia*, 1855).

Le mythe de l'artiste

Le romantisme valorise l'acte de création au point de faire de l'artiste **un mage ou un prophète**. L'artiste peut guider les autres hommes car il voit plus loin qu'eux (Vigny, *Chatterton*, 1835).

3. LES GENRES ROMANTIQUES

La poésie

La **poésie lyrique*** s'impose au début du siècle comme le genre romantique par excellence, où s'expriment des sensibilités aussi différentes que celles de Lamartine, Hugo (*Odes et Ballades*, 1826), Vigny (*Poèmes antiques et modernes*, 1826), Musset (*Les Nuits*,1835-37). L'inspiration poétique, ensuite, se diversifie. Elle devient **philosophique** (Vigny, *Les Destinées*, 1860), engagée (Hugo, *Les Châtiments*, 1853) ou **épique*** (Hugo, *La Légende des siècles*, 1859-1883).

Le drame

Le théâtre donne au romantisme un second souffle. Le **drame romantique**, dont Hugo exprime les principes dans la préface de *Cromwell* (1827), se veut aussi libre et varié que la vie. **Il refuse les règles du théâtre classique** (unités d'action, de temps et de lieu) et la distinction entre la comédie et la tragédie, le grotesque et le sublime. Les sujets sont souvent historiques (Musset, *Lorenzaccio*, 1834). En 1830, *Hernani*, un drame de Hugo, est l'occasion d'une bataille retentissante entre partisans et adversaires de la nouvelle forme théâtrale.

Le roman

D'abord principalement consacré à **l'expression de la subjectivité** et aux drames de la passion (Chateaubriand, *Atala*, 1801 ; Benjamin Constant, *Adolphe*, 1816), le roman devient **historique** (Hugo, *Notre-Dame de Paris*, 1831 ; Alexandre Dumas, *Les Trois Mousquetaires*, 1844) ou **social** (Hugo, *Les Misérables*, 1862).

4. L'ART ROMANTIQUE

Une vie culturelle intense

Hommes de lettres, peintres et musiciens se rencontrent dans des groupes ou **cénacles** autour de personnalités, comme Victor Hugo ou Charles Nodier. Quelques-uns sont à la fois écrivains et dessinateurs (Hugo), d'autres écrivent des articles pour la presse (Gautier, Nerval) ou publient leurs œuvres en feuilletons (Dumas). Au moment même où les artistes célèbrent **la vie de bohème** et méprisent l'étroitesse d'esprit des bourgeois, **écrire devient un métier**.

L'esthétique romantique

Les peintres romantiques, comme Géricault (1791-1824) et Delacroix (1798-1863), privilégient **l'expression du mouvement et la couleur.** Ils aiment les sujets pittoresques (l'Orient) et représentent des scènes tirées de l'histoire ou de l'actualité (Géricault, *Le Radeau de la Méduse*, 1819).

Les nouveaux rapports de l'image et du texte

La littérature inspire aussi beaucoup les artistes, d'autant que se multiplient **les livres illustrés** (Gustave Doré, 1832-1883).

RÉALISME ET NATURALISME

Annoncé dès la première moitié du siècle par un intérêt accru pour la représentation et l'analyse de la société, le réalisme* ne devient un courant littéraire et artistique qu'après 1850. Les réalistes ne veulent pas copier la réalité mais la représenter de façon signifiante. L'exigence de vérité qui les caractérise se prolonge dans le naturalisme*, à partir de 1860 environ.

1. LE CONTEXTE

Le contexte politique

En 1848, une révolution renverse la monarchie constitutionnelle de Louis-Philippe et instaure la Seconde République. Par le coup d'État du 2 décembre 1851, Louis Napoléon Bonaparte établit un régime autoritaire, qui évolue vers plus de libéralisme à partir de 1860. Proclamée après la défaite française devant la Prusse en 1870, la Troisième République fonde la démocratie parlementaire et garantit les libertés fondamentales. Ces turbulences politiques amènent certains artistes à **se dégager de l'idéalisme romantique**.

Le contexte économique et social

La **révolution industrielle** bouleverse la vie économique et la société. L'apparition de nouveaux moyens de transport (chemin de fer), le développement du machinisme et du capitalisme (grandes banques) entraîne le développement de centres industriels où s'entasse un prolétariat souvent misérable.

Le contexte intellectuel

L'essor des sciences, en particulier de la biologie (travaux de Darwin, 1809-1882) et de la médecine expérimentale (Claude Bernard, 1813-1878), inspirent **confiance dans le progrès** et conduisent au **positivisme** : seule la raison et la science peuvent expliquer le monde, en excluant tout facteur irrationnel. Ce climat intellectuel conduit les écrivains à vouloir adopter une démarche analogue à celle des savants.

2. LES CARACTÉRISTIQUES DU RÉALISME ET DU NATURALISME

Le souci de vérité

Les réalistes veulent donner **une image fidèle et intelligible du réel,** sans exclure les sujets considérés comme laids ou vulgaires. Leur travail s'appuie sur des recherches approfondies. Flaubert réunit une abondante **documentation** avant d'écrire ses romans, Zola se livre à des enquêtes.

Une démarche scientifique

Les **naturalistes** souhaitent analyser les lois qui s'exercent sur les individus et déterminent leur caractère et leur comportement : **hérédité, milieu, conditions de vie et de travail.** Émile Zola définit la méthode du **roman expérimental,** fondé comme la science sur l'observation des faits et l'expérimentation (*Le Roman expérimental*, 1880).

L'impersonnalité

L'artiste réaliste (Flaubert en particulier) se veut objectif et tente de bannir, ou de contrôler, l'expression de ses sentiments personnels, ce qui implique **une grande attention à la forme** (importance du point de vue, développement des descriptions).

3. LE ROMAN RÉALISTE ET NATURALISTE

Le roman est le genre qui se prête le mieux à la peinture et à l'analyse de la réalité.

Le roman réaliste

Malgré une influence romantique très perceptible (*La Peau de Chagrin*, 1831 ; *Illusions perdues*, 1837-1843), les romans de **Balzac** (1799-1850) témoignent de sa volonté de se faire l'**historien des mœurs**. Dans les quatre-vingt quinze romans de *La Comédie humaine* (1830-1850), Balzac cherche à « faire concurrence à l'état-civil » et décrit divers milieux, en province et à Paris, tout en étudiant les effets des passions.
Cette analyse de la société réapparaît dans les romans de Stendhal (1783-1842). *Le Rouge et le Noir* (1830) et *La Chartreuse de Parme* (1839) montrent l'affrontement d'un héros ambitieux ou exalté et de la médiocre société de la Restauration.

Le roman naturaliste

Zola (1840-1902) présente le cycle des Rougon-Macquart (vingt romans, 1871-1893) comme l'« histoire naturelle et sociale d'une famille sous le second Empire ». Chaque œuvre se déroule dans un milieu différent (le monde des ouvriers parisiens dans *L'Assommoir*, 1877, la mine dans *Germinal*, 1885) et étudie les déterminismes qui s'y exercent.
Les mêmes principes guident le travail des frères **Goncourt** (*Germinie Lacerteux*, 1865). Entre réalisme et naturalisme, Guy de **Maupassant** (1850-1893) a consacré plusieurs romans (*Une vie*, 1883 ; *Bel Ami*, 1885) et de très nombreuses nouvelles (trois cents) à l'analyse de la société et à l'étude psychologique.
L'adéquation du roman aux ambitions réalistes lui fait éclipser les autres genres, à l'exception du théâtre auquel s'intéresse Zola (mises en scènes naturalistes).

4. L'ART RÉALISTE

La peinture à l'origine du mouvement

L'adjectif « réaliste » a d'abord été appliqué aux tableaux de **Gustave Courbet** (1819-1877) par les adversaires de sa peinture. Courbet, dont le tableau, *Un enterrement à Ornans*, fit scandale en 1850, est considéré comme le chef de l'école réaliste.

Les esthétiques réalistes

La volonté de rompre avec les conventions et de peindre le monde tel qu'il est réunit sous l'étiquette réaliste **des artistes aux techniques très différentes** : Millet (*L'Angélus*, 1857), Degas (peintre des danseuses et du monde du spectacle), Manet (*Le déjeuner sur l'herbe*, 1862 ; *Olympia*, 1863).
Vers 1870-1880, les **impressionnistes** opèrent une véritable révolution artistique. Leur souci d'observation porte sur la manière dont l'œil perçoit la lumière et les couleurs. **Monet**, **Renoir**, **Pissarro** peignent en plein air des paysages et des scènes du monde moderne : *Le déjeuner des canotiers* (Renoir, 1881), *La gare Saint-Lazare* (Monet, 1877).

La photographie

Inventée en 1822, perfectionnée par Jacques Daguerre, la photographie se développe pendant la seconde moitié du siècle (photographies de **Nadar**, 1820-1910). Elle exerce une influence plus ou moins directe sur les autres arts. Cette nouvelle technique atteint le but essentiel du réalisme – livrer une image fidèle du réel – et en révèle en même temps les limites.

LE PARNASSE

Le Parnasse est une montagne où les Grecs de l'Antiquité plaçaient le séjour des Muses. Le mouvement parnassien doit son nom à plusieurs recueils de poésie intitulés *Le Parnasse contemporain*, dont le premier fut publié en 1866. Il s'inscrit en réaction contre les excès du lyrisme romantique.

1. LE CONTEXTE POLITIQUE ET INTELLECTUEL

En 1848, une révolution renverse le roi Louis-Philippe et instaure la Seconde République, vite confisquée par le coup d'État de Louis Napoléon Bonaparte (2 décembre 1851). Napoléon III gouverne de façon autoritaire, puis un peu plus souple, jusqu'en 1871.
À cette date commence la Troisième République. Certains artistes, **déçus par l'échec de la révolution de 1848**, préfèrent s'éloigner de la politique et se consacrer à la recherche de la beauté. La poésie parnassienne est aussi influencée par l'esprit positiviste : les poètes veulent **réconcilier l'art et la science** et mettre les connaissances modernes (sciences naturelles, histoire, archéologie) au service de la poésie.

2. LES PRINCIPES DE LA POÉSIE PARNASSIENNE

Le culte de la forme

Une œuvre d'art ne doit pas avoir d'autre finalité que la beauté. La doctrine de « **l'Art pour l'Art** » est formulée pour la première fois par **Théophile Gautier** (1811-1872), un romantique, ami de Hugo, dans la préface de son roman *Mademoiselle de Maupin* (1835), puis dans son poème-manifeste « L'art » (1857). Cette conception, qui exclut le réalisme et l'engagement, est à l'origine du goût parnassien pour les « beaux sujets » (descriptions d'œuvres d'art, évocations de scènes historiques ou mythologiques).

Un art impersonnel

Les Parnassiens refusent la facilité. Le poète doit pouvoir **créer une œuvre techniquement parfaite.** Ils privilégient **une poésie descriptive, souvent pittoresque ou érudite.** Le poète traite son sujet avec détachement et objectivité, en contrôlant l'expression de ses sentiments personnels.

3. LES POÈTES PARNASSIENS

Théophile Gautier apparaît comme l'inspirateur du mouvement (*Émaux et Camées*, 1852), mais le maître du groupe est **Leconte de Lisle** (*Poèmes antiques*, 1852 ; *Poèmes barbares*, 1862 ; *Poèmes tragiques*, 1884). **Théodore de Banville** (*Les Cariatides*, 1842) et **José Maria de Heredia** (*Les Trophées*, 1893) sont les autres figures marquantes d'un mouvement qui réunit des personnalités diverses.

LE SYMBOLISME

Le symbolisme, comme le Parnasse, est un mouvement essentiellement poétique. Il s'inscrit contre le triomphe du positivisme.

1. LE CONTEXTE POLITIQUE, TECHNIQUE ET INTELLECTUEL

Depuis 1871, le gouvernement de la France est **démocratique**. La Troisième République garantit les libertés fondamentales. Les lois de Jules Ferry (1880-1882) instaurent l'école laïque, gratuite et obligatoire. Dans la seconde moitié du siècle, **les progrès scientifiques et techniques** préparent l'avènement du mode de vie moderne. Sur le plan des idées, **le positivisme* triomphe.** À l'expérience et à la raison, le symbolisme oppose en réaction la sensibilité et l'irrationnel.

2. LES PRINCIPES DU SYMBOLISME

Un symbole est un être ou un objet qui représente une idée ou une notion abstraite, à laquelle il est lié par une analogie*. **Le symbolisme développe la fonction symbolique de l'image poétique** et en fait un moyen d'accès à une vérité supérieure.

Un idéalisme

Pour les symbolistes, le monde ne se limite pas à la matière et aux phénomènes physiques. Il est fait de représentations et n'existe qu'en fonction des idées que nous en avons. Le symbole permet de donner une forme à ces idées et d'**atteindre par analogie des vérités inaccessibles au raisonnement logique**.

Un art de la suggestion

La poésie ne doit pas nommer, décrire, mais suggérer. L'évocation d'un paysage permet d'exprimer un état d'âme, d'amener par **impressions** successives le lecteur à la rêverie ou à la réflexion.

La musique

Les sonorités, le rythme et **la musicalité des vers** jouent un rôle essentiel dans cet art de la suggestion. Verlaine explore toutes les potentialités rythmiques du vers (vers impairs*), les recherches de Mallarmé ouvrent la voie à la poésie moderne.

3. LA LITTÉRATURE SYMBOLISTE

La poésie

Les premiers recueils de **Verlaine** (1844-1896) traitent sur un mode nouveau le mal de vivre caractéristique du siècle (*Poèmes saturniens*, 1866 ; *Fêtes galantes*, 1869). Les œuvres suivantes renouvellent la poésie lyrique* en montrant la perméabilité du moi à toutes les impressions en même temps que ses aspirations à un idéal supérieur (*Romances sans paroles*, 1874 ; *Sagesse*, 1881). Dans *Jadis et Naguère* (1884), Verlaine publie un « **Art poétique** », rédigé dès 1874, véritable **manifeste de la poésie symboliste**.

Malgré l'influence de Verlaine, Rimbaud (1854-1891) ne se rattache au courant symboliste que par sa volonté de faire de la poésie un instrument de découverte (*Illuminations*, 1886).

L'œuvre de **Stéphane Mallarmé** (1842-1898) témoigne du désir de se dégager de la réalité pour atteindre l'idéal. Le poème, travaillé, épuré jusqu'à l'abstraction, tend à être la parfaite expression musicale de l'idée.

Tristan Corbière (*Les Amours jaunes*, 1873) et **Jules Laforgue** (*Les Complaintes*, 1885) traitent les thèmes lyriques avec une ironie grinçante et poursuivent les recherches formelles du symbolisme.

Le théâtre

Le drame symboliste ne représente pas la réalité, mais le sens spirituel et mystique de la vie.
L'œuvre majeure est celle de **Maurice Maeterlinck** (*Pelléas et Mélisande*, 1892).
Les premières pièces de Paul Claudel sont symbolistes (*Tête d'or*, 1890).
Avec le cycle d'Ubu, **Alfred Jarry** donne au théâtre symboliste une forme comique, proche de l'absurde* (*Ubu Roi*, 1896).

4. L'ART SYMBOLISTE

L'importance du symbole inspire à **Puvis de Chavannes** (1824-1898) de vastes compositions mythologiques. Les tableaux de **Gustave Moreau** (1826-1898) ont un caractère plus fantastique et visionnaire.

EXERCICES

ROMANTISME

A Étudier le contexte

1. Une génération perdue

Le narrateur décrit dans quel esprit la génération née sous l'Empire arrive à l'âge adulte sous la Restauration.

Alors il s'assit sur un monde en ruines une jeunesse soucieuse. Tous ces enfants étaient des gouttes d'un sang brûlant qui avait inondé la terre ; ils étaient nés au sein de la guerre, pour la guerre. Ils avaient rêvé pendant quinze ans des neiges de Moscou et du soleil des Pyramides ; on les avait trempés dans le mépris de la vie comme de jeunes épées[1]. Ils n'étaient pas sortis de leurs villes, mais on leur avait dit que par chaque barrière[2] de ces villes on allait à une capitale d'Europe. Ils avaient dans la tête tout un monde ; ils regardaient la terre, le ciel, les rues et les chemins ; tout cela était vide, et les cloches de leurs paroisses résonnaient seules dans le lointain.

Alfred de Musset (1810-1857), *La Confession d'un enfant du siècle*, Première partie, II, 1836.

1. *on les avait trempés [...] comme de jeunes épées* : on les avait durcis, comme la lame d'une épée que l'on plonge dans un bain froid pour la rendre plus résistante. 2. *barrière* : porte.

a) Quels sont les temps utilisés dans ce texte ? Quelle est leur valeur ?

b) À quoi font allusion « les neiges de Moscou » et le « soleil des Pyramides » ?

c) Quel type de progression thématique* prédomine ? À quel moment change-t-il ? Quel est l'effet produit ?

d) VERS LE BAC Formulez en une seule phrase l'idée directrice de ce paragraphe.

B Étudier les caractéristiques du romantisme

2. L'expression du moi

a) Quelle est la composition du dessin ci-contre offert par Victor Hugo à sa fille Adèle ?

b) Où le poète a-t-il inscrit ses initiales? Quel est l'effet produit ?

c) Quel sentiment exprime le château en ruine ? À quelles caractéristiques de la sensibilité romantique correspond ce paysage ?

Victor Hugo (1802-1885), *Burg en ruines*, © Photothèque des Musées de la Ville de Paris.

C Étudier la poésie lyrique* romantique

3. Le désir d'absolu

Le poète contemple avec mélancolie un vaste paysage.

Mais peut-être au-delà des bornes de sa sphère[1],
Lieux où le vrai soleil éclaire d'autres cieux,
Si je pouvais laisser ma dépouille à la terre,
Ce que j'ai tant rêvé paraîtrait à mes yeux ?

Là, je m'enivrerais à la source où j'aspire,
Là, je retrouverais et l'espoir et l'amour,
Et ce bien idéal que tout âme désire,
Et qui n'a pas de nom au terrestre séjour !

Que ne puis-je, porté sur le char de l'aurore,
Vague objet de mes vœux, m'élancer jusqu'à toi,
Sur la terre d'exil pourquoi resté-je encore ?
Il n'est rien de commun entre la terre et moi.

Quand la feuille des bois tombe dans la prairie,
Le vent du soir s'élève et l'arrache aux vallons ;
Et moi, je suis semblable à la feuille flétrie :
Emportez-moi comme elle, orageux aquilons[2] !

Lamartine (1790-1869), *Méditations poétiques*, I, « L'isolement », v. 37-52, 1820.

1. *sa sphère* : celle de l'univers. 2. *aquilons* : vents du nord.

a) Quelle figure de style* est utilisée dans les vers 5-6 et 7-8 ? Dans quel registre* s'inscrit-elle ? Relevez d'autres procédés appartenant au même registre.

b) Quels sont les temps et les modes utilisés dans les vers 3 à 6 ? Quelle est leur valeur ?

c) Quelles sont les modalités* de ce texte ? Que constatez-vous ?

d) Quelle opposition expriment les vers 1-2 et 7-8 ? Quels mots sont accentués dans le vers 11 ? À quoi aspire le poète ?

4. Les pouvoirs du poète

Pendant que le marin, qui calcule et qui doute,
Demande son chemin aux constellations ;
Pendant que le berger, l'œil plein de visions,
Cherche au milieu des bois son étoile et sa route ;
Pendant que l'astronome, inondé de rayons,

Pèse un globe à travers des millions de lieues,
Moi, je cherche autre chose en ce ciel vaste et pur.
Mais que ce saphir sombre est un abîme obscur !
On ne peut distinguer, la nuit, les robes bleues
Des anges frissonnants qui glissent dans l'azur.

Victor Hugo (1802-1885), *Les Contemplations*, livre IV, X, 1856.

a) Quelle figure de style* apparaît dans la première strophe ? Quel est le registre* du texte ?

b) Qu'est-ce que le marin, le berger et l'astronome cherchent dans le ciel ? Quelles activités de l'esprit humain symbolisent-ils ?

c) Quel paradoxe* apparaît dans les vers 9-10 ? Que voit le poète ? De quel type de vision s'agit-il ?

d) VERS LE COMMENTAIRE COMPARÉ Lisez le poème de Lamartine proposé dans l'exercice 3 et répondez aux questions posées. Puis faites un commentaire comparé des deux textes en vous aidant du parcours de lecture suivant :

a) Quels sont dans ces deux poèmes les procédés poétiques du lyrisme* ?
b) Lamartine et Hugo donnent-ils la même image du poète ? Pourquoi ?

D Étudier l'esthétique romantique

5. Le mouvement et la couleur

a) Observez la composition du tableau ci-dessous. Quel effet produit la composition en diagonales ?

b) Identifiez les couleurs primaires complémentaires utilisées. Quelles sont les couleurs dominantes ? Quel est l'effet produit ?

c) Quels éléments dans ce tableau évoquent un Orient de rêve ? D'où provient l'impression de sensualité ?

d) Quelle est l'attitude de Sardanapale ? Vous paraît-elle en accord avec le spectacle environnant ? Que suggère une telle attitude ?

▼ Eugène Delacroix (1798-1863), *La Mort de Sardanapale*, 1827. Paris, Musée du Louvre © RMN / Lewandowski.

Impuissant à écraser la révolte qui menace le palais, le roi Sardanapale a ordonné le massacre collectif de ses esclaves et de ses concubines, avant de se donner la mort.

Gustave Courbet (1819-1877), *Un enterrement à Ornans*, 1849, Paris, Musée d'Orsay © RMN / Lewandowski.
Courbet a représenté une partie de la communauté d'Ornans, son village natal, assistant à un enterrement.

RÉALISME ET NATURALISME

E Étudier l'esthétique réaliste

6. Un tableau manifeste

a) Le tableau ci-dessus représente-t-il une scène d'histoire ou une scène de la vie quotidienne ? À quel milieu social appartiennent les personnages ? Quels détails le montrent ?

b) Quelles sont les lignes de force de ce tableau ? Quelle est leur valeur symbolique ?

c) Quelles sont les dimensions de ce tableau ? Le choix de Courbet est-il traditionnel compte tenu du sujet traité ?

d) Quel est l'élément central de la composition ? Quel sens donne-t-il à l'ensemble ?

F Étudier les caractéristiques du réalisme et du naturalisme

7. L'observation réaliste

Un jeune poète, Lucien, se rend pour la première fois chez Mme de Bargeton, une grande dame d'Angoulême.

En arrivant dans la rue du Minage, les choses extérieures n'étonnèrent point Lucien. Ce Louvre[1] tant agrandi par ses idées était une maison bâtie en pierre tendre particulière au pays, et dorée par le temps. L'aspect, assez triste sur la rue, était intérieurement fort simple : c'était la cour de province, froide et proprette ; une architecture sobre, quasi monastique, bien conservée. Lucien monta par un vieil escalier à balustres[2] de châtaignier dont les marches cessaient d'être en pierre à partir du premier étage. Après avoir traversé une antichambre mesquine, un grand salon peu éclairé, il trouva la souveraine[3] dans un petit salon lambrissé de boiseries sculptées dans le goût du dernier siècle et peintes en gris. Le dessus des portes était en camaïeu[4]. Un vieux damas[5] rouge, maigrement accompagné[6], décorait les panneaux. Les meubles de vieille forme se cachaient piteusement sous des housses à carreaux rouges et blancs. Le poète aperçut madame de Bargeton assise sur un canapé à petit matelas piqué, devant une table ronde couverte d'un tapis vert, éclairée par un flambeau de vieille forme, à deux bougies et à garde-vue[7].

Balzac (1799-1850), *Illusions perdues*, Première partie, 1837-1843.

1. *Louvre* : résidence royale à Paris. **2.** *balustres* : courtes colonnettes supportant la rampe. **3.** *la souveraine* : la maîtresse de maison. **4.** *en camaïeu* : dessiné d'une seule couleur. **5.** *damas* : tissu à motifs. **6.** *maigrement accompagné* : assorti à peu de choses. **7.** *garde-vue* : abat-jour.

a) Quelles sont les différentes étapes de la description ? À quoi correspondent-elles ?

b) Qui raconte ? Qui voit ? Le narrateur* et le personnage portent-ils le même regard sur la maison de Mme de Bargeton? Appuyez votre réponse sur l'étude du vocabulaire et des réseaux lexicaux* dominants.

c) Quel est le registre* du texte ? Qu'indique le mot « Louvre » appliqué à la maison de Mme de Bargeton ?

d) Quelle classe sociale Balzac étudie-t-il à travers Mme de Bargeton et sa demeure ? Qu'en dit-il ?

8. L'étude naturaliste du milieu

Le héros, Florent, vient d'être nommé inspecteur aux Halles.

Autour des neuf bancs de criée[1], rôdaient déjà des revendeuses, tandis que les employés arrivaient avec leurs registres, et que les agents des expéditeurs, portant en sautoir des gibecières de cuir, attendaient la recette, assis sur des chaises renversées, contre les bureaux de vente. On déchargeait, on déballait la marée[2], dans l'enceinte fermée des bancs, et jusque sur les trottoirs. C'était, le long du carreau[3], des amoncellements de petites bourriches[4], un arrivage continu de caisses et de paniers, des sacs de moules empilés laissant couler des rigoles d'eau. Les compteurs-verseurs, très affairés, enjambant les tas, arrachaient d'une poignée la paille des bourriches, les vidaient, les jetaient, vivement ; et, sur les larges mannes[5] rondes, en un seul coup de mains, ils distribuaient les lots, leur donnaient une tournure avantageuse. Quand les mannes s'étalèrent, Florent put croire qu'un banc de poissons venait d'échouer là, sur ce trottoir, râlant encore, avec les nacres roses, les coraux saignants, les perles laiteuses, toutes les moires et toutes les pâleurs glauques de l'Océan.

Émile Zola (1840-1902),
Le Ventre de Paris, III, 1873.

1. *bancs de criée* : comptoirs où se font les ventes aux enchères. 2. *la marée* : les arrivages de poisson. 3. *carreau* : endroit des Halles où l'on vend. 4. *bourriches* : paniers. 5. *mannes* : grands paniers.

a) Quel est le type de discours* dominant ? Quelles en sont les principales marques?

b) Quels termes appartiennent au vocabulaire technique des Halles ?

c) Quel est l'enjeu majeur de ce texte ? Est-il encore prédominant dans la dernière phrase ? Pourquoi ?

d) ÉCRITURE D'INVENTION Sur le modèle de ce passage, rédigez un court texte où vous montrerez l'intérêt et l'émerveillement de Florent pour un autre secteur des Halles (marché aux fleurs, aux fruits...). Vous utiliserez quelques termes techniques et vous respecterez la structure et l'énonciation du texte.

PARNASSE ET SYMBOLISME

G Étudier les caractéristiques de la poésie parnassienne

9. Le travail poétique

ÉMAIL

Le four rougit ; la plaque est prête. Prends ta lampe.
Modèle le paillon[1] qui s'irise ardemment,
Et fixe avec le feu dans le sombre pigment
La poudre étincelante où ton pinceau se trempe.

Dis, ceindras-tu de myrte[2] ou de laurier la tempe
Du penseur, du héros, du prince ou de l'amant ?
Par quel Dieu feras-tu, sur un noir firmament,
Cabrer l'hydre écaillée[3] ou le glauque[4] hippocampe ?

Non. Plutôt, en un orbe[5] éclatant de saphir
Inscris un fier profil de guerrière d'Ophir[6],
Thalestris, Bradamante, Aude ou Penthésilée[7] ?

Et pour que sa beauté soit plus terrible encor,
Casque ses blonds cheveux de quelque bête ailée
Et fais bomber son sein sous la gorgone[8] d'or.

José-Maria de Heredia (1842-1905), *Les Trophées*, 1893.

1. *paillon* : plaque de métal servant de fond à un émail translucide. 2. *myrte* : plante consacrée à Vénus. 3. *hydre écaillée* : monstre couvert d'écailles. 4. *glauque* : vert comme la mer. 5. *orbe* : globe. 6. *Ophir* : contrée mythique de l'Orient. 7. *Thalestris, Bradamante...* : héroïnes d'épopées antiques ou médiévales. 8. *gorgone* : monstre mythologique, qui orne ici une armure.

a) Observez les pronoms personnels ainsi que le mode et le temps des verbes. Qui parle ? À qui ? Quelles formes de discours* trouve-t-on dans ce poème ?

b) Quel travail artisanal décrit ce poème ?

c) Quel objet l'artisan produit-il ? À quelle tradition littéraire et artistique appartiennent les personnages évoqués au premier tercet ? Quels jeux de sonorités renforcent l'effet produit par ce choix ?

d) Quelle est la forme du poème ? S'accorde-t-elle avec le sujet choisi ? Justifiez votre réponse.

e) VERS LE BAC De qui l'artisan est-il l'image ? Dans quelle mesure ce poème constitue-t-il un art poétique parnassien ? Répondez dans un développement argumenté.

H Étudier les caractéristiques de la poésie symboliste

10. Un paysage état d'âme

Le rossignol qui du haut d'une branche se regarde dedans, croit être tombé dans la rivière. Il est au sommet d'un chêne et toutefois il a peur de se noyer.
(Cyrano de Bergerac)

L'ombre des arbres dans la rivière embrumée
Meurt comme de la fumée
Tandis qu'en l'air, parmi les ramures réelles,
Se plaignent les tourterelles.

Combien, ô voyageur, ce paysage blême
Te mira blême toi-même,
Et que tristes pleuraient dans les hautes feuillées
Tes espérances noyées !

Mai, juin 72.

Paul Verlaine (1844-1896), *Romances sans paroles*, « Ariettes oubliées », IX, 1874.

a) L'écrivain Cyrano de Bergerac (1619-1655) appartient au courant baroque. À quel thème baroque renvoie l'anecdote du rossignol dans le texte cité en épigraphe* ?

b) Dans le poème de Verlaine, quel procédé lie les vers 1 et 2, puis 3 et 4 ? Quels mots sont ainsi mis en valeur ? Quels sont les réseaux lexicaux* dominants dans le poème ?

c) À quoi tient la musicalité du vers 6 ? Quelle est la nature des rimes, dans l'ensemble de ce poème ? Quel effet cela produit-il ?

d) Quel est le registre* de ce poème ? Justifiez votre réponse.

e) VERS LE BAC Le thème du poème est-il le même que celui de l'épigraphe* ? Qu'exprime le paysage évoqué par Verlaine ? Quels sont les enjeux de cette évocation ?

7 Le XXe siècle

LE DÉBUT DU SIÈCLE ET L'ESPRIT NOUVEAU

1. LE CONTEXTE

La Belle Époque et la montée des périls

De 1900 à 1914, l'Europe est prospère. Les sciences et les techniques se développent (progrès de l'aviation, naissance de l'automobile, utilisation de l'électricité). Malgré les inégalités sociales, la Belle Époque est marquée par le goût du luxe et l'insouciance. Mais, au moment où se cristallisent les rivalités économiques entre grandes puissances européennes, la course à l'armement et la montée des nationalismes rendent la guerre inévitable.

La volonté de modernité

Les artistes ont de plus en plus conscience de vivre dans un monde qui change et les mouvements du siècle précédent semblent dépassés.

2. LE RENOUVEAU LITTÉRAIRE

La poésie et l'esprit nouveau

Apollinaire (1880-1918) réussit la synthèse de la tradition lyrique et de la modernité. Intéressé par la ville et les inventions modernes, ami des peintres cubistes, **le poète renouvelle l'écriture poétique**. Dans *Alcools* (1913), il utilise le vers libre* et supprime la ponctuation. Le recueil *Calligrammes* (1918) propose une nouvelle forme d'écriture, qui allie dessin et poésie. D'autres poètes explorent des voies différentes, marquées par la volonté d'innover (Pierre Reverdy, Max Jacob) et parfois le goût du **cosmopolitisme** (Saint-John Perse, *Éloges*, 1911 ; Blaise Cendrars, *La Prose du Transsibérien*, 1913).

Les nouvelles voies du roman

De nombreux romanciers cherchent à libérer le roman du modèle réaliste. **Marcel Proust** (1871-1922) renouvelle radicalement le genre dans les sept volumes de *À la recherche du temps perdu* (1913-1927). Récit à la première personne de la vocation littéraire du narrateur, la *Recherche* propose une évocation très fouillée de la société contemporaine, présentée selon un point de vue subjectif. **André Gide** (1869-1951) expérimente toutes formes de récits, autobiographiques (*L'Immoraliste*, 1902) ou fantaisistes (*Les Caves du Vatican*, 1914).

Le théâtre

Les drames de **Paul Claudel** (1868-1955) sont influencés par le symbolisme et la foi catholique. Claudel croise dans une même intrigue conflits historiques, passionnels et spirituels. Il place ses héros dans le contexte d'un monde catholique (c'est-à-dire universel au sens étymologique du terme) où Dieu est omniprésent (*Partage de midi*, 1906).

3. LA PEINTURE MODERNE

Les Fauves

Les Fauves, conduits par **Matisse** (1869-1954), ont la passion de la couleur. Ils peignent une nature marquée par l'homme, se distinguant ainsi des impressionnistes plus attirés par ses aspects mouvants (jeux d'eau ou de lumière). **Vlaminck, Derain, Van Dongen** proposent une peinture en rupture avec le monde ancien.

Le cubisme

Préparé par **Paul Cézanne** (1839-1906), le mouvement trouve un second inspirateur avec **Picasso** (*Les Demoiselles d'Avignon*, 1907). **Braque, Léger, Gris, Delaunay** veulent montrer l'objet sous plusieurs angles à la fois en faisant appel à des formes géométriques simples. L'objet est décomposé pour être vu autrement.

L'Art nouveau

Cet **art décoratif qui privilégie les courbes et un décor exubérant**, souvent végétal, se répand dans l'Europe entière. Il touche tous les domaines : toiles de **Klimt** (1862-1918), meubles de Majorelle (1859-1926), entrées de métro de **Guimard** (1867-1942), vases de **Gallé** (1846-1904), etc.

LE SURRÉALISME

1. LE CONTEXTE

Le choc de la Première Guerre mondiale

De 1914 à 1918, la France et l'Allemagne s'opposent dans un conflit où sont entraînés la plupart des pays d'Europe et, à partir de 1917, les États-Unis. **La guerre de tranchées fait des millions de morts**, dont près de 700 000 dans la seule bataille de Verdun en 1916. Les horreurs de la guerre suscitent **un sentiment de dégoût et de révolte** qui s'exprime par le rejet des idées et de l'art du siècle précédent.

L'influence des idées nouvelles

Les futurs surréalistes sont influencés par les travaux de **Freud**, qui découvre l'inconscient et le rôle du rêve dans le psychisme humain. **Le mouvement Dada**, né à Zurich en 1916 sous l'impulsion de **Tristan Tzara**, conteste violemment les formes d'art et les valeurs traditionnelles. Le recours permanent des dadaïstes à la dérision influence **André Breton** et ses amis. Le groupe surréaliste se constitue en 1924, date à laquelle il adopte définitivement son nom et se dote d'une revue, *La Révolution surréaliste.*

2. LES CARACTÉRISTIQUES DU SURRÉALISME

Les principes surréalistes sont exposés par **André Breton** (1896-1966), le chef de file du mouvement, dans le *Manifeste du surréalisme* (1924).

Le refus du réalisme et du roman

Le mouvement ne se présente pas comme une école littéraire, mais comme un mode de vie révolutionnaire qui récuse la tradition dans tous les domaines. Le surréalisme refuse notamment le roman réaliste, dont il condamne les descriptions.

Une nouvelle conception de la poésie

La poésie est une expérience vitale qui permet à chacun d'accéder à son inconscient par **la pratique de l'écriture automatique**, expression affranchie des contraintes rationnelles. Breton élabore aussi **une théorie de l'image**, celle-ci sera d'autant plus forte qu'elle rapprochera des éléments sans rapport logique.

La quête du merveilleux*

Les surréalistes exaltent **l'amour fou, le rêve, la folie**, tout ce qui peut révéler la réalité absolue ou **surréalité**, dont à l'état de veille raisonnable nous ne percevons qu'une partie.

Une entreprise de libération

Influencés par Marx et la révolution russe de 1917, les surréalistes veulent affranchir l'homme des contraintes sociales. Vers 1930, **Paul Éluard** (1895-1952) et **Louis Aragon** (1897-1982) s'orientent vers le communisme et rompent avec Breton, qui refuse d'engager la poésie.

3. POÉSIE ET PROSE SURRÉALISTES

À la suite de Breton, tous les poètes surréalistes s'attachent à faire entendre la voix de l'inconscient (André Breton et Philippe Soupault, *Les Champs magnétiques*, 1920). Ils célèbrent **la femme et l'amour** en vers libres* et en prose* (Robert Desnos, *La Liberté ou l'amour*, 1927 ; Breton, *L'Amour fou*, 1937). L'inspiration lyrique* est particulièrement féconde chez Éluard (*L'Amour, la poésie*, 1929) et Aragon.
Les surréalistes n'écrivent pas de romans, mais des **récits** (Aragon, *Le Paysan de Paris*, 1926 ; Breton, *Nadja*, 1928) où réflexion et prose poétique prennent le pas sur les éléments narratifs.

4. L'ART SURRÉALISTE

La peinture et les autres arts sont un moyen d'expression de l'inconscient. Max Ernst, Salvador Dalí, Joan Miró, Yves Tanguy, Magritte montrent l'affleurement du merveilleux ou transportent le spectateur dans un monde rêvé. Le surréalisme a aussi inspiré photographes (Man Ray) et cinéastes (Luis Buñuel). Son influence sur l'art du XXe siècle a été décisive.

LA LITTÉRATURE ENGAGÉE ET L'EXISTENTIALISME

1. LE CONTEXTE

Entre 1919 et 1939, le discrédit du régime parlementaire en France, la montée des fascismes en Europe provoquent une crise morale qui s'accentue avec les atrocités de la Seconde Guerre mondiale (1939-1945) et perdure après la guerre. Les écrivains s'interrogent sur le sens de la vie et s'engagent politiquement.

2. LA QUÊTE DES VALEURS

Saint-Exupéry et **Montherlant** définissent **un héroïsme moderne**. Les écrivains chrétiens (**Mauriac, Bernanos, Julien Green**) confrontent la société moderne à leur **idéal spirituel** et moral.

Camus et l'absurde

La pensée d'Albert Camus (1913-1960) est dominée par la **conscience de la mort** à laquelle l'homme se sait condamné. Romans (*L'Étranger*, 1942 ; *La Peste*, 1947), pièces de théâtre (*Caligula*, 1945) et essais (*Le Mythe de Sisyphe*, 1942) dénoncent l'**absurdité de la vie humaine** et le scandale du mal. Camus refuse néanmoins le désespoir et propose à l'homme de lutter contre ce qui l'asservit. **L'absurde conduit à la révolte** contre toutes les formes du mal.

Malraux

Les romans d'André Malraux (1901-1976) sont **ancrés dans l'histoire contemporaine.** *L'Espoir* (1937) est largement inspiré de l'engagement personnel de l'auteur dans les rangs républicains espagnols. La lutte contre le franquisme en Espagne et, plus généralement, contre le fascisme n'est pas seulement une nécessité politique : elle rejoint le combat de l'homme pour sa liberté et sa dignité. Après la Seconde Guerre mondiale, Malraux, devenu ministre du général de Gaulle se consacre à la **critique d'art** ; il voit dans l'art le moyen pour l'homme d'échapper aux limites de sa condition.

Céline

Les romans de Louis-Ferdinand Céline (1894-1961), *Voyage au bout de la nuit* (1932) et *Mort à crédit* (1936), tracent un **tableau très sombre de la misère humaine**, en même temps qu'ils renouvellent radicalement l'écriture romanesque. Le rejet de la société contemporaine et du règne de l'argent conduit Céline dans l'impasse de l'antisémitisme et de la collaboration.

Giraudoux

Au théâtre, Jean Giraudoux interroge le caractère **tragique du monde moderne** en réactualisant les mythes* antiques (*La guerre de Troie n'aura pas lieu*, 1935 ; *Électre*, 1937).

3. LES ÉCRIVAINS DE LA RÉSISTANCE

Plusieurs poètes issus du surréalisme (**Aragon, Éluard, Desnos**) participent à la lutte contre l'occupant allemand. L'engagement leur inspire plusieurs recueils lyriques* qui paraissent clandestinement (Aragon, *Le Musée Grévin*, 1943). Ami des surréalistes et activement engagé dans la Résistance, **René Char** (1907-1988) exprime le refus de la fatalité dans *Fureur et Mystère*, publié en 1948.

4. L'EXISTENTIALISME

L'existentialisme n'est pas un mouvement littéraire, mais **un courant philosophique**. Pour **Jean-Paul Sartre** (1905-1980), **l'homme se définit par ses actes** et sa situation dans le monde, c'est-à-dire par son **existence**. L'homme est libre, même s'il essaie parfois d'échapper aux responsabilités que lui impose sa liberté. Sartre a poursuivi sa réflexion philosophique à travers des essais, mais aussi des romans (*La Nausée*, 1938), des pièces de théâtre (*Les Mouches*, 1943 ; *Huis clos*, 1944 ; *Les Mains sales*, 1948) et une autobiographie (*Les Mots*, 1964).

LE THÉÂTRE DE L'ABSURDE

1. LE CONTEXTE

L'après-guerre et la crise des valeurs

Les horreurs de la Seconde Guerre mondiale (camps de concentration, bombes atomiques sur le Japon en 1945), puis les guerres de décolonisation (guerres d'Algérie, 1954-1962, et d'Indochine, 1946-1954) donnent le sentiment que les valeurs de l'humanisme (justice, respect de l'homme) n'ont plus aucun sens. Sartre et Camus constatent chacun à leur manière l'**absurdité du monde**, dont l'homme ne peut comprendre ni justifier l'existence.

Les nouvelles conditions de la vie théâtrale

De nombreuses salles de théâtre ouvrent à Paris et en province. Des subventions de l'État permettent la **création de compagnies** (Théâtre National Populaire de Jean Vilar, compagnie Renaud-Barrault) dont certaines font connaître les auteurs modernes.

2. LES CARACTÉRISTIQUES DU THÉÂTRE DE L'ABSURDE

Un univers tragique et grotesque

Le **théâtre de l'absurde** rompt avec la tradition dramatique. L'univers qu'il décrit est tragique parce que les personnages y sont confrontés à la mort et échouent à trouver un sens à leur destin. Mais l'action se déroule dans des lieux sans grandeur (le bord d'une route, une chambre) et a souvent un aspect cocasse.

La destruction du personnage traditionnel

Peu caractérisés, les personnages du nouveau théâtre sont insignifiants. Ces **anti-héros**, sans passé ni réelle identité, n'existent que par ce qu'ils disent.

La vanité du langage

Le langage n'exprime plus les passions, il ne permet plus d'exercer un pouvoir efficace sur le monde. Les personnages toutefois ne cessent de parler, même s'ils n'ont rien à dire, parce que **la parole est leur dernier moyen d'exister**.

3. LES DRAMATURGES

Samuel Beckett

Les pièces de Beckett (1906-1989) ne développent aucune véritable intrigue, mais représentent **la misère de l'homme**. Les personnages sont condamnés à **l'attente** (*En attendant Godot*, 1953), à l'enfermement (*Fin de partie*, 1957) ou encore à une disparition progressive et inéluctable (*Oh ! les beaux jours*, 1963).

Eugène Ionesco

L'univers où évoluent les personnages de Ionesco (1909-1994) est aussi dérisoire. Chaque pièce montre l'absurde* à l'œuvre : dans la conversation (*La Cantatrice chauve*, 1950), la société (*Rhinocéros*, 1960) ou dans la destinée humaine (*Le roi se meurt*, 1962). Ionesco démonte les mécanismes du langage, analyse et caricature tout ce qui aliène l'homme.

Un nouveau théâtre

Le sentiment persistant de l'absurde et l'abandon des formes dramatiques traditionnelles caractérisent le travail d'autres dramaturges, comme **Jean Tardieu** (*Un mot pour un autre*, 1951) ou **Arthur Adamov** (*Le Ping-Pong*, 1955). L'œuvre de **Jean Genet** (1910-1986), dramaturge, romancier et poète, exprime une véritable fascination pour toutes les formes du mal (*Les Bonnes*, 1947 ; *Les Paravents*, 1961).

LE NOUVEAU ROMAN

1. LE CONTEXTE

La crise politique et sociale

Le choc de la Seconde Guerre mondiale et les guerres de décolonisation entraînent une **remise en cause de l'ordre politique et moral**. En 1958, une réforme de la Constitution marque le début de la Ve République. En **1968**, les événements de mai montrent le décalage qui existe entre les institutions, l'ordre social et une grande partie de la population (étudiants, ouvriers).

La prospérité économique

L'après-guerre voit le début d'une période de prospérité économique (les Trente Glorieuses : 1950-1980) et le développement de la société de consommation.

2. LES CARACTÉRISTIQUES DU NOUVEAU ROMAN

Le Nouveau Roman regroupe des romanciers qui **remettent en question le roman traditionnel**. Ces auteurs sont pour la plupart publiés aux Éditions de Minuit entre 1950 et 1970. Plusieurs d'entre eux ont défini les principes de leur travail dans des textes qui sont devenus des manifestes : Nathalie Sarraute (*L'Ère du soupçon*, 1956), Alain Robbe-Grillet (*Pour un nouveau roman*, 1963) et Michel Butor (*Essais sur le roman*, 1969).

L'invention de nouvelles formes romanesques

Les nouveaux romanciers refusent l'intrigue traditionnelle, ses objectifs réalistes* et ses procédés illusionnistes (narrateur omniscient*, chronologie linéaire, descriptions).

La remise en cause du personnage

Le personnage traditionnel, précisément décrit et représentatif d'un type social ou psychologique, enferme le lecteur dans une vision stéréotypée de la réalité. Les nouveaux romanciers lui préfèrent un **personnage défini par sa subjectivité**, son discours et le regard qu'il porte sur le monde.

3. LES AUTEURS

Des structures musicales

Le roman n'est plus pensé comme une représentation de la réalité, mais comme un texte dont les différents éléments peuvent se répéter et se combiner.

- Les romans de **Samuel Beckett** (*Molloy*, 1951 ; *L'Innommable*, 1953) font de lui un précurseur.
- **Nathalie Sarraute** (1900-1999) étudie les infimes mouvements de la conscience, qui n'affleurent pas dans la conversation mais gouvernent la vie psychologique (*Tropismes*, 1939). Auteur d'une œuvre romanesque (*Le Planétarium*, 1959) et théâtrale abondante, elle revient en 1983 à l'autobiographie (*Enfance*).
- **Alain Robbe-Grillet** (né en 1922, *Les Gommes*, 1953 ; *La Jalousie*, 1957) et **Michel Butor** (né en 1926, *L'Emploi du temps*, 1956 ; *La Modification*, 1957) font naître leur univers romanesque du regard que les personnages portent sur les choses.
- **Claude Simon** (né en 1913) invente une écriture nouvelle. Ses phrases longues, à la ponctuation rare, entraînent le lecteur dans la conscience du personnage. *L'Herbe* (1958), *La Route des Flandres* (1960), *Les Géorgiques* (1981) témoignent de la fascination du romancier pour l'histoire.

• Les romans de **Marguerite Duras** (1914-1996), marqués par l'art de l'ellipse* et la solitude des personnages, se rapprochent souvent de l'esthétique du Nouveau Roman (*Le Ravissement de Lol V. Stein*, 1964).

4. LE NOUVEAU ROMAN ET LE CINÉMA

Au moment où les cinéastes de la Nouvelle Vague renouvellent l'écriture filmique (François Truffaut, *Les Quatre Cents Coups*, 1959 ; Jean-Luc Godard, *À bout de souffle*, 1960), les romanciers s'intéressent au cinéma. **Alain Resnais** travaille avec Alain Robbe-Grillet (*L'Année dernière à Marienbad*, 1961) et Marguerite Duras (*Hiroshima mon amour*, 1959). Les deux romanciers réalisent ensuite seuls de nombreux films.

LA LITTÉRATURE CONTEMPORAINE

1. LE CONTEXTE

Le contexte politique et social

La fin du XXe siècle **remet en cause l'ordre politique et social** établi à la fin de la Seconde Guerre mondiale (chute du mur de Berlin en 1989, disparition de l'URSS en 1991). De nouvelles structures voient le jour, comme l'Union européenne, créée en 1991. Les années 1980 marquent la **fin de la prospérité**. Des crises économiques récurrentes accroissent le chômage et les difficultés sociales.

Le contexte idéologique

La contestation des grands systèmes de pensée qui ont marqué l'après-guerre, comme le marxisme, marque l'entrée dans un nouvel âge, celui de la **post-modernité**. La nouveauté et le changement n'apparaissant plus comme des valeurs sûres, les artistes inventent moins qu'ils ne mélangent ou recomposent.

2. LES TENDANCES DE LA LITTÉRATURE CONTEMPORAINE

Sous l'influence du Nouveau Roman, de nombreux romanciers rompent avec les techniques d'écriture traditionnelles, tout en retrouvant le goût de l'aventure et de l'analyse psychologique (Albert Cohen, *Belle du Seigneur*, 1968 ; Jean Echenoz, *L'Équipée malaise*, 1987). Les mythes* inspirent **Michel Tournier** (*Vendredi ou les Limbes du Pacifique*, 1969). De nombreux récits (► *Les formes autobiographiques*, p. 358) sont écrits à la première personne (Georges Perec, *W ou le Souvenir d'enfance*, 1975 ; Annie Ernaux, *La Place*, 1983). L'évocation des destins individuels éclaire l'histoire d'un siècle riche en tragédies.

La poésie

La poésie contemporaine est marquée par une grande diversité. Dans les années 1970, les membres de l'**Oulipo** (Ouvroir de Littérature Potentielle), dont les plus connus sont **Georges Perec** (1936-1982), **Jacques Roubaud** (né en 1932) ou **Raymond Queneau** (1903-1978), essaient de soustraire la poésie aux aléas de l'inspiration en inventant de nouvelles contraintes formelles. Alors que certains poètes renouvellent le lyrisme* avec **une grande sobriété de moyens** – Eugène Guillevic (1907-1997), Jacques Réda (né en 1929), Philippe Jaccottet (né en 1925) –, d'autres poursuivent des **recherches formelles** plus audacieuses (Denis Roche, né en 1937). De nombreux poètes sont aussi des **critiques**. L'écriture et la réflexion sur la poésie sont très liées dans les œuvres de **Michel Deguy** (né en 1930) ou **Yves Bonnefoy** (né en 1923).

Le théâtre

Le théâtre contemporain associe **écriture et représentation**. Les auteurs (Bernard-Marie Koltès, 1948-1989, *Quai Ouest*, 1985 ; *Dans la solitude des champs de coton*, 1986 ; Michel Vinaver, né en 1927) **remettent en cause les principes dramatiques traditionnels** (illusion théâtrale, distinction des genres, construction du personnage) et inventent, comme Valère Novarina (né en 1942), de nouveaux langages. L'écriture théâtrale, souvent discontinue, exprime **les angoisses sociales et l'inquiétude morale d'une société en crise.**
De nombreux dramaturges travaillent avec les **metteurs en scène** dont le rôle est désormais essentiel (collaboration de Bernard-Marie Koltès et de Patrice Chéreau, d'Hélène Cixous et d'Ariane Mnouchkine).

EXERCICES

André Lhote (1885-1962),
L'Escale, 1913,
Musée d'Art moderne
de la ville de Paris,

A Étudier le renouveau des formes au début du siècle

1. Une nouvelle écriture poétique

Le narrateur est dans un train qui roule vers la Sibérie avec son amie, « la petite Jehanne de France ».

« Dis, Blaise, sommes-nous bien loin de Montmartre ? »
Les inquiétudes
Oublie les inquiétudes
Toutes les gares lézardées obliques sur la route
Les fils télégraphiques auxquelles elles pendent
Les poteaux grimaçants qui gesticulent et les [étranglent
Le monde s'étire s'allonge et se retire comme un accordéon qu'une main sadique tourmente
Dans les déchirures du ciel, les locomotives en furie
S'enfuient
Et dans les trous,
Les roues vertigineuses les bouches les voix
Et les chiens du malheur qui aboient à nos trousses
Les démons sont déchaînés
Ferrailles
Tout est un faux accord
Le broun-roun-roun des roues
Chocs
Rebondissements
Nous sommes un orage sous le crâne d'un sourd...

Blaise Cendrars (1887-1961), *La Prose du Transsibérien*,
© Éditions Gallimard, 1913.

a) Étudiez la situation d'énonciation*. Qui parle au vers 1 ? à qui ? et dans les vers suivants ?

b) Quels termes désignent des éléments du monde moderne ?

c) Quel réseau lexical* apparaît avec la répétition du mot « inquiétudes » ? Quels termes s'y rattachent ?

d) Quelle impression visuelle est rendue au vers 3 ? et au vers 6 ?

e) Le texte est-il ponctué ? Y trouve-t-on des vers réguliers* ? Combien de syllabes comporte le vers 7 ? et le vers 8 ? Quel est l'effet produit ? Quels effets de rythme trouve-t-on dans les vers 12 à 18 ? Que suggèrent-ils ?

f) VERS LE BAC Vous commenterez cet extrait de *La Prose du Transsibérien* en vous aidant du parcours de lecture suivant :

a) Quelle vision Cendrars donne-t-il du monde moderne ?

b) Par quels procédés originaux ou inattendus le poète exprime-t-il le malaise et la peur ?

2. La peinture cubiste

a) Combien de scènes différentes et de parties du décor peut-on distinguer dans cette œuvre ? Comment sont-elles disposées ?

b) Quel rapport pouvez-vous établir entre le titre du tableau et ce qu'il représente ?

c) Combien y a-t-il de personnages féminins dans la partie gauche du tableau ? Comment sont-ils disposés ? Quel est l'effet produit ?

d) Quelle utilisation le peintre fait-il des formes géométriques ? Vous choisirez pour répondre une petite partie du tableau que vous examinerez précisément.

B Étudier les éléments constitutifs du surréalisme

3. La quête du merveilleux*

Le narrateur se promène dans Paris avec Nadja, une jeune femme qui semble douée de pouvoirs étonnants.

Le regard de Nadja fait maintenant le tour des maisons. « Vois-tu, là-bas, cette fenêtre ? Elle est noire, comme toutes les autres. Regarde bien. Dans une minute elle va s'éclairer. Elle sera rouge. » La minute passe. La fenêtre s'éclaire. Il y a, en effet, des rideaux rouges. (Je regrette, mais je n'y puis rien, que ceci passe peut-être les limites de la crédibilité. Cependant, à pareil sujet, je m'en voudrais de prendre parti : je me borne à *convenir* que de noire, cette fenêtre est alors devenue rouge, c'est tout.) J'avoue qu'ici la peur me prend, comme aussi elle commence à prendre Nadja. « Quelle horreur ! Vois-tu ce qui passe dans les arbres ? Le bleu et le vent, le vent bleu. Une seule autre fois j'ai vu sur ces mêmes arbres passer ce vent bleu. C'était là, d'une fenêtre de l'hôtel Henri-IV[1], et mon ami, le second dont je t'ai parlé, allait partir. Il y avait aussi une voix qui disait : Tu mourras, tu mourras. Je ne voulais pas mourir mais j'éprouvais un tel vertige… Je serais certainement tombée si l'on ne m'avait retenue. » Je crois qu'il est grand temps de quitter ces lieux.

André Breton (1896-1966), *Nadja*, © Éditions Gallimard, 1928.

1. Lequel fait face à la maison dont il vient d'être question, ceci toujours pour les amateurs de solutions faciles. (Note d'André Breton).

a) Quels locuteurs s'expriment dans ce texte ? Délimitez les discours de chacun d'eux.

b) Quels pouvoirs Nadja semble-t-elle avoir ? Quelle est sa fonction ? Quel réseau lexical* le montre ?

c) Pourquoi le verbe *convenir* est-il écrit en italique ? Quelle est l'attitude du narrateur* vis-à-vis des faits rapportés ? Quelle explication suggère la note ?

d) Quel est le registre* du texte ? Quels éléments le montrent ?

e) VERS LE BAC Ce texte est-il documentaire ? narratif ? poétique ? Répondez dans un développement organisé d'une vingtaine de lignes.

4. L'image et la métaphore

a) Dans ce tableau, quels éléments sont conformes à la tradition ? Quels éléments constituent une provocation ?

b) Pourquoi les amants sont-ils voilés ? De quoi le voile peut-il être la métaphore ?

René Magritte (1898-1967), *Les Amants*, 1928.
Bruxelles, coll. part., © Bridgeman Giraudon. ADAGP, Paris 2007.

c) Comment les personnages sont-ils vêtus ? Où se trouvent les seules couleurs chaudes du tableau ?

C Étudier la littérature engagée

5. Le point de vue romanesque

Pendant la guerre civile espagnole, Barca et d'autres miliciens républicains attaquent une position tenue par les fascistes.

Ils allaient avoir à traverser vingt mètres de terrain découvert. Au moment où ils quittaient l'oliveraie, les fascistes tournèrent une de leurs mitrailleuses. Les balles piquaient l'air autour de Barca avec leur bruit de guêpes. Il courait vers les fusils, entouré de bourdonnements pointus, invulnérable. Il roula, les deux jambes coupées. Malgré la douleur, il continua à regarder devant lui : la moitié des miliciens étaient tombés et ne se relevaient pas ; l'autre avait passé. À côté de lui, l'épicier du village était mort : l'ombre d'un papillon dansait sur sa figure. La première ligne de ceux des autres camions hésitait au bord de l'oliveraie. Barca commença à entendre des moteurs d'avions – à nous ? à eux ? Tout près de l'endroit où tirait le fusil-mitrailleur, une fusée monta dans le ciel magnifique. Le train blindé cessa de tirer.

André Malraux (1901-1976), *L'Espoir*,
« L'illusion lyrique », II, chapitre II, © Éditions Gallimard, 1937.

a) Dans ce passage, qui raconte ? Quel est le point de vue* adopté ?

b) Relevez les passages au discours rapporté. Qui parle ?

c) Cherchez, dans un dictionnaire, quel personnage célèbre de l'Antiquité a porté le nom de Barca. Quel registre* ce nom suggère-t-il ? Quels éléments du récit relèvent de ce registre ?

d) Où se passe l'action ? Quels sont les éléments du décor ? Quelle est leur fonction symbolique ?

e) VERS LE BAC Cet éloge des combattants républicains vous convainc-t-il ? Pourquoi ? Répondez dans un développement argumenté d'une vingtaine de lignes, en vous référant précisément au texte.

6. La poésie lyrique* et l'engagement

De nombreux poèmes d'Aragon lui ont été inspirés par sa femme Elsa Triolet, elle-même romancière.

Tu me dis Laisse un peu l'orchestre des tonnerres
Car par le temps qu'il fait il est de pauvres gens
Qui ne pouvant chercher dans les dictionnaires
Aimeraient des mots ordinaires
Qu'ils se puissent tout bas répéter en songeant

Si tu veux que je t'aime apporte-moi l'eau pure
À laquelle s'en vont leurs désirs s'étancher
Que ton poème soit le sang de ta coupure
Comme un couvreur sur la toiture
Chante pour les oiseaux qui n'ont où se nicher

Que ton poème soit l'espoir qui dit à suivre
Au bas du feuilleton sinistre de nos pas
Que triomphe la voix humaine sur les cuivres
Et donne une raison de vivre
À ceux que tout semblait inviter au trépas.

Louis Aragon (1897-1982), « Ce que dit Elsa », strophes 5-7, *Les Yeux d'Elsa*, © Seghers, 1942.

a) **Quel type de poésie désignent les mots « orchestre des tonnerres » ? À quel autre type de poésie ce type s'oppose-t-il ? Quelles rimes le montrent ?**

b) **Quelles sont les allusions à l'actualité troublée de 1942 ?**

c) **Quelle mission la femme aimée propose-t-elle au poète ?**

d) **VERS LE BAC Quels éléments dans le choix du vocabulaire, des images, du type de vers et de strophes ou des sonorités révèlent l'engagement du poète ? Répondez dans un court développement argumenté, en vous référant précisément au texte.**

D Étudier le théâtre de l'absurde

7. Le dialogue théâtral

Estragon revient au centre de la scène, regarde vers le fond.

ESTRAGON. — Endroit délicieux. (*Il se retourne, avance jusqu'à la rampe, regarde vers le public.*) Aspects riants. (*Il se tourne vers Vladimir.*) Allons-nous-en.

VLADIMIR. — On ne peut pas.

ESTRAGON. — Pourquoi ?

VLADIMIR. — On attend Godot.

ESTRAGON. — C'est vrai. (*Un temps.*) Tu es sûr que c'est ici ?

VLADIMIR. — Quoi ?

ESTRAGON. — Qu'il faut attendre.

VLADIMIR. — Il a dit devant l'arbre. (*Ils regardent l'arbre.*) Tu en vois d'autres ?

ESTRAGON. — Qu'est-ce que c'est ?

VLADIMIR. — On dirait un saule.

ESTRAGON. — Où sont les feuilles ?

VLADIMIR. — Il doit être mort.

ESTRAGON. — Finis les pleurs.

VLADIMIR. — À moins que ce ne soit pas la saison.

ESTRAGON. — Ce ne serait pas plutôt un arbrisseau ?

VLADIMIR. — Un arbuste.

ESTRAGON. — Un arbrisseau.

VLADIMIR. — Un – (*Il se reprend.*) Qu'est-ce que tu veux insinuer ? Qu'on s'est trompé d'endroit ?

Samuel Beckett (1906-1989), *En attendant Godot*, Acte premier, © Éditions de Minuit, 1953.

a) **Quelles informations le dialogue* apporte-t-il au spectateur ?**

b) **Comment les répliques* s'enchaînent-elles ? Quel est le rythme du dialogue ?**

c) **Quels sont les pronoms utilisés ? Les deux personnages sont-ils caractérisés l'un par rapport à l'autre ? Sont-ils sûrs d'eux ? Quelle est la nature de leurs relations ?**

d) **Quels éléments comiques ou ironiques* apparaissent ? Quel regard l'auteur porte-t-il sur le monde ?**

e) **L'échange fait-il progresser l'action ? De quoi l'attente de Vladimir et Estragon peut-elle être l'image ? Justifiez votre réponse.**

E Étudier le Nouveau Roman

8. Roman et cinéma

Anne-Marie Stretter est un personnage qui apparaît dans plusieurs œuvres de Marguerite Duras. Elle incarne la femme fatale.

Des grillages de tennis sortent du noir. Contre le grillage, une bicyclette de femme – de couleur rouge. C'est désert.

Les voix reconnaissent ces choses qui les effraient :

VOIX 1, sourde exclamation de peur. — Les tennis, déserts...

VOIX 2, id.[1]. — ... La bicyclette rouge d'Anne-Marie Stretter...

Silence.
Un homme est entré dans le parc. Grand, maigre, habillé de blanc. Il marche lentement. Ses pas ne font aucun bruit.

Il regarde autour de lui l'immobilité générale. Longtemps. Essaie de voir à l'intérieur de la maison : personne dans cette maison.

Et puis, regarde quoi ? On ne sait pas tout d'abord. Puis cela se précise : regarde la bicyclette rouge d'Anne-Marie Stretter le long des tennis déserts.

S'approche de la bicyclette. S'arrête. Hésite.
Ne s'approche plus. Fixement, la regarde.

(Les voix sont basses, apeurées.)

VOIX 2. — ... vient chaque nuit...

Temps.

VOIX 1. — Le vice-consul de France à Lahore[2]...

VOIX 2. — Oui. ... en disgrâce à Calcutta...

Silence.
Lentement, l'homme en blanc bouge. Il marche.
Il suit une allée. Il s'éloigne. Disparaît.
Après sa disparition, tout reste en suspens.
Silence. Peur.
Le chant de Savannakhet[3], au loin, innocent.
Puis, DEUX COUPS DE FEU. *Le premier coup de feu fait baisser la lumière. Le deuxième coup de feu l'éteint.*
Silence.
Noir.

Marguerite Duras (1914-1996), *India Song*, I, © Éditions Gallimard, 1973 (*India Song*, film, 1975).

1. *Id* : *idem*, de même. 2. *Lahore* : ville d'Inde. 3. *chant de Savannakhet* : chant d'une mendiante venue de loin.

a) Quels éléments du récit la disposition du texte permet-elle de distinguer ?

b) Quelles informations livrent les voix 1 et 2 ?

c) Quels éléments de ce texte sont ceux d'un scénario ?

d) Quelle impression produit cette scène ? Justifiez votre réponse.

e) VERS LE BAC La première page d'*India Song* porte l'indication « texte théâtre film ». Quels éléments relèvent du théâtre et du cinéma ? Le texte vous semble-t-il présenter un intérêt littéraire?

f) VERS LE BAC Marguerite Duras vous semble-t-elle avoir inventé un nouveau genre littéraire ? Justifiez votre réponse et confrontez-la à celles de vos camarades.

F Étudier le récit contemporain

9. L'écriture autobiographique

Pendant la guerre de 1939-1945, le narrateur, orphelin, a été pensionnaire dans un collège.

Une autre fois, il me semble qu'avec plein d'autres enfants, nous étions en train de faire les foins, quand quelqu'un vint en courant m'avertir que ma tante était là. Je courus vers une silhouette vêtue de sombre qui, venant du collège, se dirigeait vers nous à travers champs. Je m'arrêtai pile à quelques mètres d'elle : je ne connaissais pas la dame qui était en face de moi et qui me disait bonjour en souriant. C'était ma tante Berthe ; plus tard, je suis allé vivre presque un an chez elle ; elle m'a peut-être alors rappelé cette visite, ou bien c'est un événement entièrement inventé, et pourtant je garde avec une netteté absolue le souvenir, non de la scène entière, mais du sentiment d'incrédulité, d'hostilité et de méfiance que je ressentis alors : il reste, aujourd'hui encore, assez difficilement exprimable, comme s'il était le dévoilement d'une « vérité » élémentaire (désormais, il ne viendra à toi que des étrangères ; tu les chercheras et les repousseras sans cesse ; elles ne t'appartiendront pas, tu ne leur appartiendras pas, car tu ne sauras que les tenir à part) dont je ne crois pas avoir fini de suivre les méandres.

Georges Perec (1936-1982), *W ou le souvenir d'enfance*, XXI, © Hachette, 1975.

a) Quel souvenir d'enfance évoque le narrateur* ? Quels temps verbaux sont utilisés dans le récit du souvenir ?

b) Quels sont les deux autres niveaux temporels évoqués ? Quel est le temps utilisé pour chacun d'eux ?

c) Le narrateur est-il certain de l'exactitude des événements rapportés ? Relevez les éléments qui le montrent. Quel est l'effet produit ?

d) Qui parle à l'intérieur de la parenthèse (l. 17 à 20) ? À qui ? Quelle est la fonction de ce discours ?

e) VERS LE BAC En écrivant son autobiographie, Georges Perec essaie-t-il de reconstituer son passé ou de mieux se connaître ? Vous répondrez dans un développement argumenté, en vous référant précisément au texte. Puis, si vous avez étudié d'autres textes autobiographiques, vous comparerez la démarche de Perec à celles des auteurs que vous connaissez.

10. Jeux textuels

Des gangsters préparent un enlèvement.

Tout ne fut pas réglé cet après-midi-là, qui ne fut qu'une répétition de l'action à venir. Tout sera vraiment réglé dans quelques jours, lorsqu'on sortira de Paris par la porte d'Orléans, à bord de l'Alfasud dont le coffre aura paru mieux approprié au transfert de Justine. Plankaert conduira (on va où, au juste ?), Van Os auprès de lui consultera la carte (on change de planque, j'ai trouvé mieux), Toon à l'arrière boudera. Toutes les minutes, prenant un gros élan, Toon projettera ses mâchoires vers un sandwich bourré de feuilles de salade, de lames d'emmental, de tranches de jambon qui dépasseront du pain oblong comme du papier pelure d'un dossier mal classé. La voiture verte quittera l'autoroute à Nemours pour sillonner une rase campagne avec un ciel immense, américain sur le dessus. Le paysage entièrement plat donnera tout de suite sur l'horizon, on distinguera de très loin les rares constructions qui feront signe sur son fil, sur sa ligne, ainsi pourra-t-on lire un texte calme scandé de fermes ponctuelles, d'étangs soulignés, de bourgs en suspension, de châteaux d'eau exclamatifs.

Jean Echenoz (né en 1947), *L'Équipée malaise*, chapitre XXVI, © Éditions de Minuit, 1987.

a) Quels sont les éléments caractéristiques du discours narratif ? Les retrouve-t-on dans ce texte ? Quels temps sont utilisés ? L'événement central du récit est-il raconté en détail ? Quel est l'effet produit ?

b) Qui sont les personnages de ce récit ? Comment sont-ils caractérisés ? À quel type de roman appartiennent-ils ?

c) Quel élément introduit la métaphore* finale ? Cette métaphore contribue-t-elle à rendre l'action vraisemblable ?

d) VERS LE BAC À la parution de *L'Équipée malaise*, un critique littéraire a écrit que Jean Echenoz se livre à la « subversion du roman par déstabilisation douce », c'est-à-dire qu'il n'utilise pas les procédés habituels pour écrire un roman, mais qu'il ne renonce pas pour autant au récit. Le texte vous semble-t-il confirmer cette affirmation ? Répondez dans un développement construit et argumenté, appuyé sur des citations précises du texte.

e) VERS LE BAC Vous préparez l'adaptation au cinéma du roman de Jean Echenoz. Rédigez la partie du scénario correspondant à cette séquence. Vous indiquerez le lieu et la nature de chaque plan (► *Lire et analyser une image*, p. 134), décrirez les actions, gestes, bruits et rédigerez le dialogue.

LE MOYEN ÂGE ET LE XVIe SIÈCLE

Événements		Œuvres littéraires		
	1096-1270 Croisades			**Fin XIe siècle** *La Chanson de Roland* **Fin XIIe siècle** - Marie de France, *Lais* (contes en vers) ; - Béroul et Thomas, *Tristan ;* - Chrétien de Troyes, *Érec et Énide ; Lancelot ou le Chevalier à la charrette, Yvain ou le chevalier au lion* **XIIe-XIIIe siècle :** *Roman de Renart* **Début XIIIe siècle :** *Lancelot-Graal*
1180-1223 **Philippe Auguste**				
1226-1270 **Saint Louis**				
1285-1314 **Philippe le Bel**				**1305** Joinville, *Histoire de Saint Louis* Dante (1265-1321), *La Divine Comédie* Pétrarque (1304-1374), *Canzoniere*
1364-1461 **Charles V** **Charles VI** **Charles VII**	**1337** Début de la guerre de Cent Ans **1429-1431** Jeanne d'Arc **1453** Prise de Constantinople par les Turcs			
1461-1483 **Louis XI**	**1475** Fin de la guerre de Cent Ans			**1463** Villon, *Ballade des pendus* **1465** *Farce de Maître Pathelin* (anonyme)
1498-1515 **Louis XII**	**1492** Découverte de l'Amérique **1494** Début des guerres d'Italie	**L'HUMANISME** **1511** Érasme, *Éloge de la folie*		**1513** Machiavel, *Le Prince*
1515-1547 **François Ier**	**1517** Début de la Réforme de Luther **1519** Cortez conquiert le Mexique **1534** Henri VIII chef de l'Église anglicane **1534** Ignace de Loyola fonde l'ordre des jésuites Début des troubles religieux en France **1541** Calvin à Genève **1543** Copernic découvre l'héliocentrisme	**1516** More, *L'Utopie* **1523** Lefèvre d'Étaples : traduction des Évangiles **1532** Rabelais, *Pantagruel* **1534** Rabelais, *Gargantua*	**LA PLÉIADE**	**1516** L'Arioste, *Roland furieux* **1532** Marot, *L'Adolescence clémentine* **1539** Marguerite de Navarre, *L'Heptaméron* **1544** Scève, *Délie*
1547-1559 **Henri II**	**1545-1563** Concile de Trente	**1546** Rabelais, *Tiers Livre* **1548** Rabelais, *Quart Livre*	**1549** du Bellay, *Défense et Illustration de la langue française* **1552** Ronsard, *Les Amours* **1555** Ronsard, *Continuation des Amours* **1558** du Bellay, *Les Antiquités de Rome, Les Regrets*	**1555** Louise Labé, *Élégies* et *Sonnets*
1559-1560 **François II**				
1560-1574 **Charles IX**	**1562** Début des guerres de Religion **1572** Massacre de la Saint-Barthélemy			
1574-1589 **Henri III**		**1574** La Boétie, *Discours de la servitude volontaire* (posthume) **1580-1595** Montaigne, *Essais*	**1578** Ronsard, *Sonnets pour Hélène*	**1576-1616** d'Aubigné, *Les Tragiques* **1583** Garnier, *Les Juives*
1589-1610 **Henri IV**	**1598** L'Édit de Nantes (en faveur des protestants)			**1592** Shakespeare, *Henri III* **1596** Malherbe, *Odes*

LE XVIIe SIÈCLE

	Événements	Œuvres littéraires	
		LE BAROQUE	
1589-1610 **Henri IV**		**1600** Shakespeare, *Hamlet* **1607-1627** Honoré d'Urfé, *L'Astrée*	
1610-1617 **Régence de Marie de Médicis**		**1614** Cervantès, *Don Quichotte* **1616** d'Aubigné, *Les Tragiques*	
1617-1643 **Louis XIII**	**1618-1648** Guerre de Trente Ans **1624-1642** Richelieu ministre	**1621-1624** Théophile de Viau, *Œuvres poétiques* **1623-1661** Saint-Amant, *Œuvres* **1635** Calderón, *La vie est un songe* **1636** Corneille, *L'Illusion comique*	**LE CLASSICISME** **1637** Corneille, *Le Cid*
1643-1661 **Régence d'Anne d'Autriche**	**1643-1661** Mazarin ministre **1648-1653** La Fronde, révolte des nobles contre le roi	**1649** Voiture, *Œuvres* **1651-1657** Scarron, *Le Roman comique*	**1640** Corneille, *Horace* **1656-1657** Pascal, *Provinciales*
1661-1715 **Louis XIV**	**1672-1678** Guerre de Hollande **1682** La Cour à Versailles **1685** Révocation de l'Édit de Nantes **1686-1697** Guerre de la ligue d'Augsbourg		**1662** Bossuet, *Sermon sur la mort* **1662** Molière, *L'École des femmes* **1664-1678** La Rochefoucauld, *Maximes* **1665** Molière, *Dom Juan* **1666-1668** Boileau, *Satires* **1667** Racine, *Andromaque* **1668-1693** La Fontaine, *Fables* **1669** Molière, *Le Tartuffe* **1669** Guilleragues, *Lettres de la religieuse portugaise* **1669** Racine, *Britannicus* **1670** Pascal, *Pensées* **1674** Boileau, *Art poétique* **1676-1715** Querelle des Anciens et des Modernes **1677** Racine, *Phèdre* **1678** Madame de Lafayette, *La Princesse de Clèves* **1688** La Bruyère, *Caractères* **1696** Madame de Sévigné, première publication de *Lettres* **1699** Fénelon *Les Aventures de Télémaque*

LE XVIIIe SIÈCLE

Événements		Œuvres littéraires	
1661-1715 **Louis XIV**	**1701-1714** Guerre de Succession d'Espagne **1707** Construction du bateau à vapeur de Papin **1715** Mort de Louis XIV		
1715-1723 **Régence de Philippe d'Orléans**	**1716** Law essaye d'imposer l'usage du papier monnaie	**LES LUMIÈRES** **1721** MONTESQUIEU, *Lettres persanes*	**1719** DEFOE, *Robinson Crusoé*
1723-1774 **Louis XV**	**1740-1786** Frédéric II roi de Prusse **1740-1748** Guerre de la Succession d'Autriche **1745** Invention du métier à tisser automatique **1756-1763** Guerre de Sept Ans **1762-1796** Catherine II impératrice de Russie **1766-1769** Voyage de Bougainville	**1734** VOLTAIRE, *Lettres philosophiques* **1747** VOLTAIRE, *Zadig* **1748** MONTESQUIEU, *L'Esprit des lois* **1749** DIDEROT, *Lettre sur les aveugles* **1750-1772** *Encyclopédie* **1755** ROUSSEAU, *Discours sur l'origine de l'inégalité* **1759** VOLTAIRE, *Candide* **1762** ROUSSEAU, *Du contrat social* **1762-1777** DIDEROT, *Le Neveu de Rameau* et *Jacques le Fataliste* **1764** VOLTAIRE, *Dictionnaire philosophique* **1767** VOLTAIRE, *L'Ingénu*	**1723** MARIVAUX, *La Double Inconstance* **1731** PRÉVOST, *Manon Lescaut* **1731-1741** MARIVAUX, *La Vie de Marianne* **1732** VOLTAIRE, *Zaïre* **1740** RICHARDSON, *Pamela* **1757** DIDEROT, *Le Fils naturel* **1760** MACPHERSON, *Poèmes d'Ossian* **1761** ROUSSEAU, *La Nouvelle Héloïse* **1765-1770** ROUSSEAU écrit Les *Confessions*
1774-1792 **Louis XVI**	**1776-1783** Guerre d'Indépendance des États-Unis **1783** Premier aérostat des frères Montgolfier **5 mai 1789** Réunion des États généraux à Versailles **14 juillet 1789** Prise de la Bastille **octobre 1791-septembre 1792** Assemblée législative	**1784** BEAUMARCHAIS, *Le Mariage de Figaro*	**1774** GOETHE, *Les Souffrances du jeune Werther* **1782** LACLOS, *Les Liaisons dangereuses* **1785** CHÉNIER, *Élégies*
1792-1795 **Convention**	**1793** Louis XVI est guillotiné	**1795** CONDORCET, *Esquisse d'un tableau historique des progrès de l'esprit humain*	
1795-1799 **Directoire**	**1799** Bonaparte prend le pouvoir le 18 Brumaire.		

LE XIXe SIÈCLE

Événements		Œuvres littéraires			
		LE ROMANTISME			
1804-1815 **Premier Empire**	**1805** Austerlitz **1812** Campagne de Russie **1815** Les Cent-Jours ; Waterloo	**1802** Chateaubriand, *René* **1812-1818** Byron, *Childe Harold's Pilgrimage*			
1815-1824 **Louis XVIII**		**1820** Lamartine, *Méditations poétiques*	**LE RÉALISME**		
1824-1830 **Charles X**			**1829-1848** Balzac, *La Comédie humaine*		
1830-1848 **Louis-Philippe**	**1830** Révolution de Juillet	**1830** Hugo, *Hernani* **1832** Goethe, *Faust II* **1834** Musset, *Lorenzaccio* **1835-1837** Musset, *Les Nuits* **1837** Mérimée, *La Vénus d'Ille*	**1830** Stendhal, *Le Rouge et le Noir*		
1848-1851 **IIe République**	**1848** Révolution de Février. Mouvements nationaux et révolutionnaires en Europe	**1848** Chateaubriand, *Mémoires d'outre-tombe* **1849** George Sand, *La Petite Fadette*			
1851-1871 **Second Empire**	**2 décembre 1851** Coup d'État de Louis-Napoléon Bonaparte **1860** Invention du moteur à explosion **1861-1865** Guerre de Sécession aux États-Unis	**1854** Nerval, *Les Filles du feu* **1856** Hugo, *Les Contemplations* **1862** Hugo, *Les Misérables* **1864** Vigny, *Les Destinées*	**1857** Flaubert, *Madame Bovary* **LE NATURALISME** **1865** Edmond et Jules de Goncourt, *Germinie Lacerteux*	**1852** Leconte de Lisle, *Poèmes antiques* ; Gautier, *Émaux et Camées* **1857** Baudelaire, *Les Fleurs du mal*	**LE SYMBOLISME** **1866** Verlaine, *Poèmes saturniens*
1871 **IIIe République**	**1870-1871** Guerre avec la Prusse ; Commune de Paris **1878** Invention de la lampe électrique **1882** Lois de Jules Ferry sur l'enseignement obligatoire **1894** Début de l'affaire Dreyfus **1897** Moteur Diesel et premier avion (Adler)	**1874** Hugo, *Quatrevingt-treize*	**1870-1893** Zola, *Les Rougon-Macquart* **1880-1890** Maupassant, *Contes et Nouvelles* **1885** Maupassant, *Bel-Ami*	**1873** Rimbaud, *Une saison en enfer*	**1881** Verlaine, *Sagesse* **1885** Laforgue, *Complaintes* **1889** Claudel, *Tête d'Or* **1899** Mallarmé, *Poésies*

LE XXe SIÈCLE

ÉVÉNEMENTS		ŒUVRES LITTÉRAIRES	
1871-1940 **IIIe République**		**1913** APOLLINAIRE, *Alcools*	
	1914-1918 Première Guerre mondiale	**1913-1927** PROUST, *À la recherche du temps perdu*	
	1917 Révolution russe	**1915** REVERDY, *Poèmes en prose*	**LE SURRÉALISME**
			1919 BRETON et SOUPAULT, *Les Champs magnétiques*
	1922 Mussolini au pouvoir en Italie	**1920** VALÉRY, *Album de vers anciens*	**1924** BRETON, *Premier Manifeste du surréalisme*
		1925 GIDE, *Les Faux-Monnayeurs*	**1926** ARAGON, *Le Paysan de Paris* ÉLUARD, *Capitale de la douleur*
		1927 MAURIAC, *Thérèse Desqueyroux*	**1928** BRETON, *Nadja*
		1929 CLAUDEL, *Le Soulier de satin*	**1930** DESNOS, *Corps et Biens*
		1932 CÉLINE, *Voyage au bout de la nuit*	
	1933 Hitler au pouvoir en Allemagne	**1933** MALRAUX, *La Condition humaine*	
		1934 ARAGON, *Les Cloches de Bâle*	**1934** CHAR, *Le Marteau sans maître*
		1935 GIRAUDOUX, *La guerre de Troie n'aura pas lieu*	**1937** BRETON, *L'Amour fou*
	1939 Début de la Seconde Guerre mondiale	**1939** LEIRIS, *L'Âge d'homme*	
Juillet 1940- **août 1944** **Régime** **de Vichy**	**1941** Entrée en guerre de l'URSS et des États-Unis Occupation - Résistance - Déportations	**1942** ÉLUARD, *Poésie et Vérité* ARAGON, *Les Yeux d'Elsa*	
De Gaulle **à Londres** **Août 1944**	**1944** Libération de la France		
Gouvernement **provisoire**	**1945** Bombes atomiques sur Hiroshima et Nagasaki	**1945** SARTRE, *Huis clos*	

LE XXe SIÈCLE (suite)

Événements		Œuvres littéraires		
1946-1958 **IVe République**	Début de la guerre froide	**1946** Saint-John Perse, *Vents* **1947** Camus, *La Peste*	**LE THÉÂTRE DE L'ABSURDE**	
		1951 Yourcenar, *Mémoires d'Hadrien*	**1950** Ionesco, *La Cantatrice chauve*	**LE NOUVEAU ROMAN**
			1953 Beckett, *En attendant Godot* **1955** Adamov, *Le Ping-pong*	**1953** Robbe-Grillet, *Les Gommes*
		1956 Senghor, *Éthiopiques*		**1957** Butor, *La Modification*
1958 **Ve République**	**1958** De Gaulle élu président de la République	**1958** Primo Levi, *Si c'est un homme*		**1958** Duras, *Moderato Cantabile* **1959** Sarraute, *Le Planétarium*
			1960 Ionesco, *Rhinocéros*	**1960** Simon, *La Route des Flandres*
	1962 Indépendance de l'Algérie			
	1964 Les Américains au Vietnam	**1964** Sartre, *Les Mots*	**OULIPO**	**1964** Duras, *Le Ravissement de Lol V. Stein*
			1967 Perec, *Un homme qui dort*	
	1968 Mouvement de Mai 68	**1968** Cohen, *Belle du seigneur*		
	1969 Démission du général de Gaulle **1969** Premier homme sur la lune		**1969** Perec, *La Disparition*	
			1973 Roubaud, *Trente et un aucube* **1975** Queneau, *Morale élémentaire*	
		1977 Réda, *Les Ruines de Paris*		
		1978 Perec, *La Vie mode d'emploi*		
		1983 Koltès, *Combat de nègre et de chiens*		
	1989 Chute du mur de Berlin			
	1991 Fin de l'URSS			
	1991 La CEE devient l'Union européenne			
		1994 Semprun, *L'Écriture ou la vie*		
		1999 Modiano, *Dora Bruder*		

2 Langue, discours, texte

1. LES MOTS

1. LA FORMATION DES MOTS

La langue française est composée de mots « simples » venus d'autres langues, et de mots « construits », c'est-à-dire formés à partir d'autres mots français. On appelle étymologie l'origine des mots ou l'étude de celle-ci.

1. Les mots simples : héritages et emprunts

• La plupart des mots simples sont hérités du **latin** (*âme<animam, chien<canem, cheval<caballum, fruit<fructum, serf<servum...*) ou du **grec** (*philosophe<philosophos, orchestre<orchestron, photo <photos, la lumière, bible<biblos, le livre...*)

• D'autres viennent du **celte** (*lande, morue*), du francique (*fourreau*), du **germanique** (*ébaucher*). Beaucoup sont empruntés à de nombreuses **langues étrangères** : italien (*piano, carnaval, ballet, caprice, brave*), espagnol (*fanfaron*), arabe (*chiffre, zéro, sirop, épinard*), persan (*caravane*), anglais (*parlement, budget, club, grog*), allemand (*képi, vasistas*).

• Tantôt les mots simples sont **directement empruntés** (*philosophe ; mots souvent savants*), tantôt ils résultent d'une **transmission orale** qui a fait évoluer leur forme (*cheval, fruit*).

• Les écrivains exploitent cette diversité, par exemple en redonnant aux mots leur sens étymologique (*injure* pris au sens étymologique *d'injustice*).

2. Les mots construits

Préfixe et suffixe

• Les mots construits sont constitués d'une **base*** à laquelle s'ajoutent un **préfixe** ou un **suffixe** : le **préfixe** précède la base, le **suffixe** la suit.

• Le **préfixe** modifie le **sens du mot**, mais pas sa catégorie grammaticale :

égal/ *inégal*, faire/ *refaire*, accord/ *désaccord*.

Il a le sens d'une préposition ou d'un adverbe marquant la négation (*in-habituel, mal-adroit/mau-dit, dé-placé/dés-illusion*), le temps, le lieu (*intra-veineuse, outre-tombe*), l'achèvement (*per-sévérer/par-faire*), l'opposition (*anti-dote*), la répétition (*re-passer*).

• Le **suffixe** modifie le sens du mot et lui impose une catégorie grammaticale : selon le suffixe, le mot suffixé devient nom, adjectif, adverbe ou verbe (*inquiet, inquiétant, inquiétude, inquiéter*).

• Certains suffixes ont une **orientation argumentative** :
- suffixes péjoratifs : *-âtre (bellâtre), -aille (ferraille), -ard (flemmard), -asse (vinasse), -ailler (criailler), -asser (traînasser)* ;
- diminutifs : *-et/ette (pauvret), -ot/ote (vieillot), -cule (animalcule), -eter (voleter), -ot(t)er (vivoter)* ;
- superlatif de supériorité : *-issime (richissime)*.

• Les **suffixes nominaux** font passer du concret à l'abstrait : ils marquent l'action ou son résultat (*déplac/ement, organisa/tion, décal/age, par/ade*), la qualité (*âpre/té, délicat/esse, optim/isme*), la quantité ou le contenu (*cuiller/ée, pierr/aille, palme/raie*).

Autres modes de construction

• La création de **noms d'action** à partir de verbes par simple **suppression de la désinence*** d'infinitif (*rêve<rêver, oubli<oublier, jet<jeter*) se développe aujourd'hui dans la langue familière (*la gagne, la bouffe, la triche*), très concrète.

• Les **noms** créés à partir de **verbes** (*le dîner, le rire, le toucher*) ou d'**adjectifs** (*le bleu, le drôle*) sont très courants (verbes ou adjectifs dits « *substantivés* »).

• Un **mot composé** est formé à partir de plusieurs mots, soudés (*portefeuille*) ou non (*pomme de terre*), parfois avec un trait d'union (*abat-jour*).

• Les termes dits **recomposés** réunissent des **éléments** (et non des mots), d'origine le plus souvent grecque, combinés entre eux : *phil/anthrope, anthropo/phage, phil/atéliste, psycho/logue*.

• Le **mot-valise** fusionne deux mots (*franglais, pianocktail, rurbain*).

• La **siglaison** forme un mot par une suite d'initiales en majuscules ou non (*ONU, sida, radar*).

2. LE SENS DES MOTS

1. Le mot est un signe

• Comme signe, le mot a une forme, son **signifiant (sonore et graphique)**. Il a un ou des sens mentionnés dans le dictionnaire : son ou ses **signifiés**.

Quand on emploie un mot, celui-ci renvoie à un élément du monde (réel ou imaginaire) : **son référent**.

LE SIGNIFIÉ

• Le signifié d'un mot comporte :

- sa **dénotation** : ce qu'il désigne ou exprime ;
- sa **connotation** : ses particularités d'emploi : **niveau de langue*, régionalisme*, appréciation subjective** (connotation* méliorative ou péjorative ; connotation affective).

Goinfre signifie *qui mange énormément* (dénotation) ; le mot est **péjoratif** (connotation).

Conseil — Pour expliquer un mot

• **Expliquer** un mot consiste à donner son sens (dénotation* et connotation) dans le **contexte*** ; celui-ci confère parfois de nouvelles connotations au mot : ainsi le mot **ambition** est connoté positivement ou négativement selon les contextes.

• La **définition** d'un mot doit respecter la **catégorie grammaticale** du mot. On explique :
- un nom par un nom ou par un équivalent (« le fait de », « le fait que ») ;
- un adjectif par un adjectif ou par une relative (« qui... ») ;
- un verbe par un verbe ou par une expression verbale (« faire... », « être... », « devenir... », etc.).

• La définition indique la (ou les) **dénotation(s)** du mot et, s'il y en a, ses **connotations**. C'est souvent une **description** (▶ *La description*, p. 239).

2. La polysémie

• Un mot qui a plusieurs sens est dit **polysémique** (un signifiant, plusieurs signifiés) : *cœur* désigne l'organe (*une maladie du cœur*) ou un sentiment (*avoir bon cœur*).

• En général, **les mots courants** (*instruire, solide, cœur*) **sont polysémiques** ; les mots techniques ou rares n'ont qu'un seul sens (*infarctus, barycentre*, etc.).

• Les mots sont polysémiques parce que :

- **Leur sens évolue** dans l'histoire : au XVIIe siècle, le mot *gêne* signifiait *torture*, aujourd'hui il est synonyme de *difficulté, embarras*.
- **Ils sont utilisés de façon imagée** : on distingue alors **sens propre** et **sens figuré** : au **sens propre**, *bouton* appartient d'abord au vocabulaire de la botanique, désignant le bourgeon d'où naît la fleur ; au **sens figuré** par métaphore*, il signifie ensuite un défaut de la peau (*un bouton d'acné*), puis un objet servant à fermer un vêtement (*bouton de chemise*), et enfin la commande d'un appareil.

• La polysémie favorise un **foisonnement du sens**, et parfois des ambiguïtés :

« Voici déjà beau temps que je n'ai plus coutume / De défier la neige et gravir les sommets / Dans l'éblouissement du soleil et des brumes » (Aragon) : polysémie de *beau temps* utilisé au sens *il y a bien longtemps*, mais dont le sens de *temps ensoleillé* entre en résonance avec l'évocation lumineuse qui suit.

• Elle permet des **métaphores***, ou des **jeux de mots** et crée des formules frappantes ou poétiques :

« Le cœur a ses raisons que la raison ne connaît pas » (Pascal, *Pensées*, 1669) : le mot *raison* est utilisé une première fois au sens de *motivations*, puis une seconde fois au sens d'*intelligence rationnelle*.

• La polysémie participe à la **richesse d'une page** de littérature en multipliant son sens, comme dans cette évocation poétique du bruit de la pluie :

« Un concert élémentaire, par sa discrétion plus délicieux et sujet à réflexion, est accordé là depuis l'éternité pour personne » (Francis Ponge, *Le parti pris des choses*, 1942) : jeux polysémiques sur *élémentaire* (qui est composé d'éléments naturels /simple), *discrétion* (qui est composé d'éléments distincts / qui est peu bruyant), *réflexion* (reflet / pensée), *accordé* (donné /en accord musical).

3. VARIÉTÉ DE LA LANGUE : DIFFÉRENTS USAGES DU FRANÇAIS

Pour dire une même chose, on utilise différents mots ou tournures de phrase selon les circonstances. Ce choix relève de la connotation (► Le sens des mots, *p. 59**).*

1. Usage en décalage avec la langue de son époque : archaïsme et néologisme

• Un **archaïsme** est un mot ou une expression qui n'est plus utilisé : *donzelle* (demoiselle), *occire* (tuer), *peu me chaut* (peu m'importe). On y recourt pour susciter le rire ou exprimer une tonalité nostalgique ou poétique.

• Un **néologisme** est un mot nouveau : *positiver, web, internaute* ; les écrivains en créent pour désigner des objets imaginaires (les *coquecigrues* de Rabelais, mot-valise coq/cigogne/grue, animal de pure invention), pour décrire un sentiment personnel ou une notion nouvelle (*mondialisation*) ; certains néologismes entrent dans l'usage (par exemple *surréaliste*, inventé par Apollinaire).

2. Usage lié à une aire géographique : régionalisme

Les **régionalismes** sont des mots ou expressions employés dans une région (*pitchoun* pour dire *petit* dans le sud de la France). Ils désignent aussi des réalités typiques d'une région (le *mas*, construction provençale).

3. Usage lié à une profession ou à un groupe : termes techniques, argot, jargon

• Les **termes techniques** ou **scientifiques** (*drisse*, terme nautique ; *hypoténuse*, terme mathématique) réservés à une profession ou à un groupe forment un **jargon**, c'est-à-dire une langue de spécialistes.

• **L'argot**, appelé aussi « langue verte », fut d'abord le langage codé des voleurs ; c'est pourquoi il est considéré comme du langage familier.

• Les écrivains du XIXe siècle, Zola notamment, ont introduit les jargons et l'argot dans la littérature, dans un souci de **réalisme** ; les écrivains d'aujourd'hui les utilisent dans des **buts plus divers**.

Remarque

Le mot *jargon* est souvent employé avec une connotation péjorative (langage inutilement obscur) ; le mot *argot* est parfois utilisé au sens de *vocabulaire technique* (*un argot de métier*).

4. Usage lié au support de communication : langue écrite / langue orale

• Langue orale et langue écrite relèvent de pratiques différentes : la **communication orale** utilise la voix, est **immédiate** et engage le corps tout entier (regards, gestes, intonations) ; la **communication écrite** utilise le papier, suppose **un certain délai** entre le moment de l'écriture et le moment de la lecture, permet de se relire et de se corriger.

• La **langue orale** a plutôt recours à des phrases simples ; elle utilise l'expressivité des tournures emphatiques de mise en relief (*Pierre, il aime le chocolat* ; ► *Thème et propos*, p. 93). Elle fait souvent des fautes, par exemple en omettant le *ne* de la négation, en alternant *nous* avec *on* (*nous, on est les meilleurs*), en changeant de construction (anacoluthe*) et de sujet sans transition.

• La **langue écrite** respecte davantage la grammaire ; elle utilise des phrases plus longues avec des subordonnées.

5. Usage lié à la situation de communication : les niveaux de langue

Le **niveau de langue** varie selon le degré de familiarité entre les interlocuteurs et se marque par le vocabulaire et par la syntaxe.

On distingue globalement **trois niveaux de langue**, avec des nuances à l'intérieur de chacun d'eux : **soutenu** (*soufflet*), **courant** (*gifle*), **familier** ou **populaire** (*beigne*).

4. LES RÉSEAUX LEXICAUX

Dans la langue, un mot a en général des synonymes, des antonymes, voire des homonymes ou des paronymes ; dans un texte, les mots peuvent aussi être rattachés à des réseaux lexicaux tels que les champs lexicaux et sémantiques. Connaître ces relations, c'est comprendre et utiliser la langue plus efficacement.

1. Synonymie et antonymie

• **Des mots de même catégorie grammaticale et de même sens sont synonymes ; les synonymes exacts** sont très rares (mots très spécialisés, par exemple le champignon appelé *chanterelle* ou *morille*). On trouve plutôt des **synonymes partiels,** qui ont **presque** le même sens (*crier* et *hurler* par exemple).

• Les synonymes sont utiles pour **développer un propos, amplifier** ; le choix du bon synonyme rend un discours plus précis et plus efficace :

« Je me suis montré tel que je fus : méprisable et vil quand je l'ai été ; bon, généreux, sublime, quand je l'ai été. » (Rousseau, *Confessions*, 1765-1770)

• Deux mots de **même catégorie** grammaticale, mais de **sens contraires** sont **antonymes** :

présent/absent, ouvert/fermé, glacial/brûlant, donner/recevoir, époux/épouse, acheter/vendre.

2. Homonymie et paronymie

• **Deux mots de même signifiant (phonique ou graphique) mais de signifiés différents sont homonymes**

- **homophones** : le *car*, le *quart*
- **homographes** : le *car* et *car* conjonction.

Les homonymes sont sources de confusion mais aussi d'inventivité argumentative ou poétique :

« Je boucle la valise... je vais pour prendre le car... je demande à l'employé :
- Pour Caen, quelle heure ?
- Pour où ?
- Pour Caen !
- Comment voulez-vous que je vous dise quand, si je ne sais pas où ? »
(Raymond Devos, *Le car pour Caen*, dans *Matière à rire*, 1956, © O. Orban, 1991)

• **Deux mots d'orthographe ou de prononciation proches sont des paronymes :** *percepteur/précepteur, conjecture/conjoncture.*

3. Champs lexicaux

Les mots se rapportant à un même domaine de sens forment un **champ lexical.** Ils peuvent être de catégories grammaticales différentes.

Le champ lexical de la *pluie* peut être : *averse, bruine, ondée, pleuvoir, bruiner, arroser, éclabousser, mouiller, dégouliner, dégoutter, abreuver, inonder, pluvieux, humide, pluvieusement, glou-glou...*

Selon le contexte, le même mot peut appartenir à des champs lexicaux différents : *vert* peut appartenir au champ lexical des *couleurs* (avec *bleu, jaune, rouge*, par exemple), au champ lexical de la *nature* (avec *humide, aride, fertile*, par exemple).

Relever les champs lexicaux d'un texte permet d'en dégager les thèmes.

4. Champs sémantiques

On appelle **champ sémantique** d'un mot, l'ensemble des sens d'un mot dans le dictionnaire ou dans un texte.

Le champ sémantique de la pluie chez Baudelaire :

« Quand la pluie étalant ses immenses traînées / D'une vaste prison imite les barreaux » (Baudelaire, « Spleen », *Les Fleurs du mal*, 1857) : pour Baudelaire la pluie est monotone et déprimante. Elle signifie barreaux, prison, enfermement sans fin (*barreaux, prison, immenses traînées*).

5. Réseaux de signification

Plusieurs mots créent un **réseau de signification** quand ils ont un élément commun dans leur connotation (par exemple plusieurs mots de connotation péjorative) ou dans leur dénotation : ainsi les mots du vers d'Éluard : « *L'aube allume la source* » ont en commun l'idée de commencement du jour, de la lumière, de la rivière. **Ce réseau de signification diffère du thème (l'aube) et l'enrichit, le précise.**

EXERCICES

A La formation des mots

1. Étudier l'étymologie

Cherchez l'étymologie des mots suivants :

a) Carnage, chair, chaire, chaise, chère (« faire bonne chère »).
b) Murmure, redingote, gêne, chiffre, zéro.
c) Cour, cours, course, court [de tennis].
d) Réciter, récit, récital, récitation, récitatif.

2. Utiliser l'étymologie pour comprendre un mot

Pâtir, passion, patience, passif viennent de mots latins appartenant à la famille du verbe *pati*, « souffrir » : retrouvez la trace de cette origine commune dans le sens de chacun de ces quatre mots.

3. Étudier la formation des mots

À l'aide du dictionnaire, distinguez dans la liste suivante les mots simples et les mots construits : vous préciserez comment le mot est construit en dégageant les différents éléments qui le composent et en donnant leur sens.

Philologue, passeport, subconscient, paratexte, restoroute, sidéen.

4. Utiliser les suffixes

Quels suffixes peut-on ajouter aux mots suivants ? Précisez si le suffixe change la catégorie grammaticale du mot ; donnez le sens de chaque suffixe.

Noir, siffler, lune.

5. Exercice bilan

À l'aide du dictionnaire,

a) Cherchez l'étymologie des mots suivants.

b) Distinguez les mots simples et les mots construits (vous préciserez les éléments qui les composent et donnerez le sens de chaque élément).

c) Dites quelles sont les différences de sens entre les divers noms communs de chaque série.

- Roman, romanesque, romancier, romantique, romancer, romance, roman-feuilleton, antiroman.
- Drame, dramatique, dramatiser, dramatisation, mélodrame, psychodrame.
- Théâtre, théâtral, théâtraliser, théâtralisation.
- Poésie, poème, poète, poétique, poétiser, poétisation, poétiquement, dépoétiser.

B Le sens des mots

6. Distinguer signifiant, signifié et référent

Pour chacun des mots écrits en italique, donnez son signifiant sonore (► *en utilisant l'alphabet phonétique international, que vous trouverez dans un dictionnaire***), son signifié, puis son référent.**

Exemple : le *roi* des animaux : signifiant sonore : [*rwa*] ; signifié : *souverain* ; référent : lion.

- Le *château* de Versailles.
- Lorsqu'il écrit « Les Mémoires d'Outre-Tombe », Chateaubriand choisit ce *titre* avec le plus grand soin.
- « Le magique *tapis* de notre isolement. » (Aragon)
- *Orange* est employé comme nom ou comme adjectif.

7. Étudier le signifiant

Pour qui sont ces serpents qui sifflent sur nos têtes ?
(Racine, *Andromaque*, 1667)

OÙ VA DONC CE TRAIN QUI MEURT
DANS LES VALS ET LES BEAUX BOIS
(Apollinaire, *Calligrammes*, Gallimard, 1925)

Comment le signifiant (sonore ou graphique) renforce-t-il le sens de ces extraits ?

8. Étudier le signifié

a) Quelle est la dénotation commune aux mots de chaque série ?

b) Quels mots sont porteurs de connotations ? Ces connotations indiquent-elles un niveau de langue, un régionalisme ou une appréciation subjective ?

1. Bavardage, conversation, entretien, commérage.
2. Discussion, dispute, engueulade.
3. Orgueilleux, vaniteux, fier.
4. Demeure, maison, bicoque, masure, mas.
5. L'enfant, le petit, le pitchoun.
6. Tuer, assassiner, zigouiller.

9. Expliquer un mot

Expliquez le mot *raison* dans ce vers tiré de la fable de La Fontaine « Le Loup et l'agneau ».

La raison du plus fort est toujours la meilleure.

10. Comparer définition et description

A) Huître : Nom courant de plusieurs espèces de mollusques lamellibranches, à coquille feuilletée ou rugueuse, comestibles ou recherchés pour leur sécrétion minérale (nacre, perle). (*Petit Robert de la Langue Française*, © Dictionnaires Le Robert, 1993)

B) L'huître

L'huître, de la grosseur d'un galet moyen, est d'une apparence plus rugueuse, d'une couleur moins unie, brillamment blanchâtre. C'est un monde opiniâtrement[1] clos. Pourtant on peut l'ouvrir : il faut alors la tenir au creux d'un torchon, se servir d'un couteau ébréché et peu franc, s'y reprendre à plusieurs fois. Les doigts curieux s'y coupent, s'y cassent les ongles : c'est un travail grossier. Les coups qu'on lui porte marquent son enveloppe de ronds blancs, d'une sorte de halos[2]. [...]

Parfois très rare une formule[3] perle[4] à leur gosier de nacre, d'où l'on trouve aussitôt à s'orner.

Francis Ponge (1899-1988),
Le Parti pris des choses, © Éditions Gallimard, 1942.

1. *opiniâtrement* : obstinément. 2. *halo* : auréole lumineuse. 3. *formule* : le mot est pris ici dans son sens étymologique de *petite forme*. 4. *perler* : utilisé à la fois au sens étymologique de *orner de perles*, et au sens actuel de *se présenter sous forme de gouttes semblables à des perles*. Cette phrase évoque la fabrication des perles par les huîtres.

a) Quelles informations donne le texte A sur l'huître ? S'agit-il d'une définition ou d'une description ?

b) Quelles informations présentes dans le texte A se retrouvent dans le texte B ?

c) Quels détails supplémentaires trouve-t-on dans le texte B ?

d) Le texte de Francis Ponge est-il une définition ou une description ?

11. Écrire une définition ou une description

Après avoir lu les deux textes de l'exercice précédent, écrivez à votre tour en quelques lignes deux textes sur un objet quotidien, l'un à la manière d'un article de dictionnaire, l'autre à la manière de Ponge.

12. Étudier la polysémie

En vous aidant d'un dictionnaire, classez les sens des mots « foyer » et « cœur » (sens propre/sens figuré ; concret/abstrait).

13. Exercice bilan

L'ORANGE

Comme dans l'éponge il y a dans l'orange une *aspiration* à *reprendre contenance* après avoir subi *l'épreuve* de *l'expression*. Mais où l'éponge réussit toujours, l'orange jamais : car ses cellules ont éclaté, ses tissus se sont déchirés. Tandis que l'écorce seule se rétablit mollement dans sa forme grâce à son élasticité, un liquide d'ambre s'est répandu, accompagné de rafraîchissement, de parfums suaves, certes, – mais souvent aussi de la conscience *amère* d'une expulsion prématurée de pépins.

Francis Ponge (1899-1988),
Le Parti pris des choses,
© Éditions Gallimard, 1942.

a) Classez les sens des mots polysémiques en italique (sens propre/sens figuré ; concret/abstrait).

b) Comment le poète exploite-t-il la polysémie de ces expressions ?

c) Quel effet produit cet usage polysémique ?

C La variété de la langue

14. Étudier le type d'usage des mots

En vous aidant du dictionnaire, classez les mots ci-dessous dans le tableau suivant (certains peuvent apparaître dans plusieurs cases) :

Aïoli, aligot, astrolabe, biper, bourine, céans, coron, courriel, destrier, duperie, entourloupe, gente dame, gentil seigneur, honnir, hyperbole, maître queux, monospace, ouïr, oxymore, petit-déjeuner, positiver, potache, télécharger, trébuchet, vidéaste.

Archaïsme	Néologisme	Régionalisme	Terme technique	Argot

Niveaux de langue		
soutenu	courant	populaire

15. Étudier la variété de la langue dans un texte littéraire

Le vingt-cinq septembre douze cent soixante-quatre, au petit jour, le duc d'Auge se pointa sur le sommet du donjon de son château pour y *considérer, un tantinet soit peu*, la situation historique. Elle était plutôt floue. Des restes du passé *traînaient* encore çà et là, en vrac. Sur les bords du *ru* voisin, campaient deux Huns. [...]

Tout de suite après, il décida de faire un court voyage et de se rendre dans la ville capitale en petit *arroi*, accompagné seulement de son page Mouscaillot. Parmi ses palefrois, il choisit son *percheron* favori nommé Démosthène parce qu'il parlait, même avec le mors entre les dents.

Raymond Queneau (1903-1976),
Les Fleurs bleues, © Éditions Gallimard, 1965.

a) En vous aidant du dictionnaire, classez les mots en italique dans le tableau suivant (certains peuvent apparaître dans plusieurs cases) :

Archaïsme	Néologisme	Régionalisme	Terme technique	Argot

Niveaux de langue		
soutenu	courant	populaire

b) Quel est l'effet produit par le mélange de ces différents usages ?

D Les réseaux lexicaux

16. Étudier les synonymes

Plage/grève/rivage
Mourir/périr/décéder/s'éteindre/crever
Buter/tuer/assassiner/massacrer
Crier/beugler/hurler/brailler/gueuler/s'époumoner

Haine/antipathie/aversion/exécration/détestation
Bonheur/joie/gaieté

Ces mots sont-ils des synonymes exacts ? Justifiez votre réponse.

17. Trouver des antonymes

Responsable, capable, lester, donner, posséder, grand, riche, élève, vendeur, fille, adulte, moral, social.

a) Trouvez les antonymes de ces mots.

b) Précisez pour chaque couple formé en quoi les mots sont antonymes.

18. Étudier les antonymes

S'adressant au peuple, Victor Hugo lui compare l'Océan.

Il te ressemble ; il est terrible et pacifique.
Il est sous l'infini le niveau magnifique ;
Il a le mouvement, il a l'immensité.
Apaisé d'un rayon et d'un souffle agité,
Tantôt c'est l'harmonie et tantôt le cri rauque.
[...]
Il a la force rude et la grâce superbe ;
Il déracine un roc, il épargne un brin d'herbe ;
Il jette comme toi l'écume aux fiers sommets,
Ô Peuple ; seulement, lui, ne trompe jamais
Quand, l'œil fixe, et debout sur sa grève sacrée,
Et pensif, on attend l'heure de sa marée.

Victor Hugo (1802-1885), *Les Châtiments*, 1853.

a) Relevez les antonymes dans ce texte.

b) Caractérisez l'océan décrit par Hugo.

c) En quoi le peuple et l'océan diffèrent-ils, d'après ce texte ?

19. Étudier les homonymes

Il est grave, il est maire et père de famille,

Verlaine (1844-1896), *Poèmes saturniens*, 1866.

Douce, chère Humilité,
Arrose ma charité,
Trempe-la de tes eaux vives.
Ô mon cœur, que tu ne vives
Qu'aux fins d'une bonne mort !

Verlaine (1844-1896), *Sagesse*, 1880.

BÉLISE
Veux-tu toute ta vie offenser la grammaire ?

MARTINE
Qui parle d'offenser grand' mère ni grand-père ?

Molière (1622-1675), *Les Femmes savantes*, 1672.

a) Relevez les homonymes dans ces textes.

b) Précisez si ce sont des homophones ou des homographes.

c) Dans chacun des textes, déterminez quel effet produit l'homonymie.

20. Observer les champs lexicaux

Les cuisines d'Hamilcar n'étant pas suffisantes, le Conseil leur avait envoyé des esclaves, de la vaisselle, des lits ; et l'on voyait au milieu du jardin comme sur un grand champ de bataille quand on brûle les morts, de grands feux clairs où rôtissaient des bœufs. Les pains saupoudrés d'anis alternaient avec les gros fromages plus lourds que des disques, et les cratères[1] pleins de vin, et les canthares[2] pleins d'eau auprès des corbeilles en filigrane[3] d'or qui contenaient des fleurs. La joie de pouvoir enfin se gorger à l'aise dilatait tous les yeux : çà et là, les chansons commençaient.

D'abord on leur servit des oiseaux à la sauce verte, dans des assiettes d'argile rouge rehaussées de dessins noirs, puis toutes les espèces de coquillages que l'on ramasse sur les côtes puniques[4], des bouillies de froment, de fève et d'orge, et des escargots au cumin, sur des plats d'ambre jaune.

Gustave Flaubert (1821-1880), *Salammbô*, 1862.

1. *cratère* : vase à deux anses, en forme de coupe, dans lequel on mélangeait le vin et l'eau dans l'Antiquité. 2. *canthare* : vase à boire de l'Antiquité, sorte de coupe généralement profonde et largement ouverte, munie d'un pied et de deux grandes anses dépassant le rebord. 3. *filigrane* : ouvrage fait de fils de métal (argent ou or), de fils de verre, entrelacés et soudés. 4. *puniques* : de Carthage.

a) Quels sont les deux champs lexicaux dominants de ce texte ?

b) Quel titre peut-on donner à ce texte ?

21. Étudier et interpréter les champs lexicaux

Je le vis, je rougis, je pâlis à sa vue ;
Un trouble s'éleva dans mon âme éperdue ;
Mes yeux ne voyaient plus, je ne pouvais parler ;
Je sentis tout mon corps et transir[1] et brûler.

Racine (1639-1699), *Phèdre*, 1677.

1. *transir* : être saisi de froid.

a) Dans cet extrait, relevez les deux champs lexicaux dominants, puis comparez-les ; que peut-on en conclure ?

b) Quel vers fait le lien entre les deux champs lexicaux ?

22. Étudier le champ sémantique d'un mot grâce au dictionnaire

Quel est le champ sémantique du mot *révolution* ?

23. Étudier l'utilisation du champ sémantique d'un mot dans un texte

Verlaine s'adresse aux chevaux de bois d'un manège dans une fête populaire.

Tournez au son de l'accordéon,
Du violon, du trombone fous,
Chevaux plus doux que des moutons, doux
Comme un peuple en révolution.

Verlaine (1844-1896), *Sagesse*, III, 17, 1880.

a) Expliquez le mot *révolution* dans ce texte.

b) Quelle atmosphère suggère le champ sémantique de ce mot?

24. Étudier le champ sémantique d'un mot dans un texte

La pluie, dans la cour où je la regarde tomber, descend à des allures très diverses. […] La sonnerie au sol des filets verticaux, le glou-glou des gouttières, les minuscules coups de gong se multiplient et résonnent à la fois en un concert sans monotonie, non sans délicatesse.

Franςis Ponge (1899-1988), « Pluie »,
Le Parti pris des choses, © Éditions Gallimard, 1942.

a) Quels mots composent le champ sémantique de la *pluie* dans ce texte ?

b) Relisez l'extrait de « Spleen » de Baudelaire cité dans la leçon(► p. 61). Les deux poètes ont-ils la même perception de la pluie ?

25. Observer les réseaux de signification

Dans Exercices de style, *Raymond Queneau raconte de plusieurs manières différentes un banal incident dans un autobus, puis une discussion à propos d'un bouton de pardessus. Voici des extraits d'un de ces textes.*

INJURIEUX

Après une attente infecte sous un soleil ignoble, je finis par monter dans un autobus immonde où se serrait une bande de cons. Le plus con d'entre ces cons était un boutonneux au sifflet démesuré qui exhibait un galurin grotesque avec un cordonnet au lieu de ruban. Ce prétentiard se mit à râler parce qu'un vieux con lui piétinait les panards avec une fureur sénile […].

Deux heures plus tard, pas de chance, je retombe sur le même con en train de pérorer avec un autre con devant ce monument dégueulasse qu'on appelle la gare Saint-Lazare. Ils bavardochaient à propos d'un bouton. Je me dis : qu'il le fasse monter ou descendre son furoncle, il sera toujours aussi moche, ce sale con.

Raymond Queneau (1903-1976),
Exercices de style, © Éditions Gallimard, 1947.

a) Relevez les mots composant le réseau* de signification correspondant au titre du texte.

b) Trouvez un autre réseau de signification en identifiant l'usage du français présent dans ce texte.

26. Identifier les réseaux de signification

Du Bellay revient en France après un séjour en Italie.

« Je me ferai savant en la philosophie,
En la mathématique aussi ;
Je me ferai légiste, et, d'un plus haut souci,
Apprendrai les secrets de la théologie ;

Du luth et du pinceau j'ébatterai[1] ma vie,
De l'escrime et du bal ». Je discourais ainsi
Et me vantais en moi d'apprendre tout ceci,
Quand je changeai la France au[2] séjour d'Italie.

Ô beaux discours humains ! Je suis venu si loin
Pour m'enrichir d'ennui, de vieillesse et de soin[3],
Et perdre en voyageant le meilleur de mon âge.

Ainsi le marinier souvent, pour tout trésor,
Rapporte des harengs en lieu de lingots d'or,
Ayant fait comme moi un malheureux voyage.

Joachim Du Bellay (1522-1560),
Les Regrets, 1558.

1. *j'ébatterai* : j'égaierai. 2. *au* : pour le. 3. *soin* : souci.

a) Relevez les mots appartenant au réseau de signification du *savoir*.

b) Relevez les mots appartenant au réseau de signification de la *vanité*.

c) Relevez les mots appartenant au réseau de signification de l'*échec*.

d) Quel est le registre* de ce texte ?

27. Exercice bilan

Cette première pièce exhale une odeur sans nom dans la langue, et qu'il faudrait appeler l'*odeur* de pension. Elle sent le renfermé, le moisi, le rance ; elle donne froid, elle est humide au nez, elle pénètre les vêtements ; elle a le goût d'une salle où l'on a dîné ; elle pue le service, l'office, l'hospice. Peut-être pourrait-elle se décrire si l'on inventait un procédé pour évaluer les quantités élémentaires et nauséabondes qu'y jettent les atmosphères catarrhales[1] et *sui generis*[2] de chaque pensionnaire, jeune ou vieux.

Honoré de Balzac (1799-1850), *Le Père Goriot*, 1835.

1. *catarrhales* : dues aux sécrétions des muqueuses bronchiques, pulmonaires ou nasales. 2. *sui generis* : particulières.

a) Relevez les termes qui appartiennent au champ* lexical de l'*odeur* dans cet extrait.

b) Relevez les termes qui composent le champ* sémantique de l'*odeur* dans cet extrait. Est-il semblable au champ sémantique donné par le dictionnaire ?

c) Quelle est la connotation* dominante ? Quel réseau* de signification crée-t-elle ?

d) Ce texte appartient au début du roman : quelle atmosphère instaure-t-il ?

2. L'ÉNONCIATION

1. ÉNONCÉ ET ÉNONCIATION

1. Énonciation et énoncé

• DÉFINITION

Un **énoncé** oral ou écrit est une suite de mots qui résulte d'une **énonciation**, action pour communiquer avec quelqu'un dans un lieu et à un moment précis.

• SITUATION D'ÉNONCIATION ET INDICES

La **situation d'énonciation** peut se signaler par des **indices d'énonciation** qui indiquent :

- **Le locuteur** (celui qui parle) : désigné par les marques de 1re personne.
- **Le destinataire** (celui à qui est destiné le propos) : désigné par les marques de 2e personne.
- **Le moment et le lieu de l'énonciation** : exprimés par les **compléments de temps et de lieu,** quand ceux-ci permettent de **situer l'énonciation relativement au locuteur** (*ici, là-bas, hier, aujourd'hui, demain, dans un mois, il y a dix ans...*). Les temps verbaux (présent d'actualité, futur, passé composé) (► *Le verbe*, pp. 72-75) peuvent aussi jouer ce rôle.

• ÉNONCÉS ANCRÉS DANS LA SITUATION D'ÉNONCIATION OU COUPÉS DE LA SITUATION D'ÉNONCIATION

• Ces **indices d'énonciation** permettent d'**ancrer l'énoncé dans la situation d'énonciation.**

> Rica à Ibben
> Nous sommes à Paris. [...] Tu ne le croirais pas peut-être : depuis un mois que je suis ici, je n'y ai encore vu marcher personne. (Montesquieu, *Lettres Persanes*, 1721) : *locuteur* = je, *destinataire* = tu, l*e moment de l'énonciation* = depuis un mois, *le lieu de l'énonciation* = ici.

• S'ils sont absents, l'énoncé est **coupé de la situation d'énonciation.**

> Compère le renard se mit un jour en frais,
> Et retint à dîner commère la cigogne.
> (La Fontaine, *Fables*, I, 18, 1668)
>
> Pas de marque du locuteur, ni du destinataire, ni du moment et du lieu de l'énonciation.

2. D'un type d'énoncé à l'autre

Dans un texte, les deux types d'énoncés (ancrés dans la situation d'énonciation ; coupés de la situation d'énonciation) alternent souvent.

• *Un cas particulier* :

Si l'énoncé comporte des **marques de 1re ou 2e personne associées au passé simple**, l'énoncé est généralement **coupé** de la situation d'énonciation (textes à la 1re personne distinguant *je* narrateur et *je* personnage).

> Dès ce moment je cessai de jouir d'un bonheur pur [*non ancré* : je + *passé simple*], et je sens aujourd'hui même que le souvenir des charmes de mon enfance s'arrête là [*ancrage :* aujourd'hui + *présent de l'actualité de l'écriture*]. (Rousseau, *Les Confessions*)

Récapitulation : énoncés ancrés dans la situation d'énonciation, énoncés coupés de la situation d'énonciation

Ancrés dans la situation d'énonciation	**Marques de 1re et 2e personne**	**Compléments de lieu relatifs au locuteur**	**Compléments de temps relatifs au locuteur**	**Temps des verbes**
	Je / me / moi / mon / ma / mien, etc. Tu / te / ton / tien, etc. Nous / notre / nos Vous / votre / vos	Ici, là-bas, dans cet endroit-ci...	Hier, demain, aujourd'hui, dans un mois, il y a un siècle...	Présent d'énonciation, Futur, Passé composé
Coupés de la situation d'énonciation	**Marques de 3e personne** Il / lui / son / leur, etc.	**Compléments de lieu absolus ou non relatifs au locuteur**	**Compléments de temps absolus ou non relatifs au locuteur**	**Temps des verbes**
		À Paris, près de lui, devant la porte, là...	En 1515, le lendemain, la veille, ce jour-là...	Passé simple, Présent de narration.

2. LES DISCOURS RAPPORTÉS

Un locuteur peut rapporter ses propres paroles ou pensées, ou bien celles d'un autre locuteur, en utilisant le discours direct, le discours indirect, le discours indirect libre ou le discours narrativisé.

1. Le discours direct

• Avec le **discours direct**, les propos sont censés être rapportés tels quels :

« Ma femme, es-tu prête ? », cria le sieur Arnoux. (Flaubert, *L'Éducation sentimentale*, 1869)

Les indices d'énonciation et les modalités* (déclarative, interrogative, exclamative) du discours d'origine sont gardés sans être modifiés.

Insertion du discours direct

• Le discours direct est inséré par **au moins un des trois moyens suivants** :

- Un verbe de parole ou de pensée (*dire, expliquer, prétendre, mentir*...), placé avant ou après les propos, ou au milieu du discours direct (en incise*). Il peut être remplacé par un verbe descriptif (*gémir, grogner, soupirer, sursauter, faire*...) :

  « J'ai trop mal », gémissait-il.

- Deux-points à gauche du discours direct.
- Une typographie qui délimite le discours rapporté : guillemets ou tiret :

  Un garçon [...] apporta un billet.
  – Qu'est-ce donc ? [*pas de verbe introducteur ; des tirets*]
  – C'est Deslauriers qui a besoin de moi, dit-il. [*verbe de parole en incise*]
  – Ah ! ton camarade !, fit Mme Moreau avec un ricanement de mépris. [*verbe descriptif en incise*]
  (Flaubert, *L'Éducation sentimentale*, 1869)
  Il courut à la gare ; puis dans le wagon : « J'ai eu tort, peut-être ? Ah bah ! qu'importe ! »
  [*le discours direct est signalé ici par les deux-points et les guillemets*] (Flaubert, *L'Éducation sentimentale*)

• Certains écrivains insèrent le discours direct sans utiliser aucun de ces trois moyens :

Il secoua la tête pour chasser le démon. Assez, ne me tourmente pas, ne me l'abîme pas, laisse-moi mon amour, laisse-moi l'aimer purement, laisse-moi être heureux. (Albert Cohen, *Belle du Seigneur*, 1968)

Utilisation du discours direct

• Dans un **récit**, le narrateur* choisit le discours direct, très vivant, pour des paroles particulièrement **expressives** ou importantes pour la **progression de l'histoire**.

• Dans un discours **argumentatif, informatif ou explicatif**, la citation au discours direct a souvent valeur d'**argument d'autorité*** : « *La langue est la meilleure et la pire des choses* », *a dit Ésope : attention donc à nos paroles* !

Attention : le discours direct ne garantit pas l'exactitude de la citation, il peut résumer ou reformuler :

Maître Renard, par l'odeur alléché,
Lui tint à peu près ce langage :
« Hé ! Bonjour, Monsieur du Corbeau... »
(La Fontaine, *Fables*, 1668)

Une citation très courte qui ne constitue pas une phrase n'est pas du discours direct :

C'est presque toujours ici une expérience « pour voir », comme l'appelle Claude Bernard.
(Émile Zola, *Le Roman expérimental*, 1880)

2. Le discours indirect

• Le **discours indirect** rapporte des propos ou pensées au moyen :

- d'une proposition subordonnée complétive conjonctive :

  Pierre dit *qu'il fallait ouvrir la fenêtre.*

- d'une proposition subordonnée complétive interrogative indirecte ou exclamative indirecte dépendant d'un verbe de parole :

  Pierre demanda *s'il pouvait ouvrir la fenêtre* ; il dit *combien il souffrait de la chaleur.*

- d'un infinitif (précédé de la préposition *de* ou *à*) dépendant d'un verbe exprimant l'ordre :

  Pierre demanda / ordonna / dit *d'ouvrir la fenêtre.*

• Dans le discours indirect, c'est l**a situation d'énonciation* du locuteur narrateur*** qui impose les marques de personne et de temps : **le discours cité en discours indirect devient un énoncé coupé de sa situation d'énonciation**, d'où :

- des changements de personne et de temps déterminés par la situation d'énonciation* du narrateur ;
- le passage obligatoire à la phrase déclarative (ni point d'exclamation ou d'interrogation, ni inversion du sujet).

• Dans le discours indirect, le locuteur ne prétend pas à l'exactitude de la citation ; il intègre les propos dans son discours pour faire progresser son récit ou pour soutenir son argumentation.

3. Le discours indirect libre

Le **discours indirect libre** :

- **rapporte le discours cité sans utiliser une subordonnée complétive** (ou un infinitif) dépendant d'un verbe de parole ;
- **perd le plus souvent les indices d'énonciation* du discours d'origine**, et devient un énoncé coupé de sa situation d'énonciation (comme le discours indirect) ;
- **garde les modalités** exclamative ou interrogative (comme le discours direct) ;
- **peut conserver les autres marques de subjectivité** du discours cité (notamment le vocabulaire) et les compléments de temps et de lieu du discours direct (*ici, là-bas, hier, aujourd'hui, demain,* au lieu de *là, la veille, ce jour-là, le lendemain*).

> Et elle jetait des regards obliques sur la machine à soûler, derrière elle [...]. Une jolie source de poison, une opération qu'on aurait dû enterrer dans une cave, tant elle était effrontée et abominable ! Mais ça n'empêchait pas, elle aurait voulu mettre son nez là-dedans, renifler l'odeur, goûter à la cochonnerie.
> (Émile Zola, *L'Assommoir*, 1877)

En discours direct, on aurait : « ...on devrait (ou aurait dû) enterrer... elle est effrontée... Mais ça n'empêche pas, je voudrais mettre mon nez là-dedans... ».

Le discours indirect libre brouille donc les frontières entre récit et discours rapporté. Le lecteur a du mal à savoir exactement qui, du narrateur* ou du personnage, prend la responsabilité des propos. Le discours indirect libre est souvent ironique*.

4. Le discours narrativisé

Le discours narrativisé raconte le contenu des propos ou des pensées, souvent en les résumant.

> Souvarine [...] se répandit sur la bêtise des socialistes qui acceptent Darwin, cet apôtre de l'inégalité scientifique. (Émile Zola, *Germinal*, 1885)

Les différents types de discours rapportés peuvent se mêler au sein du même texte, du même paragraphe, voire au sein d'une même phrase.

Tableau récapitulatif

	Discours direct	Discours indirect	Discours indirect libre	Discours narrativisé
Type d'énoncé	Ancré dans la situation d'énonciation	Coupé de la situation d'énonciation	En général coupé de la situation d'énonciation	Coupé de la situation d'énonciation
Modalité	Déclarative (.) Interrogative (?) exclamative (!)	Déclarative (.)	Déclarative (.) Interrogative (?) Exclamative (!)	Déclarative (.)
Délimitation du discours rapporté	Deux-points et/ou guillemets, et/ou tiret	Mot subordonnant ou préposition *de* ou *à* devant l'infinitif	ø	ø
Verbe de parole ou de pensée	Non indispensable	Indispensable	Non indispensable	Non indispensable
Concordance des temps avec le discours du narrateur*	Non	Oui	Oui	ø

Concordance des temps

Temps du discours direct	Temps du discours indirect ou indirect libre	
	*Verbe introducteur ou contexte au **présent***	*Verbe introducteur ou contexte au **passé***
Présent	Présent	Imparfait
Imparfait / passé composé	Imparfait / passé composé	Plus-que-parfait
Futur	Futur	Conditionnel passé
Conditionnel présent ou passé	Conditionnel présent ou passé	Conditionnel passé

Exemple : « J'ai acheté mon billet de train, je vais à la gare et j'arriverai bientôt. » / Il dit qu'il a acheté son billet de train, qu'il va à la gare et qu'il arrivera bientôt. / Il a dit qu'il avait acheté son billet, qu'il allait à la gare et qu'il arriverait bientôt.

EXERCICES

A Énonce et énonciation

1. Observer l'énonciation

DAMIS
Votre Monsieur Tartuffe est bien heureux sans doute...

MADAME PERNELLE
C'est un homme de bien, qu'il faut que l'on écoute ;
Et je ne puis souffrir sans me mettre en courroux
De le voir querellé par un fou comme vous.

DAMIS
Quoi ? je souffrirai, moi, qu'un cagot de critique
Vienne usurper céans un pouvoir tyrannique,
Et que nous ne puissions à rien nous divertir,
Si ce beau Monsieur-là n'y daigne consentir ?

DORINE
S'il le faut écouter et croire à ses maximes,
On ne peut faire rien qu'on ne fasse des crimes ;
Car il contrôle tout, ce critique zélé.

MADAME PERNELLE
Et tout ce qu'il contrôle est fort bien contrôlé.
C'est au chemin du Ciel qu'il prétend vous conduire,
Et mon fils à l'aimer vous devrait tous induire.

Molière (1622-1673), *Tartuffe*, Acte I, scène 1, v. 41-55, 1669.

Identifiez le locuteur et le(s) destinataire(s) de chacun des énoncés dans le texte.

2. Distinguer les deux types d'énoncés dans un roman

Texte A

Au moment où cette Scène commence, si la cousine Bette avait voulu se laisser habiller à la mode ; si elle s'était, comme les Parisiennes, habituée à porter chaque nouvelle mode, elle eût été présentable et acceptable ; mais elle gardait la roideur d'un bâton. Or, sans grâces, la femme n'existe point à Paris. Ainsi, la chevelure noire, les beaux yeux durs, la sécheresse du teint qui faisaient de la cousine Bette une figure du Giotto[1], et desquels une vraie Parisienne eût tiré parti, sa mise étrange surtout, lui donnaient une si bizarre apparence, que parfois elle ressemblait aux singes habillés en femme, promenés par les petits Savoyards.

Honoré de Balzac (1799-1850), *La Cousine Bette*, 1846.

1. *Giotto* : peintre italien (XIVe siècle).

Texte B

Paris est né, comme on sait, dans cette vieille île de la Cité qui a la forme d'un berceau. La grève de cette île fut sa première enceinte, la Seine son premier fossé. Paris demeura plusieurs siècles à l'état d'île [...]. Puis, dès les rois de la première race, trop à l'étroit dans son île, et ne pouvant plus s'y retourner, Paris passa l'eau. Alors, au-delà du Grand, au-delà du Petit-Châtelet, une première enceinte de murailles et de tours commença à entamer la campagne des deux côtés de la Seine. De cette ancienne clôture il restait encore au siècle dernier quelques vestiges ; aujourd'hui il n'en reste que le souvenir, et çà et là une tradition.

Victor Hugo (1802-1885), *Notre-Dame de Paris*, 1831.

a) Relevez les indices d'énonciation.

b) Relevez les énoncés ancrés dans la situation d'énonciation ; quel en est le locuteur ?

3. Distinguer les deux types d'énoncés dans une fable

LE CORBEAU ET LE RENARD

Maître Corbeau, sur un arbre perché
Tenait en son bec un fromage.
Maître Renard, par l'odeur alléché,
Lui tint à peu près ce langage :
« Hé ! bonjour Monsieur du Corbeau,
Que vous êtes joli ! Que vous me semblez beau !
Sans mentir, si votre ramage
Se rapporte à votre plumage,
Vous êtes le phénix des hôtes de ces bois. »
À ces mots, le corbeau ne se sent plus de joie ;
Et pour montrer sa belle voix,
Il ouvre un large bec, laisse tomber sa proie.

Jean de La Fontaine (1621-1695), *Fables*, 1668.

a) Pour chaque énoncé de ce texte, relevez les indices d'énonciation et les temps des verbes.

b) Remplissez le tableau suivant :

Énoncé	Ancré dans la situation d'énonciation	Coupé de la situation d'énonciation

4. Distinguer les deux types d'énoncés dans un texte autobiographique

Le roman se présente sous la forme du journal intime d'un pasteur ; voici le début du roman.

10 février 189...

La neige, qui n'a pas cessé de tomber depuis trois jours, bloque les routes. Je n'ai pu me rendre à R... où j'ai coutume depuis quinze ans de célébrer le culte deux fois par mois. Ce matin trente fidèles seulement se sont rassemblés dans la chapelle de La Brévine.
Je profiterai des loisirs que me vaut cette claustration[1] forcée, pour revenir en arrière et raconter comment je fus amené à m'occuper de Gertrude.

J'ai projeté d'écrire ici tout ce qui concerne la formation et le développement de cette âme pieuse, qu'il me semble que je n'ai fait sortir de la nuit que pour l'adoration et l'amour. Béni soit le Seigneur pour m'avoir confié cette tâche.

Il y a deux ans et six mois, comme je remontais de la Chaux-de-Fond, une fillette que je ne connaissais point vint me chercher en toute hâte pour m'emmener à sept kilomètres de là, auprès d'une pauvre vieille qui se mourait. Le cheval n'était pas dételé ; je fis monter l'enfant dans la voiture, après m'être muni d'une lanterne, car je pensai ne pas pouvoir être de retour avant la nuit.

André Gide (1869-1951), *La Symphonie pastorale*,

1. *claustration* : enfermement.

c) Pour chaque énoncé de ce texte, relevez les indices d'énonciation et les temps des verbes.

d) Remplissez le tableau suivant :

Énoncé	Ancré dans la situation d'énonciation	Coupé de la situation d'énonciation

5. Interpréter l'énonciation

Voici un extrait de début de roman.

Comment s'étaient-ils rencontrés ? Par hasard, comme tout le monde. Comment s'appelaient-ils ? Que vous importe ? D'où venaient-ils ? Du lieu le plus prochain. Où allaient-ils ? Est-ce que l'on sait où l'on va ? Que disaient-ils ? Le maître ne disait rien ; et Jacques disait que son capitaine disait que tout ce qui nous arrive de bien et de mal ici-bas était écrit là-haut.

Denis Diderot (1713-1784), *Jacques le Fataliste*, 1778.

a) Pour chaque énoncé, relevez, s'il y en a, les indices d'énonciation et dites quel est le locuteur et quel est le destinataire.

b) En quoi l'énonciation est-elle originale ici ? Que veut ainsi montrer Diderot ?

B Les discours rapportés

6. Observer le discours direct

Texte A

« Le monde est infâme et méchant, dit enfin la vicomtesse. Aussitôt qu'un malheur nous arrive, il se rencontre toujours un ami prêt à venir nous le dire, et à nous fouiller le cœur avec un poignard en nous faisant admirer le manche. Déjà le sarcasme, déjà les railleries ! Ah ! je me défendrai. » Elle releva la tête comme une grande dame qu'elle était, et des éclairs sortirent de ses yeux fiers. « Ah ! fit-elle en voyant Eugène, vous êtes là !

Encore, dit-il piteusement.

Eh bien, monsieur de Rastignac, traitez ce monde comme il mérite de l'être ».

Honoré de Balzac (1799-1850), *Le Père Goriot*, 1835.

Texte B

Comme il [Julien] passait près d'elle [Mathilde] :

— Oui, disait-il au comte Altamira, Danton était un homme !

Ô ciel ! serait-il un Danton, se dit Mathilde ; mais il a une figure si noble, et ce Danton était si horriblement laid, un boucher, je crois. Julien était encore assez près d'elle [...].

— Danton n'était-il pas boucher ? lui dit-elle.

— Oui, aux yeux de certaines personnes, lui répondit Julien avec l'expression du mépris le plus mal déguisé et l'œil encore enflammé de sa conversation avec Altamira, mais malheureusement pour les gens bien nés, il était avocat à Méry-sur-Seine ; c'est-à-dire, Mademoiselle, ajouta-t-il d'un air méchant, qu'il a commencé comme plusieurs pairs que je vois ici. Il est vrai que Danton avait un désavantage énorme aux yeux de la beauté, il était fort laid.

Ces derniers mots furent dits rapidement, d'un air extraordinaire et assurément fort peu poli.

Julien attendit un instant, le haut du corps légèrement penché et avec un air orgueilleusement humble. Il semblait dire : Je suis payé pour vous répondre, et je vis de ma paye. Il ne daignait pas lever l'œil sur Mathilde.

Stendhal (1783-1842), *Le Rouge et le Noir*, 1830.

a) Délimitez les passages en discours direct dans le texte A.

b) Dites pour chacun d'eux quel(s) moyen(s) le narrateur* utilise pour les insérer.

c) Dans le texte B, distinguez les discours directs constituant des dialogues et ceux rapportant des paroles non prononcées.

d) Stendhal utilise-t-il les mêmes marques d'insertion de discours direct dans les deux cas ?

7. Étudier le discours indirect

[Le duc d'Anjou] y entra seul avec le duc de Guise, donnant ordre à tout ce qui le suivait d'aller passer la rivière à un autre endroit et de les venir joindre à Champigny [...]. Sitôt qu'ils furent dans le bateau, le duc d'Anjou lui demanda à quoi ils devaient une si agréable rencontre et ce qu'elle faisait au milieu de la rivière. Elle lui apprit qu'étant partie de Champigny avec le prince, son mari, dans le dessein de le suivre à la chasse, elle [...] était venue sur le bord de la rivière, où la curiosité d'aller voir prendre un saumon qui avait donné dans un filet l'avait fait entrer dans ce bateau.

M. de Guise ne se mêlait point de la conversation et [...] pensait en lui-même qu'il pourrait demeurer aussi bien pris dans les liens de cette belle princesse que le saumon l'était dans les filets du pêcheur.

Mme de La Fayette (1634-1695),
La Princesse de Montpensier, 1662.

a) Relevez les passages en discours indirect.

b) Réécrivez le texte en transcrivant les discours indirects en discours directs (attention aux changements de personne, de temps et parfois de mode !). Variez les moyens d'insertion du discours direct.

8. Étudier le discours indirect libre

Mme Bovary, qui a passé sa jeunesse à lire des romans sentimentaux, est mariée à un modeste officier de santé sans ambition.

Elle se demandait s'il n'y aurait pas eu moyen, par d'autres combinaisons du hasard, de rencontrer un autre homme ; et elle cherchait à imaginer quels eussent été ces événements non survenus, cette vie différente, ce mari qu'elle ne connaissait pas. Tous, en effet, ne ressemblaient pas à celui-là. Il aurait pu être beau, spirituel, distingué, attirant, tels qu'ils étaient sans doute, ceux qu'avaient épousés ses anciennes camarades du couvent. Que faisaient-elles maintenant ? À la ville, avec le bruit des rues, le bourdonnement des théâtres et les clartés du bal, elles avaient des existences où le cœur se dilate, où les sens s'épanouissent. Mais elle, sa vie était froide comme un grenier dont la lucarne est au nord et l'ennui, araignée silencieuse, filait sa toile dans l'ombre à tous les coins de son cœur.

Gustave Flaubert (1821-1880), *Madame Bovary*, 1857.

a) Relevez les paroles rapportées au discours indirect.

b) Où commence le discours indirect libre dans ce texte ? Quels termes l'annoncent ?

c) Quel effet produit le passage du discours indirect au discours indirect libre ?

9. Étudier le discours indirect libre et le discours narrativisé

Pierre, marié à Paulette, a eu un début d'aventure sentimentale avec Blanche, mariée à Ernest, pendant des vacances familiales à la campagne.

Car il ne pensait pas à Blanche. Il ne pensait jamais à Blanche. Avait-il à se venger de Blanche ? Dire qu'il avait cru l'aimer ! Ridicule. Une illusion de collégien. Toute l'affaire tenait dans ce qu'il avait éprouvé la surprise physique du changement. Il savait maintenant trouver cela avec presque n'importe quelle femme... Et pour le reste... Tristan et Isolde ! Faut-il être bête ! Enfin, à la campagne... la solitude.

Mais dire qu'elle aurait pu marcher, accepter la vie commune, et qu'il aurait alors quitté des chaînes usées pour des chaînes neuves ! Brrr. Il en frissonnait. Au fond de l'histoire, sans doute, il y avait bien un regret, une amertume plutôt : mais non point celle qu'on eût pu attendre. L'amertume laissée par le refus, non que Pierre regrettât que Blanche ne se fût pas enfuie avec lui, mais parce qu'il ne pouvait lui pardonner de n'avoir pas quitté son mari, cet homme vulgaire... Et si elle l'avait quitté ? Eh bien, Pierre eût trouvé là cette preuve que tout homme cherche de sa puissance... [...] Il se disait même avec ce cynisme, qui était sa nouvelle manière : « Après ? Je l'aurais laissée choir, voilà tout... » Mais elle n'avait pas quitté Ernest Pailleron.

Louis Aragon (1897-1982), *Les Voyageurs de l'Impériale*,

a) Relevez les marques de discours rapporté. Délimitez les passages en discours indirect libre.

b) Délimitez les passages de discours narrativisé.

10. Exercice bilan

— Je voudrais que nous parlions sérieusement, dit l'agent cadastral. Dans votre intérêt même...

— Dans notre intérêt ? vous l'entendez ? il parle de notre intérêt, dit la mère tournée vers eux, comme au spectacle, pour faire remarquer une réplique. [...]

— Merde, dit Joseph, nous on parle tout ce qu'il y a de sérieusement. C'est vous qui n'êtes pas sérieux. Si vous faisiez votre boulot, vous iriez voir nos barrages. Je vais dire au caporal de préparer la barque. Il faut pas plus de six heures pour tout voir et vous allez tout voir.

L'agent souleva son casque et s'épongea le front. Il était en plein soleil, sur le terre-plein et personne ne l'invitait à monter. Il savait depuis toujours, il savait avant même qu'ils ne fussent commencés que les barrages ne tiendraient pas, n'avaient pas tenu. Ce n'était pas ça qui le préoccupait, mais seulement d'arrêter leurs rires, d'arrêter coûte que coûte cette dégringolade inattendue de toute son autorité dans leurs rires. Ils n'allaient tout de même pas le forcer à descendre aux barrages. Il cherchait vainement à éluder la chose, il regardait de tous les côtés, cherchant une issue. Un rat. Il n'avait évidemment pas l'habitude de voir son pouvoir mis à l'épreuve. Il ne trouvait rien.

Marguerite Duras (1914-1976),
Un Barrage contre le Pacifique,

a) Délimitez les passages en discours direct, en discours indirect, en discours indirect libre, en discours narrativisé.

b) Réécrivez ce texte en transcrivant le discours direct en discours indirect et en discours narrativisé (attention à la concordance des temps).

c) Dans quels cas Marguerite Duras utilise-t-elle le discours indirect libre ? le discours narrativisé ? le discours direct ?

3. LE VERBE

1. LES NOTIONS DE MODE, TEMPS, ASPECT

1. Les modes

• Les **trois modes personnels (indicatif, subjonctif, impératif) sont variables en personne**. Ils peuvent donc marquer la **subjectivité**.

- L'**indicatif** indique que **l'action est tenue pour vraie**. (*Il vient.*)
- Le **subjonctif** indique qu'il s'agit d'une **interprétation** de la réalité. On le trouve surtout dans des subordonnées. En indépendante, il marque essentiellement l'ordre (*Qu'il vienne.*), la supposition (*Soit un triangle ABC.*).
- L'**impératif** exprime ordre, exhortation, suggestion ou conseil. (*Viens !*)

• Les **modes non personnels (infinitif, participe, gérondif)**, contrairement aux modes personnels, ne portent pas de marque de personne et n'ont pas de valeur temporelle. Ils expriment donc difficilement la subjectivité. L'infinitif d'ordre par exemple marque cette absence de subjectivité : *Prendre deux cachets par jour pendant une semaine.*

Remarque

L'infinitif peut être le noyau d'une proposition indépendante interrogative (infinitif délibératif) ou exclamative, exprimant notamment une émotion forte : *Que faire ? Où aller ? Me faire ça !*

2. Les temps

• **Seul l'indicatif a une valeur temporelle**, avec dix temps grammaticaux : **cinq temps simples** (présent, imparfait, passé simple, futur, conditionnel présent) et **cinq temps composés** (passé composé, plus-que-parfait, passé antérieur, futur antérieur, conditionnel passé).

Remarque

Le conditionnel, longtemps considéré comme un mode, est un temps de l'indicatif. Il indique le futur vu du passé.

Les **temps simples de l'indicatif** indiquent à quelle **époque** (passé, actualité, avenir) a lieu l'action par rapport au moment où l'on parle.

Les **temps composés** expriment l'antériorité par rapport aux temps simples correspondants.

• Mis à part l'indicatif, les modes sont **non temporels** : leurs temps grammaticaux marquent seulement **l'antériorité, la simultanéité ou la postériorité** par rapport à l'action d'un autre verbe.

3. Les aspects

• Les temps simples sont d'aspect **non accompli** : l'action est montrée en train de se dérouler : *il mange* ; l'observateur X ne voit pas la fin de l'action :

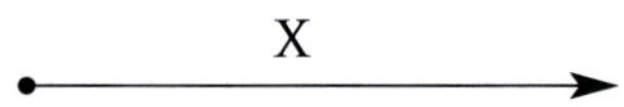

(X = point d'où est vue l'action)

Les temps composés sont d'aspect **accompli** : l'action est montrée comme achevée : *il a mangé*. L'observateur X se place après la fin de l'action :

(X = point d'où est vue l'action)

• Le présent, l'imparfait, le conditionnel présent et les temps composés correspondants montrent l'action **vue de l'intérieur, décomposable en une succession d'instants** : *Il mangeait lentement pour savourer.*

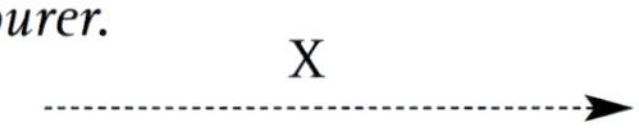

(X = point d'où est vue l'action)

• Le futur, le passé simple et les temps composés correspondants montrent **l'action de l'extérieur, sans faire sentir la succession d'instants qui la composent** : *Il mangea lentement pour savourer.* [la durée est exprimée par *lentement* et non par *mangea*.]

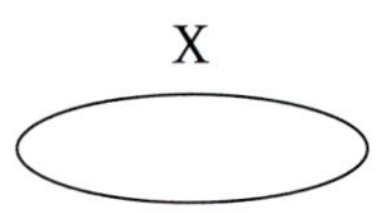

Époques et temps verbaux

Époques	Passé		Futur vu du passé	Actualité	Avenir
Temps simples	Imparfait	Passé simple	Conditionnel présent	Présent	Futur
Temps composés (antériorité / temps simple)	Plus-que-parfait	Passé antérieur	Conditionnel passé	Passé composé	Futur antérieur

2. INDICATIF : LES TEMPS DU PRÉSENT ET DU FUTUR

1. Le présent de l'indicatif

• Le présent est l'**époque insaisissable et toujours en mouvement qui sépare le passé du futur** ; c'est pourquoi le temps de la conjugaison servant à l'exprimer peut avoir des valeurs temporelles et non temporelles diverses.

• **Temps simple**, le présent est donc d'aspect inaccompli : il présente l'action comme inachevée, encore en cours. Par ailleurs, le présent **montre l'action de l'intérieur**, sans en envisager le début ni la fin, comme une succession d'instants :

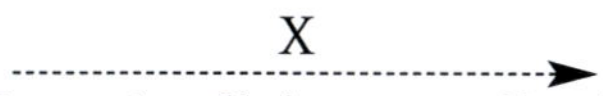

(X = point d'où est vue l'action)

Le présent évoque une action qui a lieu au moment de l'énonciation

• Le présent d'énonciation :
- **Présent d'actualité** : l'action a lieu exactement au moment où l'on parle : *Tiens, on sonne.* / *Le gouvernement augmente les impôts.*
- **Présent étendu** : le présent peut exprimer le passé proche ou le futur proche : *Il sort à l'instant.* / *Demain, je vais à la piscine.*
- **Présent itératif (de répétition)** : *Je vais tous les jours à la piscine.*
- **Présent d'habitude** : *Je lis beaucoup.*

• Le présent permanent :
- **Présent de caractérisation** : décrit une caractéristique de quelqu'un ou de quelque chose, donne une définition : *Marie a les yeux bleus.*
- **Présent de vérité générale** : énonce une vérité générale : *Un triangle est un polygone à trois côtés.* / *Pierre qui roule n'amasse pas mousse.*

Le présent de narration

Le présent peut être utilisé à la place du passé simple (ou de l'imparfait) dans des énoncés coupés de la situation d'énonciation ; le **présent de narration**, qui alterne avec le passé simple et l'imparfait, donne un relief et une actualité particuliers aux actions sur lesquelles il porte :

Un Agneau se désaltérait. / [...] Un Loup survient à jeun qui cherchait aventure. (La Fontaine)

Le présent peut avoir des valeurs de mode

- **Présent d'hypothèse** : dans un système hypothétique introduit par la conjonction *si*, on trouve le présent dans la subordonnée et le présent ou le futur dans la principale pour marquer une éventualité : *S'il fait beau demain, nous partirons.* / *S'il veut, il peut venir.*
- **Présent d'ordre** : on peut utiliser le présent de l'indicatif à la place de l'impératif : *Maintenant, tu obéis.*

2. Le futur simple

Temps simple, le futur est donc d'aspect **inaccompli** ; il décrit l'action de façon **globale** sans montrer la succession d'instants qui la composent. (X = point d'où est montrée l'action) :

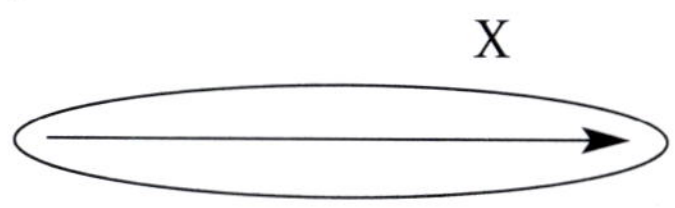

• **Futur catégorique** : le futur évoque l'avenir, vu du présent de l'énonciation, comme une certitude : *La vérité triomphera.* Il peut avoir une valeur de répétition, si un complément de temps l'oriente dans ce sens : *il ira tous les jours au marché.*

• **Futur de vérité générale** : *La nature reprendra toujours ses droits.*

Le futur peut avoir des valeurs de mode

• **Futur historique** : contesté par les puristes, il crée l'illusion d'une anticipation dans un récit pour donner du relief à l'événement en le mettant en perspective par rapport à un autre fait qui lui est antérieur : *Exilé à Sainte Hélène, Napoléon ne reverra plus la France.*

• **Hypothèse** : *On a sonné : ce sera le facteur.*

• **Atténuation** : *Je vous demanderai de bien vouloir signer le formulaire.* / *Cela vous fera 10 euros.*

• **Ordre** : *Vous prendrez deux cachets par jour.*

3. Le futur antérieur

Temps composé, le futur antérieur est donc d'aspect accompli ; il évoque un fait présenté comme **accompli dans le futur ou comme antérieur à une autre action au futur** : *Il aura mangé en un quart d'heure. / Quand il aura pris son billet, il montera dans le train.*

Il peut prendre une **valeur modale d'hypothèse** : *Martin sonne : il aura oublié sa clé.*

4. Le conditionnel présent

Temps simple, le conditionnel présent est donc d'**aspect inaccompli**. Formé sur la base du futur avec les terminaisons de l'imparfait, il appartient au mode indicatif.

Valeur de temps : futur vu du passé

On le trouve en discours indirect et indirect libre (► *Les discours rapportés*, p. 67) : *Il a dit qu'il viendrait.*

Valeurs de mode

- **Hypothèse** :
  - en relation avec une subordonnée à l'imparfait introduite par la conjonction *si*, il exprime une action dont l'existence est soumise à condition : *Si tu venais demain, si tu étais là maintenant, il serait heureux.*
  - avec les locutions conjonctives *dans le (au) cas où, quand (bien) même* exprimant l'hypothèse, il est utilisé dans la subordonnée et, éventuellement, dans la principale : *Quand* [= même si] *il le dirait, je ne le croirais pas. / Je prends mon parapluie, au cas où il pleuvrait.*
  - En proposition indépendante : *Irait-il jusque-là ?*
- **Mise à distance** : *Le ministre, d'après nos sources, serait invité à démissionner.* (conditionnel journalistique) / *Moi, je serais un traître ?* (indignation, incrédulité).
- **Rêve, jeu de rôles** : *Dans un monde idéal, on prendrait le temps de vivre. / On serait des Sioux et on attaquerait les cow-boys...*
- **Atténuation polie** : *Pourriez-vous venir ?*

5. Le conditionnel passé

Temps composé, le conditionnel passé est donc d'**aspect accompli**.

Valeur de temps : futur antérieur vu du passé

On le trouve en discours indirect et indirect libre (► *Les discours rapportés*, p. 67) : *Il a dit qu'il serait bientôt arrivé.*

Valeurs de mode

- **Hypothèse non réalisée** :
  - en relation avec une subordonnée introduite par la conjonction *si*, il exprime une action soumise à une condition non réalisée et donc elle-même non réalisée : *Si tu étais venu hier, il aurait été heureux* [sous-entendu : « mais tu n'es pas venu et donc il n'a pas été heureux »]. En langue soutenue, on peut trouver le subjonctif plus-que-parfait : *S'il eût été là, il eût été heureux.*
  - avec les locutions conjonctives *dans le (au) cas où, quand (bien) même* exprimant l'hypothèse, il est utilisé dans la subordonnée et, éventuellement, dans la principale : *Quand il l'aurait dit, je ne l'aurais pas cru. / J'avais pris mon parapluie, au cas où il aurait plu.*
  - en proposition indépendante : *Il n'aurait jamais fait ça.*
- **Mise à distance** : *Le ministre, d'après nos sources, aurait démissionné (*conditionnel journalistique*). / Moi, j'aurais osé faire ça ?* (étonnement, indignation).
- **Rêve, jeu de rôles** : *On aurait fait le tour du monde...*

3. INDICATIF : LES TEMPS DU PASSÉ

1. L'imparfait de l'indicatif

Temps simple d'aspect **inaccompli**, il présente l'action **de l'intérieur** et comme **décomposable en moments successifs**.

Le locuteur utilise l'imparfait pour marquer la distance qui le sépare de l'action,

- soit dans le temps (c'est une action passée) : *Il pleuvait ce jour-là.*
- soit dans son appréhension du vrai et du faux (c'est une action à laquelle il ne croit pas totalement) : il prend une valeur de mode.

Valeurs temporelles

• **Arrière-plan** (par opposition au passé simple utilisé pour le premier plan) : descriptions, commentaires :

> Les Milanais ne voyaient en eux qu'un ramassis de brigands [...] [*description*] ; c'était du moins ce que leur répétait un petit journal [*commentaire*]. (Stendhal)

• **Répétition, habitude** : *Il prenait le bus tous les matins. / Il lisait beaucoup.*

• **Discours indirect ou indirect libre** (► *Les discours rapportés*, p. 67) : *Il prétend qu'il était là.*

• **Imparfait de clôture** : marque la distance d'un bilan : *Deux jours plus tard, ils atteignaient enfin le sommet.*

Valeurs de mode

• **Hypothèse** : dans une subordonnée introduite par un *si* de condition, il exprime que l'action est seulement envisageable (*S'il faisait beau demain, nous pourrions nous promener.*) ou même est démentie par la réalité (*Si tu étais là, il serait heureux.*). En proposition indépendante, il peut marquer une action irréelle : *Un pas de plus, et il tombait* (= serait tombé) *dans le ravin.*

• **Atténuation, politesse** : *Je voulais vous dire merci.*

2. Le passé simple de l'indicatif

Temps simple d'aspect **inaccompli**, le passé simple présente l'action **de l'extérieur**, comme un tout, **sans faire sentir la succession d'instants qui la composent.**

Il indique une action **passée, coupée du moment de l'énonciation, et de premier plan**, par opposition à l'imparfait. **Il ne dit rien sur sa durée** (éventuellement indiquée par un complément de temps), **ni sur sa fréquence** : *La princesse dormit cent ans / une minute. / Elle dormit tous les soirs au palais.*

3. Le passé composé de l'indicatif

Temps composé, d'aspect **accompli**, il s'oppose donc à l'imparfait : comparez *hier il travaillait* (action envisagée dans sa durée) et *hier il a travaillé* (action accomplie).

Il indique :

• **le résultat présent d'une action passée** : *Maintenant qu'il a mangé, il dort.*

• **une action passée**, ancrée dans la situation d'énonciation : *Hier il a plu.*

• **une action passée**, coupée de la situation d'énonciation : *L'empereur a mis son manteau et est sorti.* Cet emploi concurrence le passé simple : *L'empereur mit son manteau et sortit.* Le passé composé tend à présenter les actions comme **indépendantes les unes des autres** ; le passé simple les présente liées par une suite logique.

4. Le plus-que-parfait et le passé antérieur

Temps composés, ils sont d'aspect **accompli.**

• Le plus-que-parfait marque **l'antériorité** par rapport à l'imparfait ou au passé simple, et le passé antérieur par rapport au passé simple. *Quand il avait mangé, il dormait. / Il prétendit qu'il avait mangé. / Dès qu'il eut noté la date, il referma son agenda.*

• Le plus-que-parfait, dans une subordonnée d'hypothèse introduite par la conjonction *si*, peut exprimer que l'action envisagée ne s'est pas réalisée dans le passé : *Si j'avais su, je ne serais pas venu.*

EXERCICES

A Les notions de mode, temps, aspect

1. Observer les modes personnels

Jupiter dit un jour : « Que tout ce qui respire
S'en vienne comparaître aux pieds de ma grandeur :
Si dans son composé quelqu'un trouve à redire,
Il peut le déclarer sans peur ;
Je mettrai remède à la chose
Venez, singe ; parlez le premier, et pour cause. »

Jean de La Fontaine (1621-1695), *Fables*, 1678.

Relevez les verbes à un mode personnel, précisez ce mode et justifiez son emploi.

2. Observer les modes et les temps

La voilà donc vaincue, cette femme superbe qui avait osé croire qu'elle pourrait me résister ! Oui, mon amie, elle est à moi, entièrement à moi ; et depuis hier, elle n'a plus rien à m'accorder.

Je suis encore trop plein de mon bonheur, pour pouvoir l'apprécier, mais je m'étonne du charme inconnu que j'ai ressenti. Serait-il donc vrai que la vertu augmentât le prix d'une femme, jusque dans le moment même de sa faiblesse ? Mais reléguons[1] cette idée puérile avec les contes de bonnes femmes. Ne rencontre-t-on pas presque partout une résistance plus ou moins bien feinte au premier triomphe ? et ai-je trouvé nulle part[2] le charme dont je parle ? ce n'est pourtant pas non plus celui de l'amour ; car enfin, si j'ai eu quelquefois auprès de cette femme étonnante des moments de faiblesse qui ressemblaient à cette passion pusillanime[3], j'ai toujours su les vaincre et revenir à mes principes. Quand même la scène d'hier m'aurait, comme je le crois, emporté un peu plus loin que je ne comptais ; quand j'aurais, un moment, partagé le trouble et l'ivresse que je faisais naître : cette illusion passagère serait dissipée à présent ; et cependant le même charme subsiste. J'aurais même, je l'avoue, un plaisir assez doux à m'y livrer, s'il ne me causait quelque inquiétude. Serai-je donc, à mon âge, maîtrisé comme un écolier, par un sentiment involontaire et inconnu ? Non : il faut, avant tout, le combattre et l'approfondir.

Choderlos de Laclos (1747-1803), *Les Liaisons dangereuses*, lettre 125, 1782.

1. *reléguons* : mettons de côté. 2. *nulle part* : en phrase interrogative, signifie « ailleurs ». 3. *pusillanime* : lâche, timoré.

a) Classez les formes verbales de ce texte dans le tableau suivant. Utilisez deux couleurs différentes pour les modes personnels et pour les modes non personnels.

Forme verbale	Mode (personnel en noir, non personnel en rouge)	Temps

b) Quels sont le mode et le temps les plus utilisés ?

c) Quel type d'énoncé (▸ *Énoncé et énonciation,* p. 66) est utilisé dans cette lettre ? En quoi ce choix peut-il expliquer l'utilisation des modes et des temps ?

3. Observer les temps de l'indicatif

a) Voici le tableau des temps de l'indicatif. Placez-y les formes de l'indicatif du début du texte précédent, jusqu'à « j'ai ressenti » (l. 6-7) :

Époques	Temps simples	Temps composés (antériorité / temps simple)
Passé	Imparfait	Plus-que-parfait ....
	Passé simple	Passé antérieur ....
Futur vu du passé	Conditionnel présent	Conditionnel passé ....
Actualité	Présent	Passé composé ....
Avenir	Futur	Futur antérieur ....

b) À quel endroit du texte trouve-t-on une forme au futur de l'indicatif ? Pourquoi ?

B Les temps du présent et du futur

4. Étudier les valeurs de l'indicatif présent et futur

Homme libre, toujours tu chériras la mer !
La mer est ton miroir ; tu contemples ton âme
Dans le déroulement infini de sa lame,
Et ton esprit n'est pas moins amer.

Charles Baudelaire (1821-1867), *Les Fleurs du mal*, 1857.

Donnez la valeur de chaque forme verbale au présent ou au futur de l'indicatif.

5. Étudier les valeurs de l'indicatif présent, futur et conditionnel

Relisez le texte de l'exercice 2 et donnez la valeur de chaque forme verbale à l'indicatif présent, futur et conditionnel.

6. Observer l'opposition entre présent et conditionnel

TRIVELIN. — [...] c'est votre souverain qui vous aime.
SILVIA. — Je ne l'en empêche pas, il est le maître : mais faut-il que je l'aime, moi ? Non, et il ne le faut pas, parce que je ne le puis pas ; cela va tout seul, un enfant le verrait, et vous ne le voyez pas.
TRIVELIN. — Songez que c'est sur vous qu'il fait tomber le choix qu'il doit faire d'une épouse entre ses sujettes.
SILVIA. — Qui est-ce qui lui a dit de me choisir ? M'a-t-il demandé mon avis ? S'il m'avait dit : Me voulez-vous, Silvia ? je lui aurais répondu : Non, Seigneur, il

faut qu'une honnête femme aime son mari, et je ne pourrais pas vous aimer. Voilà la pure raison, cela ; mais point du tout, il m'aime, crac, il m'enlève, sans me demander si je le trouverai bon.

Marivaux (1683-1763), *La Double inconstance*, 1724.

a) Identifiez la valeur des formes verbales au présent de l'indicatif ; comment interpréter la grande variété des valeurs du présent dans ce texte de théâtre ?

b) Justifiez l'emploi du futur dans « si je le trouverai bon ».

c) Identifiez les valeurs du conditionnel dans cet extrait ; quel rôle joue l'utilisation du conditionnel dans l'argumentation de Silvia ?

7. Étudier la valeur du conditionnel

Quoi ! de mes ennemis couronnant l'insolence,
J'irais attendre ailleurs une lente vengeance
Et je m'en remettrais au destin des combats,
Qui peut-être à la fin ne me vengerait pas ?
Je veux qu'à mon départ toute l'Épire[1] pleure.

Jean Racine (1639-1699), *Andromaque*, 1668.

1. *Épire* : région de la Grèce, où se déroule la pièce.

a) Quelle est la valeur du conditionnel dans cet extrait ?

b) Par quels autres moyens le personnage exprime-t-il sa combativité ?

8. Interpréter le conditionnel

Texte A

Comme il était marié (il aurait craint de se compromettre dans sa maison), on m'emmena dans un cabinet de restaurateur, et on m'avait dit que je serais heureuse, que je recevrais un beau cadeau.

Gustave Flaubert (1821-1880), *L'Éducation sentimentale*, 1869.

Texte B

Et il se lança dans un verbiage[1] très embrouillé, pour lui faire entendre qu'il était retenu par des considérations majeures. [...] Donc, le plus raisonnable était de patienter quelque temps. Les choses s'arrangeraient, sans doute ; du moins, il l'espérait ; et comme il ne trouvait plus de raisons, il feignit de se rappeler qu'il aurait dû être depuis deux heures chez Dussardier.

Gustave Flaubert (1821-1880), *L'Éducation sentimentale*, 1869.

1. *verbiage* : paroles creuses.

a) Repérez les discours rapportés dans ces extraits.

b) Distinguez les valeurs temporelles et les valeurs modales du conditionnel dans ces textes.

9. Interpréter le conditionnel

Jérôme et Sylvie rêvent de devenir riches.

Un jour, même, ils rêvèrent de voler. Ils s'imaginèrent longuement, vêtus de noir, une minuscule lampe électrique à la main, une pince, un diamant de vitrier dans leur poche, pénétrant, la nuit tombée, dans un immeuble, gagnant les caves, forçant la serrure primaire d'un monte-charge, atteignant les cuisines. Ce serait l'appartement d'un diplomate en mission, d'un financier véreux aux goûts néanmoins parfaits, d'un grand dilettante, d'un amateur éclairé. Ils en connaîtraient les moindres recoins. [...] Leurs gestes seraient précis et décidés, comme s'ils les avaient maintes fois répétés. Ils se déplaceraient sans hâte, sûrs d'eux, efficaces, imperturbables, flegmatiques, Arsène Lupin des temps modernes. Pas un muscle de leur visage ne tressaillirait. Une à une, les vitrines seraient fracturées ; une à une, les toiles décrochées du mur, déclouées de leurs cadres.
En bas les attendrait leur voiture. Ils auraient fait le plein la veille. Leurs passeports seraient en règle. Depuis longtemps, ils se seraient préparés à partir. Leurs malles les attendraient. Ils prendraient la route de Belgique, passeraient la frontière sans encombre.

Georges Perec (1936-1982), *Les Choses*, © Julliard, 1965.

Quelle est la valeur du conditionnel dans ce texte ?

10. Interpréter le conditionnel

Bien souvent, des Esseintes avait médité sur cet inquiétant problème, écrire un roman concentré en quelques phrases qui contiendraient le suc[1] [...] des centaines de pages toujours employées à établir le milieu, à dessiner les caractères, à entasser à l'appui les observations et les menus faits. Alors les mots choisis seraient tellement impermutables qu'ils suppléeraient[2] à tous les autres ; l'adjectif posé d'une si ingénieuse et d'une si définitive façon qu'il ne pourrait être légalement dépossédé de sa place, ouvrirait de telles perspectives que le lecteur pourrait rêver, pendant des semaines entières, sur son sens, tout à la fois précis et multiple, constaterait le présent, reconstruirait le passé, devinerait l'avenir d'âmes des personnages, révélés par les lueurs de cette épithète[3] unique.

Joris-Karl Huysmans (1848-1907), *À rebours*, 1884.

1. *suc* : l'essentiel, la substance. 2. *suppléer à* : remplacer. 3. *épithète* : mot qui qualifie, caractérise un objet ou un être.

a) Quelle est la valeur du conditionnel dans ce texte ?

b) Réécrivez le texte en remplaçant « avait médité » par « médite » et le conditionnel par le futur : à la lumière de cette expérience comment peut-on expliquer l'effet du conditionnel ici ?

11. Interpréter l'opposition entre futur et conditionnel

Personne que moi, je le répète, ne peut juger Ellénore ; personne n'apprécie assez la vérité de ses sentiments et la profondeur de ses impressions. Tant qu'elle aura besoin de moi, je resterai près d'elle. Aucun succès ne me consolerait de la laisser malheureuse ; et dussé-je borner ma carrière[1] à lui servir d'appui, à la soutenir dans ses peines, à l'entourer de mon affection contre l'injustice d'une opinion qui la méconnaît[2], je croirais encore n'avoir pas employé ma vie inutilement.

Benjamin Constant (1767-1830), *Adolphe*, 1816.

1. *carrière* : cours de ma vie. 2. *méconnaître* : ne pas estimer à sa juste valeur par ignorance.

Étudiez les valeurs du futur et du conditionnel dans ce texte : pourquoi le locuteur passe-t-il du futur au conditionnel ?

C Les temps du passé

12. Étudier l'indicatif imparfait, passé simple et passé antérieur

Don Juan, grand séducteur, finit par être entraîné dans les Enfers pour ses méfaits.

DON JUAN AUX ENFERS

Quand Don Juan descendit vers l'onde souterraine
Et lorsqu'il eut donné son obole[1] à Charon[2],
Un sombre mendiant, l'œil fier comme Antisthène[3],
D'un bras vengeur et fort saisit chaque aviron.
[...]
Sganarelle[4] en riant lui réclamait ses gages,
Tandis que Don Luis[5] avec un doigt tremblant
Montrait à tous les morts errant sur les rivages
Le fils audacieux qui railla son front blanc.

Frissonnant sous son deuil, la chaste et maigre Elvire[6],
Près de l'époux perfide et qui fut son amant,
Semblait lui réclamer un suprême sourire
Où brillât la douceur de son premier serment.

Tout droit dans son armure, un grand homme de pierre[7]
Se tenait à la barre et coupait le flot noir,
Mais le calme héros, courbé sur sa rapière[8],
Regardait le sillage et ne daignait rien voir.

Charles Baudelaire (1821-1867), *Les Fleurs du mal*, 1857.

1. *obole* : pièce de monnaie antique. 2. *Charon* : personnage de la mythologie antique chargé de faire traverser aux morts l'Achéron, fleuve des Enfers, moyennant une obole. 3. *Antisthène* : philosophe grec cynique. 4. *Sganarelle* : valet de Don Juan. 5. *Don Luis* : père de Don Juan. 6. *Elvire* : femme de Don Juan. 7. *homme de pierre* : mystérieuse statue qui entraîne Don Juan dans les Enfers pour avoir refusé de se repentir. 8. *rapière* : épée.

Relevez les verbes à l'indicatif imparfait, passé simple et passé antérieur et remplissez le tableau suivant.

Formes verbales	Temps	Aspect	Valeur

13. Distinguer le premier plan et l'arrière-plan

Le lendemain qu'elle fut arrivée, elle alla pour assortir des pierreries chez un Italien qui en trafiquait[1] par tout le monde. Cet homme était venu de Florence avec la reine[2], et s'était tellement enrichi dans son trafic que sa maison paraissait plutôt celle d'un grand seigneur que d'un marchand. Comme elle y était, le prince de Clèves y arriva. Il fut tellement surpris de sa beauté qu'il ne put cacher sa surprise ; et Mlle de Chartres ne put s'empêcher de rougir en voyant l'étonnement qu'elle lui avait donné.

Mme de Lafayette (1634-1693), *La Princesse de Clèves*, 1678.

1. *trafiquer* : faire commerce. 2. *reine* : Catherine de Médicis.

a) Relevez les verbes à l'indicatif imparfait, plus-que-parfait, passé simple, passé antérieur ; justifiez ces emplois.

b) Remplissez le tableau suivant en énumérant les actions par ordre chronologique.

Action	Premier plan	Arrière-plan

14. Étudier le passé composé

Il a mis le café
Dans la tasse
Il a mis le lait
Dans la tasse de café
Il a mis le sucre
Dans le café au lait
Il a tourné
Il a tourné
Il a bu le café au lait
Et il a reposé la tasse
Sans me parler
Il a allumé
Une cigarette
Il a fait des ronds
Avec la fumée
Il a mis les cendres
Dans le cendrier
Sans me parler
Sans me regarder
Il s'est levé
Il a mis
Son chapeau sur sa tête
Son manteau de pluie
Parce qu'il pleuvait
Et il est parti
Sous la pluie
Sans une parole
Sans me regarder
Et moi j'ai pris
Ma tête dans ma main
Et j'ai pleuré

Jacques Prévert (1900-1977), *Paroles*, © Éditions Gallimard, 1949.

a) Quelle est la valeur du passé composé ici ?
b) Quels sentiments des personnages suggère-t-il ?
c) Le passé simple aurait-il les mêmes effets ? Pourquoi ?

15. Étudier les valeurs de l'imparfait et du plus-que-parfait

Rieux téléphona [...] au service communal de dératisation, dont il connaissait le directeur. Celui-ci avait-il entendu parler de ces rats qui venaient en grand nombre mourir à l'air libre ? Mercier, le directeur, en avait entendu parler et, dans son service même, installé non loin des quais, on en avait découvert une cinquantaine. Il se demandait cependant si c'était sérieux. Rieux ne pouvait pas en décider, mais il pensait que le service de dératisation devait intervenir.

Albert Camus (1913-1960), *La Peste*, © Éditions Gallimard, 1947.

Justifiez l'emploi de chaque forme verbale à l'imparfait ou au plus-que-parfait en donnant sa valeur.

16. Étudier l'emploi du passé simple, de l'imparfait et du présent dans un récit

LE LOUP DEVENU BERGER

Un loup, qui commençait d'avoir petite part
Aux brebis du voisinage
Crut qu'il fallait s'aider de la peau du renard[1]
Et faire un nouveau personnage.
Il s'habille en berger, endosse un hoqueton[2]
Fait sa houlette d'un bâton
Sans oublier la cornemuse.
[...]
Il voulut ajouter la parole aux habits,
Chose qu'il croyait nécessaire.
Mais cela gâta son affaire :
Il ne put du pasteur[3] contrefaire la voix.
Le ton dont il parla fit retentir les bois,
Et découvrit tout le mystère.
Chacun se réveille à ce son,
Les brebis, le chien, le garçon[4].
Le pauvre loup, dans cet esclandre,
Empêché par son hoqueton,
Ne put ni fuir ni se défendre.
Toujours par quelque endroit fourbes se laissent [prendre.
Quiconque est loup agisse en loup :
C'est le plus certain de beaucoup.

Jean de La Fontaine (1621-1695), *Fables*, III, 3, 1668.

1. *s'aider de la peau du renard* : recourir à la ruse. 2. *hoqueton* : sorte de blouse. 3. *pasteur* : berger. 4. *garçon* : désigne le berger.

a) Quelle sont les valeurs du passé simple, de l'imparfait et du présent dans ce texte ?

b) À quels moments de l'histoire est réservé l'emploi du présent ? Pourquoi ?

17. Étudier l'emploi des temps dans un portrait

Texte A

Le narrateur anonyme fait une série de portraits des habitants d'une petite ville de province.*

Le docteur Magrou méprise ceux qui ignorent son nom, appelle étrangers ceux qui, le connaissant lui-même, ne s'inquiètent pas de sa demeure. On ne le voit qu'en auto parce qu'il est toujours entre deux visites. Il prend ses vacances au loin, jamais il ne s'est reposé dans sa maison. Il parcourt l'Algérie au moment le plus chaud de l'été, explore la Russie en hiver, c'est pour se faire une occasion de parler de lui quand on veut le faire parler du monde. Mais enfin, il voyage, dépense ce qu'il gagne. Il a vendu sa maison pour orner de tableaux celle dont il deviendra le locataire. Il est haï des avares et des podagres[1] et même de ceux qu'il guérit parce qu'il n'a pas la mémoire des noms et les appelle mon angine, ma cystite ou ma congestion. Les méchants l'appellent le médecin des oies et des canards parce que ce sont des bêtes qui meurent quand on les soigne.

Joë Bousquet (1897-1930),
Le Médisant par bonté,
© Éditions Gallimard, 1945.

1. *podagre* : malade de la goutte.

Texte B

Ce roman écrit à la première personne a pour narrateur et pour personnage principal Bardamu, sorte d'anti-héros qui connaît de multiples tribulations à Paris, New York, etc. Ici il est en Afrique, en compagnie de colons européens (les « jeunes négriers »), crétins et alcooliques, employés de la « Compagnie Pordurière », et chargés d'exploiter la main d'œuvre indigène ; ils l'emmènent voir un étrange individu atteint d'une terrible maladie de peau.*

Ces jeunes négriers, mes amis, m'emmenèrent rendre visite à un autre collègue de la Compagnie Pordurière qui vaut d'être évoqué spécialement dans ce récit. [...]

Étouffer et souffrir était devenu pour lui comme un état second, voler aussi. On l'aurait désemparé si on l'avait rendu bien portant et scrupuleux d'un seul coup. Sa haine pour l'Agent général Directeur me semble encore aujourd'hui, à tant de distance, une des passions les plus vivaces qu'il m'ait été donné d'observer jamais chez un homme. Une rage étonnante le secouait à son égard, à travers sa douleur et à la moindre occasion il enrageait énormément tout en se grattant d'ailleurs de haut en bas.

Louis-Ferdinand Céline (1894-1961),
Voyage au bout de la nuit,
© Éditions Gallimard, 1932.

a) Quelle est la valeur du présent dans le texte A et celle de l'imparfait et du plus-que-parfait dans le texte B ?

b) Justifiez l'utilisation des quelques formes au passé composé et au futur dans le texte de Joë Bousquet, et l'utilisation des quelques formes au présent dans une des phrases du texte de Céline.

c) Comparez les types d'énoncés des deux textes.

4. MARQUES DE LA SUBJECTIVITÉ : LES MODALISATIONS

1. Marques de la subjectivité

On appelle marques de la subjectivité toutes les traces que laisse celui qui parle dans son énoncé :

- les **indices d'énonciation** : marques de personne et repères spatio-temporels (▸ *Énoncé et énonciation*, p. 66) ;
- les types de phrases : assertif, interrogatif, impératif et exclamatif (▸ *Types et formes de phrases*, p. 94) ;
- les **modalisations** (ou **modalités d'énoncé**), qui expriment une appréciation portée sur le contenu de l'énoncé (adhésion, distance, rejet total ou partiel : *je suis certaine qu'il réussira*) ou bien, dans un sens élargi, sur l'objet dont on parle (évaluation, sentiment : *j'admire sa réussite*).

2. Modalisations de la vérité

La modalisation permet de **montrer le degré de vérité** que l'on attribue à un énoncé : *vrai, faux, plus ou moins certain, probable ou improbable.*

La modalisation s'exprime par les **modalisateurs** :

- Des **adjectifs** : *certain, probable, possible, douteux, faux...*
- Des **verbes** montrant que le fait est certain (*savoir, avouer, reconnaître*), probable (*sembler, paraître, avoir l'air*), possible (*penser, croire*) douteux (*douter, s'imaginer ignorer*), faux (*prétendre, mentir, prétexter*) aux yeux de celui qui parle.
- Des **adverbes** ou des **compléments circonstanciels** qui renforcent (*indéniablement, sans aucun doute, bien entendu, franchement, réellement, en fait, vraiment, certainement, de toute évidence, à n'en pas douter, à vrai dire, selon toute vraisemblance*) ou atténuent le jugement sur la vérité du contenu de l'énoncé (*sans doute, vraisemblablement, probablement, peut-être*).
- Les **valeurs des modes** (▸ *Le verbe*, pp. 72 et suivantes) : l'indicatif est généralement associé à une adhésion plus ou moins forte au contenu de l'énoncé, le subjonctif marque au contraire qu'on le met à distance : comparez *crois-tu qu'il viendra* ? avec *crois-tu qu'il vienne* ?
- Les **valeurs modales** des temps de l'indicatif (▸ pp. 73-75) : *on a sonné, ce sera le facteur* (supposition) ; *on se croirait au printemps* (hypothèse irréelle).
- Les **moyens typographiques** : les guillemets ou l'italique permettent de mettre à distance l'énoncé, d'en refuser la responsabilité et de le signaler comme une citation ou bien au contraire de souligner son adhésion à la valeur de vérité du mot ainsi signalé :

  Je dis qu'il faut être *voyant*, se faire *voyant*. (Rimbaud)

- Certaines **figures**, en particulier **l'ironie, l'hyperbole, la litote.**
  - **L'ironie** met à distance un énoncé en montrant qu'on s'en désolidarise :

    « De l'horrible danger de la lecture ». (Voltaire)

  - **L'hyperbole*** est une figure d'exagération : ainsi Cyrano se moquant de son grand nez :

    « C'est un roc !... c'est un pic !... c'est un cap ! » (Edmond Rostand)

  - **La litote*** consiste à dire le moins pour exprimer le plus ; elle est le plus souvent de forme négative : *je ne détesterais pas devenir riche* (= j'adorerais devenir riche).

Les modalisations de la vérité sont particulièrement utilisées dans les textes argumentatifs, pour soutenir ou attaquer une thèse.

3. Modalisations de la volonté et de la nécessité

Les modalisations de la volonté et de la nécessité présentent l'action comme **voulue, obligatoire, nécessaire ou permise**. Elles s'expriment par :

- **l'impératif**, **le subjonctif** d'ordre ou de souhait (*puisse-t-il venir !*) ;
- les **verbes** signifiant *vouloir, refuser* (= ne pas vouloir), *désirer, falloir, devoir, pouvoir* ;
- des **adjectifs** comme *obligatoire, nécessaire, souhaitable, indispensable, interdit, permis* ;
- des **adverbes** signifiant *nécessairement, volontairement, forcément, obligatoirement...*

4. Modalisations de l'évaluation et de l'appréciation

• Les mots qui expriment un **jugement de valeur**, une **évaluation quantitative** (*grand, petit, chaud, froid*), **morale** (*bon, méchant, imbécile, génie*) ou **esthétique** (*beau, laid*) sont modalisateurs. Par exemple, un être ou un objet n'est *grand* ou *petit* que relativement à d'autres du même genre : la Terre est immense à l'échelle de l'homme et minuscule à l'échelle de l'univers ; à l'inverse, des mots comme *célibataire, cercle, triangulaire, lisse,* etc. sont objectifs et non modalisateurs.

• Ces modalisations s'expriment essentiellement à travers des termes **évaluatifs et appréciatifs** :

- adjectifs de **mesure** (*grand, petit, nombreux, chaud, froid...*) ;
- adjectifs, noms et adverbes marquant un **jugement moral ou esthétique** (*beau, laid, hideux, perfection, horreur, qualité, défaut, merveilleusement, parfaitement...*) ;
- adjectifs et noms **péjoratifs ou mélioratifs** (*un lâche, un héros...*), adverbes de quantité (*trop, assez, suffisamment, beaucoup, tant, peu*) ;
- adverbes d'intensité (*si, tellement*), mots exclamatifs marquant **l'intensité ou la quantité** (*quel, combien*).

Une même réalité peut se dire avec des mots différents qui expriment un jugement mélioratif ou péjoratif : *contributions* ou *impôts*, *économe* ou *avare*, *maisonnette* ou *bicoque...*

• **Modalisation et niveau de langue**

La modalisation péjorative peut parfois s'exprimer par un mot de **niveau de langue*** familier : une voiture en mauvais état sera appelée *tacot, guimbarde* ; à l'inverse, la modalisation méliorative peut s'exprimer par des mots de langue soutenue : on parlera de *demeure* pour une vaste et riche maison, de *limousine* pour une grande voiture de luxe. Certains suffixes (*-ard, -ace, -asse, -âtre...*) sont péjoratifs : *vantard, blondasse, populace, verdâtre.*

• **Modalisations de l'évaluation**

Les modalisations de l'évaluation sont particulièrement utilisées dans l'**éloge** et le **blâme**.
Elles ont une place souvent importante dans les textes de registres laudatif* ou satirique* comme les portraits ou les apologues*.

5. Modalisations de l'affectif

Certains termes, dits **affectifs**, expriment une réaction émotionnelle ; ce sont des :

- adjectifs (*poignant, drôle, pathétique, pitoyable, émouvant, touchant, révoltant...*) ;
- substantifs (*amour, sentiment, émotion...*) ;
- verbes de sentiment (*craindre, détester, aimer...*).

Les **modalisations de l'affectif** se trouvent particulièrement dans les **registres pathétique***, **polémique*** **lyrique***, **tragique***. Elles sont donc souvent associées à d'autres marques de la subjectivité (indices d'énonciation, phrases exclamatives ou interrogatives).

Récapitulation des types de modalisations et de leurs expressions

Vérité	Volonté / Nécessité	Évaluation / Appréciation	Affectif
Adjectifs : *certain, probable,* etc.	Adjectifs : *obligatoire, nécessaire, interdit, souhaitable.*	Adjectifs évaluatifs : *grand, petit, bon, mauvais,* etc.	Adjectifs : *poignant, révoltant,* etc.
Verbes : *savoir, sembler, prétendre,* etc.	Verbes : *vouloir, devoir, pouvoir,* etc.	Adjectifs et noms mélioratifs ou péjoratifs : *magnifique/minable ; palais/bicoque.*	Noms : *amour, émotion,* etc. Verbes : *craindre, détester,* etc.
Adverbes et compléments circonstanciels : *indéniablement, en fait, peut-être,* etc.	Adverbes : *nécessairement, obligatoirement,* etc.	Adverbes : *trop, assez,* etc. Suffixes péjoratifs.	
Modes des verbes.	Impératif, subjonctif		
Valeurs modales des temps de l'indicatif.			
Typographie : *guillemets, italique.*			Exclamations, interrogations.
Figures : *ironie, litote, hyperbole.*			

EXERCICES

1. Observer les marques de la subjectivité

Vous croyez que le même bonheur est fait pour tous. Quelle étrange vision ! Le vôtre suppose un certain tour d'esprit romanesque que nous n'avons pas, une âme singulière, un goût particulier. Vous décorez cette bizarrerie du nom de vertu, vous l'appelez philosophie. Mais la vertu, la philosophie sont-elles faites pour tout le monde ? En a qui peut, en conserve qui peut. Imaginez l'univers sage et philosophe ; convenez qu'il serait diablement triste. Tenez, vive la philosophie, vive la sagesse de Salomon : boire du bon vin, se gorger de mets délicats, se rouler sur de jolies femmes, se reposer dans des lits bien mollets. Excepté cela, le reste n'est que vanité.

Denis Diderot (1713-1784), *Le Neveu de Rameau*, écrit en 1762-1777, éd. posthume de 1891.

Relevez dans ce texte les marques de la subjectivité présentes dans l'énonciation et dans les types de phrases.

2. Observer les modalisations de la vérité

Texte A

Or je trouve, pour revenir à mon propos, qu'il n'y a rien de barbare et de sauvage en cette nation, à ce qu'on m'en a rapporté ; sinon que chacun appelle barbarie ce qui n'est pas de son usage ; comme de vrai[1], il semble que nous n'avons d'autre mire[2] de la vérité et de la raison que l'exemple et l'idée des opinions et usages du pays où nous sommes. Là est toujours la parfaite religion, la parfaite police[3], parfait et accompli usage de toutes choses.

Montaigne (1533-1592), *Essais*, 1580.

1. *comme de vrai* : vraiment. 2. *mire* : critère. 3. *police* : gouvernement.

Texte B

Je puis bien concevoir un homme sans mains, sans pieds, tête, car ce n'est que l'expérience qui nous apprend que la tête est plus nécessaire que les pieds. Mais je ne puis concevoir l'homme sans pensée. Ce serait une pierre ou une brute.

Blaise Pascal (1623-1662), *Pensées*, 1670.

a) Relevez dans ces textes les marques de la modalisation de la vérité en les classant :

Marque de modalisation	Certitude	Probabilité	Doute	Fausseté

b) En quoi la dernière phrase de l'extrait de Montaigne est-elle ironique ?

c) Dégagez la thèse défendue dans chacun de ces textes.

3. Identifier les modalisations de la vérité (certitude et conjecture)

Des tests de cultures transgéniques menés en Grande-Bretagne se sont révélés être un échec : « *Des graines OGM de colza et de betterave se sont avérées plus néfastes que les semences traditionnelles pour l'environnement.* » L'équipe scientifique, chargée de ces essais depuis trois ans, devrait remettre son rapport la semaine prochaine, révèle le quotidien londonien. Pour le journaliste John Vidal, la nouvelle « *accroît la pression sur le gouvernement* », désormais sur la corde raide. Encourager les cultures OGM ? Ce serait aller à l'encontre d'une opinion hostile, et courir un gros risque électoral. Les bannir ? Ce serait exciter l'ire des États-Unis, qui dénoncent une entrave au commerce.

Le Monde, jeudi 2 octobre 2003.

a) Identifiez les modalisations de la vérité dans cet article.

b) Par quels moyens le journaliste distingue-t-il information certaine et conjecture ?

4. Étudier les modalisations de la volonté et de la nécessité

Pour sauver son fils Astyanax, Andromaque, veuve d'Hector le Troyen, a décidé d'épouser Pyrrhus, mais de se tuer aussitôt après le mariage ; elle confie l'enfant à sa suivante Céphise.

Je confie à tes soins mon unique trésor :
Si tu vivais pour moi, vis pour le fils d'Hector.
De l'espoir des Troyens seule dépositaire,
Songe à combien de rois tu deviens nécessaire.
Veille auprès de Pyrrhus ; fais-lui garder sa foi[1] :
S'il le faut, je consens qu'on lui parle de moi.
Fais-lui valoir l'hymen[2] où je me suis rangée[3] ;
Dis-lui qu'avant ma mort je lui fus engagée[4],
Que ses ressentiments doivent être effacés,
Qu'en lui laissant mon fils, c'est l'estimer assez[5].
Fais connaître à mon fils les héros de sa race ;
Autant que tu pourras, conduis-le sur leur trace.
Dis-lui par quels exploits leurs noms ont éclaté[6],
Plutôt ce qu'ils ont fait que ce qu'ils ont été ;
Parle-lui tous les jours des vertus de son père,
Et quelquefois aussi parle-lui de sa mère.
Mais qu'il ne songe plus, Céphise, à nous venger :
Nous lui laissons un maître, il le doit ménager.

Jean Racine (1639-1699), *Andromaque*, 1668.

1. *garder sa foi* : tenir sa promesse de protéger Astyanax. 2. *hymen* : mariage. 3. *je me suis rangée* : je me suis décidée. 4. *je lui fus engagée* : je pris l'engagement de l'épouser. 5. *Qu'en lui laissant mon fils, c'est l'estimer assez* : que c'est lui marquer assez d'estime en lui laissant mon fils. 6. *ont éclaté* : ont eu de l'éclat, de la gloire.

a) Relevez les marques de la modalisation de la volonté et de la nécessité dans ce texte.

b) À partir de ce relevé, dégagez ce que doit faire Céphise, ce que doit faire Pyrrhus et ce que doit faire Astyanax pour respecter le testament d'Andromaque.

5. Interpréter les modalisations de la nécessité et de la volonté

Messieurs, quand[1] il ne s'agirait ici que de nous, quand la dignité de l'Assemblée nationale serait seule blessée, il ne serait pas moins convenable, juste, nécessaire, important pour le roi lui-même, que nous fussions traités avec décence, puisqu'enfin nous sommes les députés de cette même nation qui fait sa gloire [...]. Puisque c'est à des hommes libres qu'il veut commander, il est temps de faire disparaître ces formes odieuses, ces procédés insultants, qui persuadent[2] trop facilement à ceux dont le prince est entouré [...] qu'un roi légitime et chéri doit partout et en toute occasion ne se montrer que sous l'aspect des tyrans irrités, ou de ces usurpateurs tristement condamnés à méconnaître[3] le sentiment si doux, si honorable de la confiance.

Mirabeau (1749-1791), *Discours du 8 juillet 1789 devant l'Assemblée constituante.*

1. *quand* suivi du conditionnel présent : *même si* + indicatif imparfait. 2. *persuader à* : faire croire à. 3. *méconnaître* : ne pas connaître.

a) Relevez les marques de la modalisation de la nécessité dans ce discours ; quel procédé Mirabeau utilise-t-il pour insister sur cette nécessité ?

b) Selon Mirabeau, quel est le vœu du roi ? Quels sont les deux mots importants pour définir ce souhait ?

c) Quel devoir, quelle nécessité découlent de cette volonté ?

d) Quelle conception de la monarchie condamne Mirabeau ? Relevez les mots péjoratifs qu'il utilise pour exprimer cette condamnation.

6. Étudier les modalisations de l'évaluation, de l'appréciation

Dans cette lettre sur le théâtre, Rousseau prend la défense d'Alceste, personnage principal d'une comédie de Molière, Le Misanthrope *(1666).*

Vous ne sauriez nier deux choses : l'une, qu'Alceste, dans cette pièce, est un homme droit, sincère, estimable, un véritable homme de bien ; l'autre, que l'auteur lui donne un personnage ridicule. C'en est assez, me semble-t-il, pour rendre Molière inexcusable.

Rousseau (1712-1778), *Lettre à d'Alembert sur les spectacles,* 1758.

Relevez les termes évaluatifs et appréciatifs dans ce texte ; pour chacun d'eux, dites qui juge qui.

7. Étudier les modalisations de l'affectif

Le poète, séparé de sa femme, cherche à renouer avec elle.

Va, chanson, à tire-d'aile
Au-devant d'elle, et dis-lui
Bien que dans mon cœur fidèle
Un rayon joyeux a lui[1].
[...]
Longtemps craintive et muette,
Entendez-vous ? la gaieté,
Comme une vive alouette,
Dans le ciel clair a chanté.
[...]

Paul Verlaine (1844-1896), *La Bonne Chanson,* 1870.

1. *a lui* : a brillé.

a) Relevez les termes affectifs dans ce texte. Quel sentiment exprime le poète ?

b) Quel est le registre* de ce texte ?

8. Distinguer les modalisations de l'affectif et celles de l'appréciation

Rousseau goûte des moments heureux au bord d'un lac, à jouir du spectacle de la nature.

De quoi jouit-on dans une pareille situation ? De rien d'extérieur à soi, de rien sinon de soi-même et de sa propre existence ; tant que cet état dure, on se suffit à soi-même, comme Dieu. Le sentiment de l'existence dépouillé de toute autre affection[1] est par lui-même un sentiment précieux de contentement et de paix, qui suffirait seul pour rendre cette existence chère et douce à qui saurait écarter de soi toutes les impressions sensuelles et terrestres qui viennent sans cesse nous en distraire, et en troubler ici-bas la douceur. Mais la plupart des hommes, agités de passions continuelles, connaissent peu cet état, et, ne l'ayant goûté qu'imparfaitement durant peu d'instants, n'en conservent qu'une idée obscure et confuse, qui ne leur en fait pas sentir le charme. Il ne serait même pas bon, dans la présente constitution des choses[2], qu'avides de ces douces extases, ils s'y dégoûtassent de la vie active dont leurs besoins toujours renaissants leur prescrivent le devoir.

Jean-Jacques Rousseau, *Les Rêveries du promeneur solitaire,* 1782.

1. *affection* : émotion. 2. *dans la présente constitution des choses* : en l'état actuel des choses.

a) Remplissez le tableau suivant.

Modalisations de l'affectif	Modalisations de l'appréciation

b) Définissez le sentiment du bonheur pour Rousseau ; selon lui, ce type de bonheur est-il souhaitable pour tous ?

9. Exercice bilan

a) Reprenez le texte de Diderot de l'exercice 1, et présentez les modalisateurs en remplissant le tableau suivant.

Modalisations de la vérité	Modalisations de la volonté/nécessité	Modalisations de l'évaluation	Modalisations de l'affectif

b) D'après le tableau précédent, caractérisez l'argumentation de Diderot ; cherche-t-il à convaincre ou à persuader ?

5. AGIR PAR LA PAROLE

1. LES ACTES DE LANGAGE ET L'IMPLICITE

1. Les actes de langage

Tout discours oral ou écrit comporte un ou plusieurs **acte(s) de langage**, émanant d'un **locuteur** (celui qui parle) à l'intention d'un *destinataire.*

• Types d'actes de langage

L'acte de langage cherche à modifier ou à conforter le comportement ou les connaissances de l'autre. Il peut être :

- un **constat** :
  - **une information, une assertion, une accusation** : *Au Sahara, les nuits sont fraîches. / Vous êtes coupable.*
  - **un aveu, une déclaration (d'amour, de guerre...), etc.** : *Je déclare la guerre à la misère.*
  - **une excuse, un reproche, un remerciement, un compliment** : *Merci ! Bravo !*
  - **une promesse** : *Si vous votez pour moi, je diminuerai les impôts.*
- une **injonction** :
  - **un ordre, une interdiction** : *Fermez la fenêtre ! Qu'il entre ! Vous prendrez ce comprimé tous les matins.*
  - **une prière, un souhait, une menace** : *Gare à toi !*
  - **un conseil, une exhortation** : *Vous devriez prendre une veste. / Haut les cœurs !*
- une **question** :
  - **une interrogation, une demande** : *Qui êtes-vous ?*

• Moyens d'expression

• Il utilise **divers moyens** : *types de phrases, temps, lexique.*

• **Certains verbes utilisés à la 1re personne et au présent constituent en eux-mêmes un acte précis** : *j'ordonne* [ordre], *j'interdis* [interdiction], *j'autorise* [permission], *je promets* [promesse], *je déclare (la guerre, la séance ouverte...)* [création de l'événement], *je baptise* [don d'un nom et/ou d'une religion], *je remercie* [acte de reconnaissance], *je félicite* [congratulation]...

2. Les actes de langage directs et indirects

• Selon le contexte, un acte de langage peut être **direct**, ou bien au contraire « détourné », **indirect**.

Ainsi l'interrogation *quel temps fera-t-il demain ?* présente une vraie demande d'information : c'est un **acte de langage direct**.

En revanche, une interrogation comme *pouvez-vous fermer la porte, s'il vous plaît ?* **n'est pas une vraie question, mais un ordre** (poli) : c'est un **acte de langage indirect.**

• L'interrogation dite **rhétorique** est aussi un acte de langage indirect, car c'est une fausse question, stratégie pour renforcer une assertion : *Qui ne fait châteaux en Espagne ?* (La Fontaine) signifie « tout le monde fait des châteaux en Espagne », c'est-à-dire des projets imaginaires.

3. L'implicite : présupposés et sous-entendus

• Ce qui est dit de manière **non cachée** est explicite. **L'implicite** est le contraire de l'explicite. **Est implicite ce qui est dit « sans le dire »**, de manière cachée, voilée, indirecte. Ainsi, les actes de langage **indirects**, la plupart des marques de **subjectivité**, beaucoup de **connotations** sont implicites.

• Il existe deux sortes d'implicite : le **sous-entendu** et le **présupposé**.

• Sous-entendu

• Le **sous-entendu** n'est décelable que grâce au **contexte** : *il est cinq heures* **peut sous-entendre** « vite, je suis en retard », ou bien « je suis en avance, j'ai tout mon temps ».

• Le **sous-entendu** est en général l'**information centrale de l'énoncé** : ainsi, dans les exemples précédents, l'heure elle-même n'a que peu d'importance ; ce qui compte, c'est le retard ou au contraire le loisir qui en découle.

• **Si le destinataire ne perçoit pas le sous-entendu, il ne comprend pas** la portée de l'énoncé, et risque d'être victime **des manipulations rhétoriques du locuteur.**

Voir (et éventuellement montrer) les sous-entendus de l'argumentation d'autrui, c'est se donner les meilleurs moyens de la réfuter (ou parfois de la défendre).

• Présupposé

• Le **présupposé** est au contraire **inscrit dans l'énoncé, mais n'est pas présenté comme une information nouvelle** ; ainsi *je vais chez ma fille* présuppose que le locuteur a une fille.

• Le **présupposé** n'est pas l'essentiel du message ; **loin de constituer l'information nouvelle de l'énoncé, il en est le point de départ**, l'élément qui doit être connu de l'interlocuteur pour qu'il puisse comprendre le message de l'énoncé.

C'est pourquoi une erreur sur le présupposé peut créer un **quiproquo*** : **le locuteur et le destinataire, de bonne foi, ne se comprennent pas** et sont victimes d'un **malentendu**.

• Le **présupposé** ne peut être nié puisqu'il est inscrit dans la langue : *je vais chez ma fille* présuppose que j'ai une fille, et je ne peux le nier.

Les liens logiques sont explicites ou implicites

Lien logique	explicite	implicite
Cause	- **Complément** circonstanciel de cause (proposition subordonnée ou groupe nominal) : *Il reste à la campagne parce qu'il aime la verdure, par amour de la verdure.* - **Connecteur*** (conjonction de coordination *car* ou adverbe *en effet*) : *Il reste à la campagne : en effet, il aime la verdure.*	**Juxtaposition** (deux-points, point-virgule ou virgule) : *Il reste à la campagne : il aime la verdure.*
Conséquence	**Complément circonstanciel de conséquence** (proposition subordonnée) : *Il aime tant la verdure qu'il habite à la campagne.* - **Connecteur*** (conjonction de coordination donc ou adverbes ainsi, c'est pourquoi...) : *Il aime la verdure, c'est pourquoi il habite à la campagne.*	**Juxtaposition** (deux-points, point-virgule ou virgule) : *Il aime la verdure : il habite à la campagne.*
Opposition	**Complément circonstanciel d'opposition** (proposition subordonnée ou groupe nominal) : *Alors que tous partent, il reste ; malgré le départ de tous, il reste.* - **Connecteur*** (conjonctions de coordination or, mais ou adverbes cependant, en revanche...) : *Tous partent, mais lui reste.*	**Juxtaposition** (virgule ou point-virgule) : *Tous partent ; lui, reste.*
Addition	**Connecteur*** (conjonction de coordination *et, ni,* adverbes *en outre, de plus, d'abord... ensuite, puis...*) : *L'école permet d'accéder à un métier ; de plus, elle ouvre l'enfant au monde ; enfin, elle lui permet de se faire des amis pour la vie.*	**Juxtaposition** (virgule, point-virgule, point) : *L'école permet d'accéder à un métier ; elle ouvre l'enfant au monde ; elle lui permet de se faire des amis pour la vie.*
Alternative	**Connecteur*** (conjonction de coordination *ou...ou, ni...ni,* expressions corrélatives *soit... soit*) : *Ou il accepte ce poste, ou il s'en va.*	Ø

2. LE FONCTIONNEMENT DE LA CONVERSATION

1. Les règles de la conversation

Une conversation (débat, oral d'examen, simple discussion) obéit à des **règles** :

• **Le message doit apporter du nouveau.**

Le locuteur ne doit pas se borner à répéter ce qui a déjà été dit ; s'il le fait, il est accusé de **parodier** son interlocuteur et de **se moquer** de lui ou bien de radoter. Parfois la répétition marque l'indignation ou bien l'accord des personnages (on dit qu'ils font **chorus**) : ainsi de Figaro, du Comte et de Brid'oison dans cet extrait du *Mariage de Figaro*, comédie de Beaumarchais :

> FIGARO : *Elle a raison* !
> LE COMTE, à part : *Que trop raison !*
> BRID'OISON : *Elle a, mon-on Dieu, raison.* (Beaumarchais)

Il ne doit pas non plus dire des évidences : ou bien on ne l'écoutera pas, ou bien il sera ridicule : *C'est moi. – Je le vois bien !*

• **Le message doit être clair et complet.**

Sinon, il peut donner lieu à des **quiproquos*** ou à des **malentendus**.

• **Le locuteur ne doit pas trop agresser ni dévaloriser celui à qui il s'adresse.**

Être agressif, c'est prendre **le risque d'une contre-attaque** violente et d'une **humiliation** ; on se dévalorise, en **se disqualifiant comme interlocuteur possible**. Ainsi, dans *Le Cid* de Corneille, le Comte qui cherche à dissuader Rodrigue de venger son père, s'attire par son agressivité maladroite une réplique empêchant toute autre issue que le combat :

> LE COMTE : *Es-tu si las de vivre ?*
> RODRIGUE : *As-tu peur de mourir ?* (Corneille)

• **Le locuteur ne doit ni se valoriser, ni se dévaloriser de manière excessive.**

S'il se met trop en valeur, au mieux, il **se ridiculise** comme le personnage de la comédie italienne Matamore qui se vante d'exploits imaginaires et exagérés ; au pire, **il suscite l'hostilité**.

S'il est **trop modeste**, ou s'il fait trop de **compliments** à son interlocuteur, il risque d'être **méprisé**, ou considéré comme **hypocrite** ou **flatteur**.

- **La politesse**

La politesse est un **code qui facilite les échanges** ; elle concerne la **parole**, les **gestes** et les **attitudes** en général.

Elle comporte **notamment** les procédés suivants :

Les marques de politesse

Procédé	Définition	Commentaires
Termes d'adresse	Termes utilisés pour s'adresser à son interlocuteur : *Monsieur, petit, Pierre...*	- Selon le degré de familiarité et d'intimité qui lie les deux personnes. - Selon la situation d'énonciation (officielle ou non, orale ou écrite).
Rites de salutation	- *Bonjour, au revoir* (ou des expressions synonymes), - Geste de la main, - Jadis, révérence, - Rites particuliers pour l'épistolaire : *Veuillez agréer, Madame, Monsieur, mes salutations distinguées.*	- Rite dont le non respect est jugé grossier, voire agressif. - Pour les dialogues ou les lettres insérés **dans une narration**, on ne rapporte généralement pas les **rites de salutation** ; **dans un texte de théâtre** la présence ou l'absence de ces rites sont **significatifs**.
Rites de remerciement	Formules de remerciement : *Merci, Veuillez croire à ma gratitude...*	Souvent hyperboliques : *merci infiniment, mille mercis...*
Actes de langage indirects	Acte de langage (ordre, reproche, menace...) formulé sous couvert d'autres actes de langage.	On utilise souvent pour exprimer l'ordre : - l'interrogation : *Pouvez-vous (pourriez-vous) fermer la fenêtre ?* - l'assertion avec : le futur : *Vous devrez (Cela vous fera) 10 euros*. le conditionnel : *Vous pourriez entrer.* le pronom **on** : *On ne fume pas ici.*
Litote* euphémisme* autres figures	- Figure qui dit le moins pour exprimer le plus : *Vous n'avez pas très bien réussi ce devoir.* - Figure qui adoucit la dureté de la réalité : *C'est original.*	(= *vous avez complètement raté ce devoir.*) (= *c'est aberrant.*)

2. L'enchaînement des répliques

Quelques règles doivent être respectées ; sinon cela révèle un déséquilibre entre les interlocuteurs, l'un se retrouvant en position d'infériorité argumentative, psychologique ou sociale.

Les règles d'enchaînement des répliques

Règle	Moyens	Perturbations
Principe d'alternance	- Chacun parle **à son tour** (*tour de parole*). - Répliques d'à peu près **égale longueur**. - Négociation (mode poli : *Mais je vous en prie, je ne veux pas vous interrompre* / mode conflictuel : *Vous me coupez la parole !*).	- Un des interlocuteurs **monopolise** la parole. - Plusieurs **parlent en même temps** ou il y a **intrusion d'un interlocuteur** non souhaité.
Passage d'une réplique à l'autre	Signalé par : - l'achèvement de sa phrase, - des formules conclusives (*et voilà ! et c'est tout.*), - des interjections (*hein ? ouf !*), - des questions qui appellent explicitement l'interlocuteur à prendre le relais (*Qu'en pensez-vous ?*). À l'oral, l'intonation (baisse de la voix et pause), les gestes (une main tendue par exemple).	- Le **silence** ne doit pas s'installer, sinon, il crée un malaise, voire la fin de la conversation. - L'**interruption** perturbe la conversation (phénomène marqué par les **points de suspension**).
Choix de l'interlocuteur	Le locuteur peut désigner l'interlocuteur : - par une apostrophe, - par un geste.	Le plus rapide prend le tour de parole.
Pertinence de la réplique	- Pour le **thème** : le thème de la réplique doit être adapté à la réplique de l'interlocuteur : par exemple à la question *quel temps fait-il ?*, il faut répondre sur le temps (*il fait beau / je ne sais pas*) ou, à la limite, sur l'opportunité de cette question (*pourquoi poses-tu cette question ? ça n'a pas d'importance.*). - Pour les **actes de langage** (par exemple, un ordre de l'interlocuteur appelle en réponse une acceptation ou un refus).	Incohérence pour le thème (coq-à-l'âne) ou pour les actes de langage (par exemple, absence de réaction d'acceptation ou de refus face à un ordre).

EXERCICES

A Les actes de langage et l'implicite

1. Étudier les actes de langage directs

Je reviens à vous, ma bonne[1], pour vous dire que si vous avez envie de savoir en détail ce que c'est qu'un printemps, *il faut venir à moi.* [...] *Que pensez-vous donc que soit la couleur des arbres depuis huit jours ? répondez.* Vous allez dire : « Du vert. » Point du tout, *c'est du rouge.*

Mme de Sévigné (1634-1693), lettre du 19 avril 1690, dans *Lettres*, 1725.

1. *ma bonne* : nom affectueux donné par Mme de Sévigné à sa fille, destinatrice de cette lettre.

a) Identifiez les actes de langage réalisés dans les passages en italique.

b) Quel registre* mettent-ils en place ? Justifiez votre réponse.

2. Identifier les moyens utilisés pour réaliser des actes de langage directs

KNOCK. — Écoutez-moi. [...] Je suis peut-être présomptueux. D'amères désillusions me sont peut-être réservées. Mais si, dans un an, jour pour jour, vous n'avez pas gagné les vingt-cinq mille francs nets qui vous sont dus, si Mme Mousquet n'a pas les robes, les chapeaux et les bas que sa condition exige, je vous autorise à venir me faire une scène ici, et je tendrai les deux joues pour que vous m'y déposiez chacun un soufflet[1].

MOUSQUET. — Cher docteur, je serais un ingrat, si je ne vous remerciais pas avec effusion.

Jules Romains (1885-1972), *Knock*, © Éditions Gallimard, 1924.

1. *soufflet* : gifle.

a) Remplissez le tableau suivant :

Phrase	Acte de langage	Exprimé par
Écoutez-moi	ordre	impératif

b) En observant la réponse de Mousquet, dégagez l'acte de langage le plus important dans la réplique de Knock.

3. Étudier les actes de langage indirects

Dorante est tombé amoureux de Silvia déguisée en domestique sous le nom de Lisette ; malgré la distance sociale, il lui propose le mariage.

DORANTE. — Je t'adore, je te respecte ; [...] et mon cœur et ma main t'appartiennent.

SILVIA. — En vérité, ne mériteriez-vous pas que je les prisse, ne faut-il pas être bien généreuse pour vous dissimuler le plaisir qu'ils me font, et croyez-vous que cela puisse durer ?

DORANTE. — Vous m'aimez donc ?

SILVIA. — Non, non ; mais si vous me le demandez encore, tant pis pour vous.

DORANTE. — Vos menaces ne me font point de peur.

Marivaux (1638-1763), *Le Jeu de l'amour et du hasard*, 1730.

a) Relevez deux promesses et une assertion exprimées dans ce texte par des actes de langage indirects.

b) À votre avis, pourquoi les personnages utilisent-ils ces actes de langage indirects ?

4. Distinguer et interpréter l'utilisation d'actes de langage directs ou indirects

L'HOMME QUI COURT APRÈS LA FORTUNE,
ET L'HOMME QUI L'ATTEND DANS SON LIT.

Qui ne court après la fortune ?
Je voudrais être en un lieu d'où je pusse aisément
Contempler la foule importune
De ceux qui cherchent vainement
Cette fille du sort de royaume en royaume,
Fidèles courtisans d'un volage fantôme [...]
Pauvres gens ! je les plains ; car on a pour les fous
Plus de pitié que de courroux.
« Cet homme, disent-ils, était planteur de choux,
Et le voilà devenu pape :
Ne le valons-nous pas ? — Vous valez cent fois mieux ;
Mais que[1] vous sert votre mérite ?
La fortune a-t-elle des yeux[2] ? [...]
Ne cherchez point cette déesse.

Jean de La Fontaine (1621-1695), *Fables*, 1668.

1. *que* : à quoi. 2. La Fortune est traditionnellement représentée sous forme d'une déesse aux yeux bandés.

a) Remplissez le tableau suivant.

N° de Vers	Acte de langage direct	Exprimé par	Acte de langage indirect	Exprimé par

b) Quel est l'effet produit par le choix de l'acte direct ou de l'acte indirect selon les cas ?

5. Étudier le présupposé

HAMM. — Qu'est-ce que tu as fait de ta bicyclette ?

CLOV. — Je n'ai jamais eu de bicyclette.

HAMM. — La chose est impossible.

Samuel Beckett (1906-1989), *Fin de partie*, © Éditions de Minuit,1957.

a) Quel est le présupposé contenu dans la question de Hamm ?

b) Expliquez la réaction de Hamm dans la dernière réplique.

6. Étudier l'implicite : présupposés et sous-entendus

Orgon veut marier sa fille Mariane, contre son gré, à Tartuffe qu'il croit un saint homme ; la servante Dorine, jugeant Tartuffe comme un hypocrite, vient de tenter de l'en dissuader.

ORGON, *à Mariane*

Ne nous amusons point, ma fille, à ces chansons[1],
Je sais ce qu'il vous faut, et je suis votre père.
J'avais donné pour vous ma parole à Valère[2] ;
Mais outre qu'à jouer[3] on dit qu'il est enclin,
Je le soupçonne encor d'être un peu libertin[4] ;
Je ne remarque point qu'il hante les églises.

DORINE

Voulez-vous qu'il y coure à vos heures précises,
Comme ceux qui n'y vont que pour être aperçus ?

Molière (1622-1673), *Tartuffe*, 1669.

1. *Ne nous amusons point à ces chansons* : ne perdons pas notre temps à ces balivernes. Le mot renvoie ici aux arguments de Dorine contre ce mariage. 2. *J'avais donné pour vous ma parole à Valère* : je vous avais promise en mariage à Valère. 3. *jouer* : jouer à des jeux d'argent, interdits par l'Église. 4. *libertin* : indifférent à la foi religieuse.

a) Quels sont les présupposés contenus dans « ces chansons » et dans « je suis votre père » ?

b) Quels sont les sous-entendus contenus dans « je suis votre père » et dans « je ne remarque point qu'il hante les églises » ? Que sous-entend Dorine aux v. 7 et 8 ?

c) Expliquez l'emploi de la conjonction « mais » : quelle est l'opposition implicite ?

7. Étudier un quiproquo

Le vieil Arnolphe veut épouser sa pupille, la jeune Agnès ; mais celle-ci est amoureuse du bel Horace, et, ignorant les projets d'Arnolphe, vient de raconter naïvement à son tuteur la cour assidue du jeune homme.

ARNOLPHE

Oui, c'est un grand plaisir que toutes ces tendresses,
Ces propos si gentils, et ces douces caresses ;
Mais il faut le goûter en toute honnêteté,
Et qu'en se mariant le crime en soit ôté.

AGNÈS

N'est-ce plus un péché lorsque l'on se marie ?

ARNOLPHE

Non.

AGNÈS

Mariez-moi donc promptement, je vous prie.

ARNOLPHE

Si vous le souhaitez, je le souhaite aussi ;
Et pour vous marier on me revoit ici.

AGNÈS

Est-il possible ?

ARNOLPHE

Oui.

AGNÈS

Que vous me ferez aise !

ARNOLPHE

Oui, je ne doute point que l'hymen ne vous plaise.

AGNÈS

Vous nous voulez, nous deux...

ARNOLPHE

Rien de plus assuré.

AGNÈS

Que si cela se fait, je vous caresserai[1] !

ARNOLPHE

Eh ! la chose sera de ma part réciproque.
[...]

AGNÈS

Nous serons mariés ?

ARNOLPHE

Oui.

AGNÈS

Mais quand ?

ARNOLPHE

Dès ce soir.

[...]

AGNÈS

Hélas ! que je vous ai grande obligation[2] !
Et qu'avec lui j'aurai de satisfaction !

ARNOLPHE

Avec qui ?

AGNÈS

Avec... Là...

ARNOLPHE

Là... Là n'est pas mon compte,
À choisir un mari vous êtes un peu prompte.
C'est un autre, en un mot, que je vous tiens tout prêt,
Et quant au monsieur là, je prétends[3], s'il vous plaît,
[...]
Qu'avec lui désormais vous rompiez tout commerce.

Molière (1622-1673), *L'École des femmes*, 1662.

1. *caresser* : au XVIIe siècle, le mot, outre le sens actuel, signifiait « montrer de la sympathie pour quelqu'un ». 2. *obligation* : reconnaissance, gratitude. 3. *prétendre* : vouloir, décider.

a) Avec qui Agnès pense-t-elle être mariée ? Avec qui Arnolphe veut-il la marier ?

b) Quel est le complément présupposé par « Mariez-moi donc » ? Comment le comprend Agnès ? Comment le comprend Arnolphe ?

c) Expliquer le quiproquo* que fait naître l'expression « nous deux » ? Comment la polysémie* du verbe « caresser » prolonge-t-elle le malentendu ?

d) Où cesse le quiproquo* ? Pourquoi ?

e) Qu'est-ce qui est comique dans cet extrait ?

8. Étudier les liens logiques explicites ou implicites

La « *révolution verte* » qui, à la fin du siècle dernier, utilisa les méthodes conventionnelles[1], pour le riz et le blé, a sauvé les grands pays d'Asie de la famine. Mais l'évolution démographique de notre planète, qui a vu sa population passer de 3 à 6 milliards d'habitants au cours des soixante-dix dernières années, promet à nouveau 3 milliards d'individus de plus d'ici à 2100, soit 50 % d'augmentation ! Le choix collectif de nombreux pays du tiers-monde a consisté à ne pas encadrer le contrôle des naissances. Comment sauver aujourd'hui ces nouveaux êtres de la famine sans une nouvelle révolution agraire ?

La révolution des OGM[2] est un progrès indispensable. Cela ne veut pas dire que notre confiance doive être aveugle. [...] Il faut conserver des champs de maïs non transformés et faire des OGM en quelque sorte « alternatifs ». C'est la science évolutive dans la société, au service d'une humanité plus nombreuse et qui vit plus longtemps.

Étienne-Émile Baulieu, Communication du 21 octobre 2003 à l'Académie des sciences, *Le Monde*, 22 octobre 2003.

1. *méthodes conventionnelles* : ici, les produits chimiques agricoles et la sélection des semences, et non les manipulations génétiques. **2.** *OGM* : organisme génétiquement modifié.

a) Relevez les liens logiques explicites.

b) Dégagez les liens logiques implicites.

c) Quelle est la thèse soutenue par l'auteur ? Relevez la phrase qui l'exprime.

d) Résumez son argumentation.

9. Étudier les liens logiques explicites ou implicites

Texte A

La parole est irréversible, telle est sa fatalité. Ce qui a été dit ne peut se reprendre, *sauf à s'augmenter* : corriger, c'est ici, bizarrement, ajouter. En parlant, je ne puis gommer, effacer, annuler ; tout ce que je puis faire, c'est de dire « j'annule, j'efface, je rectifie », bref de parler encore. Cette très singulière annulation par ajout, je l'appellerai « bredouillement ». Le bredouillement est un message deux fois manqué : d'une part on le comprend mal, mais d'autre part, avec effort, on le comprend tout de même ; il n'est vraiment ni dans la langue, ni hors d'elle : c'est un bruit de langage comparable à la suite des coups par lesquels un moteur fait entendre qu'il est mal en point ; tel est précisément le sens de la *ratée*, signe sonore d'un échec qui se profile dans le fonctionnement de l'objet. Le bredouillement (du moteur ou du sujet), c'est en somme une peur : j'ai peur que la marche vienne à s'arrêter.

Roland Barthes (1915-1980), *Le Bruissement de la langue*, © Le Seuil, 1984.

Texte B

Dire qu'il y a une culture bourgeoise est faux, parce que c'est toute notre culture qui est bourgeoise (et dire que notre culture est bourgeoise est un truisme[1] fatigant, qui traîne dans toutes les universités). Dire que la culture s'oppose à la nature est incertain, parce qu'on ne sait pas très bien où sont les limites de l'une et de l'autre : où est la nature dans l'homme ? Pour se dire homme, il faut à l'homme un langage, c'est-à-dire la culture même. Dans le biologique ? On retrouve aujourd'hui dans l'organisme vivant les mêmes structures que dans le sujet parlant : la vie elle-même est construite comme un langage. Bref, tout est culture, du vêtement au livre, de la nourriture à l'image, et la culture est partout, d'un bout à l'autre des échelles sociales. Cette culture, décidément, est un objet bien paradoxal : sans contours, sans terme oppositionnel, *sans reste*.

Roland Barthes (1915-1980), *Le Bruissement de la langue*, © Le Seuil, 1984.

1. *truisme* : banalité.

a) Relevez les liens logiques explicites.

b) Dégagez les liens logiques implicites .

c) Quelle métaphore* est utilisée dans le texte A ? Que veut montrer l'auteur ?

10. Exercice bilan

SURMENAGE PAR LES RÊVES

Si nous pouvions conserver l'énergie que nous prodiguons dans cette succession de rêves accomplis nuitamment, la profondeur et la subtilité de l'esprit atteindraient des proportions insoupçonnables. L'échafaudage d'un cauchemar exige une dépense nerveuse plus exténuante que la construction théorique la mieux articulée. Comment, après le réveil, recommencer la besogne d'aligner des idées quand, dans l'inconscience, nous étions mêlés à des spectacles grotesques et merveilleux, et que nous roulions à travers les sphères sans l'entrave de l'antipoétique Causalité ? Pendant des heures nous étions semblables à des dieux ivres – et, subitement, les yeux ouverts supprimant l'infini nocturne, il nous faut reprendre, sous la médiocrité du jour, le ressassement de problèmes incolores, sans que nous y aide aucun des phantasmes de la nuit. La féerie glorieuse et néfaste aura donc été inutile ; le sommeil nous a épuisés en vain. [...]

Après chaque nuit nous sommes plus vides : nos mystères comme nos chagrins se sont écoulés dans nos songes. Ainsi le labeur du sommeil n'amoindrit pas seulement la force de notre pensée, mais encore celle de nos secrets....

E. M. Cioran, *Précis de décomposition*, © Éditions Gallimard, 1949.

a) Quel acte de langage est réalisé par la phrase interrogative (l.7-11)?

b) Relevez les liens logiques explicites dans ce texte.

c) Dégagez les liens logiques implicites.

d) Résumez en trois phrases ce texte.

B Le fonctionnement de la conversation

11. Étudier les règles de la conversation

Le barbier Figaro a donné un somnifère à L'Éveillé et un sternutatoire (produit qui fait éternuer) à La Jeunesse, domestiques du médecin Bartholo, pour pouvoir pénétrer chez la pupille de celui-ci ; Bartholo mène l'enquête pour savoir pourquoi Figaro est entré chez sa pupille.

L'ÉVEILLÉ *arrive en bâillant, tout endormi.* — Aah, aah, ah, ah…

BARTHOLO. — Où étais-tu, peste d'étourdi, quand ce barbier est entré ici ?

L'ÉVEILLÉ. — Monsieur j'étais… ah, aah, ah…

BARTHOLO. — À machiner quelque espièglerie, sans doute ? Et tu ne l'as pas vu ?

L'ÉVEILLÉ. — Sûrement, je l'ai vu, puisqu'il m'a trouvé tout malade ; et faut bien que ce soit vrai, car j'ai commencé à me douloir[1] dans tous les membres, rien qu'en l'en-entendant parl… Ah, ah, aah…

BARTHOLO *le contrefait*[2]. — Rien qu'en l'en-entendant !… […] Droguer ce petit garçon[3] sans mon ordonnance ! Il y a quelque friponnerie là-dessous. […] Je parie que le rusé[4] s'entend avec lui.

L'ÉVEILLÉ, *pleurant comme un sot.* — Moi… je m'entends !…

LA JEUNESSE, *éternuant.* Eh ! mais, monsieur, y a-t-il… y a-t-il de la justice ?…

BARTHOLO. — De la justice ! C'est bon entre vous autres misérables, la justice ! Je suis votre maître, moi pour avoir toujours raison.

LA JEUNESSE, *éternuant.* — Mais, pardi, quand une chose est vraie…

BARTHOLO. — Quand une chose est vraie ! Si je ne veux pas qu'elle soit vraie, je prétends[5] bien qu'elle ne soit pas vraie. Il n'y aurait qu'à permettre à tous ces faquins-là d'avoir raison, vous verriez bientôt ce que deviendrait l'autorité.

LA JEUNESSE, *éternuant.* — J'aime autant recevoir mon congé[6] […]

L'ÉVEILLÉ, *pleurant.* — Un pauvre homme de bien est traité comme un misérable.

BARTHOLO. — Sors donc, pauvre homme de bien ! (*Il les contrefait.*) Et t'chi et t'cha ; l'un m'éternue au nez, l'autre m'y bâille.

Beaumarchais (1732-1793), *Le Barbier de Séville*, 1775.

1. *me douloir* : avoir mal. 2. *contrefaire* : imiter. 3. *petit garçon* : jeune domestique. 4. *le rusé* : désigne ici le barbier Figaro. 5. *prétendre* : avoir la ferme intention. 6. *recevoir son congé* : être licencié, perdre son emploi.

a) Quelle règle de la conversation n'est pas observée par L'Éveillé ?

b) Bartholo répète les propos de L'Éveillé ou de La Jeunesse ; pourquoi ?

c) Qu'est-ce qui provoque la fin de la conversation ? Bartholo a-t-il les informations qu'il voulait ?

d) À quel registre* appartient ce texte ?

12. Étudier les marques de politesse

Knock, nouveau médecin dans la ville, convoque dans son cabinet le pharmacien Mousquet ; voici le début de cette rencontre.

KNOCK. — Asseyez-vous, cher monsieur Mousquet. Hier, j'ai eu à peine le temps de jeter un coup d'œil sur l'intérieur de votre pharmacie. Mais il ne m'en faut pas davantage pour constater l'excellence de votre installation, l'ordre méticuleux qui y règne et le modernisme du moindre détail.

MOUSQUET, *tenue très simple, presque négligée.* — Docteur, vous êtes trop indulgent !

KNOCK. — C'est une chose qui me tient au cœur. Pour moi, le médecin qui ne peut pas s'appuyer sur un pharmacien de premier ordre est un général qui va à la bataille sans artillerie.

MOUSQUET. — Je suis heureux de voir que vous appréciez l'importance de la profession.

Jules Romains (1885-1972), *Knock*, 1924.

a) Relevez les marques de politesse dans le texte.

b) Caractérisez l'attitude des deux personnages l'un envers l'autre.

13. Observer les actes de langage et l'enchaînement des répliques

SOSIE. — C'est toi, le Trompette de jour ?

LE TROMPETTE. — Si j'ose dire, oui. Et toi, qui es-tu ? Tu ressembles à quelqu'un que je connais.

SOSIE. — Cela m'étonnerait, je suis Sosie ! Qu'attends-tu ? Sonne[1] !

LE TROMPETTE. — Que dit-elle votre proclamation ?

SOSIE. — Tu vas l'entendre.

LE TROMPETTE. — C'est pour un objet perdu ?

SOSIE. — Pour un objet retrouvé. Sonne, te dis-je !

LE TROMPETTE. — Tu ne penses pas que je vais sonner sans savoir de quoi il s'agit ?

Jean Giraudoux (1882-1944), *Amphitryon 38*, © Grasset, 1929.

1. *Sonne* : joue de la trompette.

a) Dégagez les actes de langage contenus dans les trois premières répliques.

b) Observez l'acte de langage qui termine la deuxième réplique de Sosie : dans quelle réplique le Trompette y répond-il vraiment ?

c) L'acte de langage utilisé par le Trompette pour donner cette réponse est-il direct ou indirect ? Pourquoi ?

d) Après avoir numéroté les répliques, classez-les dans le tableau suivant décrivant les moyens et les perturbations de l'enchaînement des répliques (► *Le fonctionnement de la conversation*, p. 85**) :**

Règle	Moyens	Perturbations
Principe d'alternance		
Passage d'une réplique à l'autre		
Choix de l'interlocuteur		
Pertinence de la réplique		

e) Pourquoi Sosie n'obtient-il pas ce qu'il veut du Trompette ? Quelles règles de la conversation transgresse-t-il ?

14. Observer l'enchaînement des répliques

M. MARTIN. — On ne fait pas briller ses lunettes avec du cirage noir.

MME SMITH. — Oui, mais avec l'argent on peut acheter tout ce qu'on veut.

M. MARTIN. — J'aime mieux tuer un lapin que de chanter dans le jardin.

MME SMITH. — Kakatoes, kakatoes, kakatoes, kakatoes, kakatoes, kakatoes, kakatoes, kakatoes, kakatoes, kakatoes.

Eugène Ionesco (1912-1994), *La Cantatrice chauve*,

Quelle règle d'enchaînement des répliques n'est pas respectée ici ? Quel est l'effet produit ?

15. Interpréter l'enchaînement des répliques

Vladimir et Estragon guettent l'arrivée d'un certain Godot.

Ils reprennent le guet. Long silence.

VLADIMIR, ESTRAGON (*se retournant simultanément*). — Est-ce…

VLADIMIR. — Oh pardon !

ESTRAGON. — Je t'écoute.

VLADIMIR. — Mais non !

ESTRAGON. — Mais si !

VLADIMIR. — Je t'ai coupé.

ESTRAGON. — Au contraire.

Ils se regardent avec colère. […]

VLADIMIR. — Misérable !

ESTRAGON. — C'est ça, engueulons-nous. (*Échanges d'injures. Silence.*) Maintenant raccommodons-nous. […] *Ils s'embrassent. Silence.*

VLADIMIR. — Comme le temps passe quand on s'amuse ! *Silence.*

Samuel Beckett (1906-1989), *En attendant Godot*,

a) Quelle règle d'enchaînement est transgressée dans la première réplique ?

b) Comment les personnages tentent-ils de réparer cette transgression ?

c) Lisez les didascalies* : quelle est l'information la plus importante pour comprendre ce qui perturbe le plus l'enchaînement des répliques ? Pourquoi ?

d) Quel effet produit la dernière réplique ?

16. Interpréter le fonctionnement d'une conversation

Orgon rentre de voyage ; il trouve chez lui son beau-frère Cléante et sa servante Dorine.

ORGON

Ah ! mon frère[1], bonjour.

CLÉANTE

Je sortais, et j'ai joie à vous voir de retour :
La campagne à présent n'est pas beaucoup fleurie.

ORGON (*à Cléante*)

Dorine… Mon beau-frère, attendez, je vous prie.
Vous voulez bien souffrir[2], pour m'ôter de souci,
Que je m'informe un peu des nouvelles d'ici ?
(*à Dorine*)
Tout s'est-il, ces deux jours, passé de bonne sorte ?
Qu'est-ce qu'on fait céans[3] ? comme[4] est-ce qu'on s'y porte ?

DORINE

Madame[5] eut, avant-hier, la fièvre jusqu'au soir,
Avec un mal de tête étrange à concevoir[6].

ORGON

Et Tartuffe[7] ?

DORINE

Tartuffe ? il se porte à merveille,
Gros et gras, le teint frais et la bouche vermeille.

ORGON

Le pauvre homme !

Molière (1622-1673), *Tartuffe*, 1669.

1. Terme d'affection ; en fait, Cléante est le beau-frère d'Orgon. 2. *souffrir* : accepter. 3. *céans* : dans la maison, ici. 4. *comme* : comment. 5. *Madame* : la femme d'Orgon. 6. *étrange à concevoir* : incroyable, extraordinaire. 7. *Tartuffe* : ami très cher à Orgon et qui s'est installé chez lui.

a) Relevez les marques de politesse. Orgon est-il parfaitement poli ?

b) Comment le texte indique-t-il à qui s'adresse Orgon ? Relevez un cas où cette indication contredit la parole d'Orgon. Que révèle cette contradiction ?

c) Que signifie la reprise par Dorine de la question d'Orgon sur Tartuffe ? Dégagez le sous-entendu.

d) Observez l'enchaînement entre la première réplique de Dorine et la réponse d'Orgon : est-il naturel ?

e) À partir de vos réponses précédentes, dites ce que nous apprend le fonctionnement de cette conversation sur le personnage d'Orgon.

6. LA PHRASE (1)

1. STRUCTURES DE PHRASE

1. Phrases verbales, phrases non verbales

La phrase verbale

La **phrase verbale** a pour noyau un **groupe verbal** (**sujet + verbe**) à un mode personnel.

Remarque

Il existe des **phrases infinitives,** qui ont pour noyau un infinitif. Il peut s'agir d'infinitifs :
- exclamatifs : *Me faire ça* !
- délibératifs : *Où aller* ?
- d'ordre : *Prendre la première rue à droite.*
- de narration, précédés du mot « de » : *Et tous de rire* (archaïsme).

La phrase non verbale

La phrase non verbale a pour noyau un groupe non verbal, qui peut être :

- **un nom** (phrase nominale : *Mon vélo !*) ;
- **un adjectif** (phrase adjectivale : *Insolent !*) ;
- **un adverbe** (phrase adverbiale : *Oui !*) ;
- **une interjection** (*Zut !*).

La situation d'énonciation* et le contexte sont importants pour la comprendre. Elle est assertive (*Décollage imminent.*), interrogative (*Incapable, moi ?*) ou exclamative (*Ma cassette !*) ; elle peut être négative (*Pas de chance !*).

Elle est très **expressive**, et peut marquer une émotion intense qui la rend fréquente dans certains registres* :
- le registre lyrique* : *Ô rage, ô désespoir, ô vieillesse ennemie !* (Corneille) ;
- le registre polémique* : *À bas la tyrannie ! Privilégié, moi ?*

Elle peut :
- être descriptive dans les titres : *Enfance* ;
- se présenter comme une liste de clichés photographiques pour planter un décor (didascalies*) : *Sac et ombrelle à la même place qu'au début du premier acte. Revolver bien en évidence à droite de la tête* (Beckett) ;
- exprimer une suite d'impressions dans des textes narratifs ou descriptifs : *À l'horizon, pas très distant, l'église d'un petit village et le soir, [...] les fumées de quelques maisons* (Gide).

2. Phrases simples, phrases complexes

- Une **phrase simple** ne comporte qu'une proposition.
- Une **phrase complexe** comporte plusieurs propositions,
  - **juxtaposées** : séparées seulement par une ponctuation (*virgule, point-virgule, deux-points*) ;
  - **coordonnées** : liées par une conjonction de coordination (*mais, ou, or, et, car, ni*) ;
  - ou liées par un mot **subordonnant** (*quand, parce que, bien que, si...*).

La phrase simple

La phrase simple exprime en général une vision du monde simple : on la trouve particulièrement :
- dans les morales des fables : *La raison du plus fort est toujours la meilleure.*
- dans le registre du lyrisme* :

Une aube affaiblie
Verse par les champs
La mélancolie
Des soleils couchants. (Verlaine)

La phrase complexe

- Les phrases **complexes par juxtaposition ou par coordination** sont parfois associées à l'anaphore* ou à la gradation* : *Je le vis, je rougis, je pâlis à sa vue* (Racine).
- Dans les phrases complexes par juxtaposition, les liens logiques sont implicites : *Petits princes, videz vos débats entre vous / De recourir aux rois vous seriez de grands fous* (La Fontaine).
- La phrase **complexe par subordination** montre une réalité complexe, mais organisée :

M. de Nemours fut tellement surpris de sa beauté [que, [lorsqu'il fut proche d'elle] et [qu'elle lui fit la révérence], il ne put s'empêcher de donner des marques de son admiration] (Mme de La Fayette) : organisation chronologique (subordonnées de temps) et logique (subordonnée de conséquence).

2. LE THÈME ET LE PROPOS D'UNE PHRASE

1. Distinguer le thème et le propos

Définitions

• **Une phrase communique une information à propos de quelque chose** ; elle comporte donc :

- un **thème** : ce dont on parle, le point de départ de la communication, qui est supposé connu ;
- un **propos** : l'information nouvelle au sujet du thème.

Quand on dit *Les plages du Midi attirent les touristes*, on donne une information sur les plages du Midi ; *Les plages du Midi* = thème de la phrase ; *attirent les touristes* = propos.

• **Tests de reconnaissance** :

- Le propos répond à la **question** : *Quelle est la caractéristique des plages du Midi ?*
- On peut faire porter une **négation sur le propos**, jamais sur le thème : *Les plages du Midi n'attirent pas les touristes.*

Places du thème et du propos

• **Le thème est en général au début de la phrase** ; il peut être le sujet du verbe, le verbe lui-même ou un complément :

Thème	Propos
LA PLUIE	*a bien arrosé le jardin hier.*
APPARAÎT ALORS	*un nouveau personnage.*
DEMAIN,	*commencera une vie nouvelle.*
SANS QU'ON LE VOIE	*il progresse.*
CE CHOCOLAT,	*une vraie merveille !*

• **Les phrases non verbales** comportent soit le thème seul (MA CASSETTE !), soit le propos seul (*Étonnant !*), soit le thème et le propos (MOI, *incapable ?*) soit le propos et le thème (*Incapable*, MOI ? / *Une vraie merveille*, [QUE] CE CHOCOLAT ! : mise en relief du propos).

• Les **présentatifs** (*voici, voilà, c'est, il y a*) introduisent toujours le propos : Voila *le problème.* / C'est *le printemps.* / Il y a *des fleurs partout.*

• Les **constructions impersonnelles** constituent des phrases sans thème, sauf si un complément circonstanciel est placé en tête :

Thème	Propos
Ø	*Il vous reste dix minutes.*
À CET INSTANT,	*il vous reste dix minutes.*

La distinction thème/propos permet de voir quelle information apporte la phrase, la progression* du texte (▸ *Cohésion et progression du texte*, p. 105**) et les présupposés*.**

2. Les tournures emphatiques

Sélection et mise en relief du thème

On peut sélectionner un élément de la phrase et en faire le thème en le mettant au début de la phrase :

Thème	Propos
HIER,	*il est parti.*
LE CHOCOLAT,	*Pierre aime.*
À JACQUES,	*je lègue mon chat.*

On peut sélectionner le sujet ou le complément d'objet et en faire **le thème mis en relief**, grâce au **détachement en début (ou en fin de phrase), avec reprise (ou annonce)** par un pronom personnel ou démonstratif (souligné) :

Détachement en début de phrase :

Thème mis en relief	**Propos** avec reprise du thème par un pronom (souligné)
PIERRE,	*il aime le chocolat.*
LE CHOCOLAT,	*Pierre aime ça.*
PIERRE, LE CHOCOLAT, (2 THÈMES)	*il aime ça.*
LA VITESSE,	*c'est dépassé.*
À JACQUES, (QUANT À JACQUES)	*je lui lègue mon chat.*

Détachement en fin de phrase :

Propos avec annonce du thème par un pronom (souligné)	Thème mis en relief
Il aime le chocolat,	PIERRE.
Pierre aime ça,	LE CHOCOLAT.
C'est dépassé,	LA VITESSE.
Je lui lègue mon chat,	À JACQUES.

Mise en relief du propos

On peut sélectionner un élément de la phrase et en faire **le propos mis en relief**, grâce à la tournure *c'est ... qui, que, dont* :

Propos mis en relief	Thème
C'est **hier**	que *JE L'AI VU.*
C'est **lui**	qui *A PRIS CETTE INITIATIVE.*
C'est **pour cette raison**	que *JE LUI EN PARLE.*

Mise en relief du thème et du propos

On peut combiner les deux mises en relief grâce à la tournure *ce qui* (*ce que, ce dont, etc.*) ... *c'est :*

Thème mis en relief	Propos mis en relief
CE QUE PIERRE AIME,	c'est **le chocolat.**
CE QUE JE VEUX,	c'est qu'**elle travaille.**

3. TYPES ET FORMES DE PHRASES

1. Les types de phrases

• Définition

Il existe quatre **types de phrases** (ou **modalités**), qui correspondent à quatre attitudes fondamentales du locuteur face à son interlocuteur :

- le type **déclaratif** (ou **assertif**) qui apporte une information ou un constat : *Le lion est le roi des animaux.*
- le type **interrogatif** qui pose une question : *Qui est là ?*
- le type **impératif** (ou **injonctif**) qui donne un ordre : *Entrez !*
- le type **exclamatif** qui exprime une émotion (colère, admiration, surprise, joie, douleur...) : *Quel malheur !*

Toute phrase relève de l'un de ces quatre types.

• Usages particuliers

• Une **phrase interrogative** peut exprimer :

- un **ordre** : *Peux-tu me passer le sel ?* signifie en fait *Passe-moi le sel !*
- une **assertion** (question rhétorique) : c'est une fausse question : *Les équipements publics ne sont-ils pas financés par les impôts ?* signifie *Les équipements publics sont financés par les impôts.* Cette formulation est souvent une stratégie argumentative pour faire adhérer son interlocuteur à sa thèse, en feignant de lui donner le choix d'une réponse en réalité contenue dans la question : *Qui ne comprend que la planète est en danger ?*
- l'**émotion** (en particulier la surprise ou l'indignation), tout comme une exclamative : *Moi, héron, que je fasse / Une si pauvre chère ? Et pour qui me prend-on ?* (La Fontaine)

• Une **phrase déclarative** peut exprimer un ordre : *Et maintenant, tu manges ta soupe.* signifie *Mange ta soupe !*

• Usage de la ponctuation

Chaque type de phrase présente des marques grammaticales et une ponctuation qui indiquent une intonation particulière : les marques de ponctuation à l'écrit, l'intonation à l'oral sont indispensables pour indiquer le type de phrase utilisé et donc l'acte de langage mis en œuvre. Cependant les poètes de notre temps et certains romanciers suppriment parfois la ponctuation :

Le mai le joli mai en barque sur le Rhin
Des dames regardaient du haut de la montagne
Vous êtes si jolies mais la barque s'éloigne
Qui donc a fait pleurer les saules riverains
(Guillaume Apollinaire)

Tableau récapitulatif des types de phrases

Types de phrases	Marques grammaticales	Ponctuation	Intonation
Déclarative : *D'après nos informations, tout le monde est sain et sauf.*	Ordre des mots normal : Sujet /verbe / complément ; les compléments circonstanciels sont déplaçables.	Point (.) Point-virgule (;) Deux-points (:) Points de suspension (…)	Descendante.
Impérative : *Faites entrer. Qu'il vienne ! Ne pas se pencher par la fenêtre.*	Mode impératif ou mode subjonctif à la 3e personne avec le mot QUE ou mode infinitif.	Point (.) Point d'exclamation (!)	Descendante.
Interrogative totale : *Viens-tu ? Tu viens ? Est-ce que tu viens ?* (Réponse *oui, non, si*)	Marques non obligatoires : inversion du sujet ; locution *est-ce que.*	Point d'interrogation (?)	Montante.
Interrogative partielle : *Où es-tu ? Tu es où ?*	Mot interrogatif.		Note la plus haute sur le mot interrogatif : *Où es-tu ? Tu es où ?*
Exclamative : *Comme il est beau ! Est-il beau ! Il est beau !*	Marques non obligatoires : mot exclamatif ou inversion du sujet. Phrase souvent non verbale (*Mon vélo ! Volé !*), voire limitée à une interjection (*Zut !*)	Point d'exclamation (!)	Note la plus haute sur le mot le plus chargé d'émotion.

2. Les formes de phrases

• DÉFINITIONS

• Une phrase, quel que soit son type, a une **forme** :

- **affirmative ou négative** : *Il pleut. / Il ne pleut pas.*
- **active ou passive** : *Marc voit la voiture. / La voiture est vue par Marc.*
- **personnelle ou impersonnelle** : *Un accident est arrivé. / Il est arrivé un accident.*
- **non emphatique ou emphatique** : *Pierre aime le chocolat. / Pierre, il aime le chocolat. / C'est Pierre qui aime le chocolat.*

• Ces **formes de phrases**, qui viennent s'ajouter aux types de phrases, sont **combinables** entre elles : *Cette histoire n'a jamais été racontée* (cette phrase déclarative combine la forme **négative** et la forme **passive**.).

Remarque

« Phrase **déclarative** (ou **assertive**) » et « phrase **affirmative** » ne sont pas des expressions synonymes : « phrase **déclarative** » désigne un **type** de phrase (par opposition à **interrogative, impérative, exclamative**), « phrase **affirmative** » désigne une **forme** de phrase (par opposition à **négative**).

• UTILISER LES FORMES DE PHRASES

• Utiliser une forme de **phrase passive ou impersonnelle**, c'est modifier la répartition du thème et du propos (► p. 93) et donc **mettre en valeur un élément différent** (indiqué en gras) :

Forme de phrase	Thème	Propos
Active Passive	PASTEUR A INVENTÉ LE VACCIN A ÉTÉ INVENTÉ	***le vaccin.*** ***par Pasteur.***
Personnelle Impersonnelle	UNE AVENTURE INCROYABLE Ø	***m'est arrivée.*** *Il m'est arrivé* ***une aventure incroyable.***

• Une phrase **négative** évoque de manière **implicite** un envers positif : évoquer négativement quelque chose, c'est encore en parler !

Ainsi, dire *Les Français ne veulent pas de cette politique* peut sous-entendre :
- l'existence d'un adversaire défendant la politique en question ;
- le désir d'une autre politique.

Tableau récapitulatif des formes de phrases

Affirmative	Négative
Le train est à l'heure. / Le train est en retard.	Le train n'est pas à l'heure. / Le train n'est pas en retard.
Active	**Passive**
Une entreprise a effectué ces travaux.	Ces travaux ont été effectués par une entreprise.
Personnelle	**Impersonnelle**
Une aventure incroyable m'est arrivée.	Il m'est arrivé une aventure incroyable.
Non emphatique	**Emphatique**
Pierre aime le chocolat.	Pierre, il aime le chocolat. / C'est Pierre qui aime le chocolat.

EXERCICES

A Structures de phrases

1. Phrases verbales et phrases non verbales

Solal et Ariane voient l'intensité de leur amour diminuer malgré les efforts de Solal pour raviver leur passion. Solal médite sur cette déchéance.

Leur pauvre vie. Parfois le recours aux méchancetés forcées, sans nulle envie d'être méchant, mais il fallait mouvementer leur amour, en faire une pièce intéressante, avec rebondissements, péripéties, réconciliations.

Recours aussi aux imaginations jalouses[1] pour la désennuyer et se désennuyer, pour faire du vivant, avec scènes, reproches [...]. Bref, la faire souffrir pour en finir avec ses migraines, ses somnolences après dix heures et demie du soir, ses bâillements poliment mordus, et tous les autres signes par lesquels son inconscient disait sa déception et sa révolte contre les langueurs d'un amour sans plus d'intérêt, un amour dont elle avait tout attendu. Son inconscient, oui, car de tout cela elle ne savait rien. Mais elle en devenait malade [...].

Albert Cohen (1895-1981), *Belle du Seigneur*,

1. Solal fait volontairement des scènes de jalousie à Ariane.

a) Relevez une phrase infinitive. Quelle y est la valeur de l'infinitif ?

b) Relevez les phrases non verbales. De quelle nature est leur noyau ?

c) Quel est l'effet produit par ces phrases non verbales ?

d) Relevez les trois propositions indépendantes dont le noyau est un verbe conjugué à un mode personnel ; par quel type de mot sont-elles introduites ? Quel est l'effet produit ?

2. Phrases verbales et phrases non verbales en poésie

Ces deux poèmes ont été écrits par Éluard pendant la Seconde Guerre mondiale.

LIBERTÉ

Sur mes cahiers d'écolier
Sur mon pupitre et les arbres
Sur le sable et la neige
J'écris ton nom

Sur toutes les pages lues
Sur toutes les pages blanches
Pierre sang papier ou cendre
J'écris ton nom [...]

Sur la santé revenue
Sur le risque disparu
Sur l'espoir sans souvenir
J'écris ton nom

Et par le pouvoir d'un mot
Je recommence ma vie
Je suis né pour te connaître
Pour te nommer

Liberté.

Paul Éluard (1895-1952), *Poésie et vérité 1942*,

DANS UN MIROIR

[...]
Dans la rue de la Chapelle
Une façade d'école
Grêlée éthérée de balles[1]

Les seules fleurs de la rue
Blanches de chair épargnée[2]
Sur les murs de la misère

Toutes les pensées écloses
Tous les yeux pour y voir clair
Sur les murs enfin sensibles[3]

Dans la rue de la Chapelle
Sur les murs enfin marqués
Par une empreinte vivante

Par le désir d'être libre[4].

Paul Éluard (1895-1952),
Au rendez-vous allemand, 1945,

1. Les murs de Paris comportaient de nombreuses traces d'impact de balles perdues tirées pendant les combats de la Seconde Guerre mondiale (1939-1945). 2. Le poète veut dire que les balles perdues qui ont laissé des impacts dans les murs n'ont blessé personne, et il les compare à des fleurs (blanches, couleur des murs, et symbole d'innocence). 3. *sensible* : terme métaphorique : les murs sont comparés à une pellicule photographique. 4. Les deux derniers vers indiquent de façon figurée que les murs de Paris portent des graffitis sur le thème de la liberté.

a) Identifiez les phrases verbales et les phrases non verbales dans ces deux poèmes. Que remarquez-vous sur leur répartition ?

b) Le même type de discours* est-il utilisé dans chacun des deux textes ? Ces deux poèmes sont-ils de même registre* ?

3. Étudier les phrases simples

La narratrice vient de perdre son père, un modeste cafetier.

Le repas d'inhumation s'est tenu dans le café, sur les tables mises bout à bout. Après un début silencieux, les conversations se sont mises en train. L'enfant, réveillé d'une bonne sieste, allait des uns aux autres en offrant une fleur, des cailloux, tout ce qu'il trouvait dans le jardin. Le frère de mon père, assez loin de moi, s'est penché pour me voir et me lancer : « Te rappelles-tu quand ton père te conduisait sur son vélo à l'école ? » Il avait la même voix que mon père. Vers cinq heures, les invités sont partis. On a rangé les tables sans parler. Mon mari a repris le train le soir même.

Je suis restée quelques jours avec ma mère pour les démarches et formalités courantes après un décès. Inscription sur le livret de famille à la mairie, paiement des pompes funèbres, réponses aux faire-part. Nouvelles cartes de visite, madame veuve A... D... Une période blanche, sans pensées.

Annie Ernaux (née en 1940), *La Place*, © Éditions Gallimard, 1984.

a) Quel type de discours* (narratif, explicatif, descriptif, argumentatif) est utilisé ici ? Quel est l'effet produit par le passé composé ?

b) Comment se fait le lien entre les phrases ?

c) Quel effet produit dans ce texte l'utilisation de phrases simples, particulièrement quand elles sont non verbales ?

d) Au vu de vos observations précédentes, peut-on parler de registre pathétique* ici ?

4. Étudier les phrases complexes

Eulalie est une vieille domestique qui rend visite régulièrement à la tante du narrateur.

Et comme Eulalie savait [...] comme personne distraire ma tante sans la fatiguer, ses visites qui avaient lieu régulièrement tous les dimanches sauf empêchement inopiné, étaient pour ma tante un plaisir dont la perspective l'entretenait ces jours-là dans un état agréable d'abord, mais bien vite douloureux comme une faim excessive, pour peu qu'Eulalie fût en retard.

Marcel Proust (1871-1922), *Du côté de chez Swann*, 1913.

a) Identifiez et délimitez les subordonnées circonstancielles. Que remarquez-vous sur leur place dans la phrase ?

b) Quels liens logiques expriment-elles ?

c) Dans chaque subordonnée circonstancielle, relevez le sujet du verbe. Quelle remarque peut-on faire ?

B Le thème et le propos d'une phrase

5. Distinguer le thème et le propos

Contre l'avis de son père Argante, Léandre est amoureux de Zerbinette, une bohémienne.

LÉANDRE. — Mon père, ne vous plaignez point que j'aime une inconnue sans naissance et sans bien. Ceux de qui je l'ai rachetée[1] viennent de me découvrir qu'elle est de cette ville et d'honnête famille ; que ce sont eux qui l'ont dérobée à l'âge de quatre ans ; et voici un bracelet qu'ils m'ont donné, qui pourra nous aider à trouver ses parents.

ARGANTE. — Hélas ! à voir ce bracelet, c'est ma fille que je perdis à l'âge que vous dites.

Molière (1622-1673), *Les Fourberies de Scapin*, 1671.

1. Léandre a donné de l'argent aux bohémiens pour pouvoir épouser Zerbinette.

a) Dans chaque phrase, identifiez le thème et le propos.

b) Récapitulez les informations apportées par les propos et dégagez les étapes qui mènent à la reconnaissance de Zerbinette par Argante.

6. Interpréter la répartition entre thèmes et propos

Octave Mouret vient d'ouvrir un grand magasin à Paris.

Mouret avait l'unique passion de vaincre la femme. Il la voulait reine dans sa maison, il lui avait bâti ce temple, pour la tenir à sa merci. C'était toute sa tactique, la griser d'attentions galantes et trafiquer ses désirs, exploiter sa fièvre. Aussi, nuit et jour, se creusait-il la tête, à la recherche de trouvailles nouvelles. Déjà, voulant éviter la fatigue des étages aux dames délicates, il avait fait installer deux ascenseurs, capitonnés de velours. [...] Mais son idée la plus profonde était, chez la femme sans coquetterie, de conquérir la mère par l'enfant ; il ne perdait aucune force, spéculait sur tous les sentiments, créait des rayons pour petits garçons et fillettes, arrêtait les mamans au passage, en offrant aux bébés des images et des ballons. Un trait de génie que cette prime des ballons, distribuée à chaque acheteuse, des ballons rouges, [...] portant en grosses lettres le nom du magasin, et qui, tenus au bout d'un fil, voyageant en l'air, promenaient par les rues une réclame vivante !

Émile Zola (1840-1902), *Au Bonheur des dames*, 1883.

a) Pour chaque phrase, remplissez le tableau suivant.

Thème	Propos

b) Dans quelle phrase le thème est-il mis en relief ? Pourquoi ?

c) Dans quelle phrase le propos est-il mis en relief ? Pourquoi ?

d) Examinez l'ensemble des propos que vous avez relevés : quelle métaphore filée* les parcourt ?

e) Examinez les thèmes de chaque phrase à partir de « Aussi, nuit et jour... » jusqu'à « la mère par l'enfant » : quels réseaux de signification* construisent-ils ?

f) D'après vos observations précédentes, quel est le registre* du texte ?

7. Étudier thèmes et propos dans un dialogue

LA COMTESSE. — Quoi ! Chevalier, vous prenez de pareils prétextes pour nous quitter ? Si vous nous disiez les véritables raisons qui pressent votre retour à Paris, on ne vous retiendrait peut-être pas.

LE CHEVALIER. — Mes véritables raisons, Comtesse ? Ma foi, Lélio vous les a dites.

LA COMTESSE. — Comment ! que vous vous défiez de votre cœur auprès de moi ?[1]

LE CHEVALIER. — Moi, m'en défier ! je m'y prendrais un peu tard ; [...] Non, Madame, le mal est fait ; il ne s'agit plus que d'en arrêter le progrès [...].

LA COMTESSE. — Quelque inclination[2], sans doute, vous rappelle à Paris, et vous vous ennuieriez avec nous.

LE CHEVALIER. — Non, je n'ai point d'inclination à Paris, si vous n'y venez pas.

Marivaux (1688-1763), *La Fausse Suivante*, 1724.

1. *vous vous défiez de votre cœur auprès de moi* : vous craignez de tomber amoureux de moi. 2. *inclination* : passion amoureuse.

a) Relevez le thème et le propos de chaque réplique du Chevalier.

b) D'où vient le thème initial de chacune de ses répliques ?

c) Quelle information le Chevalier donne-t-il à la Comtesse dans ses propos ?

8. Dégager les enjeux de la mise en relief des thèmes et des propos

Le poète s'adresse à sa femme et tente de la persuader de se réconcilier avec lui.

Écoutez la chanson bien douce
Qui ne pleure que pour vous plaire.
Elle est discrète, elle est légère :
Un frisson d'eau sur de la mousse ! […]

Elle dit, la voix reconnue[1],
Que la bonté, c'est notre vie,
Que de la haine et de l'envie
Rien ne reste, la mort venue. […]

Elle est en peine et de passage,
L'âme qui souffre sans colère,
Et comme sa morale est claire !…
Écoutez la chanson bien sage.

Paul Verlaine (1844-1896), *Sagesse*, 1880.

1. Dans une strophe supprimée ici, le poète disait : « La voix vous fut connue (et chère ?) » ; il s'agit bien sûr de sa propre voix.

a) Dégagez les thèmes et les propos dans la première strophe. Quels moyens utilise le poète pour souligner les propos ?

b) Dans la deuxième strophe, transposez le discours indirect au discours direct*, puis dégagez les deux thèmes et les deux propos de ce passage. Comparez-les.

c) Dans les vers 9-10, par quel moyen le thème est-il mis en relief ? et le propos ? Quels arguments implicites* contiennent-ils ?

C Types et formes de phrases

9. Distinguer les types de phrases

Pour éprouver la sienne[1] un mari s'écria,
La nuit, étant près d'elle : « Ô Dieux ! qu'est-ce cela ?
Je n'en puis plus ! on me déchire !
Quoi ? j'accouche d'un œuf ! — D'un œuf ! — oui, [le voilà,
Frais et nouveau pondu. Gardez bien de le dire :
On m'appellerait poule ; enfin n'en parlez pas. »

Jean de La Fontaine (1621-1695), *Fables*, 1678.

1. Pour mettre à l'épreuve la discrétion de sa femme.

a) Quels types de phrases sont utilisés dans cet extrait ?

b) Quel effet produit la variété des types de phrases dans le passage au discours direct ?

10. Identifier les types de phrases et les actes de langage

Jupiter vient de prévenir Égisthe qu'Électre et Oreste cherchent à le tuer. Mais Égisthe refuse de faire arrêter les deux futurs assassins et se révolte contre Jupiter.

ÉGISTHE. — Alors, voyez ce que vous avez fait de moi, Dieu injuste. Et répondez : si vous empêchez aujourd'hui le crime que médite Oreste, pourquoi donc avoir permis le mien ?

JUPITER. — Tous les crimes ne me déplaisent pas également. Égisthe, nous sommes entre rois, et je te parlerai franchement : le premier crime, c'est moi qui l'ai commis en créant les hommes mortels. Après cela, que pouviez-vous faire, vous autres, les assassins ? Donner la mort à vos victimes ? Allons donc ; elles la portaient déjà en elles ; tout au plus hâtiez-vous un peu son épanouissement. Sais-tu ce qui serait advenu d'Agamemnon, si tu ne l'avais occis ? Trois mois plus tard il mourait d'apoplexie sur le sein d'une belle esclave. Mais ton crime me servait.

ÉGISTHE. — Il vous servait ? Je l'expie depuis quinze ans et il vous servait ? Malheur !

Jean-Paul Sartre (1905-1980), *Les Mouches*, © Éditions Gallimard, 1943.

a) Classez les phrases du texte selon le type de phrase utilisé et l'acte de langage réalisé (attention aux actes de langage indirects) en remplissant le tableau suivant.

Phrase	Type de phrase	Acte de langage

b) Comment s'exprime la révolte d'Égisthe ?

11. Étudier la forme négative

Le poète adresse ce texte à sa future épouse.

Je t'aime pour toutes les femmes que je n'ai pas [connues
Je t'aime pour tous les temps où je n'ai pas vécu
[…]
Je t'aime pour toutes les femmes que je n'aime pas
[…]

Paul Éluard (1895-1952), *Le Phénix*, © Seghers, 1951.

Quel effet produit ici la forme négative ?

12. Étudier la forme passive

Si je compare deux globes terrestres, l'un du commencement, l'autre de la fin de ma vie, je ne les reconnais plus. Une cinquième partie de la terre, l'Australie, a été découverte et s'est peuplée : un sixième continent vient d'être aperçu par des voiles françaises, dans les glaces du pôle antarctique.

François-René de Chateaubriand (1763-1848), *Mémoires d'outre-tombe*, 1849-50.

a) Relevez les verbes au passif. Quel est le complément d'agent sous-entendu ?

b) Quel est l'effet du passif ici ?

c) Quel est le propos de ces phrases à la forme passive ?

13. Étudier la forme impersonnelle

Nous vîmes arriver le coche d'Arras et nous le suivîmes jusqu'à l'hôtellerie où ces voitures descendent. Nous n'avions d'autre motif que la curiosité. Il en sortit quelques femmes, qui se retirèrent aussitôt. Mais il en resta une, fort jeune, qui s'arrêta seule, dans la cour.

Abbé Prévost (1697-1763), *Histoire du chevalier Des Grieux et de Manon Lescaut*, 1731.

a) Relevez les phrases à la forme impersonnelle.

b) Quel est le propos de ces phrases ?

c) Sachant que ce texte se situe au début du roman, justifiez l'utilisation des formes impersonnelles.

14. Interpréter la forme impersonnelle

Montesquieu attaque vigoureusement dans ce texte l'esclavage des Noirs en montrant l'absurdité des arguments des esclavagistes, dont il parodie ironiquement le discours.

Ceux dont il s'agit sont noirs depuis les pieds jusqu'à la tête ; et ils ont le nez si écrasé qu'il est presque impossible de les plaindre. […]

Il est impossible que nous supposions que ces gens-là soient des hommes ; parce que, si nous les supposions des hommes, on commencerait à croire que nous ne sommes pas nous-mêmes chrétiens.

Montesquieu (1689-1755), *De l'Esprit des lois*, 1748.

a) Relevez les formes impersonnelles.

b) Quel est le propos de ces phrases ?

c) Observez le sens des expressions impersonnelles et des propos qu'elles introduisent. Comment l'utilisation de la forme impersonnelle permet-elle ici l'ironie* ?

15. Étudier la forme emphatique

Texte A

Il aima en tout la splendeur, la magnificence, la profusion. Ce goût, il le tourna en maxime[1] par politique, et l'inspira en tout à sa cour. C'était lui plaire que de s'y jeter en tables, en habits, en équipages, en bâtiments, en jeu.

Saint-Simon (1675-1755), *Mémoires*, écrits de 1739 à 1750.

1. *maxime* : principe.

Texte B

La mort des pauvres

C'est la Mort qui console, hélas ! et qui fait vivre ;
C'est le but de la vie, et c'est le seul espoir
Qui, comme un élixir, nous monte et nous enivre,
Et nous donne le cœur de marcher jusqu'au soir.

Charles Baudelaire (1821-1867), *Les Fleurs du mal*, 1861.

a) Relevez les phrases utilisant une forme emphatique.

b) Pour chacune, dites si elles mettent en relief le thème ou le propos.

c) Quel est le registre* du texte B ?

16. Étudier la forme emphatique dans un roman du XXe siècle

Lui, notre colonel, savait peut-être pourquoi ces deux gens-là tiraient, les Allemands aussi peut-être qu'ils savaient, mais moi, vraiment, je savais pas. Aussi loin que je cherchais dans ma mémoire, je ne leur avais rien fait aux Allemands. J'avais toujours été bien aimable et bien poli avec eux. Je les connaissais un peu les Allemands, j'avais même été à l'école chez eux, étant petit, aux environs de Hanovre.

Louis-Ferdinand Céline (1894-1961), *Voyage au bout de la nuit*, © Éditions Gallimard, 1932.

a) Relevez les phrases utilisant la forme emphatique.

b) Pour chacune, dites si elles mettent en relief le thème ou le propos.

c) Quel est le niveau de langue* utilisé ?

17. Exercice bilan

Condorcet écrivit une biographie enthousiaste de Voltaire.

Jamais le génie n'a été honoré par un hommage plus flatteur. Ce n'était point à sa puissance, c'était au bien qu'il avait fait que s'adressait cet hommage. Un grand poète n'aurait eu que des applaudissements ; les larmes coulaient sur le philosophe qui avait brisé les fers de la raison et vengé la cause de l'humanité.

L'âme sublime et passionnée de Voltaire fut attendrie de ces tributs de respect et de zèle. […] Au milieu des hommages de l'Académie française, il était frappé surtout de la possibilité d'y introduire une philosophie plus hardie. « On me traite mieux que je ne mérite, me disait-il un jour. Savez-vous que je ne désespère point de faire proposer l'éloge de Coligny[1] ? »

Condorcet (1743-1794), *Vie de Voltaire*, 1818.

1. *Coligny* : catholique converti au calvinisme, qui fut un des principaux chefs protestants au XVIe siècle, pendant les guerres de Religion.

a) Remplissez le tableau suivant.

Phrase	Type	Forme

b) Observez la répartition des thèmes et des propos. Quel rôle jouent la forme emphatique et la forme passive pour faire l'éloge de Voltaire ?

7. LA PHRASE (2)

1. ORDRE DES MOTS DANS LA PHRASE

1. La place du sujet et du verbe

• Le sujet se place avant le verbe. Cependant, **le sujet peut être inversé** dans l'interrogation directe (*Où va notre argent ?*), dans les propositions incises (*dit-il, cria Isabelle*), après certains adverbes (*ainsi, peut-être, sans doute*), dans des propositions relatives (*l'époque dont parle ce livre*).

• Dans les autres cas, **l'inversion met le sujet en relief ; il devient le propos.**

DANS CETTE FORÊT, *vivait une fée.* / LÀ, SUR CE LIEU MAGIQUE, *fut édifiée une abbaye* / SURVINT ALORS *un événement incroyable.* / DOIVENT FAIRE CE DEVOIR, *tous les élèves absents hier.*

On crée ainsi un effet de suspens, de dramatisation, ou d'ampleur solennelle.

• Un **effet d'attente** peut être créé en intercalant un élément entre le sujet et le verbe ; l'élément intercalé appartient alors au thème de la phrase, et le **propos est mis en relief** :

Thème	Propos
PIERRE, HIER ENCORE,	*refusait cette idée.*
L'HOMME, ÉTONNÉ,	*recula.*
CES LÉGENDES, ON LE SAIT,	*ont la vie dure.*

2. La place des compléments d'objet

• Les compléments d'objet (CO) sont en principe juste après le verbe.

• Si on place le complément d'objet indirect (COI) ou le complément d'objet second (COS) avant le verbe, ils font alors partie du thème :

Thème	Propos
DE LUI,	*je ne me souviens pas.*
À SON FILS CADET,	*il légua le chat.*

• Si le CO est retardé, le verbe appartient au thème :

Thème	Propos
LES ENFANTS AIMENT, QUAND ILS LE PEUVENT,	*prolonger les récréations.*
LA MYTHIQUE BABYLONE POSSÉDAIT, DIT-ON,	*des jardins suspendus.*

• Lorsqu'un verbe a plusieurs compléments d'objet, celui qui est placé en premier appartient au thème, et le second au propos :

Thème	Propos
IL A PRÊTÉ CE LIVRE	*à Jacques.*
IL A PARLÉ DE CE LIVRE	à *Jacques.*
IL A PRÊTÉ À JACQUES	*ce livre.*
IL A PARLÉ À JACQUES	*de ce livre.*

3. La place de l'adjectif épithète

• L'adjectif épithète placé **après le nom** a une **valeur descriptive**, il se veut objectif : *une robe longue, une vallée verte, une maison agréable, une femme affreuse* (= laide).

• L'adjectif épithète **placé avant le nom** prend une **connotation plus abstraite**, subjective, psychologique, symbolique ou poétique : *une longue robe* (connotation poétique), *une verte vallée* (= une vallée fertile), *une agréable maison* (= une maison cossue), *une affreuse femme* (= méchante, désagréable).

4. Phrase incise et phrase incidente

Les phrases **incises** et les phrases **incidentes** sont des phrases ayant une **énonciation autonome** et qui **s'insèrent** directement à l'intérieur ou à la fin de la phrase sur laquelle elle donne des **précisions** : l'incise signale la présence de discours rapporté, l'incidente commente la phrase dans laquelle elle s'insère. Leur insertion morcelle la phrase dans laquelle elles s'intègrent.

	Incises	Incidentes
Exemples	*Cette idée,* ***protesta-t-il,*** *n'avait jamais été la sienne.*	*La démographie,* ***il est vrai,*** *est en baisse.* *Le père de Pagnol* ***(qui était instituteur en Provence),*** *lui donna le goût d'écrire.*
Définition	**Signal** du discours rapporté	**Commentaire** sur l'énoncé
Marques syntaxiques	Verbe *dire* ou synonyme (*protesta-t-il*). Inversion du sujet obligatoire.	Proposition détachée du reste de la phrase. Inversion du sujet rare.
Ponctuation	Placée entre virgules : ,….,	Placée entre Virgules : ,…., Parenthèses : (…) Tirets : – … –

2. RYTHMES DE LA PHRASE

1. Les phrases brèves et les phrases longues

La **phrase brève** peut avoir un effet de simplicité ; parfois elle crée un contraste qui la met en relief, après des phrases plus longues :

Est-on sot, étourdi, prend-on mal ses mesures,
On pense en être quitte en accusant son sort :
Bref, la Fortune a toujours tort. (La Fontaine)

Différentes sortes de phrases longues

Longue **accumulation**, qui forme un effet de liste (en particulier pour un discours descriptif), ou d'**accélération** (en particulier pour un discours narratif) parfois comique	*Les uns mouraient sans parler, les autres parlaient sans mourir, les uns mouraient en parlant, les autres parlaient en mourant.* (Rabelais)
Phrase, généralement complexe par subordination, qui ménage une **attente**, un **suspens**	*Tout à coup, au moment où ils se groupaient pour un dernier effort autour du bélier, chacun retenant son haleine et raidissant ses muscles afin de donner toute sa force au coup décisif, un hurlement, plus épouvantable encore que celui qui avait éclaté et expiré sous le madrier, s'éleva au milieu d'eux.* (Victor. Hugo)
Analyse d'un phénomène ou d'un événement complexe	*Le moi que j'étais alors, et qui avait disparu si longtemps, était de nouveau si près de moi qu'il me semblait encore entendre les paroles qui avaient immédiatement précédé et qui n'étaient pourtant plus qu'un songe, comme un homme mal éveillé croit percevoir tout près de lui les bruits de son rêve qui s'enfuit.* (Marcel Proust)
Description très précise, très organisée	*Auprès, tout aurait été silence et repos, sans la chute de quelques feuilles, le passage d'un vent subit, le gémissement de la hulotte ; au loin, par intervalles, on entendait les sourds mugissements de la cataracte du Niagara, qui, dans le calme de la nuit, se prolongeaient de désert en désert, et expiraient à travers les forêts solitaires.* (Chateaubriand)
Période : une phrase longue et complexe (ou un ensemble de phrases séparées par des points-virgule ou des doubles points) avec des symétries ou des oppositions donnant un sentiment d'équilibre puis, éventuellement, de rupture de cet équilibre.	*Riches, portez le fardeau du pauvre, soulagez sa nécessité, aidez-le à soutenir les afflictions sous le poids desquelles il gémit ; mais sachez qu'en le déchargeant, vous travaillez à votre décharge.* (Bossuet)

• Les principaux rythmes

• Quand une phrase comporte plusieurs mots, groupes de mots ou propositions ayant la même fonction grammaticale, elle est composée de **parallélismes** ; selon le nombre d'expressions partageant la même fonction, on parle de :

- **rythme binaire** : *Il est intelligent mais paresseux.*
- **rythme ternaire** : *L'attelage suait, soufflait, était rendu.* (La Fontaine)
- **rythme quaternaire** : *Adieu, veau, vache, cochon, couvée.* (La Fontaine)

• Avec une conjonction de coordination (*et, mais, ou*...), **l'énumération** est fermée (*Il travaille et gagne sa vie.*) ; sinon, elle est ouverte dans un élan dynamique (*Il travaille, gagne sa vie.*).

• Les ruptures de rythme : ellipses, interruptions, rallonges

• **L'ellipse** est une suppression de mots effectuée pour éviter une répétition et pour donner plus de vigueur à une phrase : *C'est une sphère dont le centre est partout, la circonférence nulle part.* (Pascal)

• **L'interruption** empêche l'achèvement de la phrase ; elle se marque par des points de suspension : *S'il y avait eu quelque chose..., la moindre fêlure..., sa mère qui voyait tout, sa mère qui veillait à tout – rien ne lui échappait... Mais non, il n'y avait rien.* (Nathalie Sarraute)

• **La rallonge** est le redémarrage de la phrase alors qu'elle paraissait terminée : *Devant elle un moineau bouffi s'offrait un bain de poussière,* **ailes tremblotantes.** (Albert Cohen)

EXERCICES

A Ordre des mots dans la phrase

1. Étudier l'inversion du sujet

Sur une route, derrière la grille d'un vaste jardin, au bout duquel apparaissait la blancheur d'un joli château frappé par le soleil, se tenait un enfant beau et frais, habillé de ces vêtements de campagne si pleins de coquetterie. […]

À côté de lui, gisait sur l'herbe un joujou splendide, aussi frais que son maître, verni, doré, vêtu d'une robe pourpre et couvert de plumets et de verroterie.

Charles Baudelaire (1821-1867), *Le Spleen de Paris*, 1869.

a) Relevez les sujets inversés.

b) Distinguez le thème et le propos de ces phrases.

c) Pour chaque cas, dites l'effet produit par cette inversion.

2. Étudier la séparation du sujet et du verbe

Texte A

Entre ces deux personnages et les autres, Vautrin, l'homme de quarante ans, à favoris[1] peints, servait de transition […]. Sa figure, rayée par des rides prématurées, offrait des signes de dureté que démentaient ses manières souples et liantes. Sa voix de basse-taille, en harmonie avec sa grosse gaieté, ne déplaisaient point. Il était obligeant[2] et rieur.

Honoré de Balzac (1799-1850), *Le Père Goriot*, 1835.

1. *favoris* : pattes qu'on laisse pousser de chaque côté du visage. 2. *obligeant* : serviable.

Texte B

Michelet, auteur d'une monumentale Histoire de France, *revendique la présence de l'historien dans son œuvre.*

Nos maîtres ne se sont pas soustraits à cette loi. Tacite[1], en son Tibère, se peint aussi avec l'étouffement de son temps […]. Thierry[2], en nous contant Klodowig[3], Guillaume[4] et sa conquête, a le souffle intérieur, l'émotion de la France envahie récemment. […]

Si c'est là un défaut, il nous faut avouer qu'il nous rend bien service. L'historien qui en est dépourvu, qui entreprend de s'effacer en écrivant, de ne pas être, de suivre par derrière la chronique contemporaine (comme Barante[5] a fait pour Froissart[6]), n'est point du tout historien.

Jules Michelet (1798-1874), *Histoire de France*, 1867.

1. *Tacite* : historien latin (54-120 ap. J.-C.) qui a raconté le règne de l'empereur Tibère (42 av. J.-C.-37 ap. J.-C.), réputé pour son despotisme et sa cruauté. 2. *Augustin Thierry* : historien contemporain de Michelet. 3. *Klodowig* : prince mérovingien. 4. Guillaume le Conquérant, duc de Normandie ; conquit le royaume d'Angleterre. 5. *Barante* : historien contemporain de Michelet. 6. *Froissart* : célèbre historien-chroniqueur du Moyen Âge.

a) Relevez précisément le nom ou le pronom sujet de chaque verbe.

b) Repérez les éléments qui sont intercalés entre sujet et verbe : donnez leur nature et leur fonction.

c) Dans chaque phrase, dégagez l'effet produit par le retardement du verbe.

3. Étudier la place du sujet et des compléments d'objet

La charge des cuirassiers à Waterloo

Alors on vit un spectacle formidable.

Toute cette cavalerie, sabres levés, étendards et trompettes au vent, formée en colonnes par division, descendit, d'un même mouvement et comme un seul homme, avec la précision d'un bélier de bronze qui ouvre une brèche, la colline de la Belle-Alliance, s'enfonça dans le fond redoutable où tant d'hommes déjà étaient tombés, y disparut dans la fumée, puis, sortant de cette ombre, reparut de l'autre côté du vallon, toujours compacte et serrée, montant au grand trot, à travers un nuage de mitraille crevant sur elle, l'épouvantable pente de boue du plateau de Mont-Saint-Jean.

Victor Hugo (1802-1885),
Les Misérables, 1862.

a) Remplissez le tableau suivant, en notant précisément le nom (ou le pronom) sujet ou complément d'objet et en répondant par oui ou par non à la question des deux dernières colonnes.

Sujet	Verbe	Compléments d'objet	Sujet disjoint ?	C.O. disjoints ?

b) Quelle est la fonction grammaticale du nom « pente » (l. 12) ? Que remarquez-vous sur sa place ?

c) Quel effet produit ici la séparation du verbe d'avec son sujet ou d'avec son complément d'objet ?

d) À quel temps sont les verbes ? Quel est le type de discours* utilisé ici ? À quel registre* appartient ce texte ? Justifiez votre réponse.

4. Étudier les types de discours* et l'ordre des mots

Texte A

L'architecture religieuse gothique

L'architecte chrétien, non content de bâtir des forêts[1], a voulu, pour ainsi dire en imiter les murmures, et au moyen de l'orgue et du bronze suspendu[2] il a attaché au temple gothique[3] jusqu'au bruit du vent et des tonnerres, qui roulent dans la profondeur des bois.

François-René de Chateaubriand (1768-1848),
Le Génie du christianisme, 1802.

1. Chateaubriand veut dire que les colonnes et les piliers de l'architecture sacrée sont inspirés par le paysage de la forêt. 2. *bronze suspendu* : cloche. 3. *temple gothique* : église gothique.

Texte B

« Autorité politique »

[…] La puissance qui s'acquiert par la violence n'est qu'une usurpation, et ne dure qu'autant que la force de celui qui commande l'emporte sur celle de ceux qui obéissent […]. La même loi qui a fait *l'autorité* la défait alors : c'est la loi du plus fort.

Quelquefois, l'autorité qui s'établit par la violence change de nature : c'est lorsqu'elle continue et se maintient du consentement exprès[1] de ceux qu'on a soumis ; mais elle rentre par là dans la seconde espèce, dont je vais parler ; et celui qui se l'était arrogée, devenant alors prince, cesse d'être tyran. […]

Denis Diderot (1713-1784),
Encyclopédie, 1751.

1. *exprès* : clairement exprimé.

a) Dans les groupes verbaux de ces extraits, le sujet ou le complément d'objet sont-ils séparés du verbe ?

b) À quel champ lexical* appartiennent les compléments d'objet du texte A ?

c) Quelle est la nature et la fonction grammaticale des éléments insérés entre sujet et verbe dans le texte B ?

d) Qu'apportent les éléments intercalés entre sujet et verbe ou entre verbe et complément d'objet ? Quel type de discours* est mis en œuvre ?

5. Étudier la place de l'adjectif épithète

Quand pourrai-je, quittant tous les soins[1] inutiles
Et le vulgaire ennui de l'affreuse cité,
Me reconnaître enfin dans les bois, frais asiles,
Et sur les calmes bords d'un lac plein de clarté !

Jean Moréas (1856-1910), *Stances*,
© Mercure de France, 1901.

1. *soins* : soucis.

a) Relevez les adjectifs épithètes.

b) Réécrivez le texte en plaçant tous les adjectifs épithètes après le nom. Précisez ensuite ce qu'exprime la place choisie par le poète.

6. Place de l'adjectif épithète et registre*

La scène se passe dans une rue animée au moment du nouvel an.

Au milieu de ce tohu-bohu et de ce vacarme, un âne trottait vivement, harcelé par un malotru armé d'un fouet.

Comme l'âne allait tourner l'angle d'un trottoir, un beau monsieur *ganté, verni, cruellement cravaté et emprisonné* dans des habits tout neufs, s'inclina cérémonieusement devant l'*humble* bête, et lui dit, en ôtant son chapeau : « Je vous la souhaite bonne et heureuse ! » […]

L'âne ne vit pas ce beau plaisant, et continua de courir avec zèle où l'appelait son devoir. Pour moi, je fus pris subitement d'une *incommensurable*[1] rage contre ce *magnifique* imbécile, qui me parut concentrer en lui tout l'esprit de la France.

Charles Baudelaire (1821-1867),
Le Spleen de Paris, 1869.

1. *incommensurable* : qu'on ne peut mesurer, immense.

a) Quel lien pouvez-vous établir entre la place des adjectifs en italique et le sens de chacun d'entre eux ?

b) Quel est le registre* du texte ? Comment la place de ces adjectifs participe-t-elle à la construction de ce registre ?

7. Les incidentes

Relisez le texte de Michelet (► *Exercice 2,* texte B, p.102**) : relevez une proposition incidente et dites quel est son rôle dans l'argumentation.**

B Rythmes de la phrase

8. La phrase longue

Texte A

Rousseau a distingué la fable qui, ne se cachant pas de raconter une histoire inventée, ne ment pas, et le roman ou le conte qui, cherchant à donner une illusion de vérité, mentent.

Que ces distinctions se trouvent ou non dans les livres, elles ne s'en font pas moins dans le cœur de tout homme de bonne foi avec lui-même, qui ne veut rien se permettre que sa conscience puisse lui reprocher. Car dire une chose fausse à son avantage n'est pas moins mentir que si on la disait au préjudice d'autrui, quoique le mensonge soit moins criminel. Donner l'avantage à qui ne doit pas l'avoir, c'est troubler l'ordre et la justice, attribuer faussement à soi-même ou à autrui un acte d'où peut résulter louange ou blâme, inculpation ou disculpation, c'est faire une chose injuste ; or tout ce qui, contraire à la vérité, blesse la justice en quelque façon que ce soit, c'est mensonge.

Jean-Jacques Rousseau (1712-1778),
Rêveries du promeneur solitaire, 1782.

Texte B

Il rampait à plat ventre, galopait à quatre pattes, prenait son panier aux dents, se tordait, glissait, ondulait, serpentait d'un mort à l'autre, et vidait la giberne ou la cartouchière comme un singe ouvre une noix.

Victor Hugo (1802-1885), *Les Misérables*, 1862.

a) En vous reportant au paragraphe « les phrases brèves et les phrases longues » (► *Rythmes de la phrase,* p. 101**), analysez l'organisation de la phrase longue chez Rousseau et chez Hugo.**

b) Dégagez l'effet produit dans chacun des deux textes.

9. La phrase brève

À la fin de la Seconde Guerre mondiale, la narratrice n'a pas de nouvelles de son mari ; folle d'angoisse, elle s'imagine qu'il est mort.

Dans un fossé, la tête tournée contre terre, les jambes repliées, les bras étendus, il se meurt. Il est mort. À travers les squelettes de Buchenwald[1], le sien. Il fait chaud dans toute l'Europe. Sur la route, à côté de lui, passent les armées alliées qui avancent. Il est mort depuis trois semaines. C'est ça, c'est ça qui est arrivé. Je tiens une certitude. Je marche plus vite. Sa bouche est entrouverte. C'est le soir. Il a pensé à moi avant de mourir. La douleur est telle, elle étouffe, elle n'a plus d'air. La douleur a besoin de place.

Marguerite Duras (1914-1996), *La Douleur*, © P.O.L., 1985.

1. Camp de concentration.

a) Dégagez l'effet produit par cette succession de phrases brèves.

b) Quel est le registre* de ce texte ?

10. Interpréter l'alternance de phrases longues et de phrases brèves

LA BATAILLE DE WATERLOO

Derrière la crête du plateau, à l'ombre de la batterie masquée, l'infanterie anglaise, formée en treize carrés, deux bataillons par carré, et sur deux lignes, sept sur la première, six sur la seconde, la crosse à l'épaule, couchant en joue ce qui allait venir, calme, muette, immobile, attendait. Elle ne voyait pas les cuirassiers et les cuirassiers ne la voyaient pas. Elle écoutait monter cette marée d'hommes. Elle entendait le grossissement du bruit des trois mille chevaux, le frappement alternatif et symétrique des sabots au grand trot, le froissement des cuirasses, le cliquetis des sabres, et une sorte de grand souffle farouche. Il y eut un silence redoutable, puis, subitement, une longue file de bras levés brandissant des sabres apparut au-dessus de la crête, et les casques, et les trompettes, et les étendards, et trois mille têtes à moustaches grises criant : Vive l'Empereur ! Toute cette cavalerie déboucha sur le plateau et ce fut comme l'entrée d'un tremblement de terre…

Victor Hugo (1802-1885), *Les Misérables*, 1862.

a) Identifiez les phrases longues, puis les phrases brèves dans ce texte ; où sont les phrases brèves ? Quel effet produit cette place ?

b) Quel procédé fait paraître la première phrase encore plus longue ?

c) Que traduisent les deux phrases brèves qui suivent ? Quel effet produit la dernière phrase du texte ?

d) Quel effet produit l'alternance des phrases longues et des phrases brèves ?

e) Comment est exprimée la brusque accélération de l'action dans la fin du texte ?

11. Interpréter l'alternance de phrases longues et de phrases brèves

On a condamné mes domestiques, sans aucune forme de procès, à un rigoureux exil. On a persécuté tous ceux qu'on a cru être mes amis. On a banni les uns, on a emprisonné les autres. On a exposé à la discrétion des gens de guerre les maisons et les terres de mes proches. Et on a eu assez d'inhumanité pour étendre la haine que l'on me porte jusque sur la personne de celui dont je tiens la vie, mes ennemis ayant bien jugé qu'ils ne pouvaient me faire une plus profonde et plus cuisante plaie, qu'en me blessant dans la plus tendre et la plus sensible partie de mon cœur.

Cardinal de Retz (1613-1679), *Mémoires*, posthume, 1717-1718.

a) Identifiez les phrases longues, puis les phrases brèves dans ce texte ; où sont les phrases brèves ? Quel effet produisent-elles ?

b) Comparez la construction syntaxique des phrases ; puis comparez leurs débuts ; que remarquez-vous ?

c) Quel est le registre* de ce texte ?

12. Étudier les rythmes de phrase

a) Dans le texte de Marguerite Duras (► *Exercice 9*), relevez deux phrases de rythme ternaire. Quel effet produit ce rythme ici ?

b) Dans le texte du Cardinal de Retz (► *Exercice 11*), relevez les rythmes binaires : qu'expriment-ils ?

13. Exercice bilan

MON RÊVE FAMILIER

Je fais souvent ce rêve étrange et pénétrant
D'une femme inconnue, et que j'aime, et qui m'aime
Et qui n'est chaque fois, ni tout à fait la même
Ni tout à fait une autre, et m'aime et me comprend.

Car elle me comprend, et mon cœur, transparent
Pour elle seule, hélas ! cesse d'être un problème
Pour elle seule, et les moiteurs de mon front blême,
Elle seule les sait rafraîchir, en pleurant.

Verlaine (1844-1896), *Poèmes saturniens*, 1866.

a) Étudiez la phrase de la première strophe : quel est son rythme dominant ?

b) Relevez dans cette première strophe les ruptures de rythme par rallonge. Quel effet produisent-elles ?

c) Dans la deuxième strophe, quel effet produit la séparation du sujet « mon cœur » et du verbe « cesse » ?

d) Quel effet produit la rallonge de la fin de la deuxième strophe ?

e) Quel est le registre* de ce poème ?

8. COHÉSION ET PROGRESSION D'UN TEXTE

1. Cohésion et cohérence

On appelle **cohésion** d'un texte les mécanismes qui font que les **phrases** qui le composent **sont liées les unes aux autres**.

La **cohésion** du texte se construit grâce à la **reprise** de certains éléments d'une phrase à l'autre, et progresse grâce à l'apport d'**informations nouvelles**.

On appelle **cohérence** d'un texte le fait que les informations soient liées de façon **logique**.

2. Modes de reprise

D'une phrase à l'autre, pour reprendre et désigner un élément déjà nommé, on peut utiliser :

• **La reprise exacte** : on reprend le même nom propre ou le même substantif avec un déterminant non indéfini :

un homme → *l'homme / cet homme*

• **La reprise pronominale** : on remplace par un pronom :

un homme → *celui-ci, il*

• **Un substitut lexical** : on remplace un terme déjà nommé par un synonyme, par une périphrase*, par un nom générique (ou inversement par un nom spécifique) :

le chien → *le cabot / le plus fidèle ami de l'homme / l'animal / le bouledogue*

• Une proposition entière peut être reprise par un substitut lexical :

Il avait joué et perdu : *la* mésaventure *lui servirait de leçon.* (nom)

Il avait joué et perdu. *Il* l'avait fait *pour s'enrichir.* (verbe *faire*)

Il avait joué et perdu ; bref, *il ne lui restait rien.* (adverbe)

• Valeur des modes de reprise

Du fait des **présupposés** et des **connotations** qu'ils contiennent, les modes de reprise peuvent avoir une valeur argumentative : par exemple, reprendre *un homme* par *l'individu* comporte une visée argumentative péjorative.

Ils peuvent aussi exprimer un jugement de valeur ou participer à un réseau lexical :

Entre les pattes d'un lion
Un rat sortit de terre assez à l'étourdie.
Le roi des animaux, en cette occasion,
Montra ce qu'il était, et lui donna la vie.
(La Fontaine)

La reprise de *lion* par le substitut lexical *roi* des animaux construit avec le groupe *montra ce qu'il était* un réseau lexical de « grandeur morale », de « majesté ».

3. Modes de progression thématique

On progresse d'une phrase à l'autre en s'appuyant sur le thème* ou sur le propos* (▸ *Thème et propos*, p. 93) de la phrase précédente.

• Progression à thème constant

On reprend le même thème. Ce type de progression est surtout utilisé dans des **discours narratifs centrés sur un seul personnage** (ou sur un seul groupe) mis ainsi en valeur et dans les **portraits** ; progression simple, elle se trouve souvent dans les **genres du conte ou de l'apologue** :

UN HOMME *chérissait éperdument sa chatte*
IL *la trouvait mignonne, et belle, et délicate,*
Qui miaulait d'un ton fort doux :
IL *était plus fou que les fous.* (La Fontaine)

• Progression linéaire

Le propos de la phrase devient le thème de la phrase suivante. L'information progresse ainsi régulièrement ; cette progression qui donne une vision claire et logique est particulièrement à l'œuvre dans un discours **démonstratif ou explicatif, et dans le discours narratif** :

UN FILS DE MEUNIER REÇUT POUR TOUT HÉRITAGE *un chat.* MAIS CE CHAT *avait le don extraordinaire de parler.* GRÂCE À CE DON, *il rendit riche son maître.*

• Progression à thèmes dérivés (ou à thème éclaté ou divisé)

Le thème ou le propos d'une première phrase est détaillé par une suite de **sous-thèmes (thèmes dérivés)**. Ce type de progression est souvent utilisé pour une description ou un portrait :

Il *possédait une de ces figures heureuses dont rêvent les femmes* [...]. Ses cheveux noirs et frisés ombraient son front lisse et bruni ; et deux grands sourcils réguliers [...] *rendaient profonds et tendres ses yeux sombres.* (Maupassant)

- Parfois, l'éclatement prend une forme un peu subtile :

Étaient-elles si différentes, d'ailleurs, ces plaidoieries ? L'avocat *levait les bras et plaidait coupable, mais avec excuses.* Le procureur *tendait ses mains et dénonçait la culpabilité, mais sans excuse.* (Albert Camus)

Le thème *plaidoiries* est développé par *l'avocat* – qui prononce le plaidoyer – et par *le procureur* – qui prononce le réquisitoire).

- Parfois, le thème principal est sous-entendu :

Vos yeux sont mal ouverts, [...], vos paupières sensibles et mal lubrifiées, vos tempes crispées. (Michel Butor)

Thème principal : *vous, un homme mal réveillé.*

Rupture de progression thématique

Lorsque l'on veut changer de sujet, on ne respecte plus la progression thématique : on part sur un thème nouveau.

La plupart du temps, un même texte utilise plusieurs types de progressions thématiques. L'étude de la progression thématique permet de mieux comprendre la construction et les effets d'un discours narratif ou descriptif et de mieux voir la stratégie d'un discours argumentatif.

4. Les connecteurs, outils de la cohésion et de la cohérence

Les **connecteurs** sont les **outils lexicaux** de liaison entre des mots, des propositions, des phrases, des paragraphes. Ce sont des **conjonctions de coordination ou des adverbes.**

Entre deux phrases, ils indiquent **de manière explicite la signification de la progression thématique : temporelle ou logique.**

Remarque

La signification de la progression peut être donnée de manière explicite par un groupe nominal ou par une proposition subordonnée complément circonstanciel marquant les mêmes nuances (► *Les actes de langage et l'implicite,* p. 84)

En l'absence d'un connecteur ou d'un complément circonstanciel, la signification de la progression reste **implicite***.

Les connecteurs temporels

Ils expriment un rapport de temps :

- Simultanéité : *en même temps, simultanément, cependant, et.*
- Antériorité : *auparavant, alors, jadis, naguère.*
- Postériorité : *plus tard, ensuite.*
- Succession : *d'abord, ensuite, puis, enfin, et.*
- Rupture : *tout à coup, soudain.*

Les connecteurs logiques

- Ils expriment un **rapport logique** :
  - Addition : *et, ni, or, de plus, en outre, par ailleurs, de même, d'abord... ensuite... enfin.*
  - Alternative : *ou, ou bien, soit... soit.*
  - Cause : *car, en effet.*
  - Conséquence : *donc, ainsi, aussi, c'est pourquoi, en conséquence...*
  - Opposition, concession : *cependant, en revanche, mais, au contraire, or, cependant, néanmoins, pourtant...*
- Certains peuvent indiquer une **étape de l'argumentation** :
  - Exemple, illustration : *par exemple, ainsi, notamment...*
  - Reformulation, résumé : *bref, en un mot, en résumé, au fond, pour ainsi dire...*
  - Conclusion : *en conclusion, finalement, ainsi, donc...*

EXERCICES

1. Observer les modes de reprise

Le mendiant

Un pauvre homme passait dans le givre et le vent.
Je cognai sur ma vitre ; il s'arrêta devant
Ma porte, que j'ouvris d'une façon civile. [...]
C'était le vieux qui vit dans une niche au bas
De la montée, et rêve, attendant, solitaire,
Un rayon du ciel triste, un liard de la terre,
Tendant les mains pour l'homme et les joignant pour [Dieu.
Je lui criai : « Venez vous réchauffer un peu.
Comment vous nommez-vous ? » Il me dit : « Je me [nomme
Le pauvre. » Je lui pris la main : « Entrez, brave [homme. »
Et je lui fis donner une jatte de lait.
Le vieillard grelottait de froid ; il me parlait,
Et je lui répondais, pensif et sans l'entendre.

Victor Hugo (1802-1885), *Les Contemplations*, 1856.

a) Identifiez les modes de reprise du mot *mendiant* dans ce texte.

b) Quels sont les termes synonymes* ? Précisez les connotations de chacun d'entre eux.

c) Pourquoi, dans cette liste, le mot « mendiant » est-il le terme choisi pour le titre ?

2. Étudier les modes de progression thématique et les modes de reprise

Texte A

Avec leurs amis, la vie, souvent, était un tourbillon. Ils étaient toute une bande, une fine équipe. Ils se connaissaient bien ; ils avaient leur vocabulaire, leurs signes, leurs dadas. Trop évolués pour se ressembler parfaitement, mais, sans doute, pas encore assez pour ne pas s'imiter plus ou moins consciemment, ils passaient une grande partie de leur vie en échanges. Ils s'en irritaient souvent ; ils s'en amusaient plus souvent encore.

Georges Perec (1936-1982), *Les Choses*, © Julliard, 1965.

Texte B

Mais quelqu'un est venu qui m'a enlevé à tous ces plaisirs d'enfant paisible. Quelqu'un a soufflé la bougie qui éclairait pour moi le doux visage maternel penché sur le repas du soir. Quelqu'un a éteint la lampe autour de laquelle nous étions une famille heureuse, à la nuit, lorsque mon père avait accroché les volets de bois aux portes vitrées. Et celui-là, ce fut Augustin Meaulnes, que les autres élèves appelèrent bientôt le grand Meaulnes.

Alain-Fournier (1886-1914), *Le Grand Meaulnes*, © Fayard, 1913.

a) Quel mode de progression thématique est utilisé dans ces deux textes ? Quel mode de reprise est utilisé ?

b) Dans le texte B, quel effet produit le mode de progression choisi ? Pourquoi ? Comparez avec le texte A.

3. Interpréter la progression thématique

Texte A

Il possédait une de ces figures dont rêvent les femmes et qui sont désagréables à tous les hommes. Ses cheveux noirs et frisés ombraient son front lisse et bruni ; et deux grands sourcils réguliers comme s'ils eussent été artificiels rendaient profonds et tendres ses yeux sombres dont le blanc semblait un peu teinté de bleu.

Ses cils serrés et longs prêtaient à son regard cette éloquence passionnée qui trouble dans les salons la belle dame hautaine et fait se retourner la fille en bonnet qui porte un panier par les rues.

Le charme langoureux de cet œil faisait croire à la profondeur de la pensée et donnait de l'importance aux moindres paroles.

La barbe drue, luisante et fine, cachait une mâchoire un peu trop forte.

Guy de Maupassant (1850-1893), *Une vie*, 1883.

Texte B

Rien n'était si beau, si leste, si brillant, si bien ordonné que les deux armées. Les trompettes, les fifres, les hautbois, les tambours, les canons formaient une harmonie telle qu'il n'y en eut jamais en enfer. Les canons renversèrent d'abord à peu près six mille hommes de chaque côté ; ensuite la mousqueterie ôta du meilleur des mondes environ neuf à dix mille coquins qui en infectaient la surface. La baïonnette fut aussi la raison suffisante de la mort de quelques milliers d'hommes. Le tout pouvait bien se monter à une trentaine de mille âmes. Candide, qui tremblait comme un philosophe, se cacha du mieux qu'il put pendant cette boucherie héroïque.

Voltaire (1694-1778), *Candide*, 1759.

a) Quel est le mode de progression thématique essentiellement utilisé dans ces deux textes ?

b) Le même type de discours* est-il utilisé dans les deux textes ?

c) Dans le texte de Voltaire, quelles progressions sont utilisées entre la première et la deuxième phrase, puis entre les trois dernières ? Pourquoi ?

d) Où a-t-on une rupture thématique dans le texte de Voltaire ? Quel effet produit-elle ?

e) Quel est le registre* de chacun de ces textes ?

4. Étudier la progression thématique au service de l'argumentation

Albert Memmi analyse le phénomène du bouc émissaire.

Ces bûchers, de fagots ou de mots, sur lesquels rôtissent nos ennemis, ou désignés tels, entretiennent une bonne chaleur pour l'âme collective. Nous ne sommes plus coupables, puisque d'autres le sont. Il est vrai aussi que nous n'en sommes pas totalement convaincus, puisque nous argumentons. Mais cet effort même, aveu furtif de nos propres carences, nous aide à nous purifier. En tout cas, ce bain de purification est plus convaincant de ce qu'il est pris en commun.

Albert Memmi (né en 1920), *Le Racisme*, © Éditions Gallimard, 1982.

a) Quel est le mode de progression thématique essentiellement utilisé ici?

b) Quel mode de reprise est utilisé pour assurer cette progression ?

c) Quels liens logiques expriment les connecteurs ? Y a-t-il des liens logiques implicites* ?

d) Comparez le propos de la première phrase et le propos de la dernière phrase. Qu'en concluez-vous ?

e) Quelle est la thèse de Memmi ?

5. Étudier l'évolution de la progression thématique

Des gens [...] ne se seraient pas arrêtés à l'impression douteuse que leur causait Vautrin. Il savait ou devinait les affaires de ceux qui l'entouraient, tandis que nul ne pouvait pénétrer ni ses pensées ni ses occupations. Quoiqu'il eût jeté son apparente bonhomie, sa constante complaisance et sa gaieté comme une barrière entre les autres et lui, souvent il laissait percer l'épouvantable profondeur de son caractère. Souvent une boutade digne de Juvénal, et par laquelle il semblait se complaire à bafouer les lois, à fouetter la haute société, à la convaincre d'inconséquence avec elle-même, devait faire supposer qu'il gardait rancune à l'état social, et qu'il y avait au fond de sa vie un mystère soigneusement enfoui.

Honoré de Balzac (1799-1850), *Le Père Goriot*, 1835.

a) Quels modes de progression thématique sont utilisés ici ?

b) Comparez les propos des phrases à partir de la deuxième phrase. Quel réseau de signification* s'en dégage ?

6. Étudier la progression thématique et les connecteurs

La vérité n'est pas pour le philosophe une maîtresse qui corrompe son imagination, et qu'il croie trouver partout ; il se contente de la pouvoir démêler où il peut l'apercevoir. Il ne la confond pas avec la vraisemblance ; il prend pour vrai ce qui est vrai, pour faux ce qui est faux, pour douteux ce qui est douteux, et pour vraisemblance ce qui n'est que vraisemblance. Il fait plus, et c'est ici une grande perfection du philosophe, c'est que lorsqu'il n'a point de motif pour juger, il sait demeurer indéterminé [...].

L'esprit philosophique est donc un esprit d'observation et de justesse, qui rapporte tout à ses véritables principes ; mais ce n'est pas l'esprit seul que le philosophe cultive, il porte plus loin son attention et ses soins.

Dumarsais (1676-1756), *Encyclopédie*, article « Philosophe », 1751-1772.

a) Quel mode de progression thématique est utilisé ici ?

b) Relevez les connecteurs explicites ; précisez le lien logique exprimé.

c) Dégagez les connecteurs logiques implicites*.

d) En vous appuyant sur votre étude de la progression thématique et des connecteurs, précisez le(s) type(s) de discours* utilisé(s) ici.

7. Exercice bilan

LE LION S'EN ALLANT EN GUERRE

Le lion dans sa tête avait une entreprise :
Il tint conseil de guerre, envoya ses prévôts[1],
Fit avertir les animaux.
Tous furent du dessein[2], chacun selon sa guise[3] :
L'éléphant devait sur son dos
Porter l'attirail nécessaire,
Et combattre à son ordinaire ;
L'ours, s'apprêter[4] pour les assauts ;
Le renard, ménager de secrètes pratiques[5] ;
Et le singe, amuser l'ennemi par ses tours.
« Renvoyez, dit quelqu'un, les ânes, qui sont lourds,
Et les lièvres, sujets à des terreurs paniques.
— Point du tout, dit le roi ; je les veux employer :
Notre troupe sans eux ne serait pas complète.
L'âne effraiera les gens, nous servant de trompette ;
Et le lièvre pourra nous servir de courrier. »

Le monarque prudent et sage
De ses moindres sujets sait tirer quelque usage,
Et connaît les divers talents.
Il n'est rien d'inutile aux personnes de sens[6].

Jean de La Fontaine (1621-1695), *Fables*, V, 19, 1668.

1. *prévôts* : magistrats qui représentent le roi. 2. *dessein* : projet. 3. *selon sa guise* : conformément à sa manière d'être. 4. *s'apprêter* : se préparer. 5. *ménager de secrètes pratiques* : préparer des intrigues. 6. *personnes de sens* : personnes sensées, intelligentes.

a) Identifiez les modes de reprise du mot « lion ». Comment leur évolution permet-elle le passage à la morale ?

b) Étudiez la progression thématique du texte jusqu'au v. 10 : quels types de progression sont réservés au discours narratif* ? au discours descriptif* ?

c) Quel est le thème* de la première phrase de la morale ? Quel est le propos* de la dernière phrase ?

d) Précisez le lien logique implicite* signalé par les deux-points v. 1, 4 et 13.

e) Dégagez les deux liens logiques implicites de la morale et exprimez-les par un connecteur*.

8. Exercice bilan

En 1848, pendant que des émeutes bouleversent Paris, Frédéric et Rosanette filent le parfait amour à Fontainebleau.

Il ne doutait pas qu'il ne fût heureux pour jusqu'à la fin de ses jours, tant son bonheur lui paraissait naturel, inhérent à sa vie et à la personne de cette femme. [...]

Quand ils se reposaient au milieu de la campagne, il s'étendait la tête sur ses genoux, à l'abri de son ombrelle – ou bien, couchés sur le ventre au milieu de l'herbe, ils restaient l'un en face de l'autre, à se regarder, plongeant dans leurs prunelles, altérés d'eux-mêmes, s'en assouvissant toujours, puis les paupières entre-fermées, ne parlant plus.

Quelquefois, ils entendaient tout au loin des roulements de tambour. C'était la générale[1] que l'on battait dans les villages, pour aller défendre Paris.

— « Ah ! tiens ! l'émeute ! » disait Frédéric avec une pitié dédaigneuse, toute cette agitation lui apparaissant misérable à côté de leur amour et de la nature éternelle.

Et ils causaient de n'importe quoi, de choses qu'ils savaient parfaitement, de personnes qui ne les intéressaient pas, de mille niaiseries. Elle l'entretenait de sa femme de chambre et de son coiffeur. Un jour, elle s'oublia à dire son âge : vingt-neuf ans ; elle devenait vieille.

En plusieurs fois, sans le vouloir, elle lui apprit des détails sur elle-même. Elle avait été « demoiselle dans un magasin », avait fait un voyage en Angleterre, commencé des études pour être actrice ; tout cela sans transitions, et il ne pouvait reconstruire un ensemble.

Gustave Flaubert (1821-1880), *L'Éducation sentimentale*, 1869.

1. *générale* : batterie de tambour ou sonnerie de clairon destinée à rassembler les troupes.

a) Cherchez l'adjectif « inhérent » (l. 3) dans un dictionnaire ; expliquez sa formation et donnez son sens dans le texte. Connaissez-vous un autre mot formé sur la même base* ?

b) Quels sont les différents types de discours rapportés dans ce texte ? Quel est l'effet produit par chacun d'entre eux ?

c) Justifiez chaque emploi de l'imparfait et du passé simple dans ce texte.

d) Relisez les deuxième et troisième paragraphes : que met en évidence la progression thématique ?

e) Analysez les rythmes des phrases de l'avant-dernier paragraphe : qu'expriment-ils ?

f) Dans les énoncés non ancrés dans la situation d'énonciation, relevez les marques de la subjectivité du narrateur. Comment juge-t-il ses personnages ?

9. Exercice bilan

M. Hortensius, savant prétentieux au service de la marquise, fait la cour à sa suivante Lisette.

LISETTE. — Monsieur Hortensius, Madame m'a chargée de vous dire que vous alliez lui montrer les livres que vous avez achetés pour elle.

HORTENSIUS. — Je serai ponctuel à obéir, Mademoiselle Lisette ; et Madame la Marquise ne pouvait charger de ses ordres personne qui me les rendît plus dignes de ma prompte obéissance.

LISETTE. — Ah ! le joli tour de phrase ! Comment ! vous me saluez de la période la plus galante qui se puisse, et l'on sent bien qu'elle part d'un homme qui sait sa rhétorique*.

HORTENSIUS. — La rhétorique que je sais là-dessus, Mademoiselle, ce sont vos beaux yeux qui me l'ont apprise.

LISETTE. — Mais ce que vous me dites là est merveilleux ; je ne savais pas que mes beaux yeux enseignassent la rhétorique.

HORTENSIUS. — Ils ont mis mon cœur en état de soutenir thèse*, Mademoiselle ; et, pour essai de ma science, je vais, si vous l'avez pour agréable[1], vous donner un petit argument* en forme.

LISETTE. — Un argument à moi ! je ne sais ce que c'est ; je ne veux point tâter de cela : adieu.

HORTENSIUS. — Arrêtez, voyez mon petit syllogisme* ; je vous assure qu'il est concluant.

LISETTE. — Un syllogisme ! Eh ! que voulez-vous que je fasse de cela ?

HORTENSIUS. — Écoutez. On doit son cœur à ceux qui vous donnent le leur ; je vous donne le mien ; *ergo*[2], vous me devez le vôtre.

LISETTE. — Est-ce là tout ? Oh ! je sais la rhétorique aussi, moi. Tenez : on ne doit son cœur qu'à ceux qui le prennent ; assurément, vous ne prenez pas le mien : ergo, vous ne l'aurez pas. Bonjour.

Marivaux (1683-1763), *La Seconde surprise de l'amour*, 1727.

1. *si vous l'avez pour agréable* : si cela vous agrée, si vous le permettez.
2. *ergo* : mot latin signifiant *donc*.

a) Par quels termes se désignent les personnages ? Sont-ils sur un pied d'égalité ?

b) À quel domaine appartient le vocabulaire utilisé par Hortensius ? Est-il adapté à son interlocutrice ? au sujet de son discours ? Quel est l'effet produit ?

c) Quel acte de langage Lisette accomplit-elle dans sa première réplique ? Est-ce un acte de langage direct ou indirect ? Justifiez votre réponse.

d) Lisette comprend-elle le sous-entendu de la première réplique d'Hortensius ? Comment essaie-t-elle de détourner la conversation ?

e) Quelle nouvelle stratégie Lisette utilise-t-elle à la fin du dialogue ? Hortensius résiste-t-il ?

3 Lecture Expression écrite et orale

NOIR
BLANC
ROUGE
ROUGE

LES FIGURES DE STYLE

On définit traditionnellement la figure comme un écart par rapport à l'usage normal de la langue, caractéristique de la langue littéraire. Mais les figures se rencontrent aussi dans la langue courante (les « pieds » de la table, les « ailes » du moulin). La connaissance des principales figures est essentielle à la compréhension et à l'interprétation des énoncés littéraires et non littéraires.

1. Les figures de répétition

Répétition de sonorités

- Une **allitération** est la répétition d'un ou plusieurs sons-consonnes.

  Les **souffl**es de la nuit **fl**ottaient sur Ga**lgal**a. (Hugo)

- Une **assonance** est la répétition d'un ou plusieurs sons-voyelles.

  Mes étoiles au ciel avaient un d**oux** fr**ou**-fr**ou**. (Rimbaud)

Répétition lexicale

- Une **anaphore** est la répétition d'un mot ou d'un groupe de mots, en tête de plusieurs phrases ou membres de phrases.

  Marcher à jeun, **marcher** vaincu, **marcher** malade. (Hugo)

- La **répétition** d'un mot ou d'un groupe de mots peut aussi se rencontrer à la fin de plusieurs phrases ou membres de phrases.

  Sur le perron une dame apparut, parée **pour la visite**, coiffée **pour la visite**, avec des phrases prêtes **pour la visite**. (Maupassant)

- Elle peut aussi se faire par **enchaînement.**

  Il me conduisait [...] à un concert, à un bal où j'espérais rencontrer **une maîtresse**. **Une maîtresse** ! C'était pour moi l'indépendance. (Balzac)

- La répétition peut consister à utiliser **plusieurs formes grammaticales d'un même mot** :

  Je suis **tombé** déjà ; je puis **tomber** encore. (Hugo)

  elle peut recourir aussi à la dérivation :

  Ton bras est **invaincu**, mais non pas **invincible**. (Corneille)

- La répétition d'un mot peut aussi se faire par l'ajout d'un **synonyme.**

  Gros et **gras**, le teint frais, et la bouche vermeille. (Molière)

Répétition syntaxique

- Un **parallélisme** consiste à reprendre la même construction syntaxique.

  Je suis la plaie et le couteau ! / Je suis le soufflet et la joue ! (Baudelaire)

2. Les figures de construction

Les figures de construction sont essentiellement des **figures d'opposition.**

- Un **oxymore** rapproche deux mots de sens contradictoires, par coordination ou par dépendance syntaxique.

  Elle se **hâte** avec **lenteur**. (La Fontaine)

- Une **antithèse** établit une forte opposition entre deux idées.

  Tantôt il **maudissait** son oncle, sa tante, toute la basse Bretagne et son baptême. Tantôt il les **bénissait** puisqu'ils lui avaient fait connaître celle qu'il aimait. (Voltaire)

- Un **paradoxe** est un énoncé qui contredit le sens commun.

  Nous obéissons librement au pouvoir des poèmes et nous les aimons par force. (Char)

- Un **chiasme** consiste à inverser l'ordre des termes dans une construction symétrique.

  La **neige** fait au ***nord*** ce qu'au ***sud*** fait le **sable**. (Hugo)

3. Les figures d'équivalence

- La **métonymie** remplace un mot par un autre, qui entretient avec lui **un lien de coexistence ou de contiguïté logique**, par exemple :

  ouvrir son cœur = le physique pour le moral

- La **synecdoque** remplace un mot par un autre qui entretient avec lui un **lien d'inclusion.**

  Le fer pour l'épée = *la matière pour l'objet*

La distinction entre métonymie et synecdoque est parfois difficile à établir.

- La **comparaison** évoque un objet (le **comparé**), en établissant un **lien de ressemblance** avec un autre objet (le **comparant**), au moyen d'un **outil comparatif** (*comme, ainsi que, de même que, tel que,* ou les verbes *ressembler, paraître, sembler*...).

Comparé et comparant présentent un ou plusieurs points communs.

Ce garçon (*comparé*) est rapide (*point commun*) comme (*outil comparatif*) l'éclair (*comparant*).

- La **métaphore** établit **une analogie*** entre deux éléments, le **comparé** et le **comparant, sans recourir à un outil comparatif.** La métaphore peut se construire de plusieurs manières.

• Le comparé, le comparant et le point commun sont exprimés :

Vous (*comparé*) êtes mon lion (*comparant*), superbe et généreux (*points communs*). (Hugo)

• Le comparant est attribut du comparé (point commun non exprimé) :

Cette fille est **une rose**.

• Le comparant est apposé au comparé (point commun non exprimé) :

Bergère ô tour Eiffel (Apollinaire)
Maudit serpent de fille (Balzac)

• Le comparant se substitue au comparé (point commun exprimé) :

Un long serpent gris dessine ses méandres dans la plaine *(le serpent est un fleuve et les méandres, qui évoquent la reptation du serpent, font apparaître le point commun).*

• Le comparant se substitue au comparé (point commun non exprimé) :

Je veux **la belle pomme parfaite** (Claudel), *pour désigner le globe terrestre qui n'est pas nommé.*

• Le comparé et le point commun sont exprimés mais pas le comparant :

Mon esprit amer (*comparé*) / D'une aile inquiète et folle vole (*point commun*) sur la mer (Verlaine) (*le comparant, l'oiseau, n'est pas nommé*)

• Une métaphore est dite **filée** (ou continuée) quand elle se développe sur plusieurs lignes, vers ou phrases.

4. Les figures de pensée

Les figures d'exagération

• Une **hyperbole** consiste à grandir ou à diminuer excessivement une réalité que l'on évoque.

Je meurs de honte.

• L'**amplification** consiste à développer une même information, notamment par la **gradation**, c'est-à-dire l'accumulation d'éléments ordonnés de manière croissante ou décroissante :

Le fleuve naît, gronde et s'écoule / La tour monte, vieillit et s'écroule (Lamartine)

Les figures d'atténuation

• Une **litote** consiste à **dire le moins pour exprimer le plus**, souvent par une construction négative :

Cette robe n'est pas vilaine (pour *elle est vraiment belle*).

• Un **euphémisme** permet **d'atténuer la brutalité** ou le **caractère déplaisant** d'un énoncé.

L'époux d'une jeune beauté / **Partait pour l'autre monde** (pour *était en train de mourir*). (La Fontaine)

• Une **prétérition** consiste à prétendre ne pas dire ce que l'on est justement en train de dire.

Je ne vous peindrai point le tumulte et les cris
Le sang de tous côtés ruisselant dans Paris. (Voltaire)

• **L'ironie** consiste pour un locuteur à affirmer une chose **tout en laissant entendre qu'il n'adhère pas à cette affirmation.**

Le sucre serait trop cher, si on ne faisait travailler la plante qui le produit par des esclaves. Ceux dont il s'agit sont noirs depuis les pieds jusqu'à la tête ; et ils ont le nez si écrasé, qu'il est presque impossible de les plaindre. (Montesquieu)
Montesquieu récuse le discours esclavagiste : il l'imite pour mieux faire apparaître son caractère scandaleux.

L'ironie s'appuie sur d'autres figures, notamment l'**antiphrase** qui consiste à faire entendre le contraire de ce qu'on dit :

Quel temps splendide ! *pour faire entendre qu'il fait très mauvais.*

Autres figures de pensée

• La **personnification** consiste à attribuer à un objet ou à un animal les caractéristiques propres à l'être humain.

Les horloges / **Volontaires et vigilantes**. (Émile Verhaeren)

• La **prosopopée** désigne le discours fictif que l'on fait tenir à un mort, un absent, un être inanimé.

• L'**apostrophe** consiste à s'adresser à des abstractions, des êtres absents ou des objets.

Nature, berce-le chaudement, il a froid. (Rimbaud)

• Une **allégorie** est la représentation concrète d'une notion abstraite.

Le Temps mange la vie, / Et l'obscur ennemi qui nous ronge le cœur / Du sang que nous perdons croît et se fortifie. (Baudelaire)

• La **périphrase** désigne une réalité par une expression détournée :

l'astre des nuits, pour *la lune.*

EXERCICES

A Repérer et identifier les figures

1. Distinguer des figures de construction : oxymore, antithèse, paradoxe, chiasme

- Se moquer de la philosophie, c'est vraiment philosopher. (Pascal)
- (*Phèdre avoue malgré elle son amour interdit pour son beau-fils Hippolyte*)
  Je voulais en mourant prendre soin de ma gloire
  Et dérober au jour une flamme si noire. (Racine)
- J'aime mieux une vie commode qu'une fatigante vertu. (Molière)
- La vie m'est et trop molle et trop dure
  J'ai grands ennuis entremêlés de joie. (Louise Labé)

a) Quelles figures d'opposition reconnaissez-vous dans ces exemples ?

b) Justifiez votre réponse en proposant une définition simple de chaque figure.

2. Identifier des figures de pensée : hyperbole, gradation, litote, euphémisme, prétérition

- Quel spectacle ! quelle plume saurait le décrire ! Qui saurait peindre les effets de la lumière à travers ces nappes transparentes et la douceur de ces dégradations successives jusqu'aux couches inférieures et supérieures de l'océan ? (Jules Verne)
- La servante au grand cœur dont vous étiez jalouse
  Et qui dort son sommeil sous une humble pelouse. (Baudelaire)
- Je m'en vais vous mander la chose la plus étonnante, la plus surprenante, la plus merveilleuse, la plus miraculeuse, la plus triomphante, la plus étourdissante [...]. (Mme de Sévigné)
- Ce garçon-ci n'est pas sot, et je ne plains pas la soubrette qui l'aura. (Marivaux)
- C'est un roc !... c'est un pic !... c'est un cap !
  Que dis-je, c'est un cap ?... c'est une péninsule !
  (Edmond Rostand)

a) Quelles figures d'exagération ou d'atténuation reconnaissez-vous dans ces exemples ?

b) Justifiez votre réponse en proposant une définition simple de chaque figure.

3. Identifier des figures de pensée : ironie, personnification, allégorie, périphrase, apostrophe

- Maintenant va, mon Livre, où le hasard te mène. (Verlaine)
- Un ânier, son sceptre à la main,
  Menait en empereur romain
  Deux coursiers à longues oreilles. (La Fontaine)
- Et, comme un long linceul traînant à l'Orient,
  Entends, ma chère, entends la douce Nuit qui marche. (Baudelaire)
- Mon beau navire ô ma mémoire
  Avons-nous assez navigué
  Dans une onde mauvaise à boire
  Avons-nous assez divagué
  De la belle aube au triste soir (Apollinaire)
- Après le tremblement de terre qui avait détruit les trois quarts de Lisbonne, les sages du pays n'avaient pas trouvé un moyen plus efficace pour prévenir une ruine totale que de donner au peuple un bel autodafé ; il était décidé par l'université de Coïmbre que le spectacle de quelques personnes brûlées à petit feu, en grande cérémonie, est un secret infaillible pour empêcher la terre de trembler. (Voltaire)

a) Quelles figures reconnaissez-vous dans ces exemples ? Donnez une définition simple de chaque figure.

b) Certains exemples contiennent plusieurs figures. Lesquels ? Justifiez votre réponse.

4. Identifier et analyser des figures d'équivalence : comparaison et métaphore

a) Dans le tableau suivant, indiquez pour chaque comparaison et chaque métaphore les éléments qui la composent : comparé, comparant, points communs (en précisant s'ils sont exprimés ou non) et, éventuellement, outil comparatif.

	Comparaisons	Métaphores
Comparé (exprimé / non exprimé)		
Outil comparatif		
Comparant (exprimé / non exprimé)		
Points communs (exprimés / non exprimés)		

Le narrateur évoque la plaine de Beauce au printemps.

Les tiges grandirent encore et ce fut la mer, la mer des céréales, roulante profonde sans bornes [...]. À mesure que montait le soleil, dans l'air limpide, une brise soufflait par grandes haleines régulières, creusant les champs d'une houle, qui partait de l'horizon, se prolongeait, allait mourir à l'autre bout. [...] Continuellement, une ondulation succédait à une autre, l'éternel flux battait sous le vent du large. Quand le soir tombait, des façades lointaines, vivement éclairées, étaient comme des voiles blanches, des clochers émergeant plantaient des mâts, derrière les replis de terrain. Il faisait froid, les ténèbres élargissaient cette sensation humide et murmurante de la pleine mer, un bois lointain s'évanouissait, pareil à la tache perdue d'un continent. (Zola)

b) Dans ce texte, y a-t-il une ou plusieurs métaphores ? Justifiez votre réponse.

B Identifier, analyser et interpréter des figures

5. Étudier des figures d'atténuation : la litote et la prétérition

Texte A

La Princesse de Clèves avoue à son époux qu'elle aime le duc de Nemours, sans nommer ce dernier.

Mme de Clèves ne répondit point ; et son silence achevant de confirmer son mari dans ce qu'il avait pensé :

— Vous ne me dites rien, reprit-il, et c'est me dire que je ne me trompe pas.

— Eh bien, Monsieur, lui répondit-elle en se jetant à ses genoux, je vais vous faire un aveu que l'on n'a jamais fait à son mari ; mais l'innocence de ma conduite et de mes intentions m'en donne la force. Il est vrai que j'ai des raisons de m'éloigner de la cour et que je veux éviter les périls où se trouvent quelquefois les personnes de mon âge. Je n'ai jamais donné nulle marque de faiblesse et je ne craindrais pas d'en laisser paraître si vous me laissiez la liberté de me retirer de la cour ou si j'avais encore Mme de Chartres[1] pour aider à me conduire. Quelque dangereux que soit le parti que je prends, je le prends avec joie pour me conserver digne d'être à vous. Je vous demande mille pardons, si j'ai des sentiments qui vous déplaisent, du moins je ne vous déplairai jamais par mes actions.

Mme de La Fayette (1634-1693), *La Princesse de Clèves*, 1678.

1. *Mme de Chartres* : la mère de la princesses, morte peu de temps auparavant.

a) Relevez les litotes dans ce passage. Ont-elles toutes une forme négative ?

b) Les personnages expriment-ils explicitement leurs sentiments ? Quel est l'effet produit ?

Texte B

Vainqueur des Curiaces, Horace a tué sa sœur Camille qui, promise à l'un des Curiaces, lui reprochait amèrement la mort de son fiancé. Valère, un chevalier romain, s'adressant au Roi, réclame le châtiment d'Horace.

Je pourrais ajouter aux intérêts de Rome,
Combien un pareil coup est indigne d'un homme,
Je pourrais demander qu'on mît devant vos yeux
Ce grand et rare exploit d'un bras victorieux.
Vous verriez un beau sang, pour accuser sa rage,
D'un frère si cruel rejaillir au visage[1].
Vous verriez des horreurs qu'on ne peut concevoir ;
Son âge et sa beauté vous pourraient émouvoir.
Mais je hais ces moyens qui sentent l'artifice.

Corneille (1606-1684), *Horace*, 1640.

1. *un beau sang […] rejaillir au visage* : selon la croyance classique, le cadavre de Camille, mis en présence de son meurtrier, se remettrait à saigner.

a) Pourquoi peut-on parler de prétérition ? Quelles autres figures rencontre-t-on dans ce passage ? Quels sont les effets produits ?

b) Quelle est la visée de la tirade de Valère ? Justifiez votre réponse.

6. Étudier des figures de répétition, de construction, d'équivalence, de pensée

Tu es venue le feu s'est alors ranimé
L'ombre a cédé le froid d'en bas s'est étoilé
Et la terre s'est recouverte
De ta chair claire et je me suis senti léger
Tu es venue la solitude était vaincue
J'avais un guide sur la terre je savais
Me diriger je me savais démesuré
J'avançais je gagnais de l'espace et du temps

J'allais vers toi j'allais sans fin vers la lumière
La vie avait un corps l'espoir tendait sa voile
Le sommeil ruisselait de rêves et la nuit
Promettait à l'aurore des regards confiants
Les rayons de tes bras entr'ouvraient le brouillard
Ta bouche était mouillée des premières rosées
Le repos ébloui remplaçait la fatigue
Et j'adorais l'amour comme à mes premiers jours.

Paul Éluard (1895-1952), *Le Phénix*, © Seghers, 1952.

a) Caractérisez le texte. Qui parle ? À qui ? Quelle est la figure utilisée ? Quel est le type de vers utilisé ?

b) Relevez les figures de répétition sonores et lexicales. Quels effets produisent-elles ?

c) Identifiez et relevez les figures de construction. Quelle relation est établie entre la femme et le monde ?

d) Dans le tableau suivant, relevez les métaphores et indiquez précisément les éléments qui les composent.

	Métaphore n° 1, etc.
Comparé (exprimé / non exprimé)	
Comparant (exprimé / non exprimé)	
Points communs (exprimés / non exprimés)	

e) Quel est le registre* du poème ? Quel effet produisent les métaphores et l'ensemble des figures du texte ? Quelle image de la femme propose le poème ?

7. Identifier, analyser et interpréter des figures de répétition, de construction, d'équivalence et de pensée

FEU ET CENDRES

Feu agile, cendres inertes. Feu grimaçant, cendres sereines. Feu simiesque, cendres félines. Feu qui grimpe de branche en branche, cendres qui descendent et s'amoncellent. Feu qui s'élève, cendres qui se tassent. Feu brillant, cendres mates. Feu sifflant, cendres muettes. Feu chaud, cendres froides. Feu contagieux, cendres préservatrices. Feu rouge, cendres grises. Feu coupable, cendres victimes. Feu grégeois, cendres sabines. Feu vainqueur, cendres vaincues. Feu craint, cendres plaintes. Feu hardi, cendres facilement dispersées. Feu indomptable, cendres qu'on peut balayer. Feu gamin, cendres sérieuses. Feu animal, cendres minérales. Feu irritable, cendres intimidables. Feu démolisseur, cendres maçonnes. Feu rouge et cendres grises toujours rapprochées : l'un des étendards favori de la nature.

Francis Ponge (1899-1988), *Lyres*, © Éditions Gallimard, 1980.

a) Relevez les figures de répétition sonores et lexicales. Quels effets produisent-elles ?

b) Identifiez les figures de construction. Quelles sont les figures dominantes ? Quels sont les effets produits ?

c) Quelles autres figures trouve-t-on dans le texte ?

d) Analysez et interprétez la métaphore finale. Quel rapport entretient-elle avec l'ensemble du texte et son titre ?

8. Étudier une figure de pensée : l'ironie

Débarqué par hasard en Basse-Bretagne, l'Ingénu, un jeune Huron, est reconnu comme son neveu par un prieur Breton. Il veut épouser, selon la loi naturelle et sans autre formalité, Melle de Saint-Yves dont il est aimé.

À peine l'Ingénu était arrivé, qu'ayant demandé à une vieille servante où était la chambre de sa maîtresse, il avait poussé fortement la porte mal fermée, et s'était élancé vers le lit. Melle de Saint-Yves, se réveillant en sursaut, s'était écriée : « Quoi ! C'est vous ! Ah ! C'est vous ! Arrêtez-vous, que faites-vous ? » Il avait répondu : « Je vous épouse », et en effet il l'épousait, si elle ne s'était pas débattue avec toute l'honnêteté d'une personne qui a de l'éducation. [...] L'Ingénu possédait une vertu mâle et intrépide, digne de son patron Hercule, dont on lui avait donné le nom à son baptême ; il allait l'exercer dans toute son étendue, lorsqu'aux cris perçants de la demoiselle plus discrètement vertueuse accourut le sage abbé de Saint-Yves, avec sa gouvernante, un vieux domestique dévot, et un prêtre de la paroisse. Cette vue modéra le courage de l'assaillant. « Eh, mon Dieu ! Mon cher voisin, lui dit l'abbé, que faites-vous là ? – Mon devoir, répliqua le jeune homme ; je remplis mes promesses, qui sont sacrées. » [...]

L'Ingénu se réclame de la loi naturelle et l'abbé défend la loi positive.

« Il faut, lui disait-il, des notaires, des prêtres, des témoins, des contrats, des dispenses. » L'Ingénu lui répondit par la réflexion que les sauvages ont toujours faite : « Vous êtes donc de bien malhonnêtes gens, puisqu'il faut entre vous tant de précautions. »

Voltaire (1694-1778), *L'Ingénu*, 1767.

a) Quelles figures reconnaissez-vous dans ce texte ? À quels indices identifie-t-on l'ironie ?

b) Quel est le registre* dominant du texte ? Quel autre registre reconnaît-on ? Quelle est la cible visée ?

9. Exercice bilan

Gavroche, gamin de Paris, tombe sous les balles des soldats de Louis-Philippe, lors de la répression de la manifestation républicaine du 5 juin 1832.

Le spectacle était épouvantable et charmant. Gavroche fusillé, taquinait la fusillade. Il avait l'air de s'amuser beaucoup. C'était le moineau becquetant les chasseurs. Il répondait à chaque décharge par un couplet. On le visait sans cesse, on le manquait toujours. Les gardes nationaux et les soldats riaient en l'ajustant. Il se couchait, puis se redressait, s'effaçait dans un coin de porte, puis bondissait, disparaissait, reparaissait, se sauvait, revenait, ripostait à la mitraille par des pieds de nez, et cependant pillait les cartouches, vidait les gibernes et remplissait son panier. Les insurgés, haletants d'anxiété, le suivaient des yeux. La barricade tremblait ; lui, il chantait. Ce n'était pas un enfant, ce n'était pas un homme ; c'était un étrange gamin fée. On eût dit le nain invulnérable de la mêlée. Les balles couraient après lui, il était plus leste qu'elles. Il jouait on ne sait quel effrayant jeu de cache-cache avec la mort ; chaque fois que la face camarde du spectre s'approchait, le gamin lui donnait une pichenette. Une balle pourtant, mieux ajustée ou plus traître que les autres, finit par atteindre l'enfant feu follet. On vit Gavroche chanceler, puis il s'affaissa. Toute la barricade poussa un cri ; mais il y avait de l'Antée[1] dans ce pygmée ; pour le gamin toucher le pavé, c'était comme pour le géant toucher la terre ; Gavroche n'était tombé que pour se redresser ; il resta assis sur son séant, un long filet de sang rayait son visage, il éleva ses deux bras en l'air, regarda du côté d'où était venu le coup, et se mit à chanter :

Je suis tombé par terre,
C'est la faute à Voltaire,
Le nez dans le ruisseau,
C'est la faute à...

Il n'acheva point. Une seconde balle du même tireur l'arrêta court. Cette fois il s'abattit la face contre le pavé, et ne remua plus. Cette petite grande âme venait de s'envoler.

Victor Hugo (1802-1885), *Les Misérables*, 1862.

1. *Antée* : géant de la mythologie grecque qui retrouvait sa force en touchant la terre, sa mère.

a) Relevez les figures de répétition sonores et lexicales. Quels effets produisent-elles ?

b) Identifiez et relevez les figures de construction. Quelle est la figure dominante ?

c) Relevez les métaphores et les comparaisons, puis indiquez précisément les éléments qui les composent.

d) Quel effet produisent les métaphores et l'ensemble des figures du texte ? Quel est le registre* dominant ? Quel autre registre est présent dans le texte ? Quels sont les enjeux principaux du passage ?

LES DISCOURS

On appelle discours toute production écrite ou orale. Un discours peut avoir plusieurs visées : il peut chercher à raconter, à décrire, à expliquer ou à argumenter.
Selon la visée de l'énoncé, selon son énonciation et sa grammaire, on distingue quatre formes de discours : les discours narratif, descriptif, explicatif et argumentatif.*
Les différents types de discours peuvent se combiner dans un même texte et on les rencontre dans tous les genres.

1. Le discours narratif

- Le discours narratif rapporte des événements qu'il situe dans le **temps**.
- Le plus souvent, l'accent est mis sur les faits racontés et le **narrateur* s'efface derrière ce qu'il raconte.**
- Le discours narratif est habituellement à la **troisième personne**, souvent au **passé**. Toutefois, l'histoire peut aussi être racontée à la première personne et à d'autres temps (présent ou passé composé).
- Le discours narratif appelle des **verbes d'action**, des repères **temporels** (adverbes et **compléments circonstanciels de temps** qui soulignent le déroulement de l'action).
- Dans tout **texte** narratif s'opère un processus de **transformation** qui fait passer le personnage d'une situation initiale à une situation finale.

2. Le discours descriptif

- Le discours descriptif situe les éléments dans l'**espace** et s'attache à **caractériser** des êtres (portraits), des paysages ou des objets.
- Le discours descriptif **efface les marques de l'énonciation***, recourt souvent à la **troisième personne** et emploie le **présent** et l'**imparfait de description.** Ce discours utilise des **verbes de regard et de perception** et tout ce qui **désigne** ou **qualifie** (démonstratifs, verbes d'état, adjectifs, subordonnées relatives) ainsi que des repères spatiaux (adverbes et compléments circonstanciels de lieu).
- La description peut adopter un **point de vue*** particulier, celui du narrateur* ou d'un personnage. Il convient de se demander qui regarde et quelle est la **fonction** du discours descriptif : est-il informatif ? symbolique ? sert-il l'histoire ou l'analyse psychologique ?

3. Le discours explicatif

- Le discours explicatif se caractérise par la volonté de **faire comprendre** un phénomène ou une idée.
- Il est proche du **discours informatif,** qui vise exclusivement à donner des renseignements sans les expliquer.
- Discours explicatif et discours informatif **effacent les marques de l'énonciation***.
- Discours explicatif et informatif recourent à tout ce qui peut assurer la **cohérence** de l'énoncé : jeux de questions et réponses, connecteurs* logiques, compléments circonstanciels de cause et de conséquence. Le vocabulaire peut être abstrait ou technique.

4. Le discours argumentatif

- Le discours argumentatif vise l'**adhésion du destinataire***. Il veut **convaincre*** ou **persuader***.
- Par opposition aux autres discours, le discours argumentatif **insiste sur les conditions de l'énonciation**. Celui qui parle s'exprime souvent à la **première personne**, d'un point de vue subjectif, et implique son destinataire dans le discours (apostrophes*, pronoms et adjectifs de la deuxième personne).
- Pour défendre sa thèse, ou pour réfuter celle de l'adversaire, il utilise un **raisonnement** logique, met en œuvre des arguments et des exemples qui visent à **convaincre**. Le discours argumentatif mobilise aussi tous les procédés rhétoriques qui permettent d'émouvoir ou de séduire l'interlocuteur (de le **persuader**).

EXERCICES

A Identifier les formes de discours

1. Les différentes formes de discours

Texte A

À l'intérieur, les façades avaient six étages, quatre façades régulières enfermant le vaste carré de la cour. C'étaient des murailles grises, mangées d'une lèpre jaune, rayées de bavures par l'égouttement des toits, qui montaient toutes plates du pavé aux ardoises, sans une moulure ; seuls les tuyaux de descente se coudaient aux étages, où les caisses béantes des plombs mettaient la tache de leur fonte rouillée.

Émile Zola (1840-1902), *L'Assommoir*, 1877.

Texte B

Suffit-il de changer les lois, les institutions, les mœurs, l'opinion et tout le contexte social pour que femmes et hommes deviennent vraiment des semblables ? « Les femmes seront toujours des femmes », disent les sceptiques ; et d'autres voyants prophétisent qu'en dépouillant leur féminité elles ne réussiront pas à se changer en hommes et qu'elles deviendront des monstres. C'est admettre que la femme d'aujourd'hui est une création de la nature ; il faut encore une fois répéter que dans la collectivité humaine rien n'est naturel et qu'entre autres, la femme est un produit élaboré par la civilisation.

Simone de Beauvoir (1908-1986), *Le Deuxième sexe*,

Texte C

Il voyagea.

Il connut la mélancolie des paquebots, les froids réveils sous la tente, l'étourdissement des paysages et des ruines, l'amertume des sympathies interrompues.

Il revint.

Il fréquenta le monde, et il eut d'autres amours. Mais le souvenir continuel du premier les lui rendait insipides ; et puis la véhémence du désir, la fleur même de la sensation était perdue.

Gustave Flaubert (1821-1880), *L'Éducation sentimentale*, 1869.

Texte D

Le 4 septembre 1870, deux jours après Sedan, la France devenait une république. Elle fut organisée comme telle par les lois constitutionnelles de 1875, à peine révisées depuis en 1879 et en 1884. Ce gouvernement, qui n'est pas nouveau en France, est appelé communément la Troisième République. [...]

Cette république est démocratique, c'est-à-dire qu'elle repose sur le principe du suffrage universel direct. Elle est parlementaire, puisque l'autorité souveraine appartient à la nation qui délègue ses pouvoirs à des représentants élus, et puisque ces représentants peuvent par un simple vote de défiance retirer l'autorité du Gouvernement.

Géographie universelle Quillet, Tome 2, 1923.

Quelle est la visée principale de chacun de ces textes ? raconter ? décrire ? expliquer ? informer ? argumenter ? Justifiez votre réponse.

B Étudier le discours narratif

2. Le discours narratif dans le roman

Le narrateur assiste à une réception mondaine, dans un parc où se trouve un bassin bordé de colonnades et agrémenté d'un jet d'eau.

Un de ces petits accidents, qui ne se produisaient guère qu'au moment où la brise s'élevait, fut assez désagréable. [...] Au moment où Mme d'Arpajon allait s'engager dans l'une des colonnades, un fort coup de chaude brise tordit le jet d'eau et inonda si complètement la belle dame que, l'eau dégoulinant de son décolletage dans l'intérieur de sa robe, elle fut aussi trempée que si on l'avait plongée dans un bain. Alors non loin d'elle, un grognement scandé retentit assez fort pour pouvoir se faire entendre à toute une armée et pourtant prolongé par périodes comme s'il s'adressait non pas à l'ensemble, mais successivement à chaque partie des troupes ; c'était le grand-duc Wladimir qui riait de tout son cœur en voyant l'immersion de Mme d'Arpajon, une des choses les plus gaies, aimait-il à dire ensuite, à laquelle il eût assisté de toute sa vie. Comme quelques personnes charitables faisaient remarquer au Moscovite[1] qu'un mot de condoléances de lui serait peut-être mérité et ferait plaisir à cette femme qui, malgré sa quarantaine bien sonnée, et tout en s'épongeant avec son écharpe, sans demander le secours de personne, se dégageait malgré l'eau qui mouillait malicieusement la margelle de la vasque, le grand-duc, qui avait bon cœur, crut devoir s'exécuter et les derniers roulements militaires du rire à peine apaisés, on entendit un nouveau grondement plus violent que l'autre. « Bravo, la vieille ! » s'écriait-il en battant des mains comme au théâtre.

Marcel Proust (1871-1922), *Sodome et Gomorrhe*, II, I, 1922.

1. *Moscovite* : le grand-duc Wladimir est russe et originaire de Moscou.

a) À quelle personne et à quels temps l'anecdote est-elle racontée ? Trouve-t-on surtout des verbes d'état ou des verbes d'action ?

b) Relevez les indications temporelles (adverbes, compléments circonstanciels, subordonnées de temps). Quel est l'état initial ? l'état final ?

c) Trouve-t-on des marques du jugement du narrateur ? Le narrateur est-il extérieur à l'événement raconté ou y participe-t-il ? Justifiez votre réponse.

3. Le discours narratif dans le texte théâtral

Valère est devenu l'intendant de l'avare Harpagon par amour pour Élise, la fille de ce dernier. Injustement accusé de vol, il révèle sa véritable identité et ses origines aristocratiques.

ANSELME. — L'audace est merveilleuse. Apprenez, pour vous confondre, qu'il y a seize ans pour le moins que l'homme dont vous nous parlez[1] périt sur mer avec ses enfants et sa femme, en voulant dérober leur vie aux cruelles persécutions qui ont accompagné les désordres de Naples, et qui en firent exiler plusieurs nobles familles.

VALÈRE. — Oui ; mais apprenez, pour vous confondre, vous, que son fils âgé de sept ans, avec un domestique, fut sauvé de ce naufrage par un vaisseau espagnol, et que ce fils sauvé est celui qui vous parle ; apprenez que le capitaine de ce vaisseau, touché de ma fortune, prit amitié pour moi ; qu'il me fit élever comme son propre fils, et que les armes furent mon emploi dès que je m'en trouvai capable ; que j'ai su depuis peu que mon père n'était point mort, comme je l'avais cru ; que passant ici pour l'aller chercher, une aventure, par le Ciel concertée, me fit voir la charmante Élise ; que cette vue me rendit esclave de ses beautés ; et que la violence de mon amour, et les sévérités de son père, me firent prendre la résolution de m'introduire dans son logis, et d'envoyer un autre à la quête de mes parents.

Molière (1622-1673), *L'Avare*, Acte V, scène 5, 1668.

1. *l'homme dont vous nous parlez* : Valère vient de révéler le nom de son père, qu'Anselme croit mort.

a) À quelle personne est le récit de Valère ? Quel est le temps le plus utilisé ? Quelles sont les marques du discours narratif dans cette tirade ?

b) Quels procédés donnent de la rapidité au récit de Valère ? Quelle est la fonction de ce récit ?

c) Quels éléments distinguent le récit théâtral du récit romanesque ?

4. Le discours narratif dans le poème

LE RENARD ET LES RAISINS

Certain renard gascon, d'autres disent normand,
Mourant presque de faim, vit au haut d'une treille
Des raisins mûrs apparemment,
Et couverts d'une peau vermeille.
Le galant[1] en eût fait volontiers un repas ;
Mais comme il n'y pouvait atteindre :
« Ils sont trop verts, dit-il, et bons pour des goujats[2]. »
Fit-il pas mieux que de se plaindre ?

Jean de La Fontaine (1621-1695), *Fables*, III, 11.

1. *galant* : habile, rusé. 2. *goujats* : personnes grossières.

a) Quelles sont les marques du discours narratif dans cette fable ?

b) Observez la versification, la construction des phrases. Quels procédés accentuent la rapidité du récit ?

c) Qui parle au vers 7 ? à qui ? Quel est le type de discours ? Justifiez votre réponse.

C Étudier le discours descriptif

5. Le discours descriptif dans le récit

Théophile Gautier, en voyage à Saint-Pétersbourg en Russie, décrit la cathédrale Saint-Isaac telle qu'elle lui apparaît en juin, au moment des nuits blanches.

Dans ces immenses jours qu'interrompt à peine une heure de nuit diaphane, à la fois crépuscule et aurore, Saint-Isaac, inondé de lumière, se dessine avec la netteté majestueuse d'un monument classique. Les mirages disparus laissent voir la réalité superbe ; mais quand l'ombre transparente enveloppe la ville, le soleil continue à briller sur le dôme colossal. De l'horizon où il plonge pour en sortir immédiatement, ses rayons atteignent toujours la coupole dorée. De même, dans les montagnes, le plus haut pic est encore illuminé des flammes du couchant, quand les sommets inférieurs et les vallées baignent depuis longtemps dans les brumes du soir ; mais, à la fin, la lueur quitte l'aiguille vermeille et semble à regret remonter au ciel, tandis que l'étincelante clarté n'abandonne jamais le dôme. Toutes les étoiles fussent-elles éteintes au firmament, il y en a toujours une sur Saint-Isaac !

Théophile Gautier (1811-1872), *Voyage en Russie*, ch. XV, 1866.

a) Qui voit ? Quel est le temps utilisé ? Quelle est sa valeur ?

b) Observez le vocabulaire. Quel est le réseau lexical* dominant ? Quel rôle joue la comparaison (lignes 9 à 13) ?

c) Quelle partie de l'édifice attire le regard ? Quels éléments (adjectifs, figures de rhétorique, etc.) soulignent le gigantisme de la cathédrale ?

d) Rapprochez cette description de l'évocation de Saint-Isaac dans un guide touristique (► *Exercice 8*). La description a-t-elle seulement une fonction informative ? Quelle autre fonction a le discours descriptif ?

6. Le discours descriptif dans le poème

Dans la montagne, dans l'après-midi sans vent
et dans le lait de la lumière
luisant aux branches encore nues de noyers,
dans le long silence :
le murmure de l'eau
qui accompagne un instant le chemin,
l'eau décelable à ces fétus brillants,
à ces éclats de verre dans la poussière,
sa claire et faible voix
de mésange apeurée.

Philippe Jaccottet (né en 1925),
Pensées sous les nuages, © Éditions Gallimard, 1983.

a) Quel vers désigne précisément la réalité décrite ? Quelle place occupe-t-il dans le poème ?

b) Quelles sont les marques du discours descriptif dans ce poème ?

c) Le paysage est-il vu à travers un regard particulier ? d'un point de vue* extérieur ? Justifiez votre réponse.

7. Le discours descriptif dans le texte théâtral

Un salon de campagne : ameublement riche, mais ancien. Au fond, au milieu, un grand corps de bibliothèque, entre deux portes vitrées donnant sur le parc. Deux autres portes latérales au deuxième plan, dans les pans coupés. Un chevalet et accessoires pour dessiner ; à gauche, table entre deux chaises ; cheminée sans feu à droite ; petite table à ouvrage entre un canapé et une chaise à droite. Toutes les indications de la salle, gauche et droite du spectateur.

Eugène Labiche (1815-1888), *Brûlons Voltaire*, 1874, didascalie initiale.

a) Quelles sont les marques du discours descriptif dans cette didascalie* ?

b) Quelle est la particularité des phrases utilisées ? À qui ce texte s'adresse-t-il ? Quelles sont ses fonctions ?

D Étudier le discours explicatif et le discours informatif

8. Les discours informatif et explicatif

Dominant de sa silhouette imposante et massive la statue équestre de Nicolas Ier, érigée au centre de l'ancienne place du Commerce, la cathédrale Saint-Isaac est un hommage magistral autant qu'impérial à la gloire de la Russie. Comptant parmi les plus grands monuments du monde, elle ne le cède guère en gigantisme qu'à Saint-Paul de Londres et à Saint-Pierre de Rome [...]. Sa construction confiée au Français Montferrand, a fait l'objet de l'un des derniers grands chantiers de Saint-Pétersbourg, mobilisant une main-d'œuvre et des moyens énormes. Malgré cela, il ne faudra pas moins de quarante années, de 1818 à 1858, pour édifier la principale cathédrale de Saint-Pétersbourg.

Country Guide, *Le petit futé, Saint-Pétersbourg*, © Nouvelles Éditions de l'Université, 2000.

Quels sont les éléments informatifs dans ce texte ? et les éléments explicatifs ? Vous pouvez présenter votre réponse sous la forme d'un tableau.

E Étudier le discours argumentatif

9. Le discours argumentatif dans le roman

Robinson a fait naufrage. Échoué sur une île déserte, où il essaie de recréer la civilisation, il tient un journal de bord.

Je mesure aujourd'hui la folie et la méchanceté de ceux qui calomnient cette institution divine : l'argent ! L'argent spiritualise tout ce qu'il touche en lui apportant une dimension à la fois rationnelle – mesurable – et universelle – puisqu'un bien monnayé devient virtuellement accessible à tous les hommes. La vénalité[1] est une vertu cardinale[2]. L'homme vénal sait faire taire ses instincts meurtriers et asociaux – sentiment de l'honneur, amour-propre, patriotisme, ambition politique, fanatisme religieux, racisme – pour ne laisser parler que sa propension à la coopération, son goût des échanges fructueux, son sens de la solidarité humaine. Il faut prendre à la lettre l'expression l'âge d'or, et je vois bien que l'humanité y parviendrait vite si elle n'était menée que par des hommes vénaux. Malheureusement ce sont presque toujours des hommes désintéressés qui font l'histoire, et alors le feu détruit tout, le sang coule à flots.

Michel Tournier (né en 1924), *Vendredi ou les Limbes du Pacifique*, © Éditions Gallimard, 1967.

1. *vénalité* : le fait de se laisser acheter au mépris de la morale.
2. *vertu cardinale* : vertu essentielle.

a) Relevez les indices d'énonciation*. Que constatez-vous ? Quelles sont les marques du jugement du locuteur ?

b) Quel est le thème du passage ? Quelle est la thèse refusée ? Quel argument appuie la thèse refusée ? Quel autre rôle joue-t-il ?

c) Quelle est la thèse proposée ? Quel argument appuie cette thèse ? Est-elle attendue ou paradoxale* ? Justifiez votre réponse.

10. Le discours argumentatif dans le texte théâtral

Henriette vient d'annoncer à Armande qu'elle veut se marier.

ARMANDE. — Mon Dieu, que votre esprit est d'un [étage bas !
Que vous jouez au monde un petit personnage,
De vous claquemurer[1] aux choses du ménage,
Et de n'entrevoir point de plaisirs plus touchants
Qu'un idole[2] d'époux et des marmots d'enfants !
Laissez aux gens grossiers, aux personnes vulgaires,
Les bas amusements de ces sortes d'affaires.
À de plus hauts objets élevez vos désirs,
Songez à prendre un goût des plus nobles plaisirs,
Et, traitant de mépris[3] les sens et la matière,
À l'esprit, comme nous, donnez-vous tout entière.[4]

Molière (1622-1673), *Les Femmes savantes*, I, I, 1672.

1. *claquemurer* : enfermer. 2. *un idole* : mot masculin au XVIIe siècle. 3. *de mépris* : avec mépris. 4. *nous* : Armande et sa mère.

a) Quelles sont les marques du discours argumentatif dans cette tirade ?

b) Quelle est la thèse refusée ? et la thèse proposée ?

c) Relevez les termes valorisants, les expressions dévalorisantes, les oppositions de termes. Quels arguments utilise Armande ? Visent-ils à convaincre* ou à persuader* Henriette ?

LES REGISTRES

Le registre est la tonalité donnée à un texte par des éléments significatifs. Chaque registre exprime et cherche à susciter chez le lecteur des émotions spécifiques. Certains registres sont plus particulièrement liés à un genre littéraire. On peut trouver plusieurs registres différents dans un même texte.

1. Les registres liés aux effets du texte

Le registre pathétique

Le mot pathétique vient du grec *pathos*, qui signifie souffrance. Le registre pathétique suscite une **émotion violente** et souvent **la compassion**. Il recourt à l'**hyperbole***, au **réseau lexical des sentiments**, aux phrases **exclamatives** et **interrogatives**.

Le registre laudatif

Registre de **l'éloge**, il se caractérise par des **termes hyperboliques*** et des **images valorisantes**.

Le registre satirique

Le registre satirique* concerne tous les énoncés dans lesquels on **critique** les défauts d'un individu ou d'un groupe que l'**on tourne en ridicule**. La **satire** cherche à emporter l'adhésion du lecteur en le faisant rire ou sourire.

Le registre polémique

Le registre polémique caractérise les **textes**, souvent **argumentatifs, qui combattent des personnes ou des idées**. Ce registre use de **tous les procédés visant à discréditer un adversaire**.
Les registres satirique et polémique recourent fréquemment à **l'ironie***. Dans un énoncé ironique, le locuteur* affirme quelque chose **tout en laissant entendre qu'il n'adhère pas à cette affirmation**. Il laisse la parole à ses adversaires pour mieux les discréditer par divers procédés comme l'**antiphrase*** qui consiste à faire entendre le contraire de ce qu'on dit. L'ironie n'est pas propre à ces deux registres : on la retrouve dans toutes les sortes de discours et de genres (► *Les figures de style*, p. 112).

2. Les registres liés à un genre littéraire

Le registre épique

Ce registre est hérité de **l'épopée**, long poème qui, dans l'Antiquité et au Moyen Âge, racontait les aventures guerrières et merveilleuses* de héros hors du commun. Le registre épique tend à susciter l'**admiration** en amplifiant les événements.
Cette **amplification*** du réel se caractérise par l'emploi de **pluriels**, de **superlatifs** et d'**hyperboles***, d'**énumérations*** et de **personnifications***.

Le registre tragique

- Le registre tragique tend à inspirer **la terreur et la pitié**. Il caractérise à l'origine **la tragédie** et le discours de ses héros écrasés par la fatalité. Plus largement, appartiennent au registre tragique les textes qui montrent l'homme face à une puissance qui le dépasse : le destin, la passion, la société ou l'Histoire.
- Le registre tragique utilise un lexique à forte charge émotive, l'exclamation, l'interrogation, l'apostrophe* et un langage soutenu.

Le registre comique

- Il vise à **faire rire**. Très présent au théâtre, dans les farces, les **comédies** et les drames, il traverse tous les genres et tous les discours.
- Le comique repose sur des **situations**, des **caractères**, des **jeux sur les mots** inattendus, qui créent un effet de rupture. Le registre comique utilise des procédés comme la répétition, le quiproquo*, le décalage, l'exagération, le glissement vers l'absurde.

Le registre lyrique

- Le lyrisme désigne l'expression musicale des sentiments. Le registre lyrique est le **registre poétique et émouvant** par excellence. Issu du genre poétique de l'**ode***, il se caractérise par l'usage de la **première personne du singulier**, les **marques de la subjectivité**, le **réseau lexical* du sentiment** et la **musicalité** du rythme.
- Le registre lyrique existe en dehors du genre poétique, dans le roman et au théâtre par exemple.

Les registres sont aussi variés que les effets produits par les textes. Il existe d'autres registres encore, liés à l'usage des procédés rhétoriques (**registre oratoire**), à la volonté d'enseigner (**registre didactique**), ou encore liés à l'attitude du locuteur devant la réalité (**registres réaliste* et fantastique***).

LES GENRES

Un genre est une grande catégorie de textes, définie par des thèmes et des caractéristiques formelles propres. Les genres ne sont pas exclusivement littéraires. Leur définition est délicate et a évolué avec le temps. On peut néanmoins distinguer quatre catégories, regroupant chacune plusieurs genres apparentés.

1. Les genres narratifs

Ils se définissent par la prédominance du **discours narratif***. Les histoires racontées peuvent être fictives ou non.

- Le **roman** est le genre narratif majeur. D'abord écrit en vers au Moyen Âge, le roman désigne **une œuvre narrative en prose racontant des actions imaginaires.** Imprégné de merveilleux* à l'origine, il manifeste très vite des tendances réalistes. N'étant pas défini par des contraintes rigoureuses, il peut prendre des formes diverses, intégrer tous les registres* et aborder les sujets les plus variés. Le roman est **le plus souvent écrit à la troisième personne**, mais le narrateur* peut aussi s'exprimer à la première personne.
- Le roman se distingue du **biographique** qui regroupe des récits de vies réelles, narrés à la troisième personne (biographies), ou à la première personne (autobiographies, mémoires, journaux).
- Le **conte** ou la **nouvelle**, récits brefs et denses, sont aussi des genres narratifs.

2. Le théâtre ou les genres dramatiques

Le théâtre représente l'action au lieu de la raconter. Ce sont les **paroles échangées** sur scène par les personnages qui construisent l'action dramatique. Le discours théâtral se caractérise par la **double énonciation** : les personnages dialoguent entre eux, mais à travers leurs paroles, l'auteur s'adresse aux spectateurs. Les genres dramatiques ont été définis dès l'Antiquité et sont liés à des registres* précis.

- La **tragédie** représente l'affrontement de héros caractérisés par leur grandeur, quels que soient leurs défauts, et la fatalité sous toutes ses formes : volonté des dieux, passions, hérédité, en particulier. La tragédie recourt au registre pathétique* pour éveiller chez le spectateur la « **crainte et la pitié** ».
- La **farce*** et la **comédie** sont liées aux **registres comique* et satirique***. Elles mettent en scène **des personnages de condition moyenne** et présentent des **dénouements heureux.**
- Le **drame*** se définit par le mélange des **registres comique* et tragique***.

3. La poésie

La poésie se définit par **un usage différent de la langue.** Le texte poétique peut obéir aux contraintes de la versification ou, plus librement, construire son propre rythme en **vers** ou en **prose**.

- Dans **l'épopée, récit en vers d'événements héroïques**, prédominent le **discours narratif*** et le **registre épique***.
- La **poésie lyrique** se caractérise par l'expression des sentiments personnels. Elle relève du registre* auquel elle a donné son nom. Cette poésie peut prendre des formes très différentes : élégie*, ode*, sonnet*, ballade*.

4. Les genres argumentatifs

Les œuvres qui relèvent de ce genre se caractérisent par la prédominance du **discours argumentatif.** Leur visée essentielle est de **persuader*** ou de **convaincre* le destinataire auquel elles s'adressent.** Ces textes s'inscrivent dans des registres* variés.

Les textes du genre argumentatif peuvent être :

- polémiques et satiriques : **pamphlets*** ;
- philosophiques : **essais***, **discours***, **traités, dialogues** ;
- moraux : **apologues***, **maximes** ;
- religieux : **sermons***.

De nombreuses œuvres se trouvent **à la frontière entre plusieurs genres.** Les *Fables* de La Fontaine, par exemple, bien qu'appartenant au genre poétique, ont aussi une dimension narrative et argumentative.

EXERCICES

A Identifier les genres et étudier les caractéristiques principales des registres

1. Étudier le registre pathétique

Le Troyen Pâris a enlevé Hélène, la femme du roi grec Ménélas. Les Grecs s'apprêtent à partir en expédition contre Troie, conduits par le roi Agamemnon, le frère de Ménélas. En l'absence de vent, les vaisseaux Grecs sont immobilisés à Aulis. Pour favoriser le départ, les dieux exigent le sacrifice d'Iphigénie, la fille d'Agamemnon, fiancée à Achille. Le roi se soumet à la volonté des dieux, mais Iphigénie tente de fléchir son père dans une dernière prière.

Fille d'Agamemnon, c'est moi qui la première,
Seigneur, vous appelai de ce doux nom de père.
C'est moi qui, si longtemps le plaisir de vos yeux,
Vous ai fait de ce nom remercier les dieux,
Et pour qui, tant de fois prodiguant vos caresses,
Vous n'avez point du sang[1] dédaigné les faiblesses.
Hélas ! avec plaisir je me faisais conter
Tous les noms des pays que, vous allez dompter ;
Et déjà, d'Ilion[2] présageant la conquête,
D'un triomphe si beau je préparais la fête.
Je ne m'attendais pas que, pour le commencer,
Mon sang fût le premier que vous dussiez verser.
Non que la peur du coup dont je suis menacée,
Me fasse rappeler votre bonté passée.
Ne craignez rien : mon cœur de votre honneur jaloux[3],
Ne fera point rougir un père tel que vous.
Et, si je n'avais eu que ma vie à défendre,
J'aurais su renfermer un souvenir si tendre.
Mais à mon triste sort, vous le savez, Seigneur,
Une mère, un amant, attachaient leur bonheur.

Jean Racine (1639-1699), *Iphigénie*, Acte IV, scène 4, vers 1193 à 1212, 1674.

1. *sang* : liens de parenté. 2. *Illion* : Troie. 3. *jaloux de* : soucieux de.

a) À quel genre* appartient cet extrait ? Justifiez votre réponse en vous appuyant sur le rang social des personnages, l'époque et les faits évoqués, le type de vers.

b) Iphigénie fait-elle appel à la raison ou aux sentiments d'Agamemnon ? Quels arguments utilise-t-elle successivement ? Quelles valeurs motivent sa conduite (vers 13 à 20) ? Se révolte-t-elle contre son sort ?

c) Qu'attendait Iphigénie avant l'annonce du sacrifice ? Qu'y a-t-il de cruel dans sa situation ? Appuyez votre réponse sur l'étude du vocabulaire et des temps verbaux.

d) Quels sentiments l'attitude d'Iphigénie fait-elle naître chez le spectateur ? Quelles sont les caractéristiques principales du registre pathétique* dans ce texte ?

2. Étudier les registres satirique et polémique

Texte A

De Jersey, où il s'est exilé, Victor Hugo condamne le coup d'État du 2 décembre 1851 et la restauration de l'Empire. Les Châtiments *dénoncent la tyrannie et la bassesse du régime de Napoléon III.*

On dit : – Vivons ! adieu grandeur, gloire, espérance ! –
Comme si, dans ce monde, un peuple appelé France,
Alors qu'il n'est plus libre, était encor vivant !
On boit, on mange, on dort, on achète et l'on vend.
Et l'on vote en riant des doubles fonds de l'urne ;
Et pendant ce temps-là, ce gredin taciturne[1],
Ce chacal à sang-froid, ce corse hollandais[2],
Étale, front d'airain[3], son crime sous le dais[4],
Gorgée d'or et de vin sa bande scélérate,
S'accoude sur la nappe, et cuvant, noir pirate,
Son guet-apens français, son guet-apens romain[5],
Mâche son cure-dent taché de sang humain !

Victor Hugo (1802-1885), *Les Châtiments*, Livre IV, poème IX, v. 29 à la fin, 1853.

1. *ce gredin taciturne* : Napoléon III. 2. *ce corse hollandais* : Napoléon III était le fils de Louis Bonaparte (frère de Napoléon Ier), corse et roi de Hollande. 3. *d'airain* : de bronze. 4. *le dais* : pièce d'étoffe tendue audessus du trône. 5. *son guet-apens français, son guet-apens romain* : le coup d'État du 2 décembre 1851 et l'expédition française de 1849 qui écrasa l'état républicain romain.

a) À quel genre* appartient cet extrait ? Justifiez votre réponse en vous appuyant notamment sur une lecture attentive du paratexte*.

b) Relevez quatre groupes nominaux désignant Napoléon III. À quels lexiques sont-ils empruntés ? Quel jugement le locuteur* porte-t-il sur l'empereur ?

c) Quelle métaphore* caractérise le régime ? Quelle image de Napoléon III présentent les cinq derniers vers ? Pourquoi peut-on parler de caricature ?

d) L'empereur est-il la seule cible de la satire* ? Qui désigne le pronom indéfini « on » ? Que suggèrent les vers 4 et 5 ? Appuyez votre réponse sur l'étude du vocabulaire et du rythme des vers.

e) Quelles sont les caractéristiques principales du registre satirique* dans ce texte ?

Texte B

Le sermon d'un prêtre, qui défend la peine de mort et se montre sans pitié pour les condamnés, indigne Léon Bloy. Catholique fervent, il dénonce, dans cet extrait comme dans toutes ses œuvres, l'hypocrisie, la fausse charité de certains bourgeois, qui s'imaginent être de bons chrétiens.

À partir du mot *bandits*[1], il me fut impossible d'entendre autre chose qu'une voix intérieure, dominatrice, implacable :

— Regarde donc à tes pieds, bavard mécanique, sans clairvoyance ni charité. Si tu le peux encore, aveugle conducteur d'aveugles, regarde ce troupeau de canailles qui t'écoute et qui jouit de l'absolution[2] que tu lui donnes, en flétrissant de ta bouche d'autres canailles plus évidentes et moins respectueuses des lois de l'argent. Tu n'es peut-être pas un bandit toi-même et, pourtant, vois ce que tu fais. Ces têtes qu'on va couper et pour lesquelles ton Dieu a souffert autant que pour la tienne, tu en promets, tu en donnes d'avance le sang à boire à des animaux féroces.

Vois cette dévote[3] à museau de crocodile dont la gueule de médisance a dévoré vingt réputations ; vois cette pénitente[4] à figure d'hyène affamée, cramponnée à tous les confessionnaux[5], ouvrière d'épouvante et provocatrice de malheur, qui travaille, dix heures par jour à se confectionner un cilice[6] avec de la corde de pendu ; et cette autre, mangeuse d'innocences et mangeuse d'eucharistie[7], qui n'a pas d'égale pour flairer les cœurs en putréfaction.

Léon Bloy (1846-1917), *Le Sang du Pauvre*, « Ceux qui paient », 1909.

1. *bandits* : terme par lequel le prêtre désigne les comdamnés à mort. 2. *absolution* : effacement d'une faute par le pardon, que le prêtre accorde après la confession. 3. *dévote* : femme attachée à la religion et à ses pratiques. 4. *pénitente* : femme qui s'impose volontairement des pratiques pénibles pour se punir de ses péchés. 5. *confessionnaux* : isoloirs dans lesquels le prêtre entend la confession des pénitents. 6. *cilice* : chemise ou ceinture de crin piquante, portée par pénitence. 7. *eucharistie* : sacrement reçu au moment de la communion, qui commémore et perpétue le sacrifice du Christ mort sur la croix pour délivrer les hommes du péché.

a) Qui parle ? Quel procédé d'écriture rend l'attaque plus virulente ? À quel genre* appartient ce texte ?

b) Quel effet produisent les apostrophes* de Léon Bloy s'adressant au prêtre ? Qu'est-ce qui provoque son indignation ? Justifiez votre réponse.

c) À quel lexique* appartiennent les expressions décrivant la dévote et la pénitente ? Quel est l'effet produit ? Que critique Léon Bloy dans le comportement de ces femmes ?

d) Quelles figures de rhétorique sont associées dans l'expression « mangeuse d'innocences et mangeuse d'eucharistie » ? Quel est l'effet produit ?

e) Léon Bloy critique-t-il des individus particuliers ou des comportements ? Quelles sont les caractéristiques du registre polémique* dans ce texte ?

3. Étudier le registre épique

La Chanson de Roland, *long poème du XIe siècle, raconte le piège tendu au comte Roland, neveu de l'empereur Charlemagne, par le traître Ganelon. Roland et ses compagnons sont attaqués par les Sarrasins à la solde de Ganelon, à Roncevaux, dans les Pyrénées. La bataille fait rage. Olivier et Roland y trouveront la mort.*

Cependant la bataille est merveilleuse et pesante. Olivier[1] et Roland frappent vaillamment. L'archevêque[2] rend plus de mille coups, les douze pairs[3] ne se mettent pas en reste, et les Français frappent tous ensemble. Les païens[4] meurent par centaines et par milliers : qui ne s'enfuit n'a aucun secours contre la mort ; bon gré, mal gré, il y laisse sa vie. Les Français y perdent leurs meilleurs défenseurs, qui ne reverront point leurs pères ni leurs parents, ni Charlemagne, qui les attend aux défilés.

Mais en France, il y a une merveilleuse tourmente, tempête de tonnerre et de vent, pluie et grêle démesurément, la foudre tombe à coups serrés et répétés, et, en toute vérité, la terre tremble, de Saint-Michel-du-Péril jusqu'aux Saints, de Besançon jusqu'au port de Wissant[5]. Pas une maison dont les murs ne crèvent ; en plein midi se produisent de grandes ténèbres. Point de clartés, sinon quand les éclairs fendent le ciel. Tous ceux qui voient ces choses s'épouvantent, et certains disent : « C'est la fin du monde, la consommation du siècle qui est maintenant venue ! » Ils ne savent ni ne disent la vérité : c'est le grand deuil pour la mort de Roland !

La Chanson de Roland, tome I, laisse 110, vers 1412 à 1437, Nouveaux Classiques Larousse, adaptation en français moderne de Guillaume Picot.

1. *Olivier* : comte, ami de Roland. 2. *archevêque* : homme d'église d'un rang élevé, qui combat aux côtés de Roland et d'Olivier. 3. *douze pairs* : douze seigneurs d'égale noblesse. 4. *païens* : terme par lequel le narrateur chrétien désigne les Sarrasins musulmans (le terme renvoie habituellement aux religions polythéistes autres que le christianisme, l'islamisme ou le judaïsme). 5. *Saint-Michel-du-Péril, Saints, Besançon, Wissant* : noms de lieux situés aux limites de l'empire, le Mont-Saint-Michel à l'ouest, Sens à l'est, Besançon au sud, Wissant au nord, dans le Pas-de-Calais.

a) À quel genre* appartient ce texte ? Appuyez votre réponse sur une lecture attentive du paratexte*.

b) Quel est ici le sens de l'adjectif « merveilleux » ?

c) Relevez les adverbes et les pluriels intensifs, les superlatifs, les hyperboles*. À quels effets contribuent-ils ?

d) Quels sont les indices de la présence du narrateur* dans le texte ? Quelle valeur attribue-t-il à la tempête, notamment ?

e) Quelles sont ici les marques du registre épique* ?

4. Étudier le registre tragique

Œdipe est roi de Thèbes. Il a épousé la reine Jocaste, veuve du roi Laïos, dont le meurtre reste impuni. La peste ravage la ville, signe de la colère des dieux. Œdipe entreprend alors de retrouver l'assassin de Laïos. Mais il découvre qu'il est lui-même le meurtrier qu'il recherche, que Laïos était son véritable père et qu'il a épousé sa mère. Œdipe s'adresse au chœur, composé de vieillards thébains.

Ah ! Cithéron[1], pourquoi donc m'as-tu recueilli ? Que ne m'as-tu plutôt saisi et tué sur l'heure ! Je n'eusse pas ainsi dévoilé aux humains de qui j'étais sorti… Ô Polybe, ô Corinthe[2], et toi, palais antique, toi qu'on disait le palais de mon père, sous tous ces beaux dehors, quel chancre malfaisant vous nourrissiez en moi ! J'apparais aujourd'hui ce que je suis en fait : un criminel, issu de criminels… Ô double chemin ! val caché ! bois de chênes ! ô étroit carrefour où se joignent deux routes[3] ! vous qui avez vu le sang de mon père[4] versé par mes mains, avez-vous oublié les crimes que j'ai consommé sous vos yeux, et ceux que j'ai plus tard commis ici encore ? Hymen, hymen[5] à qui je dois le jour, qui, après m'avoir enfanté, as une fois de plus fait lever la même semence et qui, de la sorte, as montré au monde des pères, frères, enfants, tous du même sang ! des épousées à la fois femmes et mères — la pire des hontes des mortels... Non, non ! Il est des choses qu'il n'est pas moins honteux d'évoquer que de faire. Vite, au nom des dieux, vite, cachez-moi quelque part, loin d'ici ; tuez-moi, ou jetez-moi à la mer, en un lieu où vous ne me voyiez jamais plus...

Sophocle (496-406 av. J.-C.), *Œdipe roi*, v. 1390 à 1412, 430 av. J.-C., traduction de Paul Mazon, © Les Belles Lettres, 1958.

1. *Cithéron* : mont de Grèce sur lequel Œdipe a été exposé, un oracle prédisant qu'il tuerait son père et épouserait sa mère. **2.** *Ô Polybe, ô Corinthe* : Œdipe a été recueilli, élevé et adopté par Polype, roi de Corinthe. **3.** *carrefour de deux routes :* endroit où a eu lieu le meurtre de Laïos. **4.** *mon père* : le roi Laïos qu'Œdipe a tué au cours d'une rixe, au carrefour de deux routes. **5.** *hymen* : mariage.

a) À quel genre* appartient ce texte ? Appuyez votre réponse sur une lecture attentive du paratexte*.

b) Qui Œdipe invoque-t-il successivement ? Qu'est-ce qui caractérise son attitude ? Œdipe se révolte-t-il contre son destin ? Quel souhait exprime-t-il ?

c) Quels sentiments le destin d'Œdipe fait-il naître chez le spectateur ?

d) Quelles sont les caractéristiques du registre tragique* dans ce texte ? Quel autre registre* apparaît ici ?

5. Étudier le registre comique

Tartuffe, un faux dévot, vit en parasite chez le bourgeois Orgon. Ce dernier, de retour de la campagne, interroge sa servante Dorine sur les événements survenus en son absence.

DORINE. — Madame eut avant-hier la fièvre [jusqu'au soir,
Avec un mal de tête étrange à concevoir.
ORGON. — Et Tartuffe ?
DORINE. — Tartuffe ? Il se porte à merveille.
Gros et gras, le teint frais, et la bouche vermeille.
ORGON. — Le pauvre homme !
DORINE. — Le soir, elle eut un grand dégoût,
Et ne put au souper toucher à rien du tout,
Tant sa douleur de tête était encor cruelle !
ORGON. — Et Tartuffe ?
DORINE. — Il soupa, lui tout seul, devant elle,
Et fort dévotement[1] il mangea deux perdrix,
Avec une moitié de gigot en hachis.
ORGON. — Le pauvre homme !
DORINE. — La nuit se passa tout entière
Sans qu'elle pût fermer un moment la paupière ;
Des chaleurs[2] l'empêchaient de pouvoir sommeiller,
Et jusqu'au jour près d'elle il nous fallut veiller.
ORGON. — Et Tartuffe ?
DORINE. — Pressé d'un sommeil agréable,
Il passa dans sa chambre au sortir de la table,
Et dans son lit bien chaud il se mit tout soudain,
Où sans trouble il dormit jusques au lendemain.
ORGON. — Le pauvre homme !
DORINE. — À la fin, par nos raisons gagnée,
Elle se résolut à souffrir la saignée[3],
Et le soulagement suivit tout aussitôt.
ORGON. — Et Tartuffe ?
DORINE. — Il reprit courage comme il faut,
Et contre tous les maux fortifiant son âme,
Pour réparer le sang qu'avait perdu Madame,
But à son déjeuner quatre grands coups de vin.
ORGON. — Le pauvre homme !

Molière (1622-1673), *Le Tartuffe ou l'Imposteur*, Acte I, scène 4, v. 232 à 256, 1669.

1. *dévotement* : avec ferveur. **2.** *chaleurs* : fièvres. **3.** *saignée* : évacuation d'une certaine quantité de sang provoquée de façon volontaire par l'ouverture d'une veine, traitement médical courant au XVIIe siècle.

a) À quel genre* appartient ce texte ? Justifiez votre réponse en vous appuyant sur le rang social des personnages, l'époque et les faits évoqués.

b) Quels sont les types de phrases utilisés dans les répliques d'Orgon ? Qu'est-ce qui provoque le rire ? À quel type de comique a-t-on affaire ?

c) D'où provient le comique dans les répliques de Dorine ?

d) Quel portrait de Tartuffe se dessine dans les propos de Dorine ? Quelle est la fonction du rire dans ce passage ?

e) Quelles sont les caractéristiques du registre comique* dans ce passage ?

6. Étudier le registre lyrique

Je n'ai envie que de t'aimer
Un orage emplit la vallée
Un poisson la rivière

Je t'ai faite à la taille de ma solitude
Le monde entier pour se cacher
Des jours des nuits pour se comprendre

Pour ne plus rien voir dans tes yeux
Que ce que je pense de toi
Et d'un monde à ton image

Et des jours et des nuits réglés par tes paupières.

Paul Éluard (1895-1952), *Les Yeux fertiles*, Intimes V, © Éditions Gallimard, 1936.

a) À quel genre* appartient ce texte ? Justifiez votre réponse.

b) Observez les marques de l'énonciation*. Qui parle ? à qui ? Quelle est la nature des sentiments exprimés ?

c) Observez la composition du texte et la construction des phrases. Comment l'unité du texte est-elle assurée ? Quel est le rôle conféré à la nature et au monde ?

d) Quelles sont ici les marques du registre lyrique* ?

B Identifier et caractériser genres et registres

7.

Après un séjour en France, la jeune Virginie revient à l'île Maurice. Elle s'apprête à retrouver Paul, à qui l'unit un amour partagé. Mais le vaisseau qui la ramène fait naufrage en arrivant au port, sous les yeux du narrateur.

On vit alors un objet[1] digne d'une éternelle pitié : une jeune demoiselle parut dans la galerie de la poupe du *Saint-Géran*, tendant les bras vers celui qui faisait tant d'efforts pour la joindre. C'était Virginie. Elle avait reconnu son amant[2] à son intrépidité. La vue de cette aimable personne, exposée à un si terrible danger, nous remplit de douleur et de désespoir. Pour Virginie, d'un port[3] noble et assuré, elle nous faisait signe de la main, comme nous disant un éternel adieu. Tous les matelots s'étaient jetés à la mer. Il n'en restait plus qu'un sur le pont, qui était tout nu et nerveux[4] comme Hercule. Il s'approcha de Virginie avec respect : nous le vîmes se jeter à ses genoux, et s'efforcer même de lui ôter ses habits ; mais elle, le repoussant avec dignité, détourna de lui sa vue. On entendit aussitôt ses cris redoublés des spectateurs : « Sauvez-la, sauvez-la ; ne la quittez pas ! » Mais dans ce moment une montagne d'eau d'une effroyable grandeur s'engouffra entre l'île d'Ambre[5] et la côte, et s'avança en rugissant vers le vaisseau, qu'elle menaçait de ses flancs noirs et de ses sommets écumants. À cette terrible vue le matelot s'élança seul à la mer ; et Virginie, voyant la mort inévitable, posa une main sur ses habits, l'autre sur son cœur, et levant en haut des yeux sereins, parut un ange qui prend son vol vers les cieux.

Jacques-Henri Bernardin de Saint-Pierre (1737-1814),
Paul et Virginie, 1788.

1. *objet* : spectacle. 2. *amant* : qui aime et est aimé : voyant la menace qui pèse sur Virginie, le jeune Paul s'est jeté à l'eau pour tenter de la sauver. 3. *port* : maintien. 4. *nerveux* : musclé. 5. *l'île d'Ambre* : îlot situé au nord-est de l'île Maurice.

a) À quel genre* appartient le texte ? Quels sont les discours dominants ? Justifiez votre réponse en vous appuyant notamment sur l'étude du vocabulaire et des temps verbaux.

b) Observez les marques de l'énonciation* dans le texte. Qui parle ? Qui voit ? Qui désigne le pronom indéfini « on » ? Quels sont les sentiments des spectateurs ?

c) Quelles expressions décrivent la tempête ? Quelle est la figure utilisée à plusieurs reprises ? À quel effet contribue-t-elle ?

d) En quels termes Virginie est-elle évoquée ? Quel sens la comparaison finale donne-t-elle à la mort de Virginie ?

e) Quel est le registre* du passage ? Quelles sont ses principales caractéristiques ?

8.

L'action se déroule en 1899, dans une petite ville nommée Écoute-s'il-Pleut. Obsédé par le respect dû à sa fonction, le gendarme Labourbourax submerge le tribunal de procès-verbaux pour outrage à agent. Boissonnade, procureur de la République, s'insurge contre la sévérité excessive du gendarme.

BOISSONNADE, *avec un geste désespéré.* Encore ! (*Il lit.*) « Procès-verbal. — Outrage à des représentants de la force publique dans l'exercice de leur fonction. — Dans la nuit du 17 au 18 courant, étant de service, mon collègue Soufflure et moi, notre attention a été éveillée par le tumulte d'une dispute. Nous étant rendus sur les lieux, nous y avons trouvé le menuisier Lacaussade occupé à interpréter sa propriétaire à travers la porte cochère, sous prétexte que cette dernière se refusait à la lui ouvrir. Aussitôt qu'il nous aperçut, le délinquant se porta au-devant de nous et nous harangua en ces termes : « Vous pouvez constater que cette vieille charogne refuse de m'ouvrir la porte ; vous pouvez le constater de vous-mêmes. » Il dit, puis d'une voix où le mépris le disputait à l'arrogance, il nous jeta ce mot : « des visus[1] », voulant exprimer par là que mon collègue et moi étions des visus — ce qui n'était pas vrai — mais encore que nous en étions de l'espèce la plus inférieure, relégués au bas de l'échelle sociale, et de tout point incompatibles avec la magistrature dont nous sommes les assimilés. » (*Consterné*) Mais qu'est-ce que c'est que ça ?... Mais qu'est-ce que ça veut dire ?... Mais cet homme irréconciliable va devenir un danger public !

Georges Courteline (1858-1929),
Le Gendarme est sans pitié, scène 1, 1899.

1. *des visus* : déformation de l'expression d'origine latine *de visu*, qui signifie « après l'avoir vu ».

a) À quel genre* appartient ce texte ? Quel est le discours* dominant ? Justifiez votre réponse.

b) À quel niveau de langue* appartiennent les expressions « *nous harangua* », « *Il dit, puis d'une voix où le mépris le disputait à l'arrogance* » ? S'accordent-elles avec le reste des propos ?

c) Quel effet produisent les noms des gendarmes Labourbourax et Soufflure, les expressions « *occupé à interpréter sa propriétaire* », « *des visus* » ? Quel est le procédé utilisé ? Quelle est la cible visée ?

d) Quel est le registre* du texte ? Quel est son enjeu ? Le propos est-il sérieux ?

9.

La grève est déclarée à la mine de Montsou. Les mineurs tiennent une assemblée générale dans la forêt, pour échapper aux forces de l'ordre. Étienne Lantier, l'un des meneurs de la grève, prononce un discours enflammé.

« Notre tour est venu, lança-t-il dans un dernier éclat. C'est à nous d'avoir le pouvoir et la richesse ! »

Une acclamation roula jusqu'à lui, du fond de la forêt. La lune, maintenant, blanchissait toute la clairière, découpait en arêtes vives la houle des têtes, jusqu'aux lointains confus des taillis, entre les grands troncs grisâtres. Et c'était sous l'air glacial, une furie de visages, des yeux luisants, des bouches ouvertes, tout un rut de peuple, les hommes, les femmes, les enfants, affamés et lâchés au juste pillage de l'antique bien dont on les dépossédait. Ils ne sentaient plus le froid, ces ardentes paroles les avaient chauffés aux entrailles. Une exaltation religieuse les soulevait de terre, la fièvre d'espoir des premiers chrétiens de l'Église, attendant le règne prochain de la justice. Bien des phrases obscures leur avaient échappé, ils n'entendaient guère ces raisonnements techniques et abstraits[1] ; mais l'obscurité même, l'abstraction élargissait encore le champ des promesses, les enlevait dans un éblouissement. Quel rêve ! être les maîtres, cesser de souffrir, jouir enfin !

Émile Zola (1840-1902), *Germinal*,
quatrième partie, chapitre VII, 1885.

1. *raisonnements techniques et abstraits* : Étienne Lantier recourt à des arguments juridiques, aborde la question du droit de propriété, de l'attribution des instruments de travail à la collectivité.

a) À quel genre* appartient ce texte ? Quels sont les discours dominants ? Justifiez votre réponse.

b) Le narrateur* prend-il part aux événements qu'il raconte ? Quelle voix se fait entendre dans la dernière phrase ? Quelle forme de discours rapporté apparaît ici ?

c) Identifiez et analysez les figures de rhétorique suivantes : « *la houle des têtes* », « *une furie de visages* », « *tout un rut de peuples* ». Que suggère chacune d'elles ? Quel effet produit l'accumulation* des lignes 8 et 9 ?

d) Quel sentiment anime les mineurs ? Quelle est la comparaison utilisée aux lignes 14 et 15 ? De quelle valeur se réclament-ils ? Relevez une antithèse aux lignes 10 et 19. Quel état d'esprit révèle-t-elle ?

e) Quel est le registre* du passage ? Dégagez ses principales caractéristiques.

10.

Le chevalier Hans von Wittenstein a épousé Ondine, une femme-poisson. Une malédiction pèse sur lui : il mourra s'il est infidèle à Ondine et elle l'oubliera. Malgré tout son amour, Ondine ne peut éviter ni l'infidélité de Hans, ni sa punition.

ONDINE. — Adieu, Hans.

HANS. — Et voilà ! Un jour, elles partent. Le jour où tout devient clair, le jour où vous voyez que vous n'avez jamais aimé qu'elles, que vous mourrez si une minute elles partaient, ce jour-là, elles partent. Le jour où vous les retrouvez, où tout est retrouvé pour toujours, ce jour-là, elles ne le manquent pas, leur nef appareille, leurs ailes s'ouvrent, leurs nageoires battent, elles vous disent adieu.

ONDINE. — Je vais perdre la mémoire, Hans.

HANS. — Et un vrai adieu, vous l'entendez ! Les amants qui d'habitude se disent adieu, au seuil de la mort, sont destinés à se revoir sans arrêt, à se heurter sans fin dans la vie future, à se coudoyer sans répit, à se pénétrer sans répit, puisqu'ils seront des ombres dans le même domaine. Ils se quittent pour ne plus se quitter. Mais Ondine et moi partons chacun de notre bord pour l'éternité. À bâbord le néant, à tribord l'oubli… Il ne faut pas rater cela, Ondine… Voilà le premier adieu qui se soit dit en ce bas monde.

Jean Giraudoux (1882-1944), *Ondine*,
Acte III, scène 6, © Grasset, 1939.

a) À quel genre* appartient ce texte ? Justifiez votre réponse.

b) Observez les marques de l'énonciation* dans les répliques du chevalier. À qui s'adresse-t-il ? Quelle est la valeur du pluriel des pronoms personnels ? et la valeur du présent ?

c) Relevez les répétitions dans la première réplique du chevalier. Que suggèrent-elles ? Quel paradoxe apparaît dans la seconde réplique ?

d) Que souligne la dernière phrase du passage ? Identifiez et caractérisez le registre* du texte.

11.

L'action se déroule avant la guerre de 1914-1918.
M. Cramouillat, député et conseiller général, inaugure la statue équestre de Vercingétorix, dressée sur la place centrale d'Issoire, petite ville du Puy-de-Dôme. On vient de dévoiler la statue, le député poursuit son discours.

Chacun disait : — Ce que c'est réussi ! Ce que c'est vivant ! Ce que c'est craché ! Il ne lui manque que la parole.

M. Cramouillat reprit : — Te voici, Vercingétorix ! Désormais ta noble stature va dominer notre forum. Tu contempleras d'un œil bienveillant nos travaux et nos luttes. Du haut de ton cheval, tu nous mèneras au bon combat. Ah ! il me semble que j'entends les exhortations que tu nous adresses, les conseils que tu nous donnes. Il me semble que j'entends ta voix rude. Tu nous dis : « Enfants d'Auvergne ! Mes enfants ! J'ai peiné, j'ai souffert, je suis mort pour la liberté, pour les droits du peuple. Avec ma sueur, avec mon sang, j'ai cimenté les bases de la démocratie. J'ai… »

Alors, il se produisit quelque chose de si effrayant, de si miraculeux, de si impossible que chacun douta de sa raison, et pâlit.

La statue ouvrit la bouche, la statue cria : — C'est pas vrai !

Elle se tut, puis cria encore : — J'ai jamais parlé de ça ! Et d'abord, je te défends de me tutoyer ! C'est pas devant moi qu'il faut sortir tes boniments. Vieille lope[1] ! Tête de chou ! Fatigué ! Tu vas me faire rendre

ma nourriture ! Fous le camp ! que j'te dis ! Fous le camp ! plus vite que ça !
Sur ces mots, Vercingétorix, fouillant dans sa musette, en tirait quelque chose qu'il lançait violemment sur la face ronde de Cramouillat.

Jules Romains (1885-1972), *Les Copains*, « Destruction d'Issoire », © Éditions Gallimard, 1922.

1. *lope* : personne lâche (familier).

a) À quel genre* appartient ce texte ? Quels sont les discours dominants ? Justifiez votre réponse.

b) Quelle figure de rhétorique* Cramouillat utilise-t-il à partir de la ligne 11 ? Quel est le niveau de langue de son discours ? et celui des propos de la statue ?

Appuyez votre réponse sur l'observation du vocabulaire et de la syntaxe.

c) Quel est le ton du narrateur* aux lignes 15 et 16 ? Quel est l'effet sur le lecteur ? Peut-il croire à un phénomène surnaturel ?

d) Quel est le registre* de ce texte ? Dégagez ses caractéristiques principales.

12.

Solal, le héros du roman d'Albert Cohen, Belle du Seigneur, *aime Ariane. Il évoque la jeune femme dans un monologue intérieur.*

Ô ma géniale et ma sœur, à moi seul destinée et pour moi conçue, et bénie soit ta mère, ô ta beauté me confond, ô tendre folie et effrayante joie lorsque tu me regardes, ivre quand tu me regardes, ô nuit, ô amour de moi en moi sans cesse enclose et sans cesse de moi sortie et contemplée et de nouveau pliée et en mon cœur enfermée et gardée, ô elle dans mes sommeils, aimante dans mes soleils, tendre complice dans mes sommeils, ô elle dont j'écris le nom avec mon doigt sur de l'air ou, dans mes solitudes, sur une feuille, et alors je retourne le nom mais j'en garde les lettres et je les mêle, et j'en fais des noms tahitiens, nom de tous les charmes, Rianea, Eniraa, Raneia, Aneira, Niaera, Ireana, Enaira, tous les noms de mon amour.

Albert Cohen (1895-1981), *Belle du Seigneur*, © Éditions Gallimard, 1968.

a) À quel genre* appartient ce texte ? Appuyez votre réponse sur une lecture attentive du paratexte*. Quels sont les discours dominants ?

b) Observez les marques de l'énonciation*. Qui parle ? à qui ? Quelle est la nature des sentiments exprimés ?

c) Quel est l'effet produit par les apostrophes*, les anaphores*, les répétitions, le jeu sur les noms propres ? Quel rôle joue la conjonction de coordination « et » ?

d) Quel est le registre* du texte ? Dégagez ses principales caractéristiques.

13. Exercice bilan

Épouse d'un médiocre officier de santé qui ne peut satisfaire ses aspirations romanesques, Emma Bovary s'ennuie auprès de lui. À leur arrivée à Yonville, petite ville de Normandie, les Bovary sont accueillis par le pharmacien Homais et Léon, un jeune clerc de notaire aux allures romantiques.

— Avez-vous du moins quelques promenades dans les environs ? continuait Mme Bovary parlant au jeune homme.

— Oh ! fort peu, répondit-il. Il y a un endroit que l'on nomme la Pâture, sur le haut de la côte, à la lisière de la forêt. Quelquefois, le dimanche, je vais là, et j'y reste avec un livre, à regarder le soleil couchant.

— Je ne trouve rien d'admirable comme les soleils couchants, reprit-elle, mais au bord de la mer, surtout.

— Oh ! j'adore la mer, dit M. Léon.

— Et puis, ne vous semble-t-il pas, répliqua Mme Bovary, que l'esprit vogue plus librement sur cette étendue sans limites, dont la contemplation vous élève l'âme et donne des idées d'infini, d'idéal ?

— Il en est de même des paysages de montagnes, reprit Léon. J'ai un cousin qui a voyagé en Suisse l'année dernière, et qui me disait qu'on ne peut se figurer la poésie des lacs, le charme des cascades, l'effet gigantesque des glaciers. On voit des pins d'une grandeur incroyable, en travers des torrents, des cabanes suspendues sur des précipices, et, à mille pieds sous vous, des vallées entières, quand les nuages s'entr'ouvrent. Ces spectacles doivent enthousiasmer, disposer à la prière, à l'extase ! Aussi je ne m'étonne plus de ce musicien célèbre qui, pour exciter mieux son imagination, avait coutume d'aller jouer du piano devant quelque site imposant.

— Vous faites de la musique ? demanda-t-elle.

— Non, mais je l'aime beaucoup, répondit-il.

Gustave Flaubert (1821-1880), *Madame Bovary*, 1857, II, 2.

a) À quel genre appartient ce texte ? Quels sont les discours* dominants ?

b) Étudiez l'énonciation* et le point de vue*. Qui raconte ? Qui parle ? à qui ? Qui voit ?

c) Quels sujets évoquent Léon et Emma ? Quel registre* trouve-t-on dans leurs propos ? Dégagez ses principales caractéristiques et dites quel est l'effet produit.

d) Quel regard le narrateur porte-t-il sur les personnages ? Adhère-t-il aux propos des personnages ou prend-il ses distances par rapport à eux ?

e) Quel est le registre* dominant du texte ? Justifiez votre réponse.

LIRE ET ANALYSER UN TEXTE

Lire un texte, dans le cadre du cours de français, suppose deux démarches dont la nature et les objectifs sont distincts : la lecture cursive et la lecture analytique.

1. Lecture cursive, lecture analytique

• La **lecture cursive** est une **approche autonome** du texte. Elle ne procède pas à une analyse détaillée de l'extrait ou de l'œuvre principale, mais conduit à la **saisie globale** de leurs caractéristiques principales. Elle permet d'élargir, de compléter et d'approfondir la connaissance des objets d'étude au programme.

• La lecture analytique consiste à **identifier** les composantes d'un texte, à **formuler des hypothèses de sens** et à les **confronter aux observations** effectuées, afin de parvenir à une **interprétation motivée**. C'est une **démarche de lecture**, appliquée à un court extrait ou à une œuvre intégrale.

Dans le cadre des épreuves du baccalauréat, la lecture analytique d'un extrait constitue l'**étape préparatoire** à la première partie de l'épreuve orale (► p. 167). C'est aussi un **préliminaire** indispensable pour traiter la question préalable (► p. 160) ou le commentaire de l'épreuve écrite (► p. 161).

2. Lecture analytique d'un extrait

La lecture analytique d'un extrait court conduit à **dégager sa spécificité et ses enjeux**, qu'on l'étudie dans le cadre d'un groupement de texte, d'un corpus ou dans l'œuvre intégrale.

La démarche de la lecture analytique

Pratiquée en classe, la lecture analytique peut être précédée d'une préparation à la lecture personnelle (élucidation lexicale, contextualisation...). Elle comporte des phases d'expression orale : lecture à voix haute, formulation des réactions à la réception du texte et des interprétations en cours de lecture. Elle comprend des temps d'écriture autonome (relevés, bilans intermédiaires) ou guidée par le professeur (synthèses partielles ou finales des interprétations retenues).

Qu'on la pratique en classe ou de façon autonome, la lecture analytique recourt à des outils d'**analyse linguistique et littéraire**.

Observer et interpréter le texte

Après une première découverte, il convient d'élucider, de confirmer ou de corriger les premières impressions de lecture par l'observation et l'analyse des composantes du texte. Pour parvenir à une interprétation motivée, on peut :

• étudier le **paratexte** : nom de l'auteur, date de parution, titre, préface, dédicace, chapeau de présentation, etc. ;

• étudier l'**énonciation** ;

• identifier le **genre**, les **registres** et les **formes de discours** ;

• étudier les **discours rapportés** ;

• étudier précisément les principaux **procédés d'écriture** :
- les **procédés lexicaux** (les champs lexicaux et les réseaux de signification, la polysémie, les connotations, les niveaux de langue) ;
- les **procédés grammaticaux et syntaxiques** (les temps verbaux, les modes, la phrase, la ponctuation) ;
- les **figures de rhétorique** ;
- les **rythmes et les sonorités**.

• **dégager** la composition du texte en prenant appui sur les constats précédents et sur l'observation de la **disposition typographique** (paragraphes ou strophes, répliques ou tirades, majuscules, blancs, tirets, italique, guillemets...) ;

• étudier les **marques spécifiques au genre** du texte : récit (► p. 212), poésie (► p. 314), théâtre (► p. 270), dialogue, apologue ou essai (► p. 186).

Définir un projet de lecture et présenter une interprétation

Les approches précédentes ont amené à construire progressivement la **signification** du texte. On peut alors formuler un **projet de lecture** et rendre compte de manière **synthétique** de sa lecture à l'oral (► *L'oral*, p. 167) ou à l'écrit (► *L'étude du corpus et la question préalable*, p. 160 ; *Le commentaire*, p. 161).

EXERCICES

A Observer et interpréter le paratexte et la typographie

1. Étudier le paratexte et la typographie

Le sonnet « L'Ennemi », dont nous donnons la première et la dernière strophe, est situé dans la section Spleen et Idéal *des* Fleurs du mal.

L'ENNEMI

Ma jeunesse ne fut qu'un ténébreux orage,
Traversé çà et là par de brillants soleils ;
Le tonnerre et la pluie ont fait un tel ravage,
Qu'il reste en mon jardin bien peu de fruits vermeils.
[…]

– Ô douleur ! ô douleur ! Le Temps mange la vie,
Et l'obscur Ennemi qui nous ronge le cœur
Du sang que nous perdons croît et se fortifie !

Charles Baudelaire (1821-1867),
Les Fleurs du mal, Spleen et Idéal, X, 1857.

a) Quel type de renseignements trouve-t-on dans le paratexte ?

b) Observer la typographie du texte : que peut-on en déduire ?

c) Le paratexte et la typographie présentent-ils des éléments déterminants pour l'interprétation du texte ?

2. Étudier la typographie

L'Ingénu est devenu capitaine après avoir été libéré de la prison à laquelle il avait été injustement condamné avec son ami Gordon, mais il a perdu celle qu'il aimait et qui s'est sacrifiée pour lui. Voici les dernières lignes du conte de Voltaire.

« Le bon Gordon vécut avec l'Ingénu jusqu'à sa mort dans la plus intime amitié ; il eut un bénéfice aussi et oublia pour jamais la grâce efficace[1] et le concours concomitant[2]. Il prit pour sa devise : *malheur est bon à quelque chose*. Combien d'honnêtes gens dans le monde ont pu dire : *malheur n'est bon à rien !* »

Voltaire (1694-1778), *L'Ingénu*,
chapitre XX, 1767.

1. grâce divine qui fait accomplir le bien.
2. aide que Dieu apporte aux hommes pour éviter le péché.

Comment peut-on justifier l'emploi de l'italique ?

B Étudier l'énonciation

3. Étudier les pronoms personnels

Le roman raconte le voyage en train du personnage principal, de Paris à Rome. Ce sont les premières lignes du roman.

Vous avez mis le pied gauche sur la rainure de cuivre, et de votre épaule droite vous essayez en vain de pousser un peu plus le panneau coulissant.

Vous vous introduisez par l'étroite ouverture en vous frottant contre ses bords, puis, votre valise couverte de granuleux cuir sombre couleur d'épaisse bouteille, votre valise assez petite d'homme habitué aux longs voyages, vous l'arrachez par sa poignée collante, avec vos doigts qui se sont échauffés, si peu lourde qu'elle soit, de l'avoir portée jusqu'ici, vous la soulevez et vous sentez vos muscles et vos tendons se dessiner non seulement dans vos phalanges, dans votre paume, votre poignet et votre bras, mais dans votre épaule aussi, dans toute la moitié du dos et dans vos vertèbres depuis votre cou jusqu'aux reins.

Michel Butor (né en 1926), *La Modification*,
© Les Éditions de Minuit, 1957.

Dans cet extrait de roman, quel pronom personnel est employé ? Qui peut-il désigner ?

4. Étudier les modes et les temps

Si j'avais à soutenir le droit que nous avons eu de rendre les nègres esclaves, voici ce que je dirais :

Les peuples d'Europe ayant exterminé ceux de l'Amérique, ils ont dû mettre en esclavage ceux de l'Afrique, pour s'en servir à défricher tant de terres.

Le sucre serait trop cher, si l'on ne faisait travailler la plante qui le produit par des esclaves.

Ceux dont il s'agit sont noirs depuis les pieds jusqu'à la tête ; et ils ont le nez si écrasé, qu'il est presque impossible de les plaindre.

Montesquieu (1689-1755), *De L'esprit des lois*, 1748.

a) Quel est le mode employé dans la proposition principale de la première phrase ? Quel mode trouve-t-on dans la subordonnée ? De quel type de subordonnée s'agit-il ?

b) L'auteur prend-il à son compte les propos qu'il tient ? Quels éléments le montrent ?

c) Quelle figure* de style trouve-t-on dans ce texte ?

5. Étudier pronoms personnels, temps et modes

Dans son autobiographie, Nathalie Sarraute évoque son enfance en Russie et dialogue avec elle-même. Elle rapporte ici le souvenir d'une rédaction à l'école primaire.

« Vous raconterez votre premier chagrin. « Mon premier chagrin » sera le titre de votre prochain devoir de français ».

— N'est-ce pas plutôt rédaction qu'on disait à l'école communale ?

— Peut-être… en tout cas, cette rédaction-là ou ce devoir de français ressort parmi les autres. Dès que la maîtresse nous a dit d'inscrire sur nos carnets « Mon premier chagrin », il n'est pas possible que je n'aie pas ressenti… je me trompais rarement… que c'était un « sujet en or »… J'ai dû voir étinceler dans une brume lointaine des pépites… les promesses de trésors…

J'imagine qu'aussitôt que je l'ai pu, je me suis mise à leur recherche. Je n'avais pas besoin de me presser, j'avais du temps devant moi, mais j'avais hâte de trouver... c'est de cela que tout allait dépendre... Quel chagrin ?...

— Tu n'as pas commencé par essayer, en scrutant parmi tes chagrins...

— De retrouver un de mes chagrins ? Mais non, voyons, à quoi penses-tu ? Un vrai chagrin à moi ? vécu par moi et pour de bon... et d'ailleurs, qu'est-ce que je pouvais appeler de ce nom ? Et quel avait été le premier ? Je n'avais aucune envie de me le demander... ce qu'il me fallait, c'était un chagrin qui serait hors de ma propre vie, que je pourrais considérer en me tenant à bonne distance... cela me donnerait une sensation que je ne pouvais pas nommer, mais je la ressens maintenant telle que je l'éprouvais... un sentiment...

— De dignité, peut-être... C'est ainsi qu'aujourd'hui on pourrait l'appeler... et aussi de domination, de puissance...

Nathalie Sarraute (1900-1999), *Enfance*,
© Éditions Gallimard, 1983.

a) Observez les pronoms personnels : qui parle à la première ligne ? qui parle dans la suite du texte ? à qui ?

b) Observez les temps employés : à quelles époques ont lieu les différentes actions ? Quelle est la valeur du présent à la ligne 9 ?

c) Quelle est la valeur du conditionnel aux lignes 25 à 27 ?

d) Quelles sont les caractéristiques de l'écriture autobiographique dans cet extrait ?

6. Étudier les discours rapportés

Ariane et Solal vivent les premiers instants de leur amour. La jeune femme attend la visite de Solal.

Un soir, peu avant neuf heures, elle décida que l'attendre dehors sur le seuil, faisait obséquieux. Oui, aller simplement ouvrir la porte lorsqu'il arriverait, mais ne pas se précipiter, aller tranquillement en respirant largement, de manière à ne pas oublier qui elle était, de manière aussi à n'être pas essoufflée. Oui, très bien, maîtrise d'elle-même, le faire dignement entrer au salon. Là, conversation, puis proposer une tasse de thé. Bonne idée d'avoir déjà tout apporté au salon pour n'être pas devant lui en posture de femme de chambre apportant un plateau. Oui, tout y était, théière avec couvre-théière, tasses, lait, citron. Donc au moment opportun se lever, verser le thé lentement, lui demander sans servilité s'il voulait du lait ou du citron. Elle essaya. Lait ou citron ? Non, l'interrogation était ratée, ça faisait trop énergique, cheftaine éclaireuse. Elle essaya de nouveau. Lait ou citron ? Oui, c'était bien ainsi. Aimable, mais indépendante.

Albert Cohen (1895-1981), *Belle du Seigneur*,
© Éditions Gallimard, 1968.

a) Délimitez les passages en discours direct, discours indirect, discours indirect libre, discours narrativisé. Qui parle dans chaque cas ?

b) Quel est le type de discours rapporté dominant ? Quels sont les procédés grammaticaux dans ces passages ? Quel est l'effet produit ?

7. Étudier les marques de la subjectivité

Cependant la rivière s'était peu à peu couverte d'un brouillard très épais qui rampait sur l'eau fort bas, de sorte qu'en me dressant debout, je ne voyais plus le fleuve, ni mes pieds, ni mon bateau, mais j'apercevais seulement les pointes des roseaux, puis, plus loin, la plaine toute pâle de la lumière de la lune, avec de grandes taches noires qui montaient dans le ciel, formées par des groupes de peupliers d'Italie. J'étais comme enseveli jusqu'à la ceinture dans une nappe de coton d'une blancheur singulière, et il me venait des imaginations fantastiques. Je me figurais qu'on essayait de monter dans ma barque que je ne pouvais plus distinguer, et que la rivière, cachée par ce brouillard opaque, devait être pleine d'êtres étranges qui nageaient autour de moi. J'éprouvais un malaise horrible [...] et il me semblait que je me sentais tiré par les pieds tout au fond de cette eau noire.

Guy de Maupassant (1850-1893), *Sur l'eau*, 1881.

a) Relevez les modalisations de la vérité et de la nécessité dans ce texte, puis celles de l'affectif et de l'appréciation.

b) Quel est le registre de ce texte ?

C Observer et interpréter les types de discours

(► pp. 117-120)

D Étudier genres et registres

(► pp. 121-128)

E Étudier les procédés lexicaux

(► pp. 58-65)

F Observer et interpréter les figures de style

(► pp. 112-116)

G Observer et interpréter les procédés syntaxiques

8. Étudier la structure de la phrase

Lorsque le chevalier de la Barre, petit-fils d'un lieutenant général des armées, jeune homme de beaucoup d'esprit et d'une grande espérance, mais ayant toute l'étourderie d'une jeunesse effrénée, fut convaincu d'avoir chanté des chansons impies, et même d'avoir passé devant une procession de capucins sans avoir ôté son chapeau, les juges d'Abbeville, gens comparables aux sénateurs romains, ordonnèrent, non seulement qu'on lui coupât la main, et qu'on brûlât son corps à petit feu ; mais ils l'appliquèrent encore à la torture pour savoir précisément combien de chansons il avait chantées, et combien de processions il avait vues passer, le chapeau sur la tête.

Voltaire (1694-1778), *Dictionnaire philosophique*, « Torture », 1764-1769.

a) Combien de propositions contient cette phrase et quelle est leur nature grammaticale ?

b) Que signifient l'expression « et même », les anaphores « que » et « combien » ?

c) Quel effet produit l'expression « le chapeau sur la tête », placée en fin de phrase ?

H Observer et interpréter la composition d'un texte

9. Interpréter la composition d'un sonnet

Comme on voit sur la branche, au mois de mai, la rose
En sa belle jeunesse, en sa première fleur,
Rendre le ciel jaloux de sa vive couleur,
Quand l'Aube, de ses pleurs, au point du jour l'arrose ;

La Grâce dans sa feuille, et l'Amour se repose,
Embaumant les jardins et les arbres d'odeur ;
Mais, battue ou de pluie ou d'excessive ardeur,
Languissante, elle meurt, feuille à feuille déclose ;

Ainsi, en ta première et jeune nouveauté,
Quand la terre et le ciel honoraient ta beauté,
La Parque t'a tuée, et cendre tu reposes.

Pour obsèques reçois mes larmes et mes pleurs,
Ce vase plein de lait, ce panier plein de fleurs,
Afin que vif, et mort, ton corps ne soit que roses.

Ronsard (1524-1585), *Les Amours*, II, *Sur la mort de Marie*, IV, 1578.

a) Quel est le thème du sonnet ? Quel est son registre ?

b) Par quels termes les vers 1 et 9 sont-ils respectivement introduits ? Quelle est cette figure de style ? Quels éléments la composent ?

c) Quelle relation est établie entre quatrains* et tercets* ? Quelle lecture nouvelle du sonnet impose le dernier vers ?

I Exercices bilans

10. Étudier un récit de voyage

Le narrateur et son guide observent Athènes du haut de l'Acropole, au soleil couchant.

Du lieu où nous étions placés, nous aurions pu voir, dans les beaux jours d'Athènes, les flottes sortir du Pirée[1] pour combattre l'ennemi ou pour se rendre aux fêtes de Délos[2] ; nous aurions pu entendre éclater au théâtre de Bacchus les douleurs d'Œdipe, de Philoctète, et d'Hécube[3] ; nous aurions pu ouïr les applaudissements des citoyens aux discours de Démosthène[4]. Mais, hélas ! aucun son ne frappait notre oreille. À peine quelques cris échappés à une populace esclave sortaient par intervalles de ces murs qui retentirent si longtemps de la voix d'un peuple libre. Je me disais, pour me consoler, ce qu'il faut se dire sans cesse : tout passe, tout finit dans ce monde. Où sont allés les génies divins qui élevèrent le temple sur les débris duquel j'étais assis ? Ce soleil qui peut-être éclairait les derniers soupirs de la pauvre fille de Mégare[5] avait vu mourir la brillante Aspasie[6]. Ce tableau de l'Attique[7], ce spectacle que je contemplais, avait été contemplé par des yeux fermés depuis deux mille ans. Je passerai à mon tour : d'autres hommes aussi fugitifs que moi viendront faire les mêmes réflexions sur les mêmes ruines. Notre vie et notre cœur sont entre les mains de Dieu : laissons-le donc disposer de l'une comme de l'autre.

François-René de Chateaubriand (1763-1848), *Itinéraire de Paris à Jérusalem*, Première partie, Voyage de la Grèce, 1811.

1. *le Pirée* : port d'Athènes. 2. *Délos* : île grecque (Cyclades) où l'on célébrait le dieu Apollon. 3. *Œdipe, Philoctète, Hécube* : personnages mythologiques, héros de tragédies antiques représentées dans le théâtre de Bacchus (Dionysos) à Athènes. 4. *Démosthène* : homme politique athénien (IVe siècle avant J.-C.). 5. *la pauvre fille de Mégare* : jeune femme malade rencontrée par Chateaubriand à Mégare. 6. *Aspasie* : compagne de Périclès, homme politique athénien (IVe siècle avant J.-C.). 7. *Attique* : péninsule grecque où se trouve Athènes.

Pour préparer la lecture analytique

a) Relevez les indices de l'énonciation. Qui est le locuteur ? Qui est le destinataire ?

b) Quelle est la valeur de l'imparfait dans ce texte ? Quelle est la valeur du présent dans la phrase : « Je me disais, pour me consoler [...] tout finit dans ce monde. » ?

c) Quels sont le mode et le temps du verbe « pouvoir » dans les expressions « nous aurions pu voir », « nous aurions pu entendre », « nous aurions pu ouïr » ? Justifiez cet emploi.

d) Quel est le discours dominant dans ce texte ? Quel est son registre ?

Pour présenter la lecture analytique à l'oral

Quelle vision de la condition humaine donne ce passage ? Répondez dans une page argumentée et organisée.

Pour répondre, vous pourrez vous aider des questions suivantes :

a) Le thème principal du passage est-il fréquent ou rare en littérature ?

b) Quel effet produit le jeu des temps verbaux dans l'ensemble du texte ?

c) Quelles oppositions relève-t-on dans ce passage ?

11. Étudier une fable

La raison du plus fort est toujours la meilleure :
Nous l'allons montrer tout à l'heure.
Un Agneau se désaltérait
Dans le courant d'une onde pure.
Un Loup survient à jeun qui cherchait aventure,
Et que la faim en ces lieux attirait.
Qui te rend si hardi de troubler mon breuvage ?
Dit cet animal plein de rage :
Tu seras châtié de ta témérité.
— Sire, répond l'Agneau, que votre majesté
Ne se mette pas en colère,
Mais plutôt qu'elle considère
Que je me vas désaltérant
Dans le courant,
Plus de vingt pas au-dessous d'Elle,
Et que par conséquent, en aucune façon,
Je ne puis troubler sa boisson.
— Tu la troubles, reprit cette bête cruelle,
Et je sais que de moi tu médis l'an passé.
— Comment l'aurais-je fait si je n'étais pas né ?
Reprit l'Agneau, je tète encore ma mère.
— Si ce n'est toi, c'est donc ton frère.
— Je n'en ai point. — C'est donc quelqu'un des tiens :
Car vous ne m'épargnez guère,
Vous, vos bergers et vos chiens.
On me l'a dit ; il faut que je me venge.
Là-dessus, au fond des forêts
Le Loup l'emporte et puis le mange,
Sans autre forme de procès.

Jean de La Fontaine (1621-1695), *Fables*,
Livre I, 10, « Le Loup et l'Agneau », 1668-1693.

Pour préparer la lecture analytique

a) Relevez les indices de l'énonciation. Que constatez-vous ?

b) Justifiez les majuscules dans les mots « Loup » et « Agneau ».

c) Quel est le discours dominant dans ce poème ? Quelle forme prend-il ?

d) Repérez les liens logiques respectivement utilisés par l'Agneau et le Loup. En font-ils le même usage ?

e) Quels types de vers trouve-t-on dans la fable ? Quels effets produit la mise en page ? Que remarquez-vous au vers 14 ? aux vers 26, 27, 28 et 29 ?

Pour présenter la lecture analytique à l'oral

Le Loup fait-il à l'Agneau un procès équitable ? Répondez en une page argumentée et organisée.

Pour répondre, vous pourrez vous aider des questions suivantes :

a) Quels types d'arguments le Loup utilise-t-il ? Les arguments de l'Agneau sont-ils de même nature que ceux du Loup ?

b) Que suggère la composition de la fable ?

c) La fable délivre-t-elle une « leçon » ? ou bien établit-elle un constat ?

12. Étudier une lettre insérée dans un récit

Le jeune chevalier Des Grieux s'est enfui avec Manon, une jolie fille du peuple. Ils sont heureux, mais leurs domestiques viennent de leur dérober tous leurs biens. Un matin, Manon disparaît.

Je laissai couler quelques heures que je passai à lire. Enfin, n'étant plus le maître de mon inquiétude, je me promenai à grands pas dans nos appartements. J'aperçus, dans celui de Manon, une lettre cachetée qui était sur sa table. L'adresse était à moi, et l'écriture de sa main. Je l'ouvris avec un frisson mortel ; elle était dans ces termes :

Je te jure, mon cher Chevalier, que tu es l'idole de mon cœur, et qu'il n'y a que toi au monde que je puisse aimer de la façon dont je t'aime ; mais ne vois-tu pas, ma pauvre chère âme, que, dans l'état où nous sommes réduits, c'est une sotte vertu que la fidélité ? Crois-tu qu'on puisse être bien tendre quand on manque de pain ? La faim me causerait quelque méprise fatale ; je rendrais quelque jour le dernier soupir en croyant en pousser un d'amour. Je t'adore, compte là-dessus ; mais laisse-moi, pour quelque temps, le ménagement de notre fortune. Malheur à qui va tomber dans mes filets ! Je travaille pour rendre mon chevalier riche et heureux. Mon frère t'apprendra des nouvelles de ta Manon, et qu'elle a pleuré de la nécessité de te quitter.

Je demeurai, après cette lecture, dans un état qui me serait difficile à décrire car j'ignore encore aujourd'hui par quelle espèce de sentiments je fus alors agité.

Abbé Prévost (1697-1763),
Manon Lescaut, 1731.

Pour préparer la lecture analytique

a) Quelle est la situation d'énonciation dans le récit ? et dans la lettre ? Quel est l'effet produit ?

b) Quel est le registre dominant du récit ? Quels registres, quels niveaux de langue trouve-t-on dans la lettre ?

c) Quelles sont les fonctions de la lettre insérée dans le récit ?

Pour définir un projet de lecture et organiser le commentaire

Pour répondre, vous pourrez vous aider des questions suivantes :

a) Manon écrit-elle une lettre d'amour ou de rupture ?

b) Quelle est la particularité la plus marquante de ce texte ?

c) Quelle est la focalisation dominante ? Quel est l'effet produit ?

d) Les deux personnages ont-ils la même vision du monde ?

LIRE ET ANALYSER UNE IMAGE

L'image, au même titre que le texte, fait l'objet d'une lecture. L'interprétation d'une image est fondée sur l'analyse de ses particularités.

1. L'image fixe

Identifier le type d'image

• Il est possible de distinguer plusieurs types d'images en fonction du **support** et de la **technique** employée. Un tableau peut être peint sur bois, sur toile et se distinguer d'une fresque peinte à même le mur. Il existe des peintures à l'huile, des gouaches, des aquarelles. Les supports de l'image sont très variés : papier (dessins, photographies), céramique, tapisserie, mosaïque...

• Il est essentiel de prendre en considération les **dimensions** de l'image : on ne regarde pas de la même façon une miniature et un tableau monumental.

Identifier le sujet

• L'image peut montrer un décor (intérieur, rue, paysage...), des personnages et des objets. On parle alors d'**art figuratif** (par opposition à l'art abstrait qui joue des formes et des lignes).

• En fonction du sujet représenté, on distingue les **portraits**, les **scènes** (historiques, mythologiques ou « de genre » quand l'image montre une scène de la vie quotidienne), les **paysages** et les **natures mortes** (images d'êtres ou d'objets inanimés : fleurs, fruits...).

Analyser la composition de l'image

• L'image s'inscrit dans un **cadre**, le plus souvent rectangulaire mais qui peut prendre des formes variées.

Elle s'organise selon des **lignes de force** (horizontales, verticales, courbes, obliques) qui guident le regard. Les **lignes de fuite** sont des segments qui se rejoignent en un point, représenté ou non, le **point de fuite**. Elles créent un effet de perspective et de profondeur.

• Les éléments représentés peuvent s'inscrire dans des **formes géométriques** diverses (triangle, cercle carré), qui structurent le tableau et sont souvent chargées d'un sens fort.

Étudier les couleurs

On distingue couleurs claires et foncées, **couleurs froides** (vert, bleu, violet) et **couleurs chaudes** (rouge, orangé, jaune), **couleurs primaires** (rouge, jaune, bleu) et **couleurs complémentaires** (respectivement : vert, violet et orangé). Le choix et la répartition des couleurs, ainsi que la lumière, construisent le sens de l'image et orientent sa lecture.

Mettre en relation l'image et le texte

• Une image est presque toujours associée à un texte. **Tantôt le texte explique l'image** (titre, légende, commentaire), **tantôt l'image illustre le texte**. Très souvent message visuel et message verbal se complètent (affiches, bandes dessinées).

• Il arrive aussi que **l'image représente** un texte (photo montrant des affiches, par exemple), que le **texte** soit un **élément de l'image** (collages) ou la constitue grâce à la calligraphie* ou à la typographie* (calligrammes*).

2. L'image mobile

Identifier le type d'image

• Il s'agit essentiellement de **l'image filmique** imprimée sur une pellicule, en noir et blanc ou en couleurs. Mais les supports de l'image mobile se sont diversifiés. De plus en plus d'images sont diffusées par la télévision, la vidéo et les outils informatiques (Internet, DVD).

• Un film est constitué de l'enchaînement de **séquences** (moments du récit), elles-mêmes divisées en **plans.** Le plan est la plus petite unité filmographique. On appelle **photogramme** une photo extraite d'un film. L'ordre et la durée des séquences, le lieu et le moment de chaque plan (intérieur / extérieur ; jour / nuit) sont précisément décrits dans le **scénario** du film. Le scénario indique également les dialogues et apporte des précisions sur le décor, les mouvements des personnages et le fond sonore (bruits, musique).

Définir le cadrage et le champ

• Le **cadrage** délimite le **champ**, c'est-à-dire l'espace que montre la caméra. On appelle **hors champ** tout ce qui se déroule en dehors de cet espace mais peut avoir des conséquences sur l'action. Certaines séquences montrent l'enchaînement de **champs** et

contrechamps : l'endroit que l'on voyait devient le lieu d'où l'on voit.

• La caméra peut être placée plus ou moins près du sujet, ce qui permet d'obtenir différents plans :

- le **plan général** ou **plan d'ensemble** cadre largement le décor où évoluent les personnages ;
- le plan de **demi-ensemble** situe le personnage dans le décor ;
- le **plan moyen** cadre le personnage en entier ;
- le **plan américain** cadre le personnage à mi-cuisse ;
- le **plan rapproché** ne montre que son buste et son visage ;
- le **gros plan** cadre la tête. Un **insert** est un très gros plan qui montre un détail du corps du personnage ou du décor.

On parle parfois simplement de **plan large** ou **plan serré.**

• Repérer l'angle de prise de vue

La position de la caméra par rapport à l'objet filmé détermine un **angle de prise de vue**. La caméra peut filmer à l'horizontale, mais elle peut aussi être placée au-dessus de l'objet. On parle alors de **plongée**. Si elle est en dessous, on parle de **contre-plongée**.

• Repérer les mouvements de caméra

Un plan peut être animé par différents mouvements de caméra. Le **panoramique** est réalisé par une caméra qui pivote autour de son axe. Le **travelling** est un déplacement de la caméra d'avant en arrière ou de haut en bas. Pour cela la caméra est placée sur un chariot ou sur une grue.

• Identifier un genre cinématographique

L'esthétique d'une image est largement déterminée par le genre du film, qui définit les caractéristiques de l'intrigue et influence le choix des décors, des éclairages et le jeu des acteurs. **Les genres cinématographiques sont nombreux.** On distingue films d'aventures, films policiers, comédies, drames sociaux, westerns, films fantastiques, comédies musicales, etc.

3. Les fonctions de l'image

L'image fixe et l'image mobile ont les mêmes fonctions. On peut distinguer :

- La **fonction référentielle et descriptive** : l'image donne à voir une réalité dont elle témoigne (photos de presse, reportages, portraits), dans le but d'informer ou d'expliquer (illustrations de manuels). Mais, souvent, les êtres et les objets représentés appartiennent à un univers imaginaire ou fortement influencé par la subjectivité de l'artiste (tableaux, films de fiction, photos).
- La **fonction narrative** : l'image raconte une histoire (fresques, bandes dessinées, films).
- La **fonction argumentative** : l'image vise souvent à persuader celui qui la regarde (caricatures). C'est pourquoi elle est un instrument efficace de propagande ou de publicité (tableaux, affiches). Elle se rapproche alors parfois de l'allégorie* ou du symbole*.
- La **fonction esthétique** : l'image vise à plaire et à procurer un plaisir esthétique.

Le plus souvent ces diverses fonctions se combinent.

L'image est **polysémique**. Elle peut être interprétée de diverses façons, en fonction de son sujet, de sa composition, et aussi de la sensibilité et de la culture de celui qui la regarde.

Citizen Kane, film d'Orson Welles (1915-1985) réalisé en 1941, © John Springer collection / Corbis.

EXERCICES

A Lire et analyser une image fixe

1. Étudier la composition d'un tableau

Gérard Dou (1613-1675), *L'Arracheur de dents*, Paris, Musée du Louvre, © RMN - Gérard Blot.

a) Que représente ce tableau ? Quelles indications les costumes et les objets donnent-ils sur la condition sociale des deux personnages ?

b) Quelle ligne de force divise le tableau en deux parties égales ? Quels éléments sont représentés dans chacune des deux parties ? Quels éléments visuels (lumière, couleurs) soulignent cette composition ?

c) Quels objets aperçoit-on à l'arrière-plan ? Quelle signification symbolique peuvent-ils avoir ?

d) Quel est le registre* dominant de ce tableau ? Justifiez votre réponse.

e) VERS LE BAC Pensez-vous que Gérard Dou souhaite avant tout donner une image fidèle de la réalité ? Vous répondrez dans un développement argumenté d'une demi-page, en vous référant précisément au tableau.

2. Étudier un tableau impressionniste

a) Quels éléments de la gare Saint-Lazare sont représentés ?

b) Quelles sont les lignes de force du tableau ? Quels contrastes les soulignent ?

c) Que s'attache à représenter Monet ? Est-ce le pittoresque, la modernité du lieu ou les jeux de lumière ? Justifiez votre réponse en vous référant à des éléments précis de l'image.

Claude Monet (1840-1926), *La Gare Saint-Lazare*, 1877, Paris, Musée d'Orsay, © Bridgeman Giraudon.

d) VERS LE COMMENTAIRE COMPARÉ

Sous la marquise[1] des grandes lignes, l'arrivée d'un train de Mantes avait animé les quais ; et il[2] suivit des yeux la machine de manœuvre, une petite machine-tender[3], aux trois roues basses et couplées, qui commençait le débranchement du train, alerte besogneuse, emmenant, refoulant les wagons sur les voies de remisage[4]. Une autre machine, puissante celle-là, une machine d'express, aux deux grandes roues dévorantes, stationnait seule, lâchait par sa cheminée une grosse fumée noire, montant droit, très lente dans l'air calme. Mais toute son attention fut prise par le train de trois heures vingt-cinq, à destination de Caen, empli déjà de ses voyageurs, et qui attendait sa machine. [...] Puis, avant la mise en marche, il y eut un silence, les purgeurs[5] furent ouverts, la vapeur siffla au ras du sol, en un jet assourdissant. Et il vit alors déborder du pont cette blancheur qui foisonnait, tourbillonnante comme un duvet de neige, envolée à travers les charpentes de fer. Tout un coin de l'espace en était blanchi, tandis que les fumées accrues de l'autre machine élargissaient leur voile noir.

Émile Zola (1840-1902), *La Bête humaine*, I, 1890.

1. *marquise* : verrière. 2. *il* : Roubaud, sous-chef de gare au Havre, qui arrive à la gare Saint-Lazare, à Paris. 3. *machine-tender* : locomotive comportant un compartiment pour stocker l'eau et le charbon. 4. *remisage* : garage. 5. *purgeurs* : dispositifs permettant l'évacuation de la vapeur.

Quels éléments rapprochent ce texte de Zola de la toile de Monet ? Vous répondrez dans un développement argumenté d'une demi-page environ, en vous référant précisément au texte et au tableau.

3. Étudier une bande dessinée

Hugo Pratt (né en 1927), *Fable de Venise*, © Casterman / Cong S.A, 1999.

a) Que montre successivement chacune des vignettes ? Selon quel procédé, inspiré du cinéma, cette séquence est-elle construite ?

b) À quelle célèbre actrice américaine fait penser le personnage féminin ? Quel est le sens de cette allusion ?

c) Où se passe l'action ? Quels éléments du paratexte*, du texte et de l'image l'indiquent ?

d) VERS L'ÉCRITURE D'INVENTION Vous êtes chargé d'écrire un roman adapté de la bande dessinée d'Hugo Pratt. Transposez en récit romanesque cette séquence, où le héros, Corto Maltese, se réveille chez une inconnue. Vous respecterez les indications de la bande dessinée (points de vue, portraits, descriptions, dialogues).

B Lire et analyser une image mobile

4. Étudier un photogramme

a) Comment l'image de la page 135 est-elle cadrée ? Quel est l'effet produit ?

b) Quel personnage joue le rôle le plus important ? Quels éléments l'indiquent ?

c) La scène montre le banquet offert par Kane aux journalistes de son journal. Quelle vision l'image donne-t-elle du monde de la presse? Justifiez précisément votre réponse.

C Analyser les fonctions de l'image

5. Étudier une photographie

Le journaliste chinois Li Zhensheng prit le risque, pendant la Révolution culturelle (1966-1976), de photographier des scènes d'accusation et d'humiliation publiques, ce qui était interdit. Le 12 septembre 1966, Li Fanwu, le gouverneur d'une province, accusé d'être un contre-révolutionnaire, subit une séance de « critique ». Il dut rester des heures, les pieds sur une chaise, courbé, et les cheveux à demi-arrachés, parce qu'on lui reprochait de se coiffer comme Mao.

Red Color News Soldier, photo de Li Zhensheng (né en 1940), © Contact Press Images.

a) Comment cette image est-elle composée ? Que montre l'arrière-plan ? Quel élément du décor permet d'inscrire la scène dans l'histoire ?

b) De quel personnage le photographe est-il le plus proche ? Comment se situe-t-il par rapport à lui ? Quel est l'effet produit ?

c) Quel personnage est placé au second plan ? Quel lien établit-il entre le décor et la victime ?

d) Que porte le condamné autour du cou ? Quel rapport visuel s'établit ainsi avec l'arrière-plan ? Comment peut-on l'interpréter ?

e) Dans quelles directions regardent le public, le portrait de Mao, et chacun des autres personnages ? Que constatez-vous ? Quel sens pouvez-vous donner à ce jeu de regards ?

f) VERS LE BAC Quelles sont les fonctions essentielles de cette photographie ? Vous répondrez dans un développement argumenté d'une page, en vous référant précisément à l'image.

Méthode

RESPECTER LA SYNTAXE

Pour qu'un texte écrit soit compréhensible, il faut respecter l'ensemble des règles qui délimitent et agencent la phrase. Voici quelques rappels concernant les fautes les plus courantes.

1. Respecter la construction de la phrase

Proposition indépendante, principale et subordonnée

Une phrase est constituée **d'une ou de plusieurs propositions**, reliées entre elles de diverses manières.

• La **proposition indépendante** comporte un verbe conjugué ; elle n'est pas introduite par un mot subordonnant et se suffit à elle-même.

• La **proposition subordonnée** comporte un verbe conjugué et commence par un subordonnant (pronom relatif, conjonction de subordination). **Seule, elle n'a pas de sens et ne doit jamais être utilisée sans proposition principale.**

Propositions juxtaposées, et propositions subordonnées

Une phrase est correcte quand elle respecte les liens entre les propositions.

• Des propositions de même type peuvent être **juxtaposées**, sans terme de liaison exprimé, ou **coordonnées** par une conjonction de coordination.

• Des propositions de types différents sont **subordonnées** entre elles. Une phrase qui comporte une **subordonnée** a donc toujours **deux propositions** avec **deux verbes conjugués.**

L'inversion du sujet

À l'intérieur d'une proposition, les mots occupent des places variées selon leur fonction.

Dans la phrase déclarative, **le sujet se place avant le verbe. Mais il est inversé** dans une **proposition interrogative directe** (*Est*-**il** *arrivé ?*) et **après certains adverbes** ou locutions placés **en tête de phrase**, dont les plus employés sont : *ainsi, à peine aussi, peut-être, sans doute, à plus forte raison, du moins* (*Peut-être est*-**il** *arrivé un malheur*).

La ponctuation

La ponctuation permet de transcrire à l'écrit les intonations de l'énoncé oral, mais c'est aussi un système de signes destiné à faciliter la compréhension de l'écrit (▸ *Types et formes de phrases*, p. 94).

• Le **point**, le **point d'exclamation** et le **point d'interrogation** délimitent respectivement la phrase **déclarative**, **exclamative** ou **interrogative directe** et sont suivis de majuscules.

• Le **point-virgule** est l'équivalent du point, mais on l'utilise quand deux énoncés distincts constituent une unité de sens. Le point-virgule n'est pas suivi d'une majuscule (*Pierre est arrivé hier ; il a passé la soirée avec nous*).

• Les **points de suspension** marquent une interruption dans la phrase, que l'on renonce à terminer une énumération ou que l'on fasse une coupure dans une citation. Ils sont suivis d'une majuscule uniquement s'il s'agit du début d'une nouvelle phrase.

• La **virgule** sépare des mots ou des groupes de mots équivalents dans la phrase et n'est pas suivie d'une majuscule. La virgule détache les compléments circonstanciels (*Le matin, en hiver, je quitte la maison, dans l'obscurité*). Elle sépare les termes d'une énumération (*Sa valise contenait des chemises, des chaussettes, des robes*). Selon l'endroit où elle est placée, elle peut **modifier le sens d'un énoncé** : *Les chasseurs épient les lapins cachés dans les fourrés* (*les lapins* sont cachés) **mais** *ils épient les lapins, cachés dans les fourrés* (*les chasseurs* sont cachés).

La virgule est interdite entre le sujet et le verbe, le verbe et son complément d'objet direct.

• Les **deux-points** ne sont pas suivis d'une majuscule : ils introduisent une citation, un exemple, une énumération, une explication et, dans ce dernier cas, équivalent à une conjonction de coordination (*car*).

2. Utiliser correctement les modes personnels et respecter la concordance des temps dans les subordonnées au subjonctif

Les modes personnels (pour lesquels la désinence* du verbe porte la marque d'une personne) sont l'**indicatif**, l'**impératif** (▸ pp. 73 à 75) et le **subjonctif**. L'utilisation des modes permet au locuteur d'indiquer son point de vue par rapport à son énoncé.

• Le **subjonctif** s'emploie :

- dans les **propositions indépendantes** pour exprimer l'**ordre** ou le **souhait** (*Qu'il parte ! Pourvu qu'il arrive à temps !*) ;
- dans les propositions **subordonnées relatives** après un antécédent considéré comme virtuel, après un superlatif ou une restriction (*Je ne voudrais pas faire un voyage qui ne soit pas instructif. C'est le plus beau souvenir de voyage qu'ils aient. C'est le seul souvenir qu'ils aient gardé*) ;
- dans les **subordonnées conjonctives** introduites par *que*, après les verbes exprimant une **volonté**, un **ordre**, un **souhait**, un **regret**, un **sentiment**, un **doute**, (*Je veux, je désire, j'exige, je regrette, je souhaite qu'il parte. Je doute qu'il veuille partir*) ;
- dans les **subordonnées circonstancielles** de **but** (*pour que*), de **concession** (*bien que*), d'**hypothèse** (*à condition que*) et parfois de **temps** (*avant que, jusqu'à ce que*).

• Dans les **subordonnées au subjonctif**, il faut respecter la **concordance des temps**. On établit les règles suivantes :

- dans la langue **courante**

Temps du verbe de la principale	Temps du verbe de la subordonnée		
	action antérieure	action simultanée	action postérieure
	Passé	Présent	Présent
J'exige / j'exigeais / j'exigerai	*qu'il ait fini*	*qu'il finisse*	*qu'il finisse*

- dans la langue **littéraire**

Temps du verbe de la principale	Temps du verbe de la subordonnée		
	action antérieure	action simultanée	action postérieure
Présent / futur *J'exige / j'exigerai*	**Passé** *qu'il ait fini*	**Présent** *qu'il finisse*	**Présent** *qu'il finisse*
Passé / conditionnel *J'exigeai / j'exigerais*	**Plus-que-parfait** *qu'il eût fini*	**Imparfait** *qu'il finît*	**Imparfait** *qu'il finît*

3. Utiliser correctement la subordonnée interrogative indirecte

La **proposition subordonnée indirecte** obéit **aux règles** qui régissent le passage du discours direct au discours indirect (▸ *Les discours rapportés*, p. 67). Il faut :

- **respecter l'ordre des mots** de la phrase déclarative : le sujet n'est pas inversé (*Nous verrons en premier lieu à quel genre littéraire cet extrait appartient*) ;
- **utiliser un terme introducteur** : adverbe, pronom, adjectif (*comment, qui, que, quel...*, ou *si*) ; les tournures du discours direct telle que *est-ce que* sont remplacées par *si* ;
- **respecter la concordance des temps** : le temps de la subordonnée dépend de celui du verbe introducteur (▸ *Les discours rapportés*, p. 68) ; on établit les règles de concordance suivantes : *Il demande, il demandera quand elle est venue* (passé composé) / *elle vient* (présent) /*elle viendra* (futur). *Il demanda* (temps du passé) *quand elle était venue* (plus-que-parfait) / *elle venait* (imparfait) / *elle viendrait* (forme de conditionnel simple ou futur dans le passé) ;
- **supprimer** le point d'interrogation du discours direct.

4. Utiliser correctement les pronoms

L'emploi des pronoms évite les répétitions et garantit la cohérence d'un texte. Un pronom a le **même genre**, le **même nombre** et la **même personne** que le nom qu'il remplace :

- le terme *personnes* est **féminin pluriel** : il doit être repris par le pronom *elles* ;
- le pronom *on* est un pronom **masculin, singulier**, de la **troisième personne** : *on prête son livre.*

Attention, il ne faut pas confondre *ce qui* et *ce qu'il* :

Ce qui devait arriver arriva : **qui** est un pronom relatif **sujet** du verbe de la relative *devait* ; *ce qu'il avait prévu arriva* : *il* est sujet du verbe de la relative *avait prévu* et **qu'** est le pronom relatif **C.O.D.** du même verbe.

EXERCICES

A Respecter la ponctuation

1. Restituer la ponctuation et les majuscules supprimées dans un texte théâtral

Antigone, nièce du roi Créon et fiancée à Hémon, brave l'autorité de son oncle en tentant de procéder aux funérailles de son frère, malgré l'interdiction royale. Sa nourrice la surprend au petit matin.

ANTIGONE, *soudain un peu lasse*

oui nourrice mon oncle créon saura laisse moi maintenant

LA NOURRICE

et tu verras ce qu'il dira quand il apprendra que tu te lèves la nuit et hémon et ton fiancé car elle est fiancée elle est fiancée et à quatre heures du matin elle quitte son lit pour aller courir avec un autre et ça vous répond qu'on la laisse ça voudrait qu'on ne dise rien tu sais ce que je devrais faire te battre comme lorsque tu étais petite

ANTIGONE

nounou tu ne devrais pas trop crier tu ne devrais pas être trop méchante ce matin

LA NOURRICE

pas crier je ne dois pas crier pardessus le marché moi qui avais promis à ta mère qu'estce qu'elle me dirait si elle était là vieille bête oui vieille bête qui n'as pas su me la garder pure ma petite toujours à crier à faire le chien de garde à leur tourner autour avec des lainages pour qu'elles ne prennent pas froid ou des laits pour les rendre fortes mais à quatre heures du matin tu dors vieille bête tu dors toi qui ne peux pas fermer l'œil et tu les laisses filer marmotte et quand tu arrives le lit est froid voilà ce qu'elle me dira ta mère làhaut quand j'y monterai et moi j'aurai honte honte à en mourir si je n'étais pas déjà morte et je ne pourrai que baisser la tête et répondre madame jocaste c'est vrai

D'après Jean Anouilh (1910-1987), *Antigone*,
© La Table Ronde, 1944.

Rétablissez la ponctuation et les majuscules dans l'extrait ci-dessus, en veillant à respecter les règles du dialogue théâtral.

2. Restituer la ponctuation et les majuscules dans un récit

Dans les quartiers pauvres et populaires on combattit instantanément sans arrière pensée l'étourderie française moqueuse insouciante intrépide était montée au cerveau de tous la gloire a pour notre nation la légèreté du vin de champagne les femmes aux croisées encourageaient les hommes dans la rue des billets promettaient le bâton de maréchal au premier colonel qui passerait au peuple des groupes marchaient au son d'un violon c'étaient des scènes tragiques et bouffonnes des spectacles de tréteaux et de triomphe on entendait des éclats de rire et des jurements au milieu des coups de fusil du sourd mugissement de la foule à travers des masses de fumée pieds nus bonnet de police en tête des charretiers improvisés conduisaient avec un laissez passer de chefs inconnus des convois de blessés parmi les combattants qui se séparaient

D'après François-René de Chateaubriand (1768-1848),
Mémoires d'outre-tombe, 1848.

Rétablissez la ponctuation et les majuscules dans l'extrait ci-dessus.

3. Changer le sens en changeant la ponctuation

Ma chérie je me suis disputé avec mes parents tout est fini entre nous ils veulent que j'épouse la fille du voisin qui est laide comme toi je la trouve idiote mais elle est riche il n'y a pas à hésiter mon choix est fait l'épouser moi jamais je ne pourrai changer d'avis

Ponctuez le texte ci-dessus en proposant deux versions de cette lettre :

a) Le jeune homme décide d'épouser la fille du voisin.

b) Le jeune homme désobéit à ses parents.

B Respecter le mode et la concordance des temps

4. Choisir le mode approprié

- Ils nous ont quittés sans que nous (pouvoir) dire un mot.
- Il te répondra après qu'il (arriver).
- Nous n'avons pas été tranquilles jusqu'à ce qu'il (partir).
- Ses supporters l'encouragent pour qu'elle (réussir) sa prestation.
- Bien qu'il (faire) frais, il est encore agréable de se promener.
- Quoi qu'on en (dire) sa compagnie est agréable.
- Il faut absolument que vous (lire) ce roman.

Mettez les verbes entre parenthèses au présent de l'indicatif ou du subjonctif, selon le mode requis.

5. Utiliser la concordance des temps

- Ils nous préviennent qu'ils auront deux heures de retard. (imparfait)
- Pensez-vous qu'il aura terminé à temps ? (passé composé)
- Quand il commence à raconter ses souvenirs, il y met tant de cœur qu'on ne peut plus l'arrêter. (plus-que-parfait)
- Il doit déployer de nombreux arguments pour que tu sois convaincu. (futur)
- Nous souhaitons que vous appréciiez votre séjour parmi nous. (imparfait)

- Il n'arrive pas avant que tout soit terminé. (passé simple)

Mettez le verbe de la proposition principale au temps de l'indicatif demandé entre parenthèses et appliquez la concordance des temps.

6. Respecter la concordance des temps

- Ils ne pensaient pas que…
- Annie prétend que…
- Ils n'ont pas affirmé que…
- Pourquoi croyez-vous que…
- Il était peu probable que…

a) Complétez ces phrases, d'abord par une complétive à l'indicatif, ensuite par une complétive au subjonctif, en respectant la concordance des temps.

b) Le sens est-il le même à chaque fois ? Justifiez votre réponse.

7. Utiliser la concordance des temps selon les usages de la langue courante, puis selon ceux de la langue littéraire

- Il appréciait qu'il (être venu).
- Elle désirait qu'ils (venir) le lendemain.
- Bien qu'il (être) en retard, il attendit longtemps avant que son train ne (se mettre à rouler).
- Les enfants souhaitaient que le jeu (continuer).
- Elle aurait préféré qu'ils ne (être parti) à l'étranger.
- Ils n'avaient pas souhaité que nous (venir).

Écrivez les verbes entre parenthèses aux temps et aux modes qui conviennent, en respectant la concordance des temps.

C Utiliser correctement la subordonnée interrogative indirecte

8. Utiliser la proposition interrogative indirecte

- Quel est le thème de ce texte ? (chercher)
- Comment le poème est-il composé ? (étudier)
- En quoi le jeu des points de vue permet-il de mieux impliquer le lecteur dans la scène ? (se demander)
- Pourquoi l'auteur transforme-t-il ainsi la réalité ? (examiner)
- Quel rôle les métaphores jouent-elles dans l'expression des sentiments ? (voir)
- Les arguments du locuteur sont-ils valables ? (étudier)
- Comment l'auteur a-t-il organisé son récit ? (expliquer)
- Cette dernière page constitue-t-elle un dénouement ? (se demander)
- Quel parti l'auteur tire-t-il de ces procédés ? (envisager)
- L'auteur intervient-il dans le récit de cette anecdote ? (rechercher)

Transformez les interrogatives directes en interrogatives indirectes, en utilisant le verbe introducteur mis entre parenthèses.

9. Rédiger des propositions interrogatives indirectes

- Le personnage se demande comment…
- Dans un premier temps nous allons examiner par quels procédés…
- Nous verrons donc pour quelles raisons…
- L'interlocuteur ne sait pas ce que…
- Le personnage ignore pourquoi…
- Nous verrons de quelle manière…
- On comprend ainsi pourquoi ce passage…
- Nous nous interrogerons donc pour savoir si…

Complétez les phrases ci-dessus grâce à des propositions subordonnées interrogatives indirectes.

D Utiliser correctement les pronoms

10. Utiliser les pronoms personnels

- De nombreuses personnes ont assisté à cette cérémonie : (…) ont quitté les lieux émues et bouleversées.
- Quand on doit utiliser un stylo, on a chacun le (…).
- On doit parvenir à faire cela (…)-même.
- C'est (…) qui sommes arrivés les premiers.
- On est ensuite rentré chacun chez (…).

Remplacez les pointillés par le pronom personnel approprié.

11. Utiliser les pronoms personnels nous et vous

- Pierre a dit : « Elle et moi, (être arrivé) en retard ».
- Lui et vous, (partir) demain à l'aube.
- Toi et moi, (devoir) parler de ce projet immédiatement.
- Vous, elle et lui, (sortir) dès que la cloche retentira.

Complétez ces phrases en utilisant *nous* ou *vous* et en accordant éventuellement les participes passés.

12. Utiliser les pronoms relatifs

- Les chemins (…) ils sont passés étaient embourbés.
- Les chevaux (…) ils se sont approchés étaient très craintifs.
- La personne (…) j'ai vendu mon piano joue depuis son enfance.
- Le train (…) ils sont montés était vide.
- Ils leur ont raconté des histoires (…) elles n'ont pas cru.
- L'oasis (…) se dirige la caravane apparaît comme un minuscule point à l'horizon.
- Les amies (…) nous avons écrit ne nous ont pas encore répondu.

Remplacez les pointillés par le pronom relatif qui convient.

13. Utiliser les pronoms relatifs

- Demain c'est vous qui (aller) attendre Louise à la gare.
- C'est nous qui (devoir) acheter cette maison, dès qu'elle sera mise en vente.
- C'est moi qui (avoir) pris le cahier.
- C'est toi qui (avoir pensé) à acheter du pain.
- Ce sont eux qui (venir) hier, alors que nous étions sortis.

Accordez correctement le verbe après le relatif.

Méthode

RESPECTER L'ORTHOGRAPHE

L'orthographe est le code de la langue écrite. Le respect de ce code est nécessaire à la clarté et à la cohérence du texte écrit. Une mauvaise orthographe peut rendre incompréhensibles les idées exprimées et dévaloriser une production écrite. Pour éviter les fautes les plus répandues, il conviendra de prendre en compte les éléments suivants.

1. Le groupe nominal

Les noms

• La langue française marque en général le **féminin** par un **e** et le pluriel par un **s** (*le voisin, la voisine, les voisins, les voisines*).

Cela peut amener à :
- doubler la consonne finale (*un chien, une chienne*),
- modifier l'accentuation (*un berger, une bergère*).

• Cas particuliers :
- Les noms se terminant par *au, eau, eu, al* ont un pluriel est en *-aux* ou *-eux* : *des étaux, des bateaux, des feux, des chevaux*, **sauf** *sarrau, pneu, bleu, bal, cal, carnaval, cérémonial, chacal, festival, récital, régal*, qui prennent un **s** ;
- Les noms suivants ont un pluriel en *-aux* : *bail, corail, émail, soupirail, travail, vantail, vitrail* ;
- Les noms en *-ou* ont un pluriel en **-s**, sauf *bijou, chou, genou, caillou, hibou, joujou, pou*, qui prennent un **x**.
- Le pluriel des **noms composés** se marque ainsi :
  - **un nom + un adjectif** : les deux éléments se mettent au pluriel (*des oiseaux-mouches, des châteaux-forts*) ;
  - **un adverbe**, **un verbe** ou un **complément** introduit par une préposition restent **invariables** (*des chefs-d'œuvre, des avant-projets, des couvre-lits*).

Les adjectifs qualificatifs

• Les adjectifs qualificatifs s'accordent en **genre** et en **nombre** avec le nom auquel ils se rapportent. Ils prennent en général un **e** au **féminin** et un **s** au **pluriel**. Certains adjectifs subissent cependant des **modifications** :

- *franc/franche, courageux/courageuse...*
- *beau/belle, vieux/vieille, libérateur/libératrice...*

Avec **plusieurs noms de même genre**, l'adjectif prend le genre des noms et se met au pluriel : *une nappe et une serviette blanches.*

Avec des **noms de genres différents**, l'adjectif se met au pluriel mais prend le genre masculin : *des entrées et un gigot appétissants.*

• Quelques accords particuliers :

- Les adjectifs composés dont l'accord obéit aux règles suivantes :
  - s'ils sont composés de **deux adjectifs**, les deux termes s'accordent (*une reine toute-puissante*) ;
  - si l'un des éléments est un **mot invariable**, il ne s'accorde pas (*des scènes tragi-comiques*).

- Les adjectifs de couleur qui s'accordent en genre et en nombre avec le nom auquel ils se rapportent, **sauf** :
  - quand ils sont accompagnés d'un autre adjectif (*des yeux vert clair*) ;
  - quand ils sont dérivés d'un nom (*des fleurs orange*) **mais** *rose, mauve, fauve, écarlate, pourpre* s'accordent (*des joues écarlates*).

Certains termes suivent des **règles d'accord spécifiques** :
  - **demi** : placé **devant le nom, il est invariable** et suivi d'un trait d'union (*une demi-heure*) ; placé **après le nom,** il s'accorde en **genre** seulement (*deux heures et demie*) ; placé **devant un adjectif**, il est adverbe et reste **invariable** (*à demi-mortes de peur*) ; **substantivé**, il **s'accorde comme un nom** (*l'horloge sonne les demies*).
  - **tout** : s'il s'agit de **l'adjectif indéfini**, il **s'accorde** (*tous ces hommes, toutes ces maisons*) ; s'il s'agit de l'adverbe, il est **invariable** (*des livres tout neufs, ils sont tout près*) ; s'il est placé devant un adjectif féminin commençant par **une consonne** ou un **h aspiré**, il s'accorde (*toute noire, toute hérissée*).
  - **quelque** : **adjectif indéfini**, il varie avec le **nombre** (*quelque argent, quelques femmes*) ; **adverbe**, il est **invariable** (*quelque têtus qu'ils soient*).

- **quel que** : cette locution concessive, utilisée devant *être* **au subjonctif**, s'écrit en deux mots et *quel* (adjectif relatif) **s'accorde** (*quelles que soient les erreurs commises*).
- **chaque** : **adjectif indéfini**, il est **toujours au singulier**, ainsi que le nom qu'il accompagne (*chaque personne*).

2. Le groupe verbal

Les fautes les plus courantes portent sur les principales règles d'accord du sujet et du verbe, ainsi que sur l'accord du participe passé.

L'accord du sujet et du verbe

• Le verbe s'accorde en personne et en nombre avec son sujet.

• Accords particuliers :

- Avec **plusieurs sujets de genres différents**, le verbe est au pluriel et le masculin l'emporte sur le féminin (*Un homme, une femme et un enfant ont été retrouvés vivants*).

- Quand **deux sujets** représentent des personnes différentes, la 1re personne l'emporte sur les autres, la 2e personne sur la 3e (*Lui et moi sommes amis ; lui et toi avez tort*).

- Lorsque les sujets sont **coordonnés par** *ni*, le verbe est au **singulier** s'il y a disjonction (*Ni l'un ni l'autre ne gagnera*), au **pluriel** s'ils **s'additionnent** (*Ni lui ni toi n'avez trouvé la solution*).

- Après le pronom relatif *qui*, le verbe s'accorde **en genre**, **en nombre** et **en personne** avec **l'antécédent** (*C'est moi qui ai gagné*).

- Après les pronoms indéfinis *on* et *chacun*, le verbe est au **singulier** (*On constate souvent, chacun apprécie à sa juste mesure*).

- Après les pronoms indéfinis *peu de, beaucoup de*, le verbe est au **pluriel**.

- Quand *la plupart* signifie « la plus grande partie de », le verbe est au **singulier** (*La plupart du troupeau fut perdue*).

- Quand *la plupart* signifie « le plus grand nombre de », le verbe est au **pluriel** (*La plupart pensent que c'est une œuvre difficile*).

L'accord du participe passé

• Avec *être*, le participe passé s'accorde avec le **sujet** (*Ils sont arrivés à l'heure*).

• Avec *avoir*, le participe passé s'accorde avec **le C.O.D.** s'il est placé **avant le verbe** (*Ils ont vu beaucoup de tableaux à cette exposition... Les tableaux* **qu**'*ils ont vus... Ils* **les** *ont vus*).

• Le participe passé des **verbes pronominaux de sens réfléchi ou réciproque** s'accorde **avec le pronom C.O.D.**, s'il est placé **avant le verbe** :

Elle s'est coupée
mais *Elle s'est coupé le doigt* (doigt : C.O.D.)
Ils se sont vus.
mais *Ils se sont parlé* (se : C.O.I.)

• Le participe passé des **verbes pronominaux dont le pronom n'est ni C.O.D. ni C.O.I.** s'accorde toujours (*Ils se sont enfuis*).

• Le participe passé des **verbes impersonnels** construits avec *avoir* est invariable (*La neige qu'il y a eu cet hiver...*)

• Le **participe passé du verbe** *faire* **suivi d'un infinitif** est invariable (*La lettre que j'ai fait rédiger*).

3. Quelques difficultés orthographiques

Les **homonymes** sont des mots qui, sans avoir la même signification, se prononcent de la même manière. On appelle **homophones** les homonymes dont l'orthographe est différente. Les **accents**, qui se placent sur les voyelles, permettent de distinguer certains homophones : *a/à* ; *tache/tâche* ; *la/là* ; *mur/mûr* ; *sur/sûr/sur(e)...*

Parmi les homophones les plus utilisés, il faut distinguer :

- **c'est/ces/ses** : **c'est** *une belle œuvre ;* **ces** *tableaux sont intéressants ; il aime* **ses** *tableaux.*
- **son/sont** : *il s'applique à* **son** *travail ; ils* **sont** *acharnés à leur travail.*
- **et/est/ait** : *il aime la musique* **et** *la peinture ; il* **est** *très fier du résultat ; bien qu'il* **ait** *tout réussi, il n'***est** *pas satisfait.*
- **quoique** = *bien que* et **quoi que** = *quel que soit...*
- **sur/sûr/sur(e)** : **sur** *le pont ; j'en suis* **sûr** *; un fruit* **sur** *(acide).*
- **quand/quant** : **quand** *j'y pense ;* **quant** *à moi, je n'y pense pas ;*
- **aire/ère/air/hère** : *l'***aire** *(la surface) ; l'***ère** *(la période) ; l'***air** *que l'on respire ; un pauvre* **hère** *(un homme misérable) ;*
- **chaire/chair/chère** : *la* **chaire** *(tribune élevée) ; la* **chair** *(du corps) ;* **chère** *(aimée ou qui coûte cher).*

EXERCICES

A Respecter les accords dans le groupe nominal

1. Accorder les noms et les groupes nominaux

On trouve des informations précieuses dans les colonnes *du journal.*
- *Le pneu* de ma voiture est encore crevé.
- Nous pouvons admirer au loin les voiles *du bateau.*
- *L'émail peint* est une technique souvent utilisée en orfèvrerie.
- Les poètes du Parnasse cisèlent leurs œuvres comme *un bijou.*
- Pour cet artiste, l'écriture s'accompagne d'*un cérémonial immuable.*
- La peinture italienne du XVIe siècle comporte un *véritable chef-d'œuvre.*
- La lecture de *l'avant-projet* d'une autobiographie permet souvent de dégager les intentions de son auteur.

Mettez au pluriel les noms ou groupes nominaux en italique. Effectuez les modifications nécessaires dans la phrase.

2. Accorder les adjectifs

Ces routes du Nord, tirées au cordeau entre des villes (manufacturier), allant avec des courbes (doux), des montées (lent), se bâtissent peu à peu, tendent à ne faire d'un département qu'une cité (travailleur). Les (petit) maisons de briques (peinturluré) pour égayer le climat, les unes (jaune), les autres (bleu), d'autres (noir), celles-ci sans doute afin d'arriver tout de suite au noir (final), dévalaient à droite et à gauche, en serpentant jusqu'au bas de la pente. (Quelque) (grand) pavillons à deux étages, des habitations de chefs d'usines, trouaient la ligne pressée des (étroite) façades.

Émile Zola (1840-1902), *Germinal*, 1885.

Accordez les adjectifs placés entre parenthèses.

3. Accorder les adjectifs

- Dans l'(avant-dernier) scène de cette pièce, l'arrivée inattendue d'un nouveau personnage prépare le dénouement.
- Les paroles (aigre-doux) du narrateur traduisent bien son amertume.
- Les diverses nuances (rose) et (orange) du coucher de soleil ainsi que le jeu sur les (demi) teintes permettent à l'auteur de traduire ses sentiments.
- L'héroïne, (tout) étonnée de cette réaction, en reste muette !
- (Tout) ces procédés concourent à exprimer le réalisme de la scène.
- (Quelque) obscures que soient ses intentions, l'auteur parvient à nous entraîner dans son jeu.
- (Quel) que soient les procédés employés, il parvient toujours à ses fins.
- (Quoique ou quoi que) il en pense, il devra exécuter cet ordre.

Accordez les adjectifs placés entre parenthèses.

B Respecter les accords dans le groupe verbal

4. Accorder le verbe et le sujet

- Les sentiments, les pensées, les regrets du héros (être révélé) au lecteur par l'emploi d'un monologue intérieur.
- Lui et vous (avoir) la même opinion sur le sujet.
- Ni l'acteur principal, ni les rôles secondaires ne (parvenir) à nous séduire.
- Vous êtes le seul qui (pouvoir) de le convaincre.
- C'est toi qui (gagner) le concours.
- Chacun des personnages (avoir) un rôle déterminé.
- Beaucoup d'écrivains de cette époque (exprimer) dans leur œuvre le même malaise.
- Peu d'auteurs du XIXe siècle (échapper) au mal du siècle : la plupart d'entre eux (être convaincu) d'être nés trop tard, c'est ce que l'on (comprendre) dans la majorité de leurs écrits.

Mettez la forme verbale entre parenthèses au présent de l'indicatif et effectuez les accords nécessaires.

5. Accorder les participes passés

Quand je me suis (réveillé), Marie était (parti). [...] Je me suis (fait) cuire des œufs et je les ai (mangé) à même le plat, sans pain parce que je n'en avais plus et que je ne voulais pas descendre pour en acheter. [...] Un peu plus tard, pour faire quelque chose, j'ai (pris) un vieux journal et je l'ai (lu). J'y ai découpé une réclame des sels Kruschen et je l'ai (collé) dans un vieux cahier où je mets les choses qui m'amusent dans les journaux. Je me suis aussi (lavé) les mains et, pour finir, je me suis (mis) au balcon.

Albert Camus (1913-1960), *L'Étranger*, © Éditions Gallimard, 1942.

Accordez les participes passés placés entre parenthèses (le narrateur est un homme).

6. Accorder les participes passés des verbes pronominaux

- Toute la peine qu'elle (se donner) a été inutile.
- Elle (se couper) bêtement à la main.
- Dès qu'ils (se voir), ils (se sourire), (se parler), (se plaire).
- Devant l'imminence du danger, ils (se taire) et (s'enfuir).
- C'était encore un tout jeune enfant lorsqu'elle (se charger) de lui.
- Elle (se consacrer) tout entière à sa tâche.
- Ils (s'arroger) des droits exorbitants.
- Père et fils (se succéder) à la tête de l'entreprise.

Mettez les verbes pronominaux entre parenthèses au passé composé et effectuez les accords nécessaires.

C Respecter l'orthographe lexicale et grammaticale

7. Distinguer des homophones

- Il y a une (tâche / tache) d'(ancre / encre) sur sa robe.
- Le marin n'a pas pris son (car / quart).
- Au Moyen Âge, les proclamations officielles étaient faites par des (héros / hérauts).
- Il est en train de (pécher / pêcher) au bord du lac.
- Nous attendons impatiemment la (fin / faim) de cette histoire interminable.
- Le mammouth vivait à l'(aire / ère / erre) quaternaire.
- Je dois aller à la banque, mais je n'ai pas fini mes (comptes / contes).
- Sophie a oublié ses lunettes : elle ne peut faire passer le fil dans le (chat / chas) de l'aiguille.
- Tous les jeudis, la concierge passe le (balai / ballet) dans l'escalier B.
- Tous ces mots appartiennent au (champ / chant) lexical de la mort.
- Il refuse de me rendre ce qui m'est (du / dû).
- Pierre était très malade : il a succombé à ses (maux / mots).

Trouvez, dans chaque phrase, le terme approprié.

8. Distinguer des homophones

- ...... méchantes qu'elles soient, elles ne m'impressionnent pas.
- ...... qu'ils soient, je refuse de les recevoir.
- ...... elles soient, les pommes sont chères, cette année.
- ...... outils qu'ils prennent, ils sont si maladroits qu'ils n'y arriveront pas.

Complétez les phrases par « quelque », « quelques » ou « quel que ».

9. Distinguer des homophones

- ...... elles pensent souvent à leur père, elles lui écrivent rarement.
- ...... il ait fait, je ne lui en veux pas.
- ...... ils arrivent en retard, je ne leur fais aucun reproche.
- ...... elles aient décidé, je m'en moque.

Complétez les phrases par « quoique » ou « quoi que ».

10. Distinguer des homophones

- Depuis que le chef est parti, il en va ...... autrement.
- Donne- moi cette poire, je la veux ...... entière.
- Son visage ne laissait rien paraître de la joie ...... intérieure qu'elle éprouvait.
- ...... enfant déjà, elle savait qu'elle deviendrait actrice.
- La foule s'avança car les portes s'étaient ouvertes ...... grandes.

Complétez les phrases par « tout », « toute » ou « toutes ».

11. Distinguer participe présent, adjectif et nom

Complétez les mots dans le tableau suivant.

Participe présent	Adjectif	Nom
Adhérant	adhér...	un adhér...
Communiquant	communic...	
Convainquant	convainc...	
Équivalant	équival...	un équival...
Coïncidant	coïncid...	une coïncid...
Intriguant	intrig...	un intrig...
négligeant	néglig...	une néglig...
Précédant	précéd...	un précéd...

12. Distinguer le genre des noms

Classez dans le tableau suivant les mots : armistice, oasis, anse, intervalle, épitaphe, épigramme, anagramme, acoustique, ecchymose, apogée, éloge, antre, équivoque, insigne, amnistie, hypogée. Attention certains de ces mots peuvent avoir les deux genres.

Mots masculins	Mots féminins

13. Distinguer les homophones grammaticaux

- La lueur ...... évanouie, dès les phares ...... sont éteints.
- Prenons plutôt ...... chemin : on ...... perdrait ...... en continuant par là.
- Il n'aime ...... le cinéma ...... le théâtre, d'ailleurs il ...... va jamais.
- ...... fruits ...... sont gâtés : cela ne serait pas arrivé ...... vous les aviez mangés plus tôt.
- Tu ...... trompé : chacun prendra ...... provisions.
- Je ...... écrit deux lettres ...... été, avant de partir pour la Grèce. ...... tu avais répondu, je ...... serais pas allé seul.
- Ce qui .... arrive ne ...... reproduira pas ...... nous y veillons.
- Tu ...... surpassé : ...... gâteaux sont délicieux.
- Toi et moi ...... pouvons rien. Je n'ai ...... le temps ...... l'argent pour l'aider.

Complétez les phrases par : *ces, ses, s'est, c'est, cet, ce, se, si, s'y, ni, n'y, tes, t'est, t'es* ou *t'ai*.

14. Distinguer « même » et « mêmes »

- ...... si vous partez demain, je ne vous en voudrai pas.
- Ils ont venus ici ....
- Ce sont les ...... qui ont pris toutes les fleurs.
- Dès qu'il fut guéri, il fut à ...... de sortir.
- Ils préfèreront le faire eux-...... .
- Les maisons ...... étaient décorées de fleurs et de guirlandes.
- Quand on travaille, les résultats ne sont pas les ....
- Quand bien ...... il serait seul, il doit essayer.
- Les ...... causes produisent les ...... effets.

Complétez les phrases par « même » ou « mêmes ».

CHOISIR LE MOT JUSTE

La précision et l'exactitude de l'expression contribuent grandement à la qualité d'une intervention orale ou d'un développement écrit. Choisir le mot juste c'est adapter l'expression à la situation, en utilisant le niveau de langue et le terme appropriés.

1. Utiliser le mot juste dans l'analyse littéraire

Dans l'analyse écrite ou orale d'un texte littéraire, il convient d'utiliser :

- **un niveau de langue approprié**, en proscrivant le langage familier notamment ;
- **un vocabulaire précis** et des **tournures propres** à rendre l'effet littéraire, en évitant le vocabulaire journalistique ou publicitaire et les termes « à la mode ».

Si vous voulez :	Vous pouvez utiliser les termes suivants :
- présenter un texte	Il traite de, présente, offre, met en scène…
- caractériser les activités de l'auteur :	L'auteur…
- la description	- dépeint, dresse un tableau, brosse un portrait, qualifie, campe (un personnage), ébauche, représente, transfigure…
- l'écriture	- emploie, rédige, développe, insiste, met en évidence, souligne, suggère…
- l'argumentation	- montre, démontre, expose, affirme, réfute, concède, objecte.
- le jugement	- appuie, approuve, avertit, exprime, confirme (une opinion), fait l'éloge de, prône, valide… - blâme, critique, dénonce, désapprouve, déplore, ironise (sur), regrette, s'indigne (de), s'insurge (contre), invalide…
- analyser des procédés	- cette figure de style, ce rythme, ou cette sonorité appuie, contribue à, crée, exprime, traduit, révèle, suggère, permet d'insister… - le champ lexical de… illustre, se développe, contribue à produire un effet… - cet adjectif qualifie, caractérise - ce pronom reprend, désigne, renvoie…

2. Exprimer une opinion

La façon de présenter une opinion dépend de l'effet souhaité. On pourra ainsi :

- **présenter une opinion de manière impersonnelle** grâce à des expressions telles que *on peut dire, penser, estimer, il est clair que, on peut constater que...*
- **affirmer une opinion** grâce à des expressions telles que *nous assurons que, nous pouvons dire avec certitude que, pour notre part nous pensons que...*
- **marquer ses distances** par rapport à une opinion grâce à des expressions telles que *on peut prétendre que, on déplore que, certains avancent que...*
- **nuancer les propos** grâce à des termes modalisateurs (*parfois, souvent, peut-être, il semble que...*), au conditionnel (*on pourrait alors penser que...*), à l'emploi de litotes* (*il n'est pas sans intérêt de...*) et du vocabulaire valorisant ou dévalorisant.

3. Rédiger

Au moment de la rédaction d'un devoir, on pensera à :

- **éviter** les expressions trop personnelles (*pour ma part, à mon avis...*) ou trop générales (*les gens, des personnes*) ;
- **employer** le pronom *nous* de préférence à *je*, et éviter autant que possible *on* ;
- **ne pas abuser** de termes emphatiques* (*un récit magnifique*) ou hyperboliques* (*un portrait exceptionnel*) car l'admiration devient suspecte !
- **rechercher** des termes **englobants** pour résumer ou éviter une répétition : les termes *poème, roman, essai* peuvent par exemple être repris par le mot *œuvre* ;
- **relire** pour **éliminer** les **répétitions**, les **termes ou expressions vagues** (*choses, il y a, certains*), les **verbes passe-partout** (*être, avoir, dire, faire*) ;
- **utiliser un dictionnaire** pour s'assurer qu'on maîtrise le **sens exact** et **l'emploi juste** des termes choisis.

EXERCICES

A Utiliser le bon niveau de langue

1. Changer le niveau de langue

L'était un peu plus dmidi quand j'ai pu monter dans l'esse. Jmonte donc, jpaye ma place comme de bien entendu et voilàtipas qu'alors jremarque un zozo l'air pied, avec un cou qu'on aurait dit un télescope et une sorte de ficelle autour du galurin. Je lregarde passeque jlui trouve l'air pied quand le voilàtipas qu'ismet à interpeller son voisin. Dites donc, qu'il lui fait, on dirait, qu'i pleurniche, quvous lfaites essprais, qu'i bafouille, deummarcher toutltemps sullé panards, qu'i dit. Là-dssus, tout fier de lui, i va s'asseoir. Comme un pied.

Raymond Queneau (1903-1976),
Exercices de style, « Vulgaire », © Éditions Gallimard, 1947.

Réécrivez ce récit en éliminant les tournures familières et en utilisant un niveau de langue courant.

B Utiliser le mot juste dans l'analyse littéraire

2. Caractériser les activités de l'auteur ou du locuteur

- L'auteur (...) une opinion nuancée.
- Le locuteur (...) sa thèse avec conviction.
- Le journaliste (...) avec force les jugements de ses adversaires.
- L'écrivain (...) un sentiment d'impuissance.
- L'auteur (...) le champ lexical de la désolation pour (...) l'état dans lequel il retrouve ces lieux à son retour.
- Le poète (...) les sentiments qu'il éprouve à l'évocation de ce douloureux souvenir.
- L'emploi de cet adjectif permet de (...) avec précision l'atmosphère de cette pièce.
- Dans son portrait du héros, Balzac (...) la réalité pour en faire un personnage fantastique.

Remplacez les points de suspension, mis entre parenthèses, par un verbe approprié.

3. Enrichir l'expression

- Ce texte parle d'une première rencontre.
- Dans ce texte, il y a un portrait du personnage principal.
- Dans cet extrait, il y a une description de la ville où se situe l'action.
- Dans ce passage, on trouve un épisode important de l'enfance de Rousseau.
- Dans cet article, l'auteur fait un plaidoyer contre la peine de mort.
- Voltaire dit qu'il est opposé à la torture.
- Pour montrer les sentiments du héros, il y a le champ lexical de la peur.
- L'auteur montre la gaieté avec le rythme des vers.
- Que veut dire Molière dans cette scène du *Misanthrope* ?
- La tragédie montre le dilemme de l'héroïne.

Améliorez ces phrases en remplaçant les termes « passe-partout » par des expressions plus précises.

4. Utiliser le mot juste dans un paragraphe de commentaire

C'est un trou de verdure où chante une rivière
Accrochant follement aux herbes des haillons
D'argent ; où le soleil, de la montagne fière,
Luit : c'est un petit val qui mousse de rayons.

Arthur Rimbaud (1854-1891), « *Le Dormeur du val* »,
strophe 1, *Poésies*, 1810-1871.

Idée directrice du paragraphe : la description de la nature (un univers charmant, propice au bonheur, presque paradisiaque).

Arguments et exemples : le recours aux champs lexicaux des éléments naturels (« rivière », « soleil », « val ») ; de la gaîté et de la vivacité (« chante », « accrochant vivement »), de la lumière (« argent », « soleil », « luit », « rayons »), et le recours au rythme (rejets aux vers 3 et 4).

À partir des éléments donnés par l'énoncé, rédigez un paragraphe de commentaire en variant l'expression.

C Exprimer une opinion

5. Présenter une opinion

Sujet

Les livres nous permettent de mieux comprendre la vie ; ils nous aident aussi bien dans notre vie quotidienne que dans notre réflexion sur le monde.

Dans trois brefs paragraphes rédigés, vous présenterez l'opinion exprimée ci-dessus de trois manières différentes :

a) de manière impersonnelle ;
b) en la prenant à votre compte ;
c) en marquant vos distances.

6. Nuancer l'expression d'une opinion

La lecture **apporte la connaissance** de soi et des autres. Le livre **est l'occasion** d'un dialogue avec soi-même, avec les autres, avec les personnages. De nombreux écrivains témoignent de **l'apport** de la lecture dans leur vie, tel Sartre qui, dans *Les Mots*, raconte que son œuvre **est liée** à son expérience de lecteur. Donc au plaisir esthétique **s'ajoute** un enrichissement personnel.

Développez ce paragraphe en nuançant les passages en gras grâce à des modalisateurs.

Méthode

COMPRENDRE LES CONSIGNES

Les consignes sont contenues dans le libellé des sujets. Elles informent sur la tâche à accomplir, ainsi que sur la méthode à suivre pour y parvenir. Il faut en cerner précisément le sens pour pouvoir répondre avec exactitude.

1. Lire la consigne

- **LES CONSIGNES PEUVENT ÊTRE DE DEUX ORDRES**
  - **explicites** : l'énoncé indique clairement ce que l'on doit faire. Il emploie le plus souvent l'**impératif** ou le **futur** et utilise des verbes d'ordre. Il précise les **contraintes** de l'exercice (type d'écrit attendu, destinataire, effet souhaité, registre à utiliser...).

  Vous rédigerez une lettre adressée au courrier des lecteurs d'un journal lycéen. Vous exprimerez avec humour votre réaction sur les propos qu'il a publiés dans son dernier numéro.

  - **implicites** : l'énoncé se limite à une formulation générale.

  Comparez ces deux poèmes suppose en fait trois tâches explicites :
  - **étudier chaque poème** ;
  - **confronter** les deux textes pour dégager les points communs et les différences ;
  - **organiser** sa réponse en prenant appui sur ces différents éléments.

- **LES CONSIGNES PEUVENT COMPORTER**
  - un **ordre** indiquant ce qu'il faut faire : *Analysez l'emploi des pronoms.*
  - une **recommandation** sur la méthode à utiliser : *Vous pourrez vous appuyer sur l'étude des temps.*

2. Comprendre le sens des verbes employés dans les consignes

Selon le verbe de la consigne, on peut déterminer la tâche à accomplir. Voici les cas les plus fréquents :

Consignes pour étudier un texte	Tâche demandée
Examiner, observer : *Examinez l'emploi des temps dans cet extrait.*	Trouver dans le texte une ou plusieurs caractéristiques.
Repérer, relever : *Relevez le champ lexical dominant de cet extrait.*	Trouver les termes et expressions et les noter sous forme de citation.
Identifier, nommer, déterminer : *Identifiez le point de vue dans cette description.*	Reconnaître un procédé et le désigner clairement.
Distinguer : *Distinguez les passages narratifs et les passages descriptifs.*	Délimiter distinctement les différents éléments d'un énoncé.
Caractériser : *Caractérisez le procédé utilisé pour exprimer l'émotion.*	Définir et décrire un procédé.
Étudier, analyser, commenter : *Commentez l'effet produit par l'emploi des pronoms.*	Montrer les éléments spécifiques à un procédé et porter une appréciation.
Exprimer, dégager : *Dégagez l'idée essentielle.*	Mettre en évidence le sens d'un passage.
Montrer, expliquer : *Montrez l'évolution du point de vue.*	Apporter, à partir d'éléments du texte, la justification d'un argument, d'une thèse.
Citer	Recopier un extrait du texte pour appuyer ses propos.

Consignes pour l'écriture d'un texte argumentatif	Tâche demandée
Argumenter : *Vous développerez votre opinion dans un développement argumenté.*	Développer et organiser des arguments pour justifier une opinion.
Étayer	Apporter des arguments en faveur d'une thèse.
Réfuter	Apporter des arguments qui s'opposent à une thèse et la nient.
Discuter	Développer des arguments en faveur d'une thèse, puis des contre-arguments.
Justifier	Apporter des arguments et des exemples pour valider ce que l'on affirme.

Consignes concernant l'expression	Tâche demandée
Formuler	Rédiger clairement.
Reformuler	Exprimer la même idée dans son propre langage, sans en modifier le sens.
Résumer	Rendre les idées essentielles d'un texte de manière plus courte.
Transposer	Écrire un texte en modifiant une ou plusieurs données du texte initial.

EXERCICES

LIRE ET COMPRENDRE LES CONSIGNES

1. Comprendre les verbes des consignes

- Dans chacun des poèmes du corpus, *étudiez* comment la poésie naît aussi des effets de rythme.
- Vous *analyserez* quelle image de la ville se dégage des textes A, B, et C.
- « On dit que l'esclavage a disparu de la civilisation européenne ». *Composez* la lettre ouverte qu'adresse un jeune homme aux instances politiques de son pays pour *réfuter* cette opinion.
- *Identifiez* les registres de ces scènes et *repérez* les caractéristiques de ces registres.
- *Distinguez* les registres de ces scènes.
- *Dégagez* l'importance de l'implicite dans ces textes.
- *Relevez* et *commentez* quelques images particulièrement significatives qui définissent les intellectuels.
- À propos des utopies, le philosophe contemporain Cioran affirme : « La nouvelle terre qu'on nous annonce affecte de plus en plus la figure d'un nouvel enfer ». *Discutez* cette affirmation en vous appuyant sur les textes du corpus et sur vos lectures personnelles.
- *Analysez* les sources de l'humour dans les documents du corpus.
- *Montrez* que le document B comporte un apologue.

a) Expliquez le sens des verbes en italique dans chacune des consignes.

b) Récapitulez les connaissances nécessaires pour traiter chacun des sujets.

2. Distinguer consignes explicites et consignes implicites dans des questions portant sur un corpus

- D'après les textes du corpus, quelles fonctions les poètes doivent-ils remplir dans le monde ?
- Étudiez les marques de la violence dans les poèmes du corpus (lexique, modalité des phrases, images…).
- Justifiez le rapprochement des quatre poèmes.
- Quelles ressemblances précises relevez-vous dans les documents A, B et C ? Quelle différence y a-t-il cependant dans l'identité des personnages à travers lesquels est vu le phénomène de la guerre ?
- Montrez comment se dégage la personnalité de l'auteur à travers les textes du corpus
- Quelles critiques implicites comporte le dessin de Plantu ? Quel est le rôle du texte dans cette « argumentation » ?
- Quel est le débat commun à ces trois textes ?

a) Dans chacune de ces questions, soulignez les mot-clés.

b) Distinguez consignes explicites et consignes implicites.

c) Explicitez les consignes implicites.

3. Comprendre le sens des termes essentiels dans des questions portant sur un corpus

- D'où peuvent naître *l'esthétique* et la poésie des différents documents ?
- Quels problèmes liés au *jeu dramatique* Marivaux met-il en scène ici et comment s'y prend-il pour les poser ?
- Quelle est la *visée* commune à ces trois textes ? Vous indiquerez en outre pour chaque texte le *registre* dominant.
- En comparant ces quatre textes vous dégagerez les éléments caractéristiques d'une *scène d'exposition.*
- Comparez dans ces trois textes la *marque de la présence* du narrateur
- Quelles leçons *implicites* les différents auteurs veulent-ils donner en décrivant ces mondes ?
- Chaque texte est la reprise d'un texte qui le précède. Dites quel grand principe de *réécriture* est mis en œuvre dans chacun des documents.

a) Définissez le sens des termes en italique. Vous pouvez utiliser un dictionnaire.

b) Explicitez les consignes si nécessaire.

4. Distinguer consignes explicites et consignes implicites dans un sujet d'écriture

- Imaginez le manifeste ou la préface qu'un poète partisan de l'art pour l'art pourrait placer en tête d'un recueil de poésies volontairement non engagées. Vous veillerez à ce qu'il appuie son intervention sur des exemples précis.
- Le texte théâtral est-il suffisant en lui-même pour monter un spectacle ? Vous répondrez à cette question en vous appuyant sur les textes du corpus, sur ceux que vous avez étudiés en classe, vos lectures personnelles et votre expérience de spectateur.
- Vous commenterez le texte C en entier.
- « Une œuvre d'homme n'est rien d'autre que ce long cheminement pour retrouver par les détours de l'art les deux ou trois images simples et grandes sur lesquelles le cœur une première fois s'est ouvert » (Albert Camus, *L'Envers et l'Endroit*, préface, © Gallimard, 1954). Pensez-vous, comme Camus, que l'œuvre d'un écrivain n'est qu'une ample réécriture de soi-même ?

Vous répondrez à cette question en vous appuyant sur vos lectures scolaires et personnelles.

- Un directeur d'édition écrit à un auteur qui entreprend son autobiographie. Vous rédigerez la lettre dans laquelle il lui donne des conseils.

a) Soulignez les mots-clés dans chaque sujet.

b) Repérez pour chaque sujet les consignes explicites et les consignes implicites.

c) Quelles sont, pour chaque sujet, les tâches demandées ?

Méthode

ÉCRIRE UN PARAGRAPHE, UNE INTRODUCTION, UNE CONCLUSION

1. Écrire un paragraphe

Le paragraphe regroupe plusieurs phrases présentant une unité de pensée.
Pour certains écrits d'invention, cette unité peut être narrative (une étape du schéma narratif) ou descriptive (une étape d'un portrait).

Dans un écrit argumentatif, le paragraphe développe un argument.

La présentation typographique délimite le paragraphe : chaque paragraphe débute par un alinéa (retrait du premier mot) avec une majuscule initiale.

Construire un paragraphe argumentatif

• Sous sa forme élémentaire, le paragraphe argumentatif comporte :

- une première phrase **qui énonce l'argument** ;
- des arguments secondaires qui soutiennent l'argument principal : on peut ici recourir à la **concession** (une objection suivie de sa réfutation) ;
- un ou plusieurs **exemples** illustrant l'argument,
- une **phrase qui rappelle l'argument principal** et le **relie au suivant**. On peut par exemple écrire : *S'il est donc évident que...* [rappel de l'argument n° 1], *nous pouvons penser aussi que...* [annonce de l'argument n° 2].

• Le paragraphe peut aussi présenter une autre forme :

- une première phrase **qui énonce l'argument** ;
- un **exemple commenté** permettant de déduire des arguments secondaires qui soutiennent et développent l'argument principal du paragraphe ;
- une phrase **qui reprend l'argument principal** du paragraphe et le relie au suivant.

Relier les éléments du paragraphe

Les divers éléments du paragraphe doivent être reliés entre eux, afin d'assurer sa cohérence.

• Dans un paragraphe **narratif** ou **descriptif**, on utilise des conjonctions de coordination, des adverbes et des locutions adverbiales qui expriment des **relations circonstancielles** :

- **succession temporelle** (*auparavant, ensuite, puis, alors, enfin...*) ou **simultanéité** (*en même temps, alors, cependant, pendant ce temps...*) ;
- **localisation** (*ici, là, là-bas, plus loin...*) ;
- **manière** ou **moyen** (*ainsi, de la sorte, de cette manière...*).

• Dans un paragraphe **argumentatif**, les enchaînements sont mis en évidence par des **liens logiques** :

- **addition** (*et, aussi, de plus, d'autre part, en outre, également, ainsi que...*) ;
- **disjonction** (*ou... ou, tantôt... tantôt, soit... soit*) ;
- **opposition** (*mais, au contraire, en revanche, pourtant, cependant, toutefois, néanmoins...*) ;
- **cause** (*car, en effet*) ;
- **conséquence** (*donc, c'est pourquoi, par conséquent, ainsi, aussi...*).

Insérer des citations

Insérer une citation dans un paragraphe impose que l'on respecte des **règles précises**. Il faut :

- **utiliser les guillemets** : comme tout propos rapporté, la citation doit être présentée entre guillemets ;
- **mentionner le nom de l'auteur** du propos rapporté, **le titre** de l'œuvre d'où il provient. Dans un commentaire de texte, on indiquera précisément le numéro de la **ligne** ou du **vers que l'on cite** ;
- **veiller à l'exactitude** de la citation ; il faut respecter **l'orthographe**, la **disposition typographique** des **vers** (ou signaler leur séparation par le signe / en conservant la majuscule initiale de chaque vers).

Si l'on doit modifier certains éléments de la citation, la partie transformée est placée entre crochets. Toute coupure de la citation doit être signalée par des points de suspension entre crochets : [...].

La citation peut être introduite de **différentes manières** :

- une **citation brève** peut être insérée directement dans la phrase, avec des guillemets et éventuellement une formule qui l'annonce : *par exemple, comme, comme le montre...*

- une **citation longue** peut être juxtaposée à une proposition introductrice, directement après deux-points (X déclare : « Z est ... »), ou subordonnée à la proposition introductrice (X déclare que « Z est ... »). Dans les deux cas, la citation est encadrée par des guillemets.

2. Introduire et conclure

Rédiger l'introduction

L'introduction est une étape capitale du devoir.

En précisant les enjeux du sujet et en annonçant le plan, elle montre au lecteur si le sujet a été compris et s'il va être traité de manière pertinente. Quel que soit le type de devoir, l'introduction est constituée d'**un seul paragraphe** comportant **quatre étapes** : l'**entrée en matière**, la **présentation** du sujet ou du texte, l'**énoncé du problème posé** ou du **projet de lecture**, l'**annonce du plan**.

- **Pour introduire le commentaire :**
  - L'entrée en matière se réfère aux objets d'étude, au thème traité par le texte, au contexte littéraire et culturel.
  - La présentation mentionne l'auteur du texte, le titre de l'œuvre, sa date de parution.
  - Le projet de lecture est nettement indiqué.
  - Le plan est clairement exprimé.
- **Pour introduire la dissertation :**
  - L'entrée en matière présente le ou les objets d'étude concernés, inscrit le sujet dans un contexte littéraire ou culturel.
  - La présentation amène le sujet, en reprenant la citation s'il y a lieu.
  - Le problème posé est énoncé.
  - Le plan est clairement exprimé.

Conseils Pour rédiger une introduction

- **N'utilisez pas un pronom démonstratif dans la présentation du texte ou du sujet. Il faut éviter de commencer une introduction de commentaire par « *Ce texte* », une introduction de dissertation par « *Ce sujet* ».**
- **Indiquez nettement votre projet de lecture ou votre problématique, sous la forme d'une phrase interrogative ou d'une phrase affirmative énonçant une hypothèse.**
- **Pour la dissertation, amenez le sujet par une réflexion générale liée au problème traité.**
- **Pour annoncer le plan, préférez une succession de phrases brèves rédigées, reliées par des liens logiques ou chronologiques. Évitez la répétition de phrases interrogatives et les formules lourdes, telles que : *dans la première partie, nous verrons que..., dans la deuxième, nous montrerons que...***
- **N'anticipez pas sur la conclusion de la dissertation en donnant la réponse au problème posé.**
- **Évitez le pronom indéfini *on* ; préférez la première personne du pluriel *nous*.**
- **Évitez de recourir à des formules comme : *de tout temps, depuis l'origine de l'homme...***

Rédiger la conclusion

La conclusion clôt l'étude du texte ou la réflexion avec netteté. Symétrique de l'introduction, elle se présente en **un seul paragraphe**, comportant **deux ou trois étapes**.

- **Pour le commentaire**, elle établit un **bilan de l'étude** qui reprend les conclusions intermédiaires de chaque partie et propose un élargissement rattachant le texte à la problématique du corpus.
- **Pour la dissertation**, elle **récapitule les étapes du raisonnement** dont elle propose une synthèse et **apporte une réponse précise à la problématique** Elle élargit la réflexion sans dévier du sujet posé.

Conseils Pour rédiger une conclusion

- **Veillez à ne pas répéter l'annonce du plan dans le bilan ou dans l'étape de synthèse. Vous exposez un résultat : dans l'introduction, vous annonciez des pistes d'étude ou de réflexion.**
- **Évitez les éloges ou les critiques sans fondement, les partis pris trop enthousiastes ou trop sévères.**
- **Évitez de terminer la conclusion par une citation : vous courez le risque de substituer un second sujet au sujet posé, alors que l'on attend un élargissement.**
- **N'ajoutez pas en conclusion les remarques que vous avez négligé de faire auparavant et qui auraient eu leur place dans le développement.**

EXERCICES

A Écrire un paragraphe

1. Construire un paragraphe argumentatif

Sujet

Pensez-vous que l'on puisse traiter de sujets graves et sérieux sur le mode plaisant ou humoristique ?

- Argument : l'humour rend plus réceptif aux sujets sérieux.
- Explication de l'arguments : l'humour évite l'ennui et touche un vaste public.
- Exemples : une pièce de Molière et un film comique.

À partir des éléments ci-dessus, rédigez un paragraphe argumentatif répondant au sujet donné.

2. Construire un paragraphe de commentaire

[...]
J'étais froid comme les marbres ;
Je marchais à pas distraits ;
Je parlais des fleurs, des arbres ;
Son œil semblait dire : « Après ? »

La rosée offrait ses perles,
Le taillis ses parasols ;
J'allais ; j'écoutais les merles,
Et Rose les rossignols.

Victor Hugo (1802-1885), « Vieille chanson du jeune temps »,
Les Contemplations, livre I, 1856.

a) L'indifférence et l'inexpérience du jeune garçon sont mises en valeur par une comparaison (« froid comme les marbres », v. 1) et par le contenu de ses paroles (« Je parlais des fleurs, des arbres », v. 3).

b) L'auteur adulte souligne bien comment les invitations de la nature amoureuse ne sont pas comprises par le jeune homme comme une invitation à l'amour.

c) Il souligne en effet l'inexpérience du jeune homme et la fausse ingénuité de la jeune fille, qu'il ne pouvait discerner alors.

d) Derrière le récit qui pourrait être celui de l'adolescent transparaît le jugement de l'adulte.

e) Les allusions à toutes les invitations à l'amour, « ses parasols » (v. 6) qui pourraient abriter les jeunes amoureux, les « perles » (v. 5) que pourrait offrir le garçon, mettent en évidence son incompréhension.

f) L'opposition humoristique entre les « merles » et les « rossignols » renforce l'ironie de l'adulte.

Construisez un paragraphe de commentaire en mettant les éléments donnés ci-dessus dans l'ordre.

3. Relier les éléments du paragraphe

Automne malade
Automne malade et adoré
Tu mourras quand l'ouragan soufflera dans les roseraies
Quand il aura neigé dans les vergers
Pauvre automne
Meurs en blancheur et en richesse
De neige et de fruits mûrs
Au fond du ciel
Des éperviers planent
Sur les nixes nicettes aux cheveux verts et naines
Qui n'ont jamais aimé

Aux lisières lointaines
Les cerfs ont bramé

Et que j'aime ô saison que j'aime tes rumeurs
Les fruits tombant sans qu'on les cueille
Le vent et la forêt qui pleurent
Toutes leurs larmes en automne feuille à feuille
Les feuilles
Qu'on foule
Un train
Qui roule
La vie
S'écoule

Guillaume Apollinaire (1880-1918), « Automne malade »,
Alcools, © Mercure de France, 1913.

Nous allons (...) montrer comment Apollinaire propose une représentation très évocatrice de l'automne.
Avant d'exprimer la sensibilité de l'auteur, le poème présente (...) l'évocation d'un paysage varié, composé des éléments typiques de la saison. Il célèbre la nature dans sa richesse et dans sa fragilité. (...) aux « vergers » prometteurs, aux « roseraies » délicates succède à la fin du poème la lente agonie des fruits et des arbres, avec la double image de la chute [« **les fruits tombant sans qu'on les cueille** », « **feuille à feuille** »]. La description des lieux et de l'atmosphère sert (...) à la peinture de l'automne : l'espace flou et forestier [« **lisières lointaines** »] devient plus réel en fin de poème [« **la forêt** »]. (...) l'hiver apparaît [« **ouragan** », « **neige** » **et** « **neigé** »]. L'auteur reprend (...) les éléments attribués traditionnellement aux paysages automnaux par les poètes romantiques.
Apollinaire a (...) choisi de mettre en scène l'automne en jouant de la musique du vers. (...) le dernier vers illustre la chute des feuilles qu'il suggère par la disposition des mots et par l'harmonie phonétique introduite avec la reprise rapide de la même sonorité [« **foule/roule/s'écoule** »]. (...) le deuxième vers construit une parfaite harmonie par l'utilisation de l'assonance en « ou » et « an » et de l'allitération en « r » [« **ouragan** », « **tu mourras quand** », « **soufflera dans** »]. L'évocation poétique, par sa musicalité et par la disposition des vers, rend (...) parfaitement la mélancolie automnale.

Complétez ce paragraphe d'un commentaire du poème de Guillaume Apollinaire en restituant les liaisons (signalées par les points de suspension) entre les différents éléments du commentaire.

4. Relier plusieurs paragraphes argumentatifs

Sujet

Pensez-vous que les poètes doivent s'engager dans leur temps et mener les hommes au combat ? Vous appuierez votre réflexion sur des exemples précis.

- Idée directrice : le poète a une mission sociale.
- Argument a : le poète doit s'engager dans les combats de son temps.
- Argument b : le poète ne doit pas limiter son action au présent.
- Exemple c : Les poètes de la Résistance ne limitent pas leur engagement à leur époque mais plaident pour le respect de valeurs intemporelles.
- Exemple d : Victor Hugo, dans *Les Châtiments*, s'attaque à Napoléon III.

a) **Associez chaque exemple à l'argument qu'il illustre.**

b) **À partir des éléments donnés, rédigez deux paragraphes du développement pour le sujet de dissertation. Veillez à l'enchaînement logique des deux arguments et à l'insertion des exemples.**

5. Insérer les citations

En reprenant le paragraphe de commentaire de l'exercice 3, p. 152, insérez, en variant les tournures, les citations placées entre crochets.

B Écrire une introduction

6. Repérer les étapes dans une introduction

La poésie est souvent le lieu privilégié de l'expression des émotions de l'adolescence. Ainsi Victor Hugo, dans « Vieille chanson du jeune temps », extraite des Contemplations, nous raconte-t-il, avec une fantaisie teintée d'ironie, l'histoire d'une rencontre amoureuse manquée. La brièveté des vers et le morcellement des strophes concourent au caractère primesautier d'un récit dans lequel l'auteur se met en scène avec une certaine distance. Le récit ranime le charme de cette scène campagnarde et juvénile. Mais on perçoit aussi la mélancolie attendrie et parfois amère de l'adulte qui réfléchit, avec le recul, aux occasions perdues.

Délimitez les quatre étapes de l'introduction.

7. Rédiger une introduction de commentaire

Lisez le texte de Guillaume Apollinaire et son paratexte (▶ *Exercice 3*, p. 152), puis rédigez l'introduction du commentaire du poème de Guillaume Apollinaire à partir du plan ci-dessous.

- Un poème-paysage : le tableau de l'automne.
- Un paysage d'automne qui reflète l'émotion intérieure du locuteur.
- Le renouvellement du lyrisme et la modernité poétique.

8. Rédiger une introduction de dissertation

Sujet

Dans *Fantôme d'Orient*, Pierre Loti affirme avoir dans le récit de la rencontre qu'il fit autrefois avec Aziyadé, « inventé », « ajouté », « arrangé », « changé les faits » pour les « besoins » de son livre. Peut-on dire que toute œuvre autobiographique appelle nécessairement cette façon de procéder ?

Entrée en matière : objet d'étude : l'autobiographie.

Présentation du sujet : Pierre Loti, *Fantôme d'Orient*, 1891.

Plan :

- Le récit autobiographique se veut le reflet exact de la réalité.
- Les critères esthétiques amènent à modifier les faits.
- La combinaison entre la réalité et l'imaginaire ne fait-elle pas l'intérêt de l'autobiographie ?

À partir des éléments donnés ci-dessus, rédigez une introduction à la dissertation.

C Écrire une conclusion

9. Repérer les étapes dans une conclusion de commentaire

Nous avons donc montré, au cours de notre étude, que l'écriture de Zola se fonde sur un évident souci de réalisme. En utilisant le vocabulaire de la misère et de la déchéance, il parvient à mettre en relief, dans un contexte sordide, la souffrance de son personnage. Il montre alors avec une acuité terrifiante comment l'indifférence des autres, spectateurs passifs de la souffrance de Gervaise, parvenue au plus haut degré de la misère et de la déchéance, ne peut que la conduire à la mort. Elle s'impose comme l'issue inéluctable de l'exclusion. Ainsi le récit naturaliste n'apparaît-il plus comme une simple reproduction du réel ; il cherche bien à delivrer une vision particulière du monde.

Délimitez les étapes de la conclusion ci-dessus.

10. Rédiger une conclusion de dissertation

Relisez le sujet donné dans l'exercice 4. À partir des éléments suivants, donnés dans le désordre et que vous pourrez transformer, rédigez la conclusion de la dissertation :

a) La poésie engagée n'a de valeur que ponctuelle.

b) Le poète a une mission sociale et politique.

c) Les bons sentiments, les idées ne font pas toujours la bonne poésie.

d) L'objectif du poète est d'atteindre la beauté et non de délivrer un message.

e) La poésie engagée peut avoir une valeur universelle.

Méthode

PRENDRE DES NOTES, RÉSUMER, REFORMULER, SE DOCUMENTER

Acquérir des méthodes de prise de notes, apprendre à chercher et à exploiter des documents sont des étapes essentielles pour accéder à l'autonomie et à l'efficacité dans le travail personnel.

1. Prendre des notes

La prise de notes permet de condenser par écrit **l'essentiel** d'un cours, d'un exposé ou d'un texte long. Il n'existe pas de recette valable pour tous mais, si chacun doit mettre au point sa propre méthode de prise de notes, on peut cependant tirer profit des conseils suivants.

Dégager la logique de l'exposé

- **Pour prendre en notes un exposé oral**, il faut s'appuyer sur les **connecteurs logiques** ou **temporels** (*d'abord, en premier lieu, ensuite*...), les mots-clés, les répétitions, **les formules de transition** ou de **conclusion** qui aident à distinguer les **diverses étapes**.
- **Pour un texte écrit**, il faut chercher les **idées essentielles**, repérer les **articulations logiques** et le **plan** de l'exposé.

Organiser la mise en page

Les notes doivent être claires et faciles à relire. Pour cela, il faut :

- Laisser une marge pour d'éventuels ajouts.
- **Matérialiser le plan** sur sa feuille, **au fur et à mesure** de l'exposé ou de la lecture, en utilisant **numérotation et soulignage** (des numéros et des lettres pour hiérarchiser les parties et sous-parties).
- Aérer la prise de notes en utilisant des alinéas, des blancs.

Utiliser des abréviations

La **difficulté** de la prise de notes, surtout lors d'une intervention orale, tient à la vitesse de parole du locuteur. Il faut donc se créer un **système personnel d'abréviations** qui permette d'écrire très vite. Voici quelques principes généraux.

- **Les abréviations syntaxiques** permettent de raccourcir les phrases ; on peut :
  - **Supprimer les indices grammaticaux** qui ne sont pas indispensables à la compréhension : pronoms personnels sujets, déterminants, **mais pas les connecteurs logiques ni les verbes** !
  - **Raccourcir les groupes syntaxiques**, par exemple en utilisant **l'infinitif** pour exprimer ordre et défense.
- **Les abréviations de mots** ne doivent être utilisées que pour les termes bien connus ; il faut écrire en entier et mettre en évidence les termes nouveaux. On peut :
  - **utiliser des signes mathématiques** et **des symboles** : *paragraphe : § ; travail : W ; impliquer : => ; -tion : t° ; + ; = ; < ; >...*
  - **utiliser des abréviations usuelles** : *tout : tt ; toujours : tjs ; c'est-à-dire : càd ; temps : tps ; longtemps : lgtps ; problème : pb ; mais : ms ; science : sc ; chapitre : ch ; page : p ; personne : pers...*

Relire ses notes

Relire ses notes **très tôt** après la prise permet de les compléter. C'est l'occasion d'**améliorer la présentation** en soulignant de diverses couleurs, en apportant les précisions nécessaires.

Remarque

On doit veiller à ce que les abréviations restent compréhensibles. Les abréviations ne doivent jamais être utilisées dans un travail écrit rédigé.

2. Résumer et reformuler

Résumer consiste à **réduire** le nombre de mots, à exprimer les idées principales d'un texte **en les reformulant**. Il faut donc :

Étudier le texte

Comme pour la prise de notes, on repère les **idées essentielles**, les différents **arguments** et leur organisation (articulations logiques), les **répétitions** et les **exemples**.

Faire un plan du résumé

Sans décalquer le plan du texte, le résumé met en évidence chaque étape importante du raisonnement, conserve les idées essentielles et **supprime** exemples illustratifs et idées redondantes.

Rédiger le résumé

Pour rédiger un résumé, il faut :

• **respecter l'ordre** des idées du texte et adopter le même type de raisonnement.

• **respecter l'énonciation** : un texte à la première personne doit être résumé à la première personne. Il faut utiliser le même registre* que le texte. L'auteur du résumé ne doit pas ajouter de notations personnelles.

• **reformuler** : il faut éviter le montage de citations du texte initial. Il s'agit d'en exprimer les idées dans son propre vocabulaire, ce qui est signe d'une bonne compréhension. Pour cela, on peut utiliser des expressions équivalentes, des **termes englobants** : le groupe nominal *les arbres, les fleurs et les taillis* (7 mots) peut être remplacé par *la végétation* (2 mots).

Attention : à ne pas se contenter d'utiliser des synonymes, cela donne souvent un résultat très maladroit !

S'il faut indiquer le nombre de mots, on se souviendra qu'on appelle mot un ensemble de **lettres successives** : *c'est-à-dire* compte **quatre mots**.

3. Se documenter, préparer un exposé

La préparation d'un exposé, dans le cadre du cours ou des T.P.E., impose **une recherche documentaire personnelle**. Pour être efficace, adoptez une **démarche précise**.

Définir le sujet

Il s'agit d'abord de **cerner le sujet** en partant des **notions générales** contenues dans le **thème** retenu. L'étude des termes et des notions-clés amène à **délimiter un sujet précis**.

Chercher la documentation

Plusieurs sortes de documents sont à votre disposition.

• **Les dictionnaires** :

- **Les dictionnaires de langue** permettent de trouver et d'approfondir le sens des mots ; ils renseignent sur l'étymologie, les différents usages du terme.
- **Les dictionnaires encyclopédiques ou les encyclopédies** s'attachent à faire le tour des connaissances humaines. Ils procèdent par ordre alphabétique ou par thème : il faut alors se référer au sommaire et à l'index.

• **Les ouvrages spécialisés** : vous pouvez vous référer à des atlas, des ouvrages qui abordent un thème précis, des biographies, des périodiques...

• **Les dossiers documentaires** et autres ressources du C.D.I.

• **Internet** : il ne faut y avoir recours que quand la recherche est bien définie, afin d'éviter de « naviguer » au hasard et de se perdre dans les informations.

Analyser et synthétiser les informations

• **La lecture des documents** : pour sélectionner et utiliser les informations, il faut savoir bien lire les documents.

- **La lecture rapide** : pour dégager rapidement l'intérêt d'un document, étudiez le titre, les informations données par la **quatrième de couverture**, la **préface**. Lisez aussi le **dernier chapitre** : il établit souvent un bilan des points traités. Utilisez sommaire, index, lexique, bibliographie et notes qui vous guident dans la lecture de l'ouvrage.
- **La lecture ciblée** permet de ne lire que les passages intéressants pour le sujet à traiter (chapitre, page). Repérez les points importants grâce aux phrases-clés, aux articulations logiques et aux transitions.

• **L'analyse des informations retenues** : elle s'appuie sur une **relecture approfondie** des documents retenus et s'applique à en **dégager les éléments essentiels** pour traiter le sujet ; c'est le moment d'établir des fiches en prenant des notes.

• **Synthétiser les informations** : l'exposé ne doit pas s'en tenir à un montage des informations récoltées. Il faut, comme dans une dissertation, **préciser le problème posé, faire un plan** et **organiser** le développement pour répondre à la question posée.

Méthode

S'EXPRIMER À L'ORAL

Qu'il s'agisse de faire un exposé, de participer à un débat, de présenter une explication suivie d'un entretien lors de l'épreuve anticipée de français, ou de l'oral de présentation des T.P.E., il faut intéresser son auditoire et retenir son attention. Pour cela plusieurs qualités sont nécessaires.

1. La clarté de l'expression

Une expression claire est indispensable pour faciliter la compréhension. Elle s'appuie sur :

• Une voix bien placée

On doit adopter **un ton de voix suffisant** pour être facilement entendu, sans pour autant parler trop fort.

Lors de la **lecture d'un texte**, il faut respecter les pauses de la **ponctuation**, faire les **liaisons**, utiliser les accents d'intensité pour montrer que l'on a compris le sens du texte.

• Un débit régulier et agréable à écouter

Le principal écueil consiste souvent en un débit trop rapide. On doit veiller à sa **vitesse de parole** et souvent la ralentir pour atteindre la bonne vitesse. Pour éviter de parler trop vite, il convient de ne pas lire un texte rédigé, mais des **notes détaillées**, présentées sous forme de plan. On parvient ainsi à parler avec naturel. Il faut aussi **varier les intonations, moduler l'intensité** pour arriver à une prestation vivante.

• Un niveau de langue approprié

On doit utiliser **un niveau de langue courant et correct**, bannir le vocabulaire familier, les expressions argotiques, les tournures de phrase relâchées. Inutile toutefois d'avoir recours à un niveau de langue trop soutenu : souvent mal maîtrisé, il se révèle artificiel et prétentieux.

2. La force de conviction

Une intervention orale a toujours pour but de **convaincre l'auditoire**, qu'il s'agisse d'un examinateur lors d'un examen, de camarades lors d'un exposé. Cela nécessite une certaine présence, qui repose sur :

• L'attitude physique

On doit veiller à **se tenir droit** face à l'auditoire, que l'on soit assis ou debout. Il faut le regarder en face et **rendre son discours vivant** par les ressources du regard, du sourire, des mains.

• La sollicitation de l'auditoire

L'auditoire est d'autant plus convaincu qu'on l'implique dans le discours. Pour cela, il faut avoir recours aux **questions oratoires, susciter les questions**, particulièrement à la fin d'un exposé.

• L'utilisation de divers supports

On peut avoir recours au **tableau** pour écrire les mots difficiles, utiliser un **rétroprojecteur**, des **panneaux**... Cela permet de soutenir l'attention de l'auditoire tout en variant les approches, et évite l'ennui.

• L'organisation du propos

Pour être facilement compris, le discours doit être organisé. Il faut penser à **souligner la logique** de l'exposé par des articulations claires, à ménager des **transitions**, à exprimer explicitement les **conclusions**.

3. La qualité d'écoute

Tout exposé oral suppose que l'on s'adresse à un interlocuteur dont il convient de respecter les interventions. C'est particulièrement sensible lors **d'un entretien ou d'un débat**.

• L'entretien

Il consiste en un échange avec le ou les examinateurs (dans le cas des T.P.E.) qui posent des questions. Il faut être très attentif au **contenu des questions** pour en analyser le sens et ne pas précipiter la réponse ; cette dernière doit être **structurée, argumentée et précise**.

• Le débat

Tout débat doit se dérouler dans une **atmosphère sereine et courtoise.** Les interlocuteurs doivent **prendre la parole à tour de rôle**, quand le président de séance la leur donne. Il convient de laisser à toutes les opinions la possibilité de s'exprimer et d'**éviter toute mise en cause** ou **agression verbale** de l'interlocuteur.

PRÉSENTER UN DEVOIR

Un devoir écrit sera d'autant plus apprécié qu'il sera aisément déchiffrable. Une écriture peu soignée, une présentation négligée ou trop fantaisiste peuvent nuire à la lisibilité des travaux écrits qu'ils soient manuscrits ou faits sur traitement de texte.

1. La mise en page

Les pages rédigées d'un seul bloc découragent la lecture : il faut aérer la page tout en définissant une **hiérarchie dans les contenus**, que le travail soit manuscrit ou en traitement de texte. On doit donc prévoir :

- une marge à gauche ou à droite, en prenant garde de couper les mots selon les syllabes ;
- un **saut** de plusieurs lignes pour **séparer nettement l'introduction et la conclusion du corps du devoir** (sans faire apparaître la mention « introduction », « première partie », etc.) ;
- un saut d'une ou deux lignes pour **séparer les grandes parties du devoir** ;
- des alinéas (avec un retrait par rapport à la marge) pour signaler les paragraphes et permettre le repérage des sous-parties ;
- la **numérotation des pages** par rapport au nombre total des pages du devoir (1/X ; 2/X, etc.).

2. La typograpie, la ponctuation, les majuscules, les accents

Les signes typographiques, la ponctuation (► p. 138), les majuscules, les accents constituent un appui essentiel de la lecture. Ils aident à la lecture en **mettant en évidence des unités de sens**. On veillera donc à respecter les règles suivantes :

- utiliser une typographie **lisible** (une police de caractère, une taille de police, un interligne confortables en traitement de texte).
- **souligner les titres** des œuvres dans un texte manuscrit et mettre en italique titres de livres, de journaux, de revues en traitement de texte.
- mettre **les majuscules**, en particulier **dans les titres** ; l'article défini précédant un nom propre se met en italique s'il fait partie du nom (*Les Misérables* mais l'*Odyssée*, *Le Rouge et le Noir*) ; seul le mot initial prend la majuscule, quand le titre ne commence pas par un article défini (*De l'esprit des lois, Une saison en enfer*), dans les titres en forme de phrase (*Le roi s'amuse*) ; mais on écrira *La Belle et la Bête, Les Liaisons dangereuses, Le Dernier jour d'un condamné, Le Petit Chaperon rouge.*
- utiliser correctement **les guillemets, les tirets, les parenthèses** : les parenthèses et tirets servent à ajouter un élément complémentaire. Toutefois des points de suspension entre parenthèses (ou entre crochets) signalent une coupure dans le texte. Les **guillemets** introduisent une **parole rapportée** directement ou encadrent une **citation.** Ils servent aussi à isoler un terme que le locuteur ne prend pas à son compte. Parenthèses et guillemets s'emploient par couples.
- **mettre les accents** : ils ont une **valeur phonétique**, **étymologique** et aussi **distinctive**, particulièrement l'accent grave (a / à ; ou / où) et l'accent circonflexe (du / dû ; tache / tâche, etc.). Le tréma a aussi une valeur distinctive (ambiguïté/ambigu/ambiguë).

3. Le devoir en traitement de texte

• Selon le type d'écrit, on pourra le présenter comme un devoir manuscrit (voir ci-dessus) ou signaler les parties avec des numéros, des lettres, des titres ; ce sera le cas, par exemple, pour un dossier (TPE ou autre...). On pourra aussi utiliser :

- les bas de page (pour les numéros de pages) et les en-têtes ;
- l'italique et le gras, les petites majuscules, l'exposant, les caractères spéciaux et symboles ;
- l'appel de notes ;
- le saut de page, de section, de colonne ;
- la justification à droite, à gauche, ou le centrage du texte et des titres...

• Le traitement de texte permet aussi d'insérer des tableaux, des graphiques, des schémas, de jouer sur les couleurs... toutes possibilités qu'il convient d'utiliser à bon escient pour faciliter la lecture.

4 Les épreuves du bac

BLEU
BLANC
NOIR
ROUGE

L'ÉTUDE DU CORPUS ET LA QUESTION PRÉALABLE

Le sujet de l'épreuve écrite de français propose un corpus de textes représentatifs des objets d'étude du programme, textes, œuvre intégrale brève ou extrait long, parfois accompagnés de documents écrits ou iconographiques. La partie principale de l'épreuve, le travail d'écriture (commentaire, dissertation ou écriture d'invention), est précédée et préparée par une ou deux questions préalables, « appelant des réponses rédigées ». Ces questions font appel aux « compétences de lecture » des candidats et « les invitent à établir des relations entre les différents documents et à en proposer des interprétations » (*B.O. n° 46 du 14 décembre 2006*).*

L'étude du corpus et le traitement des questions préalables supposent une démarche méthodique.

1. Étudier le corpus

Identifier les objets d'étude du corpus et définir son contenu

Une première lecture du corpus et un examen attentif du **paratexte** de chaque texte (chapeau, références, notes) ou des **légendes** permettent d'identifier :

- l'objet ou les objets d'étude croisés du corpus, indiqués explicitement par le sujet d'examen ;
- les éléments du corpus (textes, documents iconographiques) ;
- la nature des textes (littéraires ou non littéraires) ;
- la nature des documents écrits ou du document iconographique (tableau, dessin, photographie, encart publicitaire, caricature de presse) ;
- l'époque à laquelle chaque œuvre a été réalisée ;
- les différents auteurs.

Lire et observer les textes du corpus

- Le travail de compréhension et d'interprétation, demandé par les questions préalables, appelle la caractérisation précise et la confrontation des textes. Ces derniers sont regroupés autour d'une **problématique*** qu'il convient d'identifier.
- **Caractériser** chaque texte suppose que l'on identifie le **thème** du texte, le **genre littéraire** et le **mouvement littéraire** auxquels il se rattache, le ou les **registres***, les **types de discours*** et la **situation d'énonciation*** qu'il présente.
- **Confronter** les textes revient à dégager des relations de **convergence** ou d'**opposition** entre les textes (communauté ou différence de thème ou d'opinion, de genre*, de registre, de composition, d'époque, etc.). La confrontation s'étend aux autres documents, dont il importe de **préciser le rôle dans le corpus** (éclairage apporté aux textes, complément d'information ou illustration).
- Ces deux opérations permettent de **cerner** et de **formuler la problématique** du corpus, étape indispensable pour traiter convenablement les questions préalables et les travaux d'écriture.

2. Comprendre et traiter la question préalable

- La question préalable peut avoir une forme interrogative ou comporter une **consigne** précisant la tâche à accomplir (observer et rechercher, identifier, analyser, montrer ou expliquer, justifier).
- Le repérage des **mots-clés** permet de préciser les points sur lesquels porte le questionnement et fait éventuellement surgir des questions implicites.
- Les réponses **rédigées** seront **brèves** et **argumentées.** Elles s'appuieront sur l'étude des textes en sélectionnant quelques éléments significatifs, sans proposer une analyse complète et détaillée.

Conseils — **Pour bien gérer son temps à l'examen**

Lisez et observez très attentivement le ou les textes du corpus mais répondez brièvement à la question préalable : son traitement ne doit pas se faire au détriment du travail d'écriture.

LE COMMENTAIRE

« En séries générales, le candidat compose un devoir qui présente de manière organisée ce qu'il a retenu de sa lecture, et justifie son interprétation et ses jugements personnels. En séries technologiques, le sujet est formulé de manière à guider le candidat dans son travail » (B. O. n° 46 du 14 décembre 2006).
Le commentaire consiste à rendre compte par écrit de la lecture d'un texte littéraire. Dans les séries générales, il développe un jugement personnel ; dans les séries technologiques, un parcours de lecture est proposé au candidat. Dans les deux cas, le commentaire met en valeur la singularité du texte et répond de manière organisée et argumentée à un projet de lecture nettement défini.

1. Lire et examiner méthodiquement le texte

Lire le texte

Le texte à commenter fait partie d'un corpus (textes et documents iconographiques, représentatifs d'un ou plusieurs des objets d'étude au programme et réunis autour d'un thème, d'un problème littéraire communs). La première lecture du texte permet de cerner son contenu global ; les documents du corpus et la question préalable guident cette lecture et ouvrent des pistes pour la compréhension du texte.

Examiner le paratexte*

Le paratexte apporte des informations sur l'auteur, l'œuvre dont le texte est extrait et sa date de parution, son contexte littéraire ou historique, la situation du texte dans l'œuvre.

Examiner méthodiquement le texte

L'examen du texte a pour but de le caractériser précisément, d'en dégager la spécificité, afin de proposer un projet de lecture pertinent. Quel que soit le texte, l'examen méthodique consiste à :

- définir le **genre***, le **registre***, les **formes de discours*** (► pp. 117,121,122) ;
- définir la situation de communication* et étudier l'**énonciation*** (► pp. 66 et suivantes) ;
- étudier précisément les principaux procédés d'écriture :
  - les **procédés lexicaux** (le vocabulaire concret ou abstrait, les champs lexicaux, les réseaux de significations, la polysémie*, les connotations*, les niveaux de langue (► pp. 58 et suivantes) ;
  - les **procédés grammaticaux** (les temps verbaux, les modes, la phrase, la ponctuation (► pp. 72 à 75, 92 à 95 et 138) ;
  - les **procédés rhétoriques** (► pp. 173 et suivantes) ;
  - le **rythme** et les **sonorités** (► pp. 106 et 316).
- dégager la **composition du texte**, en prenant appui sur les constats précédents et sur l'observation de la disposition typographique (paragraphes, strophes, blancs, tirets, etc.)
- étudier les marques spécifiques au genre du texte : texte narratif (► pp. 214 et suivantes), texte poétique en vers, à forme fixe ou en prose (► pp. 316 et suivantes), texte théâtral (► pp. 272-273), dialogue, apologue* ou essai* (► p. 186).

2. Préparer le commentaire

Préparer le commentaire consiste d'abord à **définir un projet de lecture**. Ce projet est ensuite **développé** par une étude précise du texte, qui en **vérifie la validité** et aboutit à une **interprétation personnelle**. L'étude doit être présentée de façon ordonnée, **selon un plan**.

Définir le projet de lecture

Le projet de lecture propose une perspective de lecture prenant en compte **la spécificité et les enjeux** du texte que l'examen méthodique a fait émerger. Le projet de lecture doit être énoncé clairement.

Élaborer le plan du commentaire

Le commentaire valide le projet de lecture par des remarques de détail sur le texte. Les remarques **convergentes ou complémentaires se regroupent autour d'une même idée**. Ce classement permet de **dégager deux ou trois idées directrices**, dont chacune met en valeur un aspect caractéristique, un enjeu du texte.

Plusieurs modes d'organisation sont possibles pour **élaborer le plan** du commentaire :

- le commentaire s'organise autour de **deux ou trois enjeux** du texte, en allant **du moins important au plus important** ;
- il part d'une **observation extérieure** du texte pour aller vers une **interprétation plus profonde** ;
- il peut aussi **suivre le mouvement du texte**, à condition de dégager l'intérêt d'une telle démarche.

3. Rédiger le commentaire

Le commentaire propose une interprétation personnelle du texte qu'il commente ; pour la justifier, il se construit comme **une argumentation rigoureuse, appuyée sur des références précises au texte**. Il comporte une introduction, un développement ordonné et une conclusion. L'**articulation des paragraphes**, les **transitions entre les parties** et l'**insertion des citations** dans le commentaire doivent être l'objet d'une attention particulière.

L'introduction

Elle comporte **quatre étapes** (► pp. 150-151) :

- une entrée en matière comprenant une présentation du thème et/ou des éléments biographiques pertinents et/ou une présentation du contexte littéraire ou historique ;
- une présentation brève du texte (date, auteur, genre*, registre*, thème principal) ;
- l'énoncé du projet de lecture ;
- l'annonce du plan.

Le développement

Il s'organise en **deux ou trois parties de longueur à peu près égale**, qui s'enchaînent et se complètent. Chaque partie repose sur une idée directrice et doit comporter :

- une phrase introductive qui rappelle l'idée directrice ;
- deux ou trois paragraphes présentant des arguments, appuyés sur des citations illustrant, expliquant et justifiant l'interprétation proposée (► pp. 150-151) ;
- une phrase conclusive, établissant un bilan partiel et assurant la transition avec la partie suivante.

La conclusion

Elle comporte :

- un **bilan** de l'étude validant le projet de lecture énoncé dans l'introduction ;
- un **élargissement** qui peut être une mise en relation avec les autres textes ou documents du corpus, avec d'autres textes du même auteur ou d'auteurs différents traitant du même thème (► pp. 150-151).

4. Le cas particulier du commentaire comparé

L'objectif de l'exercice

L'exercice porte sur l'étude simultanée de deux textes présentant des ressemblances thématiques et/ou formelles. Il s'agit de les comparer pour dégager les spécificités et l'originalité de chacun d'eux, ainsi que leurs points communs.

Préparer le commentaire comparé

Chacun des deux textes est étudié séparément, selon l'approche définie précédemment. En rapprochant les deux études, on peut **dégager des ressemblances et des différences** entre les deux textes.

Élaborer le plan du commentaire

- Il faut se garder de composer le devoir de manière simpliste en adoptant le plan suivant : d'une part, les ressemblances, d'autre part, les différences. Celles-ci doivent, en effet, apparaître au fur et à mesure du commentaire, construit selon deux ou trois idées directrices.
- Le plan découle du projet d'étude défini, c'est-à-dire de la perspective selon laquelle est menée la confrontation des deux textes.

5. L'écriture et la présentation du commentaire

Il faut respecter les règles de l'orthographe et de la grammaire, utiliser convenablement la ponctuation, un vocabulaire précis, un niveau de langue approprié. On veillera à la précision et à l'exactitude dans l'utilisation de la terminologie (les termes « techniques » du commentaire de texte).

LA DISSERTATION

« La dissertation consiste à conduire une réflexion personnelle et argumentée à partir d'une problématique littéraire issue du programme de français. Pour développer son argumentation, le candidat s'appuie sur les textes dont il dispose, sur les "objets d'étude" de la classe de première, ainsi que sur ses lectures et sa culture personnelle » (B.O. n° 46 du 14 décembre 2006).

Traiter un sujet de dissertation impose une démarche en quatre étapes : l'analyse du sujet, la recherche des idées, l'élaboration d'un plan et *la rédaction des différentes parties de la dissertation, qui obéit à des règles précises.*

1. Analyser le sujet

Étudier l'énoncé du sujet

- Analyser le sujet consiste d'abord à identifier la **nature** de l'énoncé, **question** ou **citation extraite** d'un des textes du corpus.
- L'intitulé du sujet peut demander d'**expliquer** un point de vue, d'en **démontrer la validité**, de **discuter** et de **nuancer** l'opinion d'un critique ou d'un auteur, d'**exprimer une opinion personnelle** à partir d'un point de vue donné.

Dégager le problème posé

Il s'agit de **dégager la question fondamentale** posée par l'énoncé du sujet. Ce dernier ne pose pas toujours explicitement le problème. Il faut alors faire surgir les **questions implicites** qu'il contient.

Conseils — **Pour analyser le sujet**

- Identifiez la consigne donnée dans l'intitulé (« *vous expliquerez...* », « *vous justifierez...* », « *vous commenterez et discuterez...* », « *peut-on dire que...* », « *partagez-vous l'opinion de...* »).
- Repérez et analysez les **mots-clés** de l'énoncé : **notions littéraires** en rapport avec l'objet ou les objets d'étude concernés, références à des œuvres, des auteurs, des mouvements.
- Cernez le domaine général (*la création poétique*, par exemple), puis le point précis abordé par le sujet (*la part du travail et celle de l'inspiration dans la création poétique*).
- Reformulez l'énoncé sous la forme d'une question simple (*Qu'est-ce qui fait le poète, le travail ou l'inspiration ?*).

2. Rechercher des idées

Se référer à l'objet d'étude

Le problème posé se rattache à **un ou plusieurs objets d'étude abordés dans l'année**. Il faut rassembler les **connaissances acquises** et **sélectionner** parmi elles des références, des idées, des exemples permettant de traiter le sujet.

Exploiter le corpus

- Il faut repérer dans les **textes du corpus** les **idées**, les **arguments**, les **exemples** qui apportent des éléments de réponse à la question posée.
- Ces textes peuvent exprimer un point de vue identique, mais ils exposent souvent des **points de vue différents**, fournissant ainsi des **idées contradictoires** permettant de nourrir le débat engagé dans la dissertation.

Exploiter les lectures et les connaissances personnelles

Il faut aussi mobiliser l'ensemble des connaissances personnelles sur un sujet donné : lectures d'œuvres susceptibles de compléter le corpus, **spectacles, sorties culturelles**. Ce sont autant d'**exemples** permettant d'enrichir la réflexion et d'illustrer des arguments.

Conseils — **Pour rechercher des idées**

- Relisez les textes du corpus, **sélectionnez** et notez au brouillon les **arguments et les exemples** qui apportent des éléments de réponse à la question posée.
- Établissez une **liste précise des textes abordés en classe** et de vos **lectures personnelles.** Cernez précisément leur lien avec le problème posé et notez au brouillon les références, les idées, les exemples pouvant être utilisés pour traiter le sujet.

3. Élaborer un plan

Vous devez présenter une **réflexion organisée** et **convaincante**. La qualité de votre devoir dépend beaucoup de la pertinence de son plan. La recherche précédente conduit à dégager des **idées directrices, des arguments, des exemples**. Leur organisation dépend de la démarche exigée par le sujet.

- Pour **expliquer** un point de vue, il faut exposer la thèse soutenue, dégager ses implications implicites et, éventuellement, faire apparaître ses limites.
- Pour **démontrer la validité** d'un point de vue, il faut exposer la thèse soutenue, puis la **justifier** par des arguments et des exemples, selon un **plan progressif** (de l'argument accessoire à l'argument essentiel, par exemple).
- Pour **discuter** et **nuancer** l'opinion d'un critique ou d'un auteur, il faut développer la thèse soutenue, puis la justifier partiellement (concession). Ensuite, on doit faire apparaître les limites de cette thèse, en formulant des objections, en développant des arguments opposés à la thèse soutenue.
- Si le sujet demande d'**exprimer une opinion personnelle** à propos d'une thèse donnée, on doit développer cette thèse. Ensuite, soit **on exprime une opinion favorable** à la thèse, soit on la réfute par des arguments opposés et des contre-exemples, soit on **propose une opinion personnelle**, qui pose le problème en des termes plus pertinents.

Conseils — **Pour élaborer le plan**

- Choisissez un type de plan adapté au sujet posé.
- Avant de rédiger, **élaborez un plan détaillé** mentionnant les grandes parties de la dissertation mais aussi les sous-parties, chaque sous-partie correspondant à un paragraphe argumentatif (▸ pp. 150-151).
- **Classez** les arguments et les exemples de façon rigoureuse, de façon à constituer des paragraphes (▸ pp. 150-151).
- Organisez votre brouillon de façon méthodique (une page distincte pour chaque étape, une présentation aérée de la page afin de pouvoir insérer arguments et exemples supplémentaires).

4. Rédiger la dissertation

La dissertation est une **argumentation rigoureuse**, qui justifie et illustre toute affirmation à l'aide de références et d'exemples précis. Elle comporte une introduction, un développement et une conclusion. L'**articulation des paragraphes**, les **transitions** entre les parties et l'insertion des citations doivent être l'objet d'une attention particulière.

L'introduction

Elle doit :

- **amener le sujet** par une réflexion générale en rapport avec lui, en le rapprochant de l'objet d'étude notamment ;
- **énoncer le sujet** ; s'il ne comporte pas de citation, on le reproduit ou on le reformule ; s'il comporte une **citation brève**, on insère la citation dans une phrase ; si la citation est longue, on la reformule brièvement ;
- **dégager le problème posé**, sous la forme d'une question éventuellement ; le problème doit être énoncé très clairement ;
- **annoncer** en deux ou trois phrases le **plan choisi**.

Le développement

Il répond au problème posé dans l'introduction, en deux ou trois parties de longueur à peu près égale, qui s'enchaînent et se complètent.
Chaque partie repose sur une idée directrice et comporte :

- une **phrase introductive** qui énonce l'**idée directrice** ;
- **deux ou trois paragraphes**, correspondant chacun à un **argument** illustré par des citations extraites des textes du corpus ou par des **exemples** empruntés aux œuvres étudiées dans l'année et à vos lectures personnelles ;
- une **transition**, phrase conclusive établissant un bilan partiel et introduisant la partie suivante.

La conclusion

Elle doit comporter :

- un **bilan** de la réflexion ;
- une **prise de position claire** sur la question posée par le sujet ;
- un **élargissement** mettant le problème posé en relation avec une question plus large.

L'écriture et la présentation de la dissertation

On veillera à respecter la **correction de la langue** (▸ pp. 138-139, 142-143, 146). On prendra garde également à utiliser un **niveau de langue approprié**, un **vocabulaire précis**, sans impropriétés ni néologismes ; on veillera enfin à la précision et à l'exactitude dans l'utilisation de la **terminologie**.

L'ÉCRITURE D'INVENTION

L'écriture d'invention « teste l'aptitude du candidat à lire et comprendre un texte, à en saisir les enjeux, à percevoir les caractères singuliers de son écriture. Elle permet [...] de mettre en œuvre d'autres formes d'écriture que celle de la dissertation ou du commentaire. Il doit écrire un texte, en liaison avec celui ou ceux du corpus, et en fonction d'un certain nombre de consignes rendues explicites par le libellé du sujet » (B.O. n° 46 du 14 décembre 2006).
L'écriture d'invention sollicite explicitement les compétences de lecture et d'écriture du candidat. Quel que soit le travail d'écriture demandé, il doit nécessairement s'interroger sur la spécificité des textes du corpus, comprendre la consigne et procéder à une préparation rigoureuse avant de rédiger.

1. Lire et analyser les textes du corpus

Tout travail d'écriture d'invention repose sur **l'identification des caractéristiques principales du texte ou des textes d'appui** (► *L'étude du corpus*, p. 160).

2. Comprendre la consigne

Le **travail d'invention** se poursuit avec l'analyse de la **consigne**.
Si elle sollicite la créativité, l'écriture d'invention n'en est pas moins **une écriture « sous contrainte »**. Il faut définir le **type de travail d'écriture attendu** et cerner précisément les **contraintes d'écriture** qu'il impose. La consigne n'est pas toujours détaillée et explicite. Il conviendra alors de dégager les contraintes d'écriture implicites. Car la compréhension de la consigne conditionne en grande partie la réussite du devoir.

Conseils — **Pour préciser et clarifier la consigne**

À partir d'une lecture attentive de la consigne et du relevé des mots-clés, on se posera les questions suivantes :

- faut-il transformer, transposer ou imiter un texte d'appui ?
- faut-il produire un écrit argumentatif (article, lettre, monologue délibératif*, dialogue, discours, essai*, apologue* ou fable) ?
- qui est l'énonciateur imposé par la consigne ? qui est le destinataire ?
- de quoi faut-il parler ?
- quel est l'effet à produire ? quel est le registre* imposé ou suggéré ?

3. Pratiquer l'écriture d'invention

Les différentes formes d'écriture d'invention

L'écriture d'invention prend des formes variées, chaque type de production présentant des objectifs et des choix d'écriture spécifiques. Produire un écrit d'invention peut consister à :

- **transformer un texte** : il s'agit le plus souvent de l'amplifier*, par exemple en développant une ellipse* narrative, en insérant un dialogue, en proposant une suite ;
- **transposer un texte** : il s'agit de faire varier des données essentielles du texte d'appui : le genre*, le registre*, le narrateur*, le point de vue*, etc.
- **imiter un texte** : il s'agit de pratiquer différents types de réécriture, notamment le **pastiche (imitation de l'écriture** d'un auteur) et la **parodie** (imitation et détournement d'un texte dans **une intention explicitement comique ou satirique***) ;
- **produire un texte argumentatif** : l'invention (c'est le sens latin du terme) consiste à rechercher des arguments en fonction d'un sujet donné, d'un objectif et d'un destinataire précis.

L'écriture d'invention au baccalauréat

Au baccalauréat, l'écriture d'invention peut s'exercer dans un cadre **argumentatif** :
« - *article (éditorial, article polémique, article critique – éloge ou blâme –, droit de réponse) ;*
- *lettre (correspondance avec un destinataire défini dans le libellé du sujet, lettre destinée au courrier des lecteurs, lettre ouverte, lettre fictive d'un des personnages présents dans un des textes du corpus...) ;*
- *monologue délibératif*, dialogue (y compris le dialogue théâtral) ;*

- discours devant une assemblée ;
- récit à visée argumentative sous forme de fable, d'apologue... »*

Lorsqu'elle concerne le genre narratif, l'écriture d'invention peut impliquer les transformations suivantes :

« - des transpositions : changements de genre, de registre, ou de point de vue ;
- ou des amplifications : insertion d'une description ou d'un dialogue dans un récit, poursuite d'un texte, développement d'une ellipse narrative... »

Produire un écrit d'invention argumentatif

Comme toute autre forme d'écriture d'invention, la production d'**un écrit d'invention argumentatif** repose sur une analyse précise des consignes données par le libellé.

Conseils **Pour analyser la consigne**

On se posera les questions suivantes :

- **quel est le problème posé ?**
- **quelle situation d'énonciation* faut-il choisir ?**
- **quelle stratégie argumentative doit-on adopter : s'agit-il de poursuivre une argumentation ? de développer ou, au contraire, de réfuter une thèse ? de discuter un point de vue ?**
- **dans quel genre faut-il inscrire l'argumentation ?**

L'écrit d'invention argumentatif présente, de façon organisée, **des arguments et des exemples répondant au problème posé.** L'argumentation s'inscrit dans le genre prescrit par la consigne.

- Écrire un **article** suppose le respect de contraintes formelles (présence d'un titre explicite, éventuellement d'un chapeau résumant l'idée directrice de l'article), de la situation d'énonciation*, du registre*, des choix d'écriture requis par le type d'article (un éditorial, par exemple, se caractérisera par une structure logique et une conclusion exprimant un jugement).

- Rédiger une **lettre** impose de prendre en compte les contraintes formelles de la lettre, ainsi que la situation d'énonciation* et le registre* imposés par le type de lettre (lettre privée, lettre ouverte).

- Écrire un **monologue délibératif*** demande de recourir au style direct, à la première personne du singulier ; la progression des arguments est organisée, orientée par l'objectif du monologue (prendre une décision, par exemple) ; on peut faire intervenir des interlocuteurs fictifs (adversaires ou alliés).

- Écrire un **dialogue** implique le respect de la forme dialoguée (avec deux interlocuteurs au moins), la caractérisation des interlocuteurs, la confrontation d'opinions diverses ou opposées.

- Rédiger un **discours*** suppose que l'on soit attentif à son caractère oral, à sa composition, au choix des procédés rhétoriques visant à convaincre* ou à persuader* le destinataire.

- Écrire un **apologue*** suppose que l'on respecte son exigence de brièveté, sa forme narrative, sa visée didactique*.

- Écrire une **fable** implique le respect d'une situation d'énonciation particulière (un récit bref commenté de manière plus ou moins développée par un narrateur s'exprimant souvent à la première personne) ; la fable peut être en vers ou en prose et suppose une morale énoncée explicitement ou demeurant implicite.

Transposer ou amplifier un texte narratif

- La transposition d'un texte narratif peut amener à **modifier un ou plusieurs éléments.** On pourra :

- transposer dans un nouveau contexte en changeant le cadre (époque, lieu...), le statut social, les comportements et les mentalités des personnages, le langage (vocabulaire, syntaxe, niveaux de langue) ;
- changer le point de vue ou le mode de narration si un événement est vu par un autre personnage ou raconté par un autre narrateur ;
- transposer un texte narratif dans un genre différent (extrait de roman en scène de théâtre, en scénario de cinéma...), en adoptant les règles d'écriture du nouveau genre (dialogues, didascalies...) et en changeant le système énonciatif (pronoms personnels, temps verbaux, niveaux de langue, termes évaluatifs...) ;
- transposer un récit dans un autre registre, en réutilisant les procédés particuliers au nouveau registre.

- Pour **amplifier un texte narratif**, on pourra :

- introduire ou développer une description ou un dialogue ;
- raconter en détail des faits rapidement évoqués ou développer une ellipse narrative ;
- inventer une suite au récit.

Dans tous les cas, il conviendra de respecter la situation d'énonciation, le mode de narration et le registre du récit initial, sauf indication contraire du libellé du sujet.

L'ÉPREUVE ORALE

« L'examen oral a pour but d'évaluer la capacité du candidat à mobiliser ses connaissances. Il doit lui permettre de manifester ses compétences de lecture, d'exprimer une sensibilité et une culture personnelles, et de manifester sa maîtrise de l'expression orale ainsi que son aptitude à dialoguer avec l'examinateur » (B.O. n° 26 du 28 juin 2001).

L'épreuve comporte deux étapes d'égale importance :

- la lecture analytique d'un texte littéraire, orientée par une question ;

- un entretien.

Le texte fait partie d'un groupement de textes ou est extrait d'une œuvre intégrale, abordés dans l'année et liés aux objets d'étude au programme.

1. La première partie de l'épreuve

L'examinateur propose au candidat un extrait, accompagné d'une question qui oriente la lecture et permet d'organiser une réponse. Le candidat s'efforce « *non de faire une étude "complète" du passage proposé, mais de répondre à la question posée, à partir d'une observation précise du texte* ».

L'exposé oral constituant la première partie de l'épreuve doit **être préparé de façon méthodique**.

Conseils — **Pour préparer l'exposé oral**

La préparation de l'exposé oral se fait par étapes :

- analysez la question posée ;
- relisez le texte à la lumière de cette question ; à partir de l'observation du paratexte*, du repérage des thèmes majeurs de l'extrait, de l'identification de son genre* et de son registre*, à partir du repérage et de l'interprétation des choix lexicaux, grammaticaux et rhétoriques de l'auteur, **choisissez les éléments permettant de répondre à la question posée** et sélectionnez les **citations** justifiant la lecture proposée.
- faites le choix **d'une démarche, d'une organisation** pertinente qui rende compte de votre lecture, sans perdre de vue la question qui l'oriente.

La **présentation de la lecture analytique** comporte quatre étapes. Il faut :

- **introduire** le texte, c'est-à-dire présenter le texte (auteur, titre et date de parution de l'œuvre d'où est extrait le texte), le **situer** et **annoncer la démarche** adoptée pour l'exposé ;
- **lire** le texte à haute voix ;
- **présenter un exposé argumenté**, dont l'organisation est libre mais à justifier : l'exposé s'appuie sur une étude de l'écriture du texte ;
- **conclure** par un bref bilan, une mise en relation avec l'œuvre ou les autres textes du groupement, un jugement personnel.

2. La deuxième partie de l'épreuve

L'examinateur pose des **questions élargissant la réflexion** par une **mise en relation du texte** étudié avec un des éléments suivants :

- **le groupement de textes ou l'œuvre intégrale** d'où est extrait le texte ;
- **l'objet d'étude** auquel se rattache le texte ; dans ce cas, l'examinateur propose parfois un nouveau texte, proche de ceux présentés par le candidat ;
- **les lectures cursives** relevant du même objet d'étude, les connaissances artistiques et culturelles, l'expérience de spectateur dans le cas notamment d'un texte de théâtre.

Conseils — **Pour la deuxième partie de l'épreuve**

- **Identifiez** la mise en relation demandée,
- présentez une **réponse argumentée**, prenant appui sur des **références précises** (sans réciter un cours, ni entreprendre une analyse détaillée du nouveau texte éventuellement proposé).

Dans les deux parties de l'épreuve, évitez le langage familier, veillez à la correction grammaticale des phrases et à l'emploi d'un vocabulaire approprié.

5 Les objets d'étude

1 Argumenter :
démontrer, convaincre, persuader et délibérer

1 • Qui sont les personnages principaux ?

2 • Quelle est la particularité des bulles ?

3 • Que cherche à nous faire comprendre Quino par ce dessin ?

Joaquin Salvador Lavado, dit QUINO (né en 1932), *Ça va les affaires ?*, 1987.

L'ARGUMENTATION : DÉFINITIONS ET ENJEUX

1. Définitions

• Une argumentation est **un discours écrit ou oral, littéraire ou non littéraire** ; le discours argumentatif a pour but de **faire adhérer le destinataire à une thèse** (idée, opinion ou proposition) ou bien de lui **faire rejeter la thèse adverse**.

• Le discours argumentatif veut **agir sur autrui** en modifiant les savoirs, les croyances ou les opinions de son destinataire.

• **Convaincre**, c'est utiliser des arguments logiques, qui s'adressent à la raison.

• **Persuader**, c'est utiliser des arguments affectifs, qui s'adressent à la sensibilité.

2. Démontrer, convaincre, persuader, délibérer

• **Démontrer**, c'est partir d'une hypothèse, c'est-à-dire d'une **proposition donnée comme vraie** (généralement un axiome ou une définition), et mener un **raisonnement déductif** (appliquant une loi générale à un cas particulier) qui conduit à une conclusion irréfutable. La démonstration est une démarche scientifique.

Exemple : « Un carré est un losange rectangle ; or les diagonales d'un losange se coupent à angle droit ; donc les diagonales du carré se coupent à angle droit. »

• **Convaincre**, c'est aussi utiliser des raisonnements logiques, mais les hypothèses de départ peuvent être **subjectives** ou fondées sur des **valeurs couramment admises** :

« La démocratie est un État où le peuple est souverain. C'est donc le peuple qui doit voter les lois les plus importantes. »

• **Persuader** consiste à modifier l'opinion d'autrui en faisant appel à ses **sentiments et à ses émotions** : crainte, pitié, admiration, envie, mépris, rire, etc. Ainsi, on ridiculise son adversaire ou on le présente comme dangereux. La **publicité** est une forme de persuasion : elle veut provoquer le désir de l'objet vanté.

Quand on veut **convaincre**, on cherche des arguments **logiques**, donc valables **pour tous** ; quand on **persuade**, on utilise des arguments **affectifs**, qui varient **selon l'auditoire**.

Pour faire adhérer à sa thèse, on utilise souvent les deux procédés.

• **Délibérer**, c'est prendre une décision ou adopter une opinion à l'issue d'une confrontation d'idées.

3. Origine et enjeux

• L'étude des **techniques d'argumentation** (la **rhétorique**) existe depuis l'Antiquité grecque.

Elle est née au Ve siècle avant J.-C., lors de la chute de la tyrannie en Sicile (grecque à l'époque) : la redistribution des terres jadis confisquées par les tyrans occasionna de nombreux procès où il fallait convaincre les juges de son bon droit. Des professeurs de rhétorique commencèrent à apparaître. Cette origine montre le lien entre **rhétorique et démocratie**.

• La rhétorique permet de régler les conflits pacifiquement, par la parole et par la négociation ; elle distingue **trois genres de discours** (ou **genres oratoires**) :

Genres oratoires	**Judiciaire**	**Délibératif**	**Épidictique**
Auditoire	Juges	Assemblée	Spectateurs d'une cérémonie
Intention (acte de langage)	Accuser / Défendre	Conseiller / Déconseiller	Louer / Blâmer
Époque concernée	Passé	Futur	Passé / Présent
Technique argumentative	Déduction	Exemples du passé ou du présent (induction)	Amplification des qualités / défauts
Textes	Plaidoyer / Réquisitoire	Discours politiques / Conseils privés / Décisions personnelles	Éloges / Blâmes (► *L'éloge et le blâme*, p. 182)
Décision de l'auditoire souhaitée par le locuteur	Verdict (condamnation / Acquittement)	Décision engageant l'avenir de l'auditeur	Admiration, affection / rejet, haine, mépris

Dans un même texte, plusieurs genres oratoires peuvent se mêler : par exemple un plaidoyer (genre **judiciaire**) contiendra souvent un éloge (genre **épidictique**) de la personne défendue.

CONVAINCRE ET PERSUADER

Convaincre ou persuader, c'est agir sur le destinataire de son discours. On agit sur sa raison par des arguments rationnels, et sur sa sensibilité par des arguments affectifs.
Pour convaincre, on argumente en faveur de sa thèse en utilisant des preuves logiques : on peut utiliser le raisonnement déductif, le raisonnement inductif, et des raisonnements de type mathématique. Ces raisonnements viennent à l'appui des arguments, c'est-à-dire des idées qui étayent la thèse que l'on veut défendre.

1. RAISONNEMENTS ET ARGUMENTS LOGIQUES

1. Le raisonnement déductif

• Définition

Il part d'un principe général qu'il applique à un cas particulier :

> Les efforts finissent toujours par payer ; je continue donc à travailler.

Sa forme explicite est le **syllogisme**, qui comporte trois parties :

- une proposition générale appelée **prémisse** ;
- un cas particulier de la proposition générale appelée seconde **prémisse** ;
- la **conclusion** qui montre l'application du général au particulier.

> « Tous les hommes sont mortels ; or Socrate est un homme ; donc il est mortel. »

Souvent, la première prémisse, voire les deux prémisses sont **implicites** (► *Les actes de langage et l'implicite*, p. 84), car considérées comme évidentes : *« Socrate étant un homme, il était mortel »* ; *« Socrate était bien sûr mortel »* : le syllogisme est alors **implicite**.

Le raisonnement déductif scientifique utilise des prémisses incontestables (axiomes ou définitions). **Le raisonnement déductif rhétorique utilise des prémisses seulement vraisemblables**, même s'il les présente comme vraies. Pour **convaincre**, il s'appuie sur des **stéréotypes*** explicites ou implicites : ainsi, quand Voltaire écrit : « Le travail éloigne de nous trois grands maux : l'ennui, le vice et le besoin », il développe la prémisse implicite selon laquelle l'absence de travail signifie l'inactivité (alors qu'on peut dire aussi que l'absence de travail permet des loisirs épanouissants).

• Arguments se rattachant au raisonnement déductif

• Liens de succession ou de causalité

On tire argument de ce que tel fait est suivi généralement de tel autre :

> « Si vous cessez de travailler maintenant, vous perdrez rapidement les résultats de vos efforts passés » (argument du « *gaspillage* »).
> « Si vous cédez sur ce point, vous devrez céder sur tout » (argument dit « *du doigt dans l'engrenage* »).

• Liens de coexistence

On peut tirer argument d'une coexistence régulière entre deux choses, en disant qu'elles sont donc liées. Cet argument prend les formes suivantes :

- **Argument d'autorité** : l'autorité d'une personne ou d'un groupe sert de preuve : *« Aristote a dit... »*. Le raisonnement déductif implicite est : Aristote a toujours raison ; or Aristote a dit ceci ; donc ceci est vrai. L'argument d'autorité peut aussi s'appuyer sur la mention de l'opinion commune (proverbe, formule *« tout le monde sait bien que... »).*
- **Argument ad hominem** : il consiste à réfuter un argument en montrant qu'il est contradictoire avec l'attitude de son auteur :

> « Ce n'est pas à vous de nous donner des leçons pour baisser les impôts, car vous les avez augmentés ! »
> Le raisonnement déductif implicite est : on doit conformer ses paroles avec ses actes ; or, mon adversaire n'a pas fait ce qu'il préconise ; donc sa parole n'a pas de valeur.
> Il peut viser la personne même : son caractère, son physique, etc. Dans *Le Cid*, le Comte accuse Don Diègue d'avoir obtenu le poste de gouverneur du prince au bénéfice de l'âge et non du mérite.

- **Raisonnement a fortiori** : on rapproche deux choses (personnes, idées) en disant que ce qui est vrai pour l'une, l'est **à plus forte raison** pour l'autre :

Il est déjà frileux l'été, à plus forte raison l'hiver !

Raisonnements de type mathématique

- La **tautologie** :

  Un sou est un sou.

- La **réciprocité** :

  Ne fais pas à autrui ce que tu ne voudrais pas qu'on te fasse.

- La **transitivité** :

  Les amis de mes amis sont mes amis.

- Le **raisonnement par l'absurde** : on montre les conséquences absurdes (parce que contradictoires avec les prémisses) d'une proposition :

  La démocratie sans le pouvoir du peuple est-elle encore une démocratie ?

2. Le raisonnement inductif

On utilise un cas particulier, un exemple, pour soutenir une thèse de portée générale.

L'exemple argumentatif

L'exemple peut être un véritable **argument** : à partir d'un exemple, on tire une loi générale.

- Ainsi, dans les *fables*, une thèse se dégage de l'anecdote qui est un exemple à valeur d'argument : dans « *Le Corbeau et le renard* », le renard qui vient de faire lâcher son fromage au corbeau en louant sa belle voix, tire la morale de l'histoire :

  « Tout flatteur vit aux dépens de celui qui l'écoute ».

- L'exemple est **inventé** (apologue, fable, conte, roman, épopée…) ou est **tiré de la réalité** (exemple historique, anecdotique) :

  « Notre-Dame de Paris, les cathédrales de Reims, d'Amiens et tant d'autres montrent que le Moyen Âge fut un temps de grande civilisation. »

Ainsi se réfère-t-on aux événements de la Seconde Guerre mondiale pour mettre en garde contre toute indulgence à l'égard d'une dictature.

L'exemple illustratif

À côté de l'exemple argumentatif, on distingue l'exemple **illustratif**, cas particulier qui vient illustrer une thèse déjà admise ; elle ne prouve pas la thèse mais renforce l'adhésion à celle-ci.

L'exemple illustratif est souvent introduit par des expressions comme **«** par exemple **»**, **«** ainsi **»** :

« Le Moyen Âge est le temps des cathédrales ; c'est ainsi que fut édifiée Notre-Dame de Paris. »

Le raisonnement par analogie

Le raisonnement par analogie pose une similitude de rapport entre deux couples d'objets :

« L'homme est aussi puéril par rapport aux dieux que l'enfant l'est par rapport à l'adulte. » (Héraclite)

2. ARGUMENTS AFFECTIFS

Les arguments affectifs sont souvent **implicites** :

1. Le locuteur cherche à donner une bonne image de lui-même

- Pour qu'on lui fasse **confiance**, il cherche à paraître **compétent** sur le sujet, **bienveillant** envers son auditoire, et bien sûr **honnête** et **sincère**.

- Pour montrer son honnêteté et sa bienveillance, l'orateur utilise **le lieu commun (argument tout fait) de la modestie**, mettant en avant son manque d'expérience ou sa naïveté ; il peut aussi **flatter son auditoire** ou **marquer son affection** pour lui : « Mes chers concitoyens… ».

- Il peut cacher les marques de sa subjectivité pour paraître **objectif** et **impartial**. Cette absence marque souvent sa distance et son opposition à une contre-argumentation qu'il expose.

2. Le locuteur cherche à susciter des émotions

Implication du locuteur et de son public

- Il veut provoquer crainte, pitié, haine, indignation, admiration, rire, etc. : **il s'implique ou il implique l'auditeur ou le lecteur** en utilisant des modalisateurs (► *Les modalisations*, p. 80) et les modalités exclamative ou interrogative, des termes affectifs ou évaluatifs, des indices d'énonciation :

  « Ô nuit désastreuse ! ô nuit effroyable ! […] Qui de nous ne se sentit frappé à ce coup […] ? » (Bossuet)

- Pour impliquer l'auditeur, il peut ainsi employer **l'interrogation rhétorique** qui est une affirmation déguisée en question pour forcer l'adhésion de l'auditoire :

  Qui ne sait que la société de consommation encourage l'égoïsme ?

On voit ici une idée qui reste à démontrer présentée comme une évidence.

- **L'ACTION ORATOIRE**

L'action oratoire, mise en scène du discours par les gestes, expressions du visage, ton de la voix (► *Le théâtre*, pp. 272 et suivantes) est aussi très efficace pour *émouvoir* : ainsi ce rusé renard essayant de faire descendre un coq de la branche où il est perché, modifie sa voix pour mieux persuader de ses bonnes intentions :

> « Frère, dit un renard, adoucissant sa voix,
> Nous ne sommes plus en querelle :
> Paix générale cette fois.
> Je viens te l'annoncer ; descends, que je t'embrasse. »
> (La Fontaine, *Fables*, II, 15, 1668)

3. Le rôle des figures de style

Certaines **figures** ont une grande force persuasive : **l'ironie, la litote, l'hyperbole, la paraphrase et les figures de répétition, le paradoxe, l'antithèse** (► *Les figures de style*, p. 112).

- **L'IRONIE ET LA LITOTE**

L'ironie* et la **litote*** créent en effet une connivence entre l'orateur et son public (« mettre les rieurs de son côté » est une stratégie efficace) :

> « On n'a jamais employé tant d'esprit à vouloir nous rendre bêtes ; il prend envie de marcher à quatre pattes, quand on lit votre ouvrage. » (Voltaire, *Lettre à Rousseau*)

- **LES FIGURES D'AMPLIFICATION ET D'EXAGÉRATION**

L'hyperbole* exagère la réalité, la **paraphrase*** développe les divers aspects d'une même affirmation, les **figures de répétition** soulignent l'idée.

- **LE PARADOXE**

Le **paradoxe*** présente un raisonnement inattendu, qui va à l'encontre des idées reçues (de la « doxa ») :

> La vérité sort de la bouche des enfants (va contre l'idée reçue de l'ignorance et de l'inexpérience des enfants).

- **LES FIGURES D'OPPOSITION**

L'**oxymore*** présente une réalité contradictoire, l'**antithèse*** oppose fortement deux idées, soulignant ainsi celle que l'on veut faire passer (en général contenue par la deuxième partie de l'antithèse) :

> « Vous croyez avoir la force et l'impunité, mais je crois avoir la vérité et l'innocence. » (Pascal)
>
> La supériorité morale de la force et de l'innocence (et donc du *je*) est soulignée par leur opposition avec la force et l'impunité.

- **LES IMAGES**

Les **comparaisons*** et **métaphores*** rendent l'idée plus concrète, frappent l'esprit de l'auditeur et donnent plus de poids à l'argumentation.

> « Il y a des fanatiques de sang-froid *[oxymore]* : ce sont les juges qui condamnent à mort ceux qui n'ont d'autre crime que de ne pas penser comme eux ; et ces juges-là *[répétition]* sont d'autant plus coupables, d'autant plus dignes de l'exécration du genre humain, *[répétition de* d'autant plus *et paraphrase]* que n'étant pas dans un accès de fureur[1], comme les Clément, les Châtel, les Ravaillac, les Damiens, *[comparaisons]* il semble qu'ils pourraient écouter la raison. »
>
> Voltaire, *Dictionnaire philosophique*, 1764.

Voltaire veut ici susciter l'indignation.

1. *fureur* : folie furieuse ; Clément, Châtel, Ravaillac et Damiens tuèrent ou tentèrent de tuer un roi de France.

4. Les registres et l'adaptation à la situation

Les registres* (► *Les registres*, p. 121) renforcent ces arguments affectifs : ainsi, la compétence de l'orateur peut s'exprimer par un registre didactique*, la pitié ou l'indignation par un registre pathétique* ou polémique*.

Le registre pathétique domine dans cet extrait de l'éloge funèbre de Jean Moulin par André Malraux.

> [...] Dans un village de Corrèze, les Allemands avaient tué des combattants du maquis, et donné ordre au maire de les faire enterrer en secret, à l'aube. Il est d'usage, dans cette région, que chaque femme assiste aux obsèques de tout mort de son village en se tenant sur la tombe de sa propre famille. Nul ne connaissait ces morts, qui étaient des Alsaciens. Quand ils atteignirent le cimetière, portés par nos paysans sous la garde menaçante des mitraillettes allemandes, la nuit qui se retirait comme la mer laissa paraître les femmes noires de Corrèze, immobiles du haut en bas de la montagne, et attendant en silence, chacune sur la tombe des siens, l'ensevelissement des morts français.
>
> André Malraux (1901-1976), *Le Miroir des limbes*,
>

Le discours doit **s'adapter au sujet traité** (grave, technique, etc.) et surtout **à l'auditoire** : on ne parle pas de la même manière à des étudiants et à des retraités, ni à un examinateur et à un camarade.

EXERCICES D'OBSERVATION ET D'INTERPRÉTATION

A L'argumentation, définitions et enjeux

1. Distinguer démontrer et convaincre

Rodrigue a vengé son père Don Diègue d'un soufflet que lui a infligé le père de Chimène ; Don Diègue plaide ici auprès du roi en faveur de son fils dont Chimène demande la tête.

Si venger un soufflet mérite un châtiment,
Sur moi seul doit tomber l'éclat de la tempête :
Quand le bras a failli, l'on en punit la tête.
Qu'on nomme crime, ou non, ce qui fait nos débats,
Sire, j'en suis la tête, il n'en est que le bras.
Si Chimène se plaint qu'il a tué son père,
Il ne l'eût jamais fait si j'eusse pu le faire.
Immolez donc ce chef[1] que les ans vont ravir[2]
Et conservez pour vous le bras qui peut servir.
Aux dépens de mon sang satisfaites Chimène :
Je n'y résiste point, je consens à ma peine ;
Et loin de murmurer d'un rigoureux décret,
Mourant sans déshonneur, je mourrai sans regret.

Pierre Corneille (1606-1686), *Le Cid*, 1637.

1. *chef* : tête. 2. *ravir* : enlever.

a) Que veut démontrer Don Diègue dans la première partie de cet extrait ?

b) De quoi veut-il convaincre le roi dans la seconde partie ?

2. Distinguer convaincre, persuader, délibérer

Texte 1

LE LOUP ET LE CHIEN

Un loup n'avait que les os et la peau,
Tant les chiens faisaient bonne garde.
Ce loup rencontre un dogue aussi puissant que beau,
Gras, poli, qui s'était fourvoyé[1] par mégarde [...]
Le loup donc l'aborde humblement,
Entre en propos, et lui fait compliment
Sur son embonpoint, qu'il admire.
« Il ne tiendra qu'à vous, beau sire,
D'être aussi gras que moi, lui répartit le chien.
Quittez les bois, vous ferez bien :
Vos pareils y sont misérables
Cancres[2], hères[3], et pauvres diables,
Dont la condition est de mourir de faim.
Car quoi ? rien d'assuré ; point de franche lippée[4] ;
Tout à la pointe de l'épée.
Suivez-moi, vous aurez un bien meilleur destin. »
Le loup reprit : « Que me faudra-t-il faire ?
— Presque rien, dit le chien : donner la chasse aux [gens
Portant bâtons, et mendiants ;
Flatter ceux du logis, à son maître complaire :
Moyennant quoi votre salaire
Sera force reliefs de toutes les façons,
Os de poulets, os de pigeons,
Sans parler de mainte caresse. »

Jean de La Fontaine (1621-1635), *Fables*, I, 5, 1668.

1. *se fourvoyer* : s'égarer. 2. *cancres* : misérables. 3. *hères* : malheureux. 4. *franche lippée* : bon repas.

Texte 2

LE CORBEAU ET LE RENARD

Maître Corbeau, sur un arbre perché,
Tenait en son bec un fromage.
Maître Renard, par l'odeur alléché,
Lui tint à peu près ce langage :
« Hé ! bonjour, Monsieur du Corbeau,
Que vous êtes joli ! que vous me semblez beau !
Sans mentir, si votre ramage
Se rapporte à votre plumage,
Vous êtes le phénix des hôtes de ces bois. »

Jean de La Fontaine (1621-1635), *Fables*, I, 2, 1668.

Texte 3

Le père de Rodrigue a été offensé par le père de Chimène, sa fiancée ; le jeune homme est chargé de venger son père, quitte à perdre la femme qu'il aime ; Rodrigue, resté seul, monologue.

RODRIGUE

Que je sens de rudes combats !
Contre mon propre honneur mon amour s'intéresse[1] :
Il faut venger un père, et perdre une maîtresse :
L'un m'anime le cœur, l'autre retient mon bras.
Réduit au triste choix ou de trahir ma flamme[2]
Ou de vivre en infâme
Des deux côtés mon mal est infini.
Ô Dieu, l'étrange peine !
Faut-il laisser un affront impuni ?
Faut-il punir le père de Chimène ?

Pierre Corneille (1606-1686), *Le Cid*, Acte I, sc. 6, 1637.

1. *s'intéresse* : prend parti. 2. *ma flamme* : mon amour pour Chimène.

Lisez chaque texte, puis déterminez si le chien, le renard et Rodrigue cherchent à convaincre, à persuader ou à délibérer. Justifiez vos réponses.

3. Distinguer les genres oratoires

Texte 1

Le père de Rodrigue a été offensé par le père de Chimène, sa fiancée ; le jeune homme est chargé de venger son père, quitte à perdre la femme qu'il aime ; Rodrigue, resté seul, monologue.

RODRIGUE

Père, maîtresse, honneur, amour,
Noble et dure contrainte, aimable tyrannie,
Tous mes plaisirs sont morts, ou ma gloire ternie.
L'un me rend malheureux, l'autre indigne du jour.

Cher et cruel espoir d'une âme généreuse,
Mais ensemble amoureuse,
Digne ennemi de mon plus grand bonheur,
Fer qui causes ma peine,
M'es-tu donné pour venger mon honneur ?
M'es-tu donné pour perdre ma Chimène ?

Pierre Corneille (1606-1686), *Le Cid*, Acte I, sc. 6, 1637.

Texte 2

Rodrigue, pour venger son père offensé par Don Gormas, père de Chimène, vient de tuer celui-ci en duel ; Chimène obtient une audience du roi.

CHIMÈNE

Sire, sire, justice ! [...]
Je demande justice. [...]
D'un jeune audacieux punissez l'insolence :
Il a de votre sceptre abattu le soutien,
Il a tué mon père. [...]

Pierre Corneille (1606-1686), *Le Cid*, Acte II, sc. 8, 1637.

a) À quel genre oratoire appartient chacun de ces extraits ? Justifiez votre réponse.

b) À qui est destiné chacun de ces discours ?

c) Quelle opinion ou quelle décision cherche à obtenir chacun de ces discours ? par quels moyens ?

B Convaincre et persuader : raisonnement et arguments logiques

4. Distinguer les types de raisonnements et les arguments

À propos de la réforme de l'orthographe

Il est évident que la réforme est difficile : en effet, toute modification de l'aspect visuel des mots nécessitera des efforts d'adaptation du lecteur et donc le perturbera. La même modification qui soulagera les scripteurs apportera une gêne au lecteur et nous sommes beaucoup plus lecteurs que scripteurs. Il faut donc envisager des réformes modérées et progressives.

En effet, une réforme modérée peut facilement être digérée par le lecteur : elle ne le perturbera pas plus que lorsque son quotidien favori modifie sa présentation ou ses polices de caractères. On est gêné quelques jours et au bout de quelques semaines on en arrive à oublier la présentation antérieure.

P. Cibois, article paru dans la revue *Esprit*, septembre 1989.

a) Quelle est la thèse défendue dans ce texte ?

b) Quel est le sens de la conjonction « et » dans « et nous sommes beaucoup plus lecteurs que scripteurs » ? Trouvez un synonyme.

c) Dans la phrase « en effet, toute modification [...] perturbera », dégagez le syllogisme complet en rétablissant la seconde prémisse (« toute modification de l'aspect visuel des mots nécessitera des efforts d'adaptation du lecteur, or..., donc... »).

d) Quel type de raisonnement est utilisé dans le second paragraphe ?

e) Quels sont les deux arguments en faveur d'une « réforme modérée » ?

5. Analyser un raisonnement déductif

En juin 1940, le Général de Gaulle, réfugié en Angleterre, lance un appel à la radio pour que les Français ne reconnaissent pas l'armistice signé entre Pétain et Hitler.

Le Gouvernement français, après avoir demandé l'armistice, connaît maintenant les conditions dictées par l'ennemi.

Il résulte de ces conditions que les forces françaises de terre, de mer et de l'air seraient entièrement démobilisées, que nos armes seraient livrées, que le territoire français serait occupé et que le Gouvernement français tomberait sous la dépendance de l'Allemagne et de l'Italie. On peut donc dire que cet armistice serait non seulement une capitulation, mais encore un asservissement.

Or, beaucoup de Français n'acceptent pas la capitulation ni la servitude, pour des raisons qui s'appellent l'honneur, le bon sens, l'intérêt supérieur de la Patrie. [...]

Il est, par conséquent, nécessaire de grouper partout où cela se peut une force française aussi grande que possible. Tout ce qui peut être réuni, en fait d'éléments militaires français et de capacités françaises de production d'armement, doit être organisé partout où il y en a.

Moi, Général de Gaulle, j'entreprends ici, en Angleterre, cette tâche nationale.

Charles de Gaulle (1890-1970), *Proclamation*, juin 1940, © Plon.

a) Relevez les mots qui marquent la présence d'un raisonnement déductif dans cet extrait.

b) Dégagez le raisonnement déductif mené dans les deux premiers paragraphes.

c) Dégagez le second raisonnement déductif du texte ; comment s'articule-t-il au premier ?

d) Quel connecteur logique pourrait-on ajouter au début de la dernière phrase de l'extrait ? Pourquoi, selon vous, reste-t-il implicite ?

6. Analyser un raisonnement inductif

Que l'adulte français voit l'enfant comme un autre lui-même, il n'y en a pas de meilleur exemple que le jouet français. Les jouets courants sont essentiellement un microcosme[1] adulte ; ils sont tous des reproductions amoindries d'objets humains, comme si aux yeux du public l'enfant n'était en somme qu'un homme plus petit, un homunculus[2] à qui il faut fournir des objets à sa taille.

Les formes inventées sont très rares : quelques jeux de construction, fondés sur le génie de la bricole, proposent seuls des formes dynamiques. Pour le reste, le jouet français signifie toujours quelque chose, et ce quelque chose est toujours entièrement socialisé, constitué par les mythes ou les techniques de la vie moderne adulte : l'Armée, la Radio, les Postes, la Médecine (trousses miniatures de médecin, salles d'opération pour poupées), l'École, la Coiffure d'Art (casques à onduler), l'Aviation (parachutistes), les Transports (Trains, Citroëns, Vedettes, Vespas, Stations-Services), la Science (Jouets martiens).

Roland Barthes (1915-1980), *Mythologies*, © Le Seuil, 1957.

1. *microcosme* : monde réduit. 2. *homunculus* : petit être vivant.

a) **Dans le premier paragraphe, « le jouet français » est-il un exemple argumentatif ou illustratif ?**

b) **Dans le second paragraphe, quel est le rôle des parenthèses ?**

c) **Quel rôle joue l'énumération de la dernière phrase ?**

d) **Quelle est la thèse exprimée dans ce texte ?**

e) **Relevez les deux phrases qui décrivent la caractéristique essentielle et la plus répandue des jouets français.**

f) **Résumez, en deux ou trois phrases, ce texte en rendant compte du raisonnement inductif.**

7. Étudier un raisonnement par analogie

Il faut que l'enfant connaisse le pouvoir qu'il a de se gouverner, et d'abord de ne point se croire ; il faut qu'il ait aussi le sentiment que ce travail sur lui-même est difficile et beau. Je ne dirai pas seulement que tout ce qui est facile est mauvais ; je dirai même que ce qu'on croit facile est mauvais. Par exemple l'attention facile n'est nullement l'attention ; ou bien alors disons que le chien qui guette le sucre fait attention. Aussi je ne veux pas trace de sucre ; et la vieille histoire de la coupe amère dont les bords sont enduits de miel[1] me paraît ridicule. J'aimerais mieux rendre amers les bords d'une coupe de miel. Toutefois ce n'est pas nécessaire ; les vrais problèmes sont d'abord amers à goûter ; le plaisir viendra à ceux qui auront vaincu l'amertume. Je ne promettrai donc pas le plaisir, mais je donnerai comme fin la difficulté vaincue ; tel est l'appât qui convient à l'homme ; c'est par là seulement qu'il arrivera à penser au lieu de goûter.

Alain (1868-1951), *Propos sur l'éducation*, © PUF, 1932.

1. *coupe amère dont les bords sont enduits de miel* : métaphore usée pour parler des adoucissements (« miel ») que l'on peut apporter à des difficultés, à des choses pénibles (« amère »).

a) **« Par exemple l'attention facile n'est nullement l'attention » : est-ce un exemple illustratif ou argumentatif ?**

b) **Par quel type de raisonnement l'auteur prouve-t-il la validité de cet exemple ?**

c) **« Aussi je ne veux pas trace de sucre [...] amertume » : relevez les mots métaphoriques ; dégagez le sens de la métaphore filée*.**

d) **Quel raisonnement par analogie construit cette métaphore filée* ? Quel argument s'en dégage ?**

e) **Expliquez l'opposition finale entre « penser » et « goûter ». Quelle est la thèse de ce texte ?**

C Convaincre et persuader : arguments affectifs

8. Étudier les moyens de la persuasion

Dans Les Tragiques, *écrits pendant les guerres de Religion, Agrippa d'Aubigné milite pour les protestants et contre les catholiques.*

On voit au bout d'un rang une troupe fidèle[1]
Qui oppose à la peur la piété, le zèle,
Qui, au nez de Satan, voulant louer son Dieu
Sacrifie en chantant sa vie, au triste lieu
Où la bande meurtrière[2] arrive impitoyable
Farouche des regards et d'armes effroyable,
Déchire le troupeau qui, humble, ne défend
Sa vie que de cris : l'un perce, l'autre fend
L'estomac et le cœur et les mains et les têtes,
Qui n'ont fer que le pleur ni boucliers que requêtes[3].

Agrippa d'Aubigné (1552-1630), *Les Tragiques*, 1616.

1. *une troupe fidèle* : une troupe de protestants. 2. *la bande meurtrière* : un groupe de soldats catholiques. 3. qui n'ont pour épée (*fer*) que les pleurs et qui n'ont d'autres boucliers que leurs prières.

a) **Quelle est la thèse implicite du texte ?**

b) **Quelles figures de style* utilise le poète ?**

c) **Quels sentiments le poète cherche-t-il à provoquer ici ?**

d) **Quel registre* utilise le poète pour persuader le lecteur ? Justifiez votre réponse.**

9. Étudier les moyens de convaincre et de persuader

Mignonne, allons voir si la rose
Qui ce matin avait déclose[1]
Sa robe de pourpre au soleil,
A point perdu cette vesprée[2]
Les plis de sa robe pourprée,
Et son teint au vôtre pareil.

Las ! voyez comme en peu d'espace
Mignonne, elle a dessus la place,
Las, las ses beautés laissé choir !
Ô vraiment marâtre Nature,
Puisqu'une telle fleur ne dure
Que du matin jusques au soir !

Donc, si vous me croyez, mignonne,
Tandis que votre âge fleuronne
En sa plus verte nouveauté,
Cueillez, cueillez votre jeunesse :
Comme à cette fleur, la vieillesse
Fera ternir votre beauté.

Pierre de Ronsard (1524-1585), *Odes*, 1550.

1. *déclose* : ouvert. 2. *cette vesprée* : ce soir.

a) À qui le poète s'adresse-t-il ? De quoi veut-il persuader ?

b) Quels types de raisonnements utilise-t-il ?

c) Quels sentiments cherche-t-il à susciter chez la jeune fille ? Quels procédés emploie-t-il ?

d) Quelle image de lui-même donne-t-il dans ce texte ? Comment exprime-t-il son implication ?

e) En quoi ce poème peut-il intéresser, concerner et toucher un lecteur ou une lectrice d'aujourd'hui ?

10. Analyser le rôle de l'ironie dans la persuasion

Dans Les Lettres persanes, *Montesquieu imagine un Persan découvrant la France et écrivant ses aventures à des amis restés en Perse.*

Le roi de France est le plus puissant prince de l'Europe. Il n'a point de mines d'or comme le roi d'Espagne, son voisin ; mais il a plus de richesses que lui, parce qu'il les tire de la vanité de ses sujets, plus inépuisables que les mines. On lui a vu entreprendre ou soutenir de grandes guerres, n'ayant d'autres fonds que des titres d'honneur à vendre[1], et, par un prodige de l'orgueil humain, ses troupes se trouvaient payées, ses places munies, et ses flottes équipées.

D'ailleurs ce roi est un grand magicien : il exerce son empire sur l'esprit même de ses sujets ; il les fait penser comme il veut. S'il n'a qu'un million d'écus dans son trésor, et qu'il en ait besoin de deux, il n'a qu'à leur persuader qu'un écu en vaut deux, et ils le croient[2]. S'il a une guerre difficile à soutenir, et qu'il n'ait point d'argent, il n'a qu'à leur mettre dans la tête qu'un morceau de papier est de l'argent, et ils en sont aussitôt convaincus[3]. Il va même jusqu'à leur faire croire qu'il les guérit de toutes sortes de maux en les touchant[4] ; tant est grande la force et la puissance qu'il a sur les esprits.

Charles de Montesquieu (1689-1755),
Lettres persanes, lettre 24, 1721.

1. *titres d'honneur à vendre* : il s'agit des charges qui confèrent à ceux qui les achètent un titre de noblesse de robe. 2. Des édits fixaient arbitrairement la valeur des monnaies. 3. Il s'agit des premières monnaies en billets. 4. Les rois de France étaient censés guérir en touchant les malades.

a) Quelles critiques Montesquieu fait-il du pouvoir royal ?

b) Que critique-t-il chez les Français ?

c) Observez le premier paragraphe : le narrateur* se montre-t-il clairvoyant dans ce paragraphe ? Justifiez votre réponse.

d) Relevez les phrases les plus ironiques* ; quelle image de lui-même donne ici le narrateur* ? Par quel procédé crée-t-il la connivence avec le lecteur ?

11. Exercice bilan

Ronsard est amoureux d'une jeune paysanne nommée Marie.

Je vous envoie un bouquet que ma main
Vient de trier de ces fleurs épanies[1]
Qui ne les eût à ce vêpre cueillies[2],
Chutes[3] à terre elles fussent demain.

Cela vous soit un exemple certain
Que vos beautés, bien qu'elles soient fleuries,
En peu de temps cherront[4] toutes flétries
Et, comme fleurs, périront tout soudain.

Le temps s'en va, le temps s'en va, ma dame
Las ! Le temps, non, mais nous nous en allons,
Et tôt serons étendus sous la lame[5] ;

Et des amours desquelles nous parlons,
Quand serons morts, n'en sera plus nouvelle.
Pour ce[6] aimez-moi cependant qu'êtes belle.

Pierre de Ronsard (1524-1585), *Continuation des amours*, 1555.

1. *épanies* : épanouies. 2. *Qui ne les eût à ce vêpre cueillies* : Si on ne les avait cueillies ce soir. 3. *chutes* : tombées (participe passé du verbe *choir*). 4. *cherront* : tomberont (futur de *choir*.) 5. *lame* : la pierre du tombeau. 6. *Pour ce* : pour cela.

a) Quel type de raisonnement est mis en place dans les trois premières strophes ? Quel type de raisonnement est utilisé dans la dernière strophe ? Ces raisonnements sont-ils convaincants ?

b) Quelle image le poète donne-t-il de lui-même dans le début du poème ? Quel mot conforte cette image dans la suite du texte ?

c) Quels sentiments le poète cherche-t-il à susciter chez Marie dans la deuxième et la troisième strophes ? Comment le poète marque-t-il son implication ? Quelle image donne-t-il de lui-même ici ? Comment implique-t-il sa destinatrice* ?

d) Veut-il susciter les mêmes sentiments dans la dernière strophe ? Sur quel mot se termine le poème ? Pourquoi est-ce habile?

e) Le style du texte est-il adapté à sa destinatrice* ? à son sujet ? Justifiez votre réponse. Le texte est-il émouvant ?

LIRE UN TEXTE ARGUMENTATIF

1. Observer la forme du texte

• Le genre de l'œuvre

Le texte argumentatif peut prendre **toutes sortes de formes en prose et en vers.** Il peut appartenir à une **œuvre de genre argumentatif** (► *Les genres argumentatifs*, p. 186), ou à **un roman,** à **un recueil de poèmes,** à **une pièce de théâtre,** à **une biographie** ou à **une autobiographie**.

• Le paratexte

Il apporte des informations sur l'auteur, le contexte de l'extrait, la date de l'œuvre et son genre, le contexte historique, ce qui permet de mieux cerner les enjeux argumentatifs du passage.

• Le type de texte

S'agit-il d'un **discours***, d'un monologue ou d'un **dialogue**, d'un **récit** à valeur argumentative (fable par exemple), d'une **description** ou d'un **portrait** ?

• Les marques de subjectivité

(► *Les modalisations*, p. 80)

Il faut analyser les **indices d'énonciation***, les **types de phrases** et les **modalisations*** pour mesurer l'implication du locuteur* dans son argumentation.

On doit relever, s'il y en a, les **discours rapportés** (► *Les discours rapportés*, p. 67), ainsi que les **citations** ou les **reformulations** de propos d'autrui : le texte argumentatif est en effet souvent un croisement de voix (il est **polyphonique**).

2. Dégager la thèse et caractériser l'argumentation

• Dégager la thèse

La **thèse** peut être **explicite**, exprimée ouvertement, par exemple :

> « La raison du plus fort est toujours la meilleure » (La Fontaine, « Le loup et l'agneau »).

La thèse peut être **implicite** et doit alors être déduite.

• Caractériser l'argumentation

On doit se demander quel est le type d'**acte de langage du locuteur**, et quel type de **décision ou de réaction** il veut obtenir du **destinataire*** (► *Tableau*, p. 172). Il faut donc :

• Identifier les stratégies argumentatives

Il existe quatre grands types de stratégies argumentatives :

- **Défendre** une thèse, c'est-à-dire avancer des arguments en faveur de sa thèse.
- **Réfuter** une thèse adverse, c'est-à-dire donner des arguments contre la thèse adverse.
- **Faire des concessions** à la thèse adverse, c'est-à-dire admettre une partie des arguments, sans pour autant renoncer à la sienne, souvent même pour mieux la défendre.
- **Délibérer** : examiner deux thèses contraires (thèse / antithèse) et prendre une position qui peut être nuancée.

Ces stratégies peuvent se succéder dans une même argumentation.

• Analyser les stratégies argumentatives

- On dégage le **plan du texte**.
- On relève les **liens logiques** explicites ou implicites (► *Les actes de langage et l'implicite*, p. 84).
- On observe la **progression thématique** (► *Cohésion et progression d'un texte*, p. 105).
- On identifie et on analyse les **raisonnements logiques** : déductifs* ou inductifs* ; on dégage les prémisses explicites ou implicites ; on distingue les exemples argumentatifs, les exemples illustratifs, les raisonnements par analogie (► *Raisonnements et arguments logiques*, pp. 173-175).
- On identifie et on analyse les **arguments affectifs** (► p. 174) : image de l'orateur, implication de l'orateur et du public.
- On observe quelle est la **place de l'adversaire** : apostrophe*, citation ou évocation, concession, contre-argumentation.

• Faire un bilan

- Quel est le registre* du texte ?
- L'argumentation est-elle efficace ou non ? Pourquoi ?

EXERCICE
D'OBSERVATION ET D'INTERPRÉTATION

LIRE UN TEXTE ARGUMENTATIF

Étudier des textes argumentatifs

Texte 1

*Rousseau répond ici à un article de d'Alembert paru dans l'*Encyclopédie*, article qui fait l'éloge du théâtre et propose d'en établir un à Genève.*

Je sais que le jeu du comédien n'est pas celui d'un fourbe qui veut en imposer, qu'il ne prétend pas qu'on le prenne en effet pour la personne qu'il représente, ni qu'on le croie affecté des passions qu'il imite, et qu'en donnant cette imitation, pour ce qu'elle est, il la rend tout à fait innocente. Aussi ne l'accusai-je pas d'être précisément un trompeur, mais de cultiver pour tout métier le talent de tromper les hommes, et de s'exercer à des habitudes qui, ne pouvant être innocentes qu'au théâtre, ne servent partout ailleurs qu'à mal faire. Ces hommes si bien parés, si bien exercés au ton de la galanterie et aux accents de la passion, n'abuseront-ils jamais de cet art pour séduire de jeunes personnes ? Ces valets filous, si subtils de la main sur la scène, dans les besoins d'un métier plus dispendieux[1] que lucratif[2], n'auront-ils jamais de distractions utiles ? Ne prendront-ils jamais la bourse d'un fils prodigue[3] ou d'un père avare pour celle de Léandre ou d'Argan[4] ? Partout la tentation de mal faire augmente avec la facilité ; [...].

Jean-Jacques Rousseau (1712-1778),
Lettre à d'Alembert sur les spectacles, 1758.

1. *dispendieux* : coûteux. 2. *lucratif* : qui rapporte de l'argent. 3. *prodigue* : dépensier. 4. *Léandre et Argan* : personnages de comédie.

a) Quels éléments nous donne le paratexte* sur le genre littéraire de l'œuvre ? Relevez les marques de subjectivité les plus récurrentes dans le texte.

b) Quelle est la thèse défendue par Rousseau ? Identifiez la stratégie oratoire mise en œuvre.

c) Dégagez les liens logiques explicites et implicites*. Quel est le lien logique entre la phrase qui précède les exemples et celle qui la suit ? Complétez le raisonnement.

d) Les exemples des lignes 11 à 18 sont-ils illustratifs ou argumentatifs ? Analysez leur organisation en observant la progression thématique*.

e) Quels raisonnements logiques sont utilisés ? Rousseau utilise-t-il des arguments affectifs ? si oui, lesquels ?

Texte 2

Le vieux et sympathique Comte Mosca, mari de la belle Gina, est jaloux du jeune Fabrice.

Voici la question, reprenait-il avec rage :

Faut-il laisser deviner la jalousie qui me dévore, ou ne pas en parler ?

Si je me tais, on ne se cachera point de moi. Je connais Gina, c'est une femme toute de premier mouvement ; sa conduite est imprévue même pour elle. [...]

Ne disant mot de mon martyre, on ne se cache point de moi et je vois tout ce qui peut se passer...

Oui, mais en parlant, je fais naître d'autres circonstances ; je fais faire des réflexions, je préviens de ces choses horribles qui peuvent arriver... Peut-être on l'éloigne (le comte respira), alors j'ai presque partie gagnée ; quand même on aurait un peu d'humeur dans le moment, je la calmerai... et cette humeur, quoi de plus naturel ?... Elle l'aime comme un fils depuis quinze ans. Là gît tout mon espoir : *comme un fils*... mais elle a cessé de le voir depuis sa fuite pour Waterloo ; mais en revenant de Naples, surtout pour elle, c'est *un autre homme.* Un autre homme répéta-t-il avec rage, et cet homme est charmant [...].

Comment rapporter tous les raisonnements, toutes les façons de voir ce qui lui arrivait, qui, durant trois mortelles heures, mirent à la torture cet homme passionné ? Enfin le parti de la prudence l'emporta, uniquement par suite de cette réflexion : « Je suis fou, probablement ; en croyant raisonner, je ne raisonne pas [...]. Puisque je suis aveuglé par l'excessive douleur, suivons cette règle, approuvée de tous les gens sages, qu'on appelle *prudence.*

D'ailleurs, une fois que j'ai prononcé le mot fatal *jalousie*, mon rôle est tracé à tout jamais. Au contraire, ne disant rien aujourd'hui, je puis parler demain, je reste maître de tout. »

Stendhal (1783-1842),
La Chartreuse de Parme, 1839.

a) Analysez la situation d'énonciation. Justifiez, cas par cas, l'utilisation des italiques. Que représente le pronom indéfini « on » dans ce texte ?

b) Relevez les marques de l'émotion du personnage.

c) Quelle est la composition du texte ?

d) Quel type de raisonnement est utilisé ? Quels sont les principaux arguments affectifs ?

e) Comment le Comte Mosca sort-il du dilemme* ? Quel est le registre* du texte ? Justifiez votre réponse.

L'ÉLOGE ET LE BLÂME : DÉFINITIONS ET ENJEUX

1. Définitions

• **L'éloge** est un discours de louange. **Le blâme** est un discours qui dévalorise quelqu'un ou quelque chose. Ils constituent le genre oratoire **épidictique*** (► *L'argumentation : définitions et enjeux*, p. 172).

• Dès l'Antiquité grecque, l'éloge est utilisé dans les occasions officielles : **oraison funèbre*** des soldats, **panégyrique*** des cités lors des jeux olympiques...

• On loue ou blâme une **personne** (Louis XIV), un **objet** (l'ordinateur), une **situation** (l'extension de l'Europe), un **comportement** (le courage), une **institution** (l'école), une **idée** (la démocratie), une partie du corps féminin (**blason*** de l'œil, de la bouche)... **L'éloge (ou le blâme) paradoxal** bouscule ou feint de bousculer les valeurs habituellement admises :

Éloge de la folie (Érasme) ;
De l'horrible danger de la lecture (Voltaire).

• L'éloge et le blâme sont des discours de **persuasion*** : il faut persuader des qualités (ou des défauts) de quelqu'un ou de quelque chose et **susciter l'admiration et l'attachement (ou la haine et le rejet) pour cette personne ou cette chose.**

• Éloge et blâme utilisent **l'amplification*** : ils accumulent et **donnent à voir** les détails louables ou blâmables. Ils utilisent aussi **l'hyperbole*** en exagérant la réalité.

• L'éloge se caractérise souvent par un registre **oratoire** : phrases longues plutôt organisées en périodes (► *La phrase*, p. 92), métaphores filées*, prosopopées*, apostrophes (invocation), niveau de langue soutenu*.

• Le blâme se caractérise souvent par un registre **satirique*** ou **polémique*** : énumérations, apostrophes (prise à partie), interrogation rhétorique*, ironie*.

2. Formes et enjeux de l'éloge et du blâme

• Les formes non littéraires de l'éloge et du blâme sont la **propagande** et la **publicité**. En littérature, on les trouve surtout dans des **types de textes** comme le **portrait**, dans des **genres** comme **l'essai**, mais ils s'intègrent dans tous les **genres littéraires**.

• Le **blâme** est le ressort essentiel des registres **polémique*** et **satirique*** (**pamphlet***, **libelle***, **diatribe***, **caricature**...). Il peut aussi se trouver dans le registre **épique*** (par exemple pour décrire la cruauté d'un personnage) ou associé à d'autres registres.

• L'éloge est le ressort essentiel du registre **lyrique*** (**ode***, **hymne***, **consolation**, **blason***...) et du registre **épique*** ; mais on peut le trouver associé à d'autres registres.

• Dans les domaines littéraire et politique, l'éloge est utilisé dans la **littérature officielle (oraison funèbre, éloge officiel)**, dans **l'historiographie*** et dans **l'hagiographie*** ; l'éloge et le blâme sont aussi l'arme principale de la **littérature engagée** qui emploie tous les genres (**récit, théâtre, poésie, essai**).

LA LITTÉRATURE ENGAGÉE

La littérature engagée défend une **cause, sociale ou politique** ; les écrivains ont ainsi exposé leur point de vue notamment au XVIe siècle lors des guerres de Religion (d'Aubigné, Ronsard), au XVIIIe siècle contre l'intolérance, contre la barbarie et pour la liberté (Voltaire, Diderot, Rousseau), au XIXe siècle pour les libertés et pour la justice (Victor Hugo surtout).

Avec l'affaire Dreyfus et le fameux *J'accuse* de Zola publié dans le quotidien *L'Aurore* (1898), cet engagement devient très important.

Depuis le XXe siècle, les intellectuels s'engagent à propos du fascisme, des totalitarismes, de la décolonisation (guerres d'Indochine, d'Algérie, du Vietnam), des valeurs de notre société (la place de la femme, des médias...) : ils font l'éloge de certaines idées et en blâment d'autres, au travers d'œuvres de genres très divers (roman, poésie, théâtre, essai, article de presse).

ÉCRIRE UN ÉLOGE OU UN BLÂME

Formes de persuasion, l'éloge et le blâme s'appuient sur des valeurs (morales : bien / mal ; esthétiques : beau / laid) auxquelles adhèrent l'énonciateur et le destinataire*. Cette adhésion commune est indispensable pour susciter l'admiration (ou le rejet) à l'égard de l'objet loué ou blâmé. Pour cela, il faut donner à voir, un peu comme dans un tableau, l'objet d'éloge ou de blâme.*

1. Mettre en place la situation d'énonciation

- Il faut suivre **les consignes d'énonciation** données par le sujet (▸ *L'écriture d'invention*, p. 165).

- L'éloge ou le blâme supposent un jugement de valeur de la part de l'énonciateur et donc des **marques de subjectivité** (▸ *Les marques de la subjectivité*, p. 80) **dans l'énoncé**.

Parfois, le locuteur peut feindre d'être absent de son énoncé, pour souligner par cette attitude objective les qualités ou les défauts qu'il décrit (▸ La Bruyère, *exercice n°2*, p. 184).

- L'éloge et le blâme utilisent des **modalisations de la vérité** pour souligner le degré de vérité que l'on attribue à son énoncé : adjectifs modalisateurs (*certain, sûr*), mode indicatif...

- L'éloge et le blâme utilisent aussi les **modalisations de l'évaluation et de l'appréciation** (▸ *Les marques de la subjectivité*, p. 80) : lexique évaluatif et appréciatif (*beau, laid, hideux, perfection, horreur, qualité, défaut, merveilleusement, parfaitement*...).

2. Structurer son texte

Il faut utiliser **l'amplification** qui **accumule et met en évidence les aspects** positifs ou négatifs, au travers :

- d'une **description** (pour une personne, portrait physique / portrait moral ; pour une idée ou une institution, place dans le monde, efficacité, enjeux...) ;
- d'un **récit** (biographie de la personne, histoire de l'institution, de l'idée).

3. Choisir le vocabulaire et utiliser les figures de style

- **Un vocabulaire évaluatif et appréciatif** (▸ *Les marques de la subjectivité*, p. 80)

Il faut choisir des mots qui contiennent les idées de « grand », « bon », « beau » (ou leurs contraires), éventuellement portées à l'extrême (« géant », « saint », « héros », « magnifique », etc.). On crée des **réseaux de signification** (▸ *Les réseaux lexicaux*, p. 61) mélioratifs ou péjoratifs (mots péjoratifs ou mélioratifs, superlatifs, exclamatifs).

- **Figures**

Certaines figures (▸ *Les figures de style*, pp. 112-113) sont particulièrement utiles pour l'éloge ou pour le blâme :

- L'**hyperbole*** qui exagère les qualités ou les défauts.
- Les **figures d'opposition**, qui mettent en relief qualités ou défauts : par exemple, l'antithèse (▸ *Les figures de style*, p. 112).
- La **gradation** qui associe progression et accumulation (parfois soulignées par un redoublement de la conjonction de coordination *et... et*).

Pour le blâme surtout, on peut recourir à l'ironie*, à la litote*, à l'euphémisme*.

- L'**ironie** : le locuteur met son énoncé à distance, en le présentant comme ridicule ou absurde :

> « Madame la Baronne, qui pesait environ trois cent cinquante livres, s'attirait par là une très grande considération. » (Voltaire)

- La **litote** dit le moins pour exprimer le plus : « il n'est pas peu fier », signifie : « il est très fier ».
- L'**euphémisme** adoucit la réalité ; ainsi Voltaire décrit les cachots comme « des appartements [...] dans lesquels on n'était jamais incommodé du soleil » (▸ *Les figures de style*, p. 112).

EXERCICES
D'OBSERVATION ET D'INTERPRÉTATION

A Étudier éloge et blâme

1. Étudier un blason*

ÉLOGE DE LA BOUCHE

Bouche, merveille au doux sourire,
Bouche au parler délicieux.
Bouche qu'on ne saurait décrire,
Bouche d'un tour si gracieux ;

Bouche que tout le monde admire,
Bouche qui n'est que pour les Dieux,
Bouche qui dit ce qu'il faut dire,
Bouche qui dit moins que les yeux ;

Bouche d'une si douce haleine,
Bouche de perles toute pleine,
Bouche enfin, sans tant biaiser,

Bouche, la merveille des bouches,
Bouche à donner de l'âme aux souches,
Bouche, le dirai-je ? à baiser.

Isaac de Benserade (1613-1691), *Éloge de la bouche*, 1649.

a) Quel est l'objet de l'éloge ? Qu'est-ce qu'un blason ?

b) Sur quel procédé est construit ce texte ?

c) Que signifie le vers 3 ? Quelle figure est utilisée ?

d) Quelle figure utilise le poète dans l'avant-dernier vers ? Comment arrive-t-il à la chute du dernier vers ?

e) Combien y a-t-il de phrases dans ce sonnet* ? Dégagez sa composition.

2. Étudier un blâme

Ruffin commence à grisonner ; mais il est sain, il a un visage frais et un œil vif qui lui promettent encore vingt années de vie ; il est gai, *jovial*, familier, indifférent ; il rit de tout [...] seul et sans sujet : il est content de soi, des siens, de sa petite fortune ; il dit qu'il est heureux. Il perd son fils unique, jeune homme de grande espérance, et qui pouvait être l'honneur de sa famille ; il remet sur d'autres le soin de pleurer ; il dit : « mon fils est mort, cela fera mourir sa mère » ; et il est consolé. [...] On l'aborde, on le quitte sans qu'il y fasse attention, et le même conte[1] qu'il a commencé de faire à quelqu'un, il l'achève à celui qui prend sa place.

Jean de La Bruyère (1645-1696), *Les Caractères*, 4e éd., 1688.

1. *conte* : histoire quelconque.

a) Autour de quel trait de caractère s'organise le portrait de Ruffin ?

b) Étudiez l'enchaînement des phrases et la progression thématique* du texte ; comment La Bruyère construit-il l'amplification ?

c) Quel est le jugement porté par La Bruyère sur son personnage ? Comment l'exprime-t-il ?

d) Quel est le registre* de ce texte ?

3. Étudier la péroraison d'un éloge funèbre

Voici la conclusion (péroraison) de l'éloge funèbre de Jean Moulin, mort atrocement torturé par la Gestapo, prononcé par André Malraux lors du transfert des cendres de Jean Moulin au Panthéon, le 19 décembre 1964.

L'hommage d'aujourd'hui n'appelle que le chant qui va s'élever maintenant, ce Chant des partisans[1] que j'ai entendu murmurer comme un chant de complicité, puis psalmodier dans le brouillard des Vosges et les bois d'Alsace, mêlé au cri perdu des moutons [...]. Écoute aujourd'hui, jeunesse de France, ce qui fut pour nous le Chant du Malheur. C'est la marche funèbre des cendres que voici. À côté de celles[2] de Carnot avec les soldats de l'an II, de celles de Victor Hugo avec les Misérables, de celles de Jaurès veillées par la Justice, qu'elles reposent avec leur long cortège d'ombres défigurées[3]. Aujourd'hui, jeunesse, puisses-tu penser à cet homme comme tu aurais approché tes mains de sa pauvre face informe du dernier jour, de ses lèvres qui n'avaient pas parlé ; ce jour-là, elle était le visage de la France...

André Malraux (1901-1976), *Le Miroir des limbes*,

1. *Chant des partisans* : hymne des Résistants (appelés aussi partisans).
2. Les cendres de Carnot, général de la Révolution, celles de Hugo et de Jaurès, chef du parti socialiste assassiné en 1914, sont au Panthéon.
3. Allusion aux résistants torturés.

a) Comment se manifeste la présence du locuteur dans ce texte ? Quel effet produit-elle ?

b) Montrez la solennité du passage.

c) Relevez les procédés de l'éloge dans ce texte.

d) À quel sentiment fait appel la toute dernière phrase du texte ?

e) Quels sont les deux registres* de ce texte ? Justifiez votre réponse.

4. Étudier un éloge paradoxal

Paul Lafargue dénonce dans cette œuvre la sacralisation du travail qui fait de l'ouvrier un esclave des temps modernes.

Une étrange folie possède les classes ouvrières des nations où règne la civilisation capitaliste. Cette folie traîne à sa suite des misères individuelles et sociales qui, depuis deux siècles, torturent la triste humanité. Cette folie est l'amour du travail, la passion moribonde du travail, poussée jusqu'à l'épuisement des forces vitales de l'individu et de sa progéniture. Au lieu de réagir contre cette aberration mentale, les prêtres, les économistes, les moralistes, ont sacro-sanctifié le travail. Hommes aveugles et bornés, ils ont voulu être plus sages que leur Dieu ; hommes faibles et méprisables, ils ont voulu réhabiliter ce que leur Dieu avait maudit[1].

Paul Lafargue (1842-1911), *Le Droit à la paresse*, 1880.

1. Allusion à la Bible où Dieu donne à Adam comme châtiment le travail.

a) Relevez le lexique péjoratif dans ce texte. Quelles en sont les cibles ?

b) Quel est le thème* de la première phrase ? Relevez les modes de reprise de ce thème.

c) Regardez le titre de l'œuvre. Que blâme l'auteur ? Pourquoi peut-on parler ici d'éloge paradoxal ?

5. Étudier un blâme paradoxal

Nous, Joussouf-Chéribi, par la grâce de Dieu mouphti du Saint-Empire ottoman, lumière des lumières, élu entre les élus, à tous les fidèles qui ces présentes verront, sottise et bénédiction.

[...] il a semblé bon à Mahomet et à nous de condamner, proscrire, anathémiser[1] ladite infernale invention de l'imprimerie, pour les causes ci-dessous énoncées.

1. Cette facilité de communiquer ses pensées tend évidemment à dissiper l'ignorance, qui est la gardienne et la sauvegarde des États bien policés.
2. Il est à craindre que, parmi les livres apportés d'Occident, il ne s'en trouve quelques-uns sur l'agriculture et sur les moyens de perfectionner les arts mécaniques, lesquels ouvrages pourraient à la longue, ce qu'à Dieu ne plaise, réveiller le génie de nos cultivateurs et de nos manufacturiers, exciter leur industrie, augmenter leurs richesses, et leur inspirer un jour quelque élévation d'âme, quelque amour du bien public, sentiments absolument opposés à la sainte doctrine.
3. Il arriverait à la fin que nous aurions des livres d'histoire dégagés du merveilleux qui entretient la nation dans une heureuse stupidité. On aurait dans ces livres l'impudence de rendre justice aux bonnes et aux mauvaises actions, et de recommander l'équité et l'amour de la patrie, ce qui est visiblement contraire aux droits de notre place.

Voltaire (1694-1771),
De l'horrible danger de la lecture, 1765.

1. *anathémiser* : jeter un anathème, une malédiction.

a) Analysez la situation d'énonciation : locuteur*, lieu d'énonciation, époque. Précisez de quel type de discours* il s'agit.

b) Faites la liste des inconvénients de la lecture selon le grand mouphti et des présupposés* sur lesquels ils sont fondés en remplissant le tableau suivant :

Inconvénients de la lecture	Présupposés

c) Comment Voltaire indique-t-il dès le début du texte qu'il utilise la figure de l'ironie* ? Quelle est sa véritable opinion : fait-il l'éloge ou le blâme de la lecture ?

d) Pourquoi peut-on parler de blâme paradoxal ?

6. Analyser un blâme au service de l'engagement

Révolté par le coup d'État de Louis-Napoléon Bonaparte, neveu de Napoléon Ier et futur Napoléon III, Victor Hugo s'exile et écrit un pamphlet, Napoléon-le-Petit.

Louis Bonaparte est un homme de moyenne taille, froid, pâle, lent, qui a l'air de n'être pas tout à fait réveillé. Il a publié, nous l'avons rappelé déjà, un Traité assez estimé sur l'artillerie, et connaît à fond la manœuvre du canon. Il monte bien à cheval. Sa parole traîne avec un léger accent allemand. Ce qu'il y a d'histrion[1] en lui a paru au tournoi d'Eglington. Il a la moustache épaisse et couvrant le sourire comme le duc d'Albe, et l'œil éteint comme Charles IX.

Si on le juge en dehors de ce qu'il appelle « ses actes nécessaires » ou « ses grands actes », c'est un personnage vulgaire, puéril, théâtral et vain. Les personnes invitées chez lui, l'été, à Saint-Cloud, reçoivent, en même temps que l'invitation, l'ordre d'apporter une toilette du matin et une toilette du soir. Il aime la gloriole, le pompon, l'aigrette, la broderie, les paillettes, [...] les grands mots, les grands titres, ce qui sonne, ce qui brille, toutes les verroteries du pouvoir. En sa qualité de parent de la bataille d'Austerlitz, il s'habille en général.

Peu lui importe d'être méprisé, il se contente de la figure du respect.

Cet homme ternirait le second plan de l'histoire, il souille le premier.

Victor Hugo (1802-1885),
Napoléon-le-Petit, 1852.

1. *histrion* : comédien (terme péjoratif).

a) De quel type de texte s'agit-il ? Dégagez-en la composition.

b) Analysez la situation d'énonciation*. Comment se marque l'ancrage du texte dans l'actualité de 1852 ?

c) Relevez les procédés et les figures de rhétorique* qui participent au blâme.

d) Expliquez les deux dernières phrases.

B Faire un éloge ou un blâme

7. Écriture d'invention

Écrivez un blason* d'une quinzaine de lignes à la manière de Benserade (► *Exercice 1*), en commençant chaque phrase par le terme *blasonné* ; vous pouvez écrire en vers ou en prose.

8. Écriture d'invention

Écrivez un blâme paradoxal et ironique à la manière de Voltaire (► *Exercice 5*) : vous reproduirez une situation d'énonciation analogue à celle du texte d'appui.

LES GENRES ARGUMENTATIFS

Les genres argumentatifs se répartissent en deux catégories :
- la délibération, confrontation d'idées : le discours, le dialogue délibératif, l'essai ;
- l'argumentation indirecte, qui utilise un récit dont on tire une leçon explicite ou implicite : l'apologue, le conte philosophique, l'utopie.

1. Le discours

• Un orateur s'adresse à un public pour le convaincre ou le persuader. Le discours, essentiellement **oral dans l'Antiquité**, peut, à partir du XVIe siècle, être une **œuvre écrite** ; il s'apparente alors à l'essai : *Discours sur les malheurs de ce temps* (Ronsard), *Discours sur les sciences et les arts* (Rousseau).

• Il peut être inséré **dans d'autres genres**, notamment le roman et le théâtre ; il peut s'y présenter aussi sous la forme d'un **monologue** par lequel un personnage se parle à lui-même pour élaborer un jugement ou prendre une décision.

2. Le dialogue délibératif

Platon (IVe siècle avant J.-C.) a inventé le dialogue délibératif, **confrontation d'idées sous la forme d'un dialogue** entre deux personnages ou plus.

• Il pratique le dialogue **dialectique** : la confrontation d'idées permet d'approcher la vérité ou de prendre conscience de son ignorance.

• Le dialogue **polémique** oppose vivement deux points de vue opposés (J.-C. Carrière, *La Controverse de Valladolid*, 1999).

• Le dialogue **didactique** fait dialoguer deux personnages dont l'un dispense un enseignement à l'autre (Fontenelle, *Entretiens sur la pluralité des mondes*, 1686).

• Le dialogue **délibératif** peut constituer une œuvre entière, ou se trouver à l'intérieur d'une œuvre d'un autre genre.

3. L'essai

L'essai se définit par les critères suivants :

• texte en **prose** ;

• **liberté de forme**, depuis l'ouvrage assez rigoureusement organisé (Denis de Rougemont, *L'Amour et l'Occident*, 1939), jusqu'à des formes dites fragmentaires, qui regroupent des textes brefs (*Les Caractères* de La Bruyère, 1688 ; *Précis de décomposition* de Cioran, 1949) ;

• **liberté de thème et de registre** : les *Essais* de Montaigne sont un bon exemple de cette diversité ;

• **réflexion personnelle** : il se caractérise par de nombreuses marques de subjectivité ;

• **réflexion générale** sur des questions qui concernent tous les hommes.

4. L'apologue

• **L'apologue** est un court récit fictif dont on tire une morale (généralement explicite). Il a une visée didactique*, qui passe par l'agrément, c'est-à-dire par le plaisir provoqué par l'art du récit.

• La **fable** est un apologue en vers. Sa morale se réfère au bon sens, à la sagesse populaire.

• Une **parabole** est un apologue à signification religieuse. Elle se rapproche de l'allégorie : par exemple, la parabole du fils prodigue qui raconte le bon accueil réservé par le père à son fils de retour à la maison après une fugue, est **l'allégorie*** de l'attitude accueillante de Dieu envers le chrétien qui revient à la foi après s'en être éloigné.

• **Le conte philosophique**, particulièrement utilisé par Voltaire au XVIIIe siècle, permet de mener une argumentation plus développée que dans la fable. Les expériences des personnages ainsi que leurs dialogues sont le moyen de présenter ou de discuter une thèse complexe. Ainsi, avec *Candide* (1759), Voltaire réfute la théorie de l'optimisme du philosophe Leibniz.

• **L'utopie**, souvent insérée dans une œuvre, présente, à travers une fiction, une société idéale : *l'Utopie* (1566) de Thomas More, l'Eldorado dans *Candide* (1759).

LIRE UNE FABLE

1. Observer la forme de la fable

• Observer le paratexte

Le paratexte* apporte des **indications sur l'auteur et sur la date de composition** : s'il s'agit d'une fable écrite par un auteur grec (en particulier Ésope) ou latin (en particulier Phèdre), on s'aperçoit souvent qu'elle a inspiré les fabulistes de la littérature française. S'il s'agit d'une fable écrite par un auteur contemporain, c'est souvent une réécriture d'une fable de La Fontaine.

• Distinguer prose et vers

Certaines fables sont écrites en prose, d'autres en vers. Si le texte est en vers, il faut **observer la versification et le rythme** (▸ *Lire un poème en vers*, p. 322). En particulier chez La Fontaine, il faut observer la variété des mètres utilisés dans la même fable : le choix d'un vers bref (4, 6 ou 8 syllabes) en alternance avec des vers longs (alexandrins) sert à mettre en relief ou à dramatiser certains éléments.

2. Caractériser la fable

• Observer l'énonciation

La fable présente une situation d'énonciation* particulière avec un récit commenté de manière plus ou moins développée par un narrateur : les marques de la présence du locuteur*, du destinataire*, les temps verbaux doivent être analysés avec précision (▸ *Énoncé et énonciation*, p. 66) ; l'alternance entre les discours rapportés* et le récit* doit être repérée précisément.

• Observer le récit anecdotique

Il faut **analyser les composantes du récit** (▸ *Le récit*, p. 214) **et son mouvement**, en tenant compte de la versification pour les fables en vers. Comme il s'agit d'un récit bref, la chute* est particulièrement intéressante à étudier : elle peut être attendue ou au contraire surprenante.

Genre bref, la fable demande une **étude attentive des connecteurs logiques et temporels** dans le cours de l'histoire et au moment de sa chute.

Il est important d'**analyser le choix des personnages** (souvent des animaux) en fonction de l'image qu'ils ont dans l'imaginaire collectif (par exemple, le renard est rusé) et de l'image qui en est donnée dans le texte.

• Observer la morale

Si le texte énonce explicitement une morale, il faut regarder si elle se trouve au début – le récit de la fable est alors un exemple illustratif autant qu'argumentatif – ou si elle se trouve à la fin – le récit est alors un exemple purement argumentatif ;

- il faut préciser **qui énonce la morale** : est-ce le narrateur*, un personnage, ou bien encore un autre énonciateur* nommé ou anonyme ?
- il faut se demander **quel rapport existe entre l'anecdote** racontée par la fable **et la morale** qui en est tirée : est-ce la morale attendue ? y a-t-il au contraire un effet de surprise ? Parfois le fabuliste tire **plusieurs morales** de la même anecdote : il faut alors se demander quels rapports lient ces diverses morales ;
- il faut aussi étudier la **forme de la morale** : quel acte de langage* (assertion*, injonction* ou conseil, question) utilise-t-elle ? Est-ce un acte de langage direct ou indirect* ?

Si le texte n'énonce pas explicitement de morale, il faut éventuellement la dégager ou souligner la multiplicité des morales possibles.

• Observer les figures et le registre

La fable utilise souvent la figure de l'ironie* ; on trouve aussi l'ellipse*, le chiasme*, la comparaison*, la métaphore* et l'hyperbole*, qui donnent du relief et de la vivacité au récit. La fable varie souvent les registres*, en particulier entre le récit (comique, satirique, pathétique ou tragique) et la morale (souvent didactique ou polémique).

3. Interpréter la fable

La lecture de la fable amène à **s'interroger sur la portée de la morale** (ou des morales) explicite ou implicite* : quel présupposé* contient-elle ? Quelle vision de la vie donne-t-elle ? Parfois, elle peut aussi amener à réfléchir sur le choix du titre.

EXERCICES D'OBSERVATION ET D'INTERPRÉTATION

A Les genres argumentatifs

1. Distinguer les genres argumentatifs

Texte 1

LE RENARD ET LES RAISINS

Certain renard gascon, d'autres disent normand,
Mourant presque de faim, vit au haut d'une treille
Des raisins mûrs apparemment,
Et couverts d'une peau vermeille.
Le galant en eût fait volontiers un repas ;
Mais comme il n'y pouvait atteindre :
Ils sont trop verts, dit-il, et bons pour des goujats.
Fit-il pas mieux que de se plaindre ?

Jean de La Fontaine (1621-1695), *Fables*, III, 11, 1668.

Texte 2

LE COMTE

Tout mal étant un châtiment, il s'ensuit que nul mal ne saurait être considéré comme nécessaire, et nul mal n'étant nécessaire, il s'ensuit que tout mal peut être prévenu ou par la suppression du crime qui l'avait rendu nécessaire, ou par la prière qui a la force de prévenir le châtiment ou de le mitiger. L'empire du mal physique pouvant donc encore être restreint indéfiniment par ce moyen surnaturel, vous voyez...

LE CHEVALIER

Permettez-moi de vous interrompre et d'être un peu impoli, s'il le faut, pour vous forcer d'être plus clair. [...] Je voudrais seulement vous faire observer que vous confondez, si je ne me trompe, les maux dus immédiatement aux fautes de celui qui les souffre, avec ceux que nous transmet un malheureux héritage. [...] Il me semble donc que les maux physiques qui nous viennent par héritage n'ont rien de commun avec le gouvernement temporel de la Providence[1].

Joseph de Maistre (1753-1821), *Les Soirées de Saint-Pétersbourg*, deuxième entretien, 1821.

1. *gouvernement temporel de la Providence* : intervention de la Providence dans la vie profane.

Texte 3

Ce que nous appelons ordinairement amis et amitiés, ce ne sont qu'accointances et familiarités[1] nouées par quelque occasion ou commodité, par le moyen de laquelle nos âmes s'entretiennent[2]. En l'amitié de quoi je parle, elles se mêlent et confondent l'une en l'autre, d'un mélange si universel qu'elles effacent et ne retrouvent plus la couture qui les a jointes. Si on me presse de dire pourquoi je l'aimais, je sens que cela ne se peut exprimer qu'en répondant : « Parce que c'était lui, parce que c'était moi ».

Michel de Montaigne (1533-1592), *Essais*, 1580-1595.

1. *accointances et familiarités* : liaisons et relations familières. 2. *s'entretiennent* : sont liées.

a) À quel genre argumentatif appartient chacun de ces trois textes ? Justifiez votre réponse.

b) Quel est le thème de chacun de ces trois textes ?

c) Quelle thèse défend le texte 1 ? Est-elle implicite ou explicite ?

d) Quelles thèses confronte le texte 2 ?

e) En quoi le texte 3 est-il argumentatif ? Quel type de raisonnement est utilisé ?

f) Quel texte vous paraît le plus convaincant ? le plus persuasif ? Justifiez vos réponses en relevant des arguments logiques ou affectifs.

B Lire une fable

2. Observer la forme de la fable

Texte 1

LE CHÊNE ET LE ROSEAU

Le chêne et le roseau disputaient de leur force, lorsqu'un vent violent se leva. Le roseau, courbé et ployant sous les tourbillons, évita d'être déraciné ; le chêne, qui voulut résister, le fut, et s'abattit.

La fable montre que face à plus fort que soi, rivalité ou résistance ne sont pas de mise.

Ésope, *Fables*, édition bilingue, traduction de Daniel Loayza, © GF-Flammarion, 1995.

a) Cherchez dans le dictionnaire qui est Ésope. De quelle époque date cette fable ?

b) Connaissez-vous la fable de La Fontaine dont elle est la source ? (► *Exercice 6,* p. 190)

c) Comparez la longueur de la fable d'Ésope avec celle de La Fontaine : quelle partie du récit a-t-il développé ?

d) Quelle est la morale du texte d'Ésope ? Comment se présente la morale dans le texte de La Fontaine ?

Texte 2

LES VOLEURS ET L'ÂNE

Pour un âne enlevé deux voleurs se battaient :
L'un voulait le garder, l'autre le voulait vendre.
Tandis que coups de poing trottaient[1],
Et que nos champions songeaient à se défendre,
Arrive un troisième larron[2]
Qui saisit maître Aliboron[3].

L'âne, c'est quelquefois une pauvre province
Les voleurs sont tel ou tel prince,
Comme le Transylvain, le Turc et le Hongrois[4].
Au lieu de deux, j'en ai rencontré[5] trois :
Il est assez de cette marchandise.

De nul d'eux n'est souvent la province conquise :
Un quart[6] voleur survient, qui les accorde net
En se saisissant du baudet.

Jean de La Fontaine (1621-1695), *Fables*, I, 13, 1668.

1. *trottaient* : allaient et venaient (terme familier). 2. *larron* : voleur. 3. *Aliboron* : nom de l'âne. 4. Allusion à des conflits à propos des Balkans et de la Hongrie. 5. *rencontrer* : trouver. 6. *un quart* : un quatrième.

a) Quels types de vers sont utilisés dans cette fable ?

b) Relevez les vers les plus courts. Expliquez l'effet de chacun d'entre eux.

c) Comparez la longueur de l'anecdote et celle de la morale. Que remarquez-vous ?

3. Observer l'énonciation et le récit

LES DEUX AMIS

Deux vrais amis vivaient au Monomotapa :
L'un ne possédait rien qui n'appartînt à l'autre.
Les amis de ce pays-là
Valent bien, dit-on, ceux du nôtre.
Une nuit que chacun s'occupait au sommeil,
Et mettait à profit l'absence du soleil,
Un de nos deux amis sort du lit en alarme ;
Il court chez son intime, éveille les valets :
Morphée avait touché le seuil de ce palais.
L'ami couché s'étonne ; il prend sa bourse, il s'arme,
Vient trouver l'autre, et dit : « Il vous arrive peu
De courir quand on dort, vous me paraissiez homme
À mieux user du temps destiné pour le somme :
N'auriez-vous point perdu tout votre argent au jeu ?
En voici. S'il vous est venu quelque querelle,
J'ai mon épée, allons. Ne le voulez-vous point ?
— Non, dit l'ami, ce n'est ni l'un ni l'autre point :
Je vous rends grâce de ce zèle.
Vous m'êtes, en dormant, un peu triste apparu ;
J'ai craint qu'il ne fût vrai ; je suis vite accouru.
Ce maudit songe en est la cause. »

Qui d'eux aimait le mieux ? Que t'en semble, lecteur ?
Cette difficulté vaut bien qu'on la propose.
Qu'un ami véritable est une douce chose !
Il cherche vos besoins au fond de votre cœur ;
Il vous épargne la pudeur
De les lui découvrir vous-même ;
Un songe, un rien, tout lui fait peur
Quand il s'agit de ce qu'il aime.

Jean de La Fontaine (1621-1695), *Fables*, VIII, 11, 1678.

a) Relevez les passages de discours rapporté*.

b) Relevez les énoncés ancrés dans la situation d'énonciation*, qui ne sont pas des discours rapportés. Qui en est le locuteur* ?

c) Dans le récit, quel effet produisent ces énoncés ancrés dans la situation d'énonciation* ?

d) Dégagez le mouvement de l'anecdote. La chute est-elle prévisible ? Justifiez votre réponse.

e) Dans la morale, quelle est la valeur des énoncés ancrés dans la situation d'énonciation* ? Quel effet produisent-ils ? Quel registre* créent-ils ?

4. Observer la morale

L'ÂNE ET LE PETIT CHIEN

Ne forçons point notre talent,
Nous ne ferions rien avec grâce :
Jamais un lourdaud, quoi qu'il fasse,
Ne saurait passer pour galant[1].
Peu de gens, que le ciel chérit et gratifie,
Ont le don d'agréer infus[2] avec la vie.
C'est un point qu'il faut leur laisser,
Et ne pas ressembler à l'âne de la fable,
Qui, pour se rendre plus aimable
Et plus cher à son maître, alla le caresser.
« Comment ? disait-il en son âme,
Ce chien, parce qu'il est mignon,
Vivra de pair à compagnon[3]
Avec Monsieur, avec Madame ;
Et j'aurai des coups de bâton ?
Que fait-il ? il donne la patte ;
Puis aussitôt il est baisé[4] :
S'il faut en faire autant afin que l'on me flatte[5],
Cela n'est pas malaisé. »
Dans cette admirable pensée,
Voyant son maître en joie, il s'en vient lourdement,
Lève une corne[6] tout usée,
La lui porte au menton fort amoureusement,
Non sans accompagner pour plus grand ornement,
De son chant gracieux cette action hardie.
« Oh ! oh ! quelle caresse ! et quelle mélodie !
Dit le maître aussitôt. Holà, Martin-bâton ! »
Martin-bâton accourt : l'âne change de ton.
Ainsi finit la comédie.

Jean de La Fontaine (1621-1695), *Fables*, IV, 5, 1668.

1. *galant* : élégant. 2. *infus* : de manière infuse, par un don naturel. 3. *Vivra de pair à compagnon* : vivra sur un pied d'égalité. 4. *baisé* : embrassé, caressé. 5. *flatter* : caresser. 6. *corne* : corne du sabot.

a) Où se trouve la morale de cette fable ? Reformulez-la.

b) La morale et l'anecdote sont-elles fortement séparées ? Comparez avec les fables proposées dans les exercices précédents.

c) Quel est le rôle de l'anecdote ici ? Comparez avec l'anecdote de la fable « Les voleurs et l'âne » (► *Exercice 2*, p. 188**) : à l'aide de quelle figure la morale s'appuyait-elle sur l'anecdote ?**

d) Quel est le registre* de la morale ? et celui de l'anecdote ?

5. Interpréter une fable

Relisez les fables des exercices 1, 2, 3, 4 (► pp. 188 et 189**) et dites pour chacune d'elles si elle a une portée morale, sociale ou politique.**

EXERCICES
D'OBSERVATION ET D'INTERPRÉTATION

6. Interpréter la réécriture d'une fable

Texte 1

LE CHÊNE ET LE ROSEAU

Le chêne un jour dit au roseau :
« Vous avez bien sujet d'accuser la nature ;
Un roitelet pour vous est un pesant fardeau ;
Le moindre vent qui d'aventure
Fait rider la face[1] de l'eau,
Vous oblige à baisser la tête,
Cependant que mon front, au Caucase[2] pareil,
Non content d'arrêter les rayons du soleil,
Brave l'effort de la tempête.
Tout vous est aquilon[3], tout me semble zéphyr[4].
Encor si vous naissiez à l'abri du feuillage
Dont je couvre le voisinage,
Vous n'auriez pas tant à souffrir :
Je vous défendrais de l'orage ;
Mais vous naissez le plus souvent
Sur les humides bords des royaumes du vent[5].
La nature envers vous me semble bien injuste.
— Votre compassion, lui répondit l'arbuste,
Part d'un bon naturel ; mais quittez ce souci :
Les vents me sont moins qu'à vous redoutables ;
Je plie, et ne romps pas. Vous avez jusqu'ici
Contre leurs coups épouvantables
Résisté sans courber le dos ;
Mais attendons la fin. » Comme il disait ces mots,
Du bout de l'horizon accourt avec furie
Le plus terrible des enfants
Que le Nord eût portés jusque-là dans ses flancs.
L'arbre tient bon ; le roseau plie.
Le vent redouble ses efforts,
Et fait si bien qu'il déracine,
Celui de qui la tête au ciel était voisine,
Et dont les pieds touchaient à l'empire des morts.

Jean de La Fontaine (1621-1695), *Fables*, I, 22, 1668.

1. *face* : surface. 2. *Caucase* : montagne de Russie. 3. *aquilon* : vent du nord, bise. 4. *zéphyr* : vent doux et agréable, brise. 5. Ce sont les marais et les rivières.

Texte 2

LE CHÊNE ET LE ROSEAU

Le chêne un jour dit au roseau :
« N'êtes-vous pas lassé d'écouter cette fable ?
La morale en est détestable ;
Les hommes bien légers de l'apprendre aux marmots.
Plier, plier toujours, n'est-ce pas déjà trop
Le pli de l'humaine nature ? »
« Voire[1], dit le roseau, il ne fait pas trop beau ;
Le vent qui secoue vos ramures
(Si je puis en juger à niveau de roseau)
Pourrait vous prouver, d'aventure,
Que nous autres, petites gens,
Si faibles, si chétifs, si humbles, si prudents,
Dont la petite vie est le souci constant,
Résistons pourtant mieux aux tempêtes du monde,
Que certains orgueilleux qui s'imaginent grands. »
Le vent se lève sur ses mots, l'orage gronde.
Et le souffle profond qui dévaste les bois,
Tout comme la première fois,
Jette le chêne fier qui le narguait par terre.
« Hé bien, dit le roseau, le cyclone passé –
Il se tenait courbé par un reste de vent –,
Qu'en dites-vous donc, mon compère ?
(Il ne se fût jamais permis ce mot avant.)
Ce que j'avais prédit n'est-il pas arrivé ? »
On sentait dans sa voix sa haine
Satisfaite. Son morne regard allumé.
Le géant, qui souffrait, blessé,
De mille morts, de mille peines,
Eut un sourire triste et beau ;
Et, avant de mourir, regardant le roseau,
Lui dit : « Je suis encore un chêne. »

Jean Anouilh (1910-1987), *Fables*,
© La Table Ronde, 1962.

a) Remplissez le tableau suivant en relevant les arguments du chêne et ceux du roseau dans les deux fables :

Arguments du chêne chez La Fontaine	
Arguments du chêne chez Anouilh	
Arguments du roseau chez La Fontaine	
Arguments du roseau chez Anouilh	

Quels types de personnages symbolisent le chêne et le roseau ?

b) L'anecdote se finit dans les deux fables par la chute du chêne ; quelles sont les morales des deux fables ? Sont-elles explicites ou implicites ? Sont-elles identiques ? Justifiez vos réponses.

c) Qu'est-ce qui montre que le chêne d'Anouilh tente de réfuter la morale de La Fontaine ? Quelle est la portée de chacune de ces fables ?

LIRE UN CONTE PHILOSOPHIQUE DE VOLTAIRE

Le conte philosophique, genre créé par Voltaire au XVIIIe siècle, garde les caractéristiques du conte (notamment un caractère plaisant avec la présence du merveilleux et une certaine facilité de lecture) tout en faisant passer un message philosophique.

1. Observer le paratexte : le titre et le sous-titre

Le titre signale le caractère philosophique du conte. Dans les contes de Voltaire, il comporte souvent :

• Le nom du personnage principal, dit personnage **éponyme*** ; souvent ce nom donne une indication sur le type de personnage : *Candide* et *L'Ingénu*, annoncent des personnages naïfs, *Micromégas* – petit-grand – oriente sur la question de la relativité des valeurs.

• Un sous-titre qui précise le thème traité : *Zadig ou la destinée* (1747), *Candide ou l'optimisme* (1759), *Memnon ou la sagesse humaine* (1750), *Micromégas, histoire philosophique* (1752). Parfois le thème est indiqué par le titre, et le nom du personnage est indiqué en sous-titre : *Le monde comme il va, vision de Babouc* (1746).

• Un second sous-titre vient souvent donner d'autres précisions : en général il indique l'origine ou l'auteur fictif du conte, Voltaire se dédouanant ainsi de l'audace de certaines de ses pages :

> *Le monde comme il va, vision de Babouc, écrite par lui-même* (1746),
> *Histoire des voyages de Scarmentado, écrite par lui-même* (1756),
> *Candide, ou l'optimisme, traduit de l'allemand de M. le docteur Ralph, avec les additions qu'on a trouvées dans la poche du docteur lorsqu'il mourut à Minden, l'an de grâce 1759,*
> *L'Ingénu, histoire véritable tirée des manuscrits du P. Quesnel* (1767).

D'autres contes philosophiques ont un seul titre : *Jeannot et Colin* (1764), *L'Homme aux quarante écus* (1768).

2. Observer la composition du conte

• La table des matières

La table des matières permet de prendre connaissance rapidement des principaux **protagonistes** du conte, ainsi que des principaux **épisodes** ; parfois même, les titres des chapitres sont assez explicites pour qu'on puisse voir quels sont les **thèmes philosophiques** abordés. Voici quelques-uns des titres de chapitres de *L'Ingénu* : *I. « Comment le prieur de Notre-Dame de la Montagne et mademoiselle sa sœur rencontrèrent un Huron » ; II. « Le Huron, nommé l'Ingénu, reconnu de ses parents » ; IV. « L'Ingénu baptisé » ; XII. « Ce que l'Ingénu pense des pièces de théâtre ».*

• La composition du conte

Le conte est un récit, qui présente **un schéma narratif*** et un **schéma actantiel*** (► *Action et narration*, pp. 220-221).

• Le genre

Les contes de Voltaire sont bien sûr des contes, mais aussi, bien souvent, ils se rapprochent :

- du **roman d'éducation**, puisque c'est à travers les expériences d'un héros plus ou moins naïf que Voltaire veut faire passer un message ;
- du **roman d'aventures**, car pour faire toutes ces expériences instructives, le héros est amené à voyager, à faire des rencontres hors du commun ;
- parfois même du **roman sentimental** à la mode au XVIIIe siècle.

• La succession des épisodes

C'est pourquoi le conte s'organise en une succession d'épisodes qui constituent chacun **une leçon pour le héros et une nouvelle aventure** ; l'expérience transforme peu à peu le héros et l'amène à tirer une morale de ce qu'il a vécu ; enfin, l'intrigue sentimentale, comme dans *Candide* ou surtout *L'Ingénu*, connaît aussi un dénouement instructif.

• Le début du conte

L'attention doit donc se porter sur l'incipit* qui donne les clés essentielles :

• Indication du **genre** : la première page contient les ingrédients du conte : éléments merveilleux (« Un jour St. Dunstan, Irlandais de nation et saint de profession, partit d'Irlande sur une petite montagne qui vogua vers les côtes de France, et arriva par cette voiture à la baie de Saint-Malo. », incipit* de *L'Ingénu*), ou formulations propres au conte (« *Au temps du* roi Moabdar *il y avait* à Babylone un jeune homme nommé Zadig », incipit* de *Zadig*).

• Type de **personnage** : « Il y avait en Vestphalie, dans le château de monsieur le baron de Thunder-ten-tronckh, un jeune garçon à qui la nature avait donné les mœurs les plus douces. », incipit* de *Candide*.

• **Thème philosophique** : « Dans une de ces planètes qui tournent autour de l'étoile nommée Sirius, il y avait un jeune homme de beaucoup d'esprit, que j'ai eu l'honneur de connaître dans le dernier voyage qu'il fit sur notre petite fourmilière. », incipit* de *Micromégas*.

• **Registre***, souvent comique ou satirique : voir les incipit* de *L'Ingénu* ou de *Candide*.

La fin du conte

Le dernier chapitre est également essentiel. Il donne :

• La **morale** de l'histoire : « Il faut cultiver notre jardin », excipit* de *Candide* ; « Et Jeannot le père, et Jeannotte la mère, et Jeannot le fils, virent que le bonheur n'est pas dans la vanité », excipit* de *Jeannot et Colin*.

• Le **dénouement** du roman : « Effectivement [Micromégas] leur donna ce volume avant son départ : on le porta à Paris à l'Académie des sciences ; mais, quand le secrétaire l'eut ouvert, il ne vit rien qu'un livre tout blanc : *Ah ! dit-il, je m'en étais bien douté.* », excipit* de *Micromégas*.

• L'**épilogue** : « Et depuis, ce fut une coutume dans Babylone que, toutes les fois que le souverain (ayant été grossièrement trompé par ses satrapes, ou par ses mages, ou par ses trésoriers, ou par ses femmes) reconnaissait enfin ses erreurs et corrigeait sa mauvaise conduite, tout le peuple criait à sa porte : " Vive notre grand roi, qui n'est plus un bœuf ! " », excipit* du *Taureau blanc*.

3. Dégager la portée du conte philosophique

Étudier les thèmes

Dans les contes de Voltaire, chaque chapitre est l'occasion d'aborder un thème, conçu comme un argument ou comme un exemple argumentatif ou illustratif, destiné à soutenir la thèse. Ainsi dans *Candide*, la thèse de l'optimisme défendue par le philosophe Pangloss « Tout est au mieux dans le meilleur des mondes » est battue en brèche par chacune des expériences de Candide, qui ne cesse de rencontrer le mal : la guerre, les catastrophes naturelles, le fanatisme, l'esclavage, la maladie, etc.

Étudier la critique et la satire

• Les contes de Voltaire mènent ainsi une **critique morale, sociale, politique et philosophique** : *L'Ingénu* critique l'intolérance, la corruption morale des grands et d'une partie du clergé ; *Candide* dénonce la barbarie de la guerre (une « boucherie héroïque »), l'esclavage, la condition des femmes, l'obscurantisme.

• Cette critique passe le plus souvent par un **registre satirique*** qui utilise massivement **l'ironie*** ; mais Voltaire sait aussi utiliser le **registre pathétique***, par exemple pour stigmatiser l'esclavage dans *Candide* ou la corruption morale de la Cour dans *L'Ingénu*.

Étudier la construction de la thèse

• Voltaire ne se borne pas à une réfutation de la thèse adverse, il **construit également sa propre thèse** : Candide, peu à peu, en arrive à l'idée que seul l'homme peut être l'artisan de son propre bonheur, grâce à un travail assidu pour rendre cette terre plus prospère.

• Cette thèse est construite dans les chapitres où Candide fait des rencontres et des expériences positives :
- l'Eldorado, monde utopique* et donc inaccessible où règne une prospérité due à la nature, montre au moins ce que pourrait être le paradis terrestre ;
- le derviche lui enseigne de se détourner des questionnements métaphysiques (et donc de s'occuper plutôt de questions concrètes) ;
- le vieillard enfin résume sa conception de la vie : « Le travail éloigne de nous trois grands maux : l'ennui, le vice et le besoin » ;
- Candide reformule cette thèse en l'orientant vers le bonheur : « Il faut cultiver notre jardin ».

A Examiner méthodiquement le texte

1. Étudier le titre et le paratexte

Le Lion s'en allant en guerre

Le lion dans sa tête avait une entreprise :
Il tint conseil de guerre, envoya ses prévôts[1],
Fit avertir les animaux.
Tous furent du dessein, chacun selon sa guise[2] :
L'éléphant devait sur son dos
Porter l'attirail nécessaire,
Et combattre à son ordinaire ;
L'ours, s'apprêter pour les assauts ;
Le renard, ménager de secrètes pratiques[3] ;
Et le singe, amuser l'ennemi par ses tours.
« Renvoyez, dit quelqu'un, les ânes, qui sont lourds,
Et les lièvres, sujets à des terreurs paniques.
— Point du tout, dit le roi ; je les veux employer :
Notre troupe sans eux ne serait pas complète.
L'âne effraiera les gens, nous servant de trompette ;
Et le lièvre pourra nous servir de courrier. »

Le monarque prudent et sage
De ses moindres sujets sait tirer quelque usage,
Et connaît les divers talents.
Il n'est rien d'inutile aux personnes de sens.

Jean de La Fontaine (1621-1695), *Fables*, V, 9, 1668.

1. *prévôts* : personnages chargés d'une mission, qui surveillent ou dirigent une entreprise. 2. *selon sa guise* : à sa manière. 3. *secrètes pratiques* : intrigues secrètes.

a) Quelles indications apporte le paratexte* ?

b) Quel est le titre de la fable ? Que symbolise habituellement le Lion ? Quelle est la morale de la fable ? Où est-elle située ?

c) Quel registre* évoque le titre? Quels éléments du texte appartiennent à ce registre ? Quel autre registre est utilisé ?

d) ÉCRITURE Rédigez une présentation brève de ce texte (auteur, genre, registres*, thème principal).

2. Étudier l'énonciation et la composition

Dans ce roman, Meursault a tué sans savoir pourquoi un homme sur la plage ; à son procès, le procureur a prononcé un réquisitoire sévère, qui insistait sur l'insensibilité du personnage, analyse appuyée par le fait qu'il n'avait pas pleuré à l'enterrement de sa mère. Suit la plaidoirie de l'avocat.

D'ailleurs, mon avocat m'a semblé ridicule. Il a plaidé la provocation très rapidement et puis lui aussi a parlé de mon âme. Mais il m'a paru qu'il avait beaucoup moins de talent que le procureur. « Moi aussi, a-t-il dit, je me suis penché sur cette âme, mais contrairement à l'éminent représentant du ministère public, j'ai trouvé quelque chose et je puis dire que j'y ai lu à livre ouvert. » Il y avait lu que j'étais un honnête homme, un travailleur régulier, infatigable, fidèle à la maison qui l'employait, aimé de tous et compatissant aux misères d'autrui. Pour lui, j'étais un fils modèle qui avait soutenu sa mère aussi longtemps qu'il avait pu. Finalement j'avais espéré qu'une maison de retraite donnerait à la vieille femme le confort que mes moyens ne me permettaient pas de lui procurer. « Je m'étonne, messieurs, a-t-il ajouté, qu'on ait mené si grand bruit autour de cet asile. Car enfin, s'il fallait donner une preuve de l'utilité et de la grandeur de ces institutions, il faudrait bien dire que c'est l'État lui-même qui les subventionne. » Seulement, il n'a pas parlé de l'enterrement et j'ai senti que cela manquait dans sa plaidoirie. Mais à cause de toutes ces longues phrases, de toutes ces journées et ces heures interminables pendant lesquelles on avait parlé de mon âme, j'ai eu l'impression que tout devenait comme une eau incolore où je trouvais le vertige. […]

C'est à peine si j'ai entendu mon avocat s'écrier, pour finir, que les jurés ne voudraient pas envoyer à la mort un travailleur honnête perdu dans une minute d'égarement, et demander des circonstances atténuantes pour un crime dont je traînais déjà, comme le plus sûr de mes châtiments, le remords éternel.

Albert Camus (1913-1960), *L'Étranger*, © Éditions Gallimard, 1942.

a) Quel est le genre de l'œuvre d'où est tiré le texte ? Quelle remarque peut-on faire sur l'énonciation* ?

b) Quels types de discours rapportés* sont utilisés ici ? Relevez-les.

c) Dégagez les principaux moments du discours de l'avocat. Quel est le registre* de la plaidoirie ?

d) Quel est le registre* de l'extrait ? Quel effet produit la composition du texte ?

B Préparer le commentaire

3. Définir un projet de lecture

Lisez l'extrait de *L'Étranger* (► *Exercice 2*) et répondez aux questions suivantes.

a) Quelle stratégie argumentative adopte l'avocat ? Quelle est sa thèse ? Quels sont ses arguments ? Quel sentiment veut-il provoquer chez les jurés dans sa conclusion ?

b) Quelle est l'attitude de Meursault pendant cette plaidoirie*. D'après lui, est-elle efficace ?

c) Quelle est l'impression produite par l'ensemble du texte ?

d) Énoncez votre projet de lecture en deux ou trois phrases rédigées.

C Organiser et développer le commentaire

4. Trouver les idées directrices

LES OREILLES DU LIÈVRE

Un animal cornu blessa de quelques coups
Le lion, qui plein de courroux,
Pour ne plus tomber en la peine,
Bannit des lieux de son domaine
Toute bête portant des cornes à son front.
Chèvres, béliers, taureaux aussitôt délogèrent ;
Daims et cerfs de climat changèrent :
Chacun à s'en aller fut prompt.
Un lièvre, apercevant l'ombre de ses oreilles,
Craignit que quelque inquisiteur[1]
N'allât interpréter à cornes leur longueur,
Ne les soutînt en tout à des cornes pareilles[2].
« Adieu, voisin grillon, dit-il ; je pars d'ici :
Mes oreilles enfin seraient cornes aussi ;
Et quand je les aurais plus courtes qu'une autruche,
Je craindrais même encor. » Le grillon repartit :
« Cornes cela ? Vous me prenez pour cruche ;
Ce sont oreilles que Dieu fit.
— On les fera passer pour cornes,
Dit l'animal craintif, et cornes de licornes[3].
J'aurai beau protester ; mon dire et mes raisons
Iront aux Petites-Maisons[4]. »

Jean de La Fontaine (1621-1695), *Fables*, V, 4, 1668.

1. *inquisiteur* : enquêteur ici, car l'Inquisition n'a jamais sévi en France. 2. *Ne les soutînt en tout à des cornes pareilles* : ne soutînt qu'elles sont semblables à des cornes. 3. *licorne* : animal de légende, à longue corne frontale. 4. *Petites-Maisons* : nom d'un hôpital pour les fous.

Parmi les idées suivantes, choisissez-en trois vous paraissant pouvoir constituer les idées directrices* d'un parcours de lecture et justifiez votre choix.

a) Le texte est constitué d'un récit et d'un dialogue rapporté au discours direct.
b) La variété des vers donne un rythme varié au texte.
c) Le texte est humoristique.
d) Le récit est mis au service de l'argumentation.
e) Le monde des animaux de la fable est une allégorie du monde des hommes.
f) Cette fable a une morale implicite.
g) Ce texte est une critique de la tyrannie.

5. Relier idées directrices et arguments

Dans ce poème, Éluard reprend une forme à la mode à la Renaissance, le blason, poème faisant l'éloge d'une partie du corps de la femme aimée.

LA COURBE DE TES YEUX

La courbe de tes yeux fait le tour de mon cœur,
Un rond de danse et de douceur,
Auréole du temps, berceau nocturne et sûr,
Et si je ne sais plus tout ce que j'ai vécu
C'est que tes yeux ne m'ont pas toujours vu.

Feuilles de jour et mousse de rosée,
Roseaux du vent, sourires parfumés,
Ailes couvrant le monde de lumière,
Bateaux chargés du ciel et de la mer,
Chasseurs des bruits et sources des couleurs,

Parfums éclos d'une couvée d'aurores
Qui gît toujours sur la paille des astres,
Comme le jour dépend de l'innocence
Le monde entier dépend de tes yeux purs
Et tout mon sang coule dans leurs regards.

Paul Éluard (1895-1952), *Capitale de la douleur*,
© Éditions Gallimard, 1926.

Voici trois idées directrices :

A. Un poème d'éloge.
B. Une figure féminine complexe.
C. Un poème de registre* lyrique.

Rattachez à chacune de ces idées directrices un ou plusieurs arguments pris dans la liste suivante.

a) La forme du blason*
b) La construction du poème
c) La femme divinisée
d) La construction de la phrase
e) Les hyperboles*
f) Le réseau lexical de signification* du cercle
g) L'amante
h) L'amplification*
i) Les métaphores*
j) Les procédés du blason*
k) La mère
l) La femme aimée comme lien avec le monde
m) Rythmes et sonorités

6. Illustrer des arguments

Voici le début d'un conte de Voltaire.

COMMENT CANDIDE FUT ÉLEVÉ
DANS UN BEAU CHÂTEAU ET COMMENT
IL FUT CHASSÉ D'ICELUI

Il y avait en Westphalie[1], dans le château de M. le baron de Thunder-ten-tronckh[2], un jeune garçon à qui la nature avait donné les mœurs les plus douces. Sa physionomie annonçait son âme. Il avait le jugement assez droit, avec l'esprit le plus simple ; c'est, je crois, pour cette raison qu'on le nommait Candide. Les anciens domestiques de la maison soupçonnaient qu'il était fils de la sœur de monsieur le baron et d'un bon et honnête gentilhomme du voisinage, que cette demoiselle ne voulut jamais épouser parce qu'il n'avait pu prouver que soixante et onze quartiers[3], et que le reste de son arbre généalogique avait été perdu par l'injure du temps.

Monsieur le baron était un des plus puissants seigneurs de la Westphalie, car son château avait une porte et des fenêtres. Sa grande salle même était ornée d'une tapisserie. Tous les chiens de ses basses-cours composaient une meute dans le besoin ; ses palefreniers étaient ses piqueurs ; le vicaire du village était son grand aumônier. Ils l'appelaient tous monseigneur, et ils riaient quand il faisait des contes.

[...]

Pangloss[4] enseignait la métaphysico-théologo-cosmolonigologie. Il prouvait admirablement qu'il n'y a point d'effet sans cause, et que, dans ce meilleur des mondes possibles, le château de monseigneur le baron était le plus beau des châteaux et madame la meilleure des baronnes possibles.

« Il est démontré, disait-il, que les choses ne peuvent être autrement : car, tout étant fait pour une fin, tout est nécessairement pour la meilleure fin. Remarquez bien que les nez ont été faits pour porter des lunettes, aussi avons-nous des lunettes. Les jambes sont visiblement instituées pour être chaussées, et nous avons des chausses. Les pierres ont été formées pour être taillées, et pour en faire des châteaux, aussi monseigneur a un très beau château ; le plus grand baron de la province doit être le mieux logé ; et, les cochons étant faits pour être mangés, nous mangeons du porc toute l'année : par conséquent, ceux qui ont avancé que tout est bien ont dit une sottise ; il fallait dire que tout est au mieux. »

Voltaire (1694-1778), *Candide*, chapitre 1,1759.

1. *Westphalie* : région d'Allemagne. 2. *Thunder-ten-tronckh* : nom imaginaire. 3. *quartiers* : quartiers de noblesse correspondant à l'ancienneté de la famille. 4. *Pangloss* : nom qui signifie « toutes les langues » ou « tout langage ».

Relevez dans le texte des citations sur lesquelles appuyer les arguments suivants :

- Ce texte présente les personnages.
Le registre de ce texte est satirique*.
- Ce texte présente l'enjeu argumentatif du conte.

7. Élaborer un plan détaillé

Lisez l'extrait de Candide *(▸ Exercice 6), puis répondez à la question suivante.*

Voici trois idées directrices ...

A. Le début d'un conte.
B. Une satire sociale.
C. Une satire philosophique.

.... et huit arguments :

a) Pangloss énonce des raisonnements dont la logique est fantaisiste.

b) Les personnages ne sont pas des caractères bien individualisés.

c) Le pays où se déroule le conte est imaginaire.

d) Les motifs du respect à l'égard du baron, son nom et ses manières sont ridicules.

e) Le texte renvoie à un temps très ancien.

f) La situation sociale de Candide est ambiguë.

g) Le nom de Pangloss annonce un savant ; en fait c'est un pédant[1].

h) Le texte présente une progression thématique* à thème divisé.

1. *pédant* : personne prétentieuse qui veut se faire passer pour savante.

Rattachez à chacune des idées directrices un ou plusieurs de ces arguments, puis élaborez à partir de ces éléments un plan détaillé du commentaire.

D Rédiger le commentaire

8. Rédiger une introduction

Ruy Blas, ministre du royaume d'Espagne, surprend une conversation de nobles corrompus qui envisagent divers moyens de s'enrichir sur les deniers de l'État.

RUY BLAS, *survenant.*
Bon appétit, messieurs ! —

Tous se retournent. Silence de surprise et d'inquiétude. Ruy Blas se couvre, croise les bras, et poursuit en les regardant en face.

Ô ministres intègres !
Conseillers vertueux ! Voilà votre façon
De servir, serviteurs qui pillez la maison !
Donc vous n'avez pas honte et vous choisissez l'heure,
L'heure sombre où l'Espagne agonisante pleure !
Donc vous n'avez ici pas d'autres intérêts
Que remplir votre poche et vous enfuir après !
Soyez flétris, devant votre pays qui tombe,
Fossoyeurs qui venez le voler dans sa tombe !

Victor Hugo (1802-1885), *Ruy Blas*, III, 2, 1838.

Rédigez une introduction à partir des éléments suivants que vous classerez dans un ordre convenable et développerez.

a) L'extrait donne de Ruy Blas une image de grandeur et de noblesse.

b) La tirade de Ruy Blas utilise les procédés du blâme.

c) Le texte est de registre polémique.

d) Cette scène présente un coup de théâtre.

9. Rédiger un paragraphe

Candide arrive au bout de ses tribulations : les protagonistes de l'histoire sont enfin réunis après bien des aventures ; ils passent leur temps « à philosopher plus que jamais ».

Il y avait dans le voisinage un derviche très fameux, qui passait pour le meilleur philosophe de la Turquie ; ils allèrent le consulter ; Pangloss porta la parole, et lui dit : « Maître, nous venons vous prier de nous dire pourquoi un aussi étrange animal que l'homme a été formé.

— De quoi te mêles-tu ? dit le derviche, est-ce là ton affaire ? — Mais, mon Révérend Père, dit Candide, il y a horriblement de mal sur la terre. — Qu'importe, dit le derviche, qu'il y ait du mal ou du bien ? Quand

Sa Hautesse envoie un vaisseau en Égypte, s'embarrasse-t-elle si les souris qui sont dans le vaisseau sont à leur aise ou non ? — Que faut-il donc faire ? dit Pangloss. — Te taire, dit le derviche. — Je me flattais, dit Pangloss, de raisonner un peu avec vous des effets et des causes, du meilleur des mondes possibles, de l'origine du mal, de la nature de l'âme et de l'harmonie préétablie. » Le derviche, à ces mots, leur ferma la porte au nez.

Voltaire (1694-1778), *Candide*, chapitre XXX, 1759.

Rédigez un paragraphe d'une dizaine de lignes où vous développerez l'idée suivante : « Le derviche refuse les discussions philosophiques souhaitées par Pangloss et par Candide », en vous appuyant sur l'étude de la situation d'énonciation* et sur l'observation des actes de langage*.

10. Exercice bilan

Voici la fin de la tirade (► *Exercice 8,* p. 195*) où Ruy Blas surprend les conseillers en train de faire des projets pour soutirer des richesses à l'État affaibli.*

L'état s'est ruiné dans ce siècle funeste,
Et vous vous disputez à qui prendra le reste !
Ce grand peuple espagnol aux membres énervés[1],
Qui s'est couché dans l'ombre et sur qui vous vivez,
Expire dans cet antre où son sort se termine,
Triste comme un lion mangé par la vermine !
— Charles-Quint[2], dans ces temps d'opprobre [et de terreur,
Que fais-tu dans ta tombe, ô puissant empereur ?
Oh ! Lève-toi ! Viens voir ! – les bons font place [aux pires.
Ce royaume effrayant, fait d'un amas d'empires,
Penche... il nous faut ton bras ! Au secours, [Charles-Quint !
Car l'Espagne se meurt, car l'Espagne s'éteint !
Ton globe[3], qui brillait dans ta droite profonde,
Soleil éblouissant qui faisait croire au monde
Que le jour désormais se levait à Madrid,
Maintenant, astre mort, dans l'ombre s'amoindrit,
Lune aux trois quarts rongée et qui décroît encore,
Et que d'un autre peuple effacera l'aurore[4] !
Hélas ! Ton héritage est en proie aux vendeurs.
Tes rayons, ils en font des piastres[5] ! Tes splendeurs,
On les souille ! — ô géant ! Se peut-il que tu dormes ? —
On vend ton sceptre au poids ! Un tas de nains [difformes
Se taillent des pourpoints dans ton manteau de roi ;
Et l'aigle impérial, qui, jadis, sous ta loi,
Couvrait le monde entier de tonnerre et de flamme,
Cuit, pauvre oiseau plumé, dans leur marmite infâme !
(Les conseillers se taisent, consternés. Seuls, le marquis de Priego et le Comte de Camporeal redressent la tête et regardent Ruy Blas avec colère. [...]*)*

Victor Hugo (1802-1885),
Ruy Blas, III, 2, 1838.

1. *énervés* : privés de nerfs, affaiblis. 2. *Charles Quint* : grand empereur d'Espagne et d'Allemagne au XVIe siècle ; *Ruy Blas* se déroule au XVIIe siècle. 3. *globe* : emblème du pouvoir impérial tenu dans la main droite. 4. *que d'un autre peuple effacera l'aurore* : que l'aurore d'un autre peuple effacera. 5. *piastres* : petite monnaie

a) Quelle est la composition du texte ? Quels termes en marquent les différentes étapes ?

b) Comment se marque l'implication de Ruy Blas dans son discours ? Sa stratégie argumentative est-elle efficace ?

c) Énoncez un projet de lecture en deux ou trois phrases rédigées.

d) Élaborez un plan détaillé à partir des idées et des arguments suivants, puis illustrez chacun des arguments par un exemple.

Idées directrices :

A. Rhétorique du blâme et registre épique.
B. Rhétorique du blâme et registre polémique.
C. La figure de Ruy Blas.

Arguments :

a) Les conseillers présents sont évoqués par un réseau lexical à connotation* péjorative.
b) La décadence de l'Espagne est dénoncée par la métaphore* finale.
c) Le texte comporte une succession de phrases exclamatives qui marquent l'indignation.
d) L'apostrophe à Charles Quint fonctionne comme un argument d'autorité*.
e) Charles Quint est présenté comme un héros épique.
f) Ruy Blas se présente comme le défenseur de l'héritage de Charles Quint.
g) Le « globe » impérial est l'objet d'une métaphore* filée grandiose.
h) Le peuple espagnol est évoqué de manière épique.
i) Ruy Blas, seul contre tous, défend sa patrie : il accède au rang de héros épique.
j) Ruy Blas provoque la honte ou la colère des conseillers.

e) Rédigez la conclusion du commentaire.

A Analyser le sujet

1.

Texte A

La nation anglaise est la seule de la terre qui soit parvenue à régler le pouvoir des rois en leur résistant et qui d'efforts en efforts ait enfin établi ce gouvernement sage, où le prince, tout-puissant pour faire du bien, a les mains liées pour faire le mal, où les seigneurs sont grands sans insolence et sans vassaux, et où le peuple partage le gouvernement sans confusion.

Voltaire (1694-1778), *Lettres philosophiques*, 1734.

Texte B

La puissance qui s'acquiert par la violence, n'est qu'une usurpation, et ne dure qu'autant que la force de celui qui commande l'emporte sur celle de ceux qui obéissent ; en sorte que si ces derniers deviennent à leur tour les plus forts, et qu'ils secouent le joug, ils le font avec autant de droit et de justice que l'autre qui le leur avait imposé. La même loi qui a fait l'autorité, la défait alors : c'est la loi du plus fort.

Diderot (1713- 1784), article « Autorité politique », *Encyclopédie*, 1751-1772.

Le philosophe allemand Emmanuel Kant écrit que les « Lumières n'exigent rien d'autre que la liberté. » (*Qu'est-ce que les Lumières ?*, 1784). Cette affirmation vous paraît-elle juste ? Vous répondrez à cette question en vous appuyant sur les textes du corpus et sur vos lectures personnelles.

a) Quelle est la nature de cet énoncé ?

b) L'intitulé du sujet demande-t-il de développer une thèse ? de la réfuter* ? de discuter* un jugement ?

c) Quel est le problème posé ?

B Rechercher des idées

2. Exploiter le corpus

Texte A

J'ai vu autrefois parmi nous des hommes amenés par mer de lointain pays, desquels parce que nous n'entendions[1] aucunement le langage et que leur façon[2], au demeurant, et leur contenance, et leurs vêtements étaient du tout[3] éloignés des nôtres, qui de nous ne les estimait et sauvages et brutes ? qui n'attribuait à la stupidité et bêtise de les voir muets, ignorant la langue française, ignorant nos baisemains et nos inclinations[4] serpentées, notre port et notre maintien, sur lequel, sans faillir[5], doit prendre son patron la nature humaine ?

Tout ce qui nous semble étrange, nous le condamnons, et ce que nous n'entendons[6] pas.

Montaigne (1553-1592), *Essais*, II, 12, 1580-1595.

1. *entendre* : comprendre. 2. *façon* : comportement. 3. *du tout* : tout à fait. 4. *inclinations* : révérences. 5. *sans faillir* : sans aucun doute. 6. *nous n'entendons pas* : nous ne comprenons pas.

Texte B

La Controverse de Valladolid *présente un débat censé se dérouler en 1550, au sujet des Indiens d'Amérique, devant le légat du pape, pour déterminer si les Indiens sont des êtres humains. Las Casas plaide pour l'humanité des Indiens, et Sépulvéda défend la thèse contraire.*

SÉPULVÉDA : Aristote l'a dit très clairement : certaines espèces humaines sont faites pour régir et dominer les autres.

LÉGAT : À votre avis, c'est ici le cas ?

SÉPULVÉDA : Voulez-vous des preuves de l'infériorité des Indiens ?

LÉGAT : Ces preuves sont indispensables.

SÉPULVÉDA : D'abord, depuis leur découverte, ils se sont montrés incapables de toute invention. Ils sont uniquement habiles à copier les gestes des Espagnols, leurs supérieurs, ce qui caractérise une âme d'esclave.

LAS CASAS : Mais on nous chante une vieille chanson ! César racontait la même chose des Gaulois qu'il asservissait ! Habiles à imiter les techniques romaines ! Et tous les envahisseurs ont fait de même ! Nous ne voyons que ce qu'ils imitent de nous ! Le reste, ça n'existe pas ! Bonne raison pour les détruire !

LÉGAT (*à Sépulvéda*) : Nous sommes habitués, depuis l'enfance, à préférer nos propres usages, qui nous semblent supérieurs aux autres.

Jean-Claude Carrière (né en 1931), *La Controverse de Valladolid*, © Actes Sud-Papiers, 1999.

« Nous sommes habitués, depuis l'enfance, à préférer nos propres usages, qui nous semblent supérieurs aux autres. », dit le légat du pape dans le texte B. Après avoir expliqué cette phrase, vous montrerez les dangers d'une telle attitude en vous appuyant sur le corpus proposé, sur les œuvres étudiées et sur d'autres exemples de votre choix.

a) Quel est le thème commun de ces textes? Quelles thèses* soutiennent-ils ? À quelle époque ont-ils été écrits ?

b) Donnez le genre* littéraire et le registre* de chacun d'entre eux.

c) Quels types de raisonnements sont utilisés dans les deux textes ?

d) Quelle image de lui-même donne chacun des locuteurs de ces textes ?

e) Relevez des exemples illustrant le propos du légat dans les deux textes.

3. Se référer à l'objet d'étude et exploiter des connaissances personnelles

Texte A

Les animaux malades de la peste décident de passer en revue leurs fautes et espèrent arrêter l'épidémie par le sacrifice du plus coupable d'entre eux. Ils se livrent à une confession publique, mais tous les animaux puissants se font acquitter par l'assemblée.

[...] On n'osa trop approfondir
Du tigre, ni de l'ours, ni des autres puissances
Les moins pardonnables offenses :
Tous les gens querelleurs, jusqu'aux simples mâtins,
Au dire de chacun, étaient de petits saints.
L'âne vint à son tour, et dit : « J'ai souvenance
Qu'en un pré de moines passant,
La faim, l'occasion, l'herbe tendre, et, je pense,
Quelque diable aussi me poussant,
Je tondis de ce pré la largeur de ma langue.
Je n'en avais nul droit, puisqu'il faut parler net. »
À ces mots on cria haro sur le baudet.
Un loup, quelque peu clerc, prouva par sa harangue
Qu'il fallait dévouer[1] ce maudit animal,
Ce pelé, ce galeux, d'où venait tout le mal.
Sa peccadille fut jugée un cas pendable.
Manger l'herbe d'autrui ! quel crime abominable !
Rien que la mort n'était capable
D'expier son forfait : on le lui fit bien voir.
Selon que vous serez puissant ou misérable,
Les jugements de cour vous rendront blanc ou noir.

Jean de La Fontaine (1621-1695), *Fables*, VII, 1, 1678.

1. *dévouer* : le vouer aux divinités infernales.

Texte B

L'égalité naturelle est celle qui est entre tous les hommes par la constitution de leur nature seulement. Cette *égalité* est le principe et le fondement de la liberté. L'*égalité naturelle ou morale* est donc fondée sur la constitution de la nature humaine commune à tous les hommes, qui naissent, croissent, subsistent et meurent de la même manière.

Puisque la nature humaine se trouve la même dans tous les hommes, il est clair que, selon le droit naturel, chacun doit estimer et traiter les autres comme autant d'êtres qui lui sont naturellement égaux, c'est-à-dire, qui sont hommes aussi bien que lui.

Jaucourt (1704-1780), article « égalité », *Encyclopédie*, 1766.

Quels genres littéraires sont, d'après vous, plus particulièrement adaptés à l'argumentation ? Vous répondrez à cette question en vous appuyant sur les textes du corpus et sur vos lectures personnelles.

a) À quel objet d'étude le corpus est-il lié ? Croise-t-il plusieurs objets d'étude ?

b) Quels genres* littéraires sont présents dans le corpus ?

c) Quelle thèse* défend chacun de ces textes ?

d) Quel type de raisonnement utilise chacun des textes ?

e) Pour chaque texte, dites dans quelle mesure il cherche à convaincre et dans quelle mesure il cherche à persuader. Lequel vous paraît le plus efficace ?

C Élaborer un plan

4. Dégager des idées directrices

Texte A : texte de Jaucourt (texte B de l'exercice 3)
Texte B : texte de J.-C. Carrière (texte B de l'exercice 2, p. 197)

Selon vous, la littérature argumentative peut-elle être utile à la société ? Vous répondrez à cette question en un développement organisé, en vous appuyant sur le corpus proposé, sur les œuvres étudiées et sur d'autres exemples de votre choix.

Regroupez les arguments suivants autour de trois idées directrices que vous formulerez clairement.

a) La littérature argumentative a déjà prouvé son influence sur l'évolution de la société dans le domaine moral et politique essentiellement.

b) La littérature argumentative joue sur la raison et sur le cœur en utilisant les moyens de la rhétorique pour convaincre et persuader.

c) La littérature argumentative a un rôle didactique.

d) La littérature argumentative a un rôle émotionnel.

e) Les textes du corpus qui datent du XVIIIe siècle ou qui traitent d'un événement du XVIe siècle sont toujours d'actualité.

f) La littérature argumentative ne peut avoir qu'un rôle indirect et non décisionnel.

g) La littérature est une représentation artistique, donc toujours plus ou moins éloignée de la réalité.

h) La littérature n'est pas accessible à tous.

i) La littérature argumentative est capable de mettre en scène tout le débat, c'est-à-dire des arguments contradictoires.

5. Organiser idées directrices, arguments et exemples

Texte A

début du chapitre 1 de *Candide* de Voltaire (▸ *Exercice 6*, p. 194)

Texte B

COMMENT ON FIT UN BEL AUTO-DA-FÉ
POUR EMPÊCHER LES TREMBLEMENTS DE TERRE
ET COMMENT CANDIDE FUT FESSÉ

Après le tremblement de terre qui avait détruit les trois quarts de Lisbonne, les sages du pays n'avaient pas trouvé un moyen plus efficace pour prévenir une ruine totale que de donner au peuple un bel auto-da-fé ; il était décidé par l'université de Coïmbre que le spectacle de quelques personnes brûlées à petit feu, en grande cérémonie, est un secret infaillible pour empêcher la terre de trembler.

On avait en conséquence saisi un Biscayen convaincu d'avoir épousé sa commère, et deux Portugais qui en mangeant un poulet en avaient arraché le lard : on vint lier après le dîner le docteur Pangloss et son disciple Candide, l'un pour avoir parlé, et l'autre pour avoir écouté avec un air d'approbation : tous deux furent menés séparément dans des appartements d'une extrême fraîcheur, dans lesquels on n'était jamais incommodé du soleil ; huit jours après ils furent tous deux revêtus d'un san-benito, et on orna leurs têtes de mitres de papier : la mitre et le san-benito de Candide étaient peints de flammes renversées et de diables qui n'avaient ni queues ni griffes ; mais les diables de Pangloss portaient griffes et queues, et les flammes étaient droites. Ils marchèrent en procession ainsi vêtus, et entendirent un sermon très pathétique, suivi d'une belle musique en faux-bourdon. Candide fut fessé en cadence, pendant qu'on chantait ; le Biscayen et les deux hommes qui n'avaient point voulu manger de lard furent brûlés, et Pangloss fut pendu, quoique ce ne soit pas la coutume. Le même jour la terre trembla de nouveau avec un fracas épouvantable.

Voltaire (1694-1778), *Candide*, VI, 1756.

L'*Encyclopédie* de Diderot et d'Alembert (1751-1772) définit le conte comme un « récit fabuleux dont le but est moins d'instruire que de plaire ». En vous appuyant sur le corpus et éventuellement sur d'autres exemples que vous connaissez, vous direz dans quelle mesure cette définition s'applique à *Candide*.

Voici trois idées directrices :

A. *Candide* : une arme pour la polémique* philosophique.

B. Les leçons de *Candide*.

C. Les caractéristiques du conte dans *Candide*.

et cinq arguments :

a) Candide rencontre diverses expériences qui mettent en cause l'optimisme de Pangloss.

b) *Candide* utilise l'ironie* et l'humour.

c) Les titres de chapitre utilisent une langue un peu archaïsante.

d) Le texte B illustre le combat philosophique contre le fanatisme religieux présenté comme superstitions ridicules et destructrices.

e) L'incipit* utilise une formule typique du conte et les personnages ont des noms chargés de sens.

a) Reliez chaque argument à une idée directrice.

b) Classez idées directrices et arguments dans un ordre convenable.

c) Relevez, dans les textes, des citations sur lesquelles appuyer les arguments.

D Rédiger la dissertation

6. Rédiger l'introduction

Vous traitez le sujet proposé dans l'exercice précédent. Rédigez une introduction qui respectera les étapes suivantes :

a) Vous introduirez rapidement le sujet.

b) Vous présenterez le sujet.

c) Vous dégagerez le problème posé.

d) Vous présenterez le plan choisi. Vous pourrez vous aider des réponses aux questions de l'exercice précédent.

7. Rédiger un paragraphe

Vous traitez le sujet proposé dans l'exercice 5. Développez le paragraphe suivant en y insérant ces citations.

A. Dans ce meilleur des mondes possibles, le château de monseigneur le baron était le plus beau des châteaux et madame la meilleure des baronnes possibles (texte A).

B. Le spectacle de quelques personnes brûlées à petit feu, en grande cérémonie, est un secret infaillible pour empêcher la terre de trembler. On avait en conséquence saisi un Biscayen convaincu d'avoir épousé sa commère (texte B).

C. Pangloss enseignait la métaphysico-théologo-cosmolonigologie. Il prouvait admirablement qu'il n'y a point d'effet sans cause (texte A).

D. Monsieur le baron était un des plus puissants seigneurs de la Westphalie, car son château avait une porte et des fenêtres (texte A).

Candide utilise l'ironie* et l'humour : ainsi le premier chapitre fait un portrait comique des personnages, en particulier de Pangloss. L'ironie du conteur passe souvent par le détournement des liens logiques. Parfois elle va jusqu'à l'absurde pour montrer l'absence de fondement rationnel à telle ou telle attitude, comme dans l'épisode de l'autodafé. Enfin, le narrateur utilise aussi souvent l'hyperbole* : l'exagération tend alors à la caricature.

MÉTHODE Un exemple de dissertation

Texte A Ésope, « Le Chêne et le roseau » (► p. 188)

Texte B La Fontaine, « Le Chêne et le roseau » (► p. 190)

Texte C Anouilh, « Le Chêne et le roseau » (► p. 190)

Texte D La Fontaine, « Le Renard et les raisins » (► p. 188)

Texte E

C'est du dialogue, c'est des actions, c'est des passions des animaux que sortent les leçons qu'il nous donne. Nous en adresse-t-il directement ; c'est la raison qui parle avec une dignité modeste et tranquille. Cette bonté naïve qui jette tant d'intérêt sur la plupart de ses ouvrages, le ramène sans cesse à ce genre d'une poésie simple qui adoucit l'éclat d'une grande idée, la fait descendre jusqu'au vulgaire par la familiarité de l'expression, et rend la sagesse plus persuasive, en la rendant plus accessible.

Chamfort (1741-1794), *Éloge de La Fontaine*, 1774.

Selon vous, une fable a-t-elle absolument besoin de se terminer par une morale pour être efficace ? Ou bien a-t-elle d'autres moyens de persuasion ?

Vous répondrez à cette question en vous appuyant sur les textes du corpus, sur les fables que vous avez étudiées en classe ou lues par vous-même, ainsi que sur vos connaissances.

1. Analyser le sujet

On **identifie la nature de l'énoncé**, question ou citation. Puis, on **repère les mots-clés** dont on interroge le sens. Enfin, on **cherche quelles questions implicites** pose le sujet, afin de **dégager le problème posé**.

L'énoncé du sujet est constitué de deux questions : la seconde reformule la première en précisant le sens du mot « efficace » – il s'agit de l'efficacité argumentative de la fable. Quatre mots-clés se dégagent : « fable » – le thème de la dissertation –, « morale » – l'angle d'attaque de la question –, « efficace » et « persuasion » – le problème posé. Le sujet peut être reformulé ainsi : « La force persuasive de la fable se trouve-t-elle uniquement dans la morale ? »

La seconde question engage à montrer que la fable dispose d'autres moyens de persuasion que la phrase de morale. Il faudra donc réfuter la position qui veut qu'une fable comporte une morale explicite pour avoir une valeur argumentative, et dégager ses autres moyens de persuasion.

2. Rechercher des idées

• Exploiter le corpus

Le corpus comporte quatre fables : trois d'entre elles traitent le même sujet. Le corpus contient aussi un texte théorique sur le rôle de la morale et sur les moyens de persuasion des fables.

Quelles fables du corpus comportent une morale ? Quelles fables n'en comportent pas ? Lesquelles semblent les plus persuasives ? Pourquoi ?

Dans la série des trois fables intitulées « Le Chêne et le roseau », seule celle d'Ésope comporte une morale nettement détachée en fin de texte. Les fables de La Fontaine et d'Anouilh mettent en scène le débat du chêne et du roseau sur l'attitude à prendre face à la tempête ; le dénouement donne raison au roseau qui plie devant plus fort que lui. Mais le point de vue des fabulistes diffère : Ésope et La Fontaine condamnent l'orgueil du chêne, tandis qu'Anouilh y voit sa grandeur.

La fable d'Ésope, excessivement sèche, est peu persuasive, malgré sa morale. Celles de La Fontaine et d'Anouilh donnent plus de vigueur à la leçon, grâce à une forte personnification des protagonistes. La présence du narrateur et son point de vue sont aussi exprimés. Dans la fable de La Fontaine, l'ironie du narrateur est perceptible dans l'autoportrait du chêne (v. 7-9) ; dans celle d'Anouilh, la présence du narrateur est marquée par un commentaire (v. 23) et l'utilisation du pronom indéfini « on » (v. 25), qui englobe aussi d'autres témoins.

Selon Chamfort, d'où vient la force de persuasion des fables ?

Pour Chamfort, la force persuasive ne réside pas dans la seule morale. « *C'est du dialogue, c'est des actions, c'est des passions des animaux que sortent les leçons qu'il nous donne* ». On rend « *la sagesse plus persuasive, en la rendant plus accessible* » et un exemple concret est souvent plus parlant qu'une morale abstraite.

• Se référer à l'objet d'étude

L'objet d'étude auquel se rattache ce sujet est « Convaincre, persuader et délibérer » ; la fable étant un genre narratif et poétique, le sujet se rattache aussi aux objets d'étude « **Le récit** » et « **La poésie** ».

• Exploiter les lectures et les connaissances personnelles

Vous avez lu d'autres fables que celles du corpus ; ce manuel en présente un grand nombre (► « La Fontaine » dans la table des auteurs) : elles doivent nourrir votre réflexion.

3. Construire un plan

• Dégager les idées directrices

Des analyses précédentes se dégagent les idées directrices suivantes :

A. La visée persuasive des fables est souvent associée à la présence de la morale ; celle-ci peut en effet être indispensable.

B. Cependant certaines fables dépourvues de morale sont tout aussi persuasives.

C. La fable, dans sa visée argumentative, utilise d'autres moyens de persuasion, qui contribuent au plaisir du lecteur.

• Dégager des arguments et des exemples

On peut dégager plusieurs arguments à l'appui de ces idées et les illustrer par des **exemples**.

a) La morale permet de dégager le sens de la fable : l'anecdote est traitée comme un exemple particulier dont on tire une loi générale. Dans la fable « Les Deux amis » (► p. 189), on tire de l'anecdote une réflexion générale sur l'amitié. Dans « Le Renard et les raisins », la morale est nécessaire pour comprendre la visée argumentative de l'anecdote.

b) La morale est parfois le point de départ de la fable : dans « L'Âne et le petit chien » (► p. 189), l'anecdote vient illustrer et prouver la validité du principe posé au début.

c) La morale permet au poète de prendre la parole, d'exprimer son jugement sur le monde : La Fontaine utilise souvent des énoncés à la première ou à la deuxième personne (► « Les Deux amis », « Les Voleurs et l'âne », p. 188).

d) Certaines fables dépourvues de morale finale sont très persuasives : dans « Le Chêne et le roseau », la morale se dégage facilement de l'anecdote ; dans la fable « Le Corbeau et le renard », le fabuliste intègre la morale dans le récit, en la déléguant à un personnage.

e) L'agrément du récit contribue grandement à la persuasion. Dans le dialogue entre le chêne et le roseau, il permet de développer l'argumentation. Sa variété et sa vivacité ont une vertu pédagogique, comme on le voit aussi dans la fable « Le Corbeau et le renard ».

f) Le poète peut exprimer son point de vue à travers le récit : les jugements divergents sur le chêne, portés par La Fontaine et par Anouilh, transparaissent dans leurs récits respectifs.

• Organiser les idées et les arguments

On peut envisager une première partie montrant l'importance de la morale pour la visée argumentative de la fable (arguments a, b, c), puis une seconde partie montrant que, dans certaines conditions, la morale n'est pas obligatoire et que la fable dispose d'autres moyens de persuasion (arguments d, e, f).

4. Rédiger la dissertation

La rédaction de l'introduction, du développement et de la conclusion obéit à des règles précises qu'il faut respecter (► *La dissertation*, p. 163).

A Étudier le corpus et comprendre la consigne

1. Analyser le sujet

Texte A

Pendant cette conversation, la nouvelle s'était répandue qu'on venait d'étrangler à Constantinople deux vizirs du banc et le muphti, et qu'on avait empalé plusieurs de leurs amis. Cette catastrophe faisait partout un grand bruit pendant quelques heures. Pangloss, Candide et Martin, en retournant à la petite métairie, rencontrèrent un bon vieillard qui prenait le frais à sa porte sous un berceau d'orangers. Pangloss, qui était aussi curieux que raisonneur, lui demanda comment se nommait le muphti qu'on venait d'étrangler. « Je n'en sais rien, répondit le bonhomme, et je n'ai jamais su le nom d'aucun muphti ni d'aucun vizir. J'ignore absolument l'aventure dont vous me parlez ; je présume qu'en général ceux qui se mêlent des affaires publiques périssent quelquefois misérablement, et qu'ils le méritent ; mais je ne m'informe jamais de ce qu'on fait à Constantinople ; je me contente d'y envoyer vendre les fruits du jardin que je cultive. » Ayant dit ces mots, il fit entrer les étrangers dans sa maison : ses deux filles et ses deux fils leur présentèrent plusieurs sortes de sorbets qu'ils faisaient eux-mêmes, du kaïmac piqué d'écorces de cédrat confit, des oranges, des citrons, des limons, des ananas, des pistaches, du café de Moka qui n'était point mêlé avec le mauvais café de Batavia et des îles. Après quoi les deux filles de ce bon musulman parfumèrent les barbes de Candide, de Pangloss et de Martin.

« Vous devez avoir, dit Candide au Turc, une vaste et magnifique terre ? — Je n'ai que vingt arpents, répondit le Turc ; je les cultive avec mes enfants ; le travail éloigne de nous trois grands maux : l'ennui, le vice, et le besoin. »

Voltaire (1694-1778), *Candide*, XXX, 1756.

Texte B

L'on voit de certains animaux farouches, des mâles et des femelles, répandus par la campagne, noirs, livides et tout brûlés du soleil, attachés à la terre qu'ils fouillent et qu'ils remuent avec une opiniâtreté invincible ; ils ont comme une voix articulée, et quand ils se lèvent sur leurs pieds, ils montrent une face humaine, et en effet ils sont des hommes. Ils se retirent la nuit dans des tanières, où ils vivent de pain noir, d'eau et de racines ; ils épargnent aux autres hommes la peine de semer, de labourer et de recueillir[1] pour vivre, et méritent ainsi de ne pas manquer de ce pain qu'ils ont semé.

Jean de La Bruyère (1645-1696), *Caractères*, XI, 128, 1689.

1. *recueillir* : récolter.

ÉCRITURE D'INVENTION Candide et le Turc engagent une discussion : le Turc développe son éloge du travail, tandis que Candide montre que le travail peut être asservissant. Rendez compte de cette discussion sous forme d'un dialogue argumenté.

a) Quels éléments du corpus sont à prendre en considération pour traiter le sujet ?

b) Quel type d'écrit argumentatif vous demande-t-on d'écrire ?

c) Quelle situation d'énonciation* est imposée par la consigne ?

d) Quel est le problème posé ?

e) S'agit-il de poursuivre une argumentation, développer ou réfuter* une thèse ? de discuter* un point de vue ?

B Pratiquer l'écriture d'invention

2. Observer, imiter, détourner une fable

Texte A

Maître Corbeau, sur un arbre perché,
Tenait en son bec un fromage.
Maître Renard, par l'odeur alléché,
Lui tint à peu près ce langage :
« Hé ! bonjour Monsieur du Corbeau,
Que vous êtes joli ! que vous me semblez beau !
Sans mentir, si votre ramage
Se rapporte à votre plumage,
Vous êtes le phénix[1] des hôtes de ces bois. »
À ces mots le Corbeau ne se sent pas de joie ;
Et pour montrer sa belle voix,
Il ouvre un large bec, laisse tomber sa proie.
Le Renard s'en saisit et dit : « Mon bon Monsieur,
Apprenez que tout flatteur
Vit aux dépens de celui qui l'écoute :
Cette leçon vaut bien un fromage sans doute. »
Le Corbeau honteux et confus
Jura mais un peu tard, qu'on ne l'y prendrait plus.

Jean de La Fontaine (1621-1695), *Fables*, I, 2, 1668.

1. *phénix* : oiseau fabuleux, capable de renaître de ses cendres.

Texte B

Sur la branche d'un arbre était en sentinelle
Un vieux coq adroit et matois[1].
« Frère, dit un renard, adoucissant sa voix,
Nous ne sommes plus en querelle :
Paix générale cette fois.
Je viens te l'annoncer, descends, que je t'embrasse.
Ne me retarde point, de grâce :
Je dois faire aujourd'hui vingt postes[2] sans manquer.
Les tiens et toi pouvez vaquer
Sans nulle crainte à vos affaires ;

Nous vous y servirons en frères.
Faites-en les feux[3] dès ce soir,
Et cependant[4], viens recevoir
Le baiser d'amour[5] fraternelle.
— Ami, reprit le coq, je ne pouvais jamais
Apprendre une plus douce et meilleure nouvelle
Que celle
De cette paix ;
Et ce m'est une double joie
De la tenir de toi. Je vois deux lévriers,
Qui, je m'assure[6], sont courriers
Que pour ce sujet on envoie.
Ils vont vite et seront dans un moment à nous.
Je descends : nous pourrons nous entre-baiser tous.
— Adieu, dit le renard, ma traite[7] est longue à faire,
Nous nous réjouirons du succès de l'affaire
Une autre fois. » Le galand[8] aussitôt
Tire ses grègues[9], gagne au haut[10],
Mal content de son stratagème.
Et notre vieux coq en soi-même
Se mit à rire de sa peur ;
Car c'est double plaisir de tromper le trompeur.

Jean de La Fontaine (1621-1695), *Fables*, II, 15, 1668.

1. *matois* : rusé. 2. *vingt postes* : environ cent soixante kilomètres. 3. *feux* : feux de joie. 4. *cependant* : en attendant. 5. *amour* : mot qui pouvait être féminin au XVIIe siècle, même au singulier. 6. *je m'assure* : j'en suis sûr. 7. *traite* : trajet. 8. *galand* : élégant. 9. *tire ses grègues* : prend ses jambes à son cou (les grègues étaient des pantalons). 10. *gagne au haut* : s'enfuit.

a) Comparez la situation initiale* des deux fables et les personnages en présence : comment La Fontaine indique-t-il le caractère différent du corbeau et du coq ?

b) Quels types de vers sont utilisés dans les deux fables ?

c) Quelle est la cible de l'ironie de La Fontaine dans le texte A ? dans le texte B ?

d) Comment le Renard cherche-t-il à persuader dans le texte A ? dans le texte B ? Comment expliquer sa réussite dans le texte A et son échec dans le texte B ?

e) ÉCRITURE D'INVENTION Écrivez un pastiche en vers variés* de la fable « *Le Corbeau et le Renard* », mais en imaginant que le Corbeau comprend la ruse du Renard et la fait échouer. La morale de la fable pourra être :
Non, flatter ne profite pas beaucoup :
Tel est pris qui croyait prendre grâce à ce coup.

3. Écrire une réfutation

Texte A

La guerre a pour elle l'Antiquité ; elle a été dans tous les siècles : on l'a toujours vue remplir le monde de veuves et d'orphelins, épuiser les familles d'héritiers, et faire périr les frères à une même bataille. Jeune Soyecour[1] ! je regrette ta vertu, ta pudeur, ton esprit déjà mûr, pénétrant, élevé, sociable, je plains cette mort prématurée qui te joint à ton intrépide frère, et t'enlève à une cour où tu n'as fait que te montrer : malheur déplorable, mais ordinaire ! De tout temps les hommes, pour quelque morceau de terre de plus ou de moins, sont convenus entre eux de se dépouiller, se brûler, se tuer, s'égorger les uns les autres ; et pour le faire plus ingénieusement et avec plus de sûreté, ils ont inventé de belles règles qu'on appelle l'art militaire ; ils ont attaché à la pratique de ces règles la gloire ou la plus solide réputation ; et ils ont depuis renchéri de siècle en siècle sur la manière de se détruire réciproquement. De l'injustice des premiers hommes, comme de son unique source, est venue la guerre, ainsi que la nécessité où ils se sont trouvés de se donner des maîtres qui fixassent leurs droits et leurs prétentions. Si, content du sien, on eût pu s'abstenir du bien de ses voisins, on avait pour toujours la paix et la liberté.

Jean de La Bruyère (1645-1696), *Caractères*, 1688.

1. Jeune homme, ami de La Bruyère, tué à la guerre.

Texte B

Un massacreur de génie, M. de Moltke, a répondu un jour, aux délégués de la paix, les étranges paroles que voici :

« La guerre est sainte, d'institution divine ; c'est une des lois sacrées du monde ; elle entretient chez les hommes tous les grands, les nobles sentiments : l'honneur, le désintéressement, la vertu, le courage, et les empêche en un mot de tomber dans le plus hideux matérialisme. » [...]

Nous l'avons vue, la guerre. Nous avons vu les hommes, redevenus des brutes, affolés, tuer par plaisir, par terreur, par bravade, par ostentation. Alors que le droit n'existe plus, que la loi est morte, que toute notion du juste disparaît, nous avons vu fusiller des innocents trouvés sur une route et devenus suspects parce qu'ils avaient peur. Nous avons vu tuer des chiens enchaînés à la porte de leurs maîtres pour essayer des revolvers neufs, nous avons vu mitrailler par plaisir des vaches couchées dans un champ, sans aucune raison, pour tirer des coups de fusil, histoire de rire.

Voilà ce qu'on appelle ne pas tomber dans le plus hideux matérialisme. [...]

Guy de Maupassant (1850-1893), *Sur l'eau*, 1888.

a) Quels sont les arguments de La Bruyère contre la guerre ?

b) Quelle est la thèse de M. de Moltke ?

c) Quels sont les arguments de Maupassant contre cette thèse?

d) Quels moyens de persuasion utilise-t-il ? Quel est le registre de ce texte ?

e) ÉCRITURE D'INVENTION Écrivez une lettre à M. de Moltke pour contrer point par point son affirmation selon laquelle la guerre « est d'institution divine » et « entretient chez les hommes tous les grands, les nobles sentiments ». Vous utiliserez le registre polémique*, et puiserez vos arguments dans le corpus et dans vos connaissances personnelles.

MÉTHODE Un exemple d'écrit d'invention

Texte A

Naufragés sur une île déserte, un groupe d'hommes et de femmes décident de fonder une société nouvelle. Arrive la question du statut des femmes…

ARTHÉNICE. — […] À quoi nous destinez-vous là-dessus ?

HERMOCRATE. — À rien, comme à l'ordinaire.

UN AUTRE HOMME. — C'est-à-dire à vous marier quand vous serez filles, à obéir à vos maris quand vous serez femmes, et à veiller sur votre maison : on ne saurait vous ôter cela, c'est votre lot.

MADAME SORBIN. — Est-ce là votre dernier mot ? Battez tambour ; (*Et à Lina.*) et vous, allez afficher l'ordonnance à cet arbre. […]

ARTHÉNICE. — Elle vous apprendra que nous voulons nous mêler de tout, être associées à tout, exercer avec vous tous les emplois, ceux de finance, de judicature[1] et d'épée. […] Monsieur, je n'ai plus qu'un mot à dire, profitez-en ; il n'y a point de nation qui ne se plaigne des défauts de son gouvernement ; d'où viennent-ils, ces défauts ? C'est que notre esprit manque à la terre dans l'institution de ses lois, c'est que vous ne faites rien de la moitié de l'esprit humain que nous avons, et que vous n'employez jamais que la vôtre, qui est la plus faible.

Marivaux (1683-1763), *La Colonie*, 1729.

1. *judicature* : justice.

Texte B

Mme de Grancey vient de découvrir la phrase de Saint Paul : « Femmes, soyez soumises à vos maris ». Voici sa réaction.

« […] Quoi ! parce qu'un homme a le menton couvert d'un vilain poil rude, qu'il est obligé de tondre de fort près, et que mon menton est né rasé, il faudra que je lui obéisse très humblement ? Je sais bien qu'en général les hommes ont les muscles plus forts que les nôtres, et qu'ils peuvent donner un coup de poing mieux appliqué : j'ai bien peur que ce ne soit là l'origine de leur supériorité.

Ils prétendent avoir aussi la tête mieux organisée, et, en conséquence, ils se vantent d'être capables de mieux gouverner ; mais je leur montrerai des reines qui valent des rois. On me parlait ces jours passés d'une princesse allemande qui se lève à cinq heures du matin pour travailler à rendre ses sujets heureux, qui dirige toutes les affaires, répond à toutes les lettres, encourage tous les arts, et qui répand autant de bienfaits qu'elle a de lumières. Son courage égale ses connaissances ; aussi n'a-t-elle pas été élevée dans un couvent par des imbéciles qui nous apprennent ce qu'il faut ignorer et nous laissent ignorer ce qu'il faut apprendre… »

Voltaire (1694-1778), « Femmes, soyez soumises à vos maris »,
dans *Mélanges, pamphlets et œuvres polémiques*, 1759-1768.

Vous êtes journaliste. Ces deux textes venant d'être réédités, vous êtes chargé de les présenter dans un article élogieux. Vous les situerez rapidement dans l'histoire littéraire et culturelle, puis vous montrerez en quoi ces textes sont encore d'actualité et comment leur argumentation, datée par certains aspects, reste percutante par d'autres côtés.

1. Analyser le sujet

• Pour analyser les textes du corpus, on doit observer le **paratexte** de chaque extrait (auteur, date d'écriture, œuvre dont il est tiré), dégager le **thème** commun aux textes du corpus, puis, pour chaque texte, identifier le **genre littéraire** (théâtre, essai, roman, poésie), les **formes de discours** (narratif, descriptif, explicatif, argumentatif) et les **registres** dominants.

Les deux textes, un extrait d'une comédie de Marivaux, *La Colonie*, et un fragment d'essai issu des *Mélanges, pamphlets, et œuvres polémiques* de Voltaire, datent du siècle des Lumières. Dans les deux cas, le discours argumentatif est dominant : il s'agit de changer le statut social des femmes, d'établir leur égalité avec les hommes. Le registre des deux textes est fortement polémique : Arthénice argumente vivement contre l'homme qui veut réduire les femmes au statut de gardiennes du foyer, Mme de Grancey répond vertement à l'injonction de Saint Paul.

• Il faut confronter les textes pour voir s'ils soutiennent la même **thèse** ou des thèses opposées.

Les deux textes militent pour l'égalité des sexes. Cette égalité suppose l'intervention des femmes dans tous les domaines dont elles sont généralement exclues au XVIIIe siècle : les métiers de la finance, de la justice et même la guerre pour Arthénice, ou l'exercice du pouvoir politique pour Mme de Grancey. Cette dernière prend pour argument l'égalité naturelle des deux sexes – si l'on excepte la force physique. Une éducation identique des garçons et des filles devrait permettre d'établir une égalité de fait. Arthénice prend pour argument le bien de l'humanité, l'exclusion des femmes la privant de la moitié de ses cerveaux.

2. Comprendre la consigne

On doit examiner de près la consigne. L'écriture d'invention est une écriture « à contraintes ». Il faut donc définir précisément le type de travail d'écriture attendu (► *L'écriture d'invention*, p. 165), en s'appuyant sur les mots-clés qui indiquent :

- **le genre du texte** : le texte produit doit être un article de journal. Cela suppose le respect de certaines contraintes formelles (présence d'un titre explicite, éventuellement d'un chapeau résumant l'idée directrice de l'article...)
- **les contraintes d'énonciation** : le journaliste parle en son nom propre ; il peut utiliser des énoncés ancrés dans la situation d'énonciation (« je viens de découvrir deux textes du XVIIIe siècle, réédités *aujourd'hui* dans un format de poche »...), ou bien s'abstraire de l'énoncé (« on peut redécouvrir deux textes du XVIIIe siècle réédités en format de poche »...) ; cependant, comme le libellé demande de produire un article élogieux, les marques de subjectivité (► p. 80) du journaliste seront obligatoires.
- **le type de discours demandé** : l'« article élogieux » suppose l'usage du discours argumentatif.
- **le registre** : le sujet impose le recours au registre laudatif et éventuellement à d'autres registres (► *Écrire un éloge ou un blâme*, p. 183).

3. Pratiquer l'écriture d'invention

• Dégager le problème posé par le sujet

Le sujet impose de dégager et de louer l'intérêt littéraire des textes du corpus (un « *article élogieux* »), leur habileté rhétorique (une argumentation qui « *reste percutante* »), la modernité des thèses défendues par les femmes (« *encore d'actualité* »).

• Chercher et organiser les idées

Le libellé du sujet donne de nombreuses suggestions :

- **situer précisément les textes dans l'histoire culturelle et littéraire** (► *Les Lumières*, p. 26)
  L'idée d'égalité naturelle (► *L'article de Jaucourt*, p. 198) marque la pensée du XVIIIe siècle. Deux catégories sont particulièrement victimes d'inégalité : les esclaves et les femmes. Le statut des femmes est fortement débattu par les philosophes, mais avec moins d'unanimité que pour l'esclavage : Rousseau, par exemple, est favorable à un statut inférieur de la femme, selon lui conforme à son tempérament. Le sujet, comme le montre le texte de Voltaire, est lié à un autre grand débat, celui de l'éducation, particulièrement pour les filles. Sur tous ces points, les textes du corpus montrent la modernité de Marivaux et de Voltaire.
- **montrer l'actualité des textes** : le problème du statut de la femme reste un débat de société majeur. Les exemples tirés de l'actualité et les statistiques (sur les salaires ou le chômage des femmes) sont faciles à trouver.
- **utiliser la concession*** : ces textes sont cependant datés par certains aspects. La mention des métiers d'épée chez Marivaux ou l'incarnation du pouvoir politique dans les rois et les reines chez Voltaire sont évidemment en décalage avec notre époque. Le choix de Voltaire et de Marivaux porte pourtant sur les activités les plus masculines de leur temps.

Ces textes restent percutants par les exemples choisis et par leur registre polémique (réfutation sans complaisance du point de vue masculin, esprit et verve d'Arthénice et de Mme de Grancey).

• Rédiger l'article

Le plan de l'article peut suivre les points précédemment analysés.

L'article doit respecter le genre de l'éloge, utiliser des marques de subjectivité, l'amplification*, l'hyperbole, choisir un vocabulaire évaluatif et appréciatif et éventuellement manier l'humour et l'ironie pour évoquer les points de vue combattus par Arthénice et Mme de Grancey.

Vous présentez ces quatre extraits au sein d'un groupement de textes consacré aux dangers de l'intolérance.

Texte A

On entend aujourd'hui par fanatisme une folie religieuse, sombre et cruelle. C'est une maladie de l'esprit qui se gagne comme la petite vérole[1]. Les livres la communiquent beaucoup moins que les assemblées et les discours. On s'échauffe rarement en lisant : car alors on peut avoir le sens rassis. Mais quand un homme ardent et d'une imagination forte parle à des imaginations faibles, ses yeux sont en feu, et ce feu se communique ; ses tons, ses gestes, ébranlent tous les nerfs des auditeurs. Il crie : « Dieu vous regarde, sacrifiez ce qui n'est qu'humain ; combattez les combats du Seigneur » et on va combattre.

Le fanatisme est à la superstition ce que le transport est à la fièvre, ce que la rage est à la colère. [...]

Il n'est d'autre remède à cette maladie épidémique que l'esprit philosophique, qui, répandu de proche en proche, adoucit enfin les mœurs des hommes, et qui prévient les accès du mal ; car dès que ce mal fait des progrès, il faut fuir et attendre que l'air soit purifié. Les lois et la religion ne suffisent pas contre la peste des âmes ; la religion, loin d'être pour elles un aliment salutaire, se tourne en poison dans les cerveaux infectés. Ces misérables ont sans cesse présent à l'esprit l'exemple d'Aod qui assassine le roi Églon ; de Judith qui coupe la tête d'Holopherne en couchant avec lui ; de Samuel qui hache en morceaux le roi Agag ; du prêtre Joad qui assassine sa reine à la porte aux chevaux[2], etc., etc., etc. Ils ne voient pas que ces exemples, qui sont respectables dans l'Antiquité, sont abominables dans le temps présent : ils puisent leurs fureurs dans la religion même qui les condamne.

Les lois sont encore très impuissantes contre ces accès de rage : c'est comme si vous lisiez un arrêt du conseil à un frénétique. Ces gens-là sont persuadés que l'esprit saint qui les pénètre est au-dessus des lois, que leur enthousiasme est la seule loi qu'ils doivent entendre.

Que répondre à un homme qui vous dit qu'il aime mieux obéir à Dieu qu'aux hommes, et qui en conséquence est sûr de mériter le ciel en vous égorgeant ? [...]

Ce sont presque toujours les fripons qui conduisent les fanatiques, et qui mettent le poignard entre leurs mains ; ils ressemblent à ce Vieux de la montagne qui faisait, dit-on, goûter les joies du paradis à des imbéciles, et qui leur promettait une éternité de ces plaisirs dont il leur avait donné un avant-goût, à condition qu'ils iraient assassiner tous ceux qu'il leur nommerait.

Voltaire (1694-1778), *Dictionnaire philosophique*, article « fanatisme », 1764.

1. *petite vérole* : maladie contagieuse très fréquente à l'époque. 2. *Aod, Églon, Judith, Holopherne, Samuel, Agag, Joad* : personnages d'épisodes bibliques dans lesquels des Hébreux accomplissent de hauts faits au nom de leur dieu.

Texte B

Le fanatique, lui, est incorruptible : si pour une idée il tue, il peut tout aussi bien se faire tuer pour elle ; dans les deux cas, tyran ou martyr, c'est un monstre. Point d'êtres plus dangereux que ceux qui ont souffert pour une croyance : les grands persécuteurs se recrutent parmi les martyrs auxquels on n'a pas coupé la tête. Loin de diminuer l'appétit de puissance, la souffrance l'exaspère ; aussi l'esprit se sent-il plus à l'aise dans la société d'un fanfaron que dans celle d'un martyr ; et rien ne lui répugne tant que ce spectacle où l'on meurt pour une idée... Excédé du sublime et du carnage, il rêve d'un ennui de province à l'*échelle de l'univers*, d'une Histoire dont la stagnation serait telle que le doute s'y dessinerait comme un événement et l'espoir comme une calamité...

Emil Michel Cioran (1911-1995), *Précis de décomposition*, « Généalogie du fanatisme », © Éditions Gallimard, 1949.

Texte C

Car ce n'est pas seulement l'intérêt qui fait s'entretuer les hommes. C'est aussi le dogmatisme. Rien n'est aussi dangereux que la certitude d'avoir raison. Rien ne cause autant de destruction que l'obsession d'une vérité considérée comme absolue. Tous les crimes de l'histoire sont des conséquences de quelque fanatisme. Tous les massacres ont été accomplis par vertu, au nom de la religion vraie, du nationalisme légitime, de la politique idoine[1], de l'idéologie juste ; bref au nom du combat contre la vérité de l'autre, du combat contre Satan. Cette froideur et cette objectivité qu'on reproche si souvent aux scientifiques, peut-être conviennent-elles mieux que la fièvre et la subjectivité pour traiter certaines affaires humaines. Car ce ne sont pas les idées de la science qui engendrent les passions. Ce sont les passions qui utilisent la science pour soutenir leur cause. La science ne conduit pas au racisme et à la haine. C'est la haine qui en appelle à la science pour justifier son racisme. On peut reprocher à certains scientifiques la fougue qu'ils apportent parfois à défendre leurs idées. Mais aucun génocide n'a encore été perpétré pour faire triompher une théorie scientifique. À la fin de ce XXe siècle, il devrait être clair pour chacun qu'aucun système n'expliquera le monde dans tous ses aspects et tous ses détails. Avoir contribué à casser l'idée d'une vérité intangible et éternelle n'est peut-être pas l'un des moindres titres de gloire de la démarche scientifique.

François Jacob (né en 1920), *Le Jeu des possibles*, © Fayard, 1982.

1. *idoine* : approprié.

Texte D

Et nous trouvons étrange si, aux guerres qui pressent à cette heure[1] notre État, nous voyons flotter les événements et diversifier[2] d'une manière commune et ordinaire[3]. C'est que nous n'y apportons rien que la nôtre[4]. La justice qui est en l'un des partis, elle n'y est que pour ornement et couverture ; elle y est bien alléguée[5], mais elle n'y est ni reçue, ni logée, ni épousée ; elle y est comme dans la bouche de l'avocat, non comme dans le cœur et affection[6] de la partie. Dieu doit son secours extraordinaire à la foi et à la religion, non pas à nos passions. Les hommes y sont conducteurs et s'y servent de la religion : ce devrait être tout le contraire.

Michel de Montaigne (1533-1592), *Essais*, II, 12, 1580.

1. Montaigne parle des guerres de Religion entre catholiques et protestants qui ravagent la France du XVIe siècle. 2. *diversifier* : varier. 3. *d'une manière commune et ordinaire* : très fréquemment. 4. *la nôtre* : nos passions. 5. *alléguée* : utilisée comme prétexte. 6. *affection* : sentiments.

Questions

Texte A

Question 1. À quoi Voltaire compare-t-il le fanatisme ? Comment exploite-t-il cette comparaison pour son argumentation ?

Texte B

Question 2. Sur quel paradoxe* est fondée la dénonciation du fanatisme dans ce texte ? Qu'est-ce que l'auteur appelle « ennui de province » ?

Texte C

Question 3. La stratégie argumentative* de ce texte est-elle efficace ?

Texte D

Question 4. Selon Montaigne, le fanatisme peut-il être motivé par l'esprit de justice ?

A Préparer la 1re partie de l'épreuve

1. Analyser la question posée

a) Question 1 : Quel type de raisonnement est utilisé par Voltaire ? Quel est le champ lexical dominant ?

b) Question 2 : Qu'est-ce qu'un paradoxe ? à quoi s'oppose la « province » ?

c) Question 3 : Qu'est-ce qu'une stratégie argumentative ?

d) Question 4 : Quelle figure est utilisée dans la phrase : « La justice qui est en l'un des partis, elle n'y est que pour ornement et couverture » ? Donnez-en le sens.

• **PRÉPARER LA LECTURE ANALYTIQUE**

2. Étudier l'énonciation et les marques de subjectivité

a) Relevez les marques de subjectivité dans les textes A et B.

b) Quelle est la valeur du présent dans ces textes ?

c) Analysez la situation d'énonciation du texte D.

3. Étudier les registres* et la progression thématique*

a) Quel est le registre des textes A et B ? Justifiez votre réponse.

b) Étudiez la progression thématique du texte C.

c) Relevez deux phrases de forme emphatique* dans le texte D. Que mettent-elles en relief ?

• **RÉPONDRE À LA QUESTION POSÉE**

4. Présenter une introduction

Présentez une rapide introduction à la question 2 à partir des éléments suivants :

a) Situez brièvement le texte (époque, auteur, œuvre).

b) Caractérisez rapidement le genre, le registre* et le thème du texte.

c) Rappelez la question posée et annoncez le plan de la réponse.

5. Dégager l'essentiel

a) Voici deux idées directrices pour répondre à la question 1 :

- Voltaire construit un raisonnement par analogie en utilisant une métaphore filée assimilant le fanatisme à une maladie contagieuse.
- L'esprit de progrès du combat philosophique lui paraît seul capable d'endiguer le fanatisme.

b) Voici deux idées directrices pour répondre à la question 2 :

- Pour Cioran, le fanatisme répugne à l'esprit, car il est inaccessible au doute.
- Le fanatisme est donc la négation de l'humain : il est monstrueux.

Trouver deux ou trois arguments illustrant ces idées.

c) Relevez dans le texte des citations susceptibles d'illustrer ces arguments.

6. Présenter une conclusion

Proposez une conclusion à la question 1 à partir des éléments suivants que vous classerez dans un ordre pertinent et développerez.

a) Voltaire utilise un registre polémique pour attaquer le fanatisme.

b) Voltaire utilise la métaphore filée de la maladie pour frapper les esprits.

c) Ce texte est aussi un éloge de « l'esprit philosophique ».

B Préparer la 2e partie de l'épreuve

7. Mettre le texte étudié en rapport avec l'objet d'étude

Les textes du groupement cherchent-ils à convaincre ? à persuader ? Justifiez vos réponses.

A. Arthur Rimbaud, *Poésies*
B. Annie Ernaux, *La Place*
C. Emil Michel Cioran, *Précis de décomposition*

Texte A Arthur Rimbaud, *Poésies*

Les Effarés

Noirs dans la neige et dans la brume,
Au grand soupirail qui s'allume,
Leurs culs en rond,
À genoux, cinq petits — misère ! —
— Regardent le boulanger faire
Le lourd pain blond...
Ils voient le fort bras blanc qui tourne
La pâte grise, et qui l'enfourne
Dans un trou clair.
Ils écoutent le bon pain cuire.
Le boulanger au gras sourire
Chante un vieil air.
Ils sont blottis, pas un ne bouge,
Au souffle du soupirail rouge,
Chaud comme un sein.
Et quand, pendant que minuit sonne,
Façonné, pétillant et jaune,
On sort le pain ;
Quand, sous les poutres enfumées,
Chantent les croûtes parfumées,
Et les grillons ;
Quand ce trou chaud souffle la vie ;
Ils ont leur âme si ravie
Sous leurs haillons,
Ils se ressentent si bien vivre,
Les pauvres petits pleins de givre,
— Qu'ils sont là, tous,
Collant leurs petits museaux roses
Au grillage, chantant des choses
Entre les trous,
Mais bien bas, — comme une prière...
Repliés vers cette lumière
Du ciel rouvert,
— Si fort, qu'ils crèvent leur culotte,
— Et que leur lange blanc tremblote
Au vent d'hiver...

20 septembre 1870.

Arthur Rimbaud (1854-1891), *Poésies*, édition posthume, 1895.

Texte B Annie Ernaux, *La Place*

Annie Ernaux, devenue professeur, décrit dans son autobiographie La Place *son enfance et sa jeunesse dans un milieu modeste.*

Sous le bonheur, la crispation de l'aisance gagnée à l'arraché. *Je n'ai pas quatre bras. Même pas une minute pour aller au petit endroit. La grippe, moi, je la fais en marchant.* Etc. Chant quotidien.

Comment décrire la vision d'un monde où tout *coûte cher*. Il y a l'odeur de linge frais d'un matin d'octobre, la dernière chanson du poste qui bruit dans la tête. Soudain, ma robe s'accroche par la poche à la poignée du vélo, se déchire. Le drame, les cris, la journée est finie. « Cette gosse ne *compte* rien ! »

Sacralisation obligée des choses. Et sous toutes les paroles, des uns et des autres, les miennes, soupçonner des envies et des comparaisons. Quand je disais, « il y a une fille qui a visité les châteaux de la Loire », aussitôt, fâchés, « Tu as bien le temps d'y aller. Sois heureuse avec ce que tu as ». Un manque continuel, sans fond.

Mais désirer pour désirer, car ne pas savoir au fond ce qui est beau, ce qu'il faudrait aimer. Mon père s'en est toujours remis aux conseils du peintre, du menuisier, pour les couleurs et les formes, *ce qui se fait*. Ignorer jusqu'à l'idée qu'on puisse s'entourer d'objets choisis un par un. Dans leur chambre, aucune décoration, juste des photos encadrées, des napperons fabriqués pour la fête des mères, et sur la cheminée, un grand buste d'enfant en céramique, que le marchand de meubles avait joint en prime pour l'achat d'un cosy-corner.

Leitmotiv, *il ne faut pas péter plus haut qu'on l'a.*

Annie Ernaux (née en 1940), *La Place*, © Éditions Gallimard, 1983.

Texte C Emil Michel Cioran, *Précis de décomposition*

Pour tenir l'esprit en éveil, il n'y a pas que le café, la maladie, l'insomnie ou l'obsession de la mort ; la misère y contribue en égale mesure sinon plus efficacement : la terreur du lendemain tout comme celle de l'éternité, les ennuis d'argent de même que les frayeurs métaphysiques, excluent le repos et l'abandon. [...]

La misère n'est pas un état transitoire : elle coïncide avec la certitude que, quoi qu'il arrive, vous n'aurez jamais rien, que vous êtes né en deçà du circuit des biens, que vous devez combattre pour respirer, qu'il faut conquérir jusqu'à l'air, jusqu'à l'espoir, jusqu'au sommeil, et que, lors même que la société disparaîtrait, la nature ne serait pas moins inclémente, ni moins pervertie. Aucun principe paternel ne veilla à la Création : partout des trésors enfouis : voilà Harpagon démiurge, le Très-Haut pingre et cachottier. C'est Lui qui implanta en vous la terreur du lendemain : point ne faut s'étonner que la religion elle-même soit une forme de cette terreur.

Pour les indigents de toujours, la misère est comme un excitant qu'ils auraient pris une fois pour toutes, sans possibilité d'en annuler l'effet ; ou comme une science infuse qui, avant toute connaissance de la vie, en aurait pu décrire l'enfer...

Emil Michel Cioran (1911-1995),
Précis de décomposition, © Éditions Gallimard, 1949.

à l'étude du corpus : la question préalable

A Lire les questions préalables

- **Sujet A (séries générales)**

Vous répondrez d'abord à la question suivante (4 points) :
Quelle est la cohérence de ce corpus ? Précisez le genre* littéraire et le registre* de chacun de ces trois textes. Justifiez vos réponses.

- **Sujet B (séries technologiques)**

Vous répondrez d'abord aux questions suivantes (6 points) :
1. **Caractérisez les situations d'énonciation* de chacun de ces textes.**
2. **Quelle thèse commune exposent les textes B et C ?**

B Étudier le corpus

1. Identifier l'objet d'étude et définir le contenu du corpus

Quel objet d'étude commun réunit les textes du corpus ? Quels objets d'étude croisent-ils ? Quels renseignements apporte le paratexte* de chaque texte ?

2. Caractériser les textes du corpus

a) Quelle situation illustre chacun des textes du corpus ? Qui parle dans chacun des textes ? Quel est le temps utilisé ? Qui est désigné par le « vous » du texte C ?

b) Quel est le genre* littéraire du texte A ? du texte B ? Justifiez vos réponses.

c) Comment le texte C implique-t-il le lecteur ?

d) Relevez les phrases infinitives et les phrases non verbales dans le texte B d'Annie Ernaux : quel effet produisent-elles ?

e) Quel est le registre dominant de chacun des textes ? Justifiez votre réponse.

3. Confronter les textes

a) Précisez les types de discours* présents dans ce corpus.

b) Quel est le thème commun aux textes du corpus ? Quel texte vous semble évoquer la situation la plus pathétique* ? Justifiez votre réponse.

c) Quel texte vous paraît le plus argumentatif* ?

4. Formuler la problématique du corpus

Les enjeux de ces différents textes sont-ils identiques ? Quels sont-ils ? Répondez en une phrase.

C Comprendre et traiter la question préalable

- **Sujet A**

5. Repérer les mots-clés

a) Quels sont les mots-clés du sujet ? Quel est le plus important ?

b) Comment devez-vous organiser votre réponse ?

6. Dégager les éléments essentiels

a) Quels principaux éléments de convergence ont fait apparaître la caractérisation et la confrontation des textes ? dans le thème ? dans les registres* ?

b) À l'aide du dictionnaire, expliquez le titre du texte A. Relevez les mots qui constituent un réseau lexical de signification* exprimant la tendresse et la pitié du narrateur pour ces enfants.

c) Que marquent les italiques dans le texte B ? La narratrice marque-t-elle son implication ? Quel effet cela produit-il ?

d) Dans le texte C, étudiez le rythme de la première phrase du second paragraphe (l. 5-9).

7. Rédiger une réponse à la question préalable

En vous aidant des questions de l'exercice précédent, rédigez une réponse brève et argumentée.

- **Sujet B**

8. Repérer les mots-clés

a) Quels sont les mots-clés de chacune des deux questions posées ?

b) Qu'est-ce qu'une thèse ?

9. Dégager les éléments essentiels

a) Quels points communs et quelles différences présentent les situations d'énonciation* de ces textes ?

b) Dans le texte B, quelle phrase résume la conception de la vie des parents de la narratrice ?

c) Dans le texte C, quelle phrase exprime la thèse de l'auteur sur la misère ? Dans le texte B, quelles phrases confirment cette thèse ?

10. Rédiger une réponse à la question préalable

Rédigez une réponse brève et argumentée à la deuxième question du sujet B. Vous y ferez apparaître les éléments suivants, que vous classerez dans un ordre convenable, reformulerez et développerez :

- Le texte C exprime sa thèse de manière explicite, tandis qu'elle apparaît de manière implicite* dans le texte B.
- Les textes B et C veulent montrer que les pauvres vivent la misère comme une fatalité devant laquelle il faut se résigner.
- Le texte A exprime de la pitié pour les pauvres, le texte B insiste plus particulièrement sur les conséquences culturelles de la misère, tandis que le texte C mène une analyse philosophique.

sujets de BAC

► Questions préalables des deux sujets, p. 210

• Sujet A (séries générales)

Vous traiterez un de ces sujets (16 points) :

1. Commentaire

Vous commenterez le texte d'Annie Ernaux extrait de *La Place*.

2. Dissertation

Les écrivains dénoncent et analysent la misère en utilisant des genres littéraires variés. À votre avis, quel genre permet la meilleure prise de conscience par le lecteur ?

Vous répondrez à cette question en un développement organisé en vous appuyant sur le corpus proposé, sur les œuvres étudiées et sur d'autres exemples de votre choix.

3. Invention

Écrivez un apologue en prose ayant pour morale la phrase de Cioran : « La misère n'est pas un état transitoire : elle coïncide avec la certitude que, quoi qu'il arrive, vous n'aurez jamais rien, que vous êtes né en deçà du circuit des biens, que vous devez combattre pour respirer, qu'il faut conquérir jusqu'à l'air, jusqu'à l'espoir, jusqu'au sommeil. »

• Sujet B (séries technologiques)

Vous traiterez un de ces sujets (14 points) :

1. Commentaire

Vous commenterez le texte A de Rimbaud à partir du parcours de lecture suivant :

- l'alliance entre réalisme et poésie ;
- la dimension argumentative du texte.

2. Dissertation

Pourquoi la misère est-elle particulièrement inacceptable quand elle touche des enfants ?

Vous répondrez à cette question en un développement organisé en vous appuyant sur le corpus proposé, sur les œuvres étudiées et sur d'autres exemples de votre choix.

3. Invention

Imaginez un dialogue entre la jeune Annie et ses parents : celle-ci fait l'éloge de la culture et des voyages, tandis que ses parents lui opposent leur condition sociale modeste.

2 Le récit

1 • Qu'est-ce qui permet d'identifier le personnage central ?

2 • À quoi servent d'ordinaire les deux objets que le personnage tient en main ? Quel usage en fait-il ?

3 • Quel procédé graphique le caricaturiste a-t-il principalement utilisé ?

4 • De quel mouvement littéraire le personnage central est-il le chef de file ? Quel est le registre dominant du dessin ?

André GILL (1840-1885), *M. Émile Zola*, caricature parue dans *L'Éclipse*, n° 390, 16 avril 1876. © Photothèque Hachette Livre.

NEUVIÈME ANNÉE. — N° 390. TRENTE CENTIMES DIMANCHE 16 AVRIL 1876.

FONDATEUR
F. POLO
—o—
ABONNEMENTS
PARIS
2 numéros........ 16 fr.
—o—
BUREAUX
16, rue du Croissant, 16

EX-JOURNAL LA LUNE

L'ÉCLIPSE

FONDATEUR
F. POLO
—o—
ABONNEMENTS
DÉPARTEMENTS
52 numéros........ 18 fr
—o—
BUREAUX
16, rue du Croissant, 16

ADRESSER LES ABONNEMENTS ET RÉCLAMATIONS A L'ADMINISTRATEUR DU JOURNAL

M. ÉMILE ZOLA, PAR GILL.

LE RÉCIT

Le récit est un énoncé qui relate, de manière orale ou écrite, une suite de faits vrais ou imaginaires. Le terme « récit » peut désigner un texte non littéraire (récit journalistique d'un fait divers, témoignage) aussi bien qu'un texte littéraire (roman, conte, nouvelle).

1. Les composantes principales du récit

Le récit, texte ou énoncé qui raconte une histoire, comporte plusieurs éléments :

• L'histoire

Le terme désigne le **contenu** du récit, l'ensemble des actions effectuées, dans un espace et dans un temps déterminés.

Dans un récit imaginaire, particulièrement dans le roman et dans la nouvelle, la **fiction** désigne **l'univers créé** par le texte, distinct du monde réel ; **l'intrigue*** est l'ensemble des actions des personnages.

L'histoire est organisée selon une dynamique particulière, que l'on peut décrire par **le schéma narratif*** (► *Action et narration*, pp 220-221).

• La narration

Le terme désigne la façon dont on raconte l'histoire, **l'énonciation** du récit. La narration varie selon le narrateur*, le **point de vue***, les **destinataires*** du récit (► *Action et narration*, pp. 220-221) ; elle peut utiliser tous **les types de discours*** (► *Les discours*, p. 117), en particulier les discours narratif et descriptif, et **tous les registres*** (► *Les registres*, p. 121), en particulier épique, comique, lyrique, pathétique, satirique ou encore réaliste et fantastique.

• Les discours rapportés*

Le terme désigne les **paroles des personnages** rapportées par le narrateur, au discours **direct**, au discours **indirect** ou **indirect libre**, ou même en discours **narrativisé** (► *Les discours rapportés*, p. 67).

- Le discours direct introduit une **rupture dans la narration** (on change de phrase et de locuteur) ;

- Avec les discours indirect ou indirect libre, on ne change pas de locuteur (c'est le narrateur). La délimitation entre l'énonciation du narrateur et celle du personnage, **très claire pour le discours indirect**, est **brouillée pour le discours indirect libre** ;

- Avec le discours narrativisé, les paroles rapportées font **partie de la narration** qui les raconte.

C'est le narrateur qui choisit **le type de discours rapporté**, son **insertion** dans la narration, sa **répartition** et son **étendue** dans le récit.

• Les commentaires du narrateur

Appelés aussi **intrusions d'auteur**, les commentaires du narrateur portent sur le récit ou l'histoire (► *Action et narration*, pp. 220-221).

2. L'énonciation du récit

L'énonciation du récit prend deux formes essentielles :

• Le récit à la troisième personne

Un narrateur raconte l'histoire de ses héros (*Le Père Goriot* de Balzac).

• Le récit à la première personne

Un narrateur qui dit « je » raconte une histoire. Le narrateur peut être le personnage principal (*Journal d'un curé de campagne* de Georges Bernanos ; *Robinson Crusoë* de Daniel Defoë) ou parfois le personnage secondaire (*Le Grand Meaulnes* d'Alain-Fournier).

• Dans le **roman épistolaire**, le récit se constitue à travers un recueil de lettres que s'envoient les personnages (*Les Liaisons dangereuses* de Choderlos de Laclos).

• Le récit peut être **enchâssé*** : un premier narrateur rapporte le récit d'un second narrateur, comme dans certains romans ou nouvelles à la première personne (*Manon Lescaut* de l'Abbé Prévost) (► *Action et narration*, pp. 220-221).

3. Les genres narratifs littéraires

Les formes narratives littéraires varient selon le projet de l'auteur et l'ampleur du récit. On distingue les **genres fictionnels**, qui se détachent des faits réels, et les **genres non fictionnels**, qui prétendent raconter des faits vrais.

• Les genres fictionnels

• Le conte

Le conte est un **récit bref et fictif**, inspiré de la **tradition populaire** et orale. La fiction du conte se déroule dans un espace et dans un temps éloignés (« *Il était une fois...* »), souvent irréels, et elle fait parfois intervenir le merveilleux (faits inexplicables, personnages ou objets dotés de pouvoirs surnaturels).

Récit à **vocation divertissante**, le conte peut aussi avoir une **fonction morale** (Charles Perrault, *Histoires ou contes du temps passé*, 1697) ou **philosophique** (► *Lire un conte philosophique de Voltaire*, pp.191-192).

• La nouvelle

La nouvelle est un récit **fictif**, généralement bref. Elle se caractérise par une **action dense et vraisemblable**, même si elle est de registre fantastique, un **cadre spatial et temporel resserré**, un nombre restreint de **personnages, réduits** à quelques traits permanents et typiques. (► *Lire un conte ou une nouvelle*, p. 269).

• Le roman

Le roman n'obéit pas à des règles d'écriture définies par la tradition et il prend des **formes diverses** (► *Des origines du roman au roman contemporain*, pp. 216-219).

Le roman se caractérise aussi par la **diversité des thèmes abordés**, souvent mêlés dans une même œuvre (► *Lire un roman*, p. 268) :

- Certains romans privilégient **l'étude des personnages** comme les romans **d'analyse** ou les romans **d'apprentissage** ;
- D'autres romans privilégient les **événements racontés** comme les romans **historiques**, les romans d'**aventures**, les romans **policiers** ou **de science-fiction**, ainsi que les romans **fantastiques** ou de **merveilleux héroïque** (« *heroic-fantasy* ») ;
- D'autres enfin privilégient **l'étude de la société ou des idées**, comme les romans **naturalistes** de Zola ou les romans **engagés** de Victor Hugo ou d'Aragon.

• Les genres non fictionnels

• La biographie

La biographie est le récit à la troisième personne de la vie d'un personnage, le plus souvent célèbre, par un **biographe**, narrateur distinct du personnage. Ce genre existe depuis l'Antiquité et évolue avec le temps. On distingue ainsi trois types de biographie : **classique***, **romantique***, **moderne* ou scientifique** (s'aidant des acquis des sciences humaines*).

• Le récit de voyage

Ce récit, également très ancien, est à la première personne (singulier ou pluriel) et a pour thème un voyage réel. Le récit de voyage est souvent illustré. Il peut correspondre à un journal de voyage ou en être une réécriture.

• Le journal personnel

Le journal, qui est d'abord une **pratique personnelle**, peut être **publié**. Souvent appelé **intime**, le journal personnel est une expression de soi pour soi. Fondé sur **une écriture régulière**, il a de **multiples fonctions** (► pp. 356, 359).

• L'autobiographie

L'autobiographie est un récit en prose qu'une personne fait de sa vie ou d'une partie de celle-ci, en privilégiant les aspects intimes, personnels de son existence. **L'autobiographe** s'exprime à la **première personne**, il s'engage, dans un pacte adressé au lecteur, à raconter avec exactitude le cours de son existence, ses souvenirs. Son récit, qui relate des faits passés, est **rétrospectif** (► *Lire un texte autobiographique*, p. 359).

• Les mémoires

Le genre des mémoires, antérieur à l'autobiographie, présente le récit d'une vie dont **l'intérêt** est **historique**. Le **mémorialiste** a été le **témoin** ou un **acteur** important **des événements de son temps**. Il les relate au passé et s'exprime à la première personne, mais il veut partager **la mémoire d'une époque** plutôt que celle de sa **vie personnelle**.

• L'autofiction

Le terme récent d'**autofiction** désigne une forme autobiographique dans laquelle **vérité et fiction** se mêlent.

À la différence des récits fictionnels, les récits non fictionnels, qui relatent des faits réels, ne sont pas nécessairement littéraires.

DES ORIGINES DU ROMAN AU ROMAN CONTEMPORAIN

L'évolution du roman français est conditionnée par l'histoire de la langue et les influences étrangères, antiques ou européennes.

• La langue française se transforme : à l'ancien français (IXᵉ-XIVᵉ siècles), puis au moyen français (XIVᵉ-XVIᵉ siècles) et au français classique (XVIIᵉ-XVIIIᵉ siècles) succèdent le français des XIXᵉ et XXᵉ siècles et le français le plus contemporain.

• Le roman français subit l'influence des littératures grecque et latine à travers le modèle de l'épopée et du roman grec. Puis ce sont les influences européennes des littératures italienne et espagnole aux XVIᵉ et XVIIᵉ siècles, ou anglaise et allemande aux XVIIIᵉ et XIXᵉ siècles. En contrepartie, le roman français influe sur le développement du genre dans toute l'Europe.*

D'autres influences sont déterminantes : celle du récit oriental au XVIIIᵉ siècle, puis du roman russe ou américain à partir du siècle suivant. Quant aux influences contemporaines, elles sont de plus en plus nombreuses et étendues.

1. Origines du genre

Au Moyen Âge, le **roman** est la **langue d'usage** par opposition à la **langue savante, le latin**. Les termes « romancer » ou « mettre en roman » signifient « traduire en langue romane » les œuvres latines. Le terme « **roman** » désigne alors **un récit versifié en langue romane**, ainsi accessible à de nouveaux lecteurs. Il raconte **des aventures** proches de celles des chansons de geste, où **la chevalerie et le merveilleux** tiennent une place majeure. Progressivement, **la prose** supplante la forme versifiée.

2. L'époque humaniste

Au XVIᵉ siècle, le genre se renouvelle notamment grâce à l'œuvre de **Rabelais**, dont les histoires de géants (Pantagruel et Gargantua) empruntent à l'épopée et au folklore populaire. L'œuvre de Rabelais se présente comme une suite d'aventures, une **somme romanesque**, qui aborde les sujets graves du temps. De ce fait, l'auteur et ses éditeurs sont poursuivis par la censure religieuse.

Genre **non codifié par la tradition**, à l'inverse du théâtre ou de la poésie, le roman se construit progressivement et sollicite de la part de son lecteur **une lecture active**.

3. L'époque baroque et classique

Au XVIIᵉ siècle, le roman connaît un succès élargi, auprès des lecteurs des deux sexes même si, fréquemment, on en fait un genre « féminin ».
Certains romans méritent déjà le nom de *best sellers* (*L'Astrée*, Honoré d'Urfé). Pourtant on a peu de considération pour ce genre à succès et les auteurs ne signent pas toujours leurs livres de leur nom.

Au cours du siècle, le roman prend des formes successives (roman-fleuve, roman par lettres...), offrant déjà **une grande diversité de tons** :

• Le **roman baroque**, lié au développement de la préciosité, analyse les nuances de l'amour dans un contexte bucolique* comme celui des bergers de *L'Astrée*. Il prépare l'avènement du **roman précieux** (Melle de Scudéry).

• Le **roman comique ou burlesque**, en réaction contre l'idéalisme des œuvres précieuses, se déroule dans des milieux bourgeois ou équivoques (*Le Roman bourgeois* de Furetière). Il s'oppose au roman tragique (*Dom Carlos* de Saint-Réal).

• Le **roman classique** a souvent l'apparence d'un **roman historique** et rejoint le **roman d'analyse** (*La Princesse de Clèves* de Madame de La Fayette). Il s'attache à dévoiler la vérité du cœur humain et s'adresse à un public aristocratique, désormais avide de connaître la « vie réelle ».

• Le **roman philosophique**, lié au libertinage de pensée*, utilise le récit de « voyages imaginaires » (*États et empires de la Lune* de Cyrano de Bergerac) pour exprimer une vision du monde et s'apparente au genre de l'utopie*. Il a parfois une visée directement éducative (*Les Aventures de Télémaque* de Fénelon).

Au début du siècle, le roman raconte des **histoires d'amour**, empreintes d'**irréalité**, de **merveilleux** et d'**héroïsme**, soutenues cependant par les aventures des personnages et **l'analyse psychologique**. En accord avec **le classicisme**, il évolue progressivement vers **plus de simplicité** dans la langue et dans les histoires racontées. Sous le masque de la fantaisie, il prend volontiers une **dimension critique** et **éducative**. Il place l'action **dans un cadre réel** et évoque le contexte de l'époque (*L'Histoire comique de Francion* de Charles Sorel dépeint la Cour, Paris et les collèges parisiens). Il **parodie** aussi des œuvres célèbres : *Le Berger extravagant* de Charles Sorel, réédité sous le titre de *L'Anti-Roman*, évoque un jeune bourgeois parisien qui, pour avoir trop lu *L'Astrée*, devient berger au bord de la Seine et se voit changé en jeune fille ! Enfin, le roman **s'autoparodie** : dans *Le Roman Comique*, Scarron se moque de lui-même et du romancier.

4. Le siècle des Lumières

Au XVIIIe siècle, le nombre de romans publiés s'accroît, preuve de l'**engouement** qu'il provoque chez un lectorat* encore élargi. Centré sur **la peinture du monde réel, de la société, de ses mœurs**, le roman reflète les recherches et **les préoccupations philosophiques**, **politiques** et **esthétiques** du siècle. Le romancier est d'ailleurs plus largement écrivain philosophe (Sade, Rousseau), économiste ou juriste (Montesquieu), auteur de théâtre (Marivaux), critique d'art (Diderot), musicien (Rousseau), traducteur (l'abbé Prévost), encyclopédiste (Diderot).

Ces écrivains, aux talents multiples, conçoivent le roman comme un **réceptacle de formes variées**. La diversité des types de roman en apporte la preuve :

• Le **roman épistolaire** (► pp. 214-215) prend la forme d'un récit de voyage fictif et d'une réflexion politique insolente dans les *Lettres persanes* (1721) de Montesquieu ; *La Nouvelle Héloïse* (1761) de Rousseau est une somme romanesque où sont évoqués les rapports entre l'homme et le monde, où sont débattues toutes les questions relatives à la passion, à l'amitié, à la famille, à la société, à la morale, à la religion. Enfin, *Les Liaisons dangereuses* (1782), de Laclos, place au cœur de ses intrigues un personnage féminin et libertin.

Ces romans font parfois scandale, heurtent les convenances. Les romanciers se défendent en affirmant dans leurs **préfaces** (► p. 417) qu'ils reproduisent des lettres réelles.

• Le **roman-mémoires** : faussement autobiographique (► p. 355), il se présente comme des mémoires ou des confessions. Tel est le cas des romans de Marivaux (*Le Paysan parvenu*, 1734-1735 ; *La Vie de Marianne*, 1742), de celui de l'abbé Prévost, l'*Histoire du chevalier Des Grieux et de Manon Lescaut* (1753), de *La Religieuse* de Diderot (1760). Ces œuvres peignent différents milieux sociaux. Elles rejoignent ainsi le **roman de mœurs**.

• Le **roman-dialogue** : dans *Jacques le Fataliste et son maître* (1773) de Diderot, deux dialogues constituent le fil conducteur du roman : celui entre les personnages Jacques et son maître, et celui entre narrateur et lecteur. Ce roman très moderne, qui emprunte au théâtre et au discours philosophique, a déjà l'allure d'un **anti-roman***.

• Le roman picaresque, venu d'Espagne au XVIIe siècle, fait découvrir la société au travers des aventures et du regard d'un héros, serviteur de différents maîtres. C'est une forme de **roman d'aventures** (Lesage, *Histoire de Gil Blas de Santillane*, 1715-1735).

• Le **roman libertin** se coule dans d'autres formes, comme le roman épistolaire (*Les Liaisons dangereuses*). Il met en scène des personnages de séducteurs et leurs victimes. Souvent taxé d'immoralité, il peut être interdit.

Enfin, certains romans, comme ceux de Sade, échappent à tout classement.

5. Le XIXe siècle ou l'âge d'or du roman

Au XIXe siècle, le roman séduit tous les lecteurs et devient le mode d'expression privilégié de la bourgeoisie. Il paraît par tranches dans les journaux (**roman-feuilleton**).

Les formes romanesques sont liées aux mouvements littéraires (**romantisme**, **réalisme**, **natura-**

lisme) ainsi qu'aux évolutions de la société, des sciences et des idées politiques et philosophiques :

• Le **roman populaire** est en vogue. Ce peut être un roman **noir** ou **gothique**, à la manière anglaise du *Moine* de Lewis, un roman de cape et d'épée (Alexandre Dumas), c'est-à-dire un roman d'aventures avec une multitude d'actions et des personnages contrastés, génies du bien ou du mal. Certains **romans historiques** se rattachent clairement à cette veine populaire (Hugo, *Notre-Dame de Paris*, 1831).

• Le **roman social**, comme le roman populaire, aborde des questions sociales (Hugo, *Les Misérables*, 1862), peint différents milieux du petit peuple (Eugène Sue, *Les Mystères de Paris*, 1842-1843) aux paysans (George Sand, *La Mare au diable*, 1846).

• Le **roman du moi** : liés au romantisme, les romans du moi suivent l'histoire intérieure d'un individu (*Adolphe* de Benjamin Constant, 1816). Le cadre de l'action peut être **exotique** (*Atala* de Chateaubriand, 1801). Ils sont, pour leurs auteurs, un moyen de **s'épancher**, tout en maintenant l'artifice de la fiction (Musset, George Sand, Fromentin).

• Le **roman réaliste et naturaliste** peut se définir par la formule célèbre du *Rouge et le Noir* (1830) de Stendhal : « *Un roman, c'est un miroir que l'on promène le long des chemins* ». Le **roman réaliste** balzacien se caractérise par un retour des personnages dans l'ensemble de la *Comédie humaine* et par l'importance accordée à la description et aux mythes*. Flaubert définit ensuite le roman comme « *le grand art [...] scientifique et impersonnel* ». Avec Zola, le **roman naturaliste**, prend appui sur des fondements scientifiques (théorie de l'hérédité et méthode expérimentale). Il décrit la société du Second Empire et les conditions de vie dans différents milieux sociaux. D'une façon générale, le roman réaliste et naturaliste s'enracine dans un **travail documentaire** très précis du romancier (Flaubert, Zola).

• Le **roman ou récit fantastique** est lié au développement des sciences. Dans *Aurélia* de Gérard de Nerval, le héros est en partie inspiré dans sa quête spirituelle par les travaux du Dr. Blanche. Le récit fantastique s'inscrit parfois dans la lignée des romans philosophiques et politiques, mais il prend plutôt la forme de contes ou de nouvelles.

• Le **roman spiritualiste** témoigne du **rejet du réalisme** de la fin du siècle. Le romancier peut se réclamer du **symbolisme** (▸ p. 34) et se tourner vers le surnaturel (Barbey d'Aurevilly, *L'Ensorcelée*, 1854), la religion, voire le mysticisme* (Huysmans).

À côté du roman, se développent aussi les écrits autobiographiques (▸ p. 354) dont les *Confessions* de Rousseau ont donné le modèle au siècle précédent.

6. Le XXe siècle

Le roman du XXᵉ siècle se caractérise par ses tendances contradictoires (rejet ou revendication du réalisme, par exemple), ses **liens avec l'Histoire** du siècle, ou encore le goût des **expérimentations esthétiques**. Il a les faveurs d'un public très large, jouit d'une grande diffusion et se diversifie pour prendre en compte les attentes du lecteur (**littérature romanesque pour la jeunesse**).

De nombreux **écrivains** sont des **femmes**. La variété d'origine sociale, géographique, ethnique des auteurs, dans le cadre élargi de la **francophonie**, constitue une vraie révolution.

Les **recherches sur la langue** occupent une place centrale : le XXᵉ siècle autorise **tous les discours**, tant sur le plan linguistique que sur le plan spirituel, idéologique, politique et le roman n'échappe pas toujours à la censure (▸ p. 414).

• Les **expérimentations esthétiques** : au travers des œuvres de Proust, de Gide ou Céline (▸ *Repères culturels*, p. 40), le roman explore les **points de vue** (▸ pp. 220-221), analyse l'être humain et la société. Le **roman** devient **sujet de l'œuvre** : *Les Faux-monnayeurs* de Gide (1926), par exemple, aborde le problème de la création littéraire. La remise en question du roman traditionnel et l'exploration de nouvelles voies narratives trouvent un aboutissement, après 1950, avec le **Nouveau Roman** (▸ p. 44 et p. 228). Et, à partir de 1960, les membres de l'**Oulipo** (▸ p. 45) font des **contraintes** un instrument d'écriture obligé (*La Disparition*, *La Vie mode d'emploi* de Georges Perec).

• Le **récit surréaliste**, dans les années vingt, s'insurge contre le roman réaliste et accorde la première place aux facultés de l'imagination (*Nadja* d'André Breton).

• Le **roman poétique**, distinct du récit surréaliste, est présent tout au long du siècle. Il marque la volonté de brouiller les frontières des genres (Alain-Fournier, Julien Gracq, Le Clézio) et le désir de métamorphoser le réel, notamment dans l'alliance entre littérature et cinéma (Cocteau). Il rejoint le roman dans lequel se forgent ou se réécrivent des mythes (Michel Tournier, Sylvie Germain).

• Le **roman historique** donne des œuvres de grande ampleur (*Le Hussard sur le toit* de Jean Giono ; *La Semaine sainte* d'Aragon). Il porte sur des époques très lointaines ou très proches, se fait chronique (*Les arbres en parlent encore* de Calixthe Beyala, qui traite de colonisation au Cameroun). Le **roman de guerre**, proche du témoignage, tente de représenter les traumatismes des deux guerres mondiales (*Le Feu* de Henri Barbusse ; *Voyage au bout de la nuit* de Céline ; *Le Silence de la mer* de Vercors ; *La Colline oubliée* de Mouloud Mammeri), des révolutions (*La Condition humaine* de Malraux) et des guerres de décolonisation (*Les Enfants du Nouveau Monde* d'Assia Djebar). L'écriture y est ou réaliste ou distanciée, volontiers militante. Ces romans offrent au lecteur de vrais **sagas*** familiales ou **romans-fleuves** (*Les Thibault* de Roger Martin du Gard ; *Les Hommes de bonne volonté* de Jules Romains ; *Jean-Christophe* de Romain Rolland).

• Le **roman engagé** : également en prise avec l'histoire, l'écriture engagée constitue, dès les années trente, une voie à suivre pour certains écrivains, peintres du « monde réel » (Aragon). L'engagement par l'action (Sartre) donne leur thème à des **romans à thèse** (► pp. 42-43), aux idéologies parfois opposées.

• Le **roman spirituel** : les œuvres de Mauriac (*Thérèse Desqueyroux*), de Bernanos (*Sous le soleil de Satan*) ou de Julien Green (*Moïra*) peignent des personnages en proie à des tourments spirituels.

• **Des formes totalement neuves apparaissent**, et notamment les « **mauvais genres** ». Le roman policier s'affirme (Gaston Leroux, Maurice Leblanc) ; son succès auprès des lecteurs est lié à sa diversité (Léo Malet, Frédéric Dard, Boileau-Narcejac, Manchette...). Le **roman de science-fiction**, influencé par la littérature anglo-saxonne, connaît un développement comparable (Barjavel, Boulle...).

• **Les formes romanesques anciennes**, parallèlement aux innovations qui jalonnent le siècle, connaissent un renouveau (roman d'aventures, épique, historique, satirique avec Marcel Aymé ou roman d'analyse avec Radiguet).

Louis de Steuben (1788-1856), *Liseuse*, Nantes, Musée des Beaux-Arts, © RMN-Gérard Blot.

ACTION ET NARRATION

1. L'action

L'action est composée d'un enchaînement organisé d'événements. Mais toute suite d'événements ne constitue pas un récit. Celui-ci se caractérise par la **transformation d'un état** en un autre état, en passant par différentes étapes. Ces **cinq étapes** définissent le **schéma narratif** ou **schéma quinaire** :

- **l'état initial** : l'état d'équilibre qui précède l'action ;
- **la complication** (force perturbatrice) : elle perturbe l'état initial et déclenche l'action ;
- **la dynamique** : le conflit, les péripéties qui découlent de la complication ;
- **la résolution** (force équilibrante) : elle introduit un élément rééquilibrant la situation ;
- **l'état final** : un nouvel équilibre est instauré.

La réalisation de ces cinq étapes constitue une **séquence narrative**, mais le schéma n'est pas toujours réalisé en totalité. On étudiera donc la **façon dont le schéma est traité** (changement de l'ordre des étapes, omission d'une étape...). Comparer l'état initial et l'état final d'un récit permettra souvent d'en dégager les **enjeux essentiels**.

2. Narrateur et auteur, narrataire et lecteur

• Il ne faut pas confondre **auteur** et **narrateur**, **lecteur** et **narrataire*** :

- L'**auteur** est l'être réel, qui construit, écrit le récit et signe l'œuvre de son nom (ou de son pseudonyme).

- Le **lecteur** est la personne réelle, destinataire de l'œuvre écrite par l'auteur.

- Le **narrateur*** est l'être inventé par l'auteur pour raconter l'histoire. Le narrateur s'adresse à un destinataire fictif, le **narrataire***, distinct du lecteur réel. Le **personnage** est l'être imaginaire qui vit et accomplit les actions de l'histoire.

• Dans un **récit à la première personne**, il ne faut pas assimiler auteur et narrateur. Meursault, le narrateur et héros de *L'Étranger* (1942) n'est pas l'auteur du récit, Albert Camus.

• Auteur, narrateur et personnage ne se confondent que dans l'**autobiographie**. Les *Confessions* (1782-1789) de Rousseau présentent un narrateur qui est le personnage principal de l'histoire et l'auteur lui-même.

• La position du narrateur par rapport à l'histoire

Dans un même récit, la position du narrateur peut varier.

• Le narrateur peut être **extérieur** à l'histoire. Il n'est pas apparent dans le récit et l'histoire paraît se raconter d'elle-même, les faits et les propos des personnages semblent être livrés **sans intermédiaire**. Le récit est à la **troisième personne**.

Dans le roman réaliste du XIXe siècle, ce procédé contribue à créer l'illusion réaliste en donnant au lecteur l'impression qu'il assiste directement à l'action :

> En ce moment, le jeune clerc qui servait la messe sonna pour l'élévation. Madame de Rênal baissa la tête qui un instant se trouva presque entièrement cachée par les plis de son châle. Julien ne la reconnaissait plus aussi bien ; il tira sur elle un coup de pistolet et la manqua ; il tira un second coup, elle tomba.
>
> (Stendhal, *Le Rouge et le Noir*, 1830)

• **Même extérieur à l'histoire**, le narrateur peut **intervenir** dans le récit :

- **par des commentaires** à la première personne : ce sont des **intrusions d'auteur** :

> Les habits rouges ! les habits rouges ! criaient avec joie les hussards de l'escorte, et d'abord Fabrice ne comprenait pas ; enfin il remarqua qu'en effet presque tous les cadavres étaient vêtus de rouge. [...] *Notre* héros, fort humain, se donnait toutes les peines du monde pour que son cheval ne mît les pieds sur aucun habit rouge.
>
> (Stendhal, *La Chartreuse de Parme*, 1839)

- **par des jugements** ou des explications sur les personnages et sur l'action :

> C'est alors qu'ils s'affrontent à l'épée. [...] *Farouchement* ils se mesurent sans céder à un seul pied de terrain non plus que ne feraient deux rocs. Jamais deux chevaliers ne mirent *plus de rage* à précipiter l'instant de leur mort. Ils veillent à ne pas gaspiller leurs coups, mais ils s'emploient à frapper *de leur mieux*...
>
> (Chrétien de Troyes, *Yvain ou le Chevalier au lion*, vers 1170)

• Le narrateur peut être **intérieur** à l'histoire, héros de l'histoire qu'il raconte ou simple témoin.

- Le **narrateur-personnage** raconte sa propre histoire ou une histoire à laquelle il participe. Il s'exprime à la première personne et sa parole porte la marque de la subjectivité.

> Aujourd'hui, maman est morte. Ou peut-être hier, je ne sais pas. J'ai reçu un télégramme de l'asile : « Mère décédée. Enterrement demain. Sentiments distingués. » Cela ne veut rien dire. C'était peut-être hier.
>
> (Albert Camus, *L'Étranger*, 1942)

- Le **narrateur-témoin** prend une certaine distance avec l'histoire, qu'il interrompt parfois de ses commentaires :

> Il arriva chez nous un dimanche de novembre 189...
>
> Je continue à dire « chez nous », bien que la maison ne nous appartienne plus. Nous avons quitté le pays depuis bientôt quinze ans et nous n'y reviendrons certainement jamais.
>
> (Alain-Fournier, *Le Grand Meaulnes*, 1913)

Enfin, la narration peut être prise en charge par des narrateurs successifs.

3. Le point de vue

Le lecteur est guidé dans l'histoire par le narrateur, mais il perçoit les faits racontés selon une perspective qui varie souvent au cours du récit. C'est le **point de vue** ou **focalisation**.

• La focalisation zéro ou le point de vue omniscient

Le lecteur perçoit ce qui est fait, vu ou ressenti par les personnages grâce à un **narrateur omniscient** ; celui-ci voit tout, sait tout et dit tout de l'action et des pensées des personnages.

> M. de Clèves ne trouva pas que Mlle de Chartres eût changé de sentiment en changeant de nom. La qualité de mari lui donna de plus grands privilèges ; mais elle ne lui donna pas une autre place dans le cœur de sa femme. [...] et, quoiqu'elle vécût parfaitement bien avec lui, il n'était pas entièrement heureux.
>
> (Madame de Lafayette, *La Princesse de Clèves*, 1678)

Le lecteur connaît à la fois les sentiments de M. de Clèves et ceux de son épouse.

• La focalisation externe ou le point de vue externe

Le lecteur perçoit seulement ce qu'un **regard extérieur à l'histoire** peut lui livrer, comme le ferait une caméra. On ne lui indique ni les sentiments des personnages ni le sens du spectacle présenté.

> À neuf heures, la salle du théâtre des Variétés était encore vide. Quelques personnes, au balcon et à l'orchestre, attendaient perdues parmi les fauteuils de velours grenat, dans le petit jour du lustre à demi-feu. Une ombre noyait la grande tache rouge du rideau ; et pas un bruit ne venait de la scène, la rampe éteinte, les pupitres des musiciens débandés. [...] Par moments, une ouvreuse se montrait, affairée, des coupons à la main, poussant devant elle un monsieur et une dame qui s'asseyaient...
>
> (Émile Zola, *Nana*, 1880)

Le narrateur décrit la salle telle qu'un spectateur peut la voir.

• La focalisation interne ou le point de vue interne

Le lecteur perçoit ce que ressent, entend, voit un personnage particulier qui n'est pas forcément le narrateur :

> Elle descendit au salon. Il était sombre derrière ses volets fermés et elle fut quelque temps avant d'y rien distinguer ; puis son regard s'habituant à l'obscurité, elle reconnut peu à peu les hautes tapisseries où se promenaient des oiseaux. Deux fauteuils étaient restés devant la cheminée comme si on venait de les quitter ; et l'odeur même de la pièce, une odeur qu'elle avait toujours gardée [...] pénétrait Jeanne, l'enveloppait de souvenirs, grisait sa mémoire.
>
> (Guy de Maupassant, *Une vie*, 1883)

Le lecteur découvre la pièce avec les yeux de Jeanne. Pourtant ce n'est pas elle qui raconte, mais un narrateur extérieur à l'histoire, dans un récit à la troisième personne.

EXERCICES D'OBSERVATION ET D'INTERPRÉTATION

A Étudier les composantes du récit

1. Distinguer histoire et narration

NOTATIONS

Dans l'S, à une heure d'affluence. Un type dans les vingt-six ans, chapeau mou avec cordon remplaçant le ruban, cou trop long comme si on lui avait tiré dessus. Les gens descendent. Le type en question s'irrite contre un voisin. Il lui reproche de le bousculer chaque fois qu'il passe quelqu'un. Ton pleurnichard qui se veut méchant. Comme il voit une place libre, il se précipite dessus.

Deux heures plus tard, je le rencontre Cour de Rome, devant la gare Saint-Lazare. Il est avec un camarade qui lui dit : « Tu devrais faire mettre un bouton supplémentaire à ton pardessus. » Il lui montre où (à l'échancrure) et pourquoi.

LE CÔTÉ SUBJECTIF

Je n'étais pas mécontent de ma vêture, ce jourd'hui. J'inaugurais un nouveau chapeau, assez coquin, et un pardessus dont je pensais grand bien. Rencontré X devant la gare Saint-Lazare qui tente de gâcher mon plaisir en essayant de me démontrer que ce pardessus est trop échancré et que j'y devrais rajouter un bouton supplémentaire. Il n'a tout de même pas osé s'attaquer à mon couvre-chef.

Un peu auparavant, rembarré de belle façon une sorte de goujat qui faisait exprès de me brutaliser chaque fois qu'il passait du monde, à la descente ou à la montée. Cela se passait dans un de ces immondes autobi qui s'emplissent de populus précisément aux heures où je dois consentir à les utiliser.

AUTRE SUBJECTIVITÉ

Il y avait aujourd'hui dans l'autobus à côté de moi, sur la plate-forme, un de ces morveux comme on n'en fait guère, heureusement, sans ça je finirais par en tuer un. Celui-là, un gamin dans les vingt-six, trente ans, m'irritait tout spécialement non pas tant à cause de son grand cou de dindon déplumé que par la nature du ruban de son chapeau, ruban réduit à une sorte de ficelle de teinte aubergine. Ah ! le salaud ! Ce qu'il me dégoûtait ! Comme il y avait beaucoup de monde dans notre autobus à cette heure-là, je profitais des bousculades qui ont lieu à la montée ou à la descente pour lui enfoncer mon coude dans les côtelettes. Il finit par s'esbigner lâchement avant que je me décide à lui marcher un peu sur les arpions pour lui faire les pieds. Je lui aurais dit aussi, afin de le vexer, qu'il manquait un bouton à son pardessus trop échancré.

Raymond Queneau (1903-1976),
Exercices de style, © Éditions Gallimard, 1947
(première édition).

a) Dans ces trois textes l'histoire (ce qui est raconté) comporte-t-elle les mêmes détails ? Les faits sont-ils racontés dans le même ordre ?

b) Le narrateur est-il le même dans les trois textes ?

c) Les niveaux de langue, les registres sont-ils les mêmes dans les trois textes ? Quel est, à chaque fois, l'effet produit ?

d) Identifiez les types de discours rapportés utilisés dans le premier texte. Sont-ils repris dans les autres textes ? Pourquoi ?

e) Justifiez le titre de chacun des extraits.

2. Étudier l'énonciation du récit

Jacques commença l'histoire de ses amours. C'était l'après-dînée : il faisait un temps lourd ; son maître s'endormit. La nuit les surprit au milieu des champs ; les voilà fourvoyés. Voilà le maître dans une colère terrible et tombant à grands coups de fouet sur son valet, et le pauvre diable disant à chaque coup : « Celui-là était apparemment encore écrit là-haut… »

Vous voyez, lecteur, que je suis en beau chemin, et qu'il ne tiendrait qu'à moi de vous faire attendre un an, deux ans, trois ans, le récit des amours de Jacques, en le séparant de son maître et en leur faisant courir à chacun tous les hasards qu'il me plairait. Qu'est-ce qui m'empêcherait de marier le maître et le faire cocu ? d'embarquer Jacques pour les îles ? d'y conduire son maître ? de les ramener tous les deux en France sur le même vaisseau ? Qu'il est facile de faire des contes ! mais ils en seront quittes l'un et l'autre pour une mauvaise nuit, et vous pour ce délai.

Diderot (1713-1784),
Jacques le Fataliste et son maître, 1765-1773.

a) À quelle personne ce récit est-il raconté dans le premier paragraphe ? Le narrateur est-il intérieur ou extérieur à l'histoire ?

b) Dans le deuxième paragraphe, qui raconte ? à qui ? Comment peut-on appeler ce procédé ?

B Étudier les genres narratifs littéraires

3. Identifier différents genres narratifs

Texte A

Après une étape sur Saturne où il se fait un compagnon de voyage, philosophe comme lui, Micromégas, habitant de Sirius, vient visiter la terre des hommes, « notre petite fourmilière » : occasion de péripéties nombreuses et de dialogues variés. Puis, à la fin du livre, les deux personnages reprennent leur voyage, on ne sait vers quelle destination. Le lecteur ne les accompagne plus. Il demeure aux côtés des Terriens, ses semblables.

Si l'étrangeté dont joue Voltaire dans ce conte qu'il publie en 1752 est d'abord celle des deux voyageurs, des autres mondes habités et du voyage interstellaire, c'est bien ensuite celle des Terriens, qu'il met en scène : étrangeté physique, puis intellectuelle et philosophique. […]

Voltaire (1694-1778), *Micromégas*, quatrième de couverture de l'édition du Livre de poche n°14904, © Le Livre de poche, 2000.

Texte B

Une des inventions les plus étonnantes de toute l'histoire de la littérature : comment un enfant monté à douze ans dans les arbres y reste, comment l'homme y passe toute sa vie, pour prouver à ses contemporains ce que c'est que la liberté et l'intelligence et pour leur prouver qu'ils n'agissent eux, qu'en balourds et à l'étourdi […]. Un autoportrait d'un des plus grands écrivains vivants : Côme circule dans les yeuses[1] comme Calvino dans les lignes.

Italo Calvino (1923-1985), *Le Baron perché*, 1957, quatrième de couverture de la collection « Points Seuil », © Le Seuil, 1960

1. *yeuses* : chênes verts.

Quels genres narratifs littéraires ces quatrièmes de couverture annoncent-elles ?

4. Identifier le genre narratif

L'auteur, Georges Simenon, imagine les mémoires de son héros, le commissaire Maigret.

Quand le jeune Sim est entré la première fois au quai des Orfèvres, j'avais encore un chapeau melon dans mon armoire, mais je ne le portais plus qu'à de rares occasions pour des enterrements ou des cérémonies officielles.

Or, il se fait que, dans mon bureau, était pendue une photographie prise quelques années plus tôt lors de je ne sais quel congrès et sur laquelle je figurais avec ce maudit chapeau.

Ce qui me vaut encore aujourd'hui, lorsqu'on me présente à des gens qui ne m'ont jamais vu, de m'entendre dire :

— Tiens ! Vous avez changé de chapeau.

Quant au fameux pardessus à col de velours, ce n'est pas avec moi, mais avec ma femme que Simenon a eu, un jour, à s'en expliquer.

J'en ai eu un, je l'admets. J'en ai même eu plusieurs, comme tous les hommes de ma génération. Peut-être m'est-il arrivé, vers 1927, un jour de grand froid ou de pluie battante, de décrocher un de ces vieux pardessus-là.

Je ne suis pas coquet. Je me soucie assez peu de l'élégance. Mais, peut-être à cause de cela, j'ai horreur de me singulariser. Et mon petit tailleur juif de la rue de Turenne n'a pas plus envie que moi qu'on se retourne dans la rue à mon passage.

« Est-ce ma faute, si je vous vois ainsi ? » aurait pu me répondre Simenon, comme le peintre qui fait un nez de travers et des yeux bigles à son modèle.

Georges Simenon (1903-1989), *Les Mémoires de Maigret*, © Presses de la Cité, 1951.

a) À quelle personne est le récit ? Qui est le narrateur ?

b) Le narrateur est-il intérieur ou extérieur à l'histoire ?

c) Quel personnage inattendu fait partie de l'histoire ?

d) À quel genre narratif cet extrait appartient-il ? Justifiez votre réponse.

C Étudier l'action

5. Identifier séquence et schéma narratifs

Sur un paquebot en partance pour Rio, vers 1940, le narrateur assiste à l'embarquement d'un jeune prodige des échecs, Mirko Czentovic. Orphelin pauvre et inculte, recueilli par le curé de son village, Czentovic se révèle un génie des échecs. Mais c'est un jeune homme fruste, brutal et arrogant.

Curieux de cas psychologiques, le narrateur, pour l'approcher, organise un tournoi entre plusieurs passagers et le champion. Ce dernier se montre méprisant avec les amateurs, qu'il bat facilement. Lors de la revanche, un inconnu, Monsieur B., obtient un résultat nul, à la surprise générale. Avocat autrichien raffiné et cultivé, le joueur avoue au narrateur qu'il n'a pas touché un échiquier depuis vingt ans. Il lui raconte comment, arrêté et gardé au secret par les nazis, il a volé un livre d'échecs et occupé sa captivité à répéter des parties sur un échiquier imaginaire. Obsédé par le jeu, atteint de dédoublement en raison des parties imaginaires qu'il joue contre lui-même, il a succombé à une crise nerveuse qui l'a conduit au bord de la folie. Libéré par ses bourreaux, autorisé à s'exiler, il demeure fragile.

Le lendemain, Monsieur B. remporte une première partie contre Czentovic, mais à la deuxième partie, une nouvelle crise nerveuse survient, provoquée par Czentovic. Seule l'intervention du narrateur empêche Monsieur B. de sombrer définitivement dans la folie.

Résumé de la nouvelle de Stephan Zweig (1881-1942), *Le Joueur d'échecs*, © Stock, 1941.

a) Délimitez les différentes séquences narratives de ce récit. Comment sont-elles organisées ?

b) Établissez le schéma narratif de l'intrigue* sur le paquebot. Quelles indications la comparaison entre l'état initial et l'état final donne-t-elle sur l'enjeu de la nouvelle ?

D Étudier la position du narrateur

6. Identifier la position du narrateur par rapport à l'histoire

Texte A

Toute la Cité est maintenant réveillée. Les couloirs sont remplis de fourmis messagères thermiques qui s'empressent de réchauffer la Meute. Pourtant à certains carrefours on trouve encore des citoyennes immobiles. Les messagères ont beau les secouer, leur donner des coups, elles ne bougent pas.

Elles ne bougeront plus. Elles sont mortes. Pour elles l'hibernation a été fatale. On ne peut sans risque demeurer trois mois avec un battement cardiaque pratiquement inexistant. Elles n'ont pas souffert. Elles sont passées de sommeil à trépas durant un brusque courant d'air enveloppant la Cité. Leurs cadavres sont évacués puis jetés au dépotoir. Tous les matins, la Cité enlève ainsi ses cellules mortes avec les autres ordures.

Une fois les artères nettoyées de leurs impuretés, la ville d'insectes se met à palpiter. Partout les pattes grouillent. Les mâchoires creusent. Les antennes frétillent d'informations. Tout reprend comme avant. Comme avant l'hiver anesthésiant.

Bernard Werber (né en1961), *Les Fourmis*, © Albin Michel, 1991.

Texte B

Le messager vacillant se remit au « garde-à-vous », les petits doigts sur la couture du pantalon, comme il se doit dans ces cas-là. Il oscillait ainsi, raide, sur le talus, la transpiration lui coulant le long de la jugulaire, et ses mâchoires tremblaient si fort qu'il en poussait des petits cris avortés, tel un petit chien qui rêve. On ne pouvait démêler s'il voulait nous parler ou bien s'il pleurait.

Nos Allemands accroupis au fin fond de la route venaient justement de changer d'instrument. C'est à la mitrailleuse qu'ils poursuivaient à présent leurs sottises ; ils en craquaient comme de gros paquets d'allumettes et tout autour de nous venaient voler comme des essaims de balles rageuses, pointilleuses comme des guêpes.

Louis-Ferdinand Céline (1894-1961), *Voyage au bout de la nuit*, © Éditions Gallimard, 1932.

a) De quelle manière le narrateur* se manifeste-t-il dans le texte A ? et dans le texte B ?

b) Quelle est la position du narrateur* par rapport à l'histoire dans chacun de ces extraits ?

7. Identifier différents narrateurs

Le narrateur rapporte comment le chevalier Des Grieux entreprit de lui raconter ses aventures avec Manon.

Il n'attendit point que je le pressasse de me raconter l'histoire de sa vie. Monsieur, me dit-il, [...] je veux vous apprendre, non seulement mes malheurs et mes peines, mais encore mes désordres et mes plus honteuses faiblesses [...].

Je dois avertir ici le lecteur que j'écrivis son histoire presque aussitôt après l'avoir entendue, et qu'on peut assurer, par conséquent, que rien n'est plus exact et plus fidèle que cette narration.

Abbé Prévost (1697-1763), *Histoire du chevalier Des Grieux et de Manon Lescaut*, 1731.

a) Quelle est la position du narrateur* principal par rapport à l'histoire ?

b) Combien y a-t-il de narrateurs dans ce texte ? Quels indices le montrent ?

E Étudier le point de vue

8. Identifier le point de vue

Texte A

Arrivé devant le dernier distributeur, Wallas ne s'est pas encore décidé. Son choix est d'ailleurs de faible importance, car les divers mets proposés ne diffèrent que par l'arrangement des articles sur l'assiette ; l'élément de base est le hareng mariné.

Dans la vitre de celui-ci Wallas aperçoit, l'un au-dessus de l'autre, six exemplaires de la composition suivante : sur un lit de pain de mie, beurré de margarine, s'étale un large filet de hareng à la peau bleu argenté ; à droite cinq quartiers de tomate, à gauche trois rondelles d'œuf dur ; posées par-dessus, en des points calculés, trois olives noires. Chaque plateau supporte en outre une fourchette et un couteau.

Alain Robbe-Grillet (né en 1922), *Les Gommes*,
© Les Éditions de Minuit, 1953.

Texte B

D'un seul coup, comme une eau lentement saturée, le ciel de jour avait viré au ciel lunaire ; l'horizon devenait une muraille laiteuse et opaque qui tournait au violet au-dessus de la mer encore faiblement miroitante. Traversé par un pressentiment brusque, je reportai alors mes yeux vers un singulier nuage. Et tout à coup, je vis.

Une montagne sortait de la mer, maintenant distinctement visible sur le fond assombri du ciel. Un cône blanc et neigeux, flottant comme un lever de lune au-dessus d'un léger voile mauve qui le décollait de l'horizon, pareil, dans son isolement et sa pureté de neige, et dans les jaillissements de sa symétrie parfaite, à ces phares diamantés qui se lèvent au seuil des mers glaciales. Son lever d'astre sur l'horizon ne parlait pas de la terre, mais plutôt d'un soleil de minuit, de la révolution d'une orbite calme qui l'eût ramené à l'heure dite des profondeurs lavées à l'affrontement fatidique de la mer.

Julien Gracq (né en 1910), *Le Rivage des Syrtes*,
© Éditions José Corti, 1951.

a) Quel est le point de vue* adopté dans chacun des extraits ? Justifiez votre réponse.

b) Pour chacun des extraits, quel est l'effet produit par le point de vue choisi ?

9. Étudier la variation des points de vue

L'héroïne, Emma Bovary, mène une vie monotone à Yonville.

Un soir que la fenêtre était ouverte, et que, assise au bord, elle venait de regarder Lestiboudois, le bedeau, qui taillait le buis, elle entendit tout à coup sonner l'*Angélus*.

On était au commencement d'avril, quand les primevères sont écloses ; un vent tiède se roule sur les plates-bandes labourées, et les jardins, comme des femmes, semblent faire leur toilette pour les fêtes de l'été. Par les barreaux de la tonnelle et au-delà tout alentour, on voyait la rivière dans la prairie, où elle dessinait sur l'herbe des sinuosités vagabondes. La vapeur du soir passait entre les peupliers sans feuilles, estompant leurs contours d'une teinte violette, plus pâle et plus transparente qu'une gaze subtile arrêtée sur leurs branchages. Au loin, des bestiaux marchaient ; on n'entendait ni leurs pas, ni leurs mugissements ; et la cloche, sonnant toujours, continuait dans les airs sa lamentation pacifique.

À ce tintement répété, la pensée de la jeune femme s'égarait dans ses vieux souvenirs de jeunesse et de pension. Elle se rappela les grands chandeliers, qui dépassaient sur l'autel les vases pleins de fleurs et le tabernacle à colonnettes.

Gustave Flaubert (1821-1880),
Madame Bovary, 1857.

a) Quel est le point de vue* adopté aux lignes 1 et 2, 10 à 13 ?

b) Quel est le point de vue adopté aux lignes 3 à 9 ? Que permet-il de montrer ?

c) Quel effet produit la variation de point de vue dans ce texte ?

10. Exercice bilan

Frédéric, pour rejoindre sa place, poussa la grille des Premières[1], dérangea deux chasseurs avec leurs chiens.

Ce fut comme une apparition :

Elle était assise, au milieu du banc, toute seule ; ou du moins il ne distingua personne dans l'éblouissement que lui envoyèrent ses yeux. En même temps qu'il passait, elle leva la tête ; il fléchit involontairement les épaules ; et, quand il se fut mis plus loin, du même côté, il la regarda.

Elle avait un large chapeau de paille, avec des rubans roses qui palpitaient au vent derrière elle. Ses bandeaux noirs, contournant la pointe de ses grands sourcils, descendaient très bas et semblaient presser amoureusement l'ovale de sa figure. Sa robe de mousseline claire, tachetée de petits pois, se répandait à plis nombreux. Elle était en train de broder quelque chose ; et son nez droit, son menton, toute sa personne se découpait sur le fond de l'air bleu.

Comme elle gardait la même attitude, il fit plusieurs tours de droite et de gauche pour dissimuler sa manœuvre ; puis il se planta tout près de son ombrelle, posée contre le banc, et il affectait d'observer une chaloupe sur la rivière.

Gustave Flaubert (1821-1880), *L'Éducation sentimentale*, 1869.

1. *les Premières* : la première classe sur le bateau.

a) Quelle est la position du narrateur* par rapport à l'histoire ?

b) La scène est-elle vue par le narrateur ? par le personnage ? Justifiez votre réponse.

c) Quel est l'intérêt des choix narratifs (position du narrateur, point de vue) de cet extrait ?

LE PERSONNAGE

Dans le récit littéraire, le personnage est la représentation d'une personne. C'est un être de fiction qui n'existe que par les mots du texte et par l'imaginaire du lecteur, un « être de papier » qu'il convient de ne pas confondre avec une personne réelle.

L'illusion de réalité provient de la caractérisation du personnage : on lui donne les attributs d'une personne réelle, un nom, des traits physiques et moraux, un ancrage social, un âge, un passé...

1. Les procédés de caractérisation du personnage

• La désignation

Le personnage porte généralement un nom.

• **Le nom** peut être **révélateur** de la nature profonde du personnage ; il signifie par **dénotation** (la naïveté de Candide, le héros voltairien, est inscrite dans son nom) ou par **connotation** (Vautrin, chez Balzac, associe « vautour », « vautrer » et « malin », suggérant l'idée d'un dangereux jouisseur).

• Le nom révèle souvent la position sociale du personnage : dans les *Illusions perdues* de Balzac, Lucien « Chardon » (roturier) ne peut s'imposer dans la société aristocratique où Eugène « de Rastignac » connaît le succès.

• Au XVIIe siècle, le roman n'a pas pour ambition d'imiter le monde réel ; le personnage est **idéalisé**, il n'a qu'un patronyme et un titre de noblesse (la princesse de Clèves, le duc de Nemours). C'est à partir du XVIIIe siècle que l'attribution d'un nom et d'un état civil devient habituelle, obéissant à un souci de réalisme.

• La qualification d'un personnage

• Le personnage se voit attribuer une identité **physique, sociale, psychologique et morale**.

> Un jeune homme de dix-huit ans, à longs cheveux et qui tenait un album sous son bras, restait auprès du gouvernail, immobile. [...] M. Frédéric Moreau, nouvellement reçu bachelier, s'en retournait à Nogent-sur-Seine, où il devait languir pendant deux mois avant d'aller « faire son droit ».
>
> (Flaubert, *L'Éducation sentimentale*, 1869)

Le choix des détails est significatif. L'auteur indique le nom, le prénom et l'âge du personnage, ainsi que son origine géographique et son statut social ; il souligne un trait physique caractéristique (les cheveux longs) : Frédéric Moreau est un jeune étudiant bourgeois qui se donne une allure romantique (► *Le portrait*, p. 232).

• Dans la tradition romanesque réaliste (Balzac, Zola), le romancier **incite le lecteur à assimiler personnage fictif et personne réelle**. Il emploie des « effets de réels » : détails apparemment gratuits mais destinés à donner une impression de vérité, ou encore confrontation du personnage fictif à des faits historiques ou à un personnage historique (cantonné dans le récit à un rôle secondaire).

• Qu'il s'inspire ou non d'un être réel, le romancier réaliste cherche à donner au personnage **la complexité d'une personne réelle**.

Le **héros stendhalien** se caractérise ainsi par son énergie, sa force d'âme, le désir de conserver sa propre estime, mais aussi par une violence susceptible de le conduire au crime. C'est le cas de Julien Sorel : dénoncé par son ancienne maîtresse, Mme de Rênal, il tire sur elle, par désir de rester lui-même plus encore que par vengeance.

Le **type balzacien**, « personnage qui résume en lui-même les traits caractéristiques de tous ceux qui lui ressemblent plus ou moins », n'est pas moins complexe. L'ambitieux Rastignac, par exemple, se compose de tous les détails observés par l'auteur ; il relève d'une psychologie, d'une philosophie, d'une vision du monde, ce qui exclut toute simplification.

• **L'identité** du personnage de roman **ne se résume pas à son portrait** : elle **évolue** et **se construit au fil du roman**, tout **en gardant des constantes**. L'évolution du personnage constitue une caractéristique essentielle des **romans d'apprentissage**, par exemple.

> Dans *Le Père Goriot*, Rastignac perd progressivement sa naïveté et se résout à satisfaire son ambition par tous les moyens, mais il conserve, sous un cynisme apparent, une certaine grandeur d'âme.

2. La présentation du personnage

L'écrivain inscrit le personnage dans le contexte romanesque de diverses manières.

• Discours descriptif ou paroles rapportées

• Le personnage est généralement présenté au moyen d'un **discours descriptif**, description d'actions ou portrait.

• La présentation du personnage peut également se faire par ses **paroles** ou **pensées** rapportées au **discours direct, indirect ou indirect libre** (► *Les discours rapportés*, p. 67), éventuellement dans des **dialogues**.

• Le point de vue

• Le personnage peut apparaître selon **le point de vue du narrateur**, c'est-à-dire en **focalisation*** **zéro** ou en **focalisation externe**.

• Le personnage peut aussi être présenté avec **le point de vue d'un autre personnage**, en **focalisation interne**.

• La **focalisation*** **zéro** et la **focalisation interne** font pénétrer dans l'**intériorité** du personnage, permettant au lecteur de s'identifier à lui (► *Action et narration*, p. 220).

• L'inscription d'un destin

La présentation du personnage **dessine souvent son destin**.

> Dans *Germinal*, Étienne Lantier affronte résolument dès la première page un univers hostile ; homme d'action, il deviendra le meneur de la grève des mineurs. En revanche, dans *L'Éducation sentimentale*, l'attitude indolente de Frédéric, sur le bateau qui le ramène à Nogent-sur-Seine, annonce son incapacité à l'action.

Le personnage principal, reflet de la complexité humaine, n'est donc pas toujours un héros qui affronte activement le monde ; rompant avec le modèle du héros épique, que reprennent souvent les romans, il peut être un être passif ou inefficace, un **antihéros**.

3. La hiérarchie des personnages

Les divers personnages d'un récit jouent un rôle plus ou moins important. On distingue ainsi :

- le personnage **principal** (héros, héroïne ou **protagoniste**), à qui arrive l'aventure racontée ;

- les personnages **secondaires**, personnages épisodiques, apparaissant à l'arrière plan ;

- les **comparses***, au rôle extrêmement réduit.

Pour classer les personnages selon cette hiérarchie, il faut observer : la quantité d'informations données à leur sujet (portrait physique, moral, biographie, etc.), le nombre de leurs apparitions et leur importance pour l'histoire, leur place par rapport aux autres personnages, les commentaires du narrateur (« *Notre héros...* ») ou encore le titre du roman (le personnage principal donne son nom au roman, *Madame Bovary*, par exemple : on parle alors de **héros** ou **d'héroïne éponyme***).

4. Fonctions et significations des personnages

Le personnage romanesque n'a pas pour seule fonction de représenter tel ou tel aspect de la personne ou de la condition humaine. Par ses actions, il assume un **rôle dans la progression de l'action narrative**. Il est aussi **porteur de significations** diverses, selon qu'il renvoie au monde extérieur, à l'auteur et au lecteur ou à l'univers fictionnel lui-même.

• Les fonctions des personnages

• Dans un récit, les personnages font avancer l'action : ce sont des **forces agissantes** (ou des **actants***). Chacun des personnages se définit par la part qu'il prend à l'action, c'est-à-dire par sa fonction. On distingue **six fonctions** :

- **le sujet** : il accomplit l'action et poursuit un but ;

- **l'objet** : c'est le but visé par l'action ;

- **l'adjuvant** : il aide le sujet dans son action ;

- **l'opposant** : il contrarie l'action du sujet ;

- **le destinateur** : il détermine l'action du sujet, l'incite à agir ;

- **le destinataire** : il reçoit le bénéfice de l'action du sujet.

• Au cours de l'action, le personnage peut **changer de fonction** et une même fonction peut être remplie par plusieurs personnages simultanément. De plus, **les forces qui font progresser l'action ne**

sont pas seulement des personnages : ce peut être des institutions, des sentiments, des valeurs morales, philosophiques...

• La signification des personnages

Les personnages participent à la signification du roman selon trois modalités différentes, correspondant à **trois types de personnages** :

- un personnage renvoyant **au monde extérieur, à un savoir culturel ou historique** ; c'est un personnage réel, connu du lecteur, un **personnage historique** (Napoléon dans *Le Rouge et le Noir*, par exemple) ou bien un **personnage représentatif d'une catégorie sociale** (l'ouvrier, l'usurier, le chevalier, etc.) ;
- un personnage **indiquant la présence dans le texte de l'auteur ou du lecteur**, se faisant leur porte-parole ou faisant référence à ce qu'ils considèrent comme une norme ;
- un personnage **contribuant à la cohérence de l'action** en expliquant ce qui arrive, en portant témoignage du passé, en prévoyant la suite de l'action.

Le même personnage peut **adopter tour à tour chacune de ces trois postures** :

> Gervaise, dans *L'Assommoir* de Zola, est représentative de la classe ouvrière ; elle tient, au début du roman, des propos réprobateurs sur l'alcoolisme qui font écho aux théories de l'auteur ; enfin, elle se souvient de son passé, contribuant ainsi à la cohérence de l'histoire.

5. Le personnage, le romancier et le monde

À travers l'univers romanesque et les personnages qu'il crée, tout romancier dessine une **vision du monde**. Dans le roman, on entend la voix d'une époque, celle d'un groupe social, mais la société décrite dans l'œuvre renvoie souvent à celle dont participe l'auteur. **Le personnage constitue un moyen privilégié pour faire entendre ces voix superposées.**

• Personnage et vision du monde

Dans le roman réaliste ou naturaliste par exemple, le personnage est **intimement lié au milieu dans lequel il évolue**. Chez Balzac, les personnages et leur milieu géographique, architectural et social sont totalement interdépendants ; de Mme Vauquer, la tenancière d'une pension de famille, il écrit : *Toute sa personne explique la pension comme la pension implique sa personne* (*Le Père Goriot*, 1835). De même, Julien Sorel dans *Le Rouge et le Noir* de Stendhal est montré comme le produit de la société bloquée de la Restauration. Quant aux personnages de Zola, ils sont déterminés par leur hérédité et leur milieu social.

De plus, le **retour des personnages** d'un roman à l'autre, chez Balzac, ou **l'histoire de toute une famille**, chez Zola, confèrent cohérence, ampleur et réalisme à leurs visions du monde respectives.

• Une parole engagée

Le personnage est porteur de valeurs qui ne sont pas toujours celles de l'auteur mais il peut aussi être son porte-parole.

- À travers l'histoire de ses personnages, jeunes victimes de l'ordre établi, Stendhal exprime sa haine d'une société rigide ; avec la famille des Rougon-Macquart, Zola fait parler les milieux populaires et les fait connaître à ses lecteurs bourgeois.

Avec George Sand (*Le Meunier d'Angibault*, 1845) et Victor Hugo (*Les Misérables*, 1862) le roman devient **social** et **engagé** : certains personnages, dénonçant la misère, prônent la solidarité et agissent pour améliorer le monde ; ce sont des exemples édifiants, des modèles.

- Au XXe siècle, Malraux, Camus, Sartre ou Aragon écrivent des **romans « engagés »**, donnent la parole à des révolutionnaires, des combattants, des humanistes ou dénoncent le capitalisme.

• Le XXe siècle et la crise du personnage

La seconde moitié du XXe siècle refuse **l'assimilation du personnage à une personne et met en cause le personnage romanesque comme individu social**. Il perd son identité, est désigné par une simple initiale ou est même souvent anonyme. Dans la continuité du personnage proustien, il devient une **pure subjectivité** et ses mouvements intérieurs, souvent exprimés par des **monologues intérieurs, prennent le pas sur le récit**, comme chez Nathalie Sarraute ou chez Beckett. Ou bien, sous l'influence du roman américain (Faulkner, Hemingway, Steinbeck), le personnage est traité chez certains auteurs du Nouveau Roman (Alain Robbe-Grillet, Robert Pinget) comme **un objet**, dont on ne peut connaître l'intériorité. Le personnage n'est plus **ni le centre, ni la clé du roman** et, de ce fait, le roman ne propose plus ni explication du monde ni système de valeurs.

EXERCICES
D'OBSERVATION ET D'INTERPRÉTATION

A Étudier les procédés de caractérisation du personnage

1. Analyser la désignation du personnage

En dehors de la jeune femme du docteur, ils[1] étaient réduits presque uniquement cette année-là (bien que Mme Verdurin fût elle-même vertueuse et d'une respectable famille bourgeoise excessivement riche et entièrement obscure avec laquelle elle avait peu à peu cessé volontairement toute relation) à une personne presque du demi-monde, Mme de Crécy, que Mme Verdurin appelait par son petit nom, Odette, et déclarait être "un amour" et à la tante du pianiste, laquelle devait avoir tiré le cordon[2] ; personnes ignorantes du monde et à la naïveté de qui il avait été si facile de faire accroire que la princesse de Sagan et la duchesse de Guermantes étaient obligées de payer des malheureux pour avoir du monde à leurs dîners, que si on leur avait offert de les faire inviter chez ces deux grandes dames, l'ancienne concierge et la cocotte[3] eussent dédaigneusement refusé.

Marcel Proust (1871-1922), *À la recherche du temps perdu, Du côté de chez Swann*, 1913.

1. les invités réunis par Mme Verdurin. **2.** *tirer le cordon* : tirer la petite corde permettant à une concierge d'ouvrir la porte de l'immeuble. **3.** *cocotte* : femme de mœurs légères, qui vit de ses charmes.

Observez les noms et les désignations des différents personnages : qu'indiquent-ils sur leurs situations sociales respectives ?

2. Analyser la qualification du personnage

Le narrateur décrit les occupants de la pension Vauquer où vit le père Goriot et où vient de s'installer Eugène de Rastignac.

Entre ces deux personnages et les autres[1], Vautrin, l'homme de quarante ans, à favoris peints, servait de transition. Il était un de ces gens dont le peuple dit : Voilà un fameux gaillard ! Il avait les épaules larges, le buste bien développé, les muscles apparents, des mains épaisses, carrées et fortement marquées aux phalanges par des bouquets de poils touffus et d'un roux ardent. Sa figure, rayée de rides prématurées, offrait des signes de dureté que démentaient ses manières souples et liantes. Sa voix de basse-taille[2], en harmonie avec sa grosse gaieté, ne déplaisait point. Il était obligeant et rieur. Si quelque serrure allait mal, il l'avait bientôt démontée, rafistolée, huilée, limée, remontée, en disant : ça me connaît. Il connaissait d'ailleurs tout, les vaisseaux, la mer, la France, l'étranger, les affaires, les hommes, les événements, les lois, les hôtels et les maisons.

Honoré de Balzac (1799-1850), *Le Père Goriot*, 1835.

1. les autres pensionnaires de la pension Vauquer. **2.** *voix de basse-taille* : voix grave.

a) Quels traits du personnage ce portrait met-il en valeur ?

b) Le physique du personnage est-il en accord avec son caractère ? Que suggèrent « favoris peints », « les signes de dureté » et les dernières lignes du portrait ?

B Étudier la présentation du personnage

3. Étudier les discours rapportés et le point de vue

Le narrateur, Des Grieux, raconte sa première rencontre avec Manon.

Il en sortit quelques femmes, qui se retirèrent aussitôt. Mais il en resta une, fort jeune, qui s'arrêta seule dans la cour, pendant qu'un homme d'un âge avancé, qui paraissait lui servir de conducteur, s'empressait pour faire tirer son équipage des paniers. Elle me parut si charmante que moi, qui n'avais jamais pensé à la différence des sexes ni regardé une fille avec un peu d'attention, moi dis-je, dont tout le monde admirait la sagesse et la retenue, je me trouvai enflammé tout d'un coup jusqu'au transport. J'avais le défaut d'être excessivement timide et facile à déconcerter ; mais loin d'être arrêté alors par cette faiblesse, je m'avançai vers la maîtresse de mon cœur. Quoiqu'elle fût encore moins âgée que moi, elle reçut mes politesses sans paraître embarrassée. Je lui demandai ce qui l'amenait à Amiens et si elle y avait quelques personnes de connaissance. Elle me répondit ingénument qu'elle y était envoyée par ses parents pour être religieuse. L'amour me rendait déjà si éclairé, depuis un moment qu'il était dans mon cœur, que je regardai ce dessein comme un coup mortel pour mes désirs. Je lui parlai d'une manière qui lui fit comprendre mes sentiments, car elle était bien plus expérimentée que moi. C'était malgré elle qu'on l'envoyait au couvent, pour arrêter sans doute son penchant au plaisir, qui s'était déjà déclaré et qui a causé, dans la suite, tous ses malheurs et les miens.

Abbé Prévost (1697-1763), *Histoire du chevalier Des Grieux et de Manon Lescaut*, 1731.

a) Qui parle ? Selon quel point de vue la jeune fille est-elle présentée ? Quel est l'effet produit ?

b) Identifier les différents types de discours rapportés. Que révèlent-ils du caractère ou de la situation des personnages ?

c) En quels termes la jeune fille est-elle évoquée ? Que laisse prévoir une telle évocation ?

4. Étudier l'annonce du destin du personnage

Enfin le navire partit ; et les deux berges, peuplées de magasins, de chantiers et d'usines, filèrent comme deux larges rubans que l'on déroule.

Un jeune homme de dix-huit ans, à longs cheveux et qui tenait un album sous son bras, restait auprès du gouvernail, immobile. À travers le brouillard, il contemplait des clochers, des édifices dont il ne savait pas les noms ; puis il embrassa, dans un dernier coup d'œil, l'île Saint-Louis, la Cité, Notre-Dame ; et bientôt, Paris disparaissant, il poussa un grand soupir.

M. Frédéric Moreau, nouvellement reçu bachelier, s'en retournait à Nogent-sur-Seine, où il devait languir pendant deux mois, avant d'aller faire son droit. Sa mère, avec la somme indispensable, l'avait envoyé au Havre voir son oncle, dont elle espérait, pour lui, l'héritage ; il en était revenu la veille seulement ; et il se dédommageait de ne pouvoir séjourner dans la capitale, en regagnant sa province par la route la plus longue.

Flaubert (1821-1880), *L'Éducation sentimentale*, 1869.

a) Observez les termes qui décrivent l'attitude du personnage. Que constatez-vous ?

b) Que laisse prévoir un tel comportement ?

C Définir la hiérarchie des personnages

5. Repérer personnage principal, personnages secondaires et comparses

Lol V. Stein est née ici, à S.Tahla, et elle y a vécu une grande partie de sa jeunesse. Son père était professeur à l'Université. Elle a un frère plus âgé qu'elle de neuf ans – je ne l'ai jamais vu – on dit qu'il vit à Paris. Ses parents sont morts.

Je n'ai rien entendu dire sur l'enfance de Lol V. Stein qui m'ait frappé, même par Tatiana Karl, sa meilleure amie durant leurs années de collège.

Elles dansaient toutes les deux, le jeudi, dans le préau vide. Elles ne voulaient pas sortir en rangs avec les autres, elles préféraient rester au collège. Elles, on les laissait faire, dit Tatiana, elles étaient charmantes, elles savaient mieux que les autres demander cette faveur, on la leur accordait. On danse, Tatiana ? Une radio dans un immeuble voisin jouait des danses démodées – une émission-souvenir – dont elles se contentaient. Les surveillantes envolées, seules dans le grand préau où ce jour-là, entre les danses, on entendait le bruit des rues, allez Tatiana, allez viens, on danse, viens. C'est ce que je sais.

Marguerite Duras (1914-1995),
Le Ravissement de Lol V. Stein, © Éditions Gallimard, 1964.

a) Quels personnages sont nommés dans cet extrait ?

b) Quels autres personnages apparaissent dans le passage ? Pourquoi le narrateur les mentionne-t-il ?

c) Quelle hiérarchie des personnages peut-on établir ? Justifiez votre réponse.

D Étudier les rapports du personnage, du romancier et du monde

6. Analyser les rapports du personnage et du monde

Texte A

En 1793, lors de l'insurrection vendéenne contre le gouvernement révolutionnaire, le royaliste Lantenac se réfugie auprès du mendiant Tellmarch.

Le mendiant, après un silence, continua :

« Les pauvres, les riches, c'est une terrible affaire. C'est ce qui produit les catastrophes. Du moins, ça me fait cet effet-là. Les pauvres veulent être riches, les riches ne veulent pas être pauvres. Je crois que c'est un peu là le fond. Je ne m'en mêle pas. Les événements sont les événements. Je ne suis ni pour le créancier ni pour le débiteur. Je sais qu'il y a une dette et qu'on la paye. Voilà tout. J'aurais mieux aimé qu'on ne tuât pas le roi, mais il me serait difficile de dire pourquoi. Après ça, on me répond : mais autrefois, comme on vous accrochait les gens aux arbres pour rien du tout ! Tenez, moi, pour un méchant coup de fusil tiré à un chevreuil du roi, j'ai vu pendre un homme qui avait une femme et dix-sept enfants. Il y a à dire des deux côtés.

Victor Hugo (1802-1885), *Quatrevingt-Treize*, 1874.

Quelle vision de la société de l'Ancien Régime le mendiant propose-t-il ? Justifie-t-il les violences révolutionnaires ?

Texte B

Tchen tenterait-il de lever la moustiquaire ? Frapperait-il au travers ? L'angoisse lui tordait l'estomac ; il connaissait sa propre fermeté, mais n'était capable en cet instant que d'y songer avec hébétude, fasciné par ce tas de mousseline blanche qui tombait du plafond sur un corps moins visible qu'une ombre, et d'où sortait seulement ce pied à demi incliné par le sommeil, vivant quand même – de la chair d'homme.

La seule lumière venait du building voisin : un grand rectangle d'électricité pâle, coupé par les barreaux de la fenêtre dont l'un rayait le lit juste au-dessous du pied comme pour accentuer le volume et la vie. Quatre ou cinq klaxons grincèrent à la fois. Découvert ? Combattre, combattre des ennemis qui se défendent, des ennemis éveillés !

André Malraux (1901-1976),
La Condition humaine, © Éditions Gallimard, 1946.

Quels sentiments Tchen éprouve-t-il ? Quels rapports ce personnage entretient-il avec le monde ?

Texte C

Aurélien, après le départ définitif de Bérénice qu'il aimait, vit dans l'obsession de la femme perdue.

Aurélien flottait d'une résolution à l'autre, il sombrait d'abîme en abîme. Il avait songé à se faire quelque chose, n'importe quoi, à se jeter dans un métier. Ses rêveries le poussaient à préférer les plus lyriques, en plein vent, casseur de pierres, camionneur, il avait même songé à travailler la terre. Tout cela n'était après tout que fantaisie. Il touchait ses rentes, il allait au restaurant, au cinéma. Il attendait obscurément que s'endormît sa peine. Il n'y avait devant lui ni bouleversement du sort ni perspective. Tout le ramenait à Bérénice. Même les lectures les plus lointaines. Il se passionna par exemple pendant quelques jours à dévorer Balzac : *La Rabouilleuse* lui imposa l'image hallucinante des demi-soldes[1] et il se mit à penser qu'il était un demi-solde de l'amour. Cette décomposition terrible du soldat napoléonien lui paraissait une prémonition de sa destinée. Tout lui aurait été bon à se retrouver, à se décourager. Mais rien n'était pour cela si fort que Bérénice. Cette petite femme insignifiante, avec ses cheveux blonds sans grâce, son visage anguleux, ses yeux traqués et noirs. Il la revoyait toujours dans le chemin à Giverny, sa dernière image. Avec cette jupe beige à laquelle, sur le côté manquait un bouton-pression, la blouse blanche aux manches courtes, faisant deux petits becs à mi-hauteur des bras… et comme elle était partie en feignant de ne pas courir, arrachant au talus des herbes, la nuque courbée, les épaules remontées. Ce moment-là, c'était vraiment sa défaite, l'acceptation de sa défaite.

Aragon (1897-1982), *Aurélien*, ch. LXX,
© Éditions Gallimard, 1945.

1. Militaire en non-activité qui ne touche que la moitié de sa solde.

a) Observez les réseaux lexicaux dominants dans le texte C. Quelle est l'attitude du personnage ?

b) Par quels procédés d'écriture le personnage est-il présenté dans chacun des trois textes ? Quelle vision du héros donne chacun de ces extraits ?

c) Quelle vision du monde chacun des textes propose-t-il ? Justifiez votre réponse.

7. Étudier la crise du personnage

Texte A

Pour le dîner, Franck est encore là, souriant, loquace, affable. Christiane, cette fois, ne l'a pas accompagné […].

Ce soir, pourtant, A… paraissait l'attendre. Du moins avait-elle fait mettre quatre couverts. Elle donne l'ordre d'enlever tout de suite celui qui ne doit pas servir.

Sur la terrasse, Franck se laisse tomber dans un des fauteuils bas et prononce son exclamation désormais coutumière – au sujet de leur confort. Ce sont des fauteuils très simples, en bois et sangles de cuir, exécutés sur les indications de A… par un artisan indigène. Elle se penche vers Franck pour lui tendre son verre. Bien qu'il fasse tout à fait nuit maintenant, elle a demandé de ne pas apporter les lampes, qui – dit-elle – attirent les moustiques. Les verres sont emplis, presque jusqu'au bord, d'un mélange de cognac et d'eau gazeuse où flotte un petit cube de glace.

Alain Robbe-Grillet (né en 1922),
La Jalousie, © Éditions de Minuit, 1957.

Comment les personnages sont-ils caractérisés ? Selon quel point de vue sont-ils présentés ? Quel est l'effet produit ?

Texte B

Le héros du récit de Beckett, L'Innommable, *se dégrade jusqu'à devenir un tronc pourrissant dans une jarre, qui doute de son identité.*

Y a-t-il un seul mot de moi dans ce que je dis ? Non, je n'ai pas de voix, à ce chapitre je n'ai pas de voix. C'est une des raisons pour lesquelles je me suis confondu avec Worm. Mais je n'ai pas de raisons non plus, pas de raison, je suis comme Worm, sans voix ni raison, je suis Worm, non, si j'étais Worm je ne le saurais pas, je ne le dirais pas, je ne dirais rien, je ne saurais rien, je serais Worm. Mais je ne dis rien, je ne sais rien, ces voix ne sont pas de moi, ni ces pensées, mais des ennemis qui m'habitent. Qui me font dire que je ne puis être Worm, l'inexpugnable. Qui me font dire que je le suis peut-être, comme eux ils le sont. Qui me font dire que ne pouvant l'être, j'ai à l'être.

Beckett (1906-1989), *L'Innommable*,
© Éditions de Minuit, 1953.

a) Qui parle dans le texte B ? À l'aide de quel procédé le personnage est-il présenté ? Quel est l'effet produit ?

b) Quelle conception du personnage et du roman trouve-t-on dans ces deux extraits ? Justifiez votre réponse.

LE PORTRAIT

Dans les arts plastiques et en littérature, le portrait est la représentation d'un être réel ou imaginaire. Le portrait littéraire appartient à la catégorie plus générale de la description ; il en présente les caractéristiques et les fonctions (▸ La description, *p. 239*)*. Très souvent, le portrait a un enjeu argumentatif et se rapporte au genre rhétorique de l'éloge et du blâme (*▸ L'éloge et le blâme, *p. 182*)*.*

1. La construction du portrait littéraire

• Le portrait littéraire comporte tout ou une partie des rubriques suivantes : **identité, portrait physique, portrait moral, comportement (portrait en action), biographie**. Le choix effectué parmi ces éléments détermine l'interprétation du portait : pourquoi a-t-on (ou non) un portrait physique (ou moral) de tel personnage ? Pourquoi parle-t-on (ou non) de sa vie ? Pourquoi donne-t-on (ou non) son identité ?

• Dans la tradition antique, longtemps demeurée en vigueur, **le portrait physique précède le portrait moral** ; le portrait physique procède **du général** (la silhouette) **aux détails**, et du haut vers le bas (tête, tronc, membres inférieurs). Le portrait moderne ou contemporain n'obéit plus à ces règles de composition.

• **La sélection et l'ordre des rubriques sont liés à leur importance**. Ainsi, en rejetant **à la fin du portrait l'identité du personnage**, on peut créer un effet d'**énigme** ou de surprise, ou même **donner un sens nouveau** au portrait (révélation de l'importance du personnage ou explication de son comportement).

2. L'organisation du portrait : listes ou analogies

• Le portrait peut être constitué par **la liste de divers aspects** (physiques, moraux, comportementaux, biographiques...) du personnage.

• Son organisation suit généralement une **progression thématique*** à thème constant ou à thèmes dérivés. Comme toute description, le portait se construit à l'aide d'**adjectifs**, de **subordonnées relatives**, de **synecdoques** présentant le détail comme représentatif de l'ensemble, de **phrases énumératives** ; les verbes utilisés sont *avoir* et *être* ainsi que leurs synonymes (*posséder, présenter...*), ou des verbes d'action décrivant un comportement.

> Ni laide, ni jolie, madame de Listomère a des dents blanches, le teint éclatant et les lèvres très rouges ; elle est grande et bien faite ; elle a le pied petit, fluet, et ne l'avance pas ; ses yeux, loin d'être éteints, comme le sont presque tous les yeux parisiens, ont un éclat doux qui devient magique si par hasard elle s'anime.
>
> (Balzac, *Étude de femme*, 1835)

• Le portrait peut se construire sur des **rapports d'analogie** du personnage avec d'autres êtres ou d'autres univers.

• Ce type de portrait utilise des **métaphores** et des **comparaisons**, des **réseaux lexicaux** se rapportant à cette analogie :

> Ou plutôt toute sa personne était une grimace. Une grosse tête hérissée de cheveux roux ; entre les deux épaules une bosse énorme dont le contre-coup se faisait sentir par devant ; un système de cuisses et de jambes si étrangement foudroyées qu'elles ne pouvaient se toucher que par les genoux, et, vues de face, ressemblaient à deux croissants de faucilles qui se rejoignent par la poignée [...] On eût dit un géant brisé et mal ressoudé.
>
> (Victor Hugo, *Notre-Dame de Paris*, 1831)

L'organisation par listes et l'évocation par analogies peuvent s'associer dans un même portrait, comme le montre cet exemple.

3. Portraits multiples

• La succession de divers **portraits d'un même personnage** marque le **passage du temps** ou correspond à des **points de vue différents**. La multiplicité des portraits permet alors de compenser leur fixité.

• D'autre part, **des portraits de personnages différents** peuvent s'éclairer mutuellement par des relations de **parallélisme ou d'opposition**.

EXERCICES
D'OBSERVATION ET D'INTERPRÉTATION

A Étudier la construction et l'organisation du portrait

1. Analyser les composantes d'un portrait

« Giton a le teint frais, le visage plein et les joues pendantes, l'œil fixe et assuré, les épaules larges, l'estomac[1] haut, la démarche ferme et délibérée. Il parle avec confiance ; il fait répéter celui qui l'entretient, et il ne goûte que médiocrement[2] tout ce qu'il lui dit. Il déploie un ample mouchoir, et se mouche avec grand bruit ; il crache fort loin, et il éternue fort haut. Il dort le jour, il dort la nuit ; il ronfle en compagnie. Il occupe à la table et à la promenade plus de place qu'un autre. [...] Il est riche.

Phédon a les yeux creux, le teint échauffé, le corps sec et le visage maigre ; il dort peu et d'un sommeil fort léger ; il est abstrait[3], rêveur, et il a avec de l'esprit l'air stupide [...] il marche les yeux baissés, et il n'ose les lever sur ceux qui passent. Il n'est jamais du nombre de ceux qui forment un cercle pour discourir ; il se met derrière celui qui parle, recueille furtivement ce qui se dit, et il se retire si on le regarde. [...] Il est pauvre. »

Jean de La Bruyère (1645-1696), *Les Caractères*, « Des Biens de fortune », 1688.

1. *l'estomac* : la poitrine. 2. *médiocrement* : moyennement. 3. *abstrait* : absorbé, distrait.

a) Quelles rubriques comporte chacun de ces portraits ? Quel type de portrait La Bruyère privilégie-t-il ?

b) Ces deux portraits présentent ils des différences ? Quel est l'intérêt de la mise en parallèle ?

c) Quels types sociaux incarnent Giton et Phédon ? Justifiez votre réponse.

2. Étudier l'organisation d'un portrait

Texte A

Les lecteurs ont peut-être, dès sa première apparition, conservé quelque souvenir de cette Thénardier grande, blonde, rouge, grasse, charnue, carrée, énorme et agile ; elle tenait, nous l'avons dit, de la race de ces sauvagesses colosses qui se cambrent dans les foires avec des pavés pendus à leur chevelure. Elle faisait tout dans le logis, les lits, les chambres, la lessive, la cuisine, la pluie, le beau temps, le diable. Elle avait pour tout domestique Cosette ; une souris au service d'un éléphant. Tout tremblait au son de sa voix, les vitres, les meubles et les gens. Son large visage, criblé de taches de rousseur, avait l'aspect d'une écumoire. Elle avait de la barbe. C'était l'idéal d'un fort de la halle habillé en fille. Elle jurait splendidement ; elle se vantait de casser une noix d'un coup de poing. Sans les romans qu'elle avait lus, et qui, par moments, faisaient bizarrement reparaître la mijaurée[1] sous l'ogresse, jamais l'idée ne fût venue à personne de dire d'elle : c'est une femme. Cette Thénardier était comme le produit de la greffe d'une donzelle[2] sur une poissarde[3]. Quand on l'entendait parler, on disait : C'est un gendarme ; quand on la regardait boire, on disait : C'est un charretier ; quand on la voyait manier Cosette, on disait : C'est le bourreau. Au repos, il lui sortait de la bouche une dent.

Victor Hugo (1802-1885), *Les Misérables*, Deuxième partie, livre troisième, 1862.

1. *la mijaurée* : jeune fille aux manières prétentieuses et faussement raffinées. 2. *une donzelle* : jeune fille ridicule. 3. *une poissarde* : femme du bas peuple, au langage grossier.

a) À quelle progression thématique obéit ce portrait ?

b) Quels noms, quels adjectifs, quelles figures de style caractérisent la Thénardier ?

c) Comment le portrait est-il organisé ? Quelle idée Hugo veut-il donner de son personnage ?

Texte B

Xénomane décrit à Pantagruel le personnage de Carêmeprenant.

Carêmeprenant, quant aux parties externes, était un peu mieux proportionné, mises à part les sept côtes qu'il avait en plus de la règle des humains.

Il avait les orteils comme les cordes d'une épinette.
Les ongles, comme une vrille.
Les pieds, comme une guitare.
Les talons, comme une massue.
La plante du pied, comme une lampe.
Les jambes, comme un appât.
Les genoux, comme un escabeau.
Les cuisses, comme un cranequin[1].
Les hanches, comme un vilebrequin.

François Rabelais (1483-1553), *Le Quart Livre*, chapitre 30,1552.

1. *un cranequin* : une arbalète.

a) Le portrait est-il physique, moral ou en action ?

b) Selon quelle progression est-il organisé ? Sur quelle figure de style repose-t-il ? Est-ce un portrait réaliste ?

B Étudier des portraits multiples

3. Comparer les portraits successifs d'un même personnage

Dans son roman À la recherche du temps perdu, *Proust propose des portraits successifs d'Albertine, la jeune fille qu'aime le narrateur.*

EXERCICES D'OBSERVATION ET D'INTERPRÉTATION

Portrait A

Certains jours, mince, le teint gris, l'air maussade, une transparence violette descendant obliquement au fond de ses yeux comme il arrive quelquefois pour la mer, elle semblait éprouver une tristesse d'exilée. D'autres jours, sa figure plus lisse engluait les désirs à sa surface vernie et les empêchait d'aller au-delà ; à moins que je ne la visse tout à coup de côté, car ses joues mates comme une blanche cire à la surface étaient roses par transparence, ce qui donnait tellement envie de les embrasser, d'atteindre ce teint différent qui se dérobait. D'autres fois, le bonheur baignait ses joues d'une clarté si mobile, que la peau, devenue fluide et vague, laissait passer comme des regards sous-jacents qui la faisaient paraître d'une autre couleur, mais non d'une autre matière, que les yeux.

Marcel Proust (1871-1922), *À la recherche du temps perdu, À l'ombre des jeunes filles en fleurs*, 1919.

Portrait B

Mais le plus souvent aussi, elle était plus colorée, et alors plus animée. Quelquefois seul était rose, dans sa figure blanche, le bout de son nez, fin comme celui d'une petite chatte sournoise avec qui l'on aurait eu envie de jouer. Quelquefois ses joues étaient si lisses que le regard glissait comme sur celui d'une miniature sur leur émail rose, que faisait encore paraître plus délicat, plus intérieur, le couvercle entr'ouvert et superposé de ses cheveux noirs ; il arrivait que le teint de ses joues atteignît le rose violacé du cyclamen et parfois même, quand elle était congestionnée ou fiévreuse et donnant alors l'idée d'une complexion maladive qui rabaissait mon désir à quelque chose de plus sensuel et faisait exprimer à son regard quelque chose de plus pervers et de plus malsain, la sombre pourpre de certaines roses d'un rouge presque noir ; et chacune de ces Albertine était différente, comme est différente chacune des apparitions de la danseuse dont sont transmutées les couleurs, la forme, le caractère, selon les jeux innombrablement variés d'un projecteur lumineux.

Marcel Proust (1871-1922), *À la recherche du temps perdu, À l'ombre des jeunes filles en fleurs*, 1919.

a) **Comment chacun de ces deux portraits est-il construit ? Quels éléments sont privilégiés à chaque fois ?**

b) **Comparez la progression thématique dominante dans les deux textes. Est-ce la même ?**

C Étudier les fonctions du portrait

4. Identifier les fonctions d'un portrait

Texte A

Lors de la fête des comices agricoles, une vieille servante est récompensée par les autorités.

Alors on vit s'avancer sur l'estrade une petite vieille femme de maintien craintif et qui paraissait se ratatiner dans ses pauvres vêtements. Elle avait aux pieds de grosses galoches de bois, et le long des hanches un grand tablier bleu. Son visage maigre, entouré d'un béguin sans bordure, était plus plissé de rides qu'une pomme de reinette flétrie, et des manches de sa camisole rouge dépassaient deux longues mains, à articulations noueuses. La poussière des granges, la potasse des lessives et le suint des laines les avaient si bien encroûtées, éraillées, durcies, qu'elles semblaient sales quoiqu'elles fussent rincées d'eau claire, elles restaient entrouvertes, comme pour présenter d'elles-mêmes l'humble témoignage de tant de souffrances subies. [...] Ainsi se tenait, devant ces bourgeois épanouis, ce demi-siècle de servitude.

Gustave Flaubert (1821-1880), *Madame Bovary*, 1856.

Texte B

Tel était Gilliatt.

Les filles le trouvaient laid.

Il n'était pas laid. Il était beau peut-être. Il avait dans le profil quelque chose d'un barbare antique. Au repos, il ressemblait à un Dace de la colonne Trajane[1]. Son oreille était petite, délicate, sans lambeau, et d'une admirable forme acoustique. Il avait entre les deux yeux cette fière ride verticale de l'homme hardi et persévérant. Les deux coins de sa bouche tombaient, ce qui est amer ; son front était d'une courbe noble et sereine ; sa prunelle franche regardait bien, quoique troublée par ce clignement que donne aux pêcheurs la réverbération des vagues. Son rire était puéril et charmant. Pas de plus pur ivoire que ses dents. Mais le hâle l'avait fait presque nègre. On ne se mêle pas impunément à l'océan, à la tempête et à la nuit ; à trente ans, il paraissait quarante-cinq. Il avait le sombre masque du vent et de la mer. On l'avait surnommé Gilliatt le malin.

Victor Hugo (1802-1885), *Les Travailleurs de la mer*, 1866.

1. La colonne Trajane, sur le forum à Rome, commémore les victoires de l'empereur Trajan (98-117) sur les habitants de la Dacie (Roumanie actuelle).

a) **Quels aspects du personnage sont privilégiés dans chacun des portraits ? Pourquoi ?**

b) **Observez l'ordre des mots dans la dernière phrase du texte A. Que suggère ce choix ?**

c) **Sur quelle figure de style est fondé le texte B ? Quelle image le narrateur veut-il donner du personnage ?**

d) **Quelles sont les fonctions de chacun de ces portraits ?**

LE TEMPS

Raconter, c'est situer des événements dans le temps. Les actions accomplies par les personnages se déroulent à un certain moment dans une certaine durée, selon un certain ordre : c'est le temps de l'histoire. Mais le narrateur peut jouer sur le moment, l'ordre, la durée, la fréquence de la narration* par rapport au temps de l'histoire.*

1. Le moment de la narration par rapport au moment de l'histoire

• La **narration ultérieure** : le narrateur raconte une histoire qui s'est déroulée avant le moment où il la relate. C'est un **récit rétrospectif** au passé.

• La **narration simultanée** se situe en même temps que se déroulent les faits racontés. Le narrateur emploie le présent.

• La **narration antérieure** raconte les faits avant qu'ils ne se produisent. C'est le cas, rare, des prophéties ou des prédictions.

• La **narration intercalée** : dans un journal intime, par exemple, la narration introduit une pause dans l'action qui reprend pour être ensuite interrompue par la narration, etc.

2. L'ordre de la narration par rapport à l'ordre de l'histoire

Le narrateur se situe de différentes manières par rapport à la fiction. Il peut :

• **raconter en suivant l'ordre** des événements de l'histoire : la narration respecte l'**ordre chronologique** ;

• **raconter après coup** un événement antérieur : c'est un retour en arrière ou **analepse** ;

• **raconter par anticipation** un événement ultérieur : c'est une projection dans l'avenir ou **prolepse**.

3. La durée de la narration par rapport à la durée de l'histoire

Le narrateur détermine aussi la **vitesse** de narration. Il peut modifier **le rythme du récit** en jouant sur le rapport entre la durée de l'histoire et la longueur du texte. On distingue **cinq vitesses** :

• le **sommaire** résume une longue période en quelques mots ;

> **Pendant un demi-siècle**, les bourgeoises de Pont-L'Evêque envièrent à Mme Aubain sa servante Félicité. (Gustave Flaubert, *Trois contes,* 1877)

• la **scène** : le temps de la narration correspond à peu près au temps de l'histoire ; on assiste en particulier aux dialogues « en temps réel » ;

• l'**ellipse** : la narration passe sous silence un moment donné de l'histoire, créant ainsi des « blancs chronologiques » ;

> **Deux mois plus tard**, Frédéric, débarqué un matin rue Héron, songea immédiatement à faire sa grande visite. (Gustave Flaubert, *L'Éducation sentimentale,* 1869)

• la **pause** : la narration est développée alors que l'histoire s'interrompt. C'est le lieu de descriptions, ou d'interventions du narrateur qui semblent arrêter l'histoire ;

• le **ralenti** : la narration développe longuement des instants très brefs de l'histoire.

4. La fréquence de la narration

Le narrateur peut moduler cette fréquence :

• en racontant une fois des faits qui se sont passés une seule fois : c'est un **récit singulatif** ;

• en racontant une fois des faits identiques qui se sont passés plusieurs fois : c'est un **récit itératif** ;

> Longtemps, je me suis couché de bonne heure... (Marcel Proust, *À la recherche du temps perdu, Du côté de chez Swann,* 1913)

• en racontant plusieurs fois des faits qui ne se sont passés qu'une fois : c'est un **récit répétitif**.

L'étude des variations dans le traitement du temps permet de **mesurer** en particulier **l'importance donnée aux événements**.

EXERCICES
D'OBSERVATION ET D'INTERPRÉTATION

1. Déterminer le moment de la narration par rapport au moment de l'histoire

Bien qu'il fasse tout à fait nuit maintenant, elle a demandé de ne pas apporter les lampes, qui – dit-elle – attirent les moustiques. Les verres sont emplis presque jusqu'au bord, d'un mélange de cognac et d'eau gazeuse où flotte un petit cube de glace. Pour ne pas risquer d'en renverser le contenu par un faux mouvement, dans l'obscurité complète, elle s'est approchée le plus possible du fauteuil où est assis Franck, tenant avec précaution dans la main droite le verre qu'elle lui destine. Elle s'appuie de l'autre main au bras du fauteuil et se penche vers lui, si près que leurs têtes sont l'une contre l'autre. Il murmure quelques mots : un remerciement, sans doute.

Elle se redresse d'un mouvement souple, s'empare du troisième verre – qu'elle ne craint pas de renverser, car il est beaucoup moins plein – et va s'asseoir à côté de Franck, tandis que celui-ci continue l'histoire de camion en panne commencée dès son arrivée.

Alain Robbe-Grillet (né en 1922),
La Jalousie, © Éditions de Minuit, 1957.

a) **Étudiez les temps employés dans cet extrait. Quelle est leur valeur ?**

b) **À quel moment se situe la narration* par rapport à l'histoire* ? Quel est l'effet produit ?**

2. Étudier l'ordre de la narration

Texte A

CHAPITRE PREMIER

LE PENSIONNAIRE

Il arriva chez nous un dimanche de novembre 189…

Je continue à dire « chez nous », bien que la maison ne nous appartienne plus. Nous avons quitté le pays depuis bientôt quinze ans et nous n'y reviendrons certainement jamais.

Nous habitions les bâtiments du Cours Supérieur de Sainte-Agathe. Mon père, que j'appelais M. Seurel, comme les autres élèves, y dirigeait à la fois le Cours Supérieur, où l'on préparait le brevet d'instituteur, et le Cours Moyen. Ma mère faisait la petite classe.

[…]

Le hasard des changements, une décision d'inspecteur ou de préfet nous avaient conduits là. Vers la fin des vacances, il y a bien longtemps, une voiture de paysan, qui précédait notre ménage, nous avait déposés, ma mère et moi, devant la petite grille rouillée. […] C'est ainsi, du moins, que j'imagine aujourd'hui notre arrivée.

Alain-Fournier (1886-1914), *Le Grand Meaulnes*,
© Arthème Fayard, 1913.

a) **À quel moment se situe la narration* par rapport à l'histoire* ? Appuyez votre réponse sur l'étude des temps.**

b) **Relevez les indices temporels et établissez une chronologie des faits rapportés.**

c) **Quel ordre l'auteur a-t-il suivi dans son récit ? Pourquoi ?**

Texte B

Tu seras étonnée de découvrir cette lettre dans mon coffre, sur un paquet de titres. Il eût mieux valu peut-être la confier au notaire qui te l'aurait remise après ma mort, ou bien la ranger dans le tiroir de mon bureau, – le premier que les enfants forceront avant que j'aie commencé d'être froid. Mais c'est que, pendant des années, j'ai refait en esprit cette lettre et que je l'imaginais toujours, durant mes insomnies, se détachant sur la tablette du coffre, – un coffre vide, et qui n'eût rien contenu d'autre que cette vengeance, durant presque un demi-siècle, cuisinée. Rassure-toi ; tu es d'ailleurs déjà rassurée : les titres y sont. Il me semble entendre ce cri, dès le vestibule, au retour de la banque. Oui, tu crieras aux enfants, à travers ton crêpe : « Les titres y sont. » Il s'en est fallu de peu qu'ils n'y fussent pas et j'avais bien pris mes mesures. Si je l'avais voulu, vous seriez aujourd'hui dépouillés de tout, sauf de la maison et des terres. Vous avez eu de la chance que je survive à ma haine. J'ai cru longtemps que ma haine était ce qu'il y avait en moi de plus vivant. Et voici qu'aujourd'hui du moins, je ne la sens plus.

François Mauriac (1885-1970),
Le Nœud de vipères, © Grasset, 1932.

a) **Quel est le temps dominant dans cette lettre ? Quelle est sa valeur ?**

b) **Relevez les indices temporels et déterminez les différentes époques évoquées dans cet extrait.**

c) **À quel moment se situe la narration* par rapport à l'histoire ? Quel est l'effet produit ?**

3. Étudier la durée de la narration

Il voyagea.

Il connut la mélancolie des paquebots, les froids réveils sous la tente, l'étourdissement des paysages et des ruines, l'amertume des sympathies interrompues.

Il revint.

Il fréquenta le monde, et il eut d'autres amours encore. Mais le souvenir continuel du premier les lui rendait insipides ; et puis la véhémence du désir, la fleur même de la sensation était perdue. Ses ambitions d'esprit avaient également diminué. Des années passèrent ; et il supportait le désœuvrement de son intelligence et l'inertie de son cœur.

Vers la fin de mars 1867, à la nuit tombante, comme il était seul dans son cabinet, une femme entra.

— Madame Arnoux !

— Frédéric !

Gustave Flaubert (1821-1880),
L'Éducation sentimentale, 1869.

a) Quelles vitesses de narration* l'auteur utilise-t-il ?

b) Quel aspect cela donne-t-il aux événements vécus par le personnage ?

4. Étudier la fréquence de la narration

Le narrateur s'attache à reconstituer son enfance à travers le récit des menus événements de la vie quotidienne.

C'est ainsi que, tous les samedis, comme Françoise[1] allait dans l'après-midi au marché de Roussainville-le-Pin, le déjeuner était, pour tout le monde, une heure plus tôt. Et ma tante avait si bien pris l'habitude de cette dérogation hebdomadaire à ses habitudes, qu'elle tenait à cette habitude-là autant qu'aux autres. Elle y était si bien « routinée », comme disait Françoise, que s'il lui avait fallu, un samedi, attendre pour déjeuner l'heure habituelle, cela l'eût autant « dérangée » que si elle avait dû, un autre jour, avancer son déjeuner à l'heure du samedi. Cette avance du déjeuner donnait d'ailleurs au samedi, pour nous tous, une figure particulière, indulgente, et assez sympathique. Au moment où d'habitude on a encore une heure à vivre avant la détente du repas, on savait que, dans quelques secondes, on allait voir arriver des endives précoces, une omelette de faveur, un bifteck immérité.

Marcel Proust (1871-1922), *À la recherche du temps perdu, Du côté de chez Swann*, 1913.

1. *Françoise* : la cuisinière.

Quelle fréquence de narration le narrateur* utilise-t-il ? Quel sentiment met-elle en relief chez lui ?

5. Exercice bilan

Mme Loisel perd le bijou (une rivière de diamants) qu'une amie lui a prêté pour se rendre à une soirée. Le ménage Loisel tait son infortune à l'amie généreuse et s'endette lourdement pour racheter un bijou identique.

Mme Loisel connut la vie horrible des nécessiteux. Elle prit son parti, d'ailleurs, tout d'un coup, héroïquement. Il fallait payer cette dette effroyable. Elle payerait. On renvoya la bonne ; on changea de logement ; on loua sous les toits une mansarde.

Elle connut les gros travaux du ménage, les odieuses besognes de la cuisine. Elle lava la vaisselle, usant ses ongles roses sur les poteries grasses et le fond des casseroles. Elle savonna le linge sale, les chemises et les torchons, qu'elle faisait sécher sur une corde ; elle descendit à la rue, chaque matin, les ordures, et monta l'eau, s'arrêtant à chaque étage pour souffler. Et, vêtue comme une femme du peuple, elle alla chez le fruitier, chez l'épicier, chez le boucher, le panier au bras, marchandant, injuriée, défendant sou à sou son misérable argent.

Il fallait chaque mois payer des billets, en renouveler d'autres, obtenir du temps.

Le mari travaillait, le soir, à mettre au net les comptes d'un commerçant, et la nuit, souvent, il faisait de la copie à cinq sous la page.

Et cette vie dura dix ans.

Au bout de dix ans, ils avaient tout restitué, tout, avec le taux de l'usure, et l'accumulation des intérêts superposés.

Mme Loisel semblait vieille, maintenant. Elle était devenue la femme forte, et dure, et rude, des ménages pauvres. Mal peignée, avec les jupes de travers et les mains rouges, elle parlait haut, lavait à grande eau les planchers. Mais parfois, lorsque son mari était au bureau, elle s'asseyait auprès de la fenêtre, et elle songeait à cette soirée d'autrefois, à ce bal où elle avait été si belle et si fêtée.

Guy de Maupassant (1850-1893),
La Parure, Contes du jour et de la nuit, 1885.

a) À quel moment la narration* se situe-t-elle par rapport à l'histoire* ?

b) Quel est le temps des verbes du premier paragraphe ? Quelle est sa valeur ? Quelle vitesse de narration l'auteur utilise-t-il dans ce paragraphe ? Utilise-t-il d'autres vitesses de narration dans l'ensemble de l'extrait ?

c) Quelle est la valeur de l'imparfait dans le second paragraphe ? Quelle est la fréquence de narration ?

d) Expliquez l'emploi des temps dans le dernier paragraphe.

e) Quels effets produisent les variations de la vitesse et de la fréquence de narration ?

L'ESPACE

Raconter, c'est situer les actions des personnages dans l'espace. Les lieux évoqués donnent l'illusion de la réalité et peuvent également avoir une fonction symbolique. Leur étude permet souvent d'éclairer la signification du récit.

1. L'espace : inscription du récit dans le réel et « effet de réel »

• Certains récits se déroulent dans des lieux réels, pays, villes, quartiers **clairement identifiés** et **reconnaissables** par les lecteurs.

Paris est le théâtre de nombreux romans réalistes ou naturalistes. L'action du *Père Goriot* de Balzac, par exemple, se déroule entre le quartier Latin, l'aristocratique faubourg Saint-Germain, le quartier des affaires (la Chaussée d'Antin), pour s'achever au cimetière du Père-Lachaise.

L'auteur utilise des **noms** de lieux (ou toponymes) réels et donne des **informations** qui renvoient à des connaissances préalables à la lecture.

• L'espace décrit est **fictif**, mais son évocation est **authentifiée** par la référence à des lieux réels ou par l'imitation de toponymes réels.

La mention de la ville de Marchiennes (ville réelle), dès les premières lignes de *Germinal*, rend crédible l'existence de Montsou (lieu fictif où se déroule l'action).

Au mélange des lieux réels et des lieux imaginaires, qui authentifie la fiction, s'ajoute parfois l'utilisation du présent.

La petite ville de Verrières peut passer pour l'une des plus jolies de la Franche-Comté. (Stendhal, *Le Rouge et le Noir*)

• L'espace est un **lieu imaginaire, dépourvu de tout ancrage dans une réalité extérieure au livre.** C'est le cas dans les romans de Julien Gracq, par exemple.

Dans *Le Rivage des Syrtes*, ni le pays des Syrtes, ni le Farghestan n'ont de réalité historique ou géographique, même si la ville d'Orsenna peut faire songer à Venise.

• Dans tous les cas, la description des lieux donne une **impression de réalité**, nécessaire à la vraisemblance de l'histoire. Elle confère **consistance** et **épaisseur** au décor et aux objets en multipliant leurs propriétés (formes, volumes, couleurs, matières...). Des **détails descriptifs, inutiles au déroulement de l'action**, sont ajoutés pour « faire vrai » : c'est « **l'effet de réel** » (► p. 239).

2. La fonction symbolique de l'espace

L'évocation des lieux peut contribuer à **éclairer le sens de l'histoire**, le récit établissant un **rapport entre le lieu et l'action**, ou entre le **lieu et les personnages.**

• L'évocation d'un lieu peut contribuer à la cohésion du récit, en donnant des **informations** qui **rendent possible la suite de l'action** :

Dans *L'Assommoir* de Zola, l'exiguïté du nouveau logement des Coupeau va entraîner la fuite de Nana : « *Dans le cabinet, le lit de Nana tenait juste ; elle devait se déshabiller chez son père et sa mère, et on laissait la porte ouverte, la nuit, pour qu'elle n'étouffât pas* ».

• L'évocation du lieu peut **expliquer l'action** : les lieux étroits, fermés (île, maison isolée, chambre...) produisent un effet de huis clos et sont propices aux affrontements dramatiques. Les espaces vastes, ouverts (mer, montagne, plaine, désert...) conviennent mieux à l'aventure et aux exploits ou, comme la forêt, symbolisent le danger. Les lieux peuvent aussi renvoyer à des thématiques particulières (l'opposition de la ville et la campagne, de la nature et de l'artifice, dans le *Paysan parvenu* de Marivaux, par exemple) ou à des univers précis (les grands magasins dans le roman de Zola, *Au Bonheur des dames*).

• La description d'un lieu permet parfois une **caractérisation indirecte du personnage, de son caractère, de son milieu** :

Dans *Le Père Goriot*, Balzac évoque le lien qui unit la pension Vauquer à sa propriétaire : « *Toute sa personne explique la pension, comme la pension implique sa personne* ».

• Les lieux évoqués et les changements de lieux reflètent aussi parfois **le parcours du personnage**, son ascension ou sa déchéance sociales notamment.

Alors que le jeune Rastignac quitte le quartier Latin pour un luxueux appartement de la Chaussée d'Antin, le père Goriot monte d'étage en étage, pour mourir sous les toits, dans un misérable galetas.

LA DESCRIPTION

Dans un récit, la description présente des lieux, des objets, réels ou imaginaires. Elle constitue une pause plus ou moins longue dans le déroulement de l'histoire.*

1. L'insertion de la description dans le récit

Le mode d'insertion varie selon les textes.

- La description est **justifiée** par l'**intrigue** et par les **actions** des personnages. Elle correspond à l'arrivée dans un nouveau lieu, à l'entrée d'un personnage, à la présentation d'un objet important pour l'intrigue.
- Pour **intégrer la description à la narration**, le narrateur* peut utiliser le jeu des focalisations*.

> Rastignac, resté seul, fit quelques pas vers le haut du cimetière et vit Paris tortueusement couché le long des deux rives de la Seine, où commençaient à briller les lumières. (Balzac, *Le Père Goriot*, 1835)

- La description peut être directement prise en charge par les personnages.

> *La belle Mme Tiphaine dans* Pierrette *de Balzac (1840), décrit le salon des Rogron, commerçants à la retraite :*
> Les rideaux des fenêtres… rouges ! Les meubles ?… rouges ! la cheminée ?… marbre rouge portor ! les candélabres et la pendule ?… marbre rouge portor, montés en bronze d'un dessin commun, lourd.

La description justifiée est caractéristique des **auteurs réalistes et naturalistes** du XIXe. Elle accentue l'**effet de réel**.

- Au XXe siècle, en revanche, la description est mise en question. L'écrivain surréaliste André Breton, dans *Nadja* (1964), remplace les descriptions par des photographies. Les auteurs du Nouveau Roman, quant à eux, s'intéressent à la description en tant que processus plutôt que comme référence au réel.

2. L'organisation de la description

- La description relève du **discours descriptif** (► p. 117), elle obéit aux modes de **progression thématique** (► p. 105).
- Pour **permettre au lecteur de se représenter l'objet décrit, la description doit être organisée** :
  - **dans l'espace**, selon un ordre déterminé, vertical, horizontal ou en profondeur, qui est relatif à la place de l'observateur ;
  - **dans le temps** : l'impression de mouvement est accentuée par l'emploi d'adverbes tels que « d'abord », « ensuite ».

3. Les fonctions de la description

• Fonction documentaire

La description permet de dispenser des savoirs. Cette visée didactique est particulièrement sensible chez Jules Verne.

• Fonction réaliste

La description met en place le cadre spatio-temporel de l'histoire en cherchant un effet de réel. Elle aide parfois à la compréhension du récit. Ce type convient particulièrement aux romanciers réalistes. (► *Balzac, Illusions perdues, Exercice 7*, p. 38)

• Fonction symbolique

La description contient certains indices qui doivent être interprétés en fonction du texte dans son ensemble (genre, partis pris esthétiques ou idéologiques de l'auteur, personnages, actions) :

> *Ainsi la fosse que voit Étienne, à son arrivée, dans* Germinal *de Zola (1885), n'est pas seulement un élément de décor mais un monstre menaçant, métonymie du capital qu'il lui faudra combattre :*
> Cette fosse, **tassée** au fond d'un creux, avec ses constructions trapues de briques, dressant sa cheminée comme une corne menaçante, lui semblait avoir un **air mauvais** de **bête goulue, accroupie là pour manger le monde**.

• Fonction esthétique

La description se présente comme un exercice virtuose. Le lecteur sera autant séduit par l'objet décrit, souvent luxueux, que par le talent de celui qui décrit. Ce type de description se trouve souvent associé à l'esthétique décadente comme chez Huysmans :

> Il se borna […] à établir sur la majeure partie de ses murs des rayons et des casiers en bois d'ébène, à joncher le parquet de peaux de bêtes fauves et de renards bleus, à installer près d'une massive table de changeurs du XVe siècle, de profonds fauteuils à oreillettes et un vieux pupitre de chapelle […]. (Huysmans, *À Rebours*, 1884)

EXERCICES
D'OBSERVATION ET D'INTERPRÉTATION

A Caractériser l'espace du récit

1. Étudier un espace réel

Denise était venue à pied de la gare Saint-Lazare, où un train de Cherbourg l'avait débarquée avec ses deux frères, après une nuit passée sur la dure banquette d'un wagon de troisième classe. Elle tenait par la main Pépé, et Jean la suivait, tous les trois brisés du voyage, effarés et perdus, au milieu du vaste Paris, le nez levé sur les maisons, demandant à chaque carrefour la rue de la Michodière, dans laquelle leur oncle Baudu demeurait. Mais, comme elle débouchait enfin sur la place Gaillon, la jeune fille s'arrêta net de surprise. [...]

C'était, à l'encoignure de la rue de la Michodière et de la rue Neuve-Saint-Augustin, un magasin de nouveautés dont les étalages éclataient en notes vives, dans la douce et pâle journée d'octobre. Huit heures sonnaient à Saint-Roch, il n'y avait sur les trottoirs que le Paris matinal, les employés filant à leurs bureaux et les ménagères courant les boutiques.

Émile Zola (1840-1902), *Au Bonheur des dames*, 1883.

a) Observez les termes désignant des lieux géographiques, des rues, des monuments. L'espace romanesque est-il identifiable ?

b) Quels éléments montrent chez l'auteur une connaissance précise des lieux et des habitudes de la ville ?

c) Qui voit les lieux évoqués ? Quel est l'intérêt de ce choix ? Justifiez votre réponse.

2. Étudier un espace imaginaire

Le héros, Aldo, a reçu la mission de surveiller la mer des Syrtes qui longe un territoire stérile. Il s'ennuie et décide de visiter une ville déserte, Sagra.

Sagra était une merveille baroque, une collision improbable et inquiétante de la nature et de l'art. De très anciens canaux souterrains, par leurs pierres disjointes, avaient fini par faire sourdre, à travers les rues, les eaux sous pression d'une source jaillissante qu'ils captaient à plusieurs milles de là ; et lentement, avec les siècles, la ville morte était devenue une jungle pavée, un jardin suspendu de troncs sauvages, une gigantomachie déchaînée de l'arbre et de la pierre. [...]

Sagra, à l'évidence, n'avait été que très sommairement une ville, plutôt un comptoir banal entrecroisant ses quelques rues en damier au bord de la lagune. Les rez-de-chaussée derrière lesquels on entrevoyait des arrière-salles solidement voûtées, les caves spacieuses sur lesquelles le pavage s'effondrait en bordure des rues, parlaient d'entrepôts et de boutiques ; quelques fantômes de villas cossues se profilaient tapis dans leurs jardins en délire comme derrière une forteresse de broussailles.

Julien Gracq (né en 1910), *Le Rivage des Syrtes*, *Les ruines de Sagra* © José Corti, 1951.

a) Observez les termes désignant les lieux géographiques. S'agit-il de lieux connus du lecteur ? de lieux réels ?

b) Quels éléments de l'évocation contribuent créer une illusion de réalité ?

c) Quelles figures de style trouve-t-on dans cette description ? Quels effets produisent-elles ?

B Étudier les fonctions de l'espace romanesque

3. Étudier la fonction explicative et symbolique de l'espace

Gervaise, victime de l'alcoolisme comme son mari Coupeau, a dû vendre aux Poisson la blanchisserie dont elle était propriétaire.

Le nouveau logement des Coupeau se trouvait au sixième, escalier B [...].

Une chambre et un cabinet, pas plus. Les Coupeau perchaient là, maintenant. Et encore la chambre était-elle large comme la main. Il fallait y faire tout, dormir, manger et le reste. Dans le cabinet, le lit de Nana tenait juste ; elle devait se déshabiller chez son père et sa mère, et on laissait la porte ouverte, la nuit, pour qu'elle n'étouffât pas. C'était si petit que Gervaise avait cédé des affaires aux Poisson en quittant la boutique, ne pouvant tout caser. Le lit, la table, quatre chaises, le logement était plein. Même le cœur crevé, n'ayant pas le courage de se séparer de sa commode, elle avait encombré le carreau de ce grand coquin de meuble, qui bouchait la moitié de la fenêtre. Un des battants se trouvait condamné, ça enlevait de la lumière et de la gaieté. Quand elle voulait regarder dans la cour, comme elle devenait très grosse, elle n'avait pas la place de ses coudes, elle se penchait de biais, le cou tordu, pour voir.

Émile Zola (1840-1902), *L'Assommoir*, 1870.

a) Quel est le lien entre l'évocation de l'espace et le récit ? Quelle incidence ce nouveau logement a-t-il sur la vie des Coupeau ?

b) Quel est le réseau lexical dominant du passage ? Quelles indications sont ainsi données sur l'évolution des personnages ?

C Étudier la description dans le récit

4. Étudier l'insertion de la description dans le récit

Texte A

On avait été chercher un pâtissier à Yvetot, pour les tourtes et les nougats. Comme il débutait dans le pays, il avait soigné les choses et il apporta, lui-même, au dessert, une pièce montée qui fit pousser des cris. À la base, d'abord, c'était un carré de carton bleu figurant un temple avec portiques, colonnades et statuettes de stuc tout autour, dans des niches constellées d'étoiles en papier doré ; puis se tenait au second étage un donjon en gâteau de Savoie, entouré de menues fortifications en angélique, amandes, raisins secs, quartiers d'oranges ; et enfin, sur la plate- forme supérieure, qui était une prairie verte où il y avait des rochers avec des lacs de confitures et des bateaux en écales de noisettes, on voyait un petit Amour, se balançant sur une escarpolette de chocolat.

Gustave Flaubert (1821-1880), *Madame Bovary*, 1857.

Texte B

La première fois qu'Aurélien vit Bérénice, il la trouva franchement laide. Elle lui déplut, enfin. Il n'aima pas comment elle était habillée. Une étoffe qu'il n'aurait pas choisie. Il avait des idées sur les étoffes. Une étoffe qu'il avait vue sur plusieurs femmes. Cela lui faisait mal augurer de celle qui portait un nom de princesse d'Orient sans avoir l'air de se considérer dans l'obligation d'avoir du goût. Ses cheveux étaient ternes ce jour-là, mal tenus. Les cheveux coupés, ça demande des soins constants.

Louis Aragon (1897-1982), *Aurélien*,

a) **Dans chacun de ces extraits, délimitez discours narratif et discours descriptif.**

b) **Comment chacune de ces descriptions est-elle insérée dans le récit ?**

5. Définir l'organisation de la description

Eugène, qui se trouvait pour la première fois chez le père Goriot, ne fut pas maître d'un mouvement de stupéfaction en voyant le bouge où vivait le père, après avoir admiré la toilette de la fille. La fenêtre était sans rideaux ; le papier de tenture collé sur les murailles s'en détachait en plusieurs endroits par l'effet de l'humidité, et se recroquevillait en laissant apercevoir le plâtre jauni par la fumée. Le bonhomme gisait sur un mauvais lit, n'avait qu'une maigre couverture et un couvre-pied ouaté fait des bons morceaux des vieilles robes de madame Vauquer. Le carreau était humide et plein de poussière. En face de la croisée se voyait une de ces commodes en bois de rose à ventre renflé, qui ont des mains en cuivre tordu en façon de sarments décorés de feuilles ou de fleurs ; un vieux meuble à tablette de bois sur lequel était un pot à eau dans sa cuvette et tous les ustensiles nécessaires pour se faire la barbe. Dans un coin, les souliers ; à la tête du lit, une table de nuit sans porte ni marbre ; au coin de la cheminée, où il n'y avait pas trace de feu, se trouvait la table carrée, en bois de noyer, dont la barre avait servi au père Goriot à dénaturer son écuelle en vermeil.

Honoré de Balzac (1799-1850), *Le Père Goriot*, 1835.

a) **Quel est le point de vue* choisi ?**

b) **Comment permet-il d'organiser la description ?**

6. Étudier les fonctions dans la description

Texte A

Aronnax, jeune savant naturaliste, narrateur du roman, est parti en plongée avec le capitaine Nemo, commandant du sous-marin Le Nautilus.

Ces plantes ne procèdent que d'elles-mêmes, et le principe de leur existence est dans cette eau qui les soutient et les nourrit. La plupart, au lieu de feuilles, poussaient des lamelles de formes capricieuses, circonscrites dans une gamme restreinte de couleurs, qui ne comprenaient que le rose, le carmin, le vert, l'olivâtre, le fauve et le brun. Je revis là, mais non plus desséchées comme les échantillons du Nautilus, des padines-paons, déployées en éventail qui semblaient solliciter la brise, des céramies écarlates, des laminaires allongeant leurs jeunes pousses comestibles, des néréocystées filiformes et flexueuses, qui s'épanouissaient à une hauteur de quinze mètres, des bouquets d'acétabules [...].

Jules Verne (1828-1905), *Vingt mille lieues sous les mers*, 1869.

a) **Qui parle et voit dans ce passage ? Quel est l'intérêt de ce dispositif par rapport à la description ?**

b) **Quelle est la fonction de cette description ? Justifiez votre réponse.**

Texte B

Deux amis parisiens, Bouvard et Pécuchet, se retirent à la campagne. Curieux de tout et avides de connaissances, ils multiplient les expériences en divers domaines. Ils ont trouvé dans leur bibliothèque un ouvrage intitulé : L'Architecte des jardins.

L'auteur les divise en une infinité de genres. Il y a d'abord, le genre mélancolique et romantique, qui se signale par des immortelles, des ruines, des tombeaux, et « un ex-voto à la Vierge indiquant la place où quelque seigneur est tombé sous le fer d'un assassin. » ; on compose le genre terrible avec des rocs suspendus, des arbres fracassés, des cabanes incendiées ; le genre exotique en plantant des cierges du Pérou « pour faire naître des souvenirs à un colon ou à un voyageur » [...]. Devant cet horizon de merveilles, Bouvard et Pécuchet eurent comme un éblouissement.

Gustave Flaubert (1821-1880), *Bouvard et Pécuchet*, 1880.

a) À quoi servent les guillemets ? Quelle est la valeur du présent ?

b) Partagez-vous l'admiration des héros ? Justifiez votre réponse.

c) Quelles sont les fonctions de cette description ?

Texte C

Dans ce bout, le plus paisible de la place, le jeune ouvrier reconnut la maison qu'on lui avait indiquée : une façade en pierre blanche, rayée de lignes creuses pour figurer des assises, où les fenêtres à maigres balcons de fer décorés de rosaces peintes en jaune sont fermées de persiennes grises. Au-dessus de cette façade, élevée d'un rez-de-chaussée et d'un premier étage, trois lucarnes percent un toit couvert en ardoises, sur un des pignons duquel tourne une girouette neuve. Cette moderne girouette représente un chasseur en train de tirer un lièvre. On monte à la porte bâtarde par trois marches en pierre. D'un côté de la porte, un bout de tuyau de plomb crache les eaux ménagères au-dessus d'une petite rigole, et annonce la cuisine ; de l'autre, deux fenêtres soigneusement closes par des volets gris où des cœurs découpés laissent passer un peu de jour lui parurent être celles de la salle à manger. Dans l'élévation rachetée par les trois marches et au-dessous de chaque fenêtre, se voient les soupiraux des caves, clos par de petites portes en tôle peinte, percées de trous prétentieusement découpés. Tout alors était neuf. Dans cette maison restaurée et dont le luxe encore frais contrastait avec le vieil extérieur de toutes les autres, un observateur eût sur-le-champ deviné les idées mesquines et le parfait contentement du petit commerçant retiré.

Honoré de Balzac (1799-1850), *Pierrette* ,1840.

a) Quels points de vue trouve-t-on dans ce texte ? Quel est l'intérêt de la variation ?

b) Quelle impression cette maison fait-elle au lecteur ? Vous justifierez votre réponse.

c) Quelles sont les fonctions de cette description ?

Texte D

Gervaise voit pour la première fois un alambic, machine à distiller l'alcool qui sera responsable de sa déchéance.

L'alambic, avec ses récipients de forme étrange, ses enroulements sans fin de tuyaux, gardait une mine sombre ; pas une fumée ne s'échappait ; à peine entendait-on un souffle intérieur, un ronflement souterrain ; c'était comme une besogne de nuit faite en plein jour, par un travailleur morne, puissant et muet. [...]

L'alambic, sourdement, sans une flamme, sans une gaieté dans les reflets éteints de ses cuivres, continuait, laissait couler sa sueur d'alcool, pareil à une source lente et entêtée, qui à la longue devait envahir la salle, se répandre sur les boulevards extérieurs, inonder le trou immense de Paris.

Émile Zola (1840-1902), *L'Assommoir*, 1877.

a) À quoi l'alambic est-il comparé ? Appuyez votre réponse sur l'étude des champs lexicaux*, des figures de style*.

b) Quelles sont les fonctions de cette description ?

Texte E

Le narrateur décrit un hêtre à l'automne.

Il était surtout (à cette époque) pétri d'oiseaux et de mouches ; il contenait autant d'oiseaux et de mouches que de feuilles. Il était constamment charrué et bouleversé de corneilles, de corbeaux et d'essaims ; il éclaboussait à chaque instant de vols de rossignols et de mésanges ; il fumait de bergeronnettes et d'abeilles ; il soufflait des faucons et des taons ; il jonglait avec des balles multicolores de pinsons, de roitelets, de rouges-gorges, de pluviers et de guêpes.

Jean Giono (1895-1970), *Un roi sans divertissement*,
© Éditions Gallimard, 1948.

a) À quels champs* lexicaux appartiennent les verbes utilisés pour décrire le hêtre ?

b) Quelles sont les fonctions de cette description ?

LIRE UN DÉBUT ET UNE FIN DE RÉCIT

Les première et dernière pages d'un récit (roman, conte ou nouvelle) sont des moments stratégiques. On doit leur accorder une attention particulière et dégager leurs caractéristiques.

1. Le début du récit

Le **début** d'un récit (ou **incipit**) remplit deux fonctions : **informer et intéresser** le lecteur.

• INFORMER LE LECTEUR

• Le début définit le cadre spatio-temporel en indiquant :

- **Une date, une époque** : « Le 15 septembre 1840 vers six heures du matin... », les premiers mots de *L'Éducation sentimentale* de Flaubert, situent l'action dans une saison (la fin de l'été), une époque historique (la Monarchie de juillet) à une heure précise.
- **Un lieu** : « *La Ville-de-Montereau* près de partir, fumait à gros tourbillons devant le quai Saint-Bernard. » (*ibidem*) ; l'action se situe sur un quai de la Seine à bord d'un bateau.

• Le début mentionne aussi **les éléments qui amorcent l'action et présentent les personnages**. Il faut caractériser la manière dont ces derniers sont présentés :

- Sont-ils nommés ?
- S'agit-il d'un portrait ? A-t-on des informations précises sur le(s) personnage(s) ou au contraire l'auteur le(s) présente-t-il de manière énigmatique ?
- L'action est-elle déjà commencée, est-ce une entrée *in medias res* ?

• Les personnages peuvent aussi être absents de la première page, par exemple si elle est constituée d'une description, comme dans certains romans de Balzac. Il faut alors étudier la portée symbolique de cette description.

• L'absence d'un ou plusieurs éléments « attendus » dans un début de roman, absence fréquente dans le roman contemporain, doit être prise en compte car elle constitue un choix d'écriture.

• INTÉRESSER LE LECTEUR

Le début du roman incite aussi à poursuivre la lecture et retient le lecteur. Il faut donc étudier l'art du romancier en définissant :

• la place du narrateur, présent ou effacé, intérieur ou extérieur à l'histoire ;
• les différents modes de focalisation* ;
• les caractéristiques de l'écriture : types de phrases, vocabulaire, figures de style*, registres*...
• les connotations* qui ouvrent sur une interprétation symbolique, riche d'indications pour la suite du roman.

2. La fin du récit

La **dernière page** du récit (ou **excipit**) est un moment capital, puisqu'elle assure le dénouement de l'histoire. Ce dernier peut se présenter sous deux formes :

• LE DÉNOUEMENT FERMÉ

Le dénouement fermé apparaît comme un aboutissement : l'histoire est « finie ».

À la fin du roman de Stendhal, Le Rouge et le Noir, *Mathilde ensevelit dans une grotte Julien, qui a été guillotiné. Le dénouement clôt aussi la destinée des autres personnages.*

Par les soins de Mathilde, cette grotte sauvage fut ornée de marbres sculptés à grands frais en Italie.

Mme de Rênal fut fidèle à sa promesse. Elle ne chercha en aucune manière à attenter à sa vie ; mais trois jours après Julien, elle mourut en embrassant ses enfants (Stendhal, *Le Rouge et le Noir,* 1830).

• LE DÉNOUEMENT OUVERT

Le dénouement ouvert ne conclut pas complètement, il ouvre la voie à une suite possible.

Et pour premier acte de défi qu'il portait à la Société, Rastignac alla dîner chez madame de Nucingen (Balzac, *Le Père Goriot,* 1835).

Ces mots suggèrent d'autres aventures à venir pour Rastignac.

Le dénouement est généralement porteur du **sens symbolique** de l'œuvre. Quand on étudie une œuvre dans son intégralité ou lors d'une lecture cursive, il est intéressant d'en comparer **le début et la fin**. En mesurant le chemin parcouru par les héros, en étudiant les changements évoqués, on dégage certains des **enjeux essentiels** de l'œuvre.

EXERCICES
D'OBSERVATION ET D'INTERPRÉTATION

A Lire un début de récit

1. Caractériser un début de roman et ses fonctions

Texte A

C'est le matin de bonne heure. Je suis au bord de la route et j'attends la camionnette qui ramasse le lait. Quand je la vois arriver je me dresse et je fais signe mais le type ne me regarde même pas et me laisse tomber.

Je bourre ma pipe. L'automne me traite vraiment en bon copain depuis des semaines. Les vergers sont rouges de pommes.

Au bout d'un moment j'entends un autre bruit de moteur : c'est une grosse citerne avec remorque. Celui-là me prend.

Jean Giono (1895-1970), *Les Grands Chemins*, © Éditions Gallimard, 1951.

Texte B

Tchen tenterait-il de lever la moustiquaire ? Frapperait-il au travers ? L'angoisse lui tordait l'estomac ; il connaissait sa propre fermeté, mais n'était capable en cet instant que d'y songer avec hébétude, fasciné par ce tas de mousseline blanche qui tombait du plafond sur un corps moins visible qu'une ombre, et d'où sortait seulement ce pied à demi incliné par le sommeil, vivant quand même – de la chair d'homme. La seule lumière venait du building voisin : un grand rectangle d'électricité pâle, coupé par les barreaux de la fenêtre dont l'un rayait le lit juste au-dessous du pied comme pour en accentuer le volume et la vie. Quatre ou cinq klaxons grincèrent à la fois. Découvert ? Combattre, combattre des ennemis qui se défendent, des ennemis éveillés !

André Malraux (1901-1976), *La Condition humaine*, © Éditions Gallimard, 1933.

a) Quelles informations apporte chacun de ces débuts de roman ?

b) Quelle est la position du narrateur* dans chacun des textes ? Qui voit ?

B Lire une fin de récit

2. Caractériser le dénouement d'un roman

Texte A

À six heures, le corps du père Goriot fut descendu dans sa fosse, autour de laquelle étaient les gens[1] de ses filles, qui disparurent avec le clergé aussitôt que fut dite la courte prière due au bonhomme pour l'argent de l'étudiant. Quand les deux fossoyeurs eurent jeté quelques pelletées de terre sur la bière pour la cacher, ils se relevèrent, et l'un d'eux, s'adressant à Rastignac, lui demanda leur pourboire. Eugène fouilla dans sa poche et n'y trouva rien, il fut forcé d'emprunter vingt sous à Christophe[2]. [...]

Rastignac, resté seul, fit quelques pas vers le haut du cimetière et vit Paris tortueusement couché le long des deux rives de la Seine, où commençaient à briller les lumières. Ses yeux s'attachèrent presque avidement entre la colonne de la place Vendôme et le dôme des Invalides, là où vivait ce beau monde dans lequel il avait voulu pénétrer. Il lança sur cette ruche bourdonnante un regard qui semblait par avance en pomper le miel, et dit ces mots grandioses : « À nous deux maintenant ! »

Et pour premier acte de défi qu'il portait à la Société, Rastignac alla dîner chez madame de Nucingen[3].

Saché, septembre 1834.

Honoré de Balzac (1799-1850), *Le Père Goriot*, 1835.

1. *les gens* : les domestiques. 2. Un employé de la pension de famille où il vit. 3. Fille du père Goriot et membre du « beau monde ».

Quel type de dénouement trouve-t-on ici ?

Texte B

Et moi, je m'arrête, parce que j'ai dit de ces personnages tout ce que j'en sais — Et les amours de Jacques ? Jacques a dit cent fois qu'il était écrit là-haut qu'il n'en finirait pas l'histoire, et je vois que Jacques avait raison. Je vois, lecteur, que cela vous fâche ; eh bien, reprenez son récit où il l'a laissé et continuez-le à votre fantaisie, ou bien faites une visite à Mlle Agathe, sachez le nom du village où Jacques est emprisonné ; voyez Jacques, questionnez-le : il ne se fera pas tirer l'oreille pour vous satisfaire ; cela le désennuiera. D'après des mémoires que j'ai de bonnes raisons de tenir pour suspects, je pourrais peut-être suppléer ce qui manque ici ; mais à quoi bon ? on ne peut s'intéresser qu'à ce qu'on croit vrai. Cependant comme il y aurait de la témérité à prononcer sans un mûr examen sur les entretiens de Jacques le Fataliste et de son maître, ouvrage le plus important qui ait paru depuis le *Pantagruel* de maître François Rabelais, et la vie et les aventures du *Compère Mathieu*, je relirai ces mémoires avec toute la contention d'esprit et toute l'impartialité dont je suis capable ; et sous huitaine je vous en dirai mon jugement définitif, sauf à me rétracter lorsqu'un plus intelligent que moi me démontrera que je me suis trompé.

Denis Diderot (1713-1784), *Jacques le Fataliste*, 1778.

a) Le narrateur* propose-t-il un dénouement ? À qui laisse-t-il ce soin ?

b) Le dénouement satisfait-il l'attente du lecteur ? Que laissait attendre le début du roman, si on en croit le narrateur ?

au commentaire

A Examiner méthodiquement le texte

1. Étudier la situation de communication

Cet extrait constitue la première page du roman.

À Monsieur D.R.
Président du Conseil
Sidib. M. 30 juillet 189.

Oui, tu le pensais bien : Michel nous a parlé, mon cher frère. Le récit qu'il nous fit, le voici. Tu l'avais demandé ; je te l'avais promis ; mais à l'instant de l'envoyer, j'hésite encore, et plus je le relis et plus il me paraît affreux. Ah ! que vas-tu penser de notre ami ? D'ailleurs qu'en pensé-je moi-même ?... Le réprouverons-nous simplement, niant qu'on puisse tourner à bien des facultés qui se manifestent cruelles ? – Mais il en est plus d'un aujourd'hui, je le crains, qui oserait en ce récit se reconnaître. Saura-t-on inventer l'emploi de tant d'intelligence et de force – ou refuser à tout cela droit de cité ?

André Gide (1869-1951), *L'Immoraliste*,
© Mercure de France, 1902.

a) Qu'indiquent les deux premières lignes de l'extrait ?

b) Observez les pronoms personnels. Quelle est la situation de communication ?

c) Quelles indications donne cet extrait sur l'action du roman ?

d) Rédigez un paragraphe de commentaire (une dizaine de lignes). Vous montrerez comment la situation de communication contribue à donner des indices sur l'action.

2. Étudier les procédés lexicaux et l'énonciation

Le roman se clôt sur le mariage du héros, Georges Du Roy, avec Suzanne Walter, la fille d'un patron de presse influent.

Georges reprit le bras de Suzanne pour retraverser l'église.

Elle était pleine de monde, car chacun avait regagné sa place, afin de les voir passer ensemble. Il allait lentement, d'un pas calme, la tête haute, les yeux fixés sur la grande baie ensoleillée de la porte. Il sentait sur sa peau courir de légers frissons, ces frissons froids que donnent les immenses bonheurs. Il ne voyait personne. Il ne pensait qu'à lui.

Lorsqu'il parvint sur le seuil, il aperçut la foule amassée, une foule noire, bruissante, venue là pour lui, pour lui Georges Du Roy. Le peuple de Paris le contemplait et l'enviait.

Puis, relevant les yeux, il découvrit là-bas, derrière la place de la Concorde, la Chambre des députés. Et il lui sembla qu'il allait faire un bond du portique de la Madeleine au portique du Palais-Bourbon.

Il descendit avec lenteur les marches du haut du perron entre deux haies de spectateurs.

Guy de Maupassant (1850-1893), *Bel-Ami*, 1885.

a) Quel pronom est sujet dans la plupart des phrases ? Qui désigne-t-il ? Quel est l'effet produit ?

b) Relevez les verbes qui évoquent le déplacement. Que suggèrent-ils ?

c) Quels termes désignent le public ? Que révèle leur emploi ?

d) Dans un paragraphe rédigé, et argumenté, vous étudierez la vision du héros que propose ce texte.

3. Étudier les figures de style

Dans cet extrait, Zola décrit une locomotive, la Lison, qui vient de dérailler.

On n'entendait plus, on ne voyait plus. La Lison, renversée sur les reins, le ventre ouvert, perdait sa vapeur, par les robinets arrachés, les tuyaux crevés, en des souffles qui grondaient, pareils à des râles furieux de géante. Une haleine blanche en sortait, inépuisable, roulant d'épais tourbillons au ras du sol, pendant que, du foyer, les braises tombées, rouges comme le sang même de ses entrailles, ajoutaient leurs fumées noires. La cheminée, dans la violence du choc, était entrée en terre ; à l'endroit où il avait porté, le chassis s'était rompu, faussant les deux longerons ; et, les roues en l'air, semblable à une cavale monstrueuse, décousue par quelque formidable coup de corne, la Lison montrait ses bielles tordues, ses cylindres cassés, ses tiroirs et leurs excentriques écrasés, toute une affreuse plaie baillant au plein air, par où l'âme continuait de sortir, avec un fracas d'enragé désespoir.

Émile Zola (1840-1902), *La Bête humaine*, 1890.

a) Relevez les termes employés pour décrire la locomotive. Quel effet produisent-ils ?

b) Que suggèrent le titre de l'œuvre et le nom de la locomotive ?

c) Quelle est la figure de style utilisée pour décrire la locomotive ? À qui la Lison est-elle assimilée ?

d) Dans un paragraphe de commentaire rédigé et argumenté, vous ferez apparaître les fonctions de cette description.

B Préparer le commentaire

4. Étudier la composition d'un texte

Lisez le texte suivant, puis répondez aux questions.

Dans le grand magasin « Au Bonheur des dames », vient d'avoir lieu la première grande mise en vente des nouveautés d'hiver. Voici le spectacle que laissent derrière elles les clientes, quand elles quittent le magasin.

Du dehors ne venaient plus que les roulements des derniers fiacres, au milieu de la voix empâtée de Paris, un ronflement d'ogre repu, digérant les toiles et les draps, les soies et les dentelles, dont on le gavait depuis le matin. À l'intérieur, sous le flamboiement des becs de gaz, qui, brûlant dans le crépuscule, avaient éclairé les secousses suprêmes de la vente, c'était comme un champ de bataille encore chaud du massacre des tissus. Les vendeurs, harassés de fatigue, campaient parmi la débâcle de leurs casiers et de leurs comptoirs, que paraissait avoir saccagés le souffle furieux d'un ouragan. On longeait avec peine les galeries du rez-de-chaussée, obstruées par la débandade des chaises ; il fallait enjamber, à la ganterie, une barricade de cartons, entassés autour de Mignot ; aux lainages, on ne passait plus du tout, Liénard sommeillait au-dessus d'une mer de pièces, où des piles restées debout, à moitié détruites, semblaient des maisons dont un fleuve débordé charrie les ruines ; et, plus loin, le blanc avait neigé à terre, on butait contre des banquises de serviettes, on marchait sur les flocons légers des mouchoirs. Mêmes ravages en haut, dans les rayons de l'entresol : les fourrures jonchaient les parquets, les confections s'amoncelaient comme des capotes de soldats mis hors de combat, les dentelles et la lingerie, dépliées, froissées, jetées au hasard, faisaient songer à un peuple de femmes qui se serait déshabillé là, dans le désordre d'un coup de désir ; tandis que, en bas, au fond de la maison, le service du départ, en pleine activité, dégorgeait toujours les paquets dont il éclatait et qu'emportaient les voitures, dernier branle de la machine surchauffée.

Émile Zola (1840-1902), *Au Bonheur des dames*, 1883.

a) Quel est le type de discours* dominant ?

b) Observez les indices spatiaux. Quelle est la composition du passage ?

5. Étudier la position du narrateur et le point de vue

Lisez le texte de Zola (► *Exercice 4*, pp. 245-246) et répondez aux questions.

a) Le narrateur* est-il intérieur ou extérieur à l'histoire ?

b) Quel est le point de vue* adopté ?

6. Étudier métaphores et comparaisons

Lisez le texte de Zola (► *Exercice 4*, pp. 245-246) et répondez aux questions.

a) Que suggèrent, dans la première phrase, les expressions suivantes : « la voix empâtée de Paris », « un ronflement d'ogre repu », « digérant », « on le gavait » ?

b) Quelle comparaison apparaît à la ligne 8 ? Se poursuit-elle par la suite ? Justifiez votre réponse.

c) Quelle autre métaphore* apparaît à la ligne 20 ? Identifiez et analysez les éléments qui la composent.

7. Étudier le registre d'un texte

Après avoir lu le texte de Zola (► *Exercice 4*, pp. 245-246), vous répondrez aux questions suivantes.

a) Quelles figures* d'exagération relevez-vous dans ce texte ?

b) La vision du magasin est-elle réaliste ? Quel est le registre* du passage ? Justifiez votre réponse.

C Organiser et développer le commentaire

8. Définir un projet de lecture

En vous aidant des indications données par les exercices 4 à 7, formulez un projet de lecture pour le texte d'Émile Zola (► *Exercice 4*, pp. 245-246).

9. Définir un projet de lecture

À l'époque coloniale, en Indochine, une jeune fille européenne rencontre un riche Chinois.

L'homme élégant est descendu de la limousine, il fume une cigarette anglaise. Il regarde la jeune fille au feutre d'homme et aux chaussures d'or. Il vient vers elle lentement. C'est visible, il est intimidé. Il ne sourit pas tout d'abord. Tout d'abord il lui offre une cigarette. Sa main tremble. Il y a cette différence de race, il n'est pas blanc, il doit la surmonter, c'est pourquoi il tremble. Elle lui dit qu'elle ne fume pas, non merci. Elle ne dit rien d'autre, elle ne lui dit pas laissez-moi tranquille. Alors il a moins peur. Alors il lui dit qu'il croit rêver. Elle ne répond pas. Cela n'est pas la peine qu'elle réponde, que répondrait-elle. Elle attend. Alors il lui demande : mais d'où venez-vous ? Elle dit qu'elle est la fille de l'institutrice de l'école des filles de Sadec. Il réfléchit et puis il dit qu'il a entendu parler de cette dame et de son manque de chance avec cette concession qu'elle aurait achetée au Cambodge, c'est bien ça, n'est-ce pas ? Oui c'est ça.

Il répète que c'est tout à fait extraordinaire de la voir sur ce bac. Si tôt le matin, une jeune fille belle comme elle l'est, vous ne vous rendez pas compte, c'est très inattendu, une jeune fille blanche dans un car indigène.

Il dit que le chapeau lui va bien, très bien même, que c'est… original… un chapeau d'homme, pourquoi pas ? elle est si jolie, elle peut tout se permettre.

Marguerite Duras (1914-1996), *L'Amant*,

a) Quel est le thème du texte ? Est-ce un thème habituel dans les romans ?

b) Quelle est la situation d'énonciation ? Relevez et classez les paroles rapportées (au style direct, indirect, indirect libre). Que constatez-vous ? Quel est l'effet produit ?

c) Quel est le temps dominant du passage ? Quel est l'effet produit ?

d) Les personnages sont-ils nettement caractérisés ? par le narrateur ? par leurs propres paroles ? Appuyez votre réponse sur l'étude du vocabulaire, des répétitions, des niveaux de langue.

e) En vous aidant des réponses aux questions précédentes, formulez un projet de lecture pour ce texte.

10. Dégager les idées directrices

Voici six pistes d'interprétation pour le texte de Marguerite Duras (► *Exercice 9*, p. 246). Quelles idées directrices voyez-vous apparaître ?

a) Le texte raconte une aventure amoureuse.

b) Le texte propose une scène traditionnelle de « première rencontre ».

c) Le récit recourt à des clichés et les jeunes gens ont des attitudes convenues.

d) Le dialogue est banal et répétitif.

e) Les personnages anonymes sont des archétypes plus que des personnages individualisés.

f) Le texte adopte le parti pris d'une langue orale.

11. Dégager les idées directrices

À partir de ces six pistes d'interprétation, dégagez deux idées directrices pour le commentaire du texte de Zola (► *Exercice 4*, pp. 245-246) :

a) un narrateur omniscient ;

b) une description réaliste ;

c) l'évocation d'une réalité du monde moderne ;

d) le dépassement du réel ;

e) une description organisée ;

f) une description métaphorique.

12. Dégager et illustrer des arguments

Relisez le texte d'Émile Zola (► *Exercice 4*, pp. 245-246) et remplissez le tableau suivant :

Idées directrices	Arguments	Citations
Une description qui prend une dimension épique		

13. Même exercice

Relisez le texte de Marguerite Duras (► *Exercice 9*, p. 246) et remplissez le tableau suivant :

Idées directrices	Arguments	Citations
Le récit recourt à des clichés et les jeunes gens ont des attitudes convenues		

14. Élaborer le plan d'un commentaire

Proposez le plan détaillé d'une partie du commentaire du texte de Marguerite Duras (► *Exercice 9*, p. 246) à partir de l'idée directrice suivante :

Le texte adopte le parti pris d'une langue orale.

15. Élaborer le plan d'une partie de commentaire

Proposez le plan détaillé d'une partie du commentaire du texte de Marguerite Duras (► *Exercice 9*, p. 246) à partir de l'idée directrice suivante :

Le texte propose une description réaliste.

D Rédiger le commentaire

16. Rédiger une introduction

Voici deux étapes d'une introduction au commentaire du texte de Marguerite Duras (► *Exercice 9*, p. 246). En vous aidant des réponses aux questions de l'exercice 9, rédigez une introduction complète.

- La narratrice transfigure une rencontre banale en une scène étonnante.
- *L'Amant*, le roman de Marguerite Duras, raconte la rencontre en Indochine d'une jeune Européenne et d'un riche Chinois.

17. Rédiger une introduction

Rédigez l'introduction du commentaire du texte d'Émile Zola (► *Exercice 4*, pp. 245-246) en y introduisant les éléments suivants :

- la description d'un grand magasin au XIXe siècle ;
- un romancier naturaliste ;
- une description réaliste transformée en un événement aux dimensions épiques.

18. Rédiger une partie de commentaire

À partir de l'idée directrice : « cette scène est apparemment banale », rédigez une partie de commentaire pour le texte de Marguerite Duras (► *Exercice 9*, p. 246).
Vous développerez en trois paragraphes les arguments suivants :

- un sujet traditionnel ;
- des personnages aux attitudes convenues ;
- un dialogue banal.

19. Rédiger un paragraphe

À partir de l'argument : « le texte développe une métaphore filée de la guerre », rédigez un paragraphe de commentaire pour le texte d'Émile Zola (► *Exercice 4*, pp. 245-246), illustré de citations précises du texte.

20. Rédiger une conclusion

Rédigez une conclusion pour le commentaire du texte de Marguerite Duras (► *Exercice 9*, p. 246) en utilisant notamment les éléments suivants :

- une scène qui, par le point de vue adopté, rend la jeune fille très mystérieuse ;
- un texte à l'atmosphère originale, qui ouvre un roman du XXe siècle.

21. Rédiger une conclusion

À partir des éléments suivants, rédigez une conclusion pour le commentaire du texte d'Émile Zola (► *Exercice 4*, pp. 245-246).

- Le réel est transformé grâce à l'organisation métaphorique* de la description.
- La description a une fonction narrative.

- Ce texte est une illustration de la démarche romanesque de Zola.

E Le commentaire comparé

• DÉFINIR UN PROJET DE LECTURE

22. Dégager un projet de lecture

Dans ce roman, Raymond Queneau présente les aventures burlesques du duc d'Auge, au Moyen Âge. Perdu dans une forêt, il aperçoit une chaumière, frappe à la porte.

— Ouvre, manant, voici ton duc !

Et ainsi de suite, plusieurs fois. Le résultat : toujours nul.

Le duc, ayant réfléchi, exprime sa pensée pour lui-même :

— Il a peur, ce pauvre diable. Il doit me prendre pour quelque esprit noctambule et sylvain. Il n'a pas mon courage : il est de trop pauvre extrace, mais peut-être n'est-il pas insensible à la pitié ! Essayons la ruse…

Larmoyant, il pousse un cri désespéré :

— J'ai faim !

Aussitôt la porte s'ouvre *comme par enchantement* et une *radieuse apparition* fait son apparition.

L'apparition susdite consiste en une pucelle d'une insigne saleté mais d'une esthétique impeccable. Le duc a le *souffle coupé*.

— Pauvre messire, dit la jeune personne d'une voix *vachement mélodieuse*, venez vous asseoir au coin du feu et partager ma *modeste pâtée* de châtaignes et de glands.

— C'est tout ce qu'il y a à bouffer ?

— Hélas oui, messire. Mon papa est allé à la ville acheter quelques onces de morue fumée, mais il n'est pas encore rentré et sans doute ne rentrera-t-il plus maintenant qu'à l'aube.

Ce propos laisse le duc rêveur : il n'a d'ailleurs pas besoin de toute la nuit pour manger la modeste pâtée, surtout s'il doit la partager avec la *tendre enfant* qui le regarde maintenant avec une *timidité de bon aloi*. Lui, il l'examine.

— Vous êtes un rien gironde, dit le duc.

Elle fait semblant de ne pas *réceptionner le madrigal*.

— Asseyez-vous, asseyez-vous, messire. Voulez-vous que je mette du poivre dans la tambouille ? J'en possède un précieux sachet que ma marraine m'a donné à la Noël dernière. Il vient du Malabar, ce poivre, et des plus authentiques, pas falsifié du tout.

— Ma foi, dit le duc rougissant, je ne dis pas non. Quelques grains…

— Tout le sachet, messire ! tout le sachet ! Cela vous confortera.

Raymond Queneau (1903-1976), *Les Fleurs bleues*,

a) Quel est le thème commun aux textes de Marguerite Duras (► *Exercice 9*, p. 246) et de Raymond Queneau (ci-contre) ? Quels personnages ont des points communs ?

b) Quelle est la position du narrateur* dans chaque texte ?

c) Quel est le niveau de langue* commun à ces textes ?

d) À quels stéréotypes renvoient les deux personnages du texte de Marguerite Duras ? À quelles situations, à quelles descriptions conventionnelles renvoient les expressions en italique du texte de Raymond Queneau ?

e) Indiquez, en une phrase rédigée, un projet de lecture pour le commentaire comparé des textes de Queneau et de Marguerite Duras.

• ORGANISER ET DÉVELOPPER LE COMMENTAIRE

23. Dégager des idées directrices

Classez les arguments suivants en les regroupant autour de deux idées directrices pour le commentaire comparé des textes de Marguerite Duras (► *Exercice 9*, p. 246) et de Raymond Queneau (► *Exercice 22*).

a) Les deux textes ont en commun un traitement original d'une scène-clé du roman.

b) Cette parodie remet en question l'écriture romanesque.

c) Le décalage entre la situation choisie et le vocabulaire employé crée un texte déconcertant.

d) Ils utilisent tous deux des clichés qui désacralisent ce moment.

e) La fantaisie de Raymond Queneau renvoie à l'univers des contes.

f) Dans le texte de Marguerite Duras, l'intensité de l'émotion efface la banalité de la rencontre et met en évidence son importance.

24. Illustrer des arguments

Illustrez chacun des arguments mentionnés dans l'exercice précédent (► *Exercice 23*) par des exemples empruntés aux textes de Marguerite Duras (► *Exercice 9*, p. 246) et de Raymond Queneau (► *Exercice 22*). Citez ces textes avec précision.

25. Élaborer le plan d'un commentaire comparé

a) À partir des réponses aux exercices 23 et 24, faites le plan détaillé du commentaire comparé des textes de Raymond Queneau et de Marguerite Duras.

b) Rédigez les phrases de transition entre les différentes parties du commentaire.

26. Rédigez l'introduction du commentaire comparé en utilisant le paratexte* qui accompagne chacun des extraits ainsi que le projet de lecture que vous avez défini à l'exercice 22.

27. Rédigez la conclusion du commentaire comparé en proposant un élargissement pertinent.

MÉTHODE Un exemple de commentaire

Le roman Le Vice-Consul *a été publié en 1965. Il fait partie d'un cycle « indien » comprenant quatre romans et trois films, dont l'unité se construit autour du personnage d'Anne-Marie Stretter, qui fascine son entourage et notamment le vice-consul de Lahore.*

Ce soir à Calcutta, l'ambassadrice Anne-Marie Stretter est près du buffet, elle sourit, elle est en noir, sa robe est à double fourreau de tulle noir, elle tend une coupe de champagne. Elle l'a tendue, elle regarde autour d'elle. Aux approches de la vieillesse, une maigreur lui est venue qui laisse bien voir la finesse, la longueur de l'ossature. Ses yeux sont trop clairs, découpés comme ceux des statues, ses paupières sont amaigries.

Elle regarde autour d'elle : dans un boulevard rectiligne au nom d'un conquérant quand passe la Légion en chantant, étincelante, fourragères[1] rouges au soleil, elle regarderait, de l'estrade officielle, de ce même regard d'exilée de ce soir. Un homme, parmi les autres, le remarque : Charles Rossett, trente-deux ans, arrivé il y a trois semaines à Calcutta où il restera en qualité de premier secrétaire.

Elle se dirige vers des Anglais et dit qu'on avance vers le buffet si l'on veut des rafraîchissements. Des barmen en turban les servent.

On dit : Vous avez vu ? elle a invité le vice-consul de Lahore[2].

L'assistance est relativement nombreuse. Ils sont une quarantaine. Les salles sont vastes. Ce sont celles d'un casino d'été dans une station balnéaire, en France, n'étaient ces ventilateurs très grands qui tournent, ces fins grillages aux fenêtres à travers lesquels on verrait les jardins comme à travers la brume, personne ne regarde. La salle de bal est octogonale, en marbre vert Empire, à chacun des angles de l'octogone, fougères fragiles venues de France. Sur le panneau du mur, un président de la République, sur sa poitrine le ruban rouge, à côté de lui un ministre des Affaires étrangères. On dit : À la dernière minute elle a invité le vice-consul de Lahore.

Voici, elle ouvre le bal avec l'ambassadeur, observe le rituel méprisé.

Alors, d'autres danseront.

Marguerite Duras (1914-1996), *Le Vice-Consul*, © Éditions Gallimard, 1965.

1. *fourragères* : ornement de l'uniforme militaire ou insigne formé d'une tresse agrafée à l'épaule, entourant le bras et se terminant par des aiguillettes de métal. 2. Le vice-consul a fait scandale et a été démis de son poste pour avoir tiré sans raison apparente sur des lépreux.

1. Examiner méthodiquement le texte

Le **paratexte** apporte des informations sur **l'auteur**, **l'œuvre** dont est tiré l'extrait, la **date de parution** de l'œuvre.

Le chapeau de présentation situe *Le Vice-Consul* dans un cycle romanesque dominé par le personnage énigmatique d'Anne-Marie Stretter ; il montre aussi l'importance que Marguerite Duras accorde au cinéma. Sa date de parution et son auteur rattachent *Le Vice-Consul* au mouvement littéraire du « Nouveau Roman » (▶ p. 44), qui rejette les conventions du roman réaliste.

Le paratexte attire l'attention sur le personnage éponyme du vice-consul et sur les enjeux de cette présence apparemment discrète.

• Étudier une page de roman

• Étudier **la narration** (▶ *Le récit*, pp. 214-215) :

- il faut étudier **l'énonciation du récit** et le traitement du **temps** dans le texte (▶ *Le temps*, p. 235) ;

Bien qu'à la troisième personne, le récit paraît ancré dans la situation d'énonciation (« ce soir »). Il est au présent et la narration est simultanée ; cependant, avec la dernière phrase au futur, la narration devient antérieure (▶ *Le temps*, p. 235). Le passé composé (l. 2-3) renforce l'effet du présent en donnant le sentiment qu'on lit un témoignage immédiat.

- il faut étudier **le ou les points de vue** adoptés ;

La page commence en focalisation* externe ; la focalisation interne apparaît peut-être à la ligne 8 (Charles Rossett) ; puis est mentionné le point de vue de la foule (l. 13 : « On dit : Vous avez vu ? »). Mais c'est le point de vue du narrateur qui semble dominer, distinct de celui de la foule (l. 16-17). En fait, ce pourrait bien être le point de vue du vice-consul, ce qui expliquerait l'usage du passé composé redoublant le présent à la l. 3, et exprimant la fascination du personnage...

- quelles sont les **formes de discours** utilisées ? Y en a-t-il une qui domine ?

Le texte contient essentiellement du discours descriptif (portrait et description) ; mais le discours narratif clôt la page avec une certaine emphase grâce au présentatif « voici », au jeu des alinéas et des temps (présent et futur).

- identifier **le ou les registre(s)**.

Le texte semble de registre réaliste, avec de nombreux détails descriptifs et des termes techniques. Il est aussi de registre poétique du fait d'analogies inattendues entre les invités et un défilé militaire ou entre les salons de l'ambassade à Calcutta et ceux d'un casino dans une station balnéaire française. L'ordre des mots (l. 6-8), les expressions elliptiques (« le rituel méprisé » pour « le rituel qu'elle méprise ») ou l'indéfini « on » participent aussi à ce registre poétique.

• Étudier **les discours rapportés** et les éventuels commentaires du narrateur (► *Le récit*, pp. 214-215) :

On remarque surtout deux occurrences de discours direct introduites par « on dit » (l. 13 et 20). Ces paroles du fait de l'absence de guillemets, apparaissent comme diffuses et répétitives : c'est la rumeur qui court à travers le bal. La page met en scène le rituel social de la réception et les commérages des invités.

• Étudier **les personnages** (► *Le personnage*, pp. 226-228) :

Le texte donne l'état civil complet d'Anne-Marie Stretter et de nombreux détails descriptifs sur son étrange beauté. Elle paraît dévorée par une fatalité intérieure avec son « regard d'exilée ». L'ambassadeur et la foule (« on »), privés de nom, font figure de comparses ; Charles Rossett, personnage secondaire et témoin privilégié, fait le lien entre le personnage et le lecteur ; enfin, on note l'importance du vice-consul, auxquels font allusion les commérages ; si on ne le voit pas, c'est peut-être parce que c'est lui « l'œil de la caméra », la source du point de vue adopté ici.

• Identifier les enjeux de la page

• Étudier les **principaux procédés d'écriture** (notamment les procédés lexicaux, grammaticaux, rhétoriques) :

L'écriture est ici très originale, par la construction et le rythme des phrases, tantôt longues, tantôt très brèves et non liées, ce qui accentue le mystère du personnage. La description utilise la traditionnelle progression thématique à thèmes dérivés ; mais elle fait se succéder une phrase complexe par subordination (« n'étaient... »), puis par juxtaposition avec effet de rallonge (« personne ne regarde ») et deux phrases non verbales, plantant un décor français artificiel et déplacé en Inde, exilé comme le personnage.

• Étudier **la composition du texte** :

La page se découpe nettement en deux grands moments que sont le portrait d'Anne-Marie Stretter (l. 1-13) et la description des salons (l. 14-20), suivis de l'ouverture du bal racontée dans les deux lignes finales.

• Évaluer **la singularité de la page** par rapport aux conventions du genre romanesque :

Le texte utilise les clichés du roman réaliste traditionnel : la scène de bal, le portrait réaliste ; mais il les détruit au fur et à mesure, en montrant qu'ils sont artificiels et déplacés, comme le décor de l'ambassade : ainsi la beauté idéale a ici le faciès de la mort, la scène traditionnelle du bal n'est qu'un « rituel méprisé ».

2. Préparer, organiser et développer le commentaire

• Définir le projet de lecture

Le projet de lecture est l'**angle sous lequel le texte sera abordé**. Il doit tenir compte des **caractéristiques principales** du texte et de ses **enjeux**.

Le mystère et l'**étrangeté** de cette page de roman présentant **à première vue** un portrait féminin dans la situation traditionnelle du bal peut constituer le projet de lecture.

• Définir et organiser les idées directrices

Les remarques peuvent s'organiser autour de ces trois idées directrices :

- Le caractère **énigmatique** du personnage est manifesté par **son portrait de femme fatale**. Sa marginalité est soulignée par **un cadre mondain et artificiel**. Enfin, le **point de vue** adopté est lui aussi énigmatique.
- La dénonciation des **clichés** des romans traditionnels s'effectue par **des confrontations dérangeantes pour les habitudes du lecteur** (rapprochements inattendus, point de vue externe qui renonce à expliquer le personnage). La mise en scène de la rumeur n'aboutit pas à la dénonciation de l'hypocrisie sociale, mais renforce le caractère énigmatique des personnages et l'opacité de leurs motivations.
- La page mêle un registre **faussement réaliste** et un registre **poétique** par une **écriture déroutante**.. Cette **nouvelle conception du roman** est tournée vers la subjectivité et la poésie et non vers la représentation ou l'explication du monde.

3. Rédiger le commentaire

La rédaction du commentaire obéit à des règles précises qu'il convient de respecter (► *Le commentaire*, pp. 161-162).

A Analyser le sujet

1. Analyser une consigne

Lisez les textes suivants et le libellé du sujet, puis répondez aux questions.

Texte A

Une jeune fille maure, Lalla, veut échapper à un mariage forcé. Elle s'enfuit avec son ami, un jeune berger muet. Ils arrivent dans une oasis où ils font une halte.

Longtemps, au-dessus d'eux, l'espace se peuple d'étoiles, de milliers d'étoiles. Elles jettent des éclats blancs, elles palpitent, elles dessinent leurs figures secrètes. Les deux fugitifs les regardent, presque sans respirer, les yeux grands ouverts. Ils sentent sur leurs visages se poser le dessin des constellations, comme s'ils n'étaient plus que par leur regard, comme s'ils buvaient la lumière douce de la nuit. Ils ne pensent plus à rien, ni au chemin du désert, ni à la souffrance du lendemain, ni aux autres jours ; ils ne sentent plus leurs blessures, ni la soif et la faim, ni rien de terrestre ; ils ont même oublié la brûlure du soleil qui a noirci leurs visages et leurs corps, qui a dévoré l'intérieur de leurs yeux.

J.-M.G. Le Clézio (né en 1940), *Désert*,
© Éditions Gallimard, 1980.

Texte B

Dans le Manifeste du surréalisme, *André Breton, chef de file de ce mouvement littéraire, exprime son aversion pour les descriptions.*

Et les descriptions ! Rien n'est comparable au néant de celles-ci ; ce n'est que superpositions d'images de catalogue, l'auteur en prend de plus en plus à son aise, il saisit l'occasion de me glisser ses cartes postales, il cherche à me faire tomber d'accord avec lui sur des lieux communs :

La petite pièce dans laquelle le jeune homme fut introduit était tapissée de papier jaune : il y avait des géraniums et des rideaux de mousseline aux fenêtres ; la chambre ne renfermait rien de particulier. [...]

Que l'esprit se propose, même passagèrement, de tels motifs, je ne suis pas d'humeur à l'admettre. On soutiendra que ce dessin d'école vient à sa place, et qu'à cet endroit l'auteur a ses raisons pour m'accabler. Il n'en perd pas moins son temps, car je n'entre pas dans sa chambre. La paresse, la fatigue des autres ne me retiennent pas. J'ai de la continuité de la vie une notion trop instable pour égaler aux meilleures mes minutes de dépression, de faiblesse.

André Breton (1896-1966), *Manifeste du surréalisme*,
© Pauvert, 1962.

Comment comprenez vous les propos d'André Breton : « Et les descriptions ! Rien n'est comparable au néant de celles-ci » ? En vous appuyant sur les textes du corpus et sur vos lectures personnelles, vous direz si vous partagez cette opinion.

a) Quel type de consigne comporte ce sujet ?

b) Quelles tâches vous demande-t-il d'effectuer ?

c) Quelles recommandations contient-il ?

2. Caractériser et analyser le sujet

Texte A

Le héros, Fabrice del Dongo, s'évade de la prison où il était détenu.

Il attacha sa corde enfin débrouillée à une ouverture pratiquée dans le parapet pour l'écoulement des eaux, il monta sur ce même parapet, et pria Dieu avec ferveur ; puis, comme un héros des temps de chevalerie, il pensa un instant à Clélia. Combien je suis différent, se dit-il, du Fabrice léger et libertin qui entra ici il y a neuf mois ! Enfin il se mit à descendre cette étonnante hauteur. Il agissait mécaniquement, dit-il, et comme il eût fait en plein jour, descendant devant des amis, pour gagner un pari. Vers le milieu de la hauteur, il sentit tout à coup ses bras perdre leur force ; il croit même qu'il lâcha la corde un instant ; mais bientôt il la reprit ; peut-être, dit-il, il se retint aux broussailles sur lesquelles il glissait et qui l'écorchaient. Il éprouvait de temps à autre une douleur atroce entre les épaules, elle allait jusqu'à lui ôter la respiration. Il y avait un mouvement d'ondulation fort incommode ; il était renvoyé sans cesse de la corde aux broussailles. Il fut touché par plusieurs oiseaux assez gros qu'il réveillait et qui se jetaient sur lui en s'envolant. Les premières fois il crut être atteint par des gens descendant de la citadelle, par la même voie que lui pour le poursuivre, et il s'apprêtait à se défendre. Enfin il arriva au bas de la grosse tour sans autre inconvénient que d'avoir les mains en sang. Il raconta que depuis le milieu de la tour, le talus qu'elle forme lui fut fort utile ; il frottait le mur en descendant, et les plantes qui croissaient entre les pierres le retenaient beaucoup. En arrivant en bas dans les jardins des soldats, il tomba sur un acacia qui, vu d'en haut, lui semblait avoir quatre ou cinq pieds de hauteur, et qui en avait réellement quinze ou vingt.

Stendhal (1783-1842), *La Chartreuse de Parme*, 1839.

Texte B

Dans la préface de son roman Pierre et Jean, *intitulée « Le Roman », Maupassant définit ce qui fait, selon lui, le romancier réaliste.*

Le romancier, au contraire, qui prétend nous donner une image exacte de la vie, doit éviter avec soin tout enchaînement d'événements qui paraîtrait exceptionnel. Son but n'est point de nous raconter une histoire, de nous amuser ou de nous attendrir mais de nous forcer à penser, à comprendre le sens profond et caché des événements. À force d'avoir vu et médité, il regarde l'univers, les choses, les faits et les hommes d'une certaine façon qui lui est propre et qui résulte de l'ensemble de ses observations réfléchies. C'est cette vision personnelle du monde qu'il cherche à nous communiquer en la reproduisant dans un livre.

Guy de Maupassant (1850-1893), *Le Roman*, préface de *Pierre et Jean*, 1888.

Texte C

François le Lionnais a fondé en 1960, en compagnie de Raymond Queneau, l'Ouvroir de Littérature Potentielle (Oulipo). C'est un mouvement d'écrivains et de chercheurs qui tente de créer de nouveaux modes d'écriture fondés sur la manipulation de la langue.

Dans les œuvres [oulipiennes], en effet, l'effort de création porte principalement sur tous les aspects formels de la littérature : contraintes, programmes ou structures alphabétiques, consonantiques, vocaliques, syllabiques, phonétiques, graphiques, prosodiques, rimiques, rythmiques et numériques.

François Le Lionnais, *Second Manifeste*, dans *Oulipo, la littérature potentielle*, © Éditions Gallimard, 1973.

Sujet A

Selon vous, une histoire intéressante suffit-elle à faire un bon roman ?

Vous répondrez à cette question en vous appuyant sur les textes du corpus, les œuvres étudiées en classe et vos lectures personnelles.

a) Quelle est la nature de l'énoncé ?

b) L'intitulé demande-t-il d'expliquer un point de vue, de le justifier, de le réfuter, de discuter un jugement, d'émettre une opinion ?

c) Quels sont les mots-clés du libellé ?

d) Quel est le problème posé ? Reformulez-le en une phrase rédigée.

3. Même exercice

Lisez les textes de Stendhal, Maupassant et François Le Lionnais (▸ *Exercice 2*, pp. 251-252). Pour caractériser le sujet ci-dessous, répondez aux questions.

Sujet B

Guy de Maupassant écrit à propos du romancier : « Son but n'est point de nous raconter une histoire, de nous amuser ou de nous attendrir », mais « c'est [sa] vision personnelle du monde qu'il cherche à nous communiquer ». Partagez-vous cette opinion ? Vous répondrez à cette question en vous appuyant sur les textes du corpus, les œuvres étudiées en classe et vos lectures personnelles.

a) Quelle est la nature de l'énoncé ?

b) L'intitulé demande-t-il d'expliquer un point de vue, de le justifier, de le réfuter, de discuter un jugement, d'émettre une opinion ?

c) Quels sont les mots-clés du libellé ?

d) Quel est le problème posé ? Formulez-le en une phrase rédigée.

B Rechercher des idées

4. Caractériser les textes du corpus

Lisez attentivement le paratexte* de chaque texte (▸ *Exercice 2*, pp. 251-252).

a) À quelle époque ont-ils été écrits ?

b) De quelles œuvres sont-ils extraits ?

5. Dégager l'essentiel du texte A

Relisez le texte A (▸ *Exercice 2*, p. 251) et répondez aux questions.

a) Quel est le type de discours dominant ?

b) Que raconte cet extrait ?

c) Quels mobiles poussent Fabrice à l'action ?

d) Pourquoi son évasion est-elle palpitante ?

6. Dégager l'essentiel du texte B

Relisez le texte B (▸ *Exercice 2*, pp. 251-252) et répondez aux questions.

a) Quel est le type de discours* employé ?

b) Quelle conception du roman Maupassant refuse-t-il ?

c) Quel type de roman défend-il ?

7. Dégager l'essentiel du texte C

Relisez le texte C (▸ *Exercice 2*, p. 252) et répondez aux questions.

a) Quel est le type de discours* employé ?

b) Comment comprenez-vous l'expression « aspects formels » ?

c) Qu'est-ce qui, selon François Le Lionnais, fait l'intérêt de la création littéraire ?

8. Confronter les textes

a) Quel rapport peut-on établir entre les textes A et B (▸ *Exercice 2*, p. 251) ?

b) Quel élément nouveau introduit le texte C (▸ *Exercice 2*, p. 252) ?

c) Peut-on accepter cette définition du roman, donnée par Stendhal en épigraphe du chapitre XIII (première partie) du roman *Le Rouge et le Noir* : « Un roman, c'est un miroir qu'on promène le long du chemin. » ? Quelles autres visions de la création littéraire proposent les textes B et C ?

9. Exploiter ses lectures personnelles

Parmi vos lectures personnelles, cherchez les titres des œuvres qui vous paraissent illustrer chaque sujet (▸ *Exercices 2 et 3*, pp. 251-252). Pour chacune d'elles, résumez en une phrase les raisons de votre choix.

C Élaborer un plan

10. Dégager des idées directrices pour traiter le sujet A

Voici une liste d'arguments pour traiter le sujet A (► *Exercice 2*, p. 252) :

a) La qualité du roman tient beaucoup au style de l'écrivain.

b) Le lecteur apprécie dans le roman l'enchaînement divertissant des aventures.

c) Des personnages variés, dans lesquels il peut se reconnaître, suscitent l'intérêt du lecteur.

d) Pour être intéressant, un roman doit proposer au lecteur une réflexion qui lui permette de progresser dans la connaissance de soi et du monde.

e) L'organisation de l'action, ses surprises et ses rebondissements sont un moyen de captiver le lecteur.

f) La qualité de l'analyse psychologique garantit l'intérêt d'un roman.

a) Regroupez ces arguments selon leurs points communs.

b) Dégagez des regroupements obtenus deux idées directrices et formulez chacune d'elles en une phrase rédigée.

11. Illustrer les arguments par des exemples

Illustrez chacun des arguments de l'exercice précédent par un exemple de votre choix.

12. Élaborer un plan

Voici une liste comportant en désordre les éléments d'un plan de dissertation pour traiter le sujet B (► *Exercice 3*, p. 252) ;
- deux idées directrices ;
- deux arguments pour développer chacune des idées ;
- deux phrases bilan pour conclure chaque partie.

a) C'est donc une vision subjective du monde que l'auteur cherche à nous communiquer.

b) L'intérêt d'un roman se trouve dans la rencontre qu'il permet entre la personnalité du romancier et ses lecteurs.

c) Le romancier présente une époque telle qu'il la connaît et en livre les clés.

d) Pour qu'un lecteur puisse comprendre, il est important qu'il s'attache à des personnages et à des situations qu'il peut reconnaître ; il doit pouvoir s'identifier aux personnages.

e) Pour pouvoir être partagée, la vision du monde proposée par l'écrivain doit avoir une valeur universelle.

f) À travers les personnages et l'analyse qu'il en propose, on découvre la sensibilité de celui qui les a créés.

g) L'intérêt d'un roman tient à un mélange complexe entre originalité et universalité. Le roman n'est pas la reproduction du réel et passe nécessairement par l'interprétation qu'en donne l'auteur. Mais son propos doit être suffisamment général pour que chacun s'y retrouve et se l'approprie.

h) Mais un roman ne peut se contenter d'être l'expression de la vision personnelle de son auteur.

a) Organisez correctement le plan de la dissertation.

b) Pour chaque argument, trouvez un exemple qui l'illustre.

D Rédiger la dissertation

13. Rédiger une introduction pour traiter le sujet A

Rédigez une introduction en utilisant notamment les éléments suivants.

- Qu'est-ce qui nous intéresse dans un roman ?
- Objet d'étude : le récit.
- L'histoire est un élément capital pour que l'on apprécie un roman.
- D'autres éléments sont aussi déterminants pour captiver le lecteur.

14. Rédiger une introduction pour traiter le sujet B

a) Présentez le sujet B en une phrase.

b) Reprenez la citation de Maupassant en l'insérant dans une phrase.

c) Dégagez le problème posé.

d) Annoncez le plan.

15. Rédiger une partie de dissertation pour traiter le sujet A

En utilisant les données des exercices 10 et 11, rédigez la première partie de la dissertation pour traiter le sujet A.

16. Rédiger une partie de dissertation pour traiter le sujet B

En utilisant les données de l'exercice 12, rédigez les deux premières parties de la dissertation pour traiter le sujet B. Soignez particulièrement les phrases bilan et la transition vers la deuxième partie.

17. Rédiger une conclusion pour traiter le sujet A

Rédigez la conclusion de la dissertation pour traiter le sujet A.

a) En deux phrases, faites le bilan du développement.

b) Choisissez, parmi les suggestions suivantes, un élargissement possible :

- Tous les romans qui ont une action bien conduite sont intéressants.
- La lecture est un moyen de mieux se connaître et de découvrir le monde et un bon roman est celui qui nous fait progresser dans cette voie.
- Quand on aime lire, tous les romans sont intéressants.

18. Rédiger une conclusion pour traiter le sujet B

Rédigez la conclusion de la dissertation pour le sujet B.

a) En deux phrases, faites le bilan du développement.

b) Quel élargissement proposeriez-vous ?

A Amplifier un texte

1. Développer le début d'une nouvelle

ICEBERG

Irène s'étire sur sa chaise, entrouve les yeux, baille longuement et pouffe :

— Oh ! pardon ! je n'ai pas mis ma main devant la bouche.

Elle me considère, mi-confuse, mi-railleuse.

— Quelle importance ? dis-je.

— Pour vous, je suis sûre que ça en a.

— Mais non ! On dirait que ça ne me...

Irène a tendance à me croire à cheval sur les convenances et très pudibond. Tant mieux ! Parfait ! je n'aime pas que l'on me connaisse trop. Je préfère rester pour elle un iceberg : un cinquième visible et le reste immergé.

Au début, je cherchais toujours à m'expliquer, je sautais sur les rares occasions qu'elle me donnait de parler de moi. Mais maintenant, c'est fini et je préfère changer de conversation. Je désigne la fenêtre du premier étage de la villa :

— Georges fait la sieste ?

— Oui.

— Pourquoi ne la fait-il pas dans le jardin ?

— À cause du soleil.

Je me retiens de ne pas hausser les épaules : le soleil d'automne, à Bouville, n'a jamais tué personne. Mais après tout, si je me trouve seul avec Irène dans le jardin et assuré d'un peu de tranquillité, je devrais être le dernier à m'en plaindre.

Fred Kassak (né en 1928), *Qui a peur d'Ed Garpo ?*,
© Librairie des Champs-Élysées, Éditions du Masque, 1995.

a) Étudiez les caractéristiques de l'énonciation* : qui raconte ? à qui ?

b) Quels sont les personnages en présence ? Que sait-on d'eux ? Quelles relations devine-t-on entre eux ?

c) Quels indices spatio-temporels ce début de récit donne-t-il ?

d) ÉCRITURE D'INVENTION Rédigez en une trentaine de lignes la suite de cette nouvelle. Vous tiendrez compte des données de ce début et veillerez à respecter les étapes du schéma narratif.

2. Rédiger une nouvelle

Résumé de la nouvelle :

En lisant un article intitulé « Le fait du jour » dans un quotidien, le narrateur, agent commercial qui effectue de nombreux déplacements en voiture, comprend progressivement qu'il est le responsable d'un grave accident de la circulation, la veille, sur l'autoroute près de Rouen. Cet accident a tué huit personnes et fait soixante blessés.

Fin de la nouvelle :

— ... Il a l'âge de Camille.

— Mais bon sang arrête avec ça !!! C'est ce que gueule ma femme en m'empoignant par le col... Arrête avec ça merde ! Tu te tais maintenant ! Je vais te poser une question. Une seule. À quoi ça sert qu'un gars comme toi aille en taule ? Hein, dis-moi, à quoi ça servirait ?

— À les consoler.

Elle est partie effondrée.

Je l'ai entendue qui s'enfermait dans la salle de bains.

Ce matin, devant elle, j'ai hoché la tête mais là, maintenant, ce soir, dans ma maison silencieuse avec juste le lave-vaisselle en bruit de fond...

Je vais descendre, je vais boire un verre d'eau et je vais fumer une cigarette dans le jardin. Après je vais remonter et je vais tout relire d'une traite pour voir si ça m'aide. Mais je n'y crois pas.

Anna Gavalda (née en 1970), « Le fait du jour »,
dans *Je voudrais que quelqu'un m'attende quelque part*,
© Le Dilettante, 1999.

a) Quelles indications indispensables pour la compréhension du récit le résumé donne-t-il ?

b) Étudiez l'énonciation* (pronoms, temps) dans l'extrait : quelle est la position du narrateur* par rapport à l'histoire ? Quel est le point de vue* adopté ?

c) Étudiez les propos échangés par les personnages : quel est l'enjeu de cette fin ?

d) ÉCRITURE D'INVENTION En utilisant les données du résumé et de la fin de la nouvelle, imaginez en une trentaine de lignes le développement de cette nouvelle.

3. Même exercice

Début de la nouvelle :

RENCONTRE

Saluez-la en toute simplicité. Comme si rien n'était arrivé. Comme si vous n'aviez pas été aussi longtemps séparés. Elle est surprise, elle semble ravie. Les yeux qui brillent. Le sourire. Elle tient sur ses genoux un grand chapeau de paille.

Dites-lui quelle n'a pas changé. Les femmes apprécient ce constat rassurant. Même lorsque celui qui parle a eu (cas extrême) un instant d'hésitation avant de reconnaître celle à qui il s'adresse. Elle traduira sans hésiter le « n'avoir pas changé » par « n'avoir pas vieilli ».

Puis dites-lui quelque chose d'un peu plus personnel. Que vous émeut son geste d'enrouler une mèche de ses cheveux autour de son doigt. C'est une habitude qu'elle avait déjà autrefois (la mèche est devenue terne et rêche). Dites-lui que le geste est joli.

Fin de la nouvelle :

Près d'elle gardez votre calme. Traitez-la comme une amie des temps anciens qu'on ne croyait plus revoir, qu'il est plaisant de retrouver. Pas d'attendrissements, méfiez-vous des plaintes qui tournent vite au ressentiment. Elle vous observe, elle vous sourit mais sa voix soudain pourrait trahir quelque aigreur, quelque impatience.

Ne l'encouragez pas à vous expliquer comment se manœuvre son fauteuil métallique capitonné de skaï, avec repose-pied, appuie-tête et grandes roues doublées de cerceaux.

Ne cherchez pas à savoir si ça irrite la peau à la longue, une minerve. Si on s'habitue, si on l'ôte pour la nuit.

Annie Saumont (née en 1927), *Après*, © Julliard, 1996.

a) Dégagez les caractéristiques de chacun des extraits : énonciation*, personnages, faits rapportés.

b) Confrontez les deux passages. Quel est l'état initial ? l'état final ? Quel est l'enjeu de la nouvelle ?

c) ÉCRITURE D'INVENTION En utilisant les données des deux extraits, imaginez en une trentaine de lignes le développement de la nouvelle.

B Transposer un texte

4. Changer le genre d'un texte

LE PETIT CHAPERON ROUGE

Il était une fois une petite fille de Village, la plus jolie qu'on eût su voir ; sa Mère en était folle, et sa Mère- grand plus folle encore. Cette bonne femme lui fit faire un petit chaperon rouge, qui lui seyait si bien, que partout on l'appelait le Petit Chaperon rouge.

Un jour sa mère, ayant cuit et fait des galettes, lui dit : « Va voir comment se porte ta Mère-grand, car on m'a dit qu'elle était malade, porte-lui une galette et ce petit pot de beurre. » Le Petit Chaperon rouge partit aussitôt pour aller chez sa Mère-grand, qui demeurait dans un autre Village. En passant dans un bois elle rencontra compère le Loup, qui eut bien envie de la manger ; mais il n'osa, à cause de quelques bûcherons qui étaient dans la Forêt.

Charles Perrault (1628-1703), *Contes du temps passé*, 1697.

a) Identifiez les étapes du schéma narratif* présentes dans l'extrait.

b) Relevez dans cet extrait toutes les caractéristiques du conte merveilleux.

c) ÉCRITURE D'INVENTION Réécrivez ce début du conte de Perrault en le transformant en un début de nouvelle réaliste.

5. Même exercice

Orgon, riche bourgeois parisien, héberge chez lui Tartuffe, un faux dévôt qui entend bien profiter de l'admiration aveugle que lui voue son hôte. Toute la famille essaie en vain d'ouvrir les yeux du maître de maison. Voici la première apparition de Tartuffe, au troisième Acte, en présence de la servante Dorine.

TARTUFFE, *apercevant Dorine.*
Laurent, serrez ma haire[1] avec ma discipline[2]
Et priez que toujours le ciel vous illumine.
Si l'on vient pour me voir, je vais aux prisonniers
Des aumônes que j'ai partager les deniers.

DORINE
Que d'affectation et de forfanterie[3] !

TARTUFFE
Que voulez-vous ?

DORINE
Vous dire…

TARTUFFE. *Il tire un mouchoir de sa poche.*
Ah ! mon Dieu, je vous prie,
Avant que de parler prenez-moi ce mouchoir.

DORINE
Comment ?

TARTUFFE
Couvrez ce sein que je ne saurais voir :
Par de pareils objets les âmes sont blessées,
Et cela fait venir de coupables pensées.

DORINE
Vous êtes donc bien tendre à la tentation,
Et la chair sur vos sens fait grande impression ?
Certes je ne sais quelle chaleur vous monte :
Mais à vous convoiter, moi, je ne suis point si prompte,
Et je vous verrais nu du haut jusques en bas,
Que toute votre peau ne me tenterait pas.

TARTUFFE
Mettez dans vos discours un peu de modestie,
Ou je vais sur le champ vous quitter la partie[4].

Molière (1622-1673), *Tartuffe*, Acte III, scène 2, 1669.

1. *haire* : vêtement de crin porté à même la peau pour faire pénitence. 2. *discipline* : petit fouet en crin utilisé pour humilier le corps. 3. *forfanterie* : vantardise. 4. *vous quitter la partie* : m'en aller.

a) Qu'indique la didascalie* « apercevant Dorine » ? Dorine est-elle trompée par Tartuffe ?

b) Quel est le registre* de la scène ? Justifiez votre réponse.

c) ÉCRITURE D'INVENTION Rédigez le récit que Dorine fait à sa jeune maîtresse Mariane, fille d'Orgon, de cette rencontre pour se moquer de Tartuffe et la faire rire.

6. Changer le registre d'un texte

RÉCIT

Un jour vers midi du côté du parc Monceau, sur la plate-forme arrière d'un autobus à peu près complet de la ligne S (aujourd'hui 84), j'aperçus un personnage au cou fort long qui portait un feutre mou entouré d'un galon tressé au lieu d'un ruban. Cet individu interpella tout à coup son voisin en prétendant que celui-ci faisait exprès de lui marcher sur les pieds chaque fois qu'il montait ou descendait des voyageurs. Il abandonna d'ailleurs rapidement la discussion pour se jeter sur une place devenue libre.

Deux heures plus tard, je le revis devant la gare Saint-Lazare en grande conversation avec un ami qui lui conseillait de diminuer l'échancrure de son pardessus en en faisant remonter le bouton supérieur par quelque tailleur compétent.

Raymond Queneau (1903-1976), *Exercices de style*, © Éditions Gallimard, 1947 (première édition).

a) Quel est le registre* de ce récit ? Justifiez votre réponse.

b) ÉCRITURE D'INVENTION Rédigez le récit de cette anecdote en utilisant un registre comique*. Vous insérerez un dialogue rapportant la conversation entre le personnage au chapeau et son ami.

7. Changer le point de vue et le mode de narration

Dans les premières pages du roman, un inconnu fait son entrée dans la ville de Digne.

Il était difficile de rencontrer un passant plus misérable. C'était un homme de moyenne taille, trapu et robuste, dans la force de l'âge. Il pouvait avoir quarante-six ou quarante-huit ans. Une casquette à visière de cuir rabattue cachait en partie son visage brûlé par le soleil et le hâle et ruisselant de sueur. Sa chemise de grosse toile jaune, rattachée au col par une petite ancre d'argent, laissait voir sa poitrine velue ; il avait une cravate tordue en corde, un pantalon de coutil bleu usé et râpé, blanc à un genou, troué à l'autre, une vieille blouse grise en haillons, rapiécée à l'un des coudes d'un morceau de drap vert cousu avec de la ficelle, sur le dos un sac de soldat fort plein, bien bouclé et tout neuf, à la main un énorme bâton noueux, les pieds sans bas dans des souliers ferrés, la tête tondue et la barbe longue.

La sueur, la chaleur, le voyage à pied, la poussière, ajoutaient un je ne sais quoi de sordide à cet ensemble délabré.

Les cheveux étaient ras, et pourtant hérissés ; car ils commençaient à pousser un peu, et semblaient n'avoir pas été coupés depuis quelque temps.

Personne ne le connaissait. Ce n'était visiblement qu'un passant. D'où venait-il ? Du midi. Des bords de la mer peut-être. Car il faisait son entrée dans Digne par la même rue qui sept mois auparavant avait vu passer l'empereur Napoléon allant de Cannes à Paris. Cet homme avait dû marcher tout le jour. Il paraissait très fatigué. Des femmes de l'ancien bourg qui est au bas de la ville l'avaient vu s'arrêter sous les arbres du boulevard Gassendi et boire à la fontaine qui est à l'extrémité de la promenade. Il fallait qu'il eût bien soif, car des enfants qui le suivaient le virent encore s'arrêter et boire, deux cents pas plus loin, à la fontaine de la place du marché.

Victor Hugo (1802-1885), *Les Misérables*, 1862.

a) Quelle est la position du narrateur* par rapport à l'histoire ?

b) Quel est le point de vue* adopté ?

c) Quel effet produit le portrait du personnage ?

d) ÉCRITURE D'INVENTION Rédigez le monologue intérieur du personnage principal au moment où il entre dans la ville.

8. Changer le point de vue

Tout à coup, alors qu'elle est peut-être encore à dix pas de moi, venant en sens inverse, je vois une jeune femme, très pauvrement vêtue, qui, elle aussi, me voit ou m'a vu. Elle va la tête haute, contrairement à tous les autres passants. Si frêle qu'elle se pose à peine en marchant. Un sourire imperceptible erre peut-être sur son visage. Curieusement fardée, comme quelqu'un qui, ayant commencé par les yeux, n'a pas eu le temps de finir, mais le bord des yeux si noir pour une blonde. [...] Je n'avais jamais vu de tels yeux. Sans hésitation j'adresse la parole à l'inconnue, tout en m'attendant, j'en conviens du reste, au pire.[...] Je la regarde mieux. Que peut-il bien se passer de si extraordinaire dans ces yeux ?

André Breton (1896-1966), *Nadja*, © Éditions Gallimard, 1928.

a) Quels sont les sentiments éprouvés par le narrateur lors de cette rencontre ?

b) ÉCRITURE D'INVENTION Réécrivez ce passage du point de vue de la jeune femme.

C Produire un écrit argumentatif

9. Écrire un récit à visée argumentative

a) Lisez le texte de Victor Hugo (► *Exercice 7 ci-contre*).

b) ÉCRITURE D'INVENTION Rédigez le récit de l'arrivée de l'inconnu, tel que le font aux gendarmes « les femmes de l'ancien bourg » pour les persuader d'arrêter cet inquiétant personnage.

Un exemple d'écrit d'invention

Texte A Abbé Prévost, *Histoire du chevalier Des Grieux et de Manon Lescaut* (▸ p. 229)

Texte B Gustave Flaubert, *L'Éducation sentimentale* (▸ p. 225)

Texte C

Julien Sorel se présente chez Mme de Rênal pour y prendre ses fonctions de précepteur.

Avec la vivacité et la grâce qui lui étaient naturelles quand elle était loin des hommes, Mme de Rênal sortait par la porte-fenêtre du salon qui donnait sur le jardin, quand elle aperçut près de la porte d'entrée la figure d'un jeune paysan presque encore enfant, extrêmement pâle et qui venait de pleurer. Il était en chemise bien blanche, et avait sous le bras une veste fort propre de ratine[1] violette.

Le teint de ce paysan était si blanc, ses yeux si doux que l'esprit un peu romanesque de Mme de Rênal eut d'abord l'idée que ce pouvait être une jeune fille déguisée, qui venait demander quelque grâce à M. le maire. Elle eut pitié de cette pauvre créature, arrêtée à la porte d'entrée, et qui évidemment n'osait pas lever la main jusqu'à la sonnette. Mme de Rênal s'approcha, distraite un instant de l'amer chagrin que lui donnait l'arrivée du précepteur[2]. Julien, tourné vers la porte, ne la voyait pas s'avancer. Il tressaillit quand une voix douce lui dit tout près de l'oreille :

— Que voulez-vous ici, mon enfant ?

Julien se tourna vivement, et frappé du regard si rempli de grâce de Mme de Rênal, il oublia une partie de sa timidité. Bientôt, étonné de sa beauté, il oublia tout, même ce qu'il venait faire. Mme de Rênal avait répété sa question.

— Je viens pour être précepteur, madame, lui dit-il enfin, tout honteux de ses larmes qu'il essuyait de son mieux.

Mme de Rênal resta interdite ; ils étaient fort près l'un de l'autre à se regarder. Julien n'avait jamais vu un être aussi bien vêtu et surtout une femme avec un teint si éblouissant, lui parler d'un air doux. Mme de Rênal regardait les grosses larmes, qui s'étaient arrêtées sur les joues si pâles d'abord et maintenant si roses de ce jeune paysan. Bientôt elle se mit à rire, avec toute la gaieté folle d'une jeune fille ; elle se moquait d'elle-même et ne pouvait se figurer tout son bonheur. Quoi, c'était là ce précepteur qu'elle s'était figurée comme un prêtre sale et mal vêtu, qui viendrait gronder et fouetter ses enfants !

Stendhal (1783-1842), *Le Rouge et le Noir*, 1830.

1. *ratine* : étoffe grossière. 2. M. de Rênal a décidé de donner un précepteur à ses enfants jusqu'ici éduqués exclusivement par leur mère.

Mme de Rênal et Julien Sorel tiennent chacun de leur côté un journal intime. Écrivez successivement la page du journal de Mme de Rênal puis celle du journal de Julien narrant leur rencontre. Vous prendrez soin de rendre les circonstances avec exactitude, et d'adopter le point de vue du personnage qui écrit le journal. Votre texte comprendra du discours narratif et du discours descriptif, chacun des personnages décrivant l'autre et racontant la scène de son point de vue.

1. Lire et analyser les textes du corpus

• Pour analyser les textes du corpus, on doit observer le **paratexte** de chaque extrait (auteur, date d'écriture, œuvre dont il est tiré), identifier le **genre littéraire** de chaque extrait, le **thème** commun des textes du corpus, les **formes de discours**, les **registres**.

Les textes du corpus sont extraits de romans (XVIIIe et XIXe siècles) ; leur thème commun est la scène de première rencontre ; les textes mêlent discours narratif et discours descriptif. Le registre des textes est lyrique et laudatif, tous mettant en avant la beauté et la grâce de la femme et la naissance de l'amour. Cependant, les textes du XIXe siècle font de la femme un portrait plus réaliste que celui proposé par Prévost.

• Il faut confronter les textes, en comparant leur **énonciation**, les **personnages**, la **construction de la scène** et le **point de vue adopté**.

Le texte de Prévost est écrit à la première personne : c'est le personnage masculin qui raconte sa première rencontre avec la femme aimée. Les textes de Flaubert et de Stendhal sont écrits à la troisième personne. Chez Flaubert, le point de vue adopté est celui de Frédéric (focalisation interne), introduit par le vocabulaire de la perception : « apparition », « il la regarda ». Le texte de Stendhal adopte d'abord un point de vue omniscient (« Avec la vivacité et la grâce qui lui étaient naturelles quand elle était loin des hommes »), puis alterne les points de vue internes de Mme de Rênal (« elle aperçut ») et de Julien (« ne la voyait pas »).

La scène se construit de manière similaire dans les textes A, B et C : le personnage masculin est dans un coin retiré du décor (un angle de cour pour Prévost), qui crée un poste d'observation idéal ; ou bien le personnage est dans une ouverture, un point de passage pour Frédéric qui arrive sur le pont, ou pour Julien tourné vers la porte du jardin. Le texte de Stendhal, fondé sur le double regard des personnages, place aussi Mme de Rênal dans l'ouverture d'une porte-fenêtre. Ces lieux symbolisent un passage, peut-être une transgression dans la vie des personnages.

2. Comprendre la consigne

Il faut examiner de près la consigne. L'écriture d'invention est en effet une écriture « à contraintes » et il faut définir le type de travail attendu. Il s'agit ici de **transposer** un texte en faisant varier certaines données essentielles du texte d'appui, ici le **genre, le narrateur, le point de vue** (► *L'écriture d'invention*, p.165). Il faut dégager les mots-clés qui indiquent ces contraintes, concernant :

- le **genre du texte**

Il faut écrire successivement la page du journal intime de Mme de Rênal, puis celle du journal de Julien. Chacun des narrateurs doit donc décrire ses impressions et ses sentiments et écrire la scène selon son point de vue.

- les **contraintes d'énonciation**

Il s'agira donc de deux textes respectant les règles d'écriture du journal intime : première personne, narration intercalée avec proximité entre l'époque de l'écriture, de la narration et l'époque de l'épisode, le journal narrant généralement les événements de la journée.

- les **formes de discours**

Le discours narratif permettra de mettre en place les circonstances de la rencontre (Mme de Rênal attend un précepteur, Julien vient se présenter pour son nouvel emploi), les lieux (voir ci-dessus le rôle de la position des personnages par rapport à la fenêtre ou au portail), en alternant à bon escient l'imparfait et le passé simple (► *Les temps du passé*, p. 75). On utilisera le discours descriptif pour faire un portrait laudatif du protagoniste (► *Le portrait*, p. 232).

3. Pratiquer l'écriture d'invention

• Construire la page

Il faut **construire le plan de la scène** en suivant celui du texte de Stendhal, en prenant garde au fait que Julien entend Mme de Rênal avant de la voir.

La page du journal de Mme de Rênal peut suivre exactement le texte d'appui ; mais la page du journal de Julien doit s'attacher à décrire d'abord l'angoisse du jeune homme, attendant devant le portail, au moment de prendre son nouvel emploi.

Ensuite, il faut sélectionner pour le journal de Mme de Rênal ce qu'elle perçoit de Julien, et pour le journal de Julien ce qu'il perçoit de Mme de Rênal.

Les portraits, laudatifs, auront sans doute intérêt à suivre une organisation par accumulation de traits et une progression thématique à thèmes dérivés (► p. 105).

• Travailler l'écriture de la page

Dans l'écriture d'invention, **la correction et l'adéquation de la langue** sont déterminants.

Il faut prendre garde à l'utilisation des temps et choisir un vocabulaire approprié pour l'analyse des sentiments et des émotions, ici notamment les réseaux lexicaux de la surprise et de l'émerveillement. Pour le portrait, les deux personnages se caractérisent par leur grâce, leur jeunesse, leur délicatesse et leur féminité.

• Écrire la page

Les récits de Mme de Rênal et de Julien peuvent suivre l'ordre chronologique de l'histoire ; ils doivent être **parallèles** (**sauf pour le début**) et **symétriques** et marquer avant tout l'émerveillement de la découverte mutuelle.

Entraînement

à l'oral

Vous présenterez ce texte au sein d'un groupement intitulé « La soirée au spectacle dans le roman du XIXe siècle » : Stendhal, *Le Rouge et le Noir*, 1830, Deuxième partie, ch. XIX, « L'Opéra Bouffe » ; Flaubert, *Madame Bovary*, 1857, Deuxième partie, ch. XV, Une soirée à l'opéra de Rouen ; Zola, *La Curée*, 1871, ch. V, Une représentation de *Phèdre* au Théâtre-Italien.

Le héros, Lucien de Rubempré, venu dans la capitale pour conquérir la gloire littéraire, découvre la vie parisienne.

Pour Lucien, ces deux heures passées au théâtre furent comme un rêve. Les coulisses, malgré leurs horreurs, avaient commencé l'œuvre de cette fascination. Le poète, encore innocent, y avait respiré le vent du désordre et l'air de la volupté. Dans ces sales couloirs encombrés de machines et où fument des quinquets[1] huileux, il règne comme une peste qui dévore l'âme. La vie n'y est plus sainte ni réelle. On y rit de toutes les choses sérieuses, et les choses impossibles paraissent vraies. Ce fut comme un narcotique[2] pour Lucien, et Coralie[3] acheva de le plonger dans une ivresse joyeuse. Le lustre s'éteignit. Il n'y avait plus alors dans la salle que des ouvreuses qui faisaient un singulier bruit en ôtant les petits bancs et fermant les loges. La rampe, soufflée comme une seule chandelle, répandit une odeur infecte. Le rideau se leva. Une lanterne descendit du cintre[4]. Les pompiers commencèrent leur ronde avec les garçons du service. À la féerie de la scène, au spectacle des loges pleines de jolies femmes, aux étourdissantes lumières, à la splendide magie des décorations et des costumes neufs succédaient le froid, l'horreur, l'obscurité, le vide. Ce fut hideux.

Lucien était dans une surprise indicible.

— Eh bien ! viens-tu, mon petit ? dit Lousteau[5] de dessus le théâtre. — Saute de la loge ici.

D'un bond, Lucien se trouva sur la scène. À peine reconnut-il Florine[6] et Coralie déshabillées, enveloppées dans leurs manteaux et dans des douillettes[7] communes, la tête couverte de chapeaux à voiles noirs, semblables enfin à des papillons rentrés dans leurs larves.

Honoré de Balzac (1799-1850),
Illusions perdues, Deuxième partie,
« Un grand homme de province à Paris » 1843.

1. *quinquets* : lampe à pétrole ou à huile. 2. *narcotique* : médicament qui endort. 3. *Coralie* : actrice qui aime Lucien et dont il va tomber amoureux. 4. *cintre* : partie du théâtre située au-dessus de la scène, où l'on remonte les décors. 5. *Lousteau* : journaliste, amant de Florine, qui introduit Lucien dans le monde de la presse et dans celui du théâtre. 6. *Florine* : actrice, amie de Coralie. 7. *douillettes* : pardessus ouatés.

Question : Quelles relations pouvez-vous établir entre cet extrait et le titre de l'œuvre, *Illusions perdues* ?

A Préparer la 1re partie de l'épreuve

1. Analyser la question

a) Quels sont les mots-clés du libellé ? Quel thème la question invite-t-elle à traiter ?

b) La question posée porte-t-elle sur la situation évoquée ? sur les réactions du personnage ?

• Préparer la lecture analytique

2. Étudier l'histoire et la narration

a) Quelles sont les étapes de l'action ? Quelle expérience fait le personnage principal ?

b) Qui sont les personnages présentés ? Quelles relations entretiennent-ils ?

c) Quelle position a le narrateur par rapport à l'histoire ? Qui voit ?

d) Quelles fonctions a le narrateur dans ce passage ?

3. Étudier l'évocation du réel

a) À quels thèmes renvoient les hyperboles, les termes valorisants ?

b) À quels termes péjoratifs sont opposés les termes valorisants ? Quelle antithèse donne son sens au passage ? Quel est le sens de la comparaison finale ?

c) Le personnage tire-t-il un enseignement de cette expérience ? À qui la découverte du monde peut-elle profiter ?

4. Dégager l'essentiel

a) Que symbolise la découverte des coulisses du théâtre ?

b) Que laisse présager l'attitude de Lucien ?

5. Présenter une introduction

a) À l'aide du paratexte, présentez brièvement le texte.

b) Justifiez la question posée.

c) Annoncez le plan de votre réponse.

6. Présenter une conclusion

Proposez un bilan de votre étude et répondez à la question posée.

B Préparer la 2e partie de l'épreuve

7. Mettre le texte en rapport avec les autres textes du groupement

a) À quels mouvements littéraires se rattachent les textes étudiés ?

b) Pourquoi la soirée au théâtre ou à l'opéra est-elle une scène récurrente dans le roman du XIXe siècle ?

c) Quelles sont les fonctions de cette scène dans chacun des romans étudiés ? A-t-elle une fonction réaliste* ? narrative* ? esthétique* ? symbolique* ?

8. Mettre le texte étudié en rapport avec l'objet d'étude

a) Quels sont les enjeux du récit dans les textes du groupement ?

b) Le réalisme consiste-t-il à imiter le réel ? à le reconstruire pour « faire vrai » ? à l'expliquer ?

SUJET 1

A. Stendhal, *Le Rouge et le Noir*
B. Albert Camus, *L'Étranger*
C. Alain Robbe-Grillet, *Pour un nouveau roman*

Texte A Stendhal, *Le Rouge et le Noir*

Julien, jeune homme pauvre et ambitieux, est précepteur des enfants du maire, M. de Rênal. Il vient d'obtenir une double victoire : l'attention de la maîtresse de maison, et une augmentation de son salaire.

J'ai gagné une bataille, se dit-il aussitôt qu'il se vit dans les bois et loin du regard des hommes, j'ai donc gagné une bataille !

Ce mot lui peignait en beau toute sa position, et rendit à son âme quelque tranquillité.

Cette méditation sur ce qui avait pu faire peur à l'homme heureux et puissant contre lequel, une heure auparavant, il était bouillant de colère, acheva de rasséréner l'âme de Julien. Il fut presque sensible un moment à la beauté ravissante des bois au milieu desquels il marchait. D'énormes quartiers de roches nues étaient tombés jadis au milieu de la forêt du côté de la montagne. De grands hêtres s'élevaient presque aussi haut que ces rochers dont l'ombre donnait une fraîcheur délicieuse à trois pas des endroits où la chaleur des rayons du soleil eût rendu impossible de s'arrêter.

Julien prenait haleine un instant à l'ombre de ces grandes roches, et puis se remettait à monter. Bientôt par un étroit sentier à peine marqué et qui sert seulement aux gardiens de chèvres, il se trouva debout sur un roc immense et bien sûr d'être séparé de tous les hommes. Cette position physique le fit sourire, elle lui peignait la position qu'il brûlait d'atteindre au moral. L'air pur de ces montagnes élevées communiqua la sérénité et même la joie à son âme. Le maire de Verrières était bien toujours, à ses yeux, le représentant de tous les riches et de tous les insolents de la terre ; mais Julien sentait que la haine qui venait de l'agiter, malgré la violence de ses mouvements, n'avait rien de personnel. S'il eût cessé de voir M. de Rênal, en huit jours il l'eût oublié, lui, son château, ses chiens, ses enfants et toute sa famille. Je l'ai forcé, je ne sais comment, à faire le plus grand sacrifice. Quoi ! Plus de cinquante écus par an ! Un instant auparavant, je m'étais tiré du plus grand danger. Voilà deux victoires en un jour ; la seconde est sans mérite, il faudrait en deviner le comment. Mais à demain les pénibles recherches.

Julien, debout sur son grand rocher, regardait le ciel, embrasé par un soleil d'août. Les cigales chantaient dans le champ au-dessous du rocher, quand elles se taisaient tout était silence autour de lui. Il voyait à ses pieds vingt lieues de pays. Quelque épervier parti des grandes roches au-dessus de sa tête était aperçu par lui, de temps à autre, décrivant en silence ses cercles immenses. L'œil de Julien suivait machinalement l'oiseau de proie. Ses mouvements tranquilles et puissants le frappaient, il enviait cette force, il enviait cet isolement. C'était la destinée de Napoléon, serait-ce un jour la sienne ?

Stendhal (1783-1842), *Le Rouge et le Noir*, première partie, chapitre X, 1830.

Texte B Albert Camus, *L'Étranger*

Le héros, Meursault, raconte, indifférent aux événements qui se produisent, son existence banale. Un jour, un concours de circonstances le conduit à commettre un meurtre.

J'ai pensé que je n'avais qu'un demi-tour à faire et ce serait fini. Mais toute une plage vibrante de soleil se pressait derrière moi. J'ai fait quelques pas vers la source. L'Arabe n'a pas bougé. Malgré tout, il était encore assez loin. Peut-être à cause des ombres sur son visage, il avait l'air de rire. J'ai attendu. La brûlure du soleil gagnait mes joues et j'ai senti des gouttes de sueur s'amasser dans mes sourcils. C'était le même soleil que le jour où j'avais enterré maman et, comme alors, le front surtout me faisait mal et toutes ses veines battaient ensemble sous la peau. À cause de cette brûlure que je ne pouvais plus supporter, j'ai fait un mouvement en avant. Je savais que c'était stupide, que je ne me débarrasserais pas du soleil en me déplaçant d'un pas. Mais j'ai fait un pas, un seul pas en avant. Et cette fois, sans se soulever, l'Arabe a tiré son couteau qu'il m'a présenté dans le soleil. La lumière a giclé sur l'acier et c'était comme une longue lame qui m'atteignait au front. Au même instant, la sueur amassée dans mes sourcils a coulé d'un coup sur les paupières et les a recouvertes d'un voile tiède et épais. Mes yeux étaient aveuglés derrière ce rideau de larmes et de sel. Je ne sentais plus que les cymbales du soleil sur mon front et, indistinctement, le glaive éclatant jailli du couteau toujours en face de moi. Cette épée brûlante rongeait mes cils et fouillait mes yeux douloureux. C'est alors que tout a vacillé. La mer a charrié un souffle épais et ardent. Il m'a semblé que le ciel s'ouvrait sur toute son étendue pour laisser pleuvoir du feu. Tout mon être s'est tendu et j'ai crispé ma main sur le revolver.

Albert Camus (1913-1960),
L'Étranger, © Éditions Gallimard, 1942.

Nicolas de Staël, *Paysage*, huile sur toile, 1955, Collection privée, © Bridgeman Giraudon / ADAGP, Paris 2007.

Texte C Alain Robbe-Grillet, *Pour un nouveau roman*

Un personnage, tout le monde sait ce que le mot signifie. Ce n'est pas un il quelconque, anonyme et translucide, simple sujet de l'action exprimée par le verbe. Un personnage doit avoir un nom propre, double si possible : nom de famille et prénom. Il doit avoir des parents, une hérédité. Il doit avoir une profession. S'il a des biens, cela n'en vaudra que mieux. Enfin il doit posséder un « caractère », un visage qui le reflète, un passé qui a modelé celui-ci et celui-là. Son caractère dicte ses actions, le fait réagir de façon déterminée à chaque événement. Son caractère permet au lecteur de le juger, de l'aimer, de le haïr. C'est grâce à ce caractère qu'il léguera un jour son nom à un type humain, qui attendait, dirait-on, la consécration de ce baptême. [...]

Aucune des grandes œuvres contemporaines ne correspond [...] sur ce point aux normes de la critique. Combien de lecteurs se rappellent le nom du narrateur dans *La Nausée*[1] ou dans *L'Étranger*[2] ? Y a-t-il là des types humains ? Ne serait-ce pas au contraire la pire absurdité que de considérer ces livres comme des études de caractère ? [...]

On pourrait multiplier les exemples. En fait, les créateurs de personnages, au sens traditionnel, ne réussissent plus à nous proposer que des fantoches auxquels eux-mêmes ont cessé de croire. Le roman de personnages appartient bel et bien au passé, il caractérise une époque : celle qui marqua l'apogée de l'individu.

Peut-être n'est-ce pas un progrès, mais il est certain que l'époque actuelle est plutôt celle du numéro matricule. Le destin du monde a cessé, pour nous, de s'identifier à l'ascension ou à la chute de quelques hommes, de quelques familles. Le monde lui-même n'est plus cette propriété privée, héréditaire et monnayable, cette sorte de proie, qu'il s'agissait moins de connaître que de conquérir.

Alain Robbe-Grillet (né en 1922),
Pour un nouveau roman,
© Éditions de Minuit, 1963.

1. Roman de Jean-Paul Sartre (1938).
2. Roman de Albert Camus (1942).

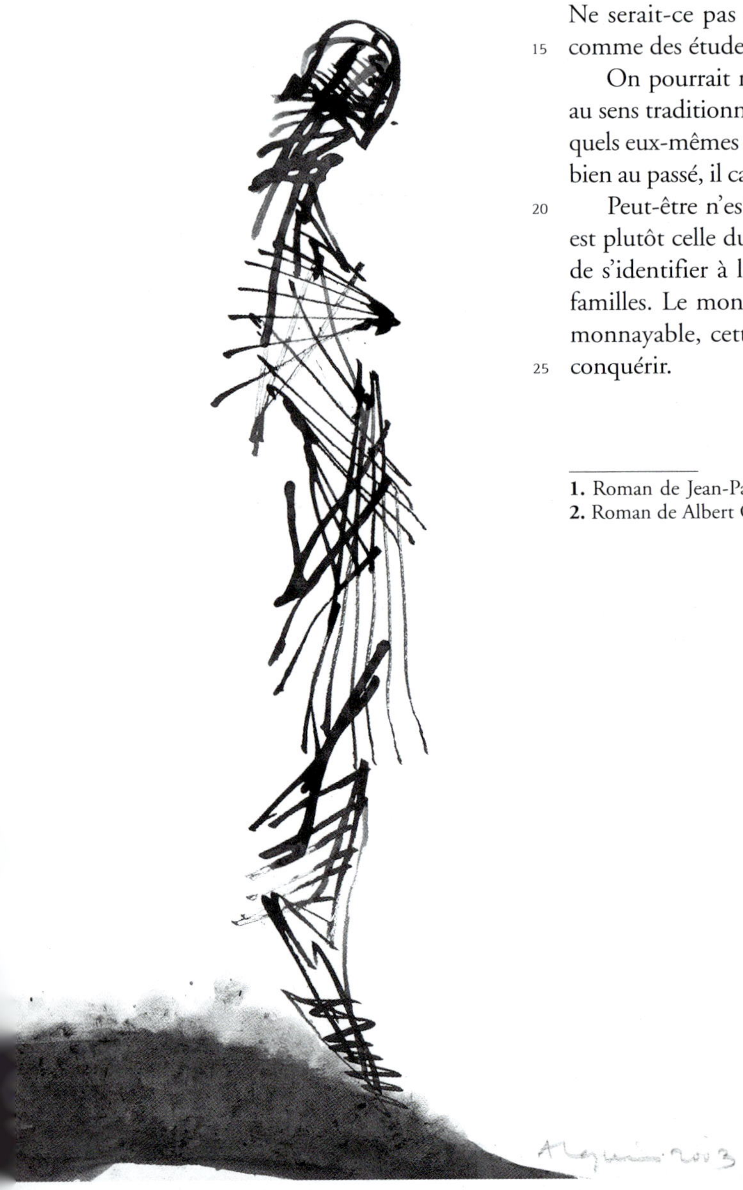

Nicolas Alquin, *Paille d'humanité*,
dessin à la plume d'oie, 2003, © ADAGP, Paris 2007.

à l'étude du corpus : la question préalable

A Lire la question préalable

Vous répondrez à la question suivante.
Comment les textes A et B illustrent-ils les propos d'Alain Robbe-Grillet ? Justifiez votre réponse.

B Étudier le corpus

1. Identifier l'objet d'étude et définir le contenu du corpus

a) À quel objet d'étude se rattachent les textes du corpus ? Est-il croisé avec un autre objet d'étude ?

b) Observez le paratexte. Quelle est la nature de chacun des documents ? À quelles époques ont-ils été écrits ?

2. Caractériser les textes du corpus

a) Quel est le thème du texte A ? et du texte B ?

b) Quelle est la position du narrateur par rapport à l'histoire dans le texte A ? et dans le texte B ?

c) Quel est le point de vue adopté dans le texte B ? et dans le texte A ? Que constatez-vous dans ce texte ? Quel est l'effet produit ?

d) Quelle est la thèse d'Alain Robbe-Grillet dans le texte C ?

3. Confronter les documents

a) Quel point commun présentent les textes A et B ?

b) Le roman de Stendhal est-il un « roman de personnages » ? Julien est-il un « fantoche » ou un « type humain » ? Justifiez votre réponse.

c) Meursault correspond-il à la description que fait Robbe-Grillet du personnage du roman contemporain ?

d) En quoi peut-on rapprocher le dessin de Nicolas Alquin « Paille d'humanité » et le texte C ?

4. Formuler la problématique du corpus

Qu'est-ce qu'un personnage de roman ? Quelle évolution connaît cette notion dans le roman du XXe siècle ? Répondez en une ou deux phrases rédigées.

C Comprendre et traiter la question préalable

5. Repérer les mots-clés de la question préalable

a) Quels sont les mots-clés du libellé ?

b) Que vous invite-t-on à repérer dans les textes A et B ? Faut-il confronter ces deux textes ? Suffit-il de les rapprocher du texte C, l'un après l'autre ?

6. Dégager les éléments essentiels

a) Dans le texte A, relevez les paroles du personnage. Sont-elles rapportées au style direct ? Quel est l'effet produit ?

b) Comment peut-on interpréter la dernière phrase du texte A ? Quelle vision du personnage propose le narrateur ?

c) Quels aspects du personnage de Julien illustrent les propos de Robbe-Grillet, dans les trois premiers paragraphes du texte C ?

d) Dans le texte C, que signifient les phrases : « il doit posséder un "caractère" » et « l'époque actuelle est plutôt celle du matricule » ?

7. Rédiger une réponse à la question préalable

En vous aidant des questions de l'exercice précédent, rédigez une réponse brève et argumentée, prenant en compte les trois textes.

sujets de BAC

► Question préalable du sujet, p. 263.
Vous traiterez un de ces sujets :

1. Commentaire

Vous commenterez le texte de Stendhal.

2. Dissertation

Avez-vous besoin, comme l'écrit Alain Robbe-Grillet, de « juger », d'« aimer », de « haïr » le personnage pour apprécier la lecture d'un roman ?

Vous répondrez à cette question dans un développement argumenté, en vous appuyant sur les œuvres étudiées en classe et sur vos lectures personnelles.

3. Invention

Réécrivez l'épisode du meurtre raconté dans le texte d'Albert Camus. Vous ferez du héros un personnage « au sens traditionnel » du terme. L'épisode sera raconté par un narrateur extérieur à l'histoire, selon un point de vue omniscient.

Sujet 2

A. Madame de La Fayette, *La Princesse de Clèves*
B. André Malraux, *La Condition humaine*
C. Albert Camus, *L'Étranger*
D. Madame de Staël, Préface de *Delphine*

Texte A Madame de La Fayette, *La Princesse de Clèves*

Mme de Clèves, à peine mariée, tombe amoureuse du Duc de Nemours. Elle analyse ses sentiments.

Mme de Clèves demeura seule, et sitôt qu'elle ne fut plus soutenue par cette joie que donne la présence de ce que l'on aime, elle revint comme d'un songe ; elle regarda avec étonnement la prodigieuse différence de l'état où elle était le soir d'avec celui où elle se trouvait alors ; elle se remit devant les yeux l'aigreur et la froideur qu'elle avait fait paraître à M. de Nemours, tant qu'elle avait cru que la lettre de Mme de Thémines s'adressait à lui[1] ; quel calme et quelle douceur avaient succédé à cette aigreur, sitôt qu'il l'avait persuadée que cette lettre ne le regardait pas. Quand elle pensait qu'elle s'était reproché comme un crime, le jour précédent, de lui avoir donné des marques de sensibilité que la seule compassion pouvait avoir fait naître et que, par son aigreur, elle lui avait fait paraître des sentiments de jalousie qui étaient des preuves certaines de passion, elle ne se reconnaissait plus elle-même. Quand elle pensait encore que M. de Nemours voyait bien qu'elle connaissait son amour, qu'il voyait bien aussi que, malgré cette connaissance, elle ne l'en traitait pas plus mal en présence même de son mari, qu'au contraire elle ne l'avait jamais regardé si favorablement, qu'elle était cause que M. de Clèves l'avait envoyé quérir et qu'ils venaient de passer une après-dînée ensemble en particulier, elle trouvait qu'elle était d'intelligence[2] avec M. de Nemours, qu'elle trompait le mari du monde qui méritait le moins d'être trompé, et elle était honteuse de paraître si peu digne d'estime aux yeux même de son amant. Mais, ce qu'elle pouvait moins supporter que tout le reste, était le souvenir de l'état où elle avait passé la nuit, et les cuisantes douleurs que lui avait causées la pensée que M. de Nemours aimait ailleurs et qu'elle était trompée.

Madame de La Fayette (1634-1693), *La Princesse de Clèves*, 1678.

1. On a fait lire à Mme de Clèves une lettre d'amour dont le destinataire aurait pu être M. de Nemours.
2. *être d'intelligence avec* : être la complice de.

Texte B André Malraux, *La Condition humaine*

L'action du roman se déroule en Chine, en 1927. À travers le destin des héros, Kyo et Katow, le roman traite de l'héroïsme de l'engagement révolutionnaire. Faits prisonniers, les deux héros sont condamnés à être brûlés vifs. Kyo se suicide en avalant la capsule de cyanure qu'il portait sur lui. Katow se retrouve en compagnie de deux jeunes prisonniers chinois.

— Hé là, dit-il à voix très basse. Souen, pose ta main sur ma poitrine, et prends dès que je la toucherai : je vais vous donner mon cyanure. Il n'y en a absolument que pour deux. Il avait renoncé à tout, sauf à dire qu'il n'y en avait que pour deux. Couché sur le côté, il brisa le cyanure en deux. Les gardes masquaient la lumière, qui les entourait d'une auréole trouble ; mais n'allaient-ils pas bouger ? Impossible de voir qui que ce fût ; ce don de plus que sa vie, Katow le faisait à cette main chaude qui reposait sur lui, pas même à des corps, pas même à des voix. Elle se crispa comme un animal, se sépara de lui aussitôt. Il attendit, tout le corps tendu. Et soudain, il entendit l'une des deux voix :

— C'est perdu. Tombé.

Voix à peine altérée par l'angoisse, comme si une telle catastrophe n'eût pas été possible, comme si tout eût dû s'arranger. Pour Katow aussi, c'était impossible. Une colère sans limites montait en lui mais retombait, combattue par cette impossibilité. Et pourtant ! Avoir donné cela pour que cet idiot le perdît !

— Quand ? demanda-t-il.

— Avant mon corps. Pas pu tenir quand Souen l'a passé : je suis aussi blessé à la main.

— Il a fait tomber les deux », dit Souen.

Sans doute cherchaient-ils entre eux. Ils cherchèrent ensuite entre Katow et Souen, sur qui l'autre était probablement couché, car Katow, sans rien voir, sentait près de lui la masse de deux corps. Il cherchait lui aussi, s'efforçant de vaincre sa nervosité, de poser sa main à plat, de dix centimètres en dix centimètres, partout où il pouvait atteindre. Leurs mains frôlaient la sienne. Et tout à coup une des deux la prit, la serra, la conserva :

— Même si nous ne trouvons rien... », dit une des voix.

Katow, lui aussi, serrait la main, à la limite des larmes, pris par cette pauvre fraternité sans visage, presque sans vraie voix (tous les chuchotements se ressemblent) qui lui était donnée dans cette obscurité contre le plus grand don qu'il eût jamais fait, et qui était peut-être fait en vain. Bien que Souen continuât à chercher, les deux mains restaient unies. L'étreinte devint soudain crispation :

— Voilà.

Ô résurrection !... Mais :

— Tu es sûr que ce ne sont pas des cailloux ? » demanda l'autre.

Il y avait beaucoup de morceaux de plâtre par terre.

— Donne ! dit Katow.

Du bout des doigts, il reconnut les formes.

Il les rendit – les rendit –, serra plus fort la main qui cherchait à nouveau la sienne, et attendit, tremblant des épaules, claquant des dents. « Pourvu que le cyanure ne soit pas décomposé, malgré le papier d'argent », pensa-t-il. La main qu'il tenait tordit soudain la sienne, et, comme s'il eût communiqué par elle avec le corps perdu dans l'obscurité, il sentit que celui-ci se tendait. Il enviait cette suffocation convulsive. Presque en même temps, l'autre : un cri étranglé auquel nul ne prit garde. Puis, rien.

André Malraux (1901-1976), *La Condition humaine*, © Éditions Gallimard, 1933.

Texte C **Albert Camus, *L'Étranger***

Le héros, Meursault, a assisté aux obsèques de sa mère. Il reprend le cours de sa vie normale, sans manifester d'émotion particulière. Dans l'extrait suivant, il retrouve son amie, Marie.

Le soir, Marie est venue me chercher et m'a demandé si je voulais me marier avec elle. J'ai dit que cela m'était égal et que nous pourrions le faire si elle le voulait. Elle a voulu savoir alors si je l'aimais. J'ai répondu comme je l'avais déjà fait une fois, que cela ne signifiait rien mais que sans doute je ne l'aimais pas. « Pourquoi m'épouser alors ? » a-t-elle dit. Je lui ai expliqué que cela n'avait aucune importance et que si elle le désirait, nous pouvions nous marier. D'ailleurs, c'était elle qui le demandait et moi je me contentais de dire oui. Elle a observé alors que le mariage était une chose grave. J'ai répondu : « Non. » Elle s'est tue un moment et elle m'a regardé en silence. Puis elle a parlé. Elle voulait simplement savoir si j'aurais accepté la même proposition venant d'une autre femme, à qui je serais attaché de la même façon. J'ai dit : « Naturellement. » Elle s'est demandé alors si elle m'aimait et moi, je ne pouvais rien savoir sur ce point. Après un autre moment de silence, elle a murmuré que j'étais bizarre, qu'elle m'aimait sans doute à cause de cela mais que peut-être un jour je la dégoûterais pour les mêmes raisons. Comme je me taisais, n'ayant rien à ajouter, elle m'a pris le bras en souriant et elle a déclaré qu'elle voulait se marier avec moi. J'ai répondu que nous le ferions dès qu'elle le voudrait. Je lui ai parlé alors de la proposition du patron et Marie m'a dit qu'elle aimerait connaître Paris. Je lui ai appris que j'y avais vécu dans un temps et elle m'a demandé comment c'était. Je lui ai dit : « C'est sale. Il y a des pigeons et des cours noires. Les gens ont la peau blanche. »

Albert Camus (1913-1960), *L'Étranger*, © Éditions Gallimard, 1942, 1re partie, ch. V.

Texte D Madame de Staël, Préface de *Delphine*

Les événements ne doivent être dans les romans que l'occasion de développer les passions du cœur humain ; il faut conserver dans les événements assez de vraisemblance pour que l'illusion ne soit point détruite : mais les romans qui excitent la curiosité seulement par l'invention des faits ne captivent dans les hommes que cette imagination qui a fait dire que les yeux sont toujours enfants. Les romans que l'on ne cessera jamais d'admirer, *Clarisse*, *Clémentine*, *Tom Jones*, *La Nouvelle Héloïse*, *Werther*, ont pour but de révéler ou de retracer une foule de sentiments dont se compose, au fond de l'âme, le bonheur ou le malheur de l'existence ; ces sentiments que l'on ne dit point, parce qu'ils se trouvent liés avec nos secrets ou avec nos faiblesses, et parce que les hommes passent leur vie avec les hommes, sans se confier jamais mutuellement ce qu'ils éprouvent.

L'histoire ne nous apprend que les grands traits manifestés par la force des circonstances, mais elle ne peut nous faire pénétrer dans les impressions intimes qui, en influant sur la volonté de quelques-uns, ont disposé du sort de tous. Les découvertes en ce genre sont inépuisables ; il n'y a qu'une chose étonnante pour l'esprit humain, c'est lui-même. *The proper study of mankind is man*[1].

Cherchons donc toutes les ressources du talent, tous les développements de l'esprit, dans la connaissance approfondie des affections de l'âme, et n'estimons les romans que lorsqu'ils nous paraissent, pour ainsi dire, une sorte de confession, dérobée à ceux qui ont vécu comme à ceux qui vivront.

Observer le cœur humain, c'est montrer à chaque pas l'influence de la morale sur la destinée : il n'y a qu'un secret dans la vie, c'est le bien ou le mal qu'on a fait ; il se cache, ce secret, sous mille formes trompeuses : vous souffrez longtemps sans l'avoir mérité, vous prospérez longtemps par des moyens condamnables ; mais tout à coup votre sort se décide, le mot de votre énigme se révèle, et ce mot, la conscience l'avait dit bien avant que le destin l'eût répété. C'est ainsi que l'histoire de l'homme doit être représentée dans les romans ; c'est ainsi que les fictions doivent nous expliquer, par nos vertus et nos sentiments, les mystères de notre sort.

Madame de Staël (1766-1817), Préface de *Delphine*, 1802.

1. L'humanité a pour étude spécifique l'homme.

Entraînement à l'étude du corpus : la question préalable

A Lire les questions préalables

- **Sujet A (séries générales)**

Vous répondrez d'abord à la question suivante (4 points) :

Les textes A, B et C illustrent-ils le propos de Madame de Staël dans le texte D ? ou bien le nuancent-ils ?

- **Sujet B (séries technologiques)**

Vous répondrez d'abord à la question suivante (6 points) :

1. Quel est l'intérêt principal des romans, selon Madame de Staël ?

2. Les textes du corpus illustrent-ils tous également le point de vue de Madame de Staël ? Justifiez votre réponse.

B Étudier le corpus

1. Identifier l'objet d'étude et définir le contenu du corpus

a) À quel(s) objet(s) d'étude se rattachent les textes du corpus ?

b) Observez le paratexte. Quelle est la nature de chacun des documents ? À quelles époques ont-ils été écrits ?

2. Caractériser les textes du corpus

a) Quel est le thème de chacun des textes A, B, C ? et du texte D ?

b) À quel(s) type(s) de roman se rattache chacun des textes A, B, C ?

c) Quel est le temps, le mode dominant dans le texte D ? Quelle est la forme de discours majoritairement employée dans cet extrait ?

3. Confronter les textes

a) Quelle est l'opinion développée dans le texte D ?

b) L'analyse des sentiments est-elle présente dans chacun des trois extraits ?

c) Lequel des trois extraits A, B, C, vous paraît illustrer le mieux les propos de Madame de Staël ? Lequel s'en éloigne le plus ?

4. Formuler la problématique du corpus

Qu'est-ce qui fait l'intérêt du roman ? Le récit d'actions ou l'analyse de l'âme humaine ?

Répondez en une ou deux phrases rédigées.

C Comprendre et traiter la question préalable

• Sujet A

5. Repérer les mots-clés

a) Quels sont les mots-clés du libellé ?

b) Attend-on des appréciations successives sur chacun des textes ou une confrontation argumentée ? Justifiez votre réponse.

6. Dégager les éléments essentiels

a) Dans le texte A, quel est le réseau lexical dominant ?

b) Dans le texte B, observez l'emploi des temps. Que constatez-vous ? Le point de vue de l'auteur apparaît-il ?

c) Dans le texte C, comment la conversation entre Meursault et Marie est-elle rapportée ? Quel est l'effet produit ?

d) Reformulez en deux phrases la thèse du texte D.

7. En vous appuyant sur les exercices précédents, rédigez une réponse argumentée prenant en compte les quatre textes.

• Sujet B

8. Repérer les mots-clés

a) Quels sont les mots-clés dans la première question ?

b) Quels sont les mots-clés de la deuxième question ? Que suggère le terme « tous » ?

9. Dégager les éléments essentiels

a) Dans le texte A, quel est le réseau lexical dominant ? Pourquoi ?

b) Dans le texte B, relevez les paroles rapportées. Que constatez-vous ? Quelle est la position du narrateur par rapport à l'histoire racontée ?

c) Dans le texte C, quel type de parole rapportée utilise-t-on pour restituer la conversation entre Meursault et Marie ? Quel est l'effet produit ?

d) Reformulez la thèse exprimée dans le premier paragraphe du texte D. Qu'ajoute la dernière phrase ?

10. En vous appuyant sur les exercices précédents, rédigez une réponse argumentée prenant en compte les quatre textes.

sujets de BAC

► Questions préalables des deux sujets, p. 266.

• Sujet A (séries générales)

Vous traiterez un de ces sujets au choix (16 points) :

1. Commentaire

Vous commenterez le texte de Malraux (texte B).

2. Dissertation

« *C'est ainsi que les fictions doivent nous expliquer, par nos vertus et nos sentiments, les mystères de notre sort* » affirme Madame de Staël dans la Préface de son roman *Delphine*. Pensez-vous, comme elle, que le roman aide le lecteur à découvrir le sens de son existence ? Vous répondrez à cette question dans un développement argumenté, en vous appuyant sur les textes du corpus, sur les œuvres étudiées en classe et sur vos lectures personnelles.

3. Invention

Vous développerez les réflexions de Marie à la suite de sa conversation avec Meursault. Elle analysera l'attitude de son ami et s'efforcera d'expliquer l'étrangeté de ses réactions. Ces réflexions pourront prendre la forme d'un monologue intérieur à la première personne ou d'une narration à la troisième personne.

• Sujet B (séries technologiques)

Vous traiterez un de ces sujets au choix (14 points) :

1. Commentaire

Vous commenterez le texte de Camus (texte C) en vous aidant du parcours de lecture suivant :

- Quelle(s) vision(s) de l'amour cette page présente-t-elle ?
- Quelle est l'attitude de Meursault ? Comment l'écriture du texte met-elle en valeur cette attitude ?

2. Dissertation

Selon vous, l'intérêt d'un roman réside-t-il principalement dans l'analyse des sentiments des personnages ?

Vous répondrez à cette question dans un développement argumenté, en prenant appui sur les textes du corpus, sur les œuvres étudiées en classe et sur vos lectures personnelles.

3. Invention

Imaginez le récit que Marie fait de sa conversation avec Meursault, dans une lettre adressée à une amie. Vous vous attacherez à rendre l'étrangeté des réactions de celui-ci, ainsi que les sentiments que ce comportement suscite chez la jeune femme.

LIRE UN ROMAN

Pour lire un roman, on doit le replacer dans son contexte et en étudier les composantes : l'histoire racontée, la fiction, et la manière dont elle est racontée, la narration. On peut ainsi dégager les enjeux du roman et en comprendre l'intérêt.

1. Connaître le contexte du roman

- **La date d'écriture et de publication** rattachent le roman à une époque historique et sociale, à une période de l'histoire littéraire à prendre en compte dans l'interprétation.
- **La biographie de l'auteur** aide à cerner les circonstances d'écriture du roman, les influences subies, les conditions de sa réception.

2. Observer le paratexte

- **Le titre** du roman a une **valeur informative** et **incite** à la lecture. Ce peut être : un nom propre (*Madame Bovary*) ou un surnom désignant le héros (*Nana*), un groupe nominal évoquant le thème du roman (*Illusions perdues*), la métaphore du roman (*La Symphonie pastorale*), une phrase entière, citation tirée du livre ou d'ailleurs (Assia Djebar, *Vaste est la prison*). Il peut être énigmatique par sa polysémie (*Le Rouge et le Noir*).
- **La préface écrite par l'auteur** doit être étudiée, car elle donne des explications sur ses intentions et ses choix artistiques (► *Lire une préface*, p. 418).

3. Observer et interpréter la composition du récit

- **Le découpage** du roman et la **succession des épisodes** sont significatifs (nombre et longueur des parties et des chapitres, présence ou absence de titres...).
- L'étude du **schéma narratif** fait apparaître les pages-clés du roman : début et fin du roman, principales péripéties ou rencontres décisives...
- L'étude de l'**organisation de l'espace** permet souvent de préciser la trajectoire des personnages, leur position dans la société. L'espace prend parfois un sens symbolique renvoyant au destin du héros.

4. Caractériser la narration

Pour caractériser la narration, on peut étudier :

- **l'énonciation romanesque** : à quelle personne est écrit le récit ? Le narrateur est-il un des protagonistes de l'histoire ? Y a-t-il des intrusions d'auteur* ? S'agit-il d'un récit enchâssé ? Quels types de discours rapportés trouve-t-on ?
- **l'ordre de la narration** : la chronologie des événements est-elle respectée ? Y a-t-il des retours en arrière et des projections dans l'avenir ?
- **la vitesse de la narration** : les repères temporels signalent-ils des ellipses, des scènes, des sommaires, des pauses, des ralentis ?
- **les variations de la focalisation** : la focalisation externe rend personnages et événements mystérieux et opaques, la focalisation zéro donne le sentiment d'une parfaite connaissance des personnages et des faits, la focalisation interne permet l'empathie avec le personnage.
- **les registres** : le roman s'inscrit-il dans un registre dominant ? À quels registres divers fait-il appel ?

5. Interpréter le roman

Pour interpréter un roman, on s'attachera aussi à l'étude des **personnages**, des **thèmes** et des **valeurs** dont il est porteur.

- L'étude du **personnage** se fonde sur les indications données par l'auteur (portrait physique, moral, « carte d'identité » ou anonymat) et porte sur ses fonctions (schéma actanciel*), son évolution, sa signification (personnage idéal, symbole, type social, moral, psychologique).
- L'étude des **thèmes principaux** et des **registres dominants** permet de définir les grandes orientations du roman (roman d'analyse, roman historique, roman social...), de dégager la **vision du monde** dont il témoigne. Ce peut être, par exemple, une condamnation de la passion amoureuse (Mme de La Fayette), une vision critique de la société (Balzac, Zola), un plaidoyer pour l'améliorer (Assia Djebar)...

LIRE UN CONTE OU UNE NOUVELLE

La nouvelle et le conte sont des récits brefs. Ils partagent les principales caractéristiques du récit romanesque (► Le récit, *p. 214, et* Lire un roman, *p. 268)* *; ils présentent des traits communs mais aussi des spécificités qui conditionnent leur lecture.*

1. Observer les caractéristiques communes

Le conte et la nouvelle se caractérisent par une **intrigue simple**, un **cadre spatio-temporel resserré**, des **personnages peu nombreux**, reconnaissables à un ou deux traits essentiels, un récit tendu dès son début vers le **dénouement**.

2. Étudier la composition du conte ou de la nouvelle

- Le récit étant bref, il faut étudier les **moyens de son resserrement, notamment son rythme** :
  - les **ellipses narratives** : pourquoi certains épisodes de l'histoire sont-ils omis ? Peut-on les reconstituer aisément ?
  - les **scènes** : quel rôle jouent-elles dans la progression de l'action ? dans la dramatisation de l'histoire ? dans sa signification symbolique ?
- Les effets **de symétrie**, de **répétition** et de **contraste** sont **significatifs**, qu'ils concernent les personnages (le bon et le méchant, le grand et le petit) ou les épisodes.

3. Analyser le début et la fin d'un conte ou d'une nouvelle

On étudiera comment le début de l'œuvre met en place les **personnages**, l'**intrigue** et le **cadre de l'action**, comment la fin de l'œuvre répond directement à la situation initiale, dans la nouvelle souvent de façon surprenante (on parle de « **nouvelle à chute** »), dans le conte d'une façon plus attendue, le **dénouement** ou **épilogue** se résumant souvent à la formule : « Ils furent heureux et eurent beaucoup d'enfants ».

4. Distinguer les particularités de la nouvelle

- La **nouvelle** est un récit **vraisemblable et actuel** : on notera les détails **réalistes** et les **marques spatio-temporelles** qui l'inscrivent dans un temps historique et dans un lieu réel, généralement **très resserrés**.
- La nouvelle se caractérise par la **dramatisation intense d'un petit fait**, souvent **révélateur** d'un problème de société (la désespérance de la jeunesse chez Le Clézio), d'une angoisse refoulée (la folie dans *Le Horla* de Maupassant).
- Certaines nouvelles racontent un **fait banal**, mais pathétique (*Boule de suif* de Maupassant) ou tragique (*La Ronde* de Le Clézio).
- D'autres se caractérisent par une tension **entre le banal et l'extraordinaire** (*La Peur* de Maupassant). Cette tension est le ressort du registre **fantastique** qui mêle rationnel et irrationnel : le lecteur et le narrateur hésitent entre l'explication rationnelle (un cauchemar) et l'hypothèse surnaturelle (*Le Horla*).

5. Distinguer les particularités du conte

Le **conte** se distingue de la nouvelle par la présence d'un **conteur** et par un **cadre spatio-temporel vague et large**, qui favorise l'intrusion du **merveilleux**. Le conte a généralement une visée **morale** ou **philosophique**. On étudiera :

- **la figure** ou **le personnage du conteur**, à travers ses commentaires, les registres utilisés et la situation d'énonciation, en particulier si le récit est **enchâssé**.
- **le cadre spatio-temporel**, généralement indéfini (« il était une fois... »).
- les éléments de **merveilleux** (enchantements, lieux magiques, personnages surnaturels...), **acceptés comme naturels** par les personnages du conte et par le lecteur ou, dans un **conte philosophique**, la signification idéologique et symbolique des personnages et des épisodes (► *Lire un conte philosophique*, p. 191).

3 Le théâtre

1 • Voici la liste des personnages :
F 1 : Première Femme, F 2 : Deuxième Femme, H : Homme
Quelles indications le titre et cette liste nous apportent-ils sur le contenu de la pièce ?
Qu'a de surprenant la liste ?

2 • Pouvez-vous identifier les occupants des jarres ? Que regardent-ils ? Sont-ils individualisés ?
Sur quelle partie de leur corps l'attention est-elle portée ? Comment ?

3 • Quelle conception du personnage de théâtre révèle cette photo ? Est-elle traditionnelle ?

Samuel BECKETT (1906-1989), *Comédie pas catastrophe*, 1963. Mise en scène de Michael Lonsdale, lumière de Benjamin Guillemant, avec Michael Lonsdale, Eleonore Hirt, Danielle van Bercheycked, dans le cadre du « Festival Paris Beckett », Théâtre des Bouffes du Nord, Paris, le 02/11/2006. © Benjamin Renout / Agence Enguerand.

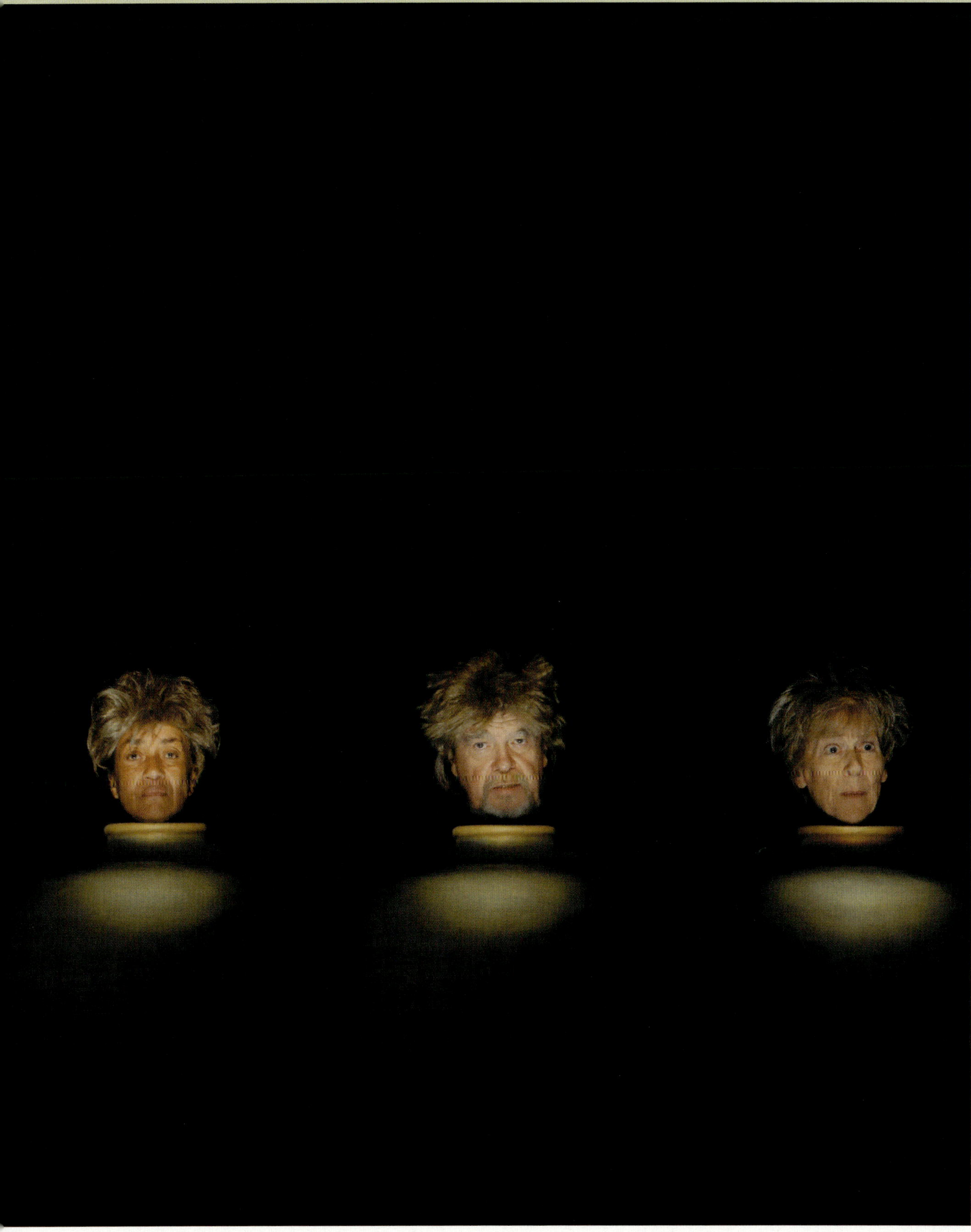

LE THÉÂTRE, TEXTE ET REPRÉSENTATION

Le mot « théâtre » signifie littéralement « le lieu d'où l'on regarde ». Le théâtre est un spectacle : il requiert la présence physique des acteurs, jouant devant un public et donnant vie à un texte, à travers les paroles échangées sur scène. Le texte de théâtre est fait pour être joué : lire une œuvre théâtrale impose de prendre en compte ce qu'elle devient à la représentation.

1. Le texte de théâtre

Les composantes du texte théâtral

• Le texte théâtral se compose des **dialogues** (échanges entre les personnages) et des **didascalies*** (part du texte écrit qui n'est pas prononcée par les personnages). Les didascalies sont destinées au lecteur et au metteur en scène et sont souvent présentées en italique.

• On nomme didascalies **initiales** celles qu'on lit en début de pièce ou en début d'acte (liste et noms des personnages, indications des relations qui les unissent, précisions sur le décor, les costumes, les lumières). Les didascalies **fonctionnelles** donnent des indications dans le cours du texte (noms des personnages, mentions des divisions en actes et scènes, indications de lieu, de temps). Les didascalies **expressives** concernent le jeu des acteurs (mise en place des jeux de scène).

• Inexistantes ou presque dans le théâtre classique, les didascalies prennent de plus en plus d'importance dans le théâtre du XXe siècle, marqué par la crise du langage et le rôle prépondérant accordé aux objets et au corps.

La double énonciation

• Le texte théâtral se caractérise par la **double énonciation*** : les personnages dialoguent entre eux comme si le public était absent, mais à travers leurs paroles, l'auteur s'adresse aux spectateurs.

• La double énonciation rend possible le **quiproquo*** (malentendu comique, le spectateur connaissant ce qu'ignore le personnage) ou la **méprise tragique** (le héros tragique ne discerne pas la menace qui pèse sur lui et dont le spectateur est informé ; on parle aussi d'**ironie tragique***).

Les formes de l'échange

• Le **dialogue** est un échange de **répliques*** de longueur variable ; la **stichomythie*** oppose des répliques brèves (vers à vers) ; la **tirade*** est une longue réplique ; le **récit*** est une longue tirade rendant compte d'une action que l'on ne représente pas sur scène, pour des raisons de vraisemblance ou de bienséance.

• Les formes qui jouent de la double énonciation sont le **monologue*** (dit par un personnage seul sur la scène) et l'**aparté*** (propos prononcés par un personnage, que les autres personnages présents sont censés ne pas entendre).

• L'**adresse directe au public** (un personnage se tourne vers les spectateurs pour leur parler) rompt avec la règle fondamentale du théâtre classique, qui interdit qu'on s'adresse au spectateur. Rare dans le théâtre classique, elle est plus fréquente dans les pièces modernes.

Les phases de l'action dramatique

L'action dramatique relate les événements conduisant d'une situation initiale à une situation finale. Elle comprend trois phases.

• L'**exposition** fournit les éléments nécessaires à la compréhension de la situation initiale (lieux, époque, personnages, données de l'intrigue).

• Le **nœud de l'action** est la partie de la pièce où se développe le conflit, où apparaissent des obstacles qui vont contre la volonté des héros. Ces derniers voient leur situation matérielle et psychologique modifiée par des **péripéties*** (retournements inattendus) ou des **coups de théâtre** (événements imprévus), qui les amènent à prendre des décisions. On parle de **dilemme*** lorsque le héros, confronté à deux exigences inconciliables, ne sait comment choisir.

• Le **dénouement** comprend l'élimination du dernier obstacle et il fixe le sort des personnages.

Actes, scènes, tableaux

• L'action est divisée en **actes***, unités dramatiques correspondant à un groupement de scènes et à une étape importante de l'action. Chaque acte est divisé en **scènes** définies (dans le théâtre français) par l'entrée ou la sortie des personnages.

• Dans le théâtre contemporain, l'action est divisée en **tableaux** qui se substituent aux actes et aux scènes du théâtre classique. Les tableaux permettent la juxtaposition de situations variées et jouent sur les ruptures temporelles.

2. La représentation théâtrale

L'illusion théâtrale

Au théâtre, le spectateur sait bien que rien de réel ne se passe sur la scène, mais il feint de croire que le spectacle auquel il assiste est vrai. **L'illusion** est créée par l'acteur qui nous fait croire à l'existence de son personnage, même s'il joue sans décor ni costume. L'illusion repose aussi sur les conventions élaborées par les auteurs et acceptées par les spectateurs. Les conventions touchent l'écriture du texte de théâtre. Il s'agit par exemple, dans l'exposition*, d'apporter des informations au moyen de procédés divers : dialogue entre le héros et un confident, dialogue entre des personnages secondaires, monologue*...

Certaines formes de l'échange théâtral, comme le récit*, la tirade*, le monologue*, l'aparté*, sont aussi des conventions : on ne parle pas ainsi dans la vie réelle. De même, le dénouement peut faire appel à divers artifices, comme le procédé du *deus ex machina*. Des éléments visuels et sonores contribuent à **accentuer** ou à **déjouer l'illusion théâtrale**.

Les éléments visuels

Lors de la représentation, **d'autres éléments que les répliques communiquent du sens** : le lieu scénique, le décor, les accessoires, les costumes, les gestes des acteurs.

• Le **lieu scénique** détermine les conditions matérielles de la représentation et influe sur l'écriture du texte. La **scène ouverte** rapproche les acteurs des spectateurs, alors que le **théâtre à l'italienne**, sépare la scène de la salle (orchestre, parterre, loges) par un rideau et une rampe lumineuse et favorise l'illusion théâtrale. La scène à l'italienne, héritée de la Renaissance, domine du XVIIe siècle au début du XXe siècle.

• Au théâtre, l'espace est double. **L'espace scénique** est celui où le drame se déroule, sous les yeux des spectateurs : il est mentionné par les didascalies et les répliques des personnages ; il peut imiter un espace réel ou avoir une valeur symbolique.

L'espace dramatique est l'espace fictif auquel renvoient les répliques des personnages ; il ne se limite pas à la scène mais désigne aussi des lieux invisibles, d'où peuvent être rapportés des récits.

• Les **décors**, les **accessoires**, et les **costumes** créent une atmosphère et ont souvent une valeur symbolique.

• Les **gestes**, les **mimiques**, les **déplacements** des personnages constituent un langage visuel qui confirme, nuance ou contredit les paroles échangées.

Les signes sonores

Le théâtre recourt aussi à des signes sonores : la déclamation, les gestes vocaux (débit et intonation de l'acteur, rires, cris, gémissements, pleurs...), le décor sonore (bruitage, accompagnement musical).

L'évolution des conditions de représentation et l'apparition de la mise en scène

• Jusqu'à la fin du XVIIIe siècle, on joue avec des **décors** et des **costumes de convention**. Ensuite, ils deviennent de plus en plus réalistes.

• Au XIXe siècle, l'introduction des **praticables** (accessoires posés sur la scène et non peints) et le remplacement des chandelles par une **rampe à gaz** modifient notablement les conditions de représentation. C'est aussi à cette époque que se développe la **mise en scène**.

• Au XXe siècle, le décor, les objets, le corps prennent une importance nouvelle dans la représentation théâtrale, en raison de la mise en question du langage.

DU THÉÂTRE CLASSIQUE À L'ÉPOQUE CONTEMPORAINE

1. LE THÉÂTRE CLASSIQUE

1. La tragédie au XVIIe siècle

• Origines

• Née à Athènes au Ve siècle avant J.-C., la tragédie était représentée lors d'une cérémonie religieuse et civique qui unissait toute la cité autour du dieu Dionysos.

• Littéralement, le mot signifierait le « chant du bouc » (de *tragos*, le bouc et *ôïdè*, le chant) mais cette étymologie est incertaine. Incluse dans la fête religieuse, la tragédie grecque ne constitue plus un rituel par elle-même.

• Définition

• Dans *La Poétique*, le philosophe grec Aristote (IVe siècle av. J.-C.) définit ainsi la tragédie : « **imitation d'une action de caractère élevé et complète [...] faite par des personnages en action et non au moyen d'un récit, et qui, suscitant pitié et crainte, opère la purgation** (*catharsis*) **propre à de pareilles émotions** ».

• La définition a été reprise par le poète latin Horace au Ier siècle ap. J.-C., puis par les théoriciens français du XVIIe siècle (l'abbé d'Aubignac, Chapelain et Boileau, en particulier). La tragédie fait aussi l'objet de débats dans les préfaces des auteurs et examens des auteurs, notamment les trois *Discours* de Corneille.

• Sujets et personnages

• La tragédie emprunte ses sujets à la **mythologie** ou à **l'Histoire**. Elle met en scène des héros, personnages illustres, de rang élevé, légendaires ou historiques.

• Le **conflit tragique** repose sur une **situation inextricable** dans laquelle les personnages affrontent des forces qui les dépassent, extérieures à eux ou intérieures. Les **péripéties***, retournements inattendus, contraignent les héros à prendre des décisions. Lorsqu'un héros est confronté à deux exigences inconciliables, on parle de **dilemme***.

• L'issue de la tragédie est souvent sanglante car la **fatalité** de l'Histoire ou des passions conduit le héros à sa perte. Certaines tragédies cependant ne se terminent pas dans le sang.

• Action dramatique

Dans la tragédie, comme dans la comédie classique, les trois phases de l'action dramatique obéissent à un certain nombre de règles :
- l'**exposition** doit être entière et courte, claire, intéressante et « vraisemblable » ;
- le **nœud de l'action** est l'apparition des obstacles, péripéties et coups de théâtre ;
- le **dénouement** doit être rapide, complet, « nécessaire » (c'est-à-dire découler logiquement de ce qui précède).

• Actes, scènes, vers

L'action de la tragédie classique est divisée en **cinq actes*** et en **scènes** (en nombre variable), définies par l'entrée ou la sortie des personnages. La liaison des scènes doit éviter toute rupture de l'action (la liaison de présence est assurée par un personnage qui demeure en scène ; la liaison de fuite consiste à faire quitter le plateau à un personnage qui veut en éviter un autre). Le vers utilisé est **l'alexandrin**.

• Règles

• D'après la doctrine classique, la tragédie doit créer **l'illusion du vrai** (c'est la **vraisemblance***) en faisant le plus possible coïncider le temps de la fiction et la durée de la représentation (3 heures). D'où la règle dite des « **trois unités** » : temps (24 heures), lieu (décor unique sur scène) et action (intrigue unique ou avec actions secondaires liées à la principale).

• De la notion de vraisemblance découlent les **bienséances*** :
- le héros doit être vertueux (sans être parfait), agir et parler conformément à son rang, à son âge, à son sexe ;
- la tragédie ne doit pas choquer le public par la représentation de la sexualité ou de la violence (spectacles sanglants, batailles, duels et meurtres sont évoqués par des récits).

• Buts

• La tragédie a une **visée esthétique** : « **La principale règle est de plaire et de toucher** » (Racine, préface de *Bérénice*).

• La tragédie a **une visée morale : toucher et instruire** (par la **terreur** et la **pitié**, ou l'**admiration** chez Corneille). La notion médicale grecque de *catharsis*, utilisée par Aristote pour caractériser le plaisir du théâtre, est interprétée au XVIIe siècle dans un sens moral. En s'identifiant au personnage, en éprouvant momentanément à travers lui des passions mauvaises, le spectateur parviendrait à maîtriser ces passions et à s'en libérer dans la vie réelle.

2. La comédie au XVIIe siècle

• Origines

• Née en Grèce, la comédie était à l'origine une procession burlesque et populaire en l'honneur de Dionysos, le *cômos* (d'où le mot *comoedia* : chant du cômos).

• La comédie est d'abord **politique** et **satirique** avec Aristophane (V^e-IVe siècle av. J.-C.). Elle se tourne vers la **comédie de caractère** avec le dramaturge Ménandre et la **comédie nouvelle** (ou **Néa** : IVe s. av. J.-C.), qui fournit ses rôles et ses situations au théâtre latin puis, beaucoup plus tard, à la **comédie d'intrigue** du XVIIe siècle.

• Définition

Aristote définit la comédie comme « **l'imitation des hommes de qualité morale inférieure, non en toute espèce de vice, mais dans le domaine du risible, lequel est une partie du laid** ».

Miroir de la vie quotidienne, elle représente le ridicule de l'humanité.

• Sujets et personnages

• Les personnages de comédie sont des **personnages de basse ou moyenne condition**, ils appartiennent au peuple ou à la bourgeoisie.

• La comédie se situe à une **époque contemporaine**. L'action est inventée, l'intrigue s'inspire de la vie quotidienne.

• Action dramatique

Le déroulement d'une comédie est identique à celui d'une tragédie : **exposition, nœud de l'action, dénouement**. Par opposition au dénouement tragique, le dénouement d'une comédie est généralement heureux (souvent un ou plusieurs mariages). Il doit en principe découler logiquement de ce qui précède (c'est ce qu'on appelle un dénouement « **nécessaire** »). Mais Molière n'hésite pas à introduire le procédé du *deus ex machina* : intervention opportune et tout à fait inattendue d'un personnage extérieur à l'action, comparable aux interventions divines dans le théâtre grec.

• Actes, scènes, vers

L'architecture de la comédie est à peu près calquée sur celle de la tragédie : cinq actes (parfois trois, selon le modèle de la comédie italienne). La comédie est généralement en vers, en **alexandrins**, sur le modèle de la tragédie.

• Règles

La comédie doit, comme la tragédie, respecter la **vraisemblance*** et les règles qui en découlent :

• règle des « **trois unités** » : de temps, de lieu et d'action ;

• règle des **bienséances*** (mais on tolère les allusions à la sexualité et la mention de la nourriture, bannies de la tragédie).

• Formes du comique

• Le **comique de mots** : il exploite les ressources du langage (répétition, jeux sur les sons, sur le sens, calembours*, déformations, recours au jargon, au parler dialectal, au latin macaronique*).

• Le **comique de gestes** : coups, gifles, bastonnades, chutes, mouvements mécaniques, etc.

• Le **comique de situation** : quiproquo, personnage dissimulé, rencontre inattendue et malencontreuse, etc.

• Le **comique de caractère** : obsession, manie d'un personnage tournée en ridicule.

• Buts

• La comédie a une visée **esthétique**, plaire : « Je voudrais bien savoir si la grande règle de toutes les règles n'est pas de plaire... » (Molière, *Critique de l'École des femmes*).

• Son but est aussi **moral et didactique** : « *Castigat ridendo mores* » : la comédie « corrige les mœurs par le rire ». En représentant une humanité ridicule et pitoyable, elle démasque les imperfections des hommes et les incite à se corriger.

2. NOUVEAUX LANGAGES AU THÉÂTRE

1. Le drame romantique

Au XIXe siècle, le **drame romantique** (en vers et en prose) refuse les règles du théâtre classique.

• LE REFUS DES RÈGLES

• Les auteurs (Hugo, Dumas, Vigny, Musset) s'affranchissent des unités de temps et de lieu et assouplissent les règles de la versification.

• Le drame* romantique emprunte ses sujets à **l'histoire moderne**. Il met en scène des personnages multiples, de conditions variées, qui parlent un langage en accord avec leur rang social. Il fait place aux réalités matérielles et le **corps** (gestes, voix, mouvements) prend une importance nouvelle.

• LE MÉLANGE DES GENRES ET DES REGISTRES

Le drame romantique prône le **mélange des genres* et des registres***, au nom de la vérité.

> « Le drame tient de la tragédie par la peinture des passions, et de la comédie par la peinture des caractères. Le drame est la troisième grande forme de l'art, comprenant, enserrant et fécondant les deux premières. [...] Les deux électricités opposées de la comédie et de la tragédie se rencontrent et l'étincelle qui en jaillit, c'est le drame. »
>
> Victor Hugo, préface de *Ruy Blas*, 1838.

2. Le vaudeville

• Avant d'être un genre dramatique, le vaudeville fut une chanson populaire, gaie et satirique, composée sur des airs déjà connus.

• Au XIXe siècle, l'œuvre d'**Eugène Labiche** illustre ce genre, en associant farce* et satire*. Labiche prend pour cibles la petite et la moyenne bourgeoisie du Second Empire, dont il met en évidence la mesquinerie, l'amour de l'argent, l'hypocrisie. Ses intrigues extravagantes et embrouillées exploitent toutes les ressources du quiproquo*, du coup de théâtre*. Ce comique dénué de réalisme et le délire verbal annoncent le théâtre du XXe siècle.

3. Le théâtre du XXe siècle

Le théâtre du XXe siècle poursuit la remise en cause des formes théâtrales **en rejetant l'ancien système dramatique et en mettant en question le langage**.

De nouveaux rapports se dessinent entre la scène et le public : le décor se libère du réalisme et on délaisse la scène à l'italienne pour des dispositifs qui mettent en contact acteurs et spectateurs.

• LE RETOUR DU TRAGIQUE

La reprise des mythes antiques dans le théâtre du XXe siècle permet de poser la question des **limites de la liberté** et du tragique de la **condition humaine**.

> Cocteau (*La Machine infernale*, 1934), Giraudoux (*Électre*, 1937), Sartre (*Les Mouches*, 1943) et Anouilh (*Antigone*, 1944) renouent avec la mythologie grecque : les mythes d'Œdipe, d'Antigone ou d'Électre leur fournissent un langage universel et adaptable aux préoccupations de leur temps.

• LE THÉÂTRE DE L'ABSURDE

Le Nouveau Théâtre des années 1950 (ou théâtre de l'Absurde*) se donne pour tâche de représenter l'absurdité de la condition humaine, sur le mode de la dérision, le comique devenant ainsi révélateur du tragique.

• Les auteurs (Beckett, Ionesco, Genet) **refusent l'illusion réaliste**. La progression traditionnelle de l'action n'est pas respectée et l'unité psychologique du personnage est compromise.

• L'effondrement du personnage s'accompagne de la **désorganisation du langage**. Les incohérences logiques, la distorsion du lexique et de la syntaxe, la subversion des lieux communs de la conversation, les **dysfonctionnements du dialogue menacé par le silence**, traduisent le désarroi contemporain.

LE PERSONNAGE DE THÉÂTRE

Le personnage de théâtre (du latin persona, *le masque de théâtre) est souvent assimilé à une personne réelle. Pourtant il n'a d'autre existence que celle des mots qui le composent. Incarné par un comédien qui lui prête son corps, sa voix, ses gestes, c'est un être de fiction. Participant à une action*, le personnage de théâtre est une force agissante. Représentant un type psychologique ou social, le personnage peut correspondre à un rôle traditionnel.*

1. Un être fictif

Le personnage de théâtre est la **création d'un auteur**, qui lui prête des traits distinctifs, des actions.

- Dans le théâtre traditionnel, l'auteur obéit à un souci de **vraisemblance***. Il dote le personnage d'un nom, d'une caractérisation psychologique et sociale, d'un passé et il l'insère dans une histoire.

- Les **traits distinctifs** des personnages varient d'une pièce à l'autre. Cependant **la liste des personnages** fait apparaître des oppositions invariables comme **le sexe** (homme / femme) ou **la condition** (supérieur / inférieur). La liste des personnages indique aussi **les relations amoureuses, sociales et familiales** qui unissent les personnages.

Voici, par exemple, la liste des personnages de *L'Avare* de Molière (1668), qui définit leurs relations familiales, amoureuses et sociales :

> Harpagon, père de Cléante et d'Élise, et amoureux de Mariane.
> Cléante, fils d'Harpagon, amant de Mariane.
> Élise, fille d'Harpagon, amante de Valère.
> Valère, fils d'Anselme, et amant d'Élise.
> Mariane, amante de Cléante, et aimée d'Harpagon.
> Anselme, père de Valère et de Mariane.
> Frosine, femme d'intrigue.
> Maître Simon, courtier.
> Maître Jacques, cuisinier et cocher d'Harpagon.
> La Flèche, valet de Cléante.
> Dame Claude, servante d'Harpagon.
> Brindavoine, La Merluche, laquais d'Harpagon.
> Le Commissaire et son Clerc.

- Le théâtre contemporain refuse l'illusion réaliste et ne recherche plus la vraisemblance. Souvent, les auteurs contestent la notion de personnage ; ils mettent en scène des êtres sans consistance, sans passé, interchangeables, parfois anonymes, dépourvus d'une psychologie cohérente.

2. Une force agissante

Parce qu'ils participent à une action organisée autour d'une quête principale, les personnages sont des **forces agissantes.** Leurs relations s'inscrivent dans un schéma dit actantiel, qui définit leurs fonctions :

Un **sujet** recherche un **objet**, aidé par un **adjuvant**, contrarié par un **opposant**. Le **destinateur*** pousse le sujet à agir, au profit d'un **destinataire***.

Un même personnage peut remplir plusieurs fonctions, successives ou simultanées. D'autre part, des éléments autres que les personnages peuvent constituer des forces agissantes : idées, valeurs, institutions...

Voici, par exemple, le schéma actantiel initial de *Britannicus* de Racine (1669) ; l'action débute après l'enlèvement par Néron de Junie, la fiancée de Britannicus :

> Un destinateur (l'amour) pousse un sujet (Néron) à rechercher un objet (Junie) au profit d'un destinataire (Néron lui-même) ; le sujet est aidé dans sa quête par un adjuvant (Narcisse) et contrarié par plusieurs opposants, qui désapprouvent l'enlèvement (Britannicus, Burrhus, le précepteur de Néron, et Agrippine, sa mère).

3. Un rôle traditionnel

- Le mot « rôle » désigne un **emploi consacré par la tradition théâtrale** (on parle aussi de **rôle codé**). Parce qu'il s'inscrit dans une tradition, le personnage qui entre en scène est déjà une figure de théâtre.

- Le rôle peut correspondre à un **type psychologique** (l'ingénue, l'amoureux, le fils indigne, le séducteur, le père abusif, l'avare...) ou à un **type social** (le roi, le tyran, le maître, le valet, le confident, la nourrice, le parasite...). Parfois, type psychologique et social se conjuguent : le valet rusé, le soldat fanfaron (vantard)...

Méthode

LIRE UNE PAGE DE THÉÂTRE

Lire et commenter une page de théâtre suppose qu'on la situe précisément par rapport aux codes théâtraux, par rapport à la pièce dont elle est extraite, qu'on étudie les éléments qui la composent et les procédés littéraires qui président à son écriture.

1. Situer le texte

• Situer le texte dans son contexte de parution

Un examen attentif du **paratexte*** (chapeau, références, notes) permet d'identifier l'auteur, l'œuvre dont est extrait le texte, la date d'écriture ou de première représentation de la pièce.

• Situer le texte par rapport aux codes théâtraux

C'est identifier le genre théâtral (comédie, tragédie classique, drame romantique, œuvre contemporaine), le registre*, la forme de l'échange théâtral. Le texte est-il en vers ou en prose, la langue noble ou familière ? Quel est le rang social des personnages ? S'agit-il de rôles codés, de types sociaux ou psychologiques (le roi, le tyran, le maître, le confident, le serviteur, le père, le fils, la fille à marier, l'ingénue, le barbon amoureux, l'hypocrite, le parasite...) ? Quelle est la part du texte et celle des didascalies* ? Quelle est la forme de l'échange théâtral (dialogue, monologue...) ?

• Situer le texte par rapport à la pièce

C'est déterminer le moment de l'action dramatique (exposition, nœud de l'action ou dénouement) et les informations dont dispose déjà le spectateur.

2. Étudier le texte

• Étudier les didascalies

Rares dans les textes classiques, souvent plus abondantes dans les pièces contemporaines, les **didascalies*** apportent des précisions sur le lieu ou le moment de l'action, le décor, les noms, les déplacements, les gestes, les attitudes des personnages. Elles peuvent aussi donner des indications sur les jeux de lumières, les costumes, les bruits.

Il faut se demander quelle est la part respective des didascalies et des répliques*, quelle liberté les didascalies laissent au metteur en scène.

• Étudier la double énonciation et le système énonciatif

Pour analyser l'**énonciation*** du texte de théâtre, on se demandera notamment à qui s'adressent les propos échangés (à un autre personnage ? au spectateur ?), s'il y a des apartés*, des quiproquos*, des marques d'ironie tragique*...

• Étudier l'organisation syntaxique

(► *La phrase*, pp. 92 et suivantes)

• Étudier les réseaux lexicaux

(► *Les réseaux lexicaux*, pp. 61 et suivantes)

• Étudier les figures de style

(► *Les figures de style*, pp. 112 et suivantes)

• Étudier le rythme, les sonorités, la versification

(► *Vers et formes poétiques*, pp. 316 et suivantes)

• Étudier le dialogue

Pour étudier le **dialogue**, on se posera les questions suivantes :

- Quelles sont les composantes du dialogue (répliques*, stichomythie*, tirades*, récit*) ?
- Quelle est l'organisation du dialogue (tours de parole, présence d'un meneur de jeu, longueur des répliques ou des tirades) ?
- Les répliques s'enchaînent-elles par répétition, par interruption ?
- Quels sont les enjeux de l'échange ? Quelle est la nature des relations entre les personnages (échange d'informations avec un confident, conflit entre personnages principaux, opposition d'intérêts, d'idées, de sentiments, dialogue d'entente amoureuse) ?
- Quelles sont l'organisation et la fonction du récit ?

• Étudier le monologue

Pour étudier le **monologue***, on s'interrogera sur son organisation et sur ses fonctions : le monologue est-il informatif, lyrique* (exprimant des sentiments), délibératif (exprimant le conflit intérieur, les hésitations d'un personnage et sa prise de décision) ?

EXERCICES
D'OBSERVATION ET D'INTERPRÉTATION

A Étudier les didascalies

1. Étudier des didascalies* initiales

Document A

PERSONNAGES
ANDROMAQUE, *veuve d'Hector, captive de Pyrrhus.*
PYRRHUS, *fils d'Achille, roi d'Épire.*
ORESTE, *fils d'Agamemnon.*
HERMIONE, *fille d'Hélène, accordée*[1] *avec Pyrrhus.*
PYLADE, *ami d'Oreste.*
CLÉONE, *confidente d'Hermione.*
CÉPHISE, *confidente d'Andromaque.*
PHŒNIX, *gouverneur d'Achille, et ensuite de Pyrrhus.*
SUITE D'ORESTE.

La scène est à Buthrote, dans une salle du palais de Pyrrhus.

Jean Racine (1639-1699), *Andromaque*, didascalie initiale, 1667.

1. *accordée* : fiancée.

Document B

PERSONNAGES
ARGAN, *malade imaginaire.*
BÉLINE, *seconde femme d'Argan.*
ANGÉLIQUE, *fille d'Argan, et amante de Cléante.*
LOUISON, *petite-fille d'Argan, et sœur d'Angélique.*
BÉRALDE, *frère d'Argan.*
CLÉANTE, *amant d'Angélique.*
MONSIEUR DIAFOIRUS, *médecin.*
THOMAS DIAFOIRUS, *son fils, et amant d'Angélique.*
MONSIEUR PURGON, *médecin d'Argan.*
MONSIEUR FLEURANT, *apothicaire*[1].
MONSIEUR BONNEFOY, *notaire.*
TOINETTE, *servante.*

La scène est à Paris.

Molière (1622-1673), *Le Malade imaginaire*, didascalie initiale, 1673.

1. *apothicaire* : pharmacien.

Document C

Dans un quartier à l'abandon d'une grande ville portuaire occidentale, séparé du centre-ville par un fleuve, un hangar désaffecté de l'ancien port.

Koch, Maurice, soixante ans ; Pons, Monique, quarante-deux ans. Cécile, soixante ans ; sa fille Claire, quatorze ans ; son mari Rodolfe, cinquante-huit ans ; et Charles, leur fils de vingt-huit ans. Un garçon surnommé Fak, de vingt-deux ans environ. Et un homme d'une trentaine d'années, sans nom, que Charles, au début, appela deux ou trois fois « Abad ».

Une aube de tempête de neige, deux ans auparavant, Charles, qui rentrait par le ferry, fut averti par les ouvriers qu'il croisait chaque matin et qui embarquaient pour travailler au port, d'une présence anormale et inquiétante, le long du mur extérieur du hangar. Il s'y rendit et aperçut une sorte de tas, sombre et immobile, à demi recouvert par la neige, qui ressemblait vaguement à un sanglier mort ou assoupi. Il s'en approcha ; lorsqu'il en fut à deux mètres, la forme se dressa brusquement, grande, épaisse, agitée de tremblements, les yeux brillants et avec une calotte de neige sur la tête ; elle prononça quelques mots inintelligibles, à ce point inintelligibles qu'ils firent rire Charles qui en retint les dernières consonances, probablement anglaises ou, peut-être, arabes, dont il baptisa provisoirement l'animal. Puis, car il était d'excellente humeur, il le prit par le bras, l'entraîna dans le hangar, lui découvrit un coin où l'étranger fut à l'abri de la neige. Il y disposa quelques cartons pour lui tenir chaud, et, après l'avoir vu s'y terrer, dégageant une intense fumée de tout le corps, Charles s'éloigna en sifflotant et rentra chez lui.

Bernard-Marie Koltès (1948-1989), *Quai Ouest*, didascalie initiale, © Les Éditions de Minuit, 1985.

a) Observez la liste des personnages donnée dans le document A. À quel univers appartiennent-ils ? Quelles relations les unissent ? Qu'est-ce qu'un confident ? Quel est son rôle ?

b) Observez la liste des personnages donnée dans le document B. À quel univers appartiennent-ils ? Quels liens entre les personnages la didascalie* définit-elle ?

c) Dans les documents A et B, quelles indications trouve-t-on sur le lieu, le moment de l'action ou les données de l'intrigue ?

d) Dans le document C, quelles particularités présente la liste des personnages ? Ces derniers sont-ils nettement caractérisés ? Quels renseignements donne la première partie de la didascalie* ?

e) Quel est le discours dominant dans la seconde partie de la didascalie* du document C ? Ce texte a-t-il un rapport avec la liste des personnages ? Quelle est sa fonction ?

2. Étudier et interpréter des didascalies*

Don Salluste, grand seigneur en disgrâce, veut se venger de la reine d'Espagne. N'ayant pu décider son cousin, don César de Bazan, à l'aider dans cette entreprise, Salluste contraint son valet Ruy Blas à usurper l'identité de don César et l'introduit à la cour.

DON SALLUSTE, *bas, à Ruy Blas.*

Est-ce que, sans reproche,
Quand votre sort grandit, votre esprit s'amoindrit ?
Réveillez-vous, Ruy Blas. Je vais quitter Madrid.
Ma petite maison, près du pont, où vous êtes,
– Je n'en veux rien garder, hormis les clefs secrètes, –
Ruy Blas, je vous la donne et les muets aussi.
Vous recevrez bientôt d'autres ordres. Ainsi
Faites ma volonté, je fais votre fortune.

Montez, ne craignez rien, car l'heure est opportune.
La cour est un pays où l'on va sans voir clair.
Marchez les yeux bandés ; j'y vois pour vous, mon [cher !

(*De nouveaux gardes paraissent au fond.*)

L'HUISSIER, *à haute voix.*

La reine !

RUY BLAS, *à part.*

La reine ! ah !

(La reine, vêtue magnifiquement, paraît, entourée de dames et de pages, sous un dais de velours écarlate porté par quatre gentilshommes de chambre, tête nue. Ruy Blas, effaré, la regarde comme absorbé par cette resplendissante vision. Tous les grands d'Espagne se couvrent, le marquis del Basto, le comte d'Albe, le marquis de Santa-Cruz, don Salluste. Don Salluste va rapidement au fauteuil, et y prend le chapeau, qu'il apporte à Ruy Blas.)

DON SALLUSTE, *à Ruy Blas, en lui mettant le chapeau sur la tête.*

Quel vertige vous gagne ?
Couvrez-vous donc, César. Vous êtes grand d'Espagne.

RUY BLAS, *éperdu, bas à don Salluste.*

Et que m'ordonnez-vous, Seigneur, présentement ?

DON SALLUSTE, *lui montrant la reine, qui traverse lentement la galerie.*

De plaire à cette femme et d'être son amant.

Victor Hugo (1802-1885), *Ruy Blas*, Acte I, scène 5, v. 570 à 584, 1839.

a) Lisez attentivement le paratexte*. Quelle est la situation sociale de Ruy Blas ? Quel rôle joue-t-il ici ? Comment est-il désigné dans les didascalies* ? dans le dialogue ? Pourquoi ?

b) Quelle forme particulière d'échange théâtral les didascalies* signalent-elles ? Quel est l'effet produit ?

c) Quelles indications les didascalies* donnent-elles sur les déplacements des personnages ? sur les jeux de scène ?

d) Quels sont les sentiments de Ruy Blas, d'après les didascalies* ? Ces sentiments transparaissent-ils dans ses propos ?

B Étudier la double énonciation théâtrale

3. Étudier une adresse directe au public

Bourgeois riche et avare, Harpagon tyrannise son entourage et fait vivre les siens dans la gêne. Pour lui donner une leçon, le valet La Flèche simule le vol d'une cassette de dix mille écus. Seul sur scène, Harpagon, à la recherche de son voleur, laisse éclater sa fureur et sa douleur.

HARPAGON. — *Il crie au voleur dès le jardin, et vient sans chapeau.*

Au voleur ! au voleur ! à l'assassin ! au meurtrier ! Justice, juste Ciel ! je suis perdu, je suis assassiné, on m'a coupé la gorge, on m'a dérobé mon argent. Qui peut-ce être ? Qu'est-il devenu ? Où est-il ? Où se cache-t-il ? Que ferai-je pour le trouver ? Où courir ? Où ne pas courir ? N'est-il point là ? N'est-il point ici ? Qui est-ce ? Arrête. Rends-moi mon argent, coquin... (*Il se prend lui-même par le bras.*) Ah ! c'est moi. Mon esprit est troublé, et j'ignore où je suis, qui je suis, et ce que je fais. Hélas ! mon pauvre argent, mon pauvre argent, mon cher ami ! on m'a privé de toi ; et puisque tu m'es enlevé, j'ai perdu mon support, ma consolation, ma joie ; tout est fini pour moi, et je n'ai plus que faire au monde : sans toi, il m'est impossible de vivre. C'en est fait, je n'en puis plus ; je me meurs, je suis mort, je suis enterré. N'y a-t-il personne qui veuille me ressusciter, en me rendant mon cher argent, ou en m'apprenant qui l'a pris ? Euh ? que dites-vous ? Ce n'est personne. Il faut, qui que ce soit qui ait fait le coup, qu'avec beaucoup de soin on ait épié l'heure ; et l'on a choisi justement le temps que je parlais à mon traître de fils[1]. Sortons. Je veux aller quérir la justice, et faire donner la question à toute la maison[2] : à servantes, à valets, à fils, à fille, et à moi aussi. Que de gens assemblés ! Je ne jette mes regards sur personne qui ne me donne des soupçons, et tout me semble mon voleur. Eh ! de quoi est-ce qu'on parle là ? De celui qui m'a dérobé ? Quel bruit fait-on là-haut ? Est-ce mon voleur qui y est ? De grâce, si l'on sait des nouvelles de mon voleur, je supplie que l'on m'en dise. N'est-il point caché là parmi vous ? Ils me regardent tous, et se mettent à rire. Vous verrez qu'ils ont part sans doute au vol que l'on m'a fait. Allons vite, des commissaires, des archers, des prévôts[3], des juges, des gênes[4], des potences et des bourreaux. Je veux faire pendre tout le monde ; et si je ne retrouve mon argent, je me pendrai moi-même après.

Molière (1622-1673), *L'Avare*, Acte IV, scène 7, 1668.

1. *mon traître de fils* : le fils d'Harpagon aime d'un amour partagé la jeune Mariane qu'Harpagon veut épouser. **2.** *faire donner la question à toute la maison* : faire torturer les membres de son entourage pour leur arracher des aveux. **3.** *prévôts* : magistrats. **4.** *gênes* : tortures.

a) À qui s'adresse Harpagon à la ligne 6 ? Qu'indique la didascalie* (l. 8) ? Quel est le registre* de ce début ?

b) Quel est l'état d'esprit du personnage ? Quels types de phrases, quel vocabulaire, quelles figures de style* révèlent cet état d'esprit ? Appuyez votre réponse sur des citations précises.

c) Observez les pronoms personnels. À quel moment Harpagon s'adresse-t-il directement au public ? Change-t-il d'interlocuteur à partir de ce moment ? Justifiez votre réponse.

d) L'adresse directe modifie-t-elle le registre* du texte ? Diminue-t-elle le plaisir du spectateur ?

4. Étudier l'aparté et le quiproquo

Le jour du mariage du rentier Fadinard, son cheval dévore le chapeau d'Anaïs Beauperthuis, alors qu'elle se promenait avec son amant. Ce dernier pour sauver l'honneur d'Anaïs oblige Fadinard à se procurer un chapeau identique, en paille d'Italie. La quête du chapeau conduit Fadinard chez la baronne de Champigny, où se prépare une matinée musicale. On attend Nisnardi, un ténor italien engagé pour l'occasion.

ACHILLE. — Entrez donc, mon cher, entrez donc !...

FADINARD, *embarrassé et s'avançant avec force saluts.* — Je vous remercie... j'étais bien là... (*Il met son chapeau sur sa tête et l'ôte vivement.*) Ah ! (*À part.*) Je ne sais plus ce que je fais... ces domestiques... ce salon doré... (*Indiquant la droite.*) Ces grands portraits de famille qui avaient l'air de me dire : « Veux-tu t'en aller ! nous ne vendons pas de chapeaux !... » Tout ça m'a donné un trac !...

ACHILLE, *le lorgnant, à part.* — Il a bien l'air d'un Italien !... Quel drôle de gilet !... (*Il rit en le lorgnant.*) Eh ! eh ! eh !

FADINARD, *en lui faisant plusieurs saluts.* — Monsieur... j'ai bien l'honneur... de vous saluer... (*À part.*) C'est quelque majordome[1] !... [...]

ACHILLE. — Nous parlions de vous à l'instant !... Ah ! mon gaillard ! il paraît que vous aimez les petits pieds ?...

FADINARD, *étonné.* — Aux truffes[2] ?

ACHILLE. — Ah ! très joli !... C'est égal, votre histoire de soulier[3] est adorable... adorable !...

FADINARD, *à part.* — Ah çà ! qu'est-ce qu'il me chante ?... (*Haut.*) Pardon... s'il n'y a pas d'indiscrétion, je désirerais parler à madame la baronne...

ACHILLE. — C'est prodigieux, mon cher... vous n'avez pas le moindre accent...

FADINARD. — Oh ! vous me flattez...

ACHILLE. — Ma parole ! vous seriez de Nanterre...

FADINARD, *à part.* — Ah çà ! qu'est-ce qu'il me chante ?... (*Haut.*) Pardon... s'il n'y a pas d'indiscrétion, je désirerais parler...

ACHILLE. — À madame de Champigny ?... Elle va venir, elle est à sa toilette... et je suis chargé de la remplacer, moi, son cousin, le vicomte Achille de Rosalba.

Eugène Labiche (1815-1888), *Un chapeau de paille d'Italie*, Acte III, scène 3, 1851.

1. *majordome* : chef des domestiques. 2. *aux truffes* : Fadinard pense à des pieds de cochon. 3. *votre histoire de soulier* : le ténor italien a réclamé la chaussure d'une femme pour tout salaire, lors d'un de ses concerts.

a) En quoi consiste le quiproquo* ? Quels éléments favorisent sa mise en place ? son développement ? Le quiproquo se poursuit-il jusqu'à la fin du passage ?

b) Quelle expression, quels caractères typographiques signalent la présence d'apartés* ? Quels renseignements les apartés donnent-ils au spectateur ?

c) Les apartés ont-ils seulement une fonction informative ? Quelle relation établissent-ils entre le personnage et le spectateur ? Nuisent-ils à la mise en place du quiproquo* ?

5. Étudier un exemple d'ironie tragique

Aimant la reine Bérénice d'un amour partagé, le prince Titus l'a emmenée à Rome et a promis de l'épouser. Devenu empereur, Titus se heurte à l'hostilité du peuple romain qui n'accepte pas pour impératrice une reine étrangère. Il a décidé de renoncer à Bérénice, mais cette dernière l'ignore encore. Elle s'adresse à sa confidente Phénice.

BÉRÉNICE. — Le temps n'est plus, Phénice, où je [pouvais trembler.
Titus m'aime, il peut tout, il n'a plus qu'à parler,
Il verra le sénat m'apporter ses hommages,
Et le peuple, de fleurs couronner ses images.
De cette nuit, Phénice, as-tu vu la splendeur ?
Tes yeux ne sont-ils pas tout pleins de sa grandeur ?
Ces flambeaux, ce bûcher, cette nuit enflammée,
Ces aigles, ces faisceaux, ce peuple, cette armée,
Cette foule de rois, ces consuls, ce sénat,
Qui tous, de mon amant empruntaient leur éclat ;
Cette pourpre, cet or, que rehaussait sa gloire,
Et ces lauriers encor témoins de sa victoire ;
Tous ces yeux qu'on voyait venir de toutes parts
Confondre sur lui seul leurs avides regards ;
Ce port majestueux, cette douce présence...
Ciel ! avec quel respect et quelle complaisance
Tous les cœurs en secret l'assuraient de leur foi !
Parle : peut-on le voir sans penser comme moi
Qu'en quelque obscurité que le sort l'eût fait naître,
Le monde, en le voyant, eût reconnu son maître ?
Mais, Phénice, où m'emporte un souvenir charmant ?
Cependant Rome entière, en ce même moment,
Fait des vœux pour Titus, et par des sacrifices
De son règne naissant célèbre les prémices.
Que tardons-nous ? Allons, pour son empire heureux,
Au ciel, qui le protège, offrir aussi nos vœux.
Aussitôt, sans l'attendre, et sans être attendue,
Je reviens le chercher, et dans cette entrevue
Dire tout ce qu'aux cœurs l'un de l'autre contents
Inspirent des transports retenus si longtemps.

Jean Racine (1639-1699), *Bérénice*, Acte I, scène 5, v. 297 à 326, 1670.

a) Observez les temps verbaux. Quelles sont les principales étapes de la tirade* ?

b) En quels termes Bérénice évoque-t-elle la cérémonie donnée en l'honneur de Titus ? Quel est l'effet produit par l'utilisation répétée du démonstratif ? Qui est l'interlocutrice de Bérénice ? Quel est son rôle dans cette tirade ?

c) Quel est l'état d'esprit de Bérénice ? Relevez et commentez les termes et les figures de style* qui l'expriment.

d) Quelle erreur d'interprétation commet Bérénice? Le spectateur a-t-il conscience de cette erreur ? Quelle peut être sa réaction aux propos de Bérénice ?

C Étudier les formes de l'échange théâtral

6. Étudier un dialogue

Deux amis se retrouvent, après une séparation, provoquée mystérieusement par une phrase malheureuse de l'un des deux.

H.2, *piteusement.* — Je te dis : ce n'est rien qu'on puisse dire… rien dont il soit permis de parler…
H.1. — Allons, vas-y…
H.2. — Eh bien, c'est juste des mots…
H.1. — Des mots ? Entre nous ? Ne me dis pas qu'on a eu des mots… ce n'est pas possible… et je m'en serais souvenu…
H.2. — Non, pas des mots comme ça… d'autres mots… pas ceux dont on dit qu'on les a « eus »… Des mots qu'on n'a pas « eus », justement… On ne sait pas comment ils vous viennent…
H.1. — Lesquels ? Quels mots ? Tu me fais languir… tu me taquines…
H.2. — Mais non, je ne te taquine pas… Mais si je te les dis…
H.1. — Alors ? Qu'est-ce qui se passera ? Tu me dis que ce n'est rien…
H.2. — Mais justement, ce n'est rien… Et c'est à cause de ce rien…
H.1. — Ah on y arrive… C'est à cause de ce rien que tu t'es éloigné ? Que tu as voulu rompre avec moi ?
H.2. *soupire.* — Oui… C'est à cause de ça… Tu ne comprendras jamais… Personne, du reste, ne pourra comprendre…

Nathalie Sarraute (1900-1999), *Pour un oui ou pour un non*,

a) Observez le vocabulaire des répliques* 3 à 6. Quel est le procédé d'enchaînement utilisé ?

b) Comment sont enchaînées les répliques 6 et 7 ? et les quatre dernières répliques ?

c) Quelles informations les répliques de H. 2 apportent-elles à H. 1 ? et au spectateur ? Qu'est-ce qui permet à la conversation de se poursuivre ?

d) Quels jeux de scène sont indiqués par les didascalies* ? Quels autres jeux sont suggérés par le dialogue ?

7. Étudier une stichomythie*

Pour venger l'honneur de son père offensé par le père de Chimène, Rodrigue a affronté ce dernier en duel et l'a tué. Tout désormais sépare les deux amants, malgré l'amour qui les unit.

RODRIGUE.
Ô miracle d'amour !
CHIMÈNE.
Ô comble de misères !
RODRIGUE.
Que de maux et de pleurs nous coûteront nos pères !
CHIMÈNE.
Rodrigue, qui l'eût cru ?
RODRIGUE.
Chimène, qui l'eût dit ?
CHIMÈNE.
Que notre heur[1] fut si proche, et si tôt se perdît ?
RODRIGUE.
Et que si près du port[2], contre toute apparence[3],
Un orage si prompt brisât notre espérance ?
CHIMÈNE.
Ah ! mortelles douleurs !
RODRIGUE.
Ah ! regrets superflus !

Pierre Corneille (1606-1684), *Le Cid*,
Acte III, scène 4, v. 985 à 991, 1637.

1. *heur* : bonheur 2. *port* : but. 3. *contre toute apparence* : contre toute attente.

a) Quel est le type de vers utilisé dans ce passage ? Observez les vers 1, 3 et 7. Que constatez-vous ?

b) Observez la structure grammaticale de ces vers. Quels sont les types de phrases utilisés ? Quelle est la figure de style* dominante ?

c) Quel est le registre* de l'échange ? Y a-t-il accord ou affrontement entre les deux personnages ?

8. Étudier une tirade

Après leur mort, Inès, une meurtrière, Estelle, une femme du monde infanticide, et Garcin, un intellectuel révolutionnaire qui a tyrannisé sa femme, sont condamnés à partager une chambre pour l'éternité. Leur enfer, c'est le regard que chacun d'eux jette sur les autres.

GARCIN. — Êtes-vous folles ? Vous ne voyez donc pas où nous allons. Mais taisez-vous ! (*Un temps.*) Nous allons nous rasseoir bien tranquillement, nous fermerons les yeux et chacun tâchera d'oublier la présence des autres.

Un temps, il se rassied. Elles vont à leur place d'un pas hésitant. Inès se retourne brusquement.

INÈS. — Ah ! oublier. Quel enfantillage ! Je vous sens jusque dans mes os. Votre silence me crie dans les oreilles. Vous pouvez vous clouer la bouche, vous pouvez vous couper la langue, est-ce que vous vous empêcherez d'exister ? Arrêterez-vous votre pensée ? Je l'entends, elle fait tic tac, comme un réveil, et je sais que vous entendez la mienne. Vous avez beau vous rencoigner sur votre canapé, vous êtes partout, les sons m'arrivent souillés parce que vous les avez entendus au passage. Vous m'avez volé jusqu'à mon visage : vous le connaissez et je ne le connais pas. Et elle[1] ? elle ? vous me l'avez volée : si nous étions seules, croyez-vous qu'elle oserait me traiter comme elle me traite ? Non, non : ôtez ces mains de votre figure, je ne vous laisserai pas, ce serait trop commode. Vous resteriez là, insensible, plongé en vous-même comme un bouddha, j'aurais les yeux clos, je sentirais qu'elle vous dédie tous les bruits de sa vie, même les froissements de sa robe et qu'elle vous envoie des sourires que vous ne voyez pas… Pas de ça ! je veux choisir mon enfer ; je veux vous regarder de tous mes yeux et lutter à visage découvert.

GARCIN. — C'est bon. Je suppose qu'il fallait en arriver là ; ils nous ont manœuvrés comme des enfants.

Jean-Paul Sartre (1905-1980), *Huis clos*, scène 5,
© Éditions Gallimard, 1944.

1. *elle* : Estelle qui tente de séduire Garcin et repousse les avances d'Inès.

a) Qui sont les personnages en présence ? À qui Inès s'adresse-t-elle ? Quel procédé permet l'enchaînement de la tirade* avec la réplique précédente ?

b) Observez les temps et les modes verbaux. Quelle est la composition de la tirade* ? Quelles sont les motivations d'Inès ? Quels arguments oppose-t-elle à Garcin ?

c) La tirade* fait-elle progresser l'action ? Qui est désigné par le pronom « ils » dans la 2de réplique de Garcin ?

d) « L'enfer, c'est les autres » déclare Garcin à la fin de la scène. Inès partage-t-elle ce point de vue ?

9. Étudier un monologue

La mort de sa sœur Drusilla convainc l'empereur romain Caligula de l'absurdité de la condition humaine. Voulant exercer sa liberté sans aucune entrave, le jeune empereur plein de promesses devient un tyran sanguinaire. Dans la dernière scène de la pièce, Caligula étrangle Caesonia, sa vieille maîtresse, et reste seul près du corps sans vie.

Il se tourne sur lui-même, hagard, va vers le miroir.

Caligula ! Toi aussi, toi aussi tu es coupable. Alors, n'est-ce pas, un peu plus, un peu moins ! mais qui oserait me condamner dans ce monde sans juge, où personne n'est innocent ! (*Avec tout l'accent de la détresse, se pressant contre le miroir.*) Tu le vois bien, Hélicon[1] n'est pas venu. Je n'aurai pas la lune. Mais qu'il est amer d'avoir raison et de devoir aller jusqu'à la consommation. Car j'ai peur de la consommation. Des bruits d'armes[2] ! C'est l'innocence qui prépare son triomphe. Que ne suis-je à leur place ! J'ai peur. Quel dégoût, après avoir méprisé les autres, de se sentir la même lâcheté dans l'âme. Mais cela ne fait rien. La peur non plus ne dure pas. Je vais retrouver ce grand vide où le cœur s'apaise.

Il recule un peu, revient vers le miroir. Il semble plus calme. Il recommence à parler, mais d'une voix plus basse et plus concentrée.

Tout a l'air si compliqué. Tout est si simple pourtant. Si j'avais eu la lune, si l'amour suffisait, tout serait changé. Mais où étancher cette soif ? Quel cœur, quel dieu auraient pour moi la profondeur d'un lac ? (*s'agenouillant et pleurant.*) Rien dans ce monde, ni dans l'autre qui soit à ma mesure. Je sais pourtant, et tu le sais aussi (*il tend les mains vers le miroir en pleurant*), qu'il suffirait que l'impossible soit. L'impossible ! Je l'ai cherché aux limites du monde, aux confins de moi-même. J'ai tendu mes mains (*criant*), je tends mes mains et c'est toi que je rencontre, toujours toi en face de moi, et je suis pour toi plein de haine. Je n'ai pas pris la voie qu'il fallait, je n'aboutis à rien. Ma liberté n'est pas la bonne. Hélicon ! Hélicon ! Rien ! rien encore. Oh ! cette nuit est lourde ! Hélicon ne viendra pas : nous serons coupables à jamais ! Cette nuit est lourde comme la douleur humaine.

Albert Camus (1913-1960), *Caligula*, 1945,
Acte IV, scène 14,
© Éditions Gallimard, 1961.

1. *Hélicon* : ami et conseiller de Caligula, Hélicon lui a révélé le complot fomenté par les sénateurs qui veulent l'assassiner ; puis il est parti « chercher la lune » sur l'ordre de Caligula. 2. *des bruits d'armes* : Caligula entend approcher ses futurs assassins.

a) Observez les apostrophes* et les pronoms personnels. À qui Caligula s'adresse-t-il ? Appuyez votre réponse sur des citations précises.

b) Observez les didascalies*. Quelles indications donnent-elles sur le jeu de scène ? Quel rôle joue le miroir ? Quelle dimension symbolique prend cet objet ?

c) Quelles sont les étapes du monologue* ? Que signifie l'expression « avoir la lune » pour Caligula ? Qu'attendait-il ? Que constate-t-il ?

d) Quel est le registre* dominant du monologue ? Quelles sont ses fonctions ?

10. Étudier un récit

Maurice Koch, un homme riche et influent, veut se suicider. Il se fait conduire au bord du fleuve dans un endroit désert et se jette à l'eau. Mais on le repêche. Recueilli par une famille misérable, il écoute la mère, Cécile, raconter comment elle a échoué là avec les siens.

CÉCILE (*à Koch*). — Car à nous voir comme cela, n'importe qui nous prendrait pour des chiens errants ; mais nous nous reconnaissons pour ce que nous sommes et c'est notre consolation. Au pays, nous sommes des notables, en effet ; et si nous rentrions demain, les meilleures familles des Lomas Altas nous baiseraient la main à la descente du bateau ; elles nous baisaient la main, monsieur, quand nous prîmes le bateau à la fin de la guerre, avec ce pauvre homme devenu à demi débile et qui ne pouvait presque plus marcher, et l'échec de cette guerre, et l'argent qui ne valait plus rien. Nous nous sommes retrouvés au port, car je voulais faire de mon enfant un être humain de première catégorie et là-bas, l'argent ne valant plus rien, à quoi servait-il d'être notable, monsieur ? Au port, dix bateaux s'apprêtaient à partir dans dix directions inconnues, nous ne savions lequel prendre, l'enfant me tirait la main gauche, nous l'avons suivi et nous voilà ici, dans le noir, tandis que là-bas les meilleures familles continuent d'honorer en notre absence l'héroïsme de cet homme, monsieur, qui a perdu la moitié de ses pieds et presque toute se force et quasiment toute sa tête dans une guerre ignorée, et qui perd la vue aujourd'hui. Mais ici, personne n'honore cette guerre, personne n'honore cet homme, et nous voilà réduits à l'état de chiens errants, avec des demi-visas, dans le noir.

Bernard-Marie Koltès (1948-1989), *Quai Ouest*,
© Les Éditions de Minuit, 1985.

a) Observez les temps verbaux. Quelles sont les étapes de la tirade* ?

b) Quel est le discours dominant ? Justifiez votre réponse.

c) Cécile donne-t-elle à son interlocuteur des informations utiles pour lui ? Qu'est-ce qui motive ses propos ? Quelles sont les fonctions de la tirade* ? Appuyez votre réponse sur des citations précises.

D Étudier les phases de l'action dramatique

11. Dégager les caractéristiques de l'exposition

Fils d'Argante, Octave a épousé Hyacinthe durant l'absence de son père. Or ce dernier veut marier Octave avec la fille de son ami Géronte. Octave confie son désarroi à son valet Silvestre.

OCTAVE. — Ah ! fâcheuses nouvelles pour un cœur amoureux ! Dures extrémités où je me vois réduit ! Tu viens, Silvestre, d'apprendre au port que mon père revient ?

SILVESTRE. — Oui.

OCTAVE. — Qu'il arrive ce matin même ?

SILVESTRE. — Ce matin même.

OCTAVE. — Et qu'il revient dans la résolution de me marier ?

SILVESTRE. — Oui.

OCTAVE. — Avec une fille du seigneur Géronte ?

SILVESTRE. — Du seigneur Géronte.

OCTAVE. — Et que cette fille est mandée de Tarente ici pour cela ?

SILVESTRE. — Oui.

OCTAVE. — Et tu tiens ces nouvelles de mon oncle ?

SILVESTRE. — De votre oncle.

OCTAVE. — À qui mon père les a mandées par une lettre ?

SILVESTRE. — Par une lettre.

OCTAVE. — Et cet oncle, dis-tu, suit toutes nos affaires.

SILVESTRE. — Toutes nos affaires.

OCTAVE. — Ah ! parle, si tu veux, et ne te fais point, de la sorte, arracher les mots de la bouche.

SILVESTRE. — Qu'ai-je à parler davantage ? Vous n'oubliez aucune circonstance, et vous dites les choses tout justement comme elles sont.

OCTAVE. — Conseille-moi, du moins, et me dis ce que je dois faire dans ces cruelles conjonctures.

SILVESTRE. — Ma foi ! je m'y trouve autant embarrassé que vous, et j'aurais bon besoin que l'on me conseillât moi-même.

OCTAVE. — Je suis assassiné par ce maudit retour.

SILVESTRE. — Je ne le suis pas moins.

OCTAVE. — Lorsque mon père apprendra les choses, je vais voir fondre sur moi un orage soudain d'impétueuses réprimandes.

SILVESTRE. — Les réprimandes ne sont rien ; et plût au Ciel que j'en fusse quitte à ce prix ! mais j'ai bien la mine, pour moi, de payer plus cher vos folies, et je vois se former de loin un nuage de coups de bâton qui crèvera sur mes épaules.

Molière (1622-1673),
Les Fourberies de Scapin, Acte I, scène 1, 1671.

a) Quelle forme d'échange théâtral présente cette scène d'exposition ?

b) Quelles informations sont données sur le lieu, le moment de l'action ? sur les personnages en présence, leur rang social, leurs relations ? sur l'action à venir ?

c) Quelles informations sont destinées au spectateur ? au lecteur ? au metteur en scène ?

d) Quels éléments sont indispensables pour la compréhension de la situation initiale d'une pièce de théâtre ?

12. Étudier l'exposition d'une pièce contemporaine

A et B, deux hommes assis à une petite table.

A. — De rien.

B. — Comment de rien ?

A. — Parler. Parler de rien.

B. — Quoi ? Pour ça ?

A. — Pour ça.

B. — Tu téléphones, urgent, tu arrives, tu es là… et rien ?

A. — T'écrire d'abord, je pensais. Bien réfléchi. Savais pas. Alors téléphone.

B. — Urgent.

A. — Mais même le téléphone…

B. — Quoi le téléphone ?

A. — Mieux que t'écrire mais on s'embrouille, ça va trop vite, on perd le fil.

B. — Le fil ? Tu l'avais en main.

A. — Fais de l'esprit. Tu sais ce que je veux dire.

B. — Non, figure-toi.

A. — Eh bien essaie. J'hésite à t'écrire. Je téléphone. Ça ne va pas. Qu'est-ce qu'il me reste ?

B. — Ce qu'il te reste ?

A. — Te voir. Te voir tout simplement.

B. — Eh bien me voilà.

A. — Moi aussi.

Robert Pinget (1919-1997),
De rien, début, © Les Éditions de Minuit, 1990.

a) Quelle est la forme de l'échange théâtral ? Où se déroule la scène ? à quelle époque ? Qui sont les personnages en présence ? Quelle est la raison de leur présence en ces lieux ? Ce début annonce-t-il la suite de l'action ?

b) Les informations apportées sont-elles destinées au spectateur ? au lecteur ? au metteur en scène ?

c) Comparez ce texte avec l'exposition des *Fourberies de Scapin* de Molière (► *Exercice 11*). Quelles similitudes et quelles différences relevez-vous ? Quelles fonctions remplit l'exposition de la pièce de Pinget ?

13. Dégager les caractéristiques du dénouement

Le père d'Émilie est mort dans les proscriptions jadis ordonnées par Auguste. Adoptée par l'empereur et comblée de faveurs, Émilie veut venger son père. Elle exige de son fiancé Cinna qu'il tue l'empereur, mais le complot est découvert. D'abord tenté par un châtiment exemplaire, Auguste pardonne aux coupables et l'impératrice Livie prédit à Rome un avenir prospère.

LIVIE. — Ce n'est pas tout, Seigneur ; une céleste flamme
D'un rayon prophétique illumine mon âme.
Oyez ce que les dieux vous font savoir par moi ;
De votre heureux destin c'est l'immuable loi.
Après cette action vous n'avez rien à craindre :
On portera le joug désormais sans se plaindre,
Et les plus indomptés, renversant leurs projets,
Mettront toute leur gloire à mourir vos sujets.
Aucun lâche dessein, aucune ingrate envie
N'attaquera le cours d'une si belle vie,
Jamais plus d'assassins, ni de conspirateurs :
Vous avez trouvé l'art d'être maître des cœurs.
Rome, avec une joie et sensible et profonde,
Se démet en vos mains de l'empire du monde,
Vos royales vertus lui vont trop enseigner
Que son bonheur consiste à vous faire régner.
D'une si longue erreur pleinement affranchie,
Elle n'a plus de vœux que pour la monarchie,
Vous prépare déjà des temples, des autels,
Et le ciel une place entre les immortels,
Et la postérité, dans toutes les provinces,
Donnera votre exemple aux plus généreux princes.
AUGUSTE. — J'en accepte l'augure, et j'ose l'espérer :
Ainsi toujours les dieux vous daignent inspirer !
Qu'on redouble demain les heureux sacrifices
Que nous leur offrirons sous de meilleurs auspices,
Et que vos conjurés entendent publier
Qu'Auguste a tout appris, et veut tout oublier.

Pierre Corneille (1606-1684),
Cinna, Acte V, scène 3,
v. 1753 à la fin, 1642.

a) Quelle est la forme de l'échange théâtral ? Qu'apporte l'intervention de Livie ? Comment est-elle justifiée ?

b) Quel est le temps verbal dominant dans la tirade* de Livie ? Quelle est sa valeur ? Quel effet produit l'emploi répété de négations ? Que promettent les paroles de Livie ?

c) Quelle est la fonction de la réplique finale ? Pourquoi est-elle prononcée par Auguste ? Le dénouement est-il « complet », « nécessaire », « rapide », comme le veut la doctrine classique ?

d) Ce dénouement de tragédie est-il tragique* ?

14. Étudier le dénouement d'une pièce contemporaine

Sur une route de campagne, deux clochards, Vladimir et Estragon, attendent la venue d'un certain Godot. Survient Pozzo qui tient en laisse son esclave Lucky qu'il maltraite. Le lendemain, Pozzo devenu aveugle s'éloigne avec Lucky. Attendant toujours Godot, Vladimir et Estragon décident de se pendre avec la corde qui maintient le pantalon d'Estragon.

Ils prennent chacun un bout de la corde et tirent. La corde se casse. Ils manquent de tomber.

VLADIMIR. — Elle ne vaut rien.
Silence.
ESTRAGON. — Tu dis qu'il faut revenir demain ?
VLADIMIR. — Oui.
ESTRAGON. — Alors on apportera une bonne corde.
VLADIMIR. — C'est ça.
Silence.
ESTRAGON. — Didi.
VLADIMIR. — Oui.
ESTRAGON. — Je ne peux plus continuer comme ça.
VLADIMIR. — On dit ça.
ESTRAGON. — Si on se quittait ? Ça irait peut-être mieux.
VLADIMIR. — On se pendra demain. (*Un temps.*) À moins que Godot ne vienne.
ESTRAGON. — Et s'il vient ?
VLADIMIR. — Nous serons sauvés.
Vladimir enlève son chapeau – celui de Lucky – regarde dedans, y passe la main, le secoue, le remet.
ESTRAGON. — Alors, on y va ?
VLADIMIR. — Relève ton pantalon.
ESTRAGON. — Comment ?
VLADIMIR. — Relève ton pantalon.
ESTRAGON. — Que j'enlève mon pantalon ?
VLADIMIR. — RE-lève ton pantalon.
ESTRAGON. — C'est vrai.
Il relève son pantalon. Silence.
VLADIMIR. — Alors, on y va ?
ESTRAGON. — Allons-y.
Ils ne bougent pas.

RIDEAU.

Samuel Beckett (1906-1989), *En attendant Godot*, Acte II,

a) Le dénouement correspond-il à la fin de l'action ? Résout-il le conflit ? Le sort des personnages est-il fixé ?

b) Observez les didascalies*. Quel état d'esprit révèlent les gestes des personnages ?

c) Quel est l'acte de parole dans la dernière réplique ? Qu'attend le spectateur ? Quelle indication donne la didascalie finale ?

d) Comparez ce texte avec le dénouement de *Cinna* de Corneille (► *Exercice 13*). Quelles similitudes et quelles différences relevez-vous ? Quel sens peut-on donner au dénouement de *En attendant Godot* ?

E Étudier la représentation théâtrale

15. Observer et interpréter le langage non-verbal au théâtre

Document 1

Saragosse. Une chambre à coucher. La nuit. Une lampe sur une table.

DOÑA JOSEFA DUARTE, *vieille, en noir, avec le corps de sa jupe cousu de jais, à la mode d'Isabelle-la-Catholique,* DON CARLOS.

DOÑA JOSEFA, *seule*

Elle ferme les rideaux cramoisis de la fenêtre et met en ordre quelques fauteuils. On frappe à une petite porte dérobée à droite. Elle écoute. On frappe un second coup.

Serait-ce déjà lui ?

Un nouveau coup.

C'est bien à l'escalier
Dérobé.

Un quatrième coup.

Vite ouvrons !

Elle ouvre la petite porte masquée. Entre Don Carlos, le manteau sur le nez et le chapeau sur les yeux.

Bonjour, beau cavalier.

Elle l'introduit. Il écarte son manteau et laisse voir un riche costume de velours et de soie, à la mode castillane de 1519. Elle le regarde sous le nez et recule, étonnée.

Quoi, seigneur Hernani, ce n'est pas vous ! — Main-forte !
Au feu !

DON CARLOS, *lui saisissant le bras*

Deux mots de plus, duègne, vous êtes morte !

Victor Hugo (1802-1885), *Hernani*,
Acte I, scène 1, v. 1 à 4, 1830.

a) Quelles indications les didascalies* donnent-elles au scénographe ?

b) Les décors, les costumes sont-ils réalistes ? Ont-ils une valeur symbolique ?

c) Le décor sonore a-t-il un rôle dans l'action ?

Document 2

*Antoine Vitez expose son projet pour la mise en scène d'*Hernani *de Victor Hugo.*

La représentation *sage*[1] des espaces décrits par l'auteur manquerait le but, qui est d'exalter le théâtre. C'est pourquoi je vois un espace qui ne serait que théâtre : rideau d'étoiles s'ouvrant sur une toile peinte au fond, salles éclairées par la lune, cheveux au vent de l'actrice dans la lumière mauvaise de la nuit. Costumes sans unité (dont l'unité serait cette disparate indiscernable), visages exagérés, fraises[2] comme carcans, et glissement des styles vers la quasi-nudité des corps.

Antoine Vitez (1930-1990),
« Notes et journaux de travail »,
26 août 1984 dans *Le Théâtre des idées*,

1. *sage* : c'est Antoine Vitez qui souligne. 2. *fraises* : collerettes empesées et plissées sur plusieurs rangs que portaient hommes et femmes au XVIe siècle.

a) Quel est le parti pris de Vitez pour cette mise en scène d'*Hernani* ? Que refuse-t-il ?

b) Comparez le décor évoqué par Vitez et celui de Lavastre (► *Document 3*). Que recherche Vitez ?

Document 3

a) Observez le dessin de Lavastre. Le lieu scénique est-il ouvert ou fermé ? Comment le décor est-il organisé par rapport à l'axe du plateau ? Quels éléments le composent ?

b) Ce décor est-il stylisé ou veut-il donner l'illusion de la réalité ? Justifiez votre réponse.

c) Relisez les didascalies* du début de l'Acte I (► *Document 1*). Le décor de 1879 correspond-il aux indications de Victor Hugo ?

d) Observez le croquis de plantation du décor. Laisse-t-il place à l'improvisation ? Qui contrôle la représentation à partir de la fin du XIXe siècle ?

►

Dessin aquarellé et plantation du décor par Jean-Baptiste Lavastre pour l'Acte I d'*Hernani*, de Victor Hugo, mis en scène par Volney, 1879, Bibliothèque de la Comédie-Française, Paris, © Collections de la Comédie-Française.

HERNANI
VICTOR HUGO
Hernani – Acte Premier. Plantation et mise en état
M
M
C
pantalon intérieur
A Grande fenêtre à petits vitraux peints.
B Porte
C Porte ouvrant en dehors.
D Porte dérobée ouvrant sur la Scène
H Grande armoire – la porte s'ouvre sur la Scène (double porte pour communiquer dans la coulisse
M. décor du fond. Grande Salle ou Vestibule
manteau d'Arlequin
Souffleur
1. petit Siège. 2. table avec tapis, sur laquelle une lampe allumée
3. Fauteuil. 4.5.6.7.8. Chaises.

A Examiner méthodiquement le texte

1. Étudier le paratexte

a) Lisez attentivement le paratexte* des textes présentés (▶ *Exercices 3, 6, 7 et 11*, pp. 288, 289, 290, 291). Quelles indications apporte le paratexte sur l'auteur, l'œuvre, le contexte littéraire de chacun des textes ?

b) Quels rapports peut-on établir entre chaque texte et le titre de l'œuvre dont il est extrait ?

c) Dans quel cas le paratexte donne-t-il des indications sur le genre* ou le registre* du texte ?

2. Étudier la relation entre dialogue et didascalies

Promis l'un à l'autre sans se connaître et craignant de s'engager au hasard, Silvia et Dorante ont échangé leur identité avec leurs serviteurs, Lisette et Arlequin, avec la complicité de Mario, le frère de Silvia. Sous leur déguisement, Silvia et Dorante s'éprennent l'un de l'autre. Silvia, qui a percé à jour l'identité de Dorante sans trahir la sienne, ne lui avoue pas son amour. Déçu par ce silence, Dorante, s'apprête à partir.

SILVIA. — Quoi ! sérieusement, vous partez ?

DORANTE. — Vous avez bien peur que je ne change d'avis.

SILVIA. — Que vous êtes aimable d'être si bien au fait !

DORANTE. — Cela est bien naïf. Adieu.

SILVIA, *à part.* — S'il part, je ne l'aime plus, je ne l'épouserai jamais… (*Elle le regarde s'en aller.*) Il s'arrête pourtant ; il rêve, il regarde si je tourne la tête, et je ne saurais le rappeler, moi. Il serait pourtant singulier qu'il partît, après tout ce que j'ai fait !… Ah ! voilà qui est fini, il s'en va ; je n'ai pas tant de pouvoir sur lui que je le croyais. Mon frère est un maladroit ; il s'y est mal pris. Les gens indifférents gâtent tout. Ne suis-je pas bien avancée ? Quel dénouement ! Dorante reparaît pourtant ; il me semble qu'il revient. Je me dédis donc ; je l'aime encore… Feignons de sortir, afin qu'il m'arrête ; il faut bien que notre réconciliation lui coûte quelque chose.

DORANTE, *l'arrêtant.* — Restez, je vous prie ; j'ai encore quelque chose à vous dire.

SILVIA. — À moi, Monsieur ?

Marivaux (1688-1763),
Le Jeu de l'amour et du hasard,
Acte III, scène 8, 1730.

a) Quelles indications sur les déplacements des personnages donnent les didascalies* ? Quelles indications donne le dialogue ? Dialogue et didascalies sont-ils redondants ? complémentaires ?

b) Quelle forme d'échange théâtral signale la didascalie précédant la tirade* de Silvia ? Quel est le registre* de la tirade ?

c) Rédigez un paragraphe de commentaire montrant comment le jeu entre dialogues et didascalies détermine le registre* de la scène.

3. Étudier la composition d'un dialogue

Philaminte, une femme « savante », nourrit des prétentions littéraires et recherche la compagnie des auteurs à la mode. Elle reçoit deux poètes, Trissotin et Vadius.

TRISSOTIN. — Avez-vous vu certain petit sonnet
sur la fièvre qui tient la princesse Uranie ?
VADIUS. — Oui, hier il me fut lu dans une compagnie.
TRISSOTIN. — Vous en savez l'auteur ?
VADIUS. — Non ; mais je sais fort bien
Qu'à ne point le flatter son sonnet ne vaut rien.
TRISSOTIN. — Beaucoup de gens pourtant le trouvent admirable.
VADIUS. — Cela n'empêche pas qu'il ne soit misérable ;
Et, si vous l'avez vu, vous serez de mon goût.
TRISSOTIN. — Je sais que là-dessus je n'en suis point du tout,
Et que d'un tel sonnet peu de gens sont capables.
VADIUS. — Me préserve le Ciel d'en faire de semblables !
TRISSOTIN. — Je soutiens qu'on ne peut en faire de meilleur ;
Et ma grande raison, c'est que j'en suis l'auteur.
VADIUS. — Vous !
TRISSOTIN. — Moi.
VADIUS. — Je ne sais donc comment se fit l'affaire.
TRISSOTIN. — C'est qu'on fut malheureux de ne pouvoir vous plaire.
VADIUS. — Il faut qu'en écoutant j'aie eu l'esprit distrait,
Ou bien que le lecteur m'ait gâté le sonnet.
Mais laissons ce discours et voyons ma ballade.
TRISSOTIN. — La ballade, à mon goût, est une chose fade.
Ce n'en est plus la mode ; elle sent son vieux temps.
VADIUS. — La ballade pourtant charme beaucoup de gens.
TRISSOTIN. — Cela n'empêche pas qu'elle ne me déplaise.
VADIUS. — Elle n'en reste pas pour cela plus mauvaise[1].
TRISSOTIN. — Elle a pour les pédants[2] de merveilleux appas[3].
VADIUS. — Cependant nous voyons qu'elle ne vous plaît pas.
TRISSOTIN. — Vous donnez sottement vos qualités aux autres.
VADIUS. — Fort impertinemment vous me jetez les vôtres.
TRISSOTIN. — Allez, petit grimaud[4], barbouilleur de papier.
VADIUS. — Allez, rimeur de balle[5], opprobre[6] du métier.
TRISSOTIN. — Allez, fripier[7] d'écrits, impudent plagiaire[8].
VADIUS. — Allez, cuistre[9]…
PHILAMINTE. — Eh, Messieurs, que prétendez-vous faire ?

Molière (1622-1673), *Les Femmes savantes*,
Acte III, scène 3, v. 988 à 1018, 1672.

1. *Elle n'en reste pas pour cela plus mauvaise* : elle n'en est pas plus mauvaise pour autant. 2. *pédants* : personnes qui manifestent prétentieusement leur savoir. 3. *appas* : attraits. 4. *grimaud* : mauvais écrivain. 5. *rimeur de balle* : faiseur de vers sans mérite (balle est un terme familier qui signifie « sans valeur »). 6. *opprobre* : honte. 7. *fripier* : personne qui revend des vêtements, des objets d'occasion. 8. *plagiaire* : personne qui copie les œuvres des autres et se les attribue. 9. *cuistre* : homme ridicule qui étale son savoir.

a) Quel est le type de vers utilisé ? Quelle est la forme de l'échange théâtral ?

b) Quel vers constitue le pivot de la scène ? Quelle particularité présente-t-il ? Quel est l'effet produit ?

c) Quel est le thème de la discussion ? Vadius offense-t-il délibérément Trissotin ? Quelle attitude a-t-il ? Évolue-t-elle au cours du dialogue ?

d) Quelles sont les étapes du dialogue ? Quel est l'intérêt de cette composition ? Répondez dans un paragraphe de commentaire, rédigé et argumenté.

4. Étudier l'enchaînement des répliques

Lisez le texte de Molière (▸ *Exercice 3*, p. 288) et répondez aux questions.

a) Repérez interrogations et réponses dans l'échange entre Vadius et Trissotin. Quelles sont les fonctions de ces répliques* ?

b) Quels vers ont la même construction syntaxique ? Quel est l'effet produit ?

c) Quels mots sont mis en valeur à la rime aux vers 6 et 7, aux vers 24 et 25, aux vers 26 et 27 ? Que constatez-vous ?

d) Quels sont les mots repris d'une réplique* à l'autre ? Sont-ils parfois remplacés par des pronoms ? Font-ils référence au thème de la discussion ?

e) Les personnages répliquent-ils sur le mot ou sur la chose ? Répondez en un paragraphe rédigé et argumenté.

5. Étudier le registre d'un texte

Lisez le texte de Molière (▸ *Exercice 3*, p. 288) et répondez aux questions.

a) Quels sont le thème et les enjeux de la discussion ?

b) Observez les injures échangées par les personnages. À quel domaine font-elles référence ? Quel est le niveau* de langue utilisé ?

c) Quels jeux de scène suggère le dialogue ? Quel effet produit l'intervention de Philaminte ?

d) Quel est le registre* de la scène ? Répondez en un bref paragraphe organisé et argumenté.

6. Étudier le mélange des registres

Doña Sol est aimée de trois hommes, le vieux Ruy Gomez, le bandit Hernani et don Carlos, roi d'Espagne. Aimant Hernani, elle s'apprête à fuir avec lui. Caché dans une armoire, don Carlos assiste à l'entrevue.

DOÑA SOL

Je suis à vous. Pourquoi fais-je ainsi ? je l'ignore.
J'ai besoin de vous voir et de vous voir encore
Et de vous voir toujours. Quand le bruit de vos pas
S'efface, alors je crois que mon cœur ne bat pas,
Vous me manquez, je suis absente de moi-même.
Mais dès qu'enfin ce pas que j'attends et que j'aime
Vient frapper mon oreille, alors il me souvient
Que je vis, et je sens mon âme qui revient !

HERNANI, *la serrant dans ses bras.*

Ange !

DOÑA SOL

À minuit. Demain. Amenez votre escorte,
Sous ma fenêtre. Allez, je serai brave et forte.
Vous frapperez trois coups.

HERNANI

Savez-vous qui je suis,
Maintenant ?

DOÑA SOL

Monseigneur, qu'importe ! je vous suis.

HERNANI

Non, puisque vous voulez me suivre, faible femme,
Il faut que vous sachiez quel nom, quel rang, quelle âme,
Quel destin est caché dans le pâtre Hernani.
Vous vouliez d'un brigand, voulez-vous d'un banni ?

DON CARLOS,
ouvrant avec fracas la porte de l'armoire.

Quand aurez-vous fini de conter votre histoire ?
Croyez-vous donc qu'on soit à l'aise en cette armoire ?

Hernani recule étonné.
Doña Sol, pousse un cri et se réfugie dans ses bras, en fixant sur don Carlos des yeux effarés.

HERNANI,
la main sur la garde de son épée.

Quel est cet homme ?

DOÑA SOL

Ô ciel ! Au secours !

HERNANI

Taisez-vous,
Doña Sol ! vous donnez l'éveil aux yeux jaloux.
Quand je suis près de vous, veuillez, quoi qu'il advienne,
Ne réclamer jamais d'autre aide que la mienne.
À don Carlos.
Que faisiez-vous là ?

DON CARLOS

Moi ? mais, à ce qu'il paraît,
Je ne chevauchais pas à travers la forêt.

Victor Hugo (1802-1885), *Hernani*,
Acte I, scène 2, v. 155 à 178, 1830.

a) Quels sont le thème et les enjeux de l'échange ?

b) Quel est le registre* de la tirade* de doña Sol ? Justifiez votre réponse.

c) Quel effet produit l'apparition de don Carlos ? À quel registre se rattachent cette intervention et l'échange entre don Carlos et Hernani ?

d) En un bref paragraphe organisé et argumenté, expliquez quel plaisir procure au spectateur le mélange des registres dans cette scène.

B Préparer, organiser et développer le commentaire

7. Définir un projet de lecture

L'action se situe dans un campus américain, dans les années soixante. Vingt ans auparavant, Martha, la fille d'un grand professeur d'université, a épousé George, un assistant plein de promesses. Aujourd'hui le couple se déchire. Martha a invité un nouveau collègue de George et sa jeune épouse. Un peu ivre, Martha raconte l'histoire de son mariage.

MARTHA. — [...] Bon... alors j'ai épousé ce con... C'est que j'avais tout combiné dans ma tête... Il était le dauphin... Il serait le dauphin... Un jour, il serait le patron... Il dirigerait d'abord la section d'Histoire et, après, quand papa passerait la main, il dirigerait l'université... Comprenez ? Je voyais cette route-là toute tracée... (*À George qui, debout devant le bar, lui tourne le dos.*) Dis, tu te fâches, chéri, oui ou non ? (*Aux autres.*) C'était cette route-là que *moi, moi, je* voyais toute tracée... C'était très simple... Et papa croyait, lui aussi, que ça n'était pas une folie... Pendant quelque temps, c'est ce qu'il a cru... pendant un ou deux ans. (*À George.*) De plus en plus fâché ? (*Aux deux autres.*) Jusqu'à ce qu'après un ou deux ans, il ait commencé à se rendre compte que mon idée n'était peut-être pas tellement géniale... que peut-être notre Jojo n'avait pas *l'étoffe*... qu'il manquait de souffle.

GEORGE, *toujours le dos tourné.* — Arrête, Martha...

MARTHA, *sadique. Triomphante.* — Mon cul !... (*Aux deux.*) George, vous comprenez n'avait pas beaucoup de... punch... il n'était pas du genre « fonceur ». En réalité... nous avions plutôt affaire à une sorte de... (*Elle crache le mot.*) bide ! Un gros, grand, un énorme bide !

Bang... Dès que Martha a prononcé le mot « bide », George brise une bouteille sur le bord du bar et reste là, toujours le dos tourné, immobile, tenant la bouteille brisée par le goulot. Il y a un silence énorme... Puis...

GEORGE, *quasi au bord des larmes.* — J'ai dit « Arrête »... Martha...

MARTHA, *après une hésitation.* — J'espère que c'était une bouteille vide, hein, George ? Faut pas gaspiller l'alcool, hein... avec ce que tu gagnes !

Edward Albee (né en 1928), *Qui a peur de Virginia Woolf ?*, 1962, Acte I, adaptation française de Jean Cau, © Robert Laffont, 1964.

a) Qui sont les personnages en présence ? Qui est le meneur de jeu ? Quels sont les enjeux de la scène ?

b) Quel rôle jouent les didascalies* dans la compréhension de l'action ? dans la peinture des personnages ?

c) Quel portrait Martha fait-elle de George ? Quels registres* trouve-t-on dans ce passage ?

d) Quelle stratégie adopte Martha dans son affrontement avec George ? Cette stratégie atteint-elle son but ? Que suggère le comportement de George tout au long de la scène ?

e) En vous aidant des réponses aux questions précédentes, formulez un projet de lecture en une phrase rédigée.

8. Dégager des idées directrices

En l'absence de Madame, Claire et Solange, les deux domestiques, s'adonnent à un jeu étrange et inquiétant. Claire endosse les vêtements de sa maîtresse et joue à être Madame, alors que Solange, dans le rôle de Claire, se rebelle et l'insulte.

SOLANGE, *marchant sur elle.* — Oui, madame, ma belle dame. Vous croyez que tout vous sera permis jusqu'au bout ? Vous croyez pouvoir dérober la beauté du ciel et m'en priver ? Choisir vos parfums, vos poudres, vos rouges à ongles, la soie, le velours, la dentelle et m'en priver ? Et me prendre le laitier[1] ? Avouez ! Avouez le laitier ! sa jeunesse, sa fraîcheur vous troublent, n'est-ce pas ? Avouez le laitier. Car Solange vous emmerde.

CLAIRE, *affolée.* — Claire ! Claire !

SOLANGE. — Hein ?

CLAIRE, *dans un murmure.* — Claire, Solange, Claire.

SOLANGE. — Ah ! oui, Claire. Claire vous emmerde ! Claire est là, plus claire que jamais. Lumineuse !

Elle gifle Claire.

CLAIRE. — Oh ! oh ! Claire... vous... oh !

SOLANGE. — Madame se croyait protégée par ses barricades de fleurs, sauvée par un exceptionnel destin, par le sacrifice. C'était compter sans la révolte des bonnes. La voici qui monte, madame. Elle va crever et dégonfler votre aventure. Ce monsieur[2] n'était qu'un triste voleur et vous une...

CLAIRE. — Je t'interdis !

SOLANGE. — M'interdire ! Plaisanterie ! Madame est interdite. Son visage se décompose. Vous désirez un miroir ?

CLAIRE, *se mirant avec complaisance.* — J'y suis plus belle ! Le danger m'auréole, Claire, et toi tu n'es que ténèbres...

Jean Genet (1910-1986), *Les Bonnes*, © Éditions Gallimard, 1947.

1. *le laitier* : Claire, dans le rôle de Madame, a accusé Solange (qui joue le rôle de Claire) d'être amoureuse du laitier. 2. *monsieur* : l'amant de Madame, qui a été arrêté, dénoncé par les lettres anonymes expédiées par Claire.

a) Observez le jeu des pronoms personnels, le niveau* de langue, dans les répliques* de Solange. Quels éléments indiquent qu'elle joue à s'adresser à Madame ?

b) Solange est-elle une bonne actrice ? Comment s'expliquent les deux premières répliques de Claire ?

c) À quel registre* se rattachent les deux premières répliques de Claire et la réponse de Solange ? Quel autre registre trouve-t-on dans la scène ? Appuyez votre réponse sur l'étude du vocabulaire et des didascalies.

d) En vous aidant des réponses aux questions précédentes, dégagez trois idées directrices permettant de rendre compte de la complexité et de l'originalité de la scène.

9. Trouver et illustrer des arguments

a) Lisez le texte d'Edward Albee (▸ *Exercice 7*, p. 290).

b) Pour préparer le commentaire de ce texte, trouvez deux ou trois arguments susceptibles d'étayer chacune des trois idées directrices suivantes :

- C'est une scène d'affrontement à la stratégie originale.
- Les jeux de scène signalés par les didascalies sont complémentaires du dialogue et renforcent la violence de la scène.
- La scène traduit la souffrance des deux personnages.

c) Vous illustrerez un de ces arguments de citations précises du texte, que vous commenterez.

10. Illustrer les arguments

a) Lisez le texte de Jean Genet (▸ *Exercice 8*, p. 290).

b) Pour préparer le commentaire de ce texte, illustrez, à l'aide de citations, les arguments ci-dessous. Les citations devront être brèves, précises et commentées.

- L'erreur commise par Solange fait rire le spectateur.
- Le vocabulaire des répliques de Solange n'est pas approprié au rôle de domestique qui lui revient dans le jeu.
- Solange joue ironiquement sur les termes dans une de ses répliques.
- Le jeu des bonnes est inquiétant.
- Solange s'adresse à Madame en tenant compte de son rang social.
- Claire, dans le rôle de Madame, manifeste sa supériorité sociale.

11. Élaborer un plan

Choisissant un gouverneur pour son fils, le Roi d'Espagne a préféré Don Diègue au Comte. Ce dernier laisse éclater sa rancœur.

DON DIÈGUE.
                    Je le sais, vous servez bien le Roi.
Je vous ai vu combattre et commander sous moi.
Quand l'âge dans mes nerfs a fait couler sa glace,
Votre rare valeur a bien rempli ma place ;
Enfin, pour épargner les discours superflus,
Vous êtes aujourd'hui ce qu'autrefois je fus.
Vous voyez toutefois qu'en cette concurrence
Un monarque entre nous met quelque différence.

LE COMTE.
Ce que je méritais, vous l'avez emporté.

DON DIÈGUE.
Qui l'a gagné sur vous l'avait bien mérité.

LE COMTE.
Qui peut mieux l'exercer en est bien le plus digne.

DON DIÈGUE.
En être refusé n'en est pas un bon signe.

LE COMTE.
Vous l'avez eu par brigue[1], étant vieux courtisan.

DON DIÈGUE.
L'éclat de mes hauts faits fut mon seul partisan.

LE COMTE.
Parlons-en mieux, le Roi fait honneur à votre âge.

DON DIÈGUE.
Le Roi, quand il en fait, le mesure au courage.

LE COMTE.
Et par là cet honneur n'était dû qu'à mon bras.

DON DIÈGUE.
Qui n'a pu l'obtenir ne le méritait pas.

LE COMTE.
Ne le méritait pas ! Moi ?

DON DIÈGUE.
                    Vous.

LE COMTE.
                              Ton impudence[2],
Téméraire vieillard, aura sa récompense.
                    (*Il lui donne un soufflet*[3])

DON DIÈGUE, *mettant l'épée à la main.*
Achève, et prends ma vie après un tel affront,
Le premier dont ma race ait vu rougir son front.

Pierre Corneille (1606-1684), *Le Cid*,
Acte I, scène 3, v. 207 à 228, 1637.

1. *brigue* : manœuvre secrète destinée à obtenir par faveur un avantage ou un poste que l'on ne mérite pas. 2. *impudence* : insolence. 3. *soufflet* : gifle.

a) À quel genre* littéraire le rang social des personnages rattache-t-il la scène ? À quelles motivations obéissent-ils ? Quels sont les enjeux de la scène ? Quel est son registre* ?

b) Quels reproches le Comte adresse-t-il à Don Diègue ? Quels arguments* Don Diègue lui oppose-t-il ? Les vers 10 et 18 ont-ils le même sens ?

c) Quelle forme d'échange théâtral trouve-t-on du vers 9 au vers 18 ? Quel est l'effet produit ? Quel vers constitue le pivot du dialogue ? Quelle est sa particularité ?

d) Quel rôle jouent les didascalies* ? Sont-elles redondantes ou complémentaires par rapport au dialogue ?

e) Élaborez un plan de commentaire, à partir des deux idées directrices ci-dessous. Trouvez une autre idée et ordonnez les trois idées par ordre croissant d'importance.

- La forme de l'échange théâtral accroît l'intensité dramatique et la violence de la scène.
- L'orgueil des deux aristocrates, les valeurs qu'ils revendiquent sont la cause de l'affrontement.

12. Définir un projet de lecture et élaborer un plan de commentaire comparé

Préparez un commentaire comparé du texte de Marivaux (▸ *Exercice 2*, p. 288) et du texte ci-dessous. Lisez attentivement les deux textes, puis répondez aux questions.

Cléonte et Lucile s'aiment, ainsi que leurs serviteurs Covielle et Nicole. Une brouille survient entre les maîtres et leurs serviteurs, les imitant en tout, se brouillent aussi.

CLÉONTE. — Lucile.
LUCILE. — Non.
COVIELLE. — Nicole.

NICOLE. — Point.
CLÉONTE. — Au nom des Dieux !
LUCILE. — Je ne veux pas.
COVIELLE. — Parle-moi.
NICOLE. — Point du tout.
CLÉONTE. — Éclaircissez mes doutes.
LUCILE. — Non, je n'en ferai rien.
COVIELLE. — Guéris-moi l'esprit.
NICOLE. — Non, il ne me plaît pas.
CLÉONTE. — Hé bien ! puisque vous vous souciez si peu de me tirer de peine, et de vous justifier du traitement indigne que vous avez fait à ma flamme[1], vous me voyez, ingrate, pour la dernière fois, et je vais loin de vous mourir de douleur et d'amour.
COVIELLE. — Et moi, je vais suivre ses pas.
LUCILE. — Cléonte.
NICOLE. — Covielle.
CLÉONTE. — Eh ?
COVIELLE. — Plaît-il ?
LUCILE. — Où allez-vous ?
CLÉONTE. — Où je vous ai dit.
COVIELLE. — Nous allons mourir.
LUCILE. — Vous allez mourir, Cléonte ?
CLÉONTE. — Oui, cruelle, puisque vous le voulez.
LUCILE. — Moi, je veux que vous mouriez ?
CLÉONTE. — Oui, vous le voulez.
LUCILE. — Qui vous le dit ?
CLÉONTE. — N'est-ce pas le vouloir, que de ne vouloir pas éclaircir mes soupçons !
LUCILE. — Est-ce ma faute ? et si vous aviez voulu m'écouter, ne vous aurais-je pas dit que l'aventure dont vous vous plaignez a été causée ce matin par la présence d'une vieille tante, qui veut à toute force que la seule approche d'un homme déshonore une fille, qui perpétuellement nous sermonne sur ce chapitre, et nous figure tous les hommes comme des diables qu'il faut fuir.
NICOLE. — Voilà le secret de l'affaire.
CLÉONTE. — Ne me trompez-vous point, Lucile ?
COVIELLE. — Ne m'en donnes-tu point à garder ?
LUCILE. — Il n'est rien de plus vrai.
NICOLE. — C'est la chose comme elle est.
COVIELLE. — Nous rendrons-nous à cela ?
CLÉONTE. — Ah ! Lucile, qu'avec un mot de votre bouche vous savez apaiser de choses dans mon cœur ! et que facilement on se laisse persuader aux personnes qu'on aime !
COVIELLE. — Qu'on est aisément amadoué par ces diantres[2] d'animaux-là !

Molière (1622-1673),
Le Bourgeois gentilhomme,
Acte III, scène 10, 1671.

1. *à ma flamme* : à ma déclaration d'amour. 2. *diantres* : diables.

a) Quel est le thème commun aux deux scènes ? Pourquoi appelle-t-on ce type d'échange « scène de dépit amoureux » ? Quel est le registre* des deux textes ?

b) Quels points communs, quelles différences présentent les personnages ? Appuyez votre réponse sur une étude des noms des personnages, du niveau* de langue de leurs propos respectifs.

c) Quel effet produisent la présence et le comportement de Nicole et de Covielle dans le texte de Molière ?

d) En vous aidant des réponses aux questions précédentes, formulez un projet de lecture en une phrase rédigée.

e) Élaborez un plan de commentaire comparé répondant au projet de lecture précédemment défini.

C Rédiger le commentaire

13. Rédiger une introduction

Lisez le texte de Corneille (► *Exercice 11*, p. 291) et proposez une introduction de commentaire en complétant les indications suivantes :

a) Présentez le texte.

b) Énoncez un projet de lecture.

c) Complétez par un troisième élément l'annonce du plan, dont voici deux éléments donnés sans ordre :
- La morale aristocratique rend l'affrontement inévitable.
- Cette scène violente présente une grande intensité dramatique.

d) Rédigez l'introduction du commentaire.

14. Rédiger un paragraphe

Lisez le texte de Jean Genet (► *Exercice 8*, p. 290) et la liste des arguments donnés à l'exercice 10.

a) À quel argument de la liste correspond la citation suivante ?

[...] Car Solange vous emmerde.
CLAIRE, *affolée*. — Claire ! Claire !
SOLANGE. — Hein ?
CLAIRE, *dans un murmure*. — Claire, Solange, Claire.
SOLANGE. — Ah ! oui, Claire. Claire vous emmerde !
[...]

b) Rédigez un paragraphe dans lequel vous développerez l'argument approprié et commenterez cette citation, en l'insérant dans votre texte.

15. Rédiger une conclusion

a) Lisez le texte d'Edward Albee (► *Exercice 7*, p. 290).

b) Établissez un bilan de lecture en une ou deux phrases rédigées, à partir des idées directrices suivantes :
- C'est une scène d'affrontement à la stratégie originale.
- Les jeux de scène sont complémentaires du dialogue et renforcent la violence de l'échange.
- La scène traduit la souffrance des deux personnages.

c) Proposez un élargissement sous la forme d'une phrase rédigée.

MÉTHODE Un exemple de commentaire

Un vieux médecin amoureux, Bartholo, prétend épouser sa pupille Rosine, jeune fille d'origine noble. Mais le Comte Almaviva, sous l'apparence de l'étudiant Lindor, parviendra à séduire et à épouser Rosine avec l'aide du barbier Figaro.
La scène 2 de l'Acte II se déroule dans l'appartement de Rosine : elle écrit en secret à Lindor et ne sait comment lui faire parvenir sa lettre. Figaro, qu'elle a vu s'entretenir avec l'étudiant, survient à point nommé.

Rosine. — Avec qui parliez-vous donc là-bas si vivement ? Je n'entendais pas : mais...

FIGARO. — Avec un jeune bachelier[1] de mes parents, de la plus grande espérance ; plein d'esprit, de sentiments, de talents, et d'une figure fort revenante[2].

ROSINE. — Oh ! tout à fait bien, je vous assure ! Il se nomme ?...

FIGARO. — Lindor. Il n'a rien : mais s'il n'eût pas quitté brusquement Madrid, il pouvait y trouver quelque bonne place.

ROSINE, *étourdiment.* — Il en trouvera, monsieur Figaro ; il en trouvera. Un jeune homme tel que vous le dépeignez n'est pas fait pour rester inconnu.

FIGARO, *à part.* — Fort bien. (*Haut.*) Mais il a un grand défaut, qui nuira toujours à son avancement.

ROSINE. — Un défaut, monsieur Figaro ! Un défaut ! En êtes-vous bien sûr ?

FIGARO. — Il est amoureux.

ROSINE. — Il est amoureux ! Et vous appelez cela un défaut ?

FIGARO. — À la vérité, ce n'en est un que relativement à sa mauvaise fortune.

ROSINE. — Ah ! que le sort est injuste ! Et nomme-t-il la personne qu'il aime ? Je suis d'une curiosité...

FIGARO. — Vous êtes la dernière, Madame, à qui je voudrais faire une confidence de cette nature.

ROSINE, *vivement.* — Pourquoi, monsieur Figaro ? Je suis discrète. Ce jeune homme vous appartient[3], il m'intéresse infiniment..., dites donc.

FIGARO, *la regardant finement.* — Figurez-vous la plus jolie petite mignonne, douce, tendre, accorte et fraîche, agaçant l'appétit ; pied furtif, taille adroite, élancée, bras dodus, bouche rosée, et des mains ! des joues ! des dents ! des yeux !...

ROSINE. — Qui reste[4] en cette ville ?

FIGARO. En ce quartier.

ROSINE. — Dans cette rue peut-être ?

FIGARO. — À deux pas de moi.

ROSINE. — Ah ! que c'est charmant... pour monsieur votre parent. Et cette personne est... ?

FIGARO. — Je ne l'ai pas nommée ?

ROSINE, *vivement.* — C'est la seule chose que vous ayez oubliée, monsieur Figaro. Dites donc, dites donc vite ; si l'on rentrait, je ne pourrais plus savoir...

FIGARO. — Vous le voulez absolument, Madame ? Eh bien ! cette personne est... la pupille[5] de votre tuteur.

ROSINE. — La pupille... ?

FIGARO. — Du docteur Bartholo ; oui, Madame.

ROSINE, *avec émotion.* — Ah ! monsieur Figaro !... Je ne vous crois pas, je vous assure.

Beaumarchais (1733-1799), *Le Barbier de Séville*, Acte II, scène 2, 1175.

1. *bachelier* : étudiant. 2. *revenante* : plaisante. 3. *il vous appartient* : il est votre parent. 4. *qui reste* : qui habite. 5. *pupille* : orpheline placée sous la protection d'un tuteur.

1. Examiner méthodiquement le texte

Le paratexte apporte des informations sur l'**auteur**, l'**œuvre** dont est extraite la scène, la **date de parution de l'œuvre**. Il renseigne aussi sur les **grandes lignes de l'intrigue** et le contexte de la scène.

Le *Barbier de Séville* est une pièce de Beaumarchais, parue en 1775. L'intrigue adapte un canevas traditionnel (un vieillard entiché de sa pupille veut l'épouser mais il est devancé par un jeune amant, secondé par un valet ingénieux).

• Étudier le dialogue théâtral

La scène 2 de l'Acte II est un **dialogue** entre Rosine et Figaro.

• L'échange repose sur une succession de **couples question-réponse**. Ce procédé **dynamique** permet au dialogue de progresser jusqu'à l'énoncé de l'**information essentielle** : Lindor aime Rosine (*cette personne est... la pupille de votre tuteur*).

• C'est un **échange rendu vif et alerte** par ses **répliques** courtes aux **enchaînements** variés. Ces derniers se font par **enjambement syntaxique** (*Il se nomme ?... / Lindor ; Qui reste en cette ville ? / En ce quartier*), par **reprise de termes** (*trouver / il en trouvera ; il a un grand défaut / un défaut !*), par **répétition lexicale et syntaxique** (*il est amoureux*).

• Le dialogue est un **interrogatoire** motivé par la curiosité de Rosine (*Je suis d'une curiosité...*) et apparemment conduit par elle. Mais le procédé de **l'aparté**, signalé par la didascalie (*à part*) et fondé sur la double énonciation (► *Le théâtre, texte et représentation*, p. 272), pose Figaro en **meneur de jeu**. Il convient donc de s'interroger sur les véritables enjeux de l'extrait.

• Identifier les enjeux de l'échange

• Rosine cherche à obtenir des informations et **Figaro joue apparemment le rôle de l'informateur**. En fait, le barbier veut **amener Rosine à avouer son inclination pour Lindor**. Il pique sa curiosité, aiguillonne fugitivement sa jalousie (*Figurez-vous la plus jolie petite mignonne*), use pour la rassurer du sous-entendu (*À deux pas de moi*). Il retarde habilement la révélation finale (*Je ne l'ai pas nommée ?*) et joue sur les termes pour se faire entendre à demi-mot (*la pupille de votre tuteur*). **Meneur de jeu**, Figaro est un **personnage manipulateur**, ce que soulignent les didascalies (*la regardant finement*).

• Rosine tombe dans le piège. Son impatience et son amour naissant transparaissent dans ses propos. La réplique « *Ah ! que c'est charmant...* », en dépit de la correction apportée : « *pour monsieur votre parent* », trahit bien les sentiments de Rosine. Cet aveu involontaire **est l'enjeu dramatique essentiel de la scène.**

• L'aveu de l'amour se fait aussi de **façon indirecte, par la gestuelle et les mimiques, indiquées par les didascalies** (*étourdiment / vivement / avec émotion*). Elles sont **complémentaires du dialogue**.

• Le jeu instauré par Figaro, le piège dans lequel tombe Rosine, inscrivent la scène dans le **registre comique**, comique léger fondé sur le mouvement et les **jeux du langage**, qui marque le **renouvellement de la comédie d'intrigue**.

2. Préparer, organiser et développer le commentaire

• Définir le projet de lecture

Le projet de lecture est **l'angle sous lequel le texte sera abordé**. Il doit tenir compte des **caractéristiques principales** du texte et de ses **enjeux**.

L'aveu du sentiment amoureux, résultat d'une manipulation peut, dans cet exemple, constituer un projet de lecture.

• Définir et organiser les idées directrices

Dans l'exemple choisi, on peut organiser les remarques de détail autour de trois idées directrices.

- Conduite sur le mode de **l'interrogatoire**, la scène a pour première fonction dramatique **d'informer** Rosine de l'amour de Lindor. Le procédé choisi, une **succession de questions et de réponses rigoureusement enchaînées**, assure la progression du dialogue. Mais l'intérêt dramatique réside surtout dans **l'aveu involontaire** que Rosine fait de ses propres sentiments.
- L'aveu amoureux est le **résultat de la manipulation** à laquelle se livre Figaro. Jouant de l'impatience et du trouble de Rosine, il l'amène à trahir sa propre inclination. Le personnage traditionnel du valet obligeant prend la stature nouvelle d'un **véritable meneur de jeu**.
- Le jeu instauré par Figaro, le piège dans lequel tombe Rosine, inscrivent la scène dans le **registre comique**. L'importance accordée à la **gestuelle** (soulignée par les didascalies) et les **jeux sur le langage** marquent cependant le **renouvellement de la comédie d'intrigue**.

3. Rédiger le commentaire

La rédaction du commentaire obéit à des règles précises qu'il convient de respecter (► *Le commentaire*, p. 161).

A Analyser le sujet

1. Étudier l'énoncé d'un sujet et dégager le problème posé

Texte A

L'Impromptu de l'Alma *est une fausse improvisation qui reprend le motif de la répétition surprise, déjà exploité par Molière dans* L'Impromptu de Versailles, *par Marivaux dans* Les Acteurs de bonne foi, *ou par Giraudoux dans* L'Impromptu de Paris. *L'auteur Ionesco est confronté à trois critiques qui l'interrogent sur sa conception du théâtre, le pressant de faire jouer une pièce dont il n'a pas terminé la rédaction.*

BARTHOLOMÉUS I, *à Ionesco.* — D'abord, savez-vous ce que c'est que le théâtre ?

IONESCO. — Euh, c'est du théâtre.

BARTHOLOMÉUS II, *à Ionesco.* — Erreur profonde.

BARTHOLOMÉUS I, *à Ionesco.* — Erreur… le théâtre c'est la manifestation de la théâtralité[1].

BARTHOLOMÉUS III, *à Bartholoméus I et à Bartholoméus II.* — Mais sait-il ce qu'est la théâtralité ?

BARTHOLOMÉUS I, *à Bartholoméus II et à Bartholoméus III.* — Nous l'entendrons bien. (*À Ionesco.*) Définissez la théâtralité.

IONESCO. — La théâtralité… la théâtralité… C'est ce qui est théâtral…

BARTHOLOMÉUS I. — Je m'en doutais…

BARTHOLOMÉUS II. — Moi aussi.

BARTHOLOMÉUS III. — Moi aussi.

BARTHOLOMÉUS I. — Je me doutais bien que sa pensée était viciée. (*À Ionesco.*) Insensé, la théâtralité c'est ce qui est anti-théâtral.

BARTHOLOMÉUS III, *à Bartholoméus I.* — Je ne suis pas tout à fait d'accord avec vous. Je pense, cher Bartholoméus, que la théâtralité est peut-être… ce n'est pas parce qu'il l'a dit (*il montre Ionesco, affaissé, du doigt*), lui ne sait pas ce qu'il dit, il est tombé juste par malentendu… le théâtre est théâtral…

[…]

IONESCO, *timidement, levant un doigt.* — Est-ce que… je…

BARTHOLOMÉUS I, *à Ionesco.* — Silence. (*À Bartholoméus III.*) Vous pensez tautologiquement[2] ! le théâtre est dans l'antithéâtral et vice versa… vice versa… vice versa…

BARTHOLOMÉUS II. — Vice-verso… Vice-verso… Vice-verso !

BARTHOLOMÉUS III. — Vice-verso ? Ah non, pas vice-verso, mais bien versa-vircé.

BARTHOLOMÉUS I. — Je dis vircé-versa.

BARTHOLOMÉUS III. — Je maintiens versa-vircé !

BARTHOLOMÉUS I. — Vircé-verso !

BARTHOLOMÉUS III. — Vous ne me ferez pas peur : versa-virsé.

BARTHOLOMÉUS II, *aux autres Bartholéméus.* — Ne vous disputez pas devant lui… Cela affaiblit notre doctorale[3] autorité… (*Montrant Ionesco.*) Il faut d'abord, n'oublions pas, n'oublions pas, n'oublions pas, le redresser, puis le dresser.

Ionesco, *qui a repris un peu de courage.* — Messieurs, peut-être, le théâtre est-il, simplement, le drame, une action, une action dans un temps et un lieu donnés…

Eugène Ionesco (1909-1994),
L'Impromptu de l'Alma,
© Éditions Gallimard, 1958.

1. *théâtralité* : conformité d'une œuvre aux exigences concrètes de la représentation théâtrale. 2. *tautologiquement* : en répétant inutilement la même idée sous une autre forme (adverbe crée par Ionesco à partir de l'adjectif « tautologique »). 3. *doctorale* : qui appartient aux savants, aux « docteurs ».

Texte B

Edward Gordon Craig, se fondant sur son expérience d'acteur et de metteur en scène, fait dialoguer « l'amateur de théâtre » et le « régisseur ». Ces deux personnages, s'efforçant de définir l'art du théâtre, affirment son autonomie par rapport aux autres arts.

LE RÉGISSEUR. — Maintenant que nous avons parcouru ensemble tout le Théâtre, que je vous ai montré sa construction générale, la scène, la machinerie, les décors, les appareils d'éclairage et le reste, et que vous avez vu le mécanisme du Théâtre, asseyons-nous un moment dans la salle et parlons de son art. Dites-moi, savez-vous ce que c'est que l'Art du Théâtre ?

L'AMATEUR DE THÉÂTRE. — Il me semble que c'est l'art dramatique, l'interprétation des acteurs ?

LE RÉGISSEUR. — La partie vaut donc pour le tout ?

L'AMATEUR DE THÉÂTRE. — Non, bien sûr. Mais voulez-vous dire que c'est en la pièce que consiste l'Art du Théâtre ?

LE RÉGISSEUR. — La pièce est une œuvre littéraire. Comment un art en serait-il un autre en même temps ?

L'AMATEUR DE THÉÂTRE. — Si cet art ne consiste point dans le jeu des acteurs, ni dans la pièce, faut-il conclure que c'est dans la mise en scène ou la danse ? Ce n'est pas là votre pensée ?

LE RÉGISSEUR. — Non. L'art du théâtre n'est ni le jeu des acteurs, ni la pièce, ni la mise en scène, ni la danse ; il est formé des éléments qui les composent : du geste qui est l'âme du jeu ; des mots qui sont le corps de la pièce ; des lignes et des couleurs qui sont l'existence même du décor ; du rythme qui est l'essence de la danse.

Edward Gordon Craig (1872-1966),
De l'art du théâtre, 1905, trad. de Geneviève Séligmann-Lui,
© Éditions théâtrales, 1920.

Texte C

Critique, enseignant et directeur de la revue littéraire Le Mercure de France, *Gaëtan Picon propose une définition du théâtre.*

Le théâtre appartient-il à la littérature ? On peut se le demander. Avant tout il est le domaine de la parole – de la parole en action. Il est d'abord un texte, dont les vertus sont celles de toute chose écrite – mais ce texte est joué c'est-à-dire vécu devant nous.

Gaëtan Picon (1915-1976), *Panorama de la nouvelle littérature française*,
© Éditions Gallimard, 1960.

Qu'est-ce que le théâtre ? Vous répondrez à cette question en vous appuyant sur les textes du corpus, sur ceux que vous avez étudiés en classe, sur vos lectures personnelles et votre expérience de spectateur.

a) Quelle est la nature de l'énoncé ?

b) L'intitulé du sujet demande-t-il d'expliquer un point de vue ? de le justifier ? de le réfuter ? de discuter un jugement ? d'exprimer une opinion personnelle ?

c) Quels sont les mots-clés du libellé ? Quel est le domaine général concerné ? Quel est le problème particulier posé par le sujet ?

d) Confrontez le sujet au corpus. Quels termes, dans les trois textes, renvoient au problème posé ?

2. Même exercice

Les textes de Corneille (► *Texte A, Exercice 11*, p. 291**), Molière (**► *Texte B, Exercice 3*, p. 288**), Jean Genet (**► *Texte C, Exercice 8*, p. 290**), Edward Albee (**► *Texte D, Exercice 7*, p. 290**) constituent un corpus dont le thème est « La dispute au théâtre ». Le corpus est complété par le texte ci-dessous (texte E) et suivi d'un sujet de dissertation. Lisez l'ensemble de ces textes, ainsi que le libellé du sujet de dissertation, puis répondez aux questions.**

Texte E

Je voudrais pouvoir, quelquefois, pour ma part, dépouiller l'action théâtrale de tout ce qu'elle a de particulier ; son intrigue, les traits accidentels de ses personnages, leurs noms, leur appartenance sociale, leur cadre historique, les raisons apparentes du conflit dramatique, toutes justifications, toutes explications, toute la logique du conflit. Le conflit existerait, autrement il n'y aurait pas de théâtre, mais on n'en connaîtrait pas la raison.

Eugène Ionesco (1909-1994),
« Notes sur le théâtre », dans *Notes et contre-notes*,
© Éditions Gallimard, 1966.

Sans conflit, dit Ionesco, « il n'y aurait pas de théâtre ». Le théâtre est-il le lieu par excellence du conflit et de l'affrontement ? Vous répondrez à cette question en vous appuyant sur les textes du corpus, sur ceux que vous avez étudiés en classe, sur vos lectures personnelles et votre expérience de spectateur.

a) Quelle est la nature de l'énoncé ?

b) L'intitulé du sujet demande-t-il d'expliquer un point de vue ? de le justifier ? de le réfuter ? de discuter un jugement ? d'exprimer une opinion personnelle ?

c) Quel est le mot-clé du libellé ? Quel est le problème particulier posé par le sujet ?

d) Quel rapport peut-on établir entre les textes du corpus et le sujet posé ?

B Rechercher des idées

3. Se référer à l'objet d'étude et exploiter un corpus

Texte A

Abel et Bela, seuls personnages de la pièce de Pinget, écrivent la scène d'exposition d'une pièce de théâtre.
Décor : deux fauteuils sur la scène vide.

ABEL. — Une pièce de théâtre oui, une pièce de théâtre. (*Un temps.*) Reste à savoir…
BELA. — Reste à savoir ?
ABEL. — Ce que c'est que le théâtre ?
BELA. — Ce que c'est que le théâtre ? Une scène, des acteurs, un texte.
ABEL. — Ce que c'est, ce que ça doit être, sa nécessité, sa… transcendance[1].
Un temps.
BELA. — Et après ?
ABEL. — L'essence du théâtre. Ce qui fait que ça ne peut être autre chose, que ça doit être, que c'est fatal.
BELA. — À se poser des questions sur la nécessité, sur l'essence et consort[2] on va foirer comme la dernière fois et je refuse. Je ne suis pas un dilettante[3].
ABEL. — Dilettante ! Très entre-deux-guerres. (*Un temps*). C'est toujours l'époque qu'on choisit ?
BELA. — Je lui trouve du charme. Un je ne sais quoi. (*Un temps.*) Le genre cosmopolite oui, avec ladies, princes du Ritz et espionnes caucasiennes.
ABEL. — On bazarderait la présidente ?
BELA. — Pourquoi ? Elle est parfaite. Et son vieil amant et son pékinois. (*Un temps.*) Qu'est-ce qu'on a dit qu'ils faisaient au premier acte ?
ABEL. — Première scène. Ils sortent du théâtre. Ensuite party chez la présidente. (*Un temps.*) On y va ?
BELA. — Allons-y.
ABEL. — Décor, l'entrée d'un théâtre. Les portes s'ouvrent, c'est la fin du spectacle. Les gens sortent. Une femme élégante s'attarde sous le porche, côté cour[4]. Elle discute avec un couple snob. C'est la présidente.

BELA. — Présidente de quoi au fait ?

ABEL. — D'une république lointaine qui a mal tourné. Elle est en exil.

BELA. — Pas d'autre détail sur le décor ? Quel genre de théâtre ?

ABEL. — Fronton grec, colonnade. (*Un temps.*) Des comparses par petits paquets descendent les marches et rentrent dans les coulisses pour redescendre aussitôt, jusqu'à l'apparition de la présidente.

BELA. — Et le concubin ?

ABEL. — Le concubin ?

BELA. — L'amant de la présidente.

ABEL. — Il est derrière elle. Il s'appelle Édouard. Il la laisse causer avec le couple tout en regardant de l'autre côté une petite femme en train de mouiller de son doigt, tout en haut de sa cuisse, une maille de son bas qui vient de filer. (*Un temps.*) La présidente le remarque et le lui dit. (*Un temps.*) Vous serez bien toujours le même, puis se tournant vers le couple : À tout à l'heure, tout le monde au vingt-quatre Belgrave Square.

BELA. — Où ?

ABEL. — Belgrave Square. Quartier chic de Londres. (*Un temps.*) La présidente suivie d'Édouard descend les marches, son chauffeur lui ouvre la portière. Elle monte dans sa limousine. Édouard pareil, et la voiture démarre.

BELA. — Où est la voiture ?

ABEL. — Devant le perron.

BELA. — Sur scène ?

ABEL. — En bas, dans le trou de l'orchestre. Comme qui dirait ici. La limousine est arrivée par là, côté cour, et elle a fait le trajet côté jardin[5].

BELA. — Par où veux-tu qu'elle disparaisse ? Les dégagements[6] sont sur scène, pas dessous.

ABEL. — Ça complique.

BELA. — Il faut mettre la voiture sur scène.

ABEL. — Tu ne crains pas que ça fasse coco[7] ? Et la place, en plus, si c'est une toute petite scène. (*Un temps.*) Il faut la laisser dans les coulisses, là, côté jardin... c'est-à-dire que le chauffeur suffira, avec un bruit de démarrage. Non ?

Robert Pinget (1919-1997), *Abel et Bela*, (début de la pièce), © Les Éditions de Minuit, 1987.

1. *transcendance* : principe extérieur et supérieur aux œuvres, principe qui les commande. 2. *consort* : de la même espèce (familier). 3. *dilettante* : personne qui s'occupe d'une chose en amateur. 4. *côté cour* : côté droit de la scène, vu de la salle. 5. *côté jardin* : côté gauche de la scène, vu de la salle. 6. *dégagements* : endroits par lesquels les acteurs quittent la scène. 7. *coco* : communiste.

Texte B

Diderot énonce un principe désigné traditionnellement comme la théorie du « quatrième mur », convention selon laquelle existe une séparation radicale entre la salle et la scène.

Soit donc que vous composiez, soit que vous jouiez, ne pensez non plus au spectateur que s'il n'existait pas. Imaginez sur le bord du théâtre un grand mur qui vous sépare du parterre[1] ; jouez comme si la toile ne se levait pas.

— Mais l'Avare[2] qui a perdu sa cassette, dit cependant au spectateur : « Messieurs, mon voleur n'est-il pas parmi vous ? »

— Eh ! laissez là cet auteur. L'écart d'un homme de génie ne prouve rien contre le sens commun. Dites-moi seulement s'il est possible que vous vous adressiez un instant au spectateur sans arrêter l'action, et si le moindre défaut des détails où vous l'aurez considéré, n'est pas de disperser autant de petits repos sur toute la durée de votre drame, et de le ralentir.

Diderot (1713-1784), *Discours sur la poésie dramatique*, ch. IX. « De l'Intérêt », 1758.

1. *parterre* : rez-de-chaussée d'une salle de théâtre où le public se tenait debout (à l'heure actuelle, partie du rez-de-chaussée d'une salle de théâtre, derrière les fauteuils d'orchestre). 2. *l'Avare* : allusion à l'adresse directe au public du personnage de l'Avare, dans la pièce de Molière du même nom, Acte IV, sc. 7 (▶ *Exercice 3*, p. 280).

a) À quel moment de l'action* se situe la scène du texte A ? Quels termes identifient Abel et Bela à des professionnels du théâtre ?

b) Quelles répliques* pourraient constituer les didascalies* de la scène en cours de rédaction, dans le texte A ? Quelle réplique contient un début de dialogue ?

c) Quel est le registre* du texte A ? Avec quels codes, quelles conventions de l'écriture théâtrale Pinget joue-t-il ? Le théâtre contemporain échappe-t-il aux conventions ?

d) À quelle forme d'échange théâtral Diderot fait-il allusion, dans le texte B ? Quel dispositif scénique permet la séparation entre la scène et la salle ?

e) Quelles conventions théâtrales sont évoquées dans ces deux textes ? Faites-en une liste précise. Quels sont les principaux procédés conventionnels traditionnels ?

4. Même exercice

Texte A

Claudel situe une des clés de la représentation dans la rencontre du public et s'adresse directement à lui par l'entremise de l'Annoncier.

L'ANNONCIER. — Fixons, je vous prie, mes frères, les yeux sur ce point de l'Océan Atlantique qui est à quelques degrés au-dessous de la Ligne à égale distance de l'Ancien et du Nouveau Continent. On a parfaitement bien représenté ici l'épave d'un navire démâté qui flotte au gré des courants. Toutes les grandes constellations de l'un et de l'autre hémisphères, la Grande Ourse, la Petite Ourse, Cassiopée, Orion, La Croix du Sud, sont suspendues en bon ordre comme d'énormes girandoles et comme de gigantesques panoplies autour du ciel. Je pourrais les toucher avec ma canne. Autour du ciel. Et ici-bas un peintre qui voudrait représenter l'œuvre des pirates – des Anglais probablement – sur ce pauvre bâtiment espagnol, aurait précisément l'idée de ce mât, avec ses vergues et ses agrès, tombé tout au travers du pont, de ces canons culbutés, de ces écoutilles ouvertes, de ces grandes taches de sang et de ces cadavres partout, spécialement de ce groupe de religieuses écroulées l'une sur l'autre ? Au tronçon du grand mât, est attaché un Père Jésuite, comme vous voyez, extrêmement grand et maigre. La soutane déchirée laisse voir l'épaule nue. Le voici qui parle comme il suit : « Seigneur, je vous remercie de m'avoir ainsi attaché… » Mais c'est lui qui va parler. Écoutez bien, ne toussez pas et essayez de comprendre un peu. C'est ce que vous ne comprendrez pas qui est le plus beau, et c'est ce qui est le plus long qui est le plus intéressant et c'est ce que vous ne trouverez pas amusant qui est le plus drôle.

Sort l'Annoncier.

Paul Claudel (1868-1955),
Le Soulier de satin, première journée, scène 1,

Texte B

Journaliste et auteur dramatique, ami des surréalistes, Armand Salacrou a laissé une œuvre théâtrale importante et un ouvrage de réflexion sur l'art du théâtre.

Le dramaturge a un collaborateur que l'on oublie toujours, qui a peut-être autant d'importance que lui, c'est le public. L'œuvre dramaturgique a besoin de la scène, a besoin d'un public, non pas épars – chaque spectateur rêvant devant un livre ou devant un haut-parleur – mais d'un public réuni dans une salle, grange ou palais, et frémissant dans son unité de public. C'est ainsi que risque de naître ce frisson dramatique dont n'est responsable ni l'auteur seul, ni l'acteur seul, mais cet ensemble, plein d'ombre et de secrets, qu'est un théâtre où l'on joue. Ne dit-on pas un bon public, un mauvais public ainsi qu'on juge un acteur, un auteur ? L'auteur, en quelque sorte, avec son texte n'a laissé que la recette, une « façon de faire », et c'est chaque soir que la pièce se crée, d'ailleurs mieux ou moins bien née chaque soir. Aussi c'est à la lettre qu'il faut prendre l'expression : la pièce a été créée le jour de la représentation. Car pour créer la pièce il faut être deux : l'auteur et la salle.

Armand Salacrou (1899-1989),
« Note sur le théâtre », dans *Théâtre*,

« Pour créer la pièce, il faut être deux : l'auteur et la salle », affirme Armand Salacrou. Quel rôle joue le public dans la représentation ? Vous répondrez à cette question en vous appuyant sur les textes du corpus, sur ceux que vous avez étudiés en classe, sur vos lectures personnelles et votre expérience de spectateur.

a) L'Annoncier masque-t-il les conventions, le travail de mise en scène, sur lesquels repose le théâtre ? S'efforce-t-il de convaincre le spectateur que ce qu'il voit est vrai ?

b) Quelles fonctions remplit l'Annoncier auprès du spectateur ? Que l'invite-t-il à faire ?

c) Quel est le registre* de la tirade* de l'Annoncier ? Appuyez votre réponse sur les deux dernières phrases notamment. Quelle est la fonction de ce registre ?

d) Quelle importance Salacrou accorde-t-il au texte de théâtre ? à la représentation ? Quel rôle est conféré au public ?

e) Ces textes expriment-ils un point de vue identique ? des points de vue différents ? Quelle(s) définition(s) du théâtre peut-on dégager de ces textes ? Quelle relation avec le public définissent-ils ?

5. Exploiter lectures personnelles et expérience de spectateur

a) Dans *Le Soulier de satin* de Claudel, l'adresse au public rompt l'illusion théâtrale. Quels autres procédés produisent le même effet ? Vous pouvez appuyer votre réponse sur la lecture du texte de Jean Genet (▸ *Exercice 8*, p. 290) ou de Ionesco (▸ *Exercice 1*, p. 295). La rupture de l'illusion théâtrale nuit-elle au plaisir du spectateur ?

b) Une pièce est-elle interprétée toujours de la même façon ? Avez-vous vu plusieurs mises en scène d'une même pièce ? Pouvez-vous donner un exemple précis ?

c) Le théâtre est-il le seul art où l'œuvre échappe à son auteur ? Appuyez votre réponse sur des exemples précis.

d) Quelle participation le texte de théâtre demande-t-il au lecteur ? Est-elle plus importante dans le théâtre contemporain ?

e) Quelle participation le spectacle théâtral demande-t-il au spectateur ? Justifiez votre réponse.

C Élaborer un plan

6. Dégager des idées directrices

a) Lisez le texte de Robert Pinget (▸ *Exercice 3*, p. 296), le texte de Diderot (▸ *Exercice 3*, p. 297), puis le sujet suivant :

En vous appuyant sur le corpus proposé, sur les œuvres théâtrales étudiées en classe, sur vos lectures personnelles et votre expérience de spectateur, vous montrerez que toute pièce de théâtre utilise des procédés conventionnels acceptés par le spectateur.

b) Voici une liste désordonnée d'idées directrices et d'arguments permettant de traiter le sujet. Dégagez trois idées directrices et classez-les dans un ordre d'importance croissant.

a) Le théâtre contemporain manifeste la permanence des conventions.

b) La représentation obéit à des conventions comme le rituel des trois coups.

c) Le langage devient le drame lui-même.

d) Le jeu de l'acteur obéit à des conventions qui varient selon les époques.

e) Le lever et le baisser du rideau, le salut sont des conventions.

f) On voit apparaître une dramaturgie nouvelle, fondée sur la mise en évidence des conventions traditionnelles et leur dérision.

g) Le théâtre est traditionnellement un art de la convention et de l'artifice.

h) L'échange théâtral fondé sur la double énonciation est source d'invraisemblances acceptées par tous.

i) La scène d'exposition, le dénouement reposent sur une convention.

j) Le théâtre contemporain met en cause les conventions traditionnelles et en impose d'autres.

k) Les notions de vraisemblance et de bienséance, dans le théâtre classique, relèvent de la convention.

l) Le refus de l'illusion réaliste devient le sujet de la pièce.

7. Organiser idées directrices et arguments

a) À l'exercice précédent, vous avez dégagé trois idées directrices. Rapprochez de chacune de ces idées des arguments pertinents, que vous choisirez parmi ceux donnés dans cet exercice.

b) Rappelez, en une phrase rédigée, le problème posé par le sujet (▸ *Exercice 6*, p. 298).

c) À l'aide des réponses aux questions précédentes, élaborez un plan détaillé permettant de traiter ce sujet.

8. Élaborer un plan

a) Lisez les textes de Claudel et de Salacrou, ainsi que le libellé du sujet qui les accompagne (▸ *Exercice 4*, pp. 297-298).

b) Voici une liste désordonnée d'idées directrices. Dégagez trois idées qui vous paraissent pertinentes pour élaborer un plan en trois parties et mettez-les dans l'ordre convenable.

a) Le théâtre n'est pas le seul art où l'œuvre échappe à son auteur.

b) Le public accepte les conventions qui fondent toute représentation.

c) Le spectacle de théâtre ne vit vraiment que dans le regard du public.

d) Le public joue un rôle essentiel dans la création d'une pièce.

e) Une pièce nouvelle est créée à chaque représentation, car le public est toujours nouveau.

c) Complétez chaque idée par des arguments et proposez un plan détaillé.

9. Illustrer les arguments par des exemples

a) Lisez les textes d'Eugène Ionesco, d'Edward Craig, de Gaëtan Picon (▸ *Exercice 1*, pp. 295-296) et l'intitulé du sujet qui accompagne ce corpus.

b) Voici une idée directrice et des arguments permettant de traiter le sujet. Choisissez dans les textes du corpus des exemples pertinents pour illustrer les arguments proposés.

- **Idée directrice** : La nature du théâtre est simultanément simple et difficile à cerner.
- **Arguments** :

a) Ionesco tourne en dérision les tentatives pour définir le théâtre.

b) Ionesco propose une définition simple et évidente du théâtre.

c) Gaëtan Picon admet l'appartenance de l'œuvre théâtrale à la littérature, mais le théâtre ne se limite pas à l'œuvre écrite.

d) Picon valorise la représentation, qui seule donne son sens à l'œuvre.

e) Selon Picon, le texte de théâtre est écrit pour être parlé et joué.

f) Craig propose une définition qui affirme la spécificité de l'œuvre théâtrale.

g) Craig définit le théâtre par ce qu'il n'est pas.

h) Craig affirme l'autonomie du théâtre par rapport aux autres arts.

D *Rédiger la dissertation*

10. Rédiger une introduction

a) Lisez les textes de Claudel (▸ *Exercice 4*, p. 297), de Salacrou (▸ *Exercice 4*, p. 298) et le libellé du sujet qui les accompagne.

b) Présentez brièvement les textes.

c) Dégagez le problème posé.

d) Complétez par un troisième élément l'annonce du plan, dont voici deux éléments donnés sans ordre :

- Sans auteur, il n'y a pas de théâtre.
- Le texte théâtral ne vit vraiment que dans le regard du public.

e) Rédigez l'introduction de la dissertation.

11. Rédiger un paragraphe

a) Lisez les textes d'Eugène Ionesco, d'Edward Craig, de Gaëtan Picon (▸ *Exercice 1*, pp. 295-296) et l'intitulé du sujet qui accompagne ce corpus.

b) Illustrez les arguments suivants par des exemples pris dans les textes du corpus. Rédigez un paragraphe pour chaque argument, dans lequel vous citerez et commenterez les exemples choisis.

- **Argument 1** : Ionesco tourne en dérision les tentatives pour définir le théâtre.
- **Argument 2** : Craig définit le théâtre par ce qu'il n'est pas.

c) Voici une citation extraite du texte d'Eugène Ionesco : « Messieurs, peut-être, le théâtre est-il, simplement, le drame, une action, une action dans un temps et un lieu donnés... ». Trouvez un argument qu'elle pourrait illustrer.

d) Rédigez un paragraphe dans lequel vous formulerez cet argument ; vous insérerez et commenterez la citation proposée.

12. Rédiger une conclusion

a) Lisez le texte de Robert Pinget (▸ *Exercice 3*, p. 296), le texte de Diderot (▸ *Exercice 3*, p. 297), et le libellé du sujet qui accompagne ce corpus (▸ *Exercice 6*, p. 298).

b) Établissez un bilan de lecture en une ou deux phrases rédigées, à partir des idées directrices suivantes :

- Le théâtre est traditionnellement un art de la convention et de l'artifice.
- Le théâtre contemporain manifeste la permanence des conventions.
- Le théâtre contemporain met en cause les conventions traditionnelles et en impose d'autres.

c) Proposez un élargissement sous la forme d'une phrase rédigée.

Texte A Hugo, Préface de *Lucrèce Borgia* (► p. 303)

Texte B

Une actrice, Lechy Elbernon, explique ce qu'est le théâtre à la jeune et naïve Marthe, qui ignore tout de l'art dramatique.

LECHY ELBERNON. — Je les[1] regarde, et la salle n'est rien que de la chair vivante et habillée.
Et ils garnissent les murs comme des mouches, jusqu'au plafond.
Et je vois des centaines de visages blancs.
L'homme s'ennuie, et l'ignorance lui est attachée depuis sa naissance.
Et ne sachant de rien comment cela commence ou finit, c'est pour cela qu'il va au théâtre.

Paul Claudel (1868-1955), *L'Échange*, Acte I, 1951,

1. *les* : les spectateurs.

Texte C

Depuis toujours, l'affaire du théâtre, comme d'ailleurs de tous les autres arts, est de divertir les gens. Cette affaire lui confère toujours sa dignité particulière ; il n'a besoin d'aucune autre justification que l'amusement, mais de celui-ci absolument. En aucune façon on ne pourrait le hisser à un niveau plus élevé si on faisait, par exemple, une foire à la morale ; il lui faudrait alors plutôt veiller à ne pas être précisément abaissé, ce qui se produirait aussitôt s'il ne se rendait réjouissant pour les sens – ce qui ne peut d'ailleurs que profiter à l'argument moral. Même d'enseigner, on ne devrait pas le lui demander, en tout cas rien de plus utile que la manière d'éprouver la jouissance de se mouvoir, sur le plan physique ou intellectuel. Le théâtre doit, en effet, pouvoir rester quelque chose de tout à fait superflu. Rien n'a moins besoin de défenseurs que les réjouissances.

Bertold Brecht (1898-1956), *Petit Organon pour le théâtre*,

Quelle est la fonction du théâtre ? Révéler son destin à l'homme ? l'instruire ? le divertir ? Vous répondrez à cette question en vous appuyant sur les textes du corpus, sur ceux que vous avez étudiés en classe, sur vos lectures personnelles et votre expérience de spectateur.

1. Analyser le sujet

Analyser le sujet consiste d'abord à identifier la nature de l'intitulé, **question** ou **citation extraite** d'un des textes du corpus. On repère ensuite les **mots-clés**, dont on interroge le sens. Pour **dégager le problème posé**, on fait surgir les **questions implicites** qui découlent de l'énoncé du sujet.

L'intitulé est constitué par une série de quatre questions : une question englobante précisée par trois questions successives. Les mots-clés « fonction du théâtre » énoncent nettement le problème posé : quelle est la finalité du théâtre ? Les autres mots-clés (« instruire », « divertir » l'homme, lui « révéler son destin ») orientent la réflexion de façon explicite : le théâtre sert-il à donner à l'homme une connaissance essentielle de soi, à l'instruire ou se borne-t-il à le divertir ?

Cet intitulé demande de **prendre position** à partir de **trois points de vue différents** sur la fonction du théâtre, dont on doit se demander s'ils sont conciliables ou antagonistes.

2. Rechercher les idées

• Exploiter le corpus

• Le corpus proposé comporte **trois extraits** (un texte théâtral et deux textes théoriques) dont la particularité est de proposer **trois prises de position différentes** sur les finalités du théâtre.

Pour l'actrice Lechy, au théâtre, l'homme contemple son destin. Pour Hugo, le drame (romantique) doit servir au progrès de l'humanité : le théâtre a une dimension didactique et sociale. Pour Brecht, la fonction première de l'art est de divertir, mais il délivre aussi à l'homme un enseignement qui lui permet de comprendre le monde : enseignement et plaisir sont liés.

• Ces points de vue sont-ils **antagonistes** ou **conciliables** ?

Le théâtre est un moyen de changer la conscience du public (Claudel, Hugo). Le théâtre pour but premier de divertir l'homme mais le plaisir procuré par le spectacle théâtral peut modifier notre regard sur le monde (Brecht). La position originale de Brecht permet de dépasser l'opposition entre les dramaturges qui voient dans le théâtre un « moyen » et ceux qui semblent viser une pure gratuité esthétique.

• Se référer à l'objet d'étude

L'objet d'étude principal est le « Théâtre, texte et représentation ». Le sujet invite à réfléchir à l'action du théâtre sur le spectateur (► pp. 302 et 304). Chacun des textes propose une argumentation à l'appui d'une thèse. **Le sujet renvoie donc à un autre objet d'étude : « Convaincre, persuader et délibérer ».**

• Exploiter les lectures et des connaissances personnelles

Les lectures cursives et votre expérience de spectateur peuvent enrichir la réflexion. On peut se reporter aux textes de Molière (► p. 302), de Rousseau (► p. 302) et de Ionesco (► p. 304).

3. Construire un plan

• Dégager les idées directrices

La recherche précédente conduit à dégager **trois idées directrices.**

- Le théâtre est « utile » : il est un moyen de servir une cause extérieure au théâtre, religieuse, morale ou sociale.
- Le divertissement est le seul « but » du théâtre : le théâtre n'a pas de fin hors de lui-même, il ne vise que le plaisir esthétique du spectateur.
- Le théâtre porte en lui-même sa propre signification. Il ouvre sur la compréhension de l'homme et du monde et cette découverte est source de plaisir : plaisir et enseignement vont de pair.

• Dégager des arguments et des exemples

On peut dégager plusieurs arguments à l'appui de ces idées, illustrés par des **exemples.**

a) Les dramaturges de l'époque classique soutiennent que la représentation du vice ou de la passion a une vertu moralisante (c'est le rôle du rire chez Molière, par exemple).

b) Les auteurs de l'époque révolutionnaire (comme Beaumarchais) ou les dramaturges romantiques ont vu dans le théâtre un genre utile, pouvant infléchir l'Histoire à venir et modifier les mentalités (les héros de Hugo, Vigny ou Musset remettent en question la société et dénoncent l'injustice ou la corruption).

c) Brecht propose un « théâtre épique » qui, par la distanciation (au lieu de l'identification), incite le spectateur à exercer son sens critique et lui permet de modifier sa vision du monde.

d) L'univers théâtral est purement esthétique : la dimension festive l'emporte sur le souci de « donner une leçon » (à la fin du *Malade imaginaire*, par exemple).

e) Le théâtre est un jeu détaché des contraintes du réel et vaut par lui-même, indépendamment de tout « message » (le théâtre de Marivaux par exemple)

f) Le théâtre n'est pas toujours la manifestation d'une idéologie ou d'un système de valeurs : c'est une quête de sens plus qu'une réponse au drame de l'existence. Certaines pièces contemporaines, dépourvues de dénouement, ouvrent sur une question plus qu'elles n'apportent de réponse à l'inquiétude humaine (c'est, par exemple, la réplique finale de *Huis clos* de Sartre ou celle d'*En attendant Godot* de Beckett). L'efficacité du théâtre réside dans les interrogations dont il est porteur.

g) Le théâtre a toujours été un moyen privilégié de s'adresser à la cité car il porte témoignage des forces conflictuelles de l'existence humaine.

• Organiser les idées et les arguments

Pour traiter le sujet proposé, on peut reprendre les trois idées directrices vues précédemment, conserver l'ordre dans lequel elles ont été énoncées et étayer chacune d'elles par les arguments adéquats.

Les deux premières idées dessinent l'opposition de deux thèses : utilité du théâtre d'une part (arguments a, b, c), gratuité du plaisir esthétique d'autre part (arguments d, e). La troisième idée directrice propose un dépassement des deux postures précédentes : le plaisir esthétique n'a rien de gratuit, car il trouve son origine dans la compréhension de l'homme et du monde que permet le spectacle théâtral (arguments f, g).

à l'écriture d'invention

A Étudier le corpus et comprendre la consigne

1. Étudier le corpus, préciser et clarifier la consigne

Texte A

Peinture satirique des faux dévots et de leurs victimes naïves, Tartuffe *fut interdite en 1667. Dans un placet (lettre adressée au souverain pour demander une faveur), Molière demande protection au Roi. La pièce sera autorisée en 1669.*

Le devoir de la comédie étant de corriger les hommes en les divertissant, j'ai cru, que, dans l'emploi où je me trouve, je n'avais rien de mieux à faire que d'attaquer par des peintures ridicules les vices de mon siècle ; et, comme l'hypocrisie, sans doute, en est un des plus en usage, des plus incommodes et des plus dangereux, j'avais eu, Sire, la pensée que je ne rendrais pas un petit service à tous les honnêtes gens de votre royaume, si je faisais une comédie qui décriât[1] les hypocrites, et mît en vue, comme il faut, toutes les grimaces[2] étudiées de ces gens de bien à outrance[3], toutes les friponneries couvertes[4] de ces faux monnayeurs en dévotion, qui veulent attraper les hommes avec un zèle contrefait[5] et une charité sophistique[6].

Molière (1622-1673), « Sur la Comédie du Tartuffe », *Premier placet présenté au Roi*, 1664.

1. *décriât* : critiquât. 2. *grimaces* : attitudes mensongères. 3. *à outrance* : avec excès. 4. *couvertes* : cachées. 5. *contrefait* : simulé. 6. *une charité sophistique* : charité qui n'existe qu'en paroles.

Texte B

*Dans l'article « Genève » de l'*Encyclopédie, *d'Alembert condamne l'intolérance envers le théâtre. Rousseau répond en dénonçant l'immoralité du théâtre qui, selon lui, flatte le vice et ridiculise la vertu.*

Quant à l'espèce[1] des spectacles, c'est nécessairement le plaisir qu'ils donnent, et non leur utilité, qui la détermine. Si l'utilité peut s'y trouver, à la bonne heure ; mais l'objet principal est de plaire, et, pourvu que le peuple s'amuse, cet objet est assez rempli. [...]

La scène, en général, est un tableau des passions humaines, dont l'original est dans tous les cœurs mais si le peintre n'avait soin de flatter ces passions, les spectateurs seraient bientôt rebutés, et ne voudraient plus se voir sous un aspect qui les fît mépriser d'eux-mêmes. Que s'il donne à quelques-unes des couleurs odieuses, c'est seulement à celles qui ne sont point générales, et qu'on hait naturellement. Ainsi l'auteur ne fait encore en cela que suivre le sentiment du public ; et alors ces passions de rebut sont toujours employées à en faire valoir d'autres, sinon plus légitimes, du moins plus au gré des spectateurs. [...]

Qu'on n'attribue donc pas au théâtre le pouvoir de changer des sentiments ni des mœurs qu'il ne peut que suivre et embellir. Un auteur qui voudrait heurter le goût général composerait bientôt pour lui seul. Quand Molière corrigea la scène comique, il attaqua des modes, des ridicules ; mais il ne choqua pas pour cela le goût du public, il le suivit ou le développa, comme fit aussi Corneille de son côté.

Jean-Jacques Rousseau (1712-1778), *Lettre à d'Alembert sur les spectacles*, 1758.

1. *espèce* : catégorie.

Le théâtre est-il un moyen de changer la conscience du public, ou a-t-il pour but de le divertir ? Deux interlocuteurs débattent sur ce thème. Vous rendez compte de cette conversation, sous la forme d'un dialogue de théâtre argumenté, nuancé et appuyé sur des exemples précis.

a) Quel objectif se fixe Molière en écrivant *Tartuffe* ? Quelle phrase résume son projet ?

b) Quelle est la finalité du théâtre d'après Rousseau ? Qu'aime le public, selon lui ?

c) Quel problème commun posent ces textes ? Défendent-ils des thèses identiques ? Reformulez ces thèses.

d) Identifiez le problème posé par le sujet. Quel rapport entretient-il avec les thèses des deux textes ?

e) Quel type d'écrit d'invention attend-on ? La consigne est-elle explicite ? Impose-t-elle une forme ? un contenu précis ?

2. Même exercice

Texte A

Poète et philosophe, Maeterlinck, écrivain belge, s'illustre aussi au théâtre avec un drame symboliste, Pelléas et Mélisande. *Pelléas aime Mélisande, la femme de son demi-frère Golaud. Ce dernier demande à Pelléas de s'éloigner. Pelléas rencontre une dernière fois Mélisande qui lui avoue son amour. Golaud les surprend, tue son demi-frère et blesse Mélisande qui meurt peu après, mettant au monde une fille.*

PELLÉAS. — Viens ici : ne reste pas au bord du clair de lune. — Viens ici. Nous avons tant de choses à nous dire... Viens ici dans l'ombre du tilleul.

MÉLISANDE. — Laissez-moi dans la clarté...

PELLÉAS. — On pourrait nous voir des fenêtres de la tour. Viens ici ; ici, nous n'avons rien à craindre. — Prends garde ; on pourrait nous voir...

MÉLISANDE. — Je veux qu'on me voie...

PELLÉAS. — Qu'as-tu donc ? — Tu as pu sortir sans qu'on s'en soit aperçu ?

MÉLISANDE. — Oui ; votre frère dormait...

PELLÉAS. — Il est tard. — Dans une heure on fermera les portes. Il faut prendre garde. Pourquoi es-tu venue si tard ?

MÉLISANDE. — Votre frère avait un mauvais rêve. Et puis ma robe s'est accrochée aux clous de la porte. Voyez, elle est déchirée. J'ai perdu tout ce temps et j'ai couru…

PELLÉAS. — Ma pauvre Mélisande !… j'aurais presque peur de te toucher… tu es encore hors d'haleine comme un oiseau pourchassé… C'est pour moi, pour moi que tu fais tout cela ?… J'entends ton cœur battre comme si c'était le mien… Viens ici… plus près, plus près de moi…

MÉLISANDE. — Pourquoi riez-vous ?

PELLÉAS. — Je ne ris pas ; — ou bien je ris de joie, sans le savoir… Il y aurait plutôt de quoi pleurer…

MÉLISANDE. — Nous sommes venus ici il y a bien longtemps… Je me rappelle…

PELLÉAS. — Oui... oui… Il y a de longs mois. — Alors je ne savais pas… Sais-tu pourquoi je t'ai demandé de venir ce soir ?

MÉLISANDE. — Non.

PELLÉAS. — C'est peut-être la dernière fois que je te vois… Il faut que je m'en aille pour toujours…

MÉLISANDE. — Pourquoi dis-tu toujours que tu t'en vas ?…

PELLÉAS. — Je dois te dire ce que tu sais déjà ? — Tu ne sais pas ce que je vais te dire ?

MÉLISANDE. — Mais non, mais non ; je ne sais rien…

PELLÉAS. — Tu ne sais pas pourquoi il faut que je m'éloigne…

(*Il l'embrasse brusquement.*)

Je t'aime…

MÉLISANDE. (*À voix basse.*) — Je t'aime aussi…

PELLÉAS. — Oh ! Qu'as-tu dis, Mélisande ?… Je ne l'ai presque pas entendu ! On a brisé la glace avec des fers rougis ! Tu dis cela d'une voix qui vient du bout du monde !… je ne t'ai presque pas entendue… Tu m'aimes ? — Tu m'aimes aussi ?… Depuis quand m'aimes-tu ?

MÉLISANDE. — Depuis toujours… Depuis que je t'ai vu…

Maurice Maeterlinck (1862-1949),
Pelléas et Mélisande, Acte IV, scène 4,
© Éditions Labor, 1892.

Texte B

À partir de 1907, Müller et Reboux publient plusieurs séries de pastiches, à tendance parodique, sous le titre À la manière de… . Idrofile et Filigrane *propose une réécriture malicieuse du drame symboliste de Maurice Maeterlinck,* Pelléas et Mélisande. *Gryndesael, fiancé à Filigrane, courtise Idrofile, l'amie de Filigrane qui mourra de chagrin.*

QUATRIÈME TABLEAU

Le parc du château. Clair de lune.

IDROFILE. — Oh ! j'ai peur !

GRYNDESAEL. — De quoi donc, Idrofile ?

IDROFILE. — J'ai peur de mon père, Gryndesael.

GRYNDESAEL. — Est-il méchant, Idrofile ?

IDROFILE. — On ne peut pas dire qu'il soit méchant. Mais il porte une si longue barbe qu'on se sent fautif rien qu'à la regarder.

GRYNDESAEL. — Elle est longue, sa barbe ?

IDROFILE. — Oh ! oui, elle est longue. On ne pourra jamais dire la longueur de sa barbe. Et elle est vivante. On dirait qu'elle chante et qu'elle est pleine de nids d'oiseaux. À d'autres moments on dirait qu'elle coule devant sa bouche comme pour laver ses paroles de toute impureté ! Quand il a une émotion, elle blanchit. Je suis sûre que s'il faisait le mal, elle rougirait.

GRYNDESAEL. — Parlons de vous, ma chère Idrofile. Laissez-moi vous embrasser sur l'âme, ma chère Idrofile.

Il l'embrasse.

IDROFILE. — Encore ! Encore !

GRYNDESAEL. — Parlez plus bas. L'herbe pourrait nous entendre.

IDROFILE. — Il ne faut pas que l'herbe nous entende.

GRYNDESAEL. — Il ne faut pas surtout que Filigrane nous entende. J'étais venu dans ce château pour l'épouser, et, si elle nous surprenait, elle mourrait de chagrin.

Paul Reboux (1877-1963) et Charles Müller (1877-1914),
À la manière de…, © Éditions Grasset, 1964.

Dans un bref fragment d'essai, vous vous demanderez si le pastiche n'est qu'un jeu gratuit ou s'il peut avoir une autre fonction. Vous appuierez votre argumentation sur l'étude du corpus donné ci-dessus.

a) Quels points communs présentent les textes A et B ?

b) Quelles différences notez-vous entre les textes ?

c) Quel est le problème posé par le sujet ?

d) Quel type d'écrit d'invention est attendu ? Quel sera son objectif ? La consigne impose-t-elle explicitement un énonciateur* ? un destinataire* ? un contenu précis ? Quel choix devez-vous faire ?

3. Étudier le corpus et analyser le sujet

Texte A

Le théâtre est une tribune. Le théâtre est une chaire. Le théâtre parle fort et parle haut. […]

L'auteur de ce drame sait combien c'est une grande et sérieuse chose que le théâtre. Il sait que le drame, sans sortir des limites impartiales de l'art, a une mission nationale, une mission sociale, une mission humaine. Quand il voit chaque soir ce peuple si intelligent et si avancé qui a fait de Paris la cité centrale du progrès s'entasser en foule devant un rideau que sa pensée, à lui chétif poète, va soulever le moment d'après, il sent combien il est peu de chose, lui, devant tant d'attente et de curiosité ; il sent que son talent n'est rien, il faut que sa probité soit tout ; il s'interroge avec sévérité et recueillement, sur la portée philosophique de son œuvre ; car il se sait responsable, et il ne veut pas que cette foule puisse lui demander compte un jour de ce qu'il lui aura enseigné. Le poète aussi a charge d'âmes. Il ne faut pas que la multitude sorte du théâtre sans emporter avec elle quelque moralité austère et profonde.

Victor Hugo (1802-1885),
Préface à *Lucrèce Borgia*, 1833.

Texte B

Le théâtre n'est pas le langage des idées. Quand il veut se faire le véhicule des idéologies, il ne peut être que leur vulgarisateur. Il les simplifie dangereusement. Il les rend primaires, les rabaisse. Il devient « naïf » mais dans le mauvais sens. Tout théâtre d'idéologie risque de n'être que théâtre de patronage[1]. Quelle serait, non son utilité, mais sa fonction propre si le théâtre était condamné à faire double emploi avec la philosophie, ou la théologie, ou la politique, ou la pédagogie ?

Eugène Ionesco (1909-1994), « Expérience du théâtre »,
Notes et contre-notes, © Éditions Gallimard, 1966.

1. *patronage* : œuvre de bienfaisance qui propose des activités éducatives aux enfants (l'expression désigne ici un théâtre sans valeur artistique, diffusant des idées sommaires et naïves).

Devant une assemblée de spectateurs, un auteur engagé défend l'idée que « le théâtre est une chaire ». Écrivez son discours en vous appuyant sur des arguments et des exemples précis (vous pouvez exploiter les données du corpus).

a) Que veut dire Hugo lorsqu'il affirme que le théâtre est une « tribune », une « chaire » ? Quelle est la finalité de l'œuvre théâtrale ?

b) Le théâtre doit-il être gratuit ou engagé, d'après Ionesco ?

c) Les deux textes soutiennent-ils des thèses identiques ? À quel texte se rattache la thèse mentionnée dans le libellé du sujet ?

d) Qu'est-ce qu'un « discours » ? Quel est l'objectif de tout discours ? Quels moyens permettent d'atteindre cet objectif ?

e) Qui est l'énonciateur* imposé par la consigne ? Qui est le destinataire* ? À quelle personne doit s'exprimer « l'auteur » ? Doit-on trouver des marques de la présence du destinataire dans son discours ? Quel doit être le temps verbal dominant ?

4. Même exercice

Écrite en 1992, Maman revient pauvre orphelin *a été créée au théâtre du Vieux-Colombier en 1994, dans une mise en scène de Philippe Adrien, avec la troupe de la Comédie-Française. Inspirée d'un événement survenu dans la vie de l'auteur, la pièce raconte le rêve d'un homme qu'on endort avant une opération. Dans son rêve se mêlent enfance et âge adulte. Le texte ne présente aucune didascalie*.*

— Maman, maman ! J'ai si mal, j'ai si peur ! Pourquoi j'ai si mal ? Pourquoi j'ai si peur ?

— Tant qu'il y a de la vie mon petit chou y'a de la peur avec un petit bout qui fait mal quelque part.

— Alors on est bien ?

— On est bien.

— On se retape ?

— On se retape.

— On manque de rien ?

— On manque de rien. `

— Et les végétations ?

— Ce sera pour la prochaine fois, les végétations.

— Et papa ?

— Ton père ou mon père ?

— Mon père, j'aimerais bien le voir une fois papa…

— Alors, on parle tout seul ?

— Est-ce que Dieu traîne dans le couloir ?

— Dieu ? Je pensais que vous n'y croyiez pas.

— Qu'est-ce qui vous fait croire ça ?

— J'ai lu vos livres.

— Vous ?

— Moi.

— Et alors ?

— C'est triste.

— Quoi encore ?

— De voir que vous aussi vous vous y mettez…

— Je me mets à quoi ?

— À croire en Dieu.

— J'y crois pas plus que ça, il est venu me voir, c'est tout.

— Quand ?

— Tout à l'heure ?

— Je vais diminuer la cortisone. Ça exalte. Vous vous souvenez de moi ?

— Vous êtes l'anesthésiste.

— Non, je suis l'interne, le directeur.

— Quel directeur ?

— La maison où était votre maman…

— Maman ?

— Je suis le fils du directeur.

Jean-Claude Grumberg (né en 1939),
Maman revient pauvre orphelin, in *Les Courtes*,
© Actes Sud, 1995.

Dans la rubrique « Spectacles » du journal de votre lycée, vous écrivez un bref article critique pour rendre compte de votre lecture de cet extrait de *Maman revient pauvre orphelin*.

a) Quelle situation est évoquée dans cette scène ? Quelles informations donne le texte ? Quelles informations sont apportées par le paratexte* ?

b) Quelle particularité présente ce texte de théâtre ? Qui parle ? Combien distinguez-vous de personnages ? Qui sont-ils ?

c) La lecture du texte est-elle aisée ou difficile ? Pourquoi ? Quelle est l'impression produite ?

d) Quel type d'écrit d'invention est attendu ? La consigne est-elle explicite ? Impose-t-elle un énon-

ciateur* ? un destinataire ? Suggère-t-elle un contenu précis ?

B Pratiquer l'écriture d'invention

• Produire un écrit d'invention argumentatif

5. Élaborer le plan d'un discours

Lisez les textes de Hugo et de Ionesco (► *Exercice 3*, pp. 303-304) et le sujet qui les accompagne. Pour traiter ce sujet, répondez aux questions suivantes.

a) Le sujet demande-t-il d'étayer ou de réfuter la thèse énoncée dans le libellé ? Doit-on exprimer une opinion personnelle ? Peut-on donner au discours l'allure d'une controverse ?

b) Reformulez la thèse de « l'auteur », en une phrase.

c) Voici une liste d'arguments et d'exemples donnés en désordre. Classez les arguments et illustrez-les au moyen d'un ou plusieurs exemples pertinents.

a) Le théâtre, par le rire et la satire, permet la prise de conscience des défauts d'une société.

b) Le théâtre réfléchit sur la loi et l'organisation de la cité depuis ses origines.

c) *Ruy Blas* de Hugo fait entendre la voix du peuple.

d) Le théâtre a une dimension morale lorsqu'il illustre un retour à l'ordre familial, social ou religieux.

e) *Le Mariage de Figaro* de Beaumarchais fait entendre la voix de la bourgeoisie s'insurgeant contre les privilèges aristocratiques.

f) La tragédie grecque propose une réflexion sur l'élaboration de la cité démocratique.

g) Dans les comédies de Molière, les projets des tyrans domestiques sont déjoués : Harpagon, dans *L'Avare*, ne pourra empêcher le mariage de Mariane et de Valère.

h) Le théâtre est un moyen d'instruire le public en raison de son caractère oral.

i) Le théâtre est un instrument politique.

j) Molière attire l'attention sur les faux dévots et leur action néfaste dans *Tartuffe* ou sur les excès du courant précieux dans *Les Précieuses ridicules*.

d) Combien de parties comporte un discours ? Quel est l'objectif de chaque partie ? Élaborez le plan de la partie centrale du discours à l'aide de la réponse à la question précédente.

6. Élaborer le plan d'un essai

Lisez le texte de Maeterlinck (► *Texte A, Exercice 2*, p. 302), le pastiche de Reboux et Müller (► *Texte B, Exercice 2*, p. 303) et le sujet qui accompagne ces deux textes.

a) Observez les répétitions, les interruptions de paroles, les comparaisons et les métaphores* dans le texte A. Quel est le registre* dominant du texte ? Quels éléments du texte A suggèrent la présence de la fatalité ?

b) Dans le texte B, à quel registre se rattachent les noms des personnages et les répliques suivantes : « Elle est longue, sa barbe ? », « On dirait qu'elle chante et qu'elle est pleine de nids d'oiseaux », « Laissez-moi vous embrasser sur l'âme », « Encore ! Encore ! », « Parlez plus bas. L'herbe pourrait nous entendre » ?

c) Quelles caractéristiques d'écriture du texte A sont reprises dans le texte B ? Quel visage prend la fatalité dans le texte B ?

d) Peut-on écrire un pastiche sans analyser précisément l'écriture du texte imité ? Quelles sont les diverses fonctions du pastiche ?

e) Élaborez le plan de l'essai en respectant les deux étapes suivantes :

- définition des caractéristiques du pastiche, à partir de l'exemple donné dans le corpus ;
- réponse à la question posée par le sujet, à partir de l'analyse des fonctions du pastiche.

7. Écrire un article

Lisez le texte de Jean-Claude Grumberg (► *Exercice 4*, p. 304) et le sujet qui l'accompagne. Pour traiter ce sujet, répondez aux questions suivantes.

a) Quel est le type d'article demandé ? Que signifie le terme « critique » ? Attend-on une appréciation défavorable ? S'agit-il de porter un jugement ou de dénoncer ?

b) Élaborez le plan de l'article. Que doit obligatoirement mentionner l'article pour être compréhensible ? Quelle thèse défendez-vous ? Quels sont vos principaux arguments ?

c) Trouvez un titre et un chapeau pour votre article. Que doit contenir le chapeau ? Quel est l'aspect le plus frappant du texte ? Quelle vision du monde suggère-t-il ?

d) Rédigez l'article, en tenant compte de ses destinataires.

8. Écrire un dialogue de théâtre

Lisez les textes de Molière et de Rousseau (► *Exercice 1*, p. 302) et le sujet qui les accompagne. Pour traiter ce sujet, répondez aux questions suivantes.

a) Combien d'interlocuteurs comporte le dialogue demandé ? Le libellé leur attribue-t-il des identités, des caractéristiques précises ? Devez-vous le faire ?

b) Comment présenter un dialogue de théâtre ? Quels sont les éléments indispensables ?

c) Les interlocuteurs doivent-ils être du même avis ? Que suggère implicitement le libellé ? par quels termes ?

d) Le sujet donne-t-il des indications sur les diverses thèses défendues dans le dialogue ? Formulez ces thèses et trouvez deux ou trois arguments et des exemples pour soutenir chacune des thèses.

e) Rédigez le dialogue en veillant à définir une progression et à enchaîner les répliques.

• Écrire un pastiche ou une parodie

9. Écrire un pastiche

Dans Inventaires, *trois femmes participent à un jeu télévisé ; chacune d'elle a apporté sur le podium un objet familier qui résume sa vie. S'adressant au public tour à tour, elles racontent leur vie. Barbara a apporté un lampadaire ; c'est sa première intervention.*

BARBARA, *elle tient à la main un lampadaire, elle s'adresse au public.* — Bonsoir je suis très contente d'être là ma vie c'est tellement un désert qu'est-ce que c'est lourd cette cochonnerie ! J'aurais pu apporter une gourmette ou un vase mais j'ai choisi le lampadaire c'est le témoin numéro un hein tu connais ma vie par cœur ! J'ai bien une collection de cartes postales mais la Bretagne la Suisse le Jura la Côte d'Azur j'ai une carte postale du Mexique je dis toujours ce lampadaire et ma chienne c'est capital ah quand ma chienne mourra ma vie ça été plein de chiens j'adore les chats ! Ce soir je boite légèrement c'est passager j'ai toujours adoré danser j'écoute la radio et je danse hier j'ai dansé et pan j'aurais pas dû danser pourtant je m'entraîne avec un vélo de gymnastique dans ma chambre j'ouvre la fenêtre et hop ! une cour intérieure dans le XVIIIe c'est pas la Vendée mais il faut penser à ses chairs j'arrête pas d'y penser j'ai aussi tous les portraits de mes neveux sur mon buffet Christophe Guillaume Auguste Auguste le pauvre mais comme personne ne les connaît à part moi ! Vous voyez ce que je fais ? Je me crispe des mains et plaf les ongles dans la paume c'est assez douloureux ça c'est les séquelles de mes angoisses qu'est-ce que j'ai chez moi à quoi je tiens ? Une nappe peut-être oui une nappe du XIXe siècle ! Et pourtant je prends du calcium du fer de l'homéopathie mais je me crispe des mains ma grand-mère faisait pareil j'ai le nez de mon père les cheveux de ma mère j'ai aussi les portraits de mes parents dans des cadres qui ont de la valeur moulurés argentés dans les musées c'est les cadres que j'aime les toiles aussi mais les toiles on les as vues en reproduction et c'est pas les mêmes couleurs dis donc gros lard dis bonjour à ces messieurs-dames : il vous embrasse ! L'histoire du lampadaire c'est le noyau de mon histoire alors on peut attaquer avec le lampadaire.

Philippe Minyana, *Inventaires*,
© Éditions théâtrales, 1989.

a) Quelle forme d'échange théâtral traditionnel ce texte rappelle-t-il ? En quoi s'en distingue-t-il ?

b) Quelles marques de l'oralité trouve-t-on dans le texte ? Quels indices de la présence du public remarque-t-on ? À qui Barbara s'adresse-t-elle successivement ?

c) Observez la ponctuation du texte. Que remarquez-vous ? Cela gêne-t-il la compréhension ? Pourquoi ?

d) Les propos de Barbara sont-ils cohérents ? Quelles digressions fait-elle ? Qu'apprend-on sur le personnage ? A-t-elle une vie passionnante ?

e) Choisissez un objet qui vous paraît résumer votre vie et rédigez un pastiche de ce texte en conservant sa situation d'énonciation* et ses caractéristiques d'écriture.

10. Écrire une parodie

De la fenêtre d'une tour du château où elle vit avec son époux Golaud, Mélisande s'adresse à Pelléas.

MÉLISANDE. — Je ne puis pas me pencher davantage… Je suis sur le point de tomber… Oh ! oh ! mes cheveux descendent de la tour !…

Sa chevelure se révulse tout à coup, tandis qu'elle se penche ainsi, et inonde Pelléas.

PELLÉAS. — Oh ! oh ! qu'est-ce que c'est ?… Tes cheveux, tes cheveux descendent vers moi !… Toute ta chevelure, Mélisande, toute ta chevelure est tombée de la tour !… Je la tiens dans les mains, je la touche des lèvres… Je la tiens dans les bras, je la mets autour de mon cou… Je n'ouvrirai plus les mains cette nuit…

MÉLISANDE. — Laisse-moi ! laisse-moi !… Tu vas me faire tomber !…

PELLÉAS. — Non, non, non… je n'ai jamais vu de cheveux comme les tiens, Mélisande !… Vois, vois ; ils viennent de si haut et m'inondent jusqu'au cœur… Ils sont tièdes et doux comme s'ils tombaient du ciel !… je ne vois plus le ciel à travers tes cheveux et leur belle lumière me cache sa lumière !… Regarde, regarde donc, mes mains ne peuvent plus les contenir… Ils me fuient, ils me fuient jusqu'aux branches du saule… Ils s'échappent de toutes parts… Ils tressaillent, ils s'agitent, ils palpitent dans mes mains comme des oiseaux d'or ; et ils m'aiment, ils m'aiment mille fois mieux que toi !…

MÉLISANDE. — Laisse-moi, laisse-moi, quelqu'un pourrait venir…

PELLÉAS. — Non, non, non ; je ne te délivre pas cette nuit… Tu es ma prisonnière cette nuit ; toute la nuit, toute la nuit…

MÉLISANDE. — Pelléas ! Pelléas !

PELLÉAS. — Tu ne t'en iras plus… Je t'embrasse tout entière en baisant tes cheveux, et je ne souffre plus au milieu de leurs flammes… Entends-tu mes baisers ?… Ils s'élèvent le long des mille mailles d'or… Il faut que chacune d'elles t'en apporte un millier ; et en retienne autant pour t'embrasser encore quand je n'y serai plus… Tu vois, tu vois, je puis ouvrir les mains… Tu vois, j'ai les mains libres et tu ne peux m'abandonner…

Maurice Maeterlinck (1862-1949), *Pelléas et Mélisande*,
Acte III, scène 2, © Éditions Labor, 1892.

a) Lisez le texte de Maeterlinck et le pastiche irrévérencieux de Reboux et Müller (▸ *Exercice 2*, p. 303).

b) Quel est le registre* de l'extrait ci-dessus ? Quelles sont ses principales caractéristiques d'écriture ?

c) Quels éléments distinguent un pastiche* d'une parodie* ?

d) Prenant appui sur le texte de Reboux et Müller, écrivez une parodie de cet extrait de *Pelléas et Mélisande*.

Entraînement

à l'oral

Vous présenterez ce texte au sein d'un groupement intitulé « Saturnales de comédie » dont la problématique est la revanche des esclaves sur la scène de théâtre : Plaute (254-184 av. J.-C.), *Asinaria*, Acte III, scène 3, v. 680 à 713, (traduction d'Alfred Ernout) © Les Belles Lettres, 1932 ; Molière (1622-1673), *Les Fourberies de Scapin*, Acte III, scène 2, 1671 ; Jean Genet (1910-1986), *Les Bonnes*, © L'Arbalète, 1947 ; Samuel Beckett (1906-1989), *En attendant Godot*, Acte II, © Éditions de Minuit, 1953.

L'ÎLE DES ESCLAVES, 1725

Iphicrate et son valet Arlequin ont fait naufrage. L'île mystérieuse sur laquelle ils ont trouvé refuge est habitée par d'anciens esclaves grecs qui, ayant reconquis la liberté, ont pour coutume de tuer tous les maîtres ou d'en faire des esclaves. Iphicrate veut quitter l'île au plus vite, mais Arlequin ne semble pas vouloir se hâter.

IPHICRATE, *retenant sa colère.* — Mais je ne te comprends point, mon cher Arlequin.

ARLEQUIN. — Mon cher patron, vos compliments me charment ; vous avez coutume de m'en faire à coups de gourdin[1] qui ne valent pas ceux-là ; et le gourdin est dans la chaloupe[2].

IPHICRATE. — Eh ! ne sais-tu pas que je t'aime ?

ARLEQUIN. — Oui ; mais les marques de votre amitié tombent toujours sur mes épaules, et cela est mal placé. Ainsi tenez, pour ce qui est de nos gens[3], que le ciel les bénisse ! s'ils sont morts, en voilà pour longtemps ; s'ils sont en vie, cela se passera, et je m'en goberge[4].

IPHICRATE, *un peu ému.* — Mais j'ai besoin d'eux, moi.

ARLEQUIN, *indifféremment.* — Oh ! cela se peut bien, chacun a ses affaires ; que je ne vous dérange pas !

IPHICRATE. — Esclave insolent !

ARLEQUIN, *riant.* — Ah ! ah ! vous parlez la langue d'Athènes ; mauvais jargon que je n'entends plus.

IPHICRATE. — Méconnais-tu ton maître, et n'es-tu plus mon esclave ?

ARLEQUIN, *se reculant d'un air sérieux.* — Je l'ai été, je le confesse à ta honte ; mais va, je te le pardonne ; les hommes ne valent rien. Dans le pays d'Athènes, j'étais ton esclave ; tu me traitais comme un pauvre animal, et tu disais que cela était juste, parce que tu étais le plus fort. Eh bien ! Iphicrate, tu vas trouver ici plus fort que toi ; on va te faire esclave à ton tour ; on te dira aussi que cela est juste, et nous verrons ce que tu penseras de cette justice-là ; tu m'en diras ton sentiment, je t'attends là. Quand tu auras souffert, tu seras plus raisonnable ; tu sauras mieux ce qu'il est permis de faire souffrir aux autres. Tout en irait mieux dans le monde, si ceux qui te ressemblent recevaient la même leçon que toi. Adieu, mon ami : je vais trouver mes camarades et tes maîtres.

Il s'éloigne.

IPHICRATE, *au désespoir, courant après lui l'épée à la main.* — Juste ciel ! peut-on être plus malheureux et plus outragé que je le suis ? misérable ! tu ne mérites pas de vivre.

ARLEQUIN. — Doucement ; tes forces sont bien diminuées, car je ne t'obéis plus, prends-y garde.

Marivaux (1688-1763), *L'Île des esclaves*,
Acte I, scène 1, 1725.

---

1. *gourdin* : bâton. 2. *la chaloupe* : le bateau qui transportait les personnages et qui a fait naufrage aux abords de l'île. 3. *nos gens* : les autres serviteurs d'Iphicrate, séparés de lui lors du naufrage et dont il ignore le sort. 4. *je m'en goberge* : je m'en moque.

Question 1 : Quels sont les enjeux du dialogue entre Arlequin et Iphicrate ?

Question 2 : La première scène de *L'Île des esclaves* est-elle une scène de comédie ?

Question 3 : Quels rapports entre maître et serviteur la première scène de *L'Île des esclaves* met-elle en place ?

A Préparer la 1re partie de l'épreuve

• Analyser la question posée

1. Analyser la question 1

a) Quel est le mot-clé du libellé ?

b) Quels sont les enjeux habituels d'une scène d'exposition* ? d'une scène de comédie ? Quels sont les enjeux particuliers de la situation présentée ici ?

2. Analyser la question 2

a) Qu'attend-on d'abord d'une scène de comédie ? Cette attente est-elle satisfaite ? La situation présentée est-elle comique ?

b) La scène est-elle divertissante ? A-t-elle une autre fonction ?

3. Analyser la question 3

a) Quels sont les mots-clés du libellé ?

b) De quelle nature sont les rapports entre les personnages ? Évoluent-ils au cours de la scène ?

• Préparer la lecture analytique

4. Étudier une scène d'exposition

a) Quels renseignements fournit le paratexte* sur le lieu et l'époque de l'action ? sur la situation des personnages ? sur les relations qui les unissent ?

b) Quels renseignements le dialogue donne-t-il sur les données de l'intrigue ?

c) Quelles sont les fonctions d'une scène d'exposition ? L'extrait étudié remplit-il ces fonctions ?

5. Analyser les rapports entre les deux personnages

a) Observez les didascalies*. Quelles indications donnent-elles sur le caractère d'Iphicrate ? sur celui d'Arlequin ? Ces traits de caractère sont-ils inattendus chez un maître et son valet ?

b) Observez le jeu des pronoms personnels. Quel changement essentiel intervient dans la tirade d'Arlequin ?

c) Par quels termes les personnages s'interpellent-ils ? Quelle évolution se dessine dans leurs rapports ? Quels termes, dans les didascalies, soulignent cette évolution ? Que devient le couple formé par le maître et le valet, à la fin de la scène ?

d) Quels objets symbolisent le pouvoir du maître ? Quel rôle jouent-ils dans cet extrait ?

e) Observez les temps verbaux dans la tirade d'Arlequin. Quelle opposition apparaît ? Qu'indique-t-elle ? Quelle particularité présente la situation à venir ?

6. Étudier le registre de la scène

a) Qui est Arlequin ? De quel pays provient ce personnage théâtral ? Dans quel genre de pièce apparaît-il traditionnellement ?

b) Dans quel registre* Arlequin inscrit-il la pièce ? La situation d'Iphicrate correspond-elle à ce registre ?

c) Arlequin est-il animé par un esprit de revanche ? Quel est le but de l'épreuve à laquelle le maître va être soumis ? Appuyez votre réponse sur une étude précise du vocabulaire.

• Répondre à la question posée

7. Présenter une introduction

Présentez une brève introduction à la question 1 à partir des éléments suivants :

a) Situez brièvement le texte (auteur, date de parution, œuvre).

b) Caractérisez rapidement le genre, le registre*, le thème du texte.

c) Rappelez la question posée et annoncez les enjeux dans l'ordre où ils seront étudiés.

8. Dégager l'essentiel pour répondre à la question 1

Pour répondre à la question 1, choisissez trois arguments essentiels dans la liste suivante. Pour chacun des arguments choisis, indiquez l'enjeu qui lui correspond.

a) C'est une scène d'exposition.
b) La scène montre la dissociation d'un couple.
c) Arlequin se rebelle.
d) La scène vise l'amusement du spectateur.
e) Arlequin conquiert la liberté.
f) La scène annonce le projet de l'œuvre : corriger les mœurs.
g) Iphicrate est impuissant devant la révolte d'Arlequin.
h) Le maître est dépouillé des emblèmes du pouvoir.

9. Dégager l'essentiel pour répondre à la question 3

Répondez, en une ou deux phrases rédigées, à chacune des questions suivantes.

a) Quels sont les indices les plus significatifs du changement de relation entre les personnages ?

b) Arlequin triomphe-t-il à la fin de la scène ? Le maître remet-il son attitude en question ?

10. Proposer une réponse organisée

a) Voici cinq arguments permettant de répondre à la question 2. Classez-les dans l'ordre qui vous paraît le plus pertinent.

a) La fonction première de la pièce n'est pas de divertir mais de corriger les mœurs.
b) La colère impuissante du maître est comique.
c) La présence d'Arlequin, personnage issu de la comédie italienne, suffit à inscrire la scène dans le registre comique.
d) L'inversion annoncée des rapports sociaux relève de l'univers carnavalesque, comique par conséquent ;
e) La pièce peint le sort douloureux d'un maître victime d'un retournement de situation : ce n'est pas une situation comique.

b) Relevez, dans le texte, des citations susceptibles d'illustrer ces arguments.

11. Présenter une conclusion

a) Rappelez la progression du dialogue et son résultat.

b) Parmi les éléments suivants, lequel vous semble le plus pertinent pour constituer un élargissement ?

- Les maîtres vont devenir plus raisonnables.
- L'inversion des rapports sociaux, dans une île caractérisée de façon imprécise, relève du genre de l'utopie.
- Arlequin l'emporte sur Iphicrate.

c) À partir de ces éléments, proposez une conclusion à la question 3.

B *Préparer la 2e partie de l'épreuve*

12. Mettre le texte en rapport avec les autres textes du groupement

a) Qu'est ce que des « saturnales » dans la Rome antique ? Le choix de l'intitulé du groupement est-il justifié ?

b) Quels instruments de pouvoir utilisent les maîtres dans les autres textes ? De quels instruments usent les serviteurs pour s'opposer à eux ?

c) Qu'est-ce qui caractérise les rapports entre maîtres et valets dans les textes étudiés ?

d) L'inversion des rôles se solde-t-elle toujours par la victoire des valets ? Quelles sont les valeurs revendiquées par l'auteur de chaque texte ?

13. Mettre le texte étudié en rapport avec l'objet d'étude

a) Arlequin annonce une inversion de son rôle social avec celui d'Iphicrate. Quelle incidence cette inversion pourra-t-elle avoir sur la représentation ?

b) D'après cette scène, la fonction du théâtre est-elle de divertir ? de dénoncer des injustices ? de corriger les mœurs ?

A. **Marivaux, *Les Acteurs de bonne foi***
B. **Labiche, *La Dame aux jambes d'azur***
C. **Stendhal, *Racine et Shakespeare***

Texte A Marivaux, *Les Acteurs de bonne foi*

Le valet Merlin a été chargé par son maître de représenter une petite comédie improvisée. Merlin, la suivante Lisette, sa maîtresse, et deux jeunes paysans qui s'aiment, Blaise et Colette, vont interpréter leurs propres rôles.

MERLIN. — Allons, mes enfants, je vous attendais ; montrez-moi un petit échantillon de votre savoir-faire, et tâchons de gagner notre argent le mieux que nous pourrons ; répétons.

LISETTE. — Ce que j'aime de ta comédie, c'est que nous la donnerons à nous-mêmes ; car je pense que nous allons tenir de jolis propos.

MERLIN — De très jolis propos ; car, dans le plan de ma pièce, vous ne sortez point de votre caractère, vous autres : toi, tu joues une maligne soubrette à qui l'on n'en fait point accroire[1], et te voilà ; Blaise a l'air d'un nigaud pris sans vert[2], et il en fait le rôle ; une petite coquette de village et Colette, c'est la même chose ; un joli homme[3] et moi, c'est tout un. Un joli homme est inconstant, une coquette n'est pas fidèle ; Colette trahit Blaise, je néglige ta flamme. Blaise est un sot qui en pleure, tu es une diablesse qui t'en mets en fureur ; et voilà ma pièce. Oh ! je défie qu'on arrange mieux les choses.

BLAISE. — Oui ; mais si ce que j'allons jouer allait être vrai ! Prenez garde, au moins ; il ne faut pas du tout de bon ; car j'aime Colette, dame !

MERLIN. — À merveille ! Blaise, je te demande ce ton de nigaud-là dans la pièce.

LISETTE. — Écoutez, Monsieur le joli homme, il a raison ; que ceci ne passe point la raillerie ; car je ne suis pas endurante, je vous en avertis.

MERLIN. — Fort bien Lisette ! Il y a un aigre-doux dans ce ton-là qu'il faut conserver.

Marivaux (1688-1763), *Les Acteurs de bonne foi*, scène 2, 1757.

1. *à qui l'on n'en fait point accroire* : que l'on ne trompe pas aisément.
2. *pris sans vert* : pris au dépourvu.
3. *un joli homme* : un homme à la mode.

Texte B Labiche, *La Dame aux jambes d'azur*

Arnal, acteur et auteur, met en scène une pièce de son cru, La Dame aux jambes d'azur. *L'héroïne Catharina, fille du doge de Venise, vient d'épouser le duc de Ferrare qui déteste le bleu. Or, étant tombée dans un baquet de teinture indélébile, la jeune fille a les jambes bleues. Le rôle est interprété par l'actrice Aline. L'acteur Ravel (qui ne joue pas dans la pièce et ignore tout de l'intrigue) assiste à la répétition.*

ALINE, *entrant avec une saucisse sur un morceau de pain.*
— Dis donc, mon petit... je crève de soif...

ARNAL. — Hein ?

ALINE. — Je crève de soif !

RAVEL, *à part.* — Une princesse qui crève de soif !

ALINE. — Le temps de boire une chope et je reviens. (*Elle disparaît.*)

ARNAL, *accablé.* — C'est incroyable !... Qu'est-ce que tu dis de ça ?

RAVEL. — Mais, dame !... certainement, c'est joli... comme style ! mais je trouve la scène un peu écourtée... et puis... « Je crève de soif »... est bien réaliste !

ARNAL. — Mais ce n'est pas de la pièce !... ce n'est pas de la pièce ! [...]

[*Arnal fait entrer Aline qui dit son texte trop vite et tricote tout en jouant. Arnal l'oblige à reprendre plus lentement.*]

ALINE. — « Où suis-je… »

ARNAL, *comptant.* — Une !…

ALINE. — « Où vais-je ?… »

ARNAL, *comptant.* — Deux !…

ALINE. — « Où trouver un tronc d'arbre pour reposer ma tête ? »

ARNAL. — Et trois !… voilà tes trois temps !… Tu bredouillais… maintenant, tu joues la comédie… ça n'est pas plus difficile que ça… Continue…

ALINE. — « Voilà trois jours que j'erre… »

ARNAL. — Promène-toi !… « Que j'erre !… » Promène-toi !… (*À part.*) Faut tout leur expliquer !

ALINE, *se promenant et tricotant.* — « Voilà trois jours que j'erre dans ces sombres forêts. »

ARNAL, *à Aline.* — Pardon… (*Au souffleur.*) Baissez un peu la rampe… « Ces sombres forêts !… » Il faut baisser la rampe. (*La rampe se baisse.*)

ALINE, *continuant.* — « J'ai fui le domicile de mon noble époux, le duc de Ferrare !… »

RAVEL. — Elle a découché !

ALINE. — « Hélas ! voici l'aurore… »

ARNAL, *à Aline.* — Pardon…(*Au souffleur.*) Levez un peu la rampe… « Voici l'aurore… » Il faut lever la rampe ! (*À part.*) Si on n'était pas là, quelle collection d'huîtres ! (*La rampe se lève.*)

RAVEL, *applaudissant.* — Bravo ! bravo !… Ces effets de rampe sont parfaitement intrigués !

ARNAL, *modestement.* — Ménage-moi, Ravel, ménage-moi !… (*À Aline.*) Veuille continuer…

ALINE, *continuant.* — « C'est à peine si je puis me traîner sur mes jambes d'azur… c'est à peine… »

RAVEL. — Pardon… je ne comprends pas bien… Pourquoi a-t-elle des jambes d'azur ?…

ALINE. — Oui, pourquoi ?

ARNAL. — Est-ce que le public s'inquiétera de ça ? Pourvu qu'on le touche, qu'on l'intéresse, qu'on l'instruise.

Eugène Labiche (1815-1888),
La Dame aux jambes d'azur, scène 5, 1857.

Texte C Stendhal, *Racine et Shakespeare*

Un Romantique et un Académicien confrontent leurs définitions du théâtre.

LE ROMANTIQUE. — […] L'illusion théâtrale, ce sera l'action d'un homme qui croit véritablement existantes les choses qui se passent sur la scène.

L'année dernière (août 1822), le soldat qui était en faction dans l'intérieur du théâtre de Baltimore[1], voyant Othello qui, au cinquième acte de la tragédie de ce nom, allait tuer Desdemona[2], s'écria : « Il ne sera jamais dit qu'en ma présence un maudit nègre aura tué une femme blanche. » Au même moment le soldat tire son coup de fusil, et casse un bras à l'acteur qui faisait Othello. Il ne se passe pas d'année sans que les journaux ne rapportent des faits semblables. Eh bien ! ce soldat avait de l'illusion, croyait vraie l'action qui se passait sur la scène. Mais un spectateur ordinaire, dans l'instant le plus vif de son plaisir, au moment où il applaudit avec transport Talma-Manlius[3] […] n'a pas l'illusion complète car il applaudit Talma, et non pas le Romain Manlius. […] Il est impossible que vous ne conveniez pas que l'illusion que l'on va chercher au théâtre n'est pas une illusion parfaite. L'illusion parfaite était celle du soldat en faction au théâtre de Baltimore. Il est impossible que vous ne conveniez pas que les spectateurs savent bien qu'ils sont au théâtre, et qu'ils assistent à la représentation d'un ouvrage d'art, et non pas à un fait réel.

L'ACADÉMICIEN. — Qui songe à nier cela ?

LE ROMANTIQUE. — Vous m'accordez donc *l'illusion imparfaite* ? Prenez garde à vous. Croyez-vous que, de temps en temps, par exemple, deux ou trois fois dans un acte, et à chaque fois durant une seconde ou deux, l'illusion soit complète ? [...] Ces instants charmants ne se rencontrent ni au moment d'un changement de scène, ni au moment précis où le poète fait sauter douze ou quinze jours au spectateur, ni au moment où le poète est obligé de placer un long récit dans la bouche d'un de ses personnages, uniquement pour informer le spectateur d'un fait antérieur, et dont la connaissance lui est nécessaire, ni au moment où arrivent trois ou quatre vers admirables, et remarquables *comme vers*. Ces instants délicieux et si rares d'*illusion parfaite* ne peuvent se rencontrer que dans la chaleur d'une scène animée, lorsque les répliques des acteurs se pressent...

Stendhal (1783-1842), *Racine et Shakespeare*, chapitre premier, 1823.

1. *Baltimore* : ville de l'est des Etats-Unis. Le soldat obéit à des préjugés racistes ; l'esclavage des noirs ne sera aboli qu'en 1885. 2. *Othello ou le Maure de Venise* : Othello, le héros de cette tragédie de Shakespeare (1604), général et Maure, est noir. Il tue son épouse Desdémone qu'il a cru, à tort, infidèle. 3. *Talma-Manlius* : Talma (1763-1826), tragédien français interprétant le rôle de Manlius.

Entraînement

à l'étude du corpus : la question préalable

A Lire les questions préalables

• SUJET A (SÉRIES GÉNÉRALES)

Vous répondrez d'abord à la question suivante (4 points) :
Quelle est la particularité du spectacle théâtral, d'après les trois textes du corpus ? Vous répondrez en vous appuyant sur des références brèves et précises aux textes concernés.

• SUJET B (SÉRIES TECHNOLOGIQUES)

Vous répondrez d'abord aux questions suivantes (6 points) :

1. Comparez les textes A et B : quelles similitudes, quelles différences constatez-vous dans les situations représentées, les registres* ? Répondez brièvement.
2. D'après le texte C, le spectateur croit-il à l'action représentée sur la scène ?

B Étudier le corpus

1. Identifier l'objet d'étude et définir le contenu du corpus

À quel objet d'étude se rattachent les textes du corpus ? Quels éléments le constituent ? Quels renseignements apporte le paratexte* de chaque texte ?

2. Caractériser les textes du corpus

a) Quelles particularités présentent les paroles de Blaise dans le texte A ? Comment les expliquez-vous ?

b) Quel est l'état d'esprit des acteurs amateurs du texte A ? Quel est le registre* dominant du texte ?

c) Quels niveaux* de langue trouve-t-on dans les propos d'Aline (► *Texte B*) ? Quel effet produisent ses propos et son comportement ?

d) Dans le texte B, l'auteur et metteur en scène est-il crédible ? Son intrigue est-elle solide et convaincante ? Quel est le registre* dominant du texte ? Justifiez votre réponse.

e) Quelle est la fonction de l'anecdote dans le texte C ? L'action qui a lieu sur scène est-elle réelle ? Quel statut le spectateur accorde-t-il à ce qu'il voit ?

3. Confronter les textes

a) Quel point commun présentent les textes A et B ? Qui est le meneur de jeu dans chacun des deux textes ?

b) Quelles différences principales remarquez-vous entre les personnages des deux scènes ? Quel sens donner au titre *Les Acteurs de bonne foi* ?

c) Dans les textes A et B, cherche-t-on à dissimuler la limite entre le réel et l'imaginaire ? Quel rapport ces textes entretiennent-ils avec le texte C ?

4. Formuler la problématique du corpus

Le spectateur est-il conscient de l'illusion que constitue le spectacle théâtral ? Cela nuit-il au crédit qu'il accorde au spectacle ? Répondez en une phrase.

C Comprendre et traiter la question préalable

- **SUJET A**

5. Repérer les mots-clés de la question préalable

a) Quels sont les mots-clés du libellé ? Sur quels aspects du théâtre attirent-ils l'attention ?

b) Vous demande-t-on de proposer une définition du théâtre ? de l'effet produit sur le spectateur ?

6. Dégager les éléments essentiels

a) Quelle situation particulière présentent les textes A et B ? L'illusion théâtrale est-elle dissimulée ou affichée ? Sur quels éléments appuyez-vous votre réponse ?

b) Quel est l'effet de l'illusion théâtrale sur le spectateur ? Comment est analysé cet effet dans le texte C ?

7. Rédiger une réponse à la question préalable

En vous aidant des questions de l'exercice précédent, rédigez une réponse brève et argumentée, prenant en compte les trois textes.

- **SUJET B**

8. Repérer les mots-clés du libellé

a) Quels sont les mots-clés de la première question ? Quels aspects des textes A et B vous invite-t-on à comparer ? à distinguer ?

b) Quels sont les mots-clés de la seconde question ? Quel est le problème posé ?

9. Dégager les éléments essentiels

a) Quelle situation particulière présentent les textes A et B ? Quel effet produit sur le spectateur la représentation d'une telle situation ?

b) Quel est le registre* dominant des textes A et B ? Quelle peut être la réaction du spectateur des *Acteurs de bonne foi* ou de *La Dame aux jambes d'azur* ?

c) L'attitude habituelle du spectateur de théâtre correspond-elle, selon vous, à celle du soldat ou à celle du « spectateur ordinaire » dont parle le texte C ?

10. Rédiger une réponse à la question préalable

a) Comment devrez-vous organiser la réponse à la première question ? Justifiez votre choix.

b) Pouvez-vous répondre par l'affirmative ou par la négative à la question 2 ? Sur quels arguments vous appuierez-vous pour répondre ?

Proposez des réponses brèves, argumentées et rédigées pour chacune des deux questions.

sujets de BAC

► Questions préalables des deux sujets, p. 311.

- **SUJET A (SÉRIES GÉNÉRALES)**

Vous traiterez un de ces sujets (16 points) :

1. Commentaire

Vous commenterez le texte de Marivaux.

2. Dissertation

« *Il est impossible que vous ne conveniez pas que les spectateurs savent bien qu'ils sont au théâtre, et qu'ils assistent à la représentation d'un ouvrage d'art, et non pas à un fait réel* », déclare le Romantique. Partagez-vous ce point de vue sur le fonctionnement du spectacle théâtral ?

Vous répondrez à cette question en vous appuyant sur les textes du corpus, les œuvres étudiées en classe, vos lectures personnelles et votre expérience de spectateur.

3. Invention

« *Pour éprouver du plaisir au théâtre, le spectateur doit prendre pour vraie l'action représentée* », affirme votre interlocuteur. Vous êtes d'un avis différent. Rendez compte de cette discussion sous la forme d'un dialogue argumenté.

- **SUJET B (SÉRIES TECHNOLOGIQUES)**

Vous traiterez un de ces sujets (14 points) :

1. Commentaire

Vous commenterez le texte de Labiche à partir du parcours de lecture suivant :

- Que représente la scène ? Quel est son registre* principal ?
- Quels sont les enjeux et l'intérêt de la scène ? Quelles peuvent être les réactions du spectateur ?

2. Dissertation

Le but du théâtre est-il de faire croire à la réalité de l'action représentée sur la scène ?

Vous répondrez à cette question en vous appuyant sur les textes du corpus, les œuvres étudiées en classe, vos lectures personnelles et votre expérience de spectateur.

3. Invention

Un spectateur s'indigne de la vision défavorable du métier d'acteur, proposée par *La Dame aux jambes d'azur*. Vous lui expliquez la démarche de Labiche et montrez son intérêt, dans un dialogue argumenté.

LIRE UNE PIÈCE DE THÉÂTRE

Une pièce de théâtre est constituée d'un texte écrit destiné à être représenté sur scène, avec des comédiens, des décors, des éclairages, et un public. Lire une pièce de théâtre, c'est situer le texte par rapport aux codes théâtraux, mais c'est aussi tenir compte du fait qu'il est le support d'un spectacle. Le théâtre repose sur un certain nombre de conventions acceptées de tous, qui conditionnent l'écriture du texte et touchent toutes les données de la représentation.

1. Le contexte de l'œuvre théâtrale

Pour **situer une pièce dans son contexte**, on doit se renseigner sur les circonstances de son écriture, les conditions de sa représentation, la réaction du public et des autorités, les partis pris de la mise en scène, les costumes, le lieu de la représentation.

2. Les codes théâtraux

• Le genre de la pièce

Selon le sujet, le registre* dominant, le niveau* de langue, le respect ou le rejet des règles de composition, l'esthétique de la pièce (baroque*, classique*, romantique*...), l'époque d'écriture, on aura une **comédie** ou une **tragédie classiques**, un **drame romantique**, un **vaudeville**, un **drame contemporain**...

• Les composantes du texte

Quelle est la part des répliques et celle des didascalies* (présence, absence, importance de ces dernières) ?

• Les formes de l'échange théâtral

Les formes de l'échange théâtral doivent être identifiées : monologues, dialogues (tirades, stichomythies*, récits), apartés*, adresses au public.

3. L'action théâtrale

Étudier l'action théâtrale revient à s'interroger sur les personnages, l'intrigue, le temps et l'espace dramatiques.

- L'étude des **personnages** suppose :
  - l'examen de la **liste initiale** : le nom, les qualifications des personnages (sexe, génération, rang social, nation ou camp politique) ;
  - le repérage des **rôles codés**, fixés par la tradition (le roi, le bourgeois, le confident, le valet...) ;
  - le repérage de la fréquence de leurs **interventions** ;
  - la définition de leurs **fonctions** (sujet et objet, destinateur* et destinataire*, adjuvant* et opposant*) pour faire apparaître les conflits de forces.
- L'étude de **l'intrigue** consiste à identifier :
  - la **structure externe** (les divisions de la pièce : actes, scènes du théâtre classique ou tableaux dans le théâtre contemporain) ;
  - la **structure interne** : les trois phases de l'action (exposition, nœud, dénouement).
- L'étude du **temps** dramatique demande de distinguer :
  - le **temps de la représentation** (durée des actions qui se déroulent sur la scène et correspondent au texte des répliques) ;
  - le **temps de la fiction** (de l'histoire que sont censés vivre les personnages).

Les deux temps ne coïncident pas, il y a des **ellipses temporelles** : entre les actes, le temps de l'histoire continue de s'écouler ; la pièce passe sous silence les actions intermédiaires ou les rapporte sous forme de récits, dits par des personnages.

Pour obéir à la **vraisemblance***, le théâtre classique s'efforce de rapprocher le temps de la représentation et le temps de l'histoire (d'où la **règle des trois unités**). Le spectateur peut avoir l'impression de suivre l'action en temps réel.

- L'étude de l'**espace** impose de prendre en compte :
  - l'**espace matériel** (scène ouverte, théâtre à l'italienne...) ;
  - l'**espace scénique**, celui où le drame se donne à voir sous les yeux des spectateurs, mentionné parfois dans les didascalies ou les répliques ; il peut imiter l'espace réel ou avoir une dimension symbolique ;
  - l'**espace hors scène** mentionné dans les répliques des personnages.

4 La poésie

1 • Que symbolise Orphée dans la mythologie gréco-romaine ?

2 • Quels éléments précis du tableau rappellent ce rôle d'Orphée ?

3 • À quel moment de l'histoire d'Orphée se situe l'œuvre ? En quoi le peintre fait-il preuve d'originalité ?

4 • Comment interprétez-vous l'attitude de la jeune fille ?

5 • Comment le décor est-il composé ?

6 • Que suggèrent les deux tortues, en bas du tableau, à droite ?

Gustave MOREAU (1826-1898), *Orphée*, 1865.
Huile sur bois, 154 x 99.5 cm. Paris, Musée d'Orsay. © Photo RMN / Hervé Lewandowski.

VERS ET FORMES POÉTIQUES

Jusqu'au XIXᵉ siècle, la poésie était définie comme une forme versifiée. Ensuite, les poètes modernes ont souvent rompu avec ces contraintes. Il est néanmoins très important de savoir identifier les types de vers, de strophes, et les formes fixes utilisées. Ces choix sont toujours révélateurs. Savoir analyser un vers est le plus sûr moyen de pénétrer et de comprendre l'univers d'un poète.*

1. Les vers

• LE DÉCOMPTE DES SYLLABES

Le début d'un vers est indiqué par une majuscule, et la fin par un retour à la ligne. En français, la nature du vers tient à son nombre de syllabes. Toutes les syllabes prononcées comptent. Le *e* **muet** est **élidé** (non prononcé) devant une voyelle, et ne compte jamais à la fin d'un vers.

Un/liè/vr(e) en/son/gî/te/son/geait
1 2 3 4 5 6 7 8
(Car/que/fai/r(e) en/un/gî/t(e), à/moins/que/l'on/ne/song(e) ?).
1 2 3 4 5 6 7 8 9 10 11 12

La Fontaine,
« Le Lièvre et les Grenouilles », *Fables*.

Quand deux voyelles se suivent, chacune d'elles peut être prononcée distinctement : on compte alors deux syllabes, c'est une **diérèse**. Si au contraire les deux voyelles ne forment qu'une seule syllabe, comme dans la prononciation courante, on parle de **synérèse**.
C'est le cas du mot « liè/vre » dans l'exemple ci-dessus. Dans le vers suivant, il y a d'abord synérèse, puis diérèse :

Jean/ne/me/**tient**/aus/si/dans/les/**li**/**ens**/d'a/mour.

Ronsard,
Continuation des Amours, 11.

• LES DIFFÉRENTS VERS

S'il existe des vers d'une, deux, trois syllabes ou plus, les vers les plus fréquents sont l'**octosyllabe** (8 syllabes), le **décasyllabe** (10 syllabes) et l'**alexandrin** (12 syllabes).
Il existe aussi des vers comportant un nombre impair de syllabes : heptasyllabe (7 syllabes), ennéasyllabe (9 syllabes), hendécasyllabe (11 syllabes).

• Le **vers libre**, marqué par un retour à la ligne, ne se définit que par son rythme propre. Les accents en sont variables et la rime n'y est pas obligatoire.

Le ciel est comme la tente déchirée d'un cirque pauvre
dans un petit village de pêcheurs
En Flandres
Le soleil est un fumeux quinquet
Et tout au haut d'un trapèze une femme fait la lune.

Blaise Cendrars, « La Prose du Transsibérien
et de la petite Jeanne de France », *Du Monde entier
au cœur du monde*, © Denoël, 1987.

• Le **verset** désigne **une phrase ou une suite de phrases**, signalées par un alinéa, et présentant une unité de sens et de rythme, à la façon des paragraphes lyriques du Coran ou des Psaumes, dans la Bible.

2. Le rythme

• LES ACCENTS

Le rythme du vers définit des accents. Dans un **alexandrin**, ils portent sur la **6ᵉ** et la **12ᵉ syllabe**.

J'embrasse mon ri**val**, mais c'est pour l'étou**ffer**.

Racine, *Britannicus*, v. 1314.

La place des accents dans le vers détermine des pauses appelées **coupes**.

Ô Mort,/vieux capitaine,//il est temps !/levons l'ancre !
Ce pays nous ennuie,//ô Mort !/Appareillons !

Baudelaire, « Le Voyage », *Les Fleurs du Mal*.

• LA CÉSURE ET LES HÉMISTICHES

La césure est la **coupe principale** qui sépare les vers supérieurs à huit syllabes en deux **hémistiches** ou demi-vers.
Le décasyllabe est le plus souvent coupé après la 4ᵉ syllabe.
L'alexandrin classique est coupé en deux hémistiches égaux par une **césure**. Celle-ci ne peut se trouver après un *e* muet. Il faut donc nécessairement que le mot suivant commence par une voyelle, pour que le *e* soit élidé.

On dit qu'avec Bélis(e) / il est du dernier bien.

Molière, *Le Misanthrope*, v. 663.

• Les répétitions de sonorités

Le retour de sonorités semblables (en particulier des rimes) constitue un autre élément important du rythme.

• On appelle **assonance** la répétition d'un son vocalique.

> Pour la premi**è**re fois l'**ai**gle b**ai**ss**ai**t la t**ê**te.
>
> Hugo, « L'Expiation », *Les Châtiments.*

• La répétition d'un son consonantique est une **allitération**.

> Au **c**a**l**me **cl**air de **l**une triste et beau
>
> Verlaine, « Clair de lune », *Fêtes galantes.*

• Le vers et la phrase

La rencontre du vers et de la phrase permet de nombreux effets.

• Quand la phrase déborde le vers pour se poursuivre sur le vers suivant, on parle d'**enjambement**. L'enjambement supprime la coupe à la fin du vers.

> Notre laitière ainsi troussée
> **Comptait** déjà dans sa pensée
> **Tout le prix de son lait**, en employait l'argent.
>
> La Fontaine, « La Laitière et le pot au lait », *Fables.*

• Le **rejet** consiste à rejeter au début du vers suivant un mot ou un groupe de mots court (inférieur à l'hémistiche) et à déplacer la coupe au début du vers suivant.

> J'eus dans ma blonde enfance, hélas ! trop éphémère,
> **Trois maîtres** : un jardin, un vieux prêtre et ma mère.
>
> Hugo, *Les Rayons et les Ombres*, XIX.

• Le **contre-rejet** est un procédé symétrique, qui place un court élément d'une phrase à la fin du vers précédent.

> Ceux qui vivent, ce sont ceux qui luttent ; **ce sont**
> Ceux dont un dessein ferme emplit l'âme et le front...
>
> Hugo, *Les Châtiments*, IV, 9.

3. Strophes et rimes

• Les strophes

La strophe est un **ensemble de vers** structuré par un système de rimes. Cet ensemble est souvent isolé typographiquement par des blancs.

On distingue le **tercet** (strophe de trois vers), le **quatrain** (quatre vers), le **quintil** (cinq vers), le sizain (six vers), le septain (sept vers), le huitain (huit vers), le neuvain (neuf vers) et le dizain (dix vers).

• La nature des rimes

On parle de **rime féminine** lorsque le vers se termine par un *e* muet, de **rime masculine** dans tous les autres cas. Plus précisément, une **rime féminine** est une **rime accentuée sur l'avant-dernière syllabe**, alors que la **rime masculine** est **accentuée sur la dernière syllabe**.

Les consonnes qui suivent un *e* muet mais qui ne se prononcent pas n'empêchent pas la rime d'être féminine.

> Chèvres, Béliers, Taureaux aussitôt délo**gèrent** ;
> Daims et Cerfs de climat chan**gèrent**.
>
> La Fontaine, « Les Oreilles du lièvre », *Fables.*

La règle classique, au XVIIe siècle, recommandait une stricte alternance entre ces deux types de rimes.

> Mais elle était du monde, où les plus belles choses
> Ont le pire des**tin** :
> Et rose elle a vécu ce que vivent les roses,
> L'espace d'un ma**tin**.
>
> Malherbe, « Consolation à Monsieur du Périer », *Poésies.*

• La qualité des rimes

La qualité des rimes dépend du nombre de sons (phonèmes) communs. Les rimes sont **pauvres** si elles ont un **seul son en commun** (dans ce cas forcément vocalique : plat/rat), **suffisantes** si elles en ont **deux** (dont une voyelle : plat/éclat), riches si elles en ont **trois ou plus** (heureux/peureux).

• La disposition des rimes

Les trois schémas les plus fréquents sont :
- les rimes plates ou suivies : AABB
- les rimes croisées ou alternées : ABAB
- les rimes embrassées : ABBA

4. Les formes fixes

Il y en a essentiellement trois : la **ballade**, le **rondeau**, formes médiévales caractérisées par la présence d'un refrain, et le **sonnet**.

Le **sonnet** comprend quatorze vers (décasyllabes ou alexandrins) organisés en **deux quatrains** et **un sizain**, séparé en **deux tercets**.

Les rimes des quatrains, identiques, sont croisées ou plus souvent embrassées. Il existe pour le sizain deux dispositions possibles des rimes, si bien que le schéma du sonnet peut être :
ABBA - ABBA (ou ABAB - ABAB) - CCD EDE ou CCD EED.

Le dernier vers contient un trait inattendu : c'est la **chute** ou la **pointe** du sonnet.

EXERCICES
D'OBSERVATION ET D'INTERPRÉTATION

A Étudier le vers et son rythme

1. Étudier un vers régulier : l'alexandrin

Où vont tous ces enfants dont pas un seul ne rit ?
Ces doux êtres pensifs, que la fièvre maigrit ?
Ces filles de huit ans qu'on voit cheminer seules ?
Ils s'en vont travailler quinze heures sous des meules ;
Ils vont, de l'aube au soir, faire éternellement
Dans la même prison le même mouvement.
Accroupis sous les dents d'une machine sombre,
Monstre hideux qui mâche on ne sait quoi dans
[l'ombre,
Innocents dans un bagne, anges dans un enfer,
Ils travaillent. Tout est d'airain, tout est de fer.
Jamais on ne s'arrête et jamais on ne joue.
Aussi quelle pâleur ! la cendre est sur leur joue.

Victor Hugo (1802-1885), *Les Contemplations*,
Livre III, 2, « Melancholia », v. 113-124, 1856.

a) Quel vers utilise Victor Hugo ? Quelle est la disposition des rimes ?

b) Placez les principaux accents*. À quels endroits du vers se situent les mots ainsi mis en valeur ? Que constatez-vous au vers 10 ?

c) Observez les mots associés par la rime. Quels effets de sens produisent ces divers rapprochements ?

d) Quels types de discours* sont associés dans ce poème ? Justifiez votre réponse.

e) Que dénonce Victor Hugo ? Quelle est la fonction ici de la poésie ?

2. Étudier les vers pairs et impairs

LE CHIEN QUI LÂCHE SA PROIE POUR L'OMBRE

Chacun se trompe ici-bas.
On voit courir après l'ombre
Tant de fous, qu'on n'en sait pas
La plupart du temps le nombre.
Au chien dont parle Ésope[1] il faut les renvoyer.

Ce chien, voyant sa proie en l'eau représentée,
La quitta pour l'image, et pensa se noyer[2] ;
La rivière devint tout d'un coup agitée.
À toute peine il regagna les bords,
Et n'eut ni l'ombre ni le corps.

Jean de La Fontaine (1621-1695), *Fables*, VI, 17, 1668.

1. *Ésope* : fabuliste grec du VIIe-VIe siècle av. J.-C. 2. *pensa se noyer* : faillit se noyer.

a) Combien de syllabes comportent les vers 1 à 4 ? Quel rapport voyez-vous entre le rythme des vers et leur sens ?

b) Combien de syllabes comportent les vers 5 à 8 ? Quel est l'effet produit ?

c) Quel mot des vers 1 à 4 est répété dans le dernier vers ? Combien de syllabes comportent les deux derniers vers ? Quel rapport pouvez-vous établir entre les vers 1 à 4 et les vers 9-10 ?

d) Observez la composition de la fable. Que met-elle en valeur ?

3. Étudier le vers libre

Texte A

SABLES MOUVANTS

Démons et merveilles
Vents et marées
Au loin déjà la mer s'est retirée
Et toi
Comme une algue doucement caressée par le vent
Dans les sables du lit tu remues en rêvant
Démons et merveilles
Vents et marées
Au loin déjà la mer s'est retirée
Mais dans tes yeux entrouverts
Deux petites vagues sont restées
Démons et merveilles
Vents et marées
Deux petites vagues pour me noyer.

Jacques Prévert (1900-1977), *Paroles*,
© Éditions Gallimard, 1949.

a) Quels vers sont répétés dans ce poème ? Combien de vers suivent chaque reprise de ces vers ? Quel est l'effet produit ?

b) Dans ce poème, quels vers sont réguliers ? À quels endroits du texte sont-ils disposés ?

c) À quelles expressions proverbiales font allusion les vers 1 et 2 ? Quels effets de sonorités créent le rythme dans ces deux vers ? Quel est le registre* du poème ?

d) Quel vers fait référence au titre ? Quelle image le poème donne-t-il de la femme ?

Texte B

VOYAGES

Je ne sais que faire aujourd'hui de la Terre
De ce pic en Europe, cette plaine en Australie
Et de cet orage en Californie.
Cet éléphant qui sort tout ruisselant du Gange
Il me mouille en passant mais n'a rien à m'apprendre.
Que peut l'œil d'un éléphant devant l'œil d'un
homme sensé
Et dans la force de l'âge ?
Je ne sais que faire de ces femmes un peu partout
Sur la Terre plus ronde qu'elles.
Femmes, allez à vos occupations
Ne vous mettez pas en retard.

Jules Supervielle (1884-1960),
Débarcadères, © Éditions Gallimard, 1956.

a) Quelles sont les marques de la situation d'énonciation* dans ce poème ? Par quels procédés créent-elles le rythme dans les vers 1 à 5 ?

b) **Quels éléments du monde le poète évoque-t-il successivement ? Quels procédés (effets de rythme, allitérations*, assonances*) mettent chacun de ces éléments en valeur ?**

c) **Quel demi-vers est répété ? Quel sentiment exprime cette répétition ?**

d) **À qui s'adressent les deux derniers vers ? Que révèlent ces paroles ? Quelle est l'attitude du poète face aux « voyages » et face aux beautés du monde ?**

4. Étudier le verset

LES CLOCHES

Vieil homme aux mains nues,
remis entre les hommes, Crusoé[1] !

tu pleurais, j'imagine, quand des tours de l'Abbaye, comme un flux, s'épanchait le sanglot des cloches sur la Ville…

Ô Dépouillé !

Tu pleurais de songer aux brisants[2] sous la lune ; aux sifflements de rives plus lointaines ; aux musiques étranges qui naissent et s'assourdissent sous l'aile close de la nuit,

pareilles aux cercles enchaînés que sont les ondes d'une conque[3], à l'amplification de clameurs sous la mer…

Saint-John Perse (1887-1975), *Éloges*,
« Images à Crusoé », © Éditions Gallimard, 1911.

1. *Crusoé* : Robinson Crusoé, héros d'un célèbre roman de Daniel Defoe (1719), a passé plus de vingt ans sur une île déserte. 2. *brisants* : récifs. 3. *conque* : grande coquille servant de trompe aux dieux marins.

a) **Quelles sont les marques de la situation d'énonciation* ? Qui est le destinataire* du poème ? Quels éléments le caractérisent ?**

b) **Comment ce poème est-il composé ? Quel verbe est répété ? Quels versets peuvent être rapprochés ?**

c) **Quels procédés créent le rythme dans les deux derniers versets ?**

d) **Quels bruits s'opposent au « sanglot des cloches sur la ville » ? Quels univers se trouvent ainsi opposés ?**

e) **Quel est le registre* de ce poème ? Justifiez votre réponse.**

B Étudier les strophes et les rimes

5. Étudier le dizain

ODE

Un corbeau devant moi croasse,
Une ombre offusque[1] mes regards,
Deux belettes et deux renards
Traversent l'endroit où je passe :
Les pieds faillent[2] à mon cheval,
Mon laquais tombe du haut mal[3],
J'entends craqueter le tonnerre,
Un esprit se présente à moi,
J'ois[4] Charon[5] qui m'appelle à soi,
Je vois le centre de la terre.

Ce ruisseau remonte en sa source,
Un bœuf gravit[6] sur un clocher,
Le sang coule de ce rocher,
Un aspic[7] s'accouple d'une ourse,
Sur le haut d'une vieille tour
Un serpent déchire un vautour,
Le feu brûle dedans la glace,
Le soleil est devenu noir,
Je vois la lune qui va choir[8],
Cet arbre est sorti de sa place.

Théophile de Viau (1590-1626),
Œuvres, 1621.

1. *offusque* : empêche. 2. *faillent* : manquent, font défaut. 3. *haut mal* : épilepsie, crise nerveuse. 4. *J'ois* : j'entends. 5. *Charon* : divinité des enfers qui faisait traverser aux âmes le fleuve du Styx. 6. *gravit* : monte. 7. *aspic* : serpent. 8. *choir* : tomber.

a) **Quel vers est utilisé dans ce poème ? Combien de vers comporte chaque strophe ?**

b) **Quels procédés syntaxiques et rythmiques créent un effet d'accumulation* ?**

c) **Observez la disposition, la nature* et la qualité* des rimes. Quels rapprochements significatifs de termes trouve-t-on à la rime ?**

d) **Quelle progression apparaît dans chacune des strophes ? Quelle vision du monde traduisent les quatre derniers vers ?**

e) **Quels éléments constitutifs de la sensibilité baroque apparaissent dans ce poème (**► *Le baroque*, pp. 18-19**) ?**

6. Étudier le tercet

Dans ce poème, Aragon évoque la mort de sa tante Madeleine, disparue en juillet 1924.

Les beaux habits du soir un à un que l'on quitte
Tombent indolemment sur l'aube des planchers
On dirait que notre fantôme les habite

Ils sont autour de nous comme un plaisir fauché
Les acteurs revenant saluer sur la scène
Ainsi de souvenirs notre vie est jonchée

La première est partie en avant Madeleine
Et j'avais tout le jour couru les pharmacies
Il faisait un soleil d'une force inhumaine

La cour de l'hôpital était vide et voici
L'accoucheur devant moi sur le pas de la porte
Il me dit quelque chose et moi je balbutie

Je dis que ce remède à la fin je l'apporte
Le remède à la fin Docteur je l'ai trouvé
Il dit que c'est trop tard que Madeleine est morte
[…]

Aragon (1897-1982), *Le Roman inachevé*,
« Les beaux habits du soir un à un que l'on quitte »,
strophes 1-5, © Éditions Gallimard, 1956.

a) Quel vers est utilisé dans ce poème ? Combien de vers comporte chaque strophe ?

b) Comment les rimes* sont-elles disposées ? Quel est l'effet produit ?

c) Quels mots sont placés sous l'accent dans la première strophe ? La césure* du vers 3 est-elle régulière ? Quel est l'effet produit ?

d) La situation d'énonciation* est-elle la même dans les deux premières strophes et dans les strophes suivantes ?

e) Quel mot de la seconde strophe établit le lien entre le début du poème et la suite ? Quel est le registre* du poème ?

f) Dans les strophes 3 à 5 quel sentiment exprime le rythme et le choix des rimes ?

C Étudier des formes fixes

7. Étudier le sonnet

LE PAYSAGE

J'avais rêvé d'aimer. J'aime encor mais l'amour
Ce n'est plus ce bouquet de lilas et de roses
Chargeant de leurs parfums la forêt où repose
Une flamme à l'issue de sentiers sans détour.

J'avais rêvé d'aimer. J'aime encor mais l'amour
Ce n'est plus cet orage où l'éclair superpose
Ses bûchers aux châteaux, déroute, décompose,
Illumine en fuyant l'adieu du carrefour.

C'est le silex en feu sous mon pas dans la nuit,
Le mot qu'aucun lexique au monde n'a traduit
L'écume sur la mer, dans le ciel ce nuage.

À vieillir tout devient rigide et lumineux,
Des boulevards sans noms et des cordes sans nœuds.
Je me sens me roidir avec le paysage.

Robert Desnos (1900-1945),
Contrée, © Éditions Gallimard, 1944.

a) Robert Desnos respecte-t-il les critères du sonnet* régulier ? Justifiez votre réponse.

b) Quels procédés créent le rythme dans les quatrains* ?

c) Quelle opposition apparaît entre les quatrains* et le premier tercet* ?

d) Quelles nouvelles images* sont utilisées dans les tercets* pour évoquer l'amour ? Quels points communs, quelles différences présentent-elles avec les images développées dans les quatrains* ?

e) Quel élément nouveau apparaît dans le dernier tercet* ?

f) Quel est le dernier mot du poème ? Que constatez-vous ? Quel sens invite-t-il à donner à l'ensemble du poème ?

8. Étudier le rondeau

Texte A

À UN POÈTE IGNORANT

Qu'on mène aux champs ce coquardeau[1],
Lequel gâte (quand il compose)
Raison[2], mesure, texte et glose,
Soit en ballade ou en rondeau.

Il n'a cervelle ne[3] cerveau.
C'est pourquoi si haut crier j'ose :
« Qu'on mène aux champs ce coquardeau. »

S'il veut rien faire de nouveau,
Qu'il œuvre hardiment en prose
(J'entends s'il en sait quelque chose) :
Car en rime ce n'est qu'un veau,
Qu'on mène aux champs.

Clément Marot (1496-1544), *L'Adolescence clémentine*, 1532.

1. *coquardeau* : imbécile. 2. *raison* : discours. 3. *ne* : ni.

a) Quel type de vers et de strophes Marot utilise-t-il dans ce rondeau* ?

b) Quelles sont la disposition et la nature* des rimes ? Par quel procédé le vers final est-il mis en valeur ?

c) Le demi-vers répété a-t-il toujours le même sens ? En quoi consiste la chute* du poème ?

d) Quel est le registre* de ce poème ? Justifiez votre réponse.

Texte B

LA LUNE

Avec ses caprices, la Lune
Est comme une frivole amante ;
Elle sourit et se lamente,
Et vous fuit et vous importune.

La nuit, suivez-la sur la dune,
Elle vous raille et vous tourmente ;
Avec ses caprices, la Lune
Est comme une frivole amante.

Et souvent elle se met une
Nuée en manière de mante[1] ;
Il faut adorer sans rancune,
Avec ses caprices, la Lune.

Théodore de Banville (1823-1891),
Rondels, 1875.

1. *mante* : manteau.

a) Quel type de vers et de strophes Théodore de Banville utilise-t-il dans ce rondeau* ?

b) Quelles sont la disposition et la nature* des rimes ? Quel est l'effet produit ?

c) Quelle image de la lune développe le poème ? Par quels procédés propres au rondeau* cette image est-elle mise en valeur ?

d) Comparez ce poème à celui de Marot (► *Texte A, Exercice 8*, p. 320). Quelles similitudes, quelles différences apparaissent ? À partir de l'observation de ces deux poèmes, quelle définition pouvez-vous proposer du rondeau* ?

D Étudier des formes poétiques libres

9. Étudier un poème en distiques*

COLLOQUE SENTIMENTAL

Dans le vieux parc solitaire et glacé,
Deux formes ont tout à l'heure passé.

Leurs yeux sont morts et leurs lèvres sont molles,
Et l'on entend à peine leurs paroles.

Dans le vieux parc solitaire et glacé,
Deux spectres ont évoqué le passé.

— Te souvient-il de notre extase ancienne ?
— Pourquoi voulez-vous donc qu'il m'en souvienne ?

— Ton cœur bat-il toujours à mon seul nom ?
Toujours vois-tu mon âme en rêve ? — Non.

— Ah ! les beaux jours de bonheur indicible
Où nous joignions nos bouches ! — C'est possible.

— Qu'il était bleu, le ciel, et grand, l'espoir !
— L'espoir a fui, vaincu, vers le ciel noir.

Tels ils marchaient dans les avoines folles,
Et la nuit seule entendit leurs paroles.

Paul Verlaine (1844-1896),
Fêtes galantes, 1869.

a) Observez la forme de ce poème. De combien de vers est-il composé ? Combien de syllabes comporte chaque vers ? Comment les vers sont-ils disposés ?

b) Qu'est-ce qu'un « colloque » ? Quel rapport peut-on établir entre le poème et son titre ?

c) Quelle impression font naître les divers procédés utilisés (répétitions, allitérations*, assonances*, effets de rythme)?

d) Quelles associations de mots à la rime vous semblent particulièrement significatives ? Justifiez votre réponse.

e) Quelle conception de l'amour, illustrée par les paroles du premier spectre, est remise en cause ? Quelle vision de l'amour, et en même temps de la parole poétique, livre le poème ?

10. Étudier une forme poétique libre

FRUITS

Dans les chambres des vergers
ce sont des globes suspendus
que la course du temps colore
des lampes que le temps allume
et dont la lumière est parfum

On respire sous chaque branche
le fouet odorant de la hâte

Ce sont des perles parmi l'herbe
de nacre à mesure plus rose
que les brumes sont moins lointaines

des pendeloques plus pesantes
que moins de linge elles ornent

*

Comme ils dorment longtemps
sous les mille paupières vertes !

Et comme la chaleur

par la hâte avivée
leur fait le regard avide !

Philippe Jaccottet (né en 1925), *Airs*, 1961-1964,

a) Quels procédés créent le rythme dans ce poème ?

b) Quelles images désignent les fruits ? Le poème est-il narratif* ou descriptif* ?

c) Quel mot est répété dans la première strophe ? Quels termes développent ce réseau lexical* dans la suite du poème ?

d) Quel thème est ainsi évoqué ? Quel rapport pouvez-vous établir entre ce thème et la disposition des strophes ?

Méthode

LIRE UN POÈME EN VERS

La poésie met en œuvre toutes les ressources du langage. Que le poème soit écrit en vers réguliers ou en vers libres, il faut prendre en compte les liens particuliers établis entre la forme et le sens, aux plans graphique, rythmique, syntaxique, sémantique et phonique.

1. Observer la présentation

• Observer le titre et le paratexte

Le paratexte* apporte des indications non seulement sur l'auteur, le contenu du texte, sa date de publication, mais aussi parfois sur sa forme, son registre*, et le contexte littéraire dans lequel il a été écrit. Le titre du poème et celui du recueil dont le poème est extrait doivent être analysés tout particulièrement : le **titre** est à mettre en rapport avec le **sujet du poème**, qu'il peut résumer, désigner, ou n'éclairer qu'indirectement.

• Observer la mise en page et la typographie

Les marges, les espaces, la mise en page désignent explicitement le texte comme poétique. La nature de la ponctuation, ou son absence, détermine le rythme du texte. On prêtera aussi attention à la typographie : l'usage de majuscules ou de l'italique est toujours significatif.

2. Caractériser le poème en vers

• Observer la versification et le rythme

On observera les **choix d'écriture** opérés par le poète : nature des vers, des strophes, rimes, forme libre ou fixe, procédés rythmiques (► *Vers et formes poétiques*, p. 316). Les **infractions** aux règles de la versification, fréquentes chez les poètes du XIXe siècle, doivent être relevées et interprétées, car elles sont toujours porteuses de sens. La discordance entre rythme et syntaxe (enjambement*, rejet* et contre-rejet*) est aussi significative.

• Observer la composition du poème

Il convient de se demander quel est **le mouvement du texte**, quelle progression s'effectue entre le premier et le dernier vers et quels rapports s'établissent entre le début et la fin du poème. La composition du poème dépend étroitement de la forme choisie. C'est le cas en particulier pour le sonnet*, qui oppose souvent quatrains* et tercets* et s'achève sur une chute* ou pointe*.

• Analyser la situation d'énonciation*

Le poème représente une situation d'énonciation : les marques de la présence du locuteur*, du destinataire*, les temps verbaux doivent être analysés avec précision (► *L'énonciation*, p. 66).
Attention : le « je » qui s'exprime ne désigne pas toujours le poète, mais peut renvoyer à une image que le poète donne de lui-même ou à un personnage auquel il s'identifie.

• Définir le type de discours* et les registres*

Si tous les types de discours sont représentés, les poèmes recourent le plus souvent au discours **narratif*** ou **descriptif*** (► *Les discours*, p. 117). Le registre* par excellence des poèmes en vers est le **registre lyrique*** dont on relèvera attentivement les marques : pronoms de la première personne du singulier, procédés exprimant la subjectivité de l'énonciateur*, réseau lexical* du sentiment, musicalité du rythme. Mais le discours poétique recouvre toute la palette des registres. Le registre choisi détermine le lexique et le niveau de langue* utilisé.

• Relever et interpréter les images*

Les figures de style (► p. 112) contribuent à donner au poème son caractère poétique. Les comparaisons et les métaphores* sont nombreuses dans les textes appartenant au registre lyrique*. Souvent les images* donnent au texte son unité et en déterminent la composition.

3. Interpréter le poème

La lecture du poème en vers consiste à percevoir, analyser et interpréter les correspondances, ou au contraire les **oppositions**, qui s'établissent entre :

- la **forme poétique** et **l'attente** créée par le titre et le sujet ;
- **l'organisation générale** du poème (sa composition) et son **contenu** ;
- les **sentiments** exprimés et le **rythme**.

EXERCICES
D'OBSERVATION ET D'INTERPRÉTATION

A Observer et interpréter la présentation d'un poème en vers libres

1. Étudier une présentation originale

人無識者[1]

TABLE DE SAGESSE

Pierre cachée dans les broussailles, mangée de limon[2], profanée de fientes[3], assaillie par les vers et les mouches, inconnue de ceux qui vont vite, méprisée de qui s'arrête là,

Pierre élevée à l'honneur de ce Modèle des Sages, que le Prince fit chercher partout sur la foi d'un rêve, mais qu'on ne découvrit nulle part

Sauf en ce lieu, séjour des malfaisants : (fils oublieux[4], sujets rebelles, insulteurs à toute vertu)

Parmi lesquels il habitait modestement afin de mieux cacher la sienne[5].

Victor Segalen (1878-1919),
Stèles, « Stèles du bord du chemin », 1912.

1. Ces caractères chinois signifient : « Personne ne le connaît. ». 2. *limon* : terre. 3. *fientes* : excrément d'oiseaux. 4. *oublieux* : oublieux de leurs parents, ingrats. 5. *la sienne* : sa vertu.

a) Quels procédés, dans la mise en page et la typographie, donnent son originalité à ce poème ?
b) Quel est le titre du recueil dont le poème est tiré ? Quel rapport pouvez-vous établir entre ce titre, le titre du poème lui-même et le début des deux premiers alinéas* ?
c) Reconstituez la légende chinoise que raconte le poème. Les faits sont-ils rapportés dans l'ordre chronologique ? Quel élément est ainsi mis en valeur ?
d) Observez les marques de la situation d'énonciation*. Quel sens invitent-elles à donner à la disposition générale du texte ? De quoi le poème est-il l'image verbale ?

2. Interpréter mise en page et typographie

LUMIÈRE

MIDI
La glace brille
Le soleil à la main
Une femme regarde
ses yeux
Et son chagrin
Le mur d'en face est dépoli
Les rides que le vent fait aux rideaux du lit
Ce qui tremble
On peut regarder dans la chambre
Et l'image s'évanouit
Un nuage passe
La pluie

Pierre Reverdy (1889-1960), *Sources du vent*,
© Mercure de France, 1929.

a) Quels mots du poème appartiennent au réseau lexical* de la lumière ? Le titre du poème correspond-il exactement à son contenu ?
b) Le poème est-il narratif* ou descriptif* ? Justifiez votre réponse.
c) Quel effet produit l'absence de ponctuation ?
d) Quel rapport pouvez-vous établir entre la mise en page, la typographie et la vision du monde évoquée ?

B Caractériser le poème en vers

3. Étudier la versification et la composition d'un sonnet

Je veux lire en trois jours l'Iliade d'Homère,
Et pour ce[1], Corydon[2], ferme bien l'huis[3] sur moi :
Si rien[4] me vient troubler, je t'assure ma foi,
Tu sentiras combien pesante est ma colère.

Je ne veux seulement que notre chambrière[5]
Vienne faire mon lit, ou m'apprête de quoi
Je mange, car je veux demeurer à requoi[6]
Trois jours, pour faire après un an de bonne chère.

Mais si quelqu'un venait de la part de Cassandre[7],
Ouvre-lui tôt la porte, et ne le fais attendre :
Soudain[8] entre en ma chambre, et me vient accoutrer[9],

Je veux tant seulement à lui seul me montrer :
Au reste, si un dieu voulait pour moi descendre
Du ciel, ferme la porte, et ne le laisse entrer.

Pierre de Ronsard (1524-1585),
Continuation des Amours, 65, 1555 (orthographe modernisée).

1. *pour ce* : c'est pourquoi. 2. *Corydon* : nom antique, donné par convention au serviteur du poète. 3. *huis* : porte. 4. *rien* : quelque chose. 5. *chambrière* : femme de chambre. 6. *à requoi* : en repos. 7. *Cassandre* : la femme aimée. 8. *Soudain* : aussitôt. 9. *accoutrer* : habiller.

a) Quels mots sont répétés dans le premier et le second quatrain* ? Quelle est l'idée directrice de ces deux strophes ?
b) Quel mot marque une opposition entre les quatrains* et le premier tercet* ? À quel termes s'opposent les mots « Ouvre-lui tôt la porte » (v. 10) et « Soudain entre en ma chambre » (v. 11) ?
c) Quelle image le poète donne-t-il de lui-même et de sa vie ? Quelles sont ses occupations ? Quelle hiérarchie est établie entre elles ?
d) En quoi consiste la chute* du sonnet ?
e) Quel est l'enjeu essentiel du sonnet ? Est-il annoncé dès le début du poème ? Quel est l'effet produit ?

4. Étudier la versification et la composition d'une forme poétique libre

NUIT RHÉNANE

Mon verre est plein d'un vin trembleur comme une
[flamme
Écoutez la chanson lente d'un batelier
Qui raconte avoir vu sous la lune sept femmes
Tordre leurs cheveux verts et longs jusqu'à leurs pieds

Debout chantez plus haut en dansant une ronde
Que je n'entende plus le chant du batelier
Et mettez près de moi toutes les filles blondes
Au regard immobile aux nattes repliées

Le Rhin le Rhin est ivre où les vignes se mirent
Tout l'or des nuits tombe en tremblant s'y refléter
La voix chante toujours à en râle-mourir
Ces fées aux cheveux verts qui incantent[1] l'été

Mon verre s'est brisé comme un éclat de rire

Guillaume Apollinaire (1880-1918), *Alcools*,
© Éditions Gallimard, 1913.

1. *incantent* : charment par leur chant.

a) Quels types de vers et de strophe sont utilisés ? En quoi réside l'originalité de la forme ?

b) Quels éléments opposent les vers 3-4 et 7-8 ? Quels effets de reprise et d'opposition apparaissent dans la troisième strophe ?

c) Quels éléments produisent un effet de rupture au vers 13 ?

d) Quel paysage évoque le poème ? Quels éléments relèvent du merveilleux* ?

e) Quel est le registre* du poème ? Justifiez votre réponse.

5. Étudier la situation d'énonciation, le discours et les registres

Dans Les Tragiques, *le poète protestant Agrippa d'Aubigné dénonce les atrocités des guerres de Religion. Il rapporte ici des événements survenus au cours de l'été 1569.*

Ici je veux sortir du général discours[1]
De mon tableau public[2] ; je fléchirai le cours
De mon fil entrepris[3], vaincu de la mémoire[4]
Qui effraie mes sens d'une tragique histoire :
Car mes yeux sont témoins du sujet de mes vers.
J'ai vu le reître noir[5] foudroyer au travers[6]
Les masures[7] de France, et comme une tempête,
Emporter ce qu'il peut, ravager tout le reste ;
Cet amas[8] affamé nous fit à Montmoreau[9]
Voir la nouvelle horreur d'un spectacle nouveau.
Nous vînmes sur leurs pas, une troupe lassée
Que la terre portait, de nos pas harassée[10].
Là de mille maisons on ne trouva que feux,
Que charognes[11], que morts ou visages affreux.

Agrippa d'Aubigné (1552-1630), *Les Tragiques*, I, v. 367-380, 1616.

1. *général discours* : généralités. 2. *tableau public* : tableau de l'État français. 3. *le cours de mon fil entrepris* : le fil du récit que j'ai entrepris. 4. *vaincu de la mémoire* : vaincu par un souvenir. 5. *le reître noir* : cavalier allemand combattant dans les rangs protestants et vêtu d'un manteau noir. 6. *foudroyer au travers* : anéantir complètement, comme le ferait la foudre. 7. *masures* : pauvres maisons. 8. *amas* : rassemblement. 9. *Montmoreau* : ville près d'Angoulême. 10. *harassée* : procédé poétique, l'adjectif caractérise en fait la troupe. 11. *charognes* : cadavres d'animaux.

a) Quelles sont les marques de l'énonciation* ?

b) Quels termes définissent l'attitude de l'énonciateur* par rapport à son récit ?

c) Quels sont les différents types de discours* utilisés ? Justifiez votre réponse.

d) Quel est le principal registre* de ce poème? Quelles en sont les marques ? Quels autres registres sont représentés ?

e) Observez les mots placés sous l'accent* dans les vers 9-10 et 13-14 ? Comment le poète utilise-t-il le rythme du vers pour dénoncer les atrocités de la guerre ?

6. Étudier la situation d'énonciation, le discours et les images

Je n'ai pas oublié, voisine de la ville,
Notre blanche maison, petite mais tranquille ;
Sa Pomone[1] de plâtre et sa vieille Vénus
Dans un bosquet chétif cachant leurs membres nus,
Et le soleil, le soir, ruisselant et superbe,
Qui, derrière la vitre où se brisait sa gerbe,
Semblait, grand œil ouvert dans le ciel curieux,
Contempler nos dîners longs et silencieux,
Répandant largement ses beaux reflets de cierge
Sur la nappe frugale[2] et les rideaux de serge[3].

Charles Baudelaire (1821-1867),
Les Fleurs du mal, XCIX, 1857.

1. *Pomone* : déesse des fruits. 2. *frugale* : sur laquelle on sert des repas simples. Se dit habituellement d'un repas, ou de quelqu'un qui se contente d'une nourriture simple. 3. *serge* : léger tissu de laine.

a) Quelles sont les marques de l'énonciation* ?

b) Combien de phrases comporte le poème ? Quels sont les différents compléments d'objet direct du verbe « je n'ai pas oublié » (v. 1) ? Comment chacun d'eux est-il caractérisé ?

c) Le poème est-il narratif* ou descriptif* ? Justifiez votre réponse.

d) Quel vers est utilisé ? Quels mots sont placés sous l'accent* dans les vers 3 et 4 ? Quel est l'effet produit ?

e) Quelles images caractérisent le soleil dans les vers 6-10 ? Quelle est la connotation* du mot « cierge » ? Quelle dimension prend la scène évoquée ?

C Interpréter un poème en vers

7. Étudier des correspondances entre forme, sujet et écriture

Texte A

LA MONTAGNE QUI ACCOUCHE

Une montagne en mal d'enfant[1]
Jetait une clameur si haute,
Que chacun, au bruit accourant,
Crut qu'elle accoucherait sans faute
D'une cité plus grosse que Paris :
Elle accoucha d'une souris.

Quand je songe à cette fable,
Dont le récit est menteur
Et le sens est véritable,
Je me figure un auteur
Qui dit : « Je chanterai la guerre
Que firent les Titans[2] au maître du tonnerre[3]. »
C'est promettre beaucoup : mais qu'en sort-il souvent ?
Du vent.

Jean de La Fontaine (1621-1695),
Fables, V, 10, 1668.

---

1. *en mal d'enfant* : sur le point d'accoucher. **2.** *les Titans* : géants fils de la Terre. **3.** *maître du tonnerre* : Zeus.

a) **À quel registre* appartient la fable racontée dans les six premiers vers ? Quels procédés le montrent?**

b) **À quel registre* appartient le discours rapporté dans les vers 11 et 12 ? De quels auteurs se moque le locuteur ?**

c) **Combien de syllabes comportent les différents vers de ce poème ? Quelles correspondances pouvez-vous établir entre les types de vers utilisés et le contenu du poème ?**

d) **Quelles indications La Fontaine donne-t-il sur sa conception de la poésie? Pourquoi le genre de la fable lui convient-il ?**

Texte B

L'Art

Oui, l'œuvre sort plus belle
D'une forme au travail
Rebelle,
Vers, marbre, onyx[1], émail.

Point de contraintes fausses !
Mais que pour marcher droit
Tu chausses,
Muse, un cothurne[2] étroit.

Théophile Gautier (1811-1872), « L'art », strophes 1 et 2,
Émaux et Camées, 1858.

---

1. *onyx* : pierre semi-précieuse dure. **2.** *cothurne* : chaussure à semelle très épaisse, portée par les tragédiens dans l'antiquité.

a) **Décrivez le type de vers et de strophes utilisés.**

b) **À qui le poème s'adresse-t-il ? Quel principe esthétique défend Gautier dans la première strophe ? L'idée exprimée dans la seconde strophe est-elle différente ?** (► *Parnasse et Symbolisme*, pp. 34-35)

c) **Quelles associations de mots à la rime sont particulièrement significatives ?**

d) **Quel rapport pouvez-vous établir entre les idées exprimées et la forme poétique choisie ?**

8. Étudier des oppositions entre forme, sujet et écriture

Texte A

La Dame

Toc toc Il a fermé sa porte
Les lys du jardin sont flétris
Quel est donc ce mort qu'on emporte

Tu viens de toquer à sa porte
Et trotte trotte
Trotte la petite souris

Guillaume Apollinaire (1880-1918),
Alcools, © Éditions Gallimard, 1913.

a) **Combien de syllabes comportent les vers de ce poème ? Quels procédés poétiques (répétitions de mots, de sonorités) créent le rythme ?**

b) **Comment les rimes sont-elles disposées ? Que constatez-vous au vers 5 ? Quel est l'effet produit ?**

c) **Quel rapprochement étonnant de termes trouve-t-on à la rime ? Quelles autres oppositions apparaissent dans le poème ?**

d) **Quel vers permet d'établir un rapport entre le titre du poème et son contenu ? Qui pourrait être « la dame » ?**

e) **La forme et l'écriture du poème vous semblent-elles adaptées au sujet ? Justifiez votre réponse.**

Texte B

Amour de zazou[1]

... C'est pas parce qu'on est swing[2]
qu'on ne connaît pas l'amour...

(X...)

Elle dansait, légère en ses souliers de bois[3].
Un long tailleur marron moulait son joli buste.
Un bracelet d'ambre gravé, de travail fruste
Enserrait son poignet. Sous un foulard à pois

Sa chevelure fauve éclairait son minois.
La jupe courte faisait entrevoir tout juste
Un genou rond gainé de soie. Grâce vénuste[4] !...
Éclatante jeunesse !... « Il était une fois

La princesse la plus merveilleuse du monde.
Et sa marraine fut la superbe Esclarmonde[5]... »
Ainsi me rappelais les contes de jadis

Et mon cœur de zazou flambait de joie sereine
Et je sautais, tendrement enlaçant ma reine
En projetant bien haut mes chaussettes rubis...

Boris Vian (1920-1959),
Cent sonnets, © Fayard, 1972.

---

1. *zazou* : jeune qui à la fin de la guerre de 1939-1945 se faisait remarquer par son amour du jazz et sa tenue excentrique. **2.** *parce qu'on est swing* : parce qu'on aime le rythme du jazz. **3.** *souliers de bois* : allusion aux restrictions de la guerre. Par manque de cuir, les semelles des chaussures étaient fabriquées en bois ou en liège. **4.** *vénuste* : qui a la beauté de Vénus (mot vieilli, très littéraire). **5.** *Esclarmonde* : princesse orientale, aimée du héros dans l'épopée médiévale *Huon de Bordeaux*.

a) **Ce sonnet* est-il régulier ? Pourquoi ?**

b) **Quels éléments permettent de situer la scène évoquée à l'époque moderne ? Par quels procédés sont-ils mis en valeur ?**

c) **À quels termes s'opposent ces allusions à la modernité ? Quel est l'effet produit ?**

d) **La forme du sonnet* vous semble-t-elle adaptée au sujet traité ? Justifiez votre réponse.**

Méthode

LIRE UN POÈME EN PROSE

Le poème en prose, qui renonce à la forme versifiée mais constitue un texte autonome, est une forme poétique particulière, qui ne doit pas être confondue avec la prose poétique.

1. Observer la présentation

• Observer le titre et le paratexte

► *Lire un poème en vers*, p. 322.

• Observer la mise en page

Le poème en prose est un texte court, organisé et délimité par **des blancs** dans la page. **La disposition, le nombre et la longueur des paragraphes** contribuent à donner son rythme au poème. On distinguera donc les poèmes en prose constitués d'un paragraphe unique de ceux que leur disposition rapproche du poème.

2. Caractériser le poème en prose

• Analyser la composition du texte

La mise en page fournit des indications sur la composition du texte. Comment celui-ci est-il organisé ? Quelles en sont les étapes ? Le début et la fin du poème s'opposent-ils ? Les **répétitions** de phrases ou de groupes de mots jouent un rôle essentiel. Il convient de les relever et de noter les effets de reprise ou de variation. Enfin le poème en prose est souvent fermé sur lui-même. Il faut donc porter une attention particulière à la dernière phrase pour percevoir la chute* ou **l'effet de clôture** du texte.

• Analyser la situation d'énonciation

Toute lecture comprend l'**analyse de la situation d'énonciation***. Quelles sont les marques de la présence du locuteur* dans le texte ? Quels temps verbaux sont utilisés ? Quelles sont les marques de la présence du destinataire* ? (► *L'énonciation*, p. 66). Attention : le « je » qui s'exprime ne désigne pas toujours le poète, mais peut renvoyer à une image que le poète donne de lui-même ou à un personnage auquel il s'identifie. La situation d'énonciation* peut aussi changer. Il faut alors identifier les différents locuteurs*, et étudier sous quelle forme les discours sont rapportés*.

• Définir le type de discours*

Le poème en prose use de tous les types de discours, **narratif, descriptif et argumentatif** (► *Les discours*, p. 117). Toutefois le discours descriptif est particulièrement fréquent : de nombreux poèmes en prose décrivent des objets ou des paysages.

• Identifier les registres* du discours

Le poème en prose s'inscrit souvent dans le **registre lyrique***. Le poème en prose s'attache aussi à la peinture de la réalité et n'exclut pas le **registre réaliste***, caractérisé par l'emploi d'un vocabulaire prosaïque. **Plusieurs registres* coexistent** souvent dans le même texte (► *Lire un poème en vers*, p. 322).

• Relever et interpréter les images

► *Lire un poème en vers*, p. 322.

• Étudier le rythme

• Prose et vers

Un poème en prose est rythmé, comme tout texte, par les accents* toniques qui, en français, frappent la dernière syllabe prononcée d'un groupe de mots (sauf s'il s'agit d'une syllabe avec un *e* muet ; dans ce cas, l'accent porte sur l'avant-dernière syllabe). Il est donc très souvent utile de compter **le nombre de syllabes prononcées** dans une phrase ou un groupe de mots, afin d'identifier l'effet produit. Il arrive que le poème en prose joue avec les rythmes de la versification traditionnelle et qu'un alexandrin* ou un octosyllabe* soit « caché » dans la prose.

• Répétitions de mots et de sonorités

La reprise de mots, de groupes de mots, voire de phrases entières, permet de mettre en valeur un élément important et crée en même temps **un effet de rythme**. À défaut de vers et de rimes, le poème en prose use de toutes les figures de répétition et en particulier de l'anaphore*. **Assonances*** et **allitérations*** sont d'autres éléments essentiels du rythme. La nature poétique d'un poème en prose tient donc de son écriture plus que du sujet traité.

EXERCICES
D'OBSERVATION ET D'INTERPRÉTATION

A Observer et interpréter la présentation et la composition d'un poème en prose

1. Étudier la composition d'un poème en prose narratif

ONDINE

...........Je croyais entendre
Une vague harmonie enchanter mon sommeil,
Et près de moi s'épandre un murmure pareil
Aux chants entrecoupés d'une voix triste et tendre.

Ch. Brugnot, *Les deux génies.*

— « Écoute ! — Écoute ! — C'est moi, c'est Ondine qui frôle de ces gouttes d'eau les losanges sonores de ta fenêtre illuminée par les mornes rayons de la lune ; et voici en robe de moire[1], la dame châtelaine qui contemple à son balcon la belle nuit étoilée et le beau lac endormi.

— « Chaque flot est un ondin[2] qui nage dans le courant, chaque courant est un sentier qui serpente vers mon palais, et mon palais est bâti fluide, au fond du lac, dans le triangle du feu, de la terre et de l'air.

— « Écoute ! — Écoute ! — Mon père bat l'eau coassante d'une branche d'aulne[3] verte, et mes sœurs caressent de leurs bras d'écume les fraîches îles d'herbe, de nénuphars et de glaïeuls, ou se moquent du saule caduc[4] et barbu qui pêche à la ligne ! »

Sa chanson murmurée, elle me supplia de recevoir son anneau à mon doigt pour être l'époux d'une Ondine, et de visiter avec elle son palais pour être le roi des lacs.

Et comme je lui répondais que j'aimais une mortelle, boudeuse et dépitée[5], elle pleura quelques larmes, poussa un éclat de rire, et s'évanouit en giboulées[6] qui ruisselèrent blanches le long de mes vitraux bleus.

Aloysius Bertrand (1807-1841), *Gaspard de la Nuit*, III, 9, 1842.

1. *moire* : tissu aux reflets changeants. 2. *ondin* : génie des eaux. 3. *aulne* : arbre qui pousse dans les endroits humides. 4. *caduc* : qui menace de tomber, vieux. 5. *dépitée* : pleine de dépit, à la fois chagrinée et en colère. 6. *giboulées* : averses soudaines.

a) Qui est Ondine ? Relevez les éléments du texte qui permettent de répondre à cette question.

b) Quel rapport pouvez-vous établir entre le texte cité en épigraphe* et le poème en prose ?

c) Quel lien pouvez-vous établir entre la disposition du texte et sa composition ?

d) Quels mots sont répétés dans les trois premiers paragraphes ? Quel est l'effet produit ?

e) Quels éléments du début du texte sont repris dans le dernier paragraphe ? Quel effet produit cette reprise ? Quel sens pouvez-vous lui donner ?

B Caractériser le poème en prose

2. Étudier la situation d'énonciation

L'ÉTRANGER

« Qui aimes-tu le mieux, homme énigmatique, dis ? ton père, ta mère, ta sœur ou ton frère ?
— Je n'ai ni père, ni mère, ni sœur, ni frère.
— Tes amis ?
— Vous vous servez là d'une parole dont le sens m'est resté jusqu'à ce jour inconnu.
— Ta patrie ?
— J'ignore sous quelle latitude elle est située.
— La beauté ?
— Je l'aimerais volontiers, déesse et immortelle.
— L'or ?
— Je le hais comme vous haïssez Dieu.
— Eh ! qu'aimes-tu donc, extraordinaire étranger ?
— J'aime les nuages... les nuages qui passent... là-bas... là-bas... les merveilleux nuages ! »

Charles Baudelaire (1821-1867),
Le Spleen de Paris, I, 1869.

a) Quelles sont dans le texte les marques de la situation d'énonciation* ? Qui parle ? À qui ?

b) Quels éléments opposent les discours des deux interlocuteurs ?

c) Quels éléments caractérisent chaque locuteur ?

d) Lequel des deux locuteurs pourrait représenter le poète ? Justifiez votre réponse.

3. Étudier le type de discours, le registre et les images

LA GRENOUILLE

Lorsque la pluie en courtes aiguillettes[1] rebondit aux prés saturés, une naine amphibie[2], une Ophélie[3] manchote, grosse à peine comme le poing, jaillit parfois sous les pas du poète et se jette au prochain étang.

Laissons fuir la nerveuse. Elle a de jolies jambes. Tout son corps est ganté de peau imperméable. À peine viande ses muscles longs sont d'une élégance ni chair ni poisson[4]. Mais pour quitter les doigts la vertu du fluide[5] s'allie chez elle aux efforts du vivant. Goitreuse[6], elle halète... Et ce cœur qui bat gros, ces paupières ridées, cette bouche hagarde m'apitoyent à la lâcher.

Francis Ponge (1899-1988), *Pièces*, © Éditions Gallimard, 1962.

1. *aiguillettes* : petites aiguilles. 2. *amphibie* : capable de vivre dans l'air et dans l'eau. 3. *Ophélie* : personnage de Shakespeare, qui meurt noyée dans *Hamlet*. 4. *ni chair ni poisson* : ni viande ni poisson. L'expression, valable au sens propre pour la grenouille, signifie au sens figuré : « sans caractère ferme ». 5. *la vertu du fluide* : la propriété d'un corps insaisissable. 6. *goitreuse* : qui souffre d'un goitre, déformation du cou.

EXERCICES
D'OBSERVATION ET D'INTERPRÉTATION

a) Quel rapport peut-on établir entre le titre du poème et son contenu ? Quel type de discours* prédomine ? Justifiez votre réponse.

b) Relevez les images* qui désignent ou caractérisent la grenouille. Relèvent-elles toutes du même registre* ?

c) La situation d'énonciation* est-elle la même tout au long du texte ? Quel registre* apparaît dans la dernière phrase du texte ?

d) Quels sentiments contradictoires le poète semble-t-il éprouver successivement pour la grenouille ?

e) Quel regard le poète porte-t-il sur le monde ? Quel usage fait-il du langage ?

C Étudier le rythme d'un poème en prose

4. Étudier les répétitions et les variations dans un poème en prose

Je suis le saint, en prière sur la terrasse, — comme les bêtes pacifiques paissent jusqu'à la mer de Palestine[1].

Je suis le savant au fauteuil sombre. Les branches et la pluie se jettent à la croisée de la bibliothèque.

Je suis le piéton de la grand'route par les bois nains ; la rumeur des écluses couvre mes pas. Je vois longtemps la mélancolique lessive d'or du couchant.

Je serais bien l'enfant abandonné sur la jetée partie à la haute mer, le petit valet, suivant l'allée dont le front touche le ciel.

Les sentiers sont âpres. Les monticules se couvrent de genêts. L'air est immobile. Que les oiseaux et les sources sont loin ! Ce ne peut être que la fin du monde en avançant.

Arthur Rimbaud (1854-1891), *Illuminations*, « Enfance », IV, 1886.

1. *Palestine* : région du Proche-Orient.

a) Quelle structure syntaxique est répétée dans les trois premiers paragraphes ? Quelles variations apparaissent ?

b) Comparez les longueurs des trois premiers paragraphes. Quel est l'effet produit ?

c) Quelle nouvelle variation apparaît dans le quatrième paragraphe ? Quel est le temps utilisé ? Qu'exprime-t-il ? Quels mots sont placés sous l'accent* ? Qu'évoquent-ils ?

d) Quel changement de rythme observez-vous dans le dernier paragraphe ? Quelle correspondance peut-on établir entre le rythme et le paysage décrit ?

e) Quels idéaux sont successivement évoqués dans ce poème ? À travers quelles images* ? À quelles valeurs le poète semble-t-il aspirer ?

D Interpréter un poème en prose

5. Étudier les rapports du rythme et du récit

Jean Tardieu s'inspire ici d'un poème romantique, « Lénore », de l'allemand August Bürger (1747-1794). Dans cette célèbre ballade, Lénore attend en vain son fiancé parti à la guerre. Un soir, il frappe à la porte et l'entraîne sur son cheval noir. Au terme d'une longue chevauchée, la jeune fille découvre que le cavalier n'est autre que la mort.

BALLADE 1944

Du haut de son étroit logis qui tremble au sommet de l'immeuble comme une lanterne au bout d'une perche, la femme entend des pas monter dans l'escalier. Elle colle son oreille à la porte. Son cœur est fou. Les pas mettent cent ans à monter. Comme ils sont lourds ! mais c'est bien ainsi qu'IL marchait ! Il monte du fond de la douleur et des années…

Plus qu'un étage, plus qu'une marche (celle qui crie), le pas s'arrête contre la porte : entre Elle et Lui, il n'y a plus que la mince cloison.

À voix basse et précipitée, elle demande :

— C'est toi ?

— Oui, c'est moi !

Mais qui a répondu ?

Elle ouvre : non ! non ! ce n'est pas lui : une masse lourde et sans contour, percée de déchirures d'où le sang jaillit. À la place du visage, quelque chose qui n'a pas de nom, que l'on n'ose pas voir !

Elle pousse un cri et tombe morte.

Jean Tardieu (1903-1995), *Les Dieux étouffés*, 1946,

a) Dans les trois premiers alinéas, quels mots sont répétés ? Quel effet produisent ces répétitions ?

b) Comment le poème est-il composé ? Dans les trois derniers alinéas, quels procédés créent la surprise ?

c) Quels procédés poétiques créent le rythme dans le premier alinéa ? Combien de syllabes comporte la dernière phrase ? Quel est l'effet produit ?

d) Quel rapport pouvez-vous établir entre le titre du poème et son contenu ?

e) Quel est l'enjeu de ce texte ? De quel type de poésie s'agit-il ?

A Examiner méthodiquement un texte

1. Étudier le titre et le paratexte

Ils[1] se battent — combat terrible ! — corps à corps.
Voilà déjà longtemps que leurs chevaux sont morts ;
Ils sont là seuls tous deux dans une île du Rhône.
Le fleuve à grand bruit roule un flot rapide et jaune,
Le vent trempe en sifflant les brins d'herbe dans l'eau.
L'archange saint Michel attaquant Apollo[2]
Ne ferait pas un choc plus étrange et plus sombre.
Déjà, bien avant l'aube, ils combattaient dans l'ombre.

Victor Hugo (1802-1885), *La Légende des siècles*, X, « Le cycle héroïque chrétien », « Le mariage de Roland », v. 1-8, 1859.

1. *Ils* : Olivier et Roland, deux chevaliers personnages de *La Chanson de Roland* (vers 1070). 2. *Apollo* : nom latin d'Apollon.

a) Quelles indications apporte le paratexte* sur l'auteur, le recueil et le contexte littéraire du texte ?

b) Quel est le titre du poème ? Ce titre correspond-il au contenu des premiers vers ? Quel est l'effet produit ?

c) Quel registre* évoque le nom de Roland ? Quels éléments du texte appartiennent à ce registre ?

d) Quel vers est utilisé ici ? Comment les rimes sont-elles disposées ? Ces choix vous semblent-ils convenir au registre du texte ?

e) ÉCRITURE Rédigez une présentation brève de ce texte (origine, auteur, genre, registre*, thème principal).

2. Étudier la composition d'un sonnet

Las[1] ! Où est maintenant ce mépris de Fortune[2] ?
Où est ce cœur vainqueur de toute adversité,
Cet honnête désir de l'immortalité,
Et cette honnête flamme[3] au peuple non commune ?

Où sont ces doux plaisirs qu'au soir, sous la nuit brune,
Les Muses me donnaient, alors qu'en liberté,
Dessus le vert tapis d'un rivage écarté,
Je les menais danser aux rayons de la lune ?

Maintenant la Fortune est maîtresse de moi,
Et mon cœur, qui soulait[4] être maître de soi,
Est serf[5] de mille maux et regrets qui m'ennuient[6].

De la postérité je n'ai plus de souci,
Cette divine ardeur, je ne l'ai plus aussi,
Et les Muses de moi, comme étranges[7], s'enfuient.

Joachim du Bellay (1522-1560), *Les Regrets*, sonnet VI, 1558.

1. *Las !* : hélas ! 2. *Fortune* : sort, destin. 3. *flamme* : inspiration. 4. *soulait* : avait coutume. 5. *serf* : esclave. 6. *m'ennuient* : me tourmentent. 7. *étranges* : étrangères.

a) Quel type de phrase trouve-t-on dans les quatrains* ? et dans les tercets* ?

b) Quels mots des quatrains* sont répétés dans les tercets* ? Quels vers reprennent les idées évoquées dans les vers 3 et 4 ?

c) Que représentent les Muses ? Quels éléments du second quatrain* font penser à un tableau ?

d) Que signifie le dernier vers ?

e) ÉCRITURE Rédigez un paragraphe de commentaire. Vous étudierez la composition de ce sonnet* en montrant quels rapports s'établissent entre quatrains* et tercets*.

3. Étudier la situation d'énonciation*

Vous me demanderez si j'aime ma patrie.
Oui ; — j'aime fort aussi l'Espagne et la Turquie[1].
Je ne hais pas la Perse, et je crois les Indous
De très honnêtes gens qui boivent comme nous.
Mais je hais les cités, les pavés et les bornes,
Tout ce qui porte l'homme à se mettre en troupeau,
Pour vivre entre deux murs et quatre faces mornes,
Le front sur un moellon[2], les pieds sur un tombeau.

Alfred de Musset (1810-1857), *La Coupe et les lèvres*, 1833.

1. *j'aime fort [...] la Turquie* : déclaration provocatrice à l'époque. L'opinion était en effet favorable à la Grèce qui venait de se soustraire à la domination turque (1830). 2. *moellon* : pierre.

a) Quelles sont les marques de la situation d'énonciation* ? Qui parle et à qui ?

b) Quels termes expriment la subjectivité du locuteur* ?

c) Quelles marques d'ironie apparaissent?

d) Quels mots sont placés sous l'accent dans les vers 5 à 8 ? Que refuse le poète ?

e) ÉCRITURE Rédigez un paragraphe de commentaire (une dizaine de lignes) : vous étudierez l'expression de la subjectivité du locuteur* dans ces vers.

4. Mettre en rapport la forme du poème, l'écriture et le sujet

Chambre d'hôtel morose et vide. Un œillet penche
Et touche le miroir triste où tu contemplas
Ta gorge nue. EAU CHAUDE. EAU FROIDE. *MM. Les Clients sont priés de régler chaque dimanche.*

C'est dimanche. Réglons les comptes de ce cœur.
Rideaux jaunes et noirs, quel funèbre décor !

Tu n'es plus là. J'ai lu Delille[1] et l'*Annuaire*
Des Téléphones, pour ne plus songer à tes
Sanglots ; mais je voyais tes larmes et restais
Des heures, les yeux clos, trop habile à me nuire,

À remuer ma peine au lieu de l'endormir
Et mâchant ma douleur comme un fruit trop amer.

Tristan Derème (1889-1941), *La Verdure dorée*,
© Éditions Gallimard, 1922.

1. *Delille* : poète français (1738-1813) dont les poèmes, très descriptifs, peuvent apparaître démodés et ennuyeux.

a) Quelle est la forme de ce poème (strophes, vers, rimes) ?

b) Relevez les marques de l'énonciation*. Qui parle ? À qui ?

c) Quels sentiments expriment les deux premiers vers ? Quel sentiment apparaît dans la suite du texte ? Appuyez votre réponse sur l'étude du vocabulaire. Quel est le registre* du texte ?

d) Quels éléments sont mis en valeur dans les vers 3-4 et 7-8 ? par quels procédés ? Ces éléments s'accordent-ils avec le registre* du texte ? Quels autres termes produisent un effet comparable ?

e) ÉCRITURE En vous appuyant sur les réponses aux questions précédentes, rédigez un paragraphe de commentaire, dans lequel vous étudierez les contrastes qui opposent le registre* de ce poème et la situation évoquée.

B *Préparer le commentaire*

5. Définir un projet de lecture

UNE ALLÉE DU LUXEMBOURG

Elle a passé, la jeune fille
Vive et preste comme un oiseau :
À la main une fleur qui brille,
À la bouche un refrain nouveau.

C'est peut-être la seule au monde
Dont le cœur au mien répondrait,
Qui venant dans ma nuit profonde
D'un seul regard l'éclaircirait !...

Mais, non, — ma jeunesse est finie...
Adieu, doux rayon qui m'as lui, —
Parfum, jeune fille, harmonie...
Le bonheur passait, — il a fui !

Gérard de Nerval (1808-1855),
Odelettes, 1832.

a) Quel verbe est répété au premier et au dernier vers ? avec quelles variations ? Quel est le registre* du poème ?

b) Quelles images* caractérisent la jeune fille ? Que représente-t-elle pour le poète ?

c) Énoncez votre projet de lecture sous forme d'une ou deux phrases rédigées.

C *Organiser et développer le commentaire*

6. Trouver les idées directrices

Les champs n'étaient point noirs, les cieux n'étaient
[pas mornes ;
Non, le jour rayonnait dans un azur sans bornes
Sur la terre étendu,
L'air était plein d'encens et les prés de verdures
Quand il revit ces lieux où par tant de blessures
Son cœur s'est répandu !

L'automne souriait ; les coteaux vers la plaine
Penchaient leurs bois charmants qui jaunissaient à peine ;
Le ciel était doré ;
Et les oiseaux, tournés vers celui que tout nomme[1],
Disant peut-être à Dieu quelque chose de l'homme,
Chantaient leur chant sacré !

Il voulut tout revoir, l'étang près de la source,
La masure où l'aumône avait vidé leur bourse,
Le vieux frêne plié,
Les retraites d'amour au fond des bois perdues,
L'arbre où dans les baisers leurs âmes confondues
Avaient tout oublié !

Victor Hugo (1802-1885), *Les Rayons et les Ombres*,
« Tristesse d'Olympio », strophes 1-3, 1840.

1. *celui que tout nomme* : Dieu.

Parmi les idées suivantes, choisissez-en trois vous paraissant pouvoir constituer les idées directrices* d'un parcours de lecture et justifiez votre choix.

a) Le lyrisme* s'exprime à la troisième personne du singulier : le *il* est un double du *je*.

b) Le réseau lexical de la lumière est très important.

c) L'expression du sentiment amoureux transforme la vision de la nature.

d) Le rythme des vers permet d'exprimer à la fois l'exaltation et la tristesse.

e) Le poème fait le récit d'un pèlerinage amoureux.

f) L'automne est la saison préférée des poètes romantiques.

g) La modalité exclamative est un signe du registre lyrique*.

h) La nature est indifférente aux chagrins de l'homme.

7. Relier idées directrices et arguments

APRÈS TROIS ANS

Ayant poussé la porte étroite qui chancelle,
Je me suis promené dans le petit jardin
Qu'éclairait doucement le soleil du matin,
Pailletant chaque fleur d'une humide étincelle.

Rien n'a changé. J'ai tout revu : l'humble tonnelle
De vigne folle avec les chaises de rotin...
Le jet d'eau fait toujours son murmure argentin
Et le vieux tremble[1] sa plainte sempiternelle[2].

Les roses comme avant palpitent ; comme avant,
Les grands lys orgueilleux se balancent au vent.
Chaque alouette qui va et vient m'est connue.

Même j'ai retrouvé debout la Velléda[3]
Dont le plâtre s'écaille au bout de l'avenue,
— Grêle, parmi l'odeur fade du réséda[4].

Paul Verlaine (1844-1896), *Poèmes saturniens*, « Melancholia », 1866.

1. *tremble* : sorte de peuplier. 2. *sempiternelle* : continuelle. 3. *Velléda* : prêtresse gauloise, héroïne de Chateaubriand. 4. *réséda* : plante à fleurs blanches ou jaunes très parfumées.

Voici trois idées directrices :

A. Le registre* du poème est lyrique.

B. Le jardin représente un univers où le temps semble suspendu.

C. Le paysage exprime la mélancolie.

Rattachez à chacune de ces idées directrices un ou plusieurs arguments pris dans la liste suivante.

a) Le dernier tercet* clôt le poème sur une impression de tristesse.

b) L'évocation du jardin fait appel à tous les sens.

c) La description permet au locuteur d'exprimer ses sentiments.

d) Le jardin est l'image d'un paradis perdu.

e) Les mots qui expriment la permanence sont accentués.

f) Il y a un pronom personnel de la première personne dans chaque strophe.

g) Les articles définis montrent la familiarité du locuteur avec l'univers évoqué.

h) Le présent exprime la suspension du temps.

i) L'alliance de termes « humide étincelle » (v. 4) et les mots « plainte sempiternelle » (v. 8) tempèrent la gaîté du paysage matinal.

8. Illustrer des arguments

Un jour, à Kharkov[1], dans un quartier populaire
(Ô cette Russie méridionale, où toutes les femmes
Avec leur châle blanc sur la tête, ont des airs de
[Madone[2] !),
Je vis une jeune femme revenir de la fontaine,
Portant, à la mode de là-bas, comme du temps
[d'Ovide[3],
Deux seaux suspendus aux extrémités d'un bois
En équilibre sur le cou et les épaules.
Et je vis un enfant en haillons s'approcher d'elle et lui
[parler.
Alors, inclinant aimablement son corps à droite,
Elle fit en sorte que le seau plein d'eau pure touchât
[le pavé
Au niveau des lèvres de l'enfant qui s'était mis
[à genoux pour boire.

Valéry Larbaud (1881-1957), *Les Poésies de A.O. Barnabooth*, « Images », I, © Éditions Gallimard, 1913.

1. *Kharkov* : capitale de l'Ukraine. 2. *Madone* : la Vierge Marie, telle qu'elle est représentée en peinture. 3. *Ovide* : poète latin (43 av. J.-C. - 17 apr. J.-C.) exilé sur les bords de la mer Noire.

Relevez dans le texte des citations sur lesquelles appuyer les arguments suivants :

- Le registre* du poème est lyrique*.
- Le poète décrit une scène composée d'images successives.
- La jeune femme est une allégorie* de la bonté.

9. Élaborer un plan détaillé

Le poète s'adresse à son jardinier.

Antoine, de nous deux, tu crois donc, je le vois,
Que le plus occupé dans ce jardin, c'est toi ?
Ô ! que tu changerais d'avis et de langage,
Si deux jours seulement, libre[1] du jardinage,
Tout à coup devenu poète et bel esprit[2],
Tu t'allais engager à polir un écrit
Qui dît, sans s'avilir[3], les plus petites choses ;
Fît des plus secs chardons des œillets et des roses ;
Et sût même au discours de la rusticité[4]
Donner de l'élégance et de la dignité ;
Un ouvrage, en un mot, qui, juste en tous ses termes,
Sût plaire à d'Aguesseau, sût satisfaire Termes[5],
Sût, dis-je, contenter, en paraissant au jour,
Ce qu'ont d'esprit plus fins et la ville et la cour[6] !
Bientôt de ce travail revenu sec et pâle,
Et le teint plus jauni que de vingt ans de hâle,
Tu dirais, reprenant ta pelle et ton râteau :
J'aime mieux mettre encor cent arpents au niveau[7],
Que d'aller follement, égaré dans les nues,
Me lasser à chercher des visions cornues[8] ;
Et, pour lier des mots si mal s'entr'accordants[9],
Prendre dans ce jardin la lune avec les dents[10].

Nicolas Boileau (1636-1711), *Épîtres*, Épître XI, 1698.

1. *libre* : libéré. 2. *bel esprit* : personne cultivée. 3. *s'avilir* : s'abaisser. 4. *discours de la rusticité* : discours sur les choses de la campagne. 5. *d'Aguesseau, Termes* : personnages haut placés. 6. *ce qu'ont d'esprit plus fins et la ville et la cour* : les esprits les plus fins qu'ont la ville et la cour. 7. *mettre cent arpents au niveau* : aplanir environ 35 hectares. 8. *des visions cornues* : des visions étranges. 9. *s'entr'accordants* : accord du participe présent autorisé à l'époque. 10. *prendre la lune avec les dents* : essayer de faire une chose impossible.

Voici trois idées directrices...

A. Le poème compare le travail du jardinier et celui du poète.

B. Boileau définit le travail du poète.

C. Le poème est une épître adressée par le poète à son jardinier.

... et six arguments :

a) Le poète doit savoir traiter tous les sujets avec élégance.

b) Les marques de la situation d'énonciation* sont nombreuses.

c) Le travail du poète est plus difficile que celui du jardinier.

d) L'œuvre du poète doit plaire à tous, car les termes doivent en être justes.

e) Le discours adopte le ton animé d'une conversation.

f) Le poète, grâce au changement de point de vue, présente une image ironique de son travail.

a) Reliez chaque argument à une idée directrice.

b) Classez idées directrices et arguments de façon à élaborer un plan.

c) Relevez dans le texte des citations sur lesquelles appuyer les arguments.

10. Organiser et développer un commentaire comparé

LE PORT

Un port est un séjour charmant pour une âme fatiguée des luttes de la vie. L'ampleur du ciel, l'architecture mobile des nuages, les colorations changeantes de la mer, le scintillement des phares, sont un prisme[1] merveilleusement propre à amuser les yeux sans jamais les lasser. Les formes élancées des navires, au gréement[2] compliqué, auxquels la houle imprime des oscillations harmonieuses, servent à entretenir dans l'âme le goût du rythme et de la beauté. Et puis, surtout, il y a une sorte de plaisir mystérieux et aristocratique pour celui qui n'a plus ni curiosité ni ambition, à contempler, couché dans le belvédère[3] ou accoudé sur le môle[4], tous ces mouvements de ceux qui partent et de ceux qui reviennent, de ceux qui ont encore la force de vouloir, le désir de voyager ou de s'enrichir.

Charles Baudelaire (1821-1867),
Le Spleen de Paris, XLI, 1869.

1. *prisme* : cristal déformant. 2. *gréement* : ensemble des objets nécessaires à la manœuvre : mâts, voiles, cordages. 3. *belvédère* : construction établie dans un lieu élevé. 4. *môle* : digue qui protège l'entrée du port.

PORT

La longue avenue, le ciel gris et les derniers étages, avec des têtes plus pâles qui montent le long du parapet. La petite maison figure assez bien le cottage[1]. La rue s'enfonce entre les murs profonds et au bout du pont tourne le phare. La jetée arrondit son bras autour de l'eau. La lune avale lentement les étoiles. Et l'écume avec ses rayons.

La sirène des bateaux du fleuve déchire les rideaux devant l'hôtel qui ouvre ses fenêtres et tous les voyageurs attendent le départ. Quelques marins dansent avec les réverbères. On entend la musique dans les rochers du port. Peu après le gouffre se déplace. Et la voile triangulaire avance en déployant le jour.

Pierre Reverdy (1889-1960),
La Balle au bond, © Mercure de France, 1928.

1. *cottage* : petite maison de campagne.

Voici plusieurs arguments qui peuvent servir à développer le commentaire comparé de ces deux poèmes en prose :

a) Les réseaux lexicaux* des formes et de la lumière jouent un rôle important dans les deux textes.

b) Le port s'ouvre vers les espaces plus vastes de la mer et du ciel.

c) Les deux descriptions accordent une place importante au rythme et à la musique.

d) Les deux poèmes en prose expriment des sentiments personnels et une vision du monde originale.

e) Baudelaire livre une image générale du port. Reverdy décrit un paysage précis.

f) Les deux énoncés sont coupés de la situation d'énonciation*.

a) Classez ces arguments dans l'ordre qui vous semblera le plus pertinent, autour de deux idées directrices que vous formulerez.

b) Illustrez chaque argument par des citations relevées dans les deux textes.

D Rédiger le commentaire

11. Rédiger une introduction

Ce cœur qui haïssait la guerre…
Ce cœur qui haïssait la guerre voilà qu'il bat pour le combat et la bataille !
Ce cœur qui ne battait qu'au rythme des marées, à celui des saisons, à celui des heures du jour et de la nuit,
Voilà qu'il se gonfle et qu'il envoie dans les veines un sang brûlant de salpêtre[1] et de haine
Et qu'il mène un tel bruit dans la cervelle que les oreilles en sifflent
Et qu'il n'est pas possible que ce bruit ne se répande pas dans la ville et la campagne
Comme le son d'une cloche appelant à l'émeute et au combat.
[…]

Robert Desnos (1900-1945), *L'Honneur des poètes*
(ouvrage collectif et clandestin, 14 juillet 1943),
« Ce cœur qui haïssait la guerre… », *Destinée arbitraire*,
v. 1-7, © Éditions Gallimard, 1975.

1. *salpêtre* : nitrate de potassium qui servait autrefois à préparer la poudre à canon.

L'introduction d'un commentaire commence par la présentation du texte étudié. Présentez le texte qui précède en deux phrases dans lesquelles vous mentionnerez le nom de l'auteur, le titre de l'œuvre et les circonstances de sa publication, la forme du poème, le thème et le registre du texte.

12. Rédiger un paragraphe

J'ai fermé les yeux pour ne plus rien voir
J'ai fermé les yeux pour pleurer
De ne plus te voir.

Où sont tes mains et les mains des caresses
Où sont tes yeux les quatre volontés du jour
Toi tout à perdre tu n'es plus là
Pour éblouir la mémoire des nuits.

Tout à perdre je me vois vivre.

Paul Éluard (1895-1952), *L'Amour, la poésie*, XXVI,
© Éditions Gallimard, 1929.

Voici trois idées directrices permettant d'organiser le commentaire de ce poème de Paul Éluard :

A. Le poème exprime la souffrance de la séparation.
B. Le poème fait l'éloge de la femme aimée.
C. Le rythme du poème est celui d'un chant.

Rédigez un paragraphe d'une dizaine de lignes où vous développerez l'une de ces idées au choix. Vous vous appuierez sur une étude précise du texte.

13. Exercice bilan

Derrière ce ciel éteint

Derrière ce ciel éteint et cette mer grise
où l'étrave[1] du navire creuse un modeste sillon,
par-delà cet horizon fermé,
il y a le Brésil avec toutes ses palmes,
d'énormes bananiers mêlant leurs feuilles comme des éléphants leurs mouvantes trompes,
des fusées de bambous qui se disputent le ciel,
de la douceur en profondeur, un fourré de douceur,
et de purs ovales féminins qui ont la mémoire de la volupté.
Voici que peu à peu l'horizon s'est décousu,
et la terre s'est allongé[2] une place fine.
Apparaissent des cimes encore mal sorties du néant,
mais qui ont tout de suite malgré les réticences des lointains,
le prestige et la responsabilité des montagnes.
Déjà luisent des maisons le long de la bruissante déchirure des plages,
dans le glissement du paysage, sur un plan huilé,
déjà voici une femme assise au milieu d'un suave champ de cannes,
et parvient jusqu'à moi
la gratitude de l'humus rouge après les tropicales pluies.

Jules Supervielle (1884-1960), *Débarcadères*,
© Éditions Gallimard, 1922.

1. *étrave* : proue. 2. *s'est allongé une place fine* : s'est ménagé une place longue et fine, a pris une forme longue et fine.

a) Quelle est la composition du texte ? Quels termes en marquent les différentes étapes ? Quelles sont les marques de la situation d'énonciation* ? Que décrit le poème ?

b) En vous aidant des questions précédentes, énoncez votre projet de lecture sous forme d'une ou deux phrases rédigées.

c) Voici trois idées directrices...

A. La description poétique fait naître le paysage sous nos yeux.

B. Le poème décrit le Brésil depuis la mer.

C. La sensualité du poète et son imagination métamorphosent le paysage exotique.

... et huit arguments :

a) Les énumérations et les pluriels donnent une impression d'abondance.

b) Les marques de la situation d'énonciation* révèlent que la terre est vue depuis un bateau au large.

c) Les présentatifs, les marqueurs temporels et le présent indiquent que nous assistons à la création d'un monde.

d) Les sens du poète sont sollicités l'un après l'autre au fur et à mesure de son approche.

e) Éloigné du rivage, le locuteur imagine le Brésil avant de le voir.

f) Le rythme du vers met en valeur les mots qui expriment la sensualité.

g) L'apparition des différents éléments du paysage crée le rythme du poème.

h) Le Brésil est montré comme un monde des origines, une sorte de paradis terrestre.

Rattachez chaque argument à une idée directrice et classez idées directrices et arguments dans l'ordre qui vous semblera le plus pertinent.

d) Illustrez chaque argument par des citations relevées dans le texte.

e) Un plan détaillé se dégage des réponses aux questions c) et d). Justifiez votre choix.

f) À partir de ce plan détaillé, rédigez une conclusion. Vous ferez suivre le bilan de votre réflexion de considérations générales, au choix, sur :

- l'exotisme, qui a inspiré de nombreux poètes ;
- l'écriture qui permet au poète de créer un univers.

Paul Gauguin (1848-1903), *Paysage de la Martinique*, 1887, National Gallery of Scotland, © Bridgeman Giraudon.

MÉTHODE Un exemple de commentaire

Le recueil de Verlaine intitulé Romances sans paroles *paraît en 1874, alors que l'auteur est en prison pour avoir tiré sur son compagnon Arthur Rimbaud. Il contient de nombreux poèmes écrits lors de la longue escapade en Belgique des deux amants.*

CHARLEROI

Dans l'herbe noire
Les Kobolds vont.
Le vent profond
Pleure, on veut croire.

Quoi donc se sent ?
L'avoine siffle.
Un buisson gifle
L'œil au passant.

Plutôt des bouges
Que des maisons.
Quels horizons
De forges rouges !

On sent donc quoi ?
Des gares tonnent,
Les yeux s'étonnent,
Où Charleroi ?

Parfums sinistres !
Qu'est-ce que c'est ?
Quoi bruissait
Comme des sistres ?

Sites brutaux !
Oh ! votre haleine,
Sueur humaine,
Cris des métaux !

Dans l'herbe noire
Les Kobolds vont.
Le vent profond
Pleure, on veut croire.

Paul Verlaine (1844-1896),
Romances sans paroles,
« Paysages belges », 1874.

1. Examiner méthodiquement le texte

• Observer la présentation (paratexte, titre, mise en page)

• Le paratexte permet de penser que le poème renvoie à une expérience personnelle de l'auteur.

Le titre du recueil insiste, avec le mot « Romances », sur la musicalité, et la section « Paysages belges » sur le pays. Verlaine est souvent associé au mouvement poétique symboliste même s'il n'a jamais revendiqué cette étiquette (► *Le Symbolisme*, p. 34). Le titre du poème laisse attendre la description de la ville belge de Charleroi.

• Le poème comporte 7 strophes, composées de 4 vers de 4 syllabes. Ce n'est pas une forme fixe. Les rimes sont embrassées (ABBA).

• Caractériser et interpréter le poème

. Observer le mouvement du texte

Il n'y a pas de progression à proprement parler, on n'atteint jamais Charleroi : « Où Charleroi ? » (v. 16). Les strophes 2 à 6, sont dominées par l'expression de sensations agressives, cumulées et chaotiques. La première et la dernière strophe se répondent : la composition est circulaire. Ces strophes appartiennent à l'univers fantastique et mythologique avec la référence aux Kobolds, génies des métaux dans la tradition germanique ; elles rompent totalement avec le monde humain et industriel évoqué dans les autres strophes. La répétition finale semble marquer un retour au calme et à l'apaisement.

. Analyser la situation d'énonciation

Quelles sont les marques de la présence du locuteur ? Quels sont les temps utilisés ? Y a-t-il un destinataire ?

Le locuteur n'apparaît jamais sous la forme de la première personne « je ». Mais sa présence est sensible dans l'indéfini « on » (v. 4, 13, 28), les interrogatives et les exclamatives, l'imparfait « bruissait » (v. 19) qui marque une antériorité par rapport au présent de l'énonciation, temps dominant actualisant la scène. C'est une présence volontairement discrète : le lecteur saisit ses sentiments à partir des sensations que le paysage lui impose. Sans être explicitement le destinataire, le lecteur est sollicité par les interrogations rhétoriques.

. Définir le type de discours et les registres

- Quel est le discours dominant ?

Le discours descriptif est dominant : Verlaine décrit la région de Charleroi vue du train en marche. Il évoque la végétation (« herbe noire », v. 1 et 25, « buissons », v. 7, « avoine », v. 6), l'habitat (« bouges », v. 9, « maisons », v. 10), l'activité économique (« forges », v. 12, « gares », v. 14, « métaux », v. 24). Toutefois, le paysage n'est pas simplement vu mais perçu, par tous les sens, comme une agression.

- Quel est le principal registre du poème ?

Le registre est lyrique. La souffrance, l'exaspération du poète se manifestent par les phrases interrogatives et exclamatives, les termes négatifs associés aux sensations comme « siffle » (v. 6), « gifle » (v. 7), « sinistres » (v. 17). Le poète joue sur la discordance grammaticale dans des incorrections expressives : « Quoi donc se sent ? » au v. 5 repris en chiasme au v. 13 : « On sent donc quoi ? », « l'œil au passant » au v. 8 pour « l'œil du passant », « Où Charleroi ? » au v. 16 pour « Où se trouve Charleroi ? ». Les nombreuses phrases non verbales (strophe 3 et v. 16 et 17, strophe 6) accusent le caractère désordonné des sensations et l'impuissance à les ordonner.

• Observer la versification et le rythme

L'étude de la versification et du rythme confirme la recherche d'une musique adaptée au sentiment du poète.

Le tétrasyllabe crée un rythme heurté assimilable à celui d'un train roulant dans la campagne. Le paysage défile à travers la vitre ce qui peut expliquer aussi que « L'avoine siffle » (v. 6) ou qu'« Un buisson gifle / L'œil au passant » (v. 7-8). L'utilisation du pluriel « des gares tonnent » (v. 14) suggère la vitesse. Le rythme haché se répercute sur la description des éléments du paysage, brutale et fragmentée, à l'intérieur de strophes courtes de 4 vers.

Les discordances jouent un rôle majeur, comme dans le rejet de « Pleure » aux v. 2 et 28. Les sonorités traduisent précisément la cacophonie ambiante. On peut remarquer :

- Les assonances en « i » et allitérations en « s » dans la quatrième strophe : « sinistres », « qu'est-ce que c'est ? », « bruissait », « sistres ».
- Les assonances en « ou » et « o » dans la troisième strophe : « bouges », « rouges », « plutôt », « horizons », « forges ».
- La paronomase dans la strophe 5 : « sistres » (v. 20) et « sites » (v. 21). Dans cette même strophe, on repère le son nasal de « maisons », « horizons » compliqué par le son « z ». On notera aussi l'attaque brutale du son « k » avec « Que » et « quels ».

• Repérer et interpréter les figures de style

- Les figures de style contribuent à inscrire le poème dans le registre lyrique. Ainsi la personnification :

le vent est personnifié (« Pleure », v. 4 ; « profond », v. 3), comme le buisson (« gifle », v. 7), ou encore les sites métallurgiques (« brutaux ! », v. 21 ; « Oh ! votre haleine », v. 23 ; « Cris des métaux ! », v. 24). Il peut s'agir du bruit que font les métaux que l'on travaille, mais le mot « cris » renvoie à l'humain et prend ici un caractère inquiétant. Le paysage provoque et reflète l'état d'âme de celui qui le contemple sans que le lecteur puisse discerner ce qui appartient à l'un ou à l'autre.

- La comparaison et l'oxymore renforcent l'impression négative :

Aux vers 9 et 10 , les maisons sont dévalorisées par la comparaison avec les « bouges », le comparant placé en première position renforçant le sentiment de dégoût. Dans l'oxymore « Parfums sinistres ! », l'adjectif synonyme de « funestes » annule la connotation positive du nom.

2. Préparer le commentaire

• Définir le projet de lecture

Les analyses précédentes permettent de dégager un projet de lecture.

Le poème de Verlaine se présente comme la description d'un paysage état d'âme. Il est composé de fragments, de touches successives témoignant d'un malaise diffus et communicatif.

• Définir et organiser les idées directrices

Il importe que votre **commentaire** soit **organisé** (► *Le commentaire*, p. 161).

- Un premier axe de lecture consiste à s'interroger sur le titre et la déception qu'il entraîne. Le lecteur comme le poète ne voient jamais Charleroi. En revanche, nous percevons les abords odieux de cette ville industrielle sous ses aspects modernes et réalistes. Néanmoins, à travers le mythe des Kobolds, Verlaine paraît vouloir effacer une modernité qui le blesse.

- Dans un second temps, on envisagera la notion de paysage état d'âme en montrant à quel point description et sensations sont entremêlées. Différentes sensations négatives (olfactives, auditives, visuelles) sont associées au paysage. Le poète joue habilement sur les sonorités, le rythme du tétrasyllabe, la strophe de quatre vers pour accentuer le sentiment d'agression.

3. Rédiger le commentaire

La rédaction de l'introduction et de la conclusion obéit à des règles précises, qu'il convient de respecter (► *Le commentaire*, p. 161).

A Analyser le sujet

1. Étudier l'énoncé

Texte A

UNITÉ

Par-dessus l'horizon aux collines brunies,
Le soleil, cette fleur des splendeurs infinies,
Se penchait sur la terre à l'heure du couchant ;
Une humble marguerite, éclose au bord d'un champ,
Sur un mur gris, croulant parmi l'avoine folle,
Blanche, épanouissait sa candide auréole ;
Et la petite fleur, par-dessus le vieux mur,
Regardait fixement, dans l'éternel azur,
Le grand astre épanchant sa lumière immortelle.
« Et, moi, j'ai des rayons aussi ! » lui disait-elle.

Grandville, juillet 1836.

Victor Hugo (1802-1885),
Les Contemplations, Livre I, XXV, 1856.

Texte B

FLEURS

D'un gradin d'or, — parmi les cordons de soie, les gazes grises, les velours verts et les disques de cristal qui noircissent comme du bronze au soleil, — je vois la digitale[1] s'ouvrir sur un tapis de filigranes[2] d'argent, d'yeux et de chevelures.

Des pièces d'or jaune semées sur l'agate, des piliers d'acajou supportant un dôme d'émeraudes, des bouquets de satin blanc et de fines verges[3] de rubis entourent la rose d'eau.

Tel qu'un dieu aux énormes yeux bleus et aux formes de neige, la mer et le ciel attirent aux terrasses de marbre la foule des jeunes et fortes roses.

Arthur Rimbaud (1854-1891),
Illuminations, 1886.

1. *digitale* : plante vénéneuse dont la haute tige porte des grappes de fleurs pourpres. 2. *filigranes* : entrelacs de fils de métal. 3. *verges* : tiges.

Texte C

C'est que poésie et création ne sont qu'une même chose ; on ne doit appeler poète que celui qui invente, celui qui crée, dans la mesure où l'homme peut créer. Le poète est celui qui découvre de nouvelles joies, fussent-elles pénibles à supporter. On peut être poète dans tous les domaines : il suffit que l'on soit aventureux et que l'on aille à la découverte.

Guillaume Apollinaire (1880-1918),
L'Esprit nouveau et les poètes, 1918, © Altamira, 1994.

Le poète Guillaume Apollinaire écrit : « On ne doit appeler poète que celui qui invente, celui qui crée ». Cette définition du poète vous semble-t-elle satisfaisante ? Vous répondrez à cette question en vous appuyant sur les textes du corpus, ceux que vous avez étudiés en classe et vos lectures personnelles.

a) Quelle est la nature de l'énoncé ?

b) L'intitulé du sujet demande-t-il de développer une thèse ? de la réfuter* ? de discuter* un jugement ?

c) Cherchez dans un dictionnaire l'étymologie et la définition du mot « poète », puis confrontez-la à la définition proposée par Apollinaire. Que constatez-vous ?

d) Quel aspect de la création poétique privilégie Apollinaire ? Quel autre aspect, très important, n'évoque-t-il pas ?

e) Confrontez le sujet au corpus. Quels mots-clés du sujet illustrent les textes A et B ?

B Rechercher des idées

2. Exploiter le corpus

Texte A

UNE ÉTOILE TIRE DE L'ARC

Toutes les brebis de la lune
Tourbillonnent vers ma prairie
Et tous les poissons de la lune
Plongent loin dans ma rêverie.

Toutes ses barques, ses rameurs
Entourent ma table et ma lampe
Haussant vers moi des fruits qui trempent
Dans le vertige et la douceur.

Jusqu'aux astres indéfinis
Qu'il fait humain, ô destinée !
L'univers même s'établit
Sur des colonnes étonnées.
[...]

Jules Supervielle (1884-1960),
Gravitations, © Éditions Gallimard, 1925.

Texte B

SUR LES PAS DE LA LUNE

M'étant penché en cette nuit à la fenêtre,
je vis que le monde était devenu léger
et qu'il n'y avait plus d'obstacles. Tout ce qui
nous retient dans le jour semblait plutôt devoir
me porter maintenant d'une ouverture à l'autre
à l'intérieur d'une demeure d'eau vers quelque chose
de très faible et de très lumineux comme l'herbe :
j'allais entrer dans l'herbe sans aucune peur,
j'allais rendre grâce à la fraîcheur de la terre,
sur les pas de la lune je dis oui et je m'en fus...

Philippe Jaccottet (né en 1925), *L'Ignorant*,
© Éditions Gallimard, 1958.

Pourquoi la lune inspire-t-elle souvent les poètes? Vous répondrez à cette question en vous appuyant sur les textes du corpus.

a) Quels procédés poétiques mettent le mot « lune » en valeur dans le texte A ? et dans le texte B ?

b) Quelle est la situation d'énonciation* dans chacun des textes ? Quels rapports le locuteur* entretient-il avec le monde ?

c) Quelles images* désignent la lumière de la lune dans ces deux textes ? Quels points communs apparaissent ?

d) Quelle dimension du monde apparaît dans la troisième strophe du texte A ? Quels rapprochements pouvez-vous établir entre cette strophe et le texte B ?

3. Se référer à l'objet d'étude et exploiter des connaissances personnelles

Texte A

Oui, je suis le rêveur ; je suis le camarade
Des petites fleurs d'or du mur qui se dégrade,
Et l'interlocuteur des arbres et du vent.
Tout cela me connaît, voyez-vous. J'ai souvent,
En mai, quand de parfums les branches sont gonflées,
Des conversations avec les giroflées ;
Je reçois des conseils du lierre et du bleuet.
L'être mystérieux, que vous croyez muet,
Sur moi se penche, et vient avec ma plume écrire.

Victor Hugo (1802-1885), *Les Contemplations*, Livre I, 27, v. 1-9, 1856.

Texte B

LE CRAPAUD

Un chant dans une nuit sans air…
La lune plaque en métal clair
Les découpures du vert sombre.

… Un chant ; comme un écho, tout vif
Enterré, là, sous le massif…
— Ça se tait : Viens, c'est là, dans l'ombre

— Un crapaud ! — Pourquoi cette peur,
Près de moi, ton soldat fidèle !
Vois-le, poète tondu, sans aile,
Rossignol de la boue… — Horreur ! —

… Il chante. — Horreur ! ! — Horreur pourquoi ?
Vois-tu pas son œil de lumière…
Non : il s'en va, froid, sous sa pierre.

……………………………………………………………………

Bonsoir — ce crapaud-là c'est moi.

Ce soir, 20 juillet

Tristan Corbière (1845-1875), *Les Amours jaunes*, 1873.

Quelle image les poètes donnent-ils d'eux-mêmes ? Vous répondrez à cette question en vous appuyant sur les textes du corpus, ceux que vous avez étudiés en classe et vos lectures personnelles.

a) Relevez les termes qui désignent le poète dans le texte A. Le locuteur* fait-il son autoportrait ? Exprime-t-il des sentiments personnels ? Définit-il sa fonction ? Justifiez votre réponse.

b) Quel animal le poète a-t-il choisi pour le représenter dans le texte B ? Quels éléments le caractérisent ? Qu'est-ce que ce choix a de surprenant ?

c) Avez-vous déjà lu ou étudié en classe d'autres poèmes où le poète se décrit, se définit ou livre une image de lui-même ?

d) Dans ces textes, le poète parlait-il à la première personne ? Le *je* était-il autobiographique, ou renvoyait-il à un personnage ou à une image ?

e) Avez-vous lu « L'albatros » de Baudelaire dans *Les Fleurs du mal* ? et « Le bateau ivre » de Rimbaud ? Si vous ne connaissez pas ces textes, lisez-les. Quelles images du poète proposent-ils ? Quelles conceptions de la condition du poète et de son travail apparaissent dans ces poèmes ?

C Élaborer un plan

4. Dégager des idées directrices

Texte A

Au début des guerres de Religion, Ronsard s'adresse à la reine Catherine de Médicis.

Madame, je serais ou du plomb ou du bois[1],
Si moi, que la nature a fait naître françois,
Aux siècles à venir je ne contais la peine,
Et l'extrême malheur dont notre France est pleine.
Je veux maugré[2] les ans au monde publier[3],
D'une plume de fer sur un papier d'acier,
Que ses propres enfants l'ont prise et dévêtue,
Et jusques à la mort vilainement battue.
Elle semble[4] au marchand, hélas ! qui par malheur
En faisant son chemin rencontre le voleur,
Qui contre l'estomac[5] lui tend la main armée
D'avarice[6] cruelle et de sang affamée :
Il n'est pas seulement content de lui piller
La bourse et le cheval, il le fait dépouiller[7],
Le bat et le tourmente, et d'une dague[8] essaie
De lui chasser du corps l'âme par une plaie :
Puis en le voyant mort il se rit de ses coups,
Et le laisse manger aux mâtins[9] et aux loups.

Pierre de Ronsard (1524-1585), *Continuation du discours des misères de ce temps*, v. 1-18, 1562 (orthographe modernisée).

1. *je serais ou du plomb ou du bois* : je serais insensible. **2.** *maugré* : malgré. **3.** *publier* : rendre public, révéler. **4.** *Elle semble* : elle ressemble. **5.** *l'estomac* : la poitrine. **6.** *avarice* : cupidité. **7.** *dépouiller* : déshabiller. **8.** *dague* : épée courte. **9.** *mâtins* : chiens domestiques (féroces).

Texte B

Les strophes suivantes sont les dernières d'un long poème publié clandestinement à Lyon pendant l'occupation nazie.

Patrie également à la colombe ou l'aigle[1]
De l'audace et du chant doublement habitée
Je vous salue ma France où les blés et les seigles
Mûrissent au soleil de la diversité.

Je vous salue ma France où le peuple est habile
À ces travaux qui font les jours émerveillés
Et que l'on vient de loin saluer dans sa ville
Paris mon cœur trois ans vainement fusillé

Heureuse et forte enfin qui portez pour écharpe
Cet arc-en-ciel témoin qu'il ne tonnera plus
Liberté dont frémit le silence des harpes
Ma France d'au-delà le déluge salut

Aragon (1897-1982), *Le Musée Grévin*, © Stock, 1943.

1. *à la colombe ou l'aigle* : patrie de la colombe ou de l'aigle, le premier de ces oiseaux symbolisant la paix et le second la guerre.

L'engagement d'un poète a-t-il à votre avis des conséquences sur son écriture ? Vous répondrez à cette question en vous appuyant sur les textes du corpus.

Regroupez les arguments suivants autour de trois idées directrices que vous formulerez clairement.

a) Aragon délivre un message d'espoir.

b) Dans le texte A, le registre pathétique* frappe fortement l'imagination du lecteur.

c) Dans le texte A, l'image du marchand attaqué par des brigands est aisément compréhensible.

d) La formule « Je vous salue ma France » (texte B) est inspirée par le début d'une prière chrétienne : « Je vous salue Marie ».

e) Ronsard veut conserver la mémoire des malheurs publics.

f) Les répétitions donnent au texte B le rythme d'une chanson.

g) Le vers 8 du texte B est une allusion directe à l'actualité.

h) Ronsard s'adresse à la reine de France.

i) Dans le texte B, Aragon multiplie les symboles et les images* familiers au lecteur français.

j) Ronsard et Aragon ont choisi l'alexandrin* dont le rythme facilite la mémorisation du texte.

5. Organiser idées directrices, arguments et exemples

Texte A

LA SAISON DES PLUIES

C'est la saison des pluies
La fin des amours
Assis sous la véranda je regarde pleurer
Cette enfant que j'ai tant aimée
C'est la saison des pluies
L'adieu des amants
Le ciel est de plomb il y a d'l'humidité dans l'air
D'autres larmes en perspective
Le temps était de plus en plus lourd
Et le climat plus hostile
Il fallait bien que vienne enfin
La saison maussade
C'est la saison des pluies
La fin des amours
J'ai quitté la véranda et me suis approché
De celle que j'ai tant aimée
C'est la saison des pluies
L'adieu des amants
Un autre viendra qui d'un baiser effacera
Le rimmel au coin de ses lèvres

Paroles de Serge Gainsbourg, musique de Elec Bacsik, © VMA.

Texte B

LE MAL DE VIVRE

Ça ne prévient pas, ça arrive
Ça vient de loin
Ça s'est traîné de rive en rive
La gueule en coin
Et puis un matin au réveil
C'est presque rien
Mais c'est là, ça vous ensommeille
Au creux des reins.
Le mal de vivre
Le mal de vivre
Qu'il faut bien vivre
Vaille que vivre.

On peut le mettre en bandoulière
Ou comme un bijou à la main
Comme une fleur en boutonnière
Ou juste à la pointe du sein.
C'est pas forcément la misère
C'est pas Valmy[1], c'est pas Verdun[2]
Mais c'est les larmes aux paupières
Au jour qui meurt, au jour qui vient.

Barbara (1930-1997), © Warner Chapelle, 1965.

1. *Valmy* (1792) : victoire des Français sur les Prussiens. 2. *Verdun* (février-décembre 1916) : la plus sanglante bataille de la première guerre mondiale.

La chanson n'est-elle qu'une forme populaire de la poésie ? Vous répondrez à cette question en vous appuyant sur les textes du corpus.

Voici trois idées directrices...

A. La chanson est un genre poétique à part entière.

B. La chanson est une forme populaire de la poésie.

C. La poésie et la chanson sont deux genres très proches.

... et sept arguments :

a) Gainsbourg joue avec des mots et des images comme le ferait un poète.

b) Le rythme de la chanson est moins lié à la versification*, dont les règles ne sont pas toujours exactement respectées, qu'à la musique.

c) Les chansons traitent les mêmes sujets que les poèmes : l'amour et la mélancolie.

d) La chanson de Barbara refuse le pathétique*.

e) Les compositeurs usent de toutes les ressources poétiques de la langue pour créer un rythme (répétitions de mots et de sonorités).

f) La chanson recourt aux mêmes procédés rythmiques que la poésie (strophes, vers, rimes, etc.).

g) Les compositeurs utilisent un langage accessible, proche parfois de la langue parlée.

a) Reliez chaque argument à une idée directrice.

b) Classez idées directrices et arguments dans un ordre convenable.

c) Relevez dans le texte des citations sur lesquelles appuyer les arguments.

D *Rédiger la dissertation*

6. Rédiger l'introduction

Texte A

LA CERISE

C'est à vous de chanter les fleurs,
Les bourgeons, et les épis meurs[1],
Le beau gazouillis des fontaines,
Et le bigarrement[2] des plaines,
Qui[3] êtes les plus favoris
D'Apollon et le mieux appris.
Quant à moi rien de plus je n'attente[4]
Sinon chanter l'honneur de l'ente[5]
De la cerise, et son beau teint
Dont celui de m'amie est teint.

Rémy Belleau (1528-1577),
poème publié par Ronsard
dans *La Continuation des Amours*, 1555.

1. *meurs* : mûrs. 2. *bigarrement* : bigarrure, aspect contrasté. 3. *qui* : a pour antécédent vous (v. 1). 4. *je n'attente* : je n'essaie. 5. *l'ente* : la greffe.

Texte B

LE BUFFET

C'est un large buffet sculpté ; le chêne sombre,
Très vieux, a pris cet air si bon des vieilles gens ;
Le buffet est ouvert, et verse dans son ombre
Comme un flot de vin vieux, des parfums engageants ;
Tout plein, c'est un fouillis de vieilles vieilleries,
De linges odorants et jaunes, de chiffons
De femmes ou d'enfants, de dentelles flétries,
De fichus de grand-mère où sont peints des griffons ;
— C'est là qu'on trouverait les médaillons, les mèches
De cheveux blancs ou blonds, les portraits, les fleurs [sèches
Dont le parfum se mêle des parfums de fruits.
— Ô buffet du vieux temps, tu sais bien des histoires,
Et tu voudrais conter tes contes, et tu bruis
Quand s'ouvrent lentement tes grandes portes noires.

Arthur Rimbaud (1854-1891), *Poésies*, 1895.

Texte C

À mi-chemin de la cage au cachot la langue française a cageot, simple caissette à claire-voie vouée au transport de ces fruits qui de la moindre suffocation font à coup sûr une maladie.

Agencé de façon qu'au terme de son usage il puisse être brisé sans effort, il ne sert pas deux fois. Ainsi dure-t-il moins encore que les denrées fondantes ou nuageuses qu'il enferme.

À tous les coins de rues qui aboutissent aux halles, il luit alors de l'éclat sans vanité du bois blanc. Tout neuf encore, et légèrement ahuri d'être dans une pose maladroite à la voirie[1] jeté sans retour, cet objet est en somme des plus sympathiques, — sur le sort duquel il convient toutefois de ne pas s'appesantir longuement.

Francis Ponge (1899-1988), *Le Parti pris des choses*,
© Éditions Gallimard, 1942.

1. *voirie* : service chargé de l'enlèvement des ordures.

Quelles sont à votre avis les fonctions de la description dans les poèmes consacrés à des objets ? Vous répondrez à cette question en vous appuyant sur les textes du corpus, ceux que vous avez étudiés en classe et vos lectures personnelles.

Rédigez une introduction à partir des éléments suivants que vous reformulerez en les replaçant dans un ordre convenable.

a) La description des objets a souvent une portée symbolique.

b) On peut s'interroger sur la fonction de la description dans les poèmes qui décrivent des objets.

c) La poésie permet de renouveler le regard que nous portons sur les objets les plus ordinaires.

d) Le poète trouve son inspiration dans la description d'objets très divers.

e) La fonction informative du discours descriptif existe, mais reste souvent secondaire. Au travers de l'objet, le poète parle de lui-même.

7. Rédiger un paragraphe

Vous traitez le sujet proposé dans l'exercice précédent. Développez le paragraphe suivant en y insérant ces citations.

- Texte A : « Quant à moi rien de plus je n'attente / Sinon chanter l'honneur de l'ente / De la cerise, et son beau teint / Dont celui de m'amie est teint. »
- Texte B : « C'est un large buffet sculpté » ; « cet air si bon des vieilles gens » ; « Ô buffet du vieux temps, tu sais bien des histoires ».
- Texte C : « À mi-chemin de la cage au cachot la langue française a cageot, simple caissette à claire-voie. » ; « cet objet est en somme des plus sympathiques ».

Le discours descriptif est souvent un discours à la troisième personne, qui a parfois l'objectivité apparente d'une définition de dictionnaire. Toutefois, les marques de l'énonciation ne sont pas toujours effacées. Rémy Belleau explique pourquoi il a choisi de décrire la cerise. Il parle ainsi de lui-même et de son travail de poète. Le locuteur peut aussi s'adresser à l'objet décrit, qui se trouve personnifié. Très souvent le poète exprime ses sentiments par l'emploi d'un vocabulaire subjectif. La description relève alors du registre lyrique.

MÉTHODE Un exemple de dissertation

Texte A Francis Ponge, « La Grenouille », *Pièces* (► p. 327)

Texte B Tristan Corbière, « Le Crapaud », *Les Amours jaunes* (► p. 337)

Texte C

« L'auteur de ce recueil n'est pas de ceux qui reconnaissent à la critique le droit de questionner le poète sur sa fantaisie, et de lui demander pourquoi il a choisi tel sujet, broyé telle couleur, cueilli à tel arbre, puisé à telle source. L'ouvrage est-il bon ou mauvais ? Voilà tout le domaine de la critique. Du reste, ni reproches, ni louanges pour les couleurs employées, mais seulement pour la façon dont elles ont été employées. À voir les choses d'un peu haut, il n'y a en poésie, ni bons ni mauvais sujets, mais de bons et de mauvais poètes. D'ailleurs tout est sujet ; tout relève de l'art ; tout a droit de cité en poésie. Ne nous enquérons donc pas du motif qui vous a fait prendre ce sujet, triste ou gai, horrible ou gracieux, éclatant ou sombre, étrange ou simple, plutôt que cet autre. Examinons comment vous avez travaillé et non sur quoi et pourquoi. »

Victor Hugo (1802-1185), Préface des *Orientales*, 1829.

En vous appuyant sur le corpus, les œuvres étudiées au cours de l'année et vos lectures personnelles, vous expliquerez cette réflexion de Victor Hugo à propos de la poésie : « À voir les choses d'un peu haut, il n'y a en poésie, ni bons ni mauvais sujets, mais de bons et de mauvais poètes. »

1. Analyser le sujet

Analyser le sujet consiste **à identifier la nature de l'intitulé**, question ou citation, à repérer les **mots-clés** et en interroger le sens, à faire surgir les **questions implicites** qui découlent de l'énoncé du sujet pour **dégager le problème posé**.

Le sujet invite à **expliquer une citation** de Victor Hugo.

Il n'y a pas de sujet « poétique » par nature ; la qualité d'un poème réside dans le talent de celui qui l'exécute et non dans son sujet. Hugo affirme le pouvoir absolu du poète capable de créer la beauté par les seules ressources de son art, indépendamment du thème dont il traite. Il défend la liberté de l'écrivain face à toute censure.

Le libellé demande implicitement de **justifier la thèse** de Victor Hugo, sa revendication de liberté.

2. Rechercher les idées

• Exploiter le corpus

Le corpus comporte trois poèmes qui justifient l'affirmation de Victor Hugo.

La grenouille du texte A, le crapaud du texte B sont des animaux plutôt laids, voire repoussants. La poésie est capable de sublimer cette laideur.

• Se référer à l'objet d'étude

Le sujet proposé renvoie à un objet d'étude : la poésie. Mais il s'inscrit aussi dans la perspective plus large du romantisme dont Victor Hugo est le chef de file (► *Le romantisme*, p. 30). Ce mouvement conteste les carcans imposés à la création littéraire en général.

• Exploiter les lectures et les connaissances personnelles

On pourra se reporter aux poèmes des *Contemplations* de Victor Hugo « Unité » (p. 336) et « Oui, je suis le rêveur ; je suis le camarade » (p. 337). De Baudelaire, on pourrait lire dans *Les Fleurs du Mal* : « Une Charogne », et un extrait du réquisitoire prononcé en 1857 contre ce recueil (p. 422).

3. Construire un plan

• Dégager les idées directrices

La recherche antérieure aboutit à **trois idées directrices** :

A. La formule de Victor Hugo affirme **la liberté absolue du poète** contre toute pression extérieure.

B. Les poèmes du corpus subliment le sujet qu'ils décrivent, embellissent ce qui, en apparence, ne pouvait l'être et montrent, de ce fait, **le pouvoir de transformation du langage poétique**.

C. Les trois textes **justifient** leur choix étrange.

• Trouver des arguments et des exemples

• La liberté absolue du poète se fonde sur :

a) Une contestation de la critique littéraire qui outrepasse ses droits en jugeant du fond et non de la forme.

b) Une contestation de l'ordre social et de ses valeurs. *Les Fleurs du Mal* de Baudelaire, en 1857, ont été condamnées au nom de « la morale publique », c'est-à-dire au nom de principes autres qu'esthétiques.

c) Une contestation de la tradition littéraire. Victor Hugo, à travers le romantisme, a bouleversé les règles de la poésie et du théâtre classique qui contraignaient la langue, les sujets et la dramaturgie au nom de la bienséance.

• Le poète, par son art du langage, crée la beauté. La sublimation de la laideur s'opère sous différentes formes, par exemple :

a) **Les métaphores** : Dans le texte A, la grenouille est magnifiée par Francis Ponge car elle est transformée en jolie femme (« elle a de jolies jambes », « tout son corps est ganté »). Le coassement du crapaud dans le texte B devient un chant : « un chant dans une nuit sans air», « un chant », « poète tondu », « il chante », « rossignol de la boue ».

b) **La personnification** : L'animal éprouve une souffrance humaine. La grenouille de Ponge a « le cœur qui bat gros », une « bouche hagarde ».

c) **Le lyrisme** : Les deux textes exaltent l'amour du poète pour ce qu'il décrit. Francis Ponge est touché par la grenouille et s'apitoie sur les efforts qu'elle fait pour s'échapper. Corbière admire le chant du crapaud et s'identifie à lui.

• L'intérêt pour ce qui n'est pas considéré communément comme « beau » est justifié par les poètes eux-mêmes.

a) Les poèmes expriment de la **compassion** pour ce qui suscite la **laideur** et le **rejet**. Le poète, pris de pitié, relâche la grenouille : « Et ce cœur qui bat gros, ces paupières ridées, cette bouche hagarde m'apitoient à la lâcher ».

b) Le choix de sujets étranges correspond à une **conception particulière de la création poétique**. Pour Victor Hugo, l'univers est ramené à l'unité grâce au poète qui rétablit des liens là où règne la différence ou l'opposition. Le poète donne du sens au monde et Dieu parle à travers lui (► « Oui, je suis le rêveur ; je suis le camarade », p. 337). Il réconcilie l'homme et tous les êtres, beaux ou laids, que la nature a rassemblés dans la création. Tristan Corbière voit à travers l'image du crapaud un symbole du poète qui s'efforce de s'arracher à l'obscurité terrestre (« nuit », « sombre », « enterré », « sous le massif », « dans l'ombre », « boue », « sous la pierre ») pour faire entendre son chant. La recherche poétique est présentée comme un effort fragile d'élévation vers la lumière (« vois-tu pas son œil de lumière... / Non : il s'en va, froid, sous sa pierre. »). Francis Ponge invite le lecteur à observer un animal commun avec une extrême précision de langage qui révèle une complexité et une richesse inattendues. Le poète rend singulier ce que nous croyons banal.

• Organiser les idées et les arguments

La réflexion peut s'organiser autour de trois axes indiqués par les idées directrices :

- Le poète, comme créateur, est en droit de réclamer une absolue liberté, loin du jugement moral.
- La qualité des textes n'est pas liée à leur sujet, ce que démontre une étude détaillée portant sur les différents procédés de sublimation. Le sujet le plus laid, le plus modeste, peut donc devenir un « bon » sujet grâce à la poésie.
- Dans cette perspective, le travail de création poétique est exalté. Le poète ne donne pas le monde à voir tel qu'il nous paraît, avec sa hiérarchie entre les êtres ou les choses, ses valeurs, ses préjugés mais comme il est ou devrait être.

4. Rédiger la dissertation

Rédigez votre travail en apportant un soin particulier à l'introduction et à la conclusion (► *La dissertation*, p. 163).

A Étudier le corpus et comprendre la consigne

1. Étudier le corpus

Texte A

Dans Les Châtiments, *Hugo condamne violemment le coup d'État de Louis Napoléon Bonaparte, le 2 décembre 1851.*

Le plus haut attentat[1] que puisse faire un homme,
C'est de lier la France ou de garrotter[2] Rome ;
C'est, quel que soit le lieu, le pays, la cité,
D'ôter l'âme à chacun, à tous la liberté.
Dans la curie[3] auguste entrer avec l'épée,
Assassiner la loi dans son temple frappée,
Mettre aux fers tout un peuple, est un crime odieux
Que Dieu calme et rêveur ne quitte pas des yeux.
Dès que ce grand forfait est commis, point de grâce ;
La Peine[4] au fond des cieux, lente, mais jamais lasse,
Se met en marche, et vient ; son regard est serein.
Elle tient sous son bras son fouet aux clous d'airain.

Jersey, novembre 1852.

Victor Hugo (1802-1885), *Les Châtiments*, V, 12, 1853.

1. *Le plus haut attentat* : le pire crime. 2. *garrotter* : étrangler. 3. *curie* : sénat, lieu du pouvoir législatif. 4. *la Peine* : le Châtiment.

Texte B

Aragon, engagé dans la Résistance, publia les vers suivants clandestinement en 1943.

J'écris dans ce pays où l'on parque les hommes
Dans l'ordure et la soif le silence et la faim
Où la mère se voit arracher son fils comme
Si Hérode[1] régnait quand Laval[2] est dauphin

J'écris dans ce pays que le sang défigure
Qui n'est plus qu'un monceau de douleurs et de plaies
Une halle à tous vents que la grêle inaugure
Une ruine où la mort s'exerce aux osselets.

J'écris dans ce pays tandis que la police
À toute heure de nuit entre dans les maisons
Que les inquisiteurs enfonçant leurs éclisses[3]
Dans les membres brisés guettent les trahisons

Louis Aragon (1897-1982), *Le Musée Grévin*, VII, strophes 4-6, © Stock, 1943.

1. *Hérode* : roi des Juifs. Les Évangiles rapportent qu'afin de tuer Jésus, il fit exterminer tous les jeunes enfants (massacre des Saints Innocents). 2. *Laval* : premier ministre du maréchal Pétain. 3. *éclisses* : lame de bois, ici instrument de torture.

a) Observez le paratexte* de chacun des textes. Quelles informations apporte-t-il ?

b) Quelle est la situation d'énonciation* dans chacun des textes ? Qui parle et à qui ?

c) Parmi les registres lyrique*, épique* et satirique*, quel est le registre dominant et commun aux deux textes ?

2. Analyser et comprendre le sujet

Lisez attentivement le libellé suivant et répondez aux questions.

Votre interlocuteur affirme que les poèmes engagés n'ont d'intérêt que pour leurs contemporains. Vous ne partagez pas cet avis et soutenez que la poésie engagée intéresse les lecteurs de tous les temps. Rendez compte de votre discussion sous la forme d'un dialogue argumenté et illustré d'exemples précis.

a) Quel type d'écrit argumentatif demande-t-on d'écrire ?

b) Quelle situation d'énonciation* est imposée par la consigne ?

c) Quel est le problème posé ?

d) S'agit-il de poursuivre une argumentation ? de développer ou réfuter* une thèse ? de discuter* un point de vue ?

e) Quels éléments des textes A et B sont à prendre en considération pour traiter le sujet ?

B Pratiquer l'écriture d'invention

- **Observer, imiter, détourner un poème**

3. Écrire un pastiche en vers libres

Étude en à majeur

Le printemps à plumets
et l'hiver à moustaches
l'automne à falbalas[1]
et l'été à foison

À la barbe du jour
à l'auberge des belles
à la source du temps

Aux armes citoyens
à la porte des dieux
à notre tour de vivre.

À mon bras la douceur
à ta santé amour
le monde à ton image
à la vie à la mort.

Jean Tardieu (1903-1995), *Monsieur Monsieur*, « Six études pour la voix seule », © Éditions Gallimard, 1951.

1. *falbalas* : ornements sur une toilette.

a) Qu'est-ce qu'une « étude en *à* majeur » ? Quel art évoque ce titre ?

b) Quels procédés créent le rythme ?

c) Quelles expressions reconnaissez-vous ? Quel est leur point commun ?

d) **De quel registre* se rapproche le mode en *à* majeur ? Quels sentiments sont exprimés ?**

e) ÉCRITURE Rédigez un pastiche de ce poème, dont le titre sera « Étude en *de* mineur ». Vous conserverez la forme du poème (nombre de syllabes et de vers) mais changerez le thème du poème, le nombre et la forme des strophes.

4. Écrire une parodie

Texte A

Ce poème, connu sous le nom de « sonnet d'Arvers », a immortalisé son auteur dont les autres textes sont oubliés aujourd'hui.

SONNET
IMITE DE L'ITALIEN

Mon âme a son secret, ma vie a son mystère ;
Un amour éternel en un moment conçu ;
Le mal est sans espoir, aussi j'ai dû le taire,
Et celle qui l'a fait n'en a jamais rien su.

Hélas ! j'aurai passé près d'elle inaperçu,
Toujours à ses côtés, et pourtant solitaire,
Et j'aurai jusqu'au bout fait mon temps sur la terre,
N'osant rien demander et n'ayant rien reçu.

Pour elle, quoique Dieu l'ait faite douce et tendre,
Elle ira son chemin, distraite, et sans entendre
Ce murmure d'amour élevé sur ses pas ;

À l'austère devoir, pieusement fidèle,
Elle dira, lisant ces vers tout remplis d'elle :
« Quelle est donc cette femme ? » et ne comprendra pas.

Félix Arvers (1806-1850),
Mes heures perdues, Poésies inédites, 1900.

Texte B

Vous m'amusez, mon cher, quand vous faites mystère
De votre immense amour en un moment conçu.
Vous êtes bien naïf d'avoir voulu le taire :
Avant qu'il ne fût né, je crois que je l'ai su.

Pouviez-vous, m'adorant, passer inaperçu,
Et, vivant près de moi, vous sentir solitaire ?
De vous il dépendait d'être heureux sur la terre :
Il fallait demander et vous auriez reçu.

Apprenez qu'une femme au cœur épris et tendre,
Souffre à passer ainsi son chemin sans entendre
L'aveu qu'elle espérait trouver à chaque pas.

Forcément au devoir on reste alors fidèle.
J'ai compris, voyez-vous, ces vers tout remplis d'elle :
C'est vous, mon pauvre ami, qui ne compreniez pas.

Auteur inconnu, cité par Gérard Genette,
Palimpsestes, © Le Seuil, 1982, coll. « Points Essais », 1992.

a) Quels éléments du texte A sont conservés dans le texte B ? Les registres* des deux textes sont-ils les mêmes ?

b) ÉCRITURE Rédigez une autre parodie* de ce sonnet : le poète répond à la femme aimée, exprime sa déception et rompt. Vous conserverez la forme fixe du sonnet*, les rimes, mais modifierez la situation d'énonciation*. Vous pouvez reprendre des expressions du modèle.

• ÉCRIRE UN TEXTE ARGUMENTATIF

5. Écrire une lettre

Texte A

LE CARREAU

Derrière l'épaisseur lucide[1] du carreau
Un paysage grêle, une miniature,
Fait voir chaque détail plus petit que nature
Et tient entre les quatre arêtes du barreau[2].

Ce transparent posé d'aplomb sur le tableau
Montre un ciel triste encore et d'une couleur dure,
Des gens qui vont, les champs, des arbres en bordure
Et les flaques de pluie où l'azur luit dans l'eau.

Il semble qu'un burin[3] très aigu n'ait qu'à suivre
Le trait fin des maisons, les branchages de cuivre
Où le pâle soleil glisse un regard sournois :

Décalque compliqué comme une broderie,
Dont le caprice[4] peut tenter la rêverie
D'un poète amoureux ou d'un peintre chinois.

Albert Mérat (1840-1909),
Poésies 1866-1873, Suite d'esquisses, 1898.

1. *lucide* : translucide. 2. *arêtes du barreau* : montants tenant le carreau. 3. *burin* : ciseau, instrument du graveur. 4. *caprice* : sujet léger.

Texte B

BRUXELLES
SIMPLES FRESQUES

I

La fuite est verdâtre et rose
Des collines et des rampes[1]
Dans un demi jour de lampes
Qui vient brouiller toute chose.

L'or, sur les humbles abîmes,
Tout doucement s'ensanglante.
Des petits arbres sans cimes
Où quelque oiseau faible chante.

Triste à peine tant s'effacent
Ces apparences d'automne,
Toutes mes langueurs rêvassent,
Que berce l'air monotone.

Paul Verlaine (1844-1896),
Romances sans paroles, « Paysages belges », 1874.

1. *rampes* : pentes.

ÉCRITURE D'INVENTION Le journal de votre lycée publie une série de poèmes intitulée « Paysages poétiques », parmi lesquels figurent « Le carreau » de Mérat et « Bruxelles » de Verlaine. Vous écrirez à un peintre pour lui demander d'illustrer l'un de ces poèmes. Votre lettre explique quels liens ces textes entretiennent avec la peinture, indique le poème choisi et les raisons de votre choix.

Entraînement

à l'oral

Vous présentez ces deux textes au sein d'un groupement de poèmes consacrés à l'automne : Lamartine (1790-1869), *Méditations poétiques*, « L'automne », strophes 1-4, 1820 ; Victor Hugo (1802-1885), *Les Rayons et les Ombres*, « Tristesse d'Olympio », strophes 1-3, 1840, (► *Exercice 6,* p. 330) ; Charles Baudelaire (1821-1867), *Les Fleurs du mal*, « Chant d'automne », I, 1857 ; Philippe Jaccottet (né en 1925), *Airs*, « Fruits », 1961-1964 (► *Exercice 10,* p. 321).

Texte A

CHANSON D'AUTOMNE

Les sanglots longs
Des violons
De l'automne
Bercent mon cœur
D'une langueur
Monotone.

Tout suffocant
Et blême, quand
Sonne l'heure,
Je me souviens
Des jours anciens
Et je pleure ;

Et je m'en vais
Au vent mauvais
Qui m'emporte
Deçà, delà,
Pareil à la
Feuille morte.

Paul Verlaine (1844-1896), *Poèmes saturniens*, « Paysages tristes », V, 1866.

Texte B

SIGNE

Je suis soumis au Chef du Signe de l'Automne[1]
Partant j'aime les fruits je déteste les fleurs
Je regrette chacun des baisers que je donne
Tel un noyer gaulé[2] dit au vent ses douleurs

Mon Automne éternelle ô ma saison mentale
Les mains des amantes d'antan jonchent ton sol
Une épouse me suit[3] c'est mon ombre fatale
Les colombes ce soir prennent leur dernier vol

Guillaume Apollinaire (1880-1918), *Alcools*,

1. *Chef du Signe de l'Automne* : Saturne, qui préside aux destins des mélancoliques. Apollinaire est né un 26 août. 2. *gaulé* : que l'on bat avec une gaule, ou long bâton, pour en faire tomber les fruits. 3. *Une épouse me suit* : allusion au mythe d'Orphée, qui obtint des dieux d'aller chercher aux Enfers son épouse Eurydice, qui était morte.

Première partie de l'épreuve

Questions

Texte A

Question 1 : Quels procédés poétiques font du poème de Verlaine une chanson ?

Question 2 : Quels sentiments exprime cette « chanson d'automne » ? par quels procédés ?

Texte B

Question 3 : Quels traits d'écriture, quels thèmes inscrivent le poème d'Apollinaire dans le registre lyrique* ?

Question 4 : Que représente l'automne pour le poète ?

A Préparer la première partie de l'épreuve

1. Analyser la question posée

a) Question 1 : Quels sont les éléments caractéristiques d'une chanson ? Quels procédés du texte A doivent être analysés ?

b) Question 2 : Quels mots du texte A appartiennent au réseau lexical* de l'affectivité ? Par quels procédés ces mots sont-ils mis en valeur ?

c) Question 3 : Dans le texte B, quels éléments caractérisent le registre lyrique* ? Quels aspects du texte doivent être étudiés ?

d) Question 4 : Quels sont les marques de la présence du poète dans le texte B ? Quels termes désignent ou caractérisent l'automne ? Que dit le poète de cette saison ?

• PRÉPARER LA LECTURE ANALYTIQUE

2. Étudier les marques de l'énonciation

a) Dans les textes A et B, qui parle ? Qui est le destinataire du poème ? Ces deux textes sont-ils ancrés de la même façon dans la situation d'énonciation* ?

b) Dans ces textes, quels termes font apparaître la subjectivité du locuteur* ?

3. Observer vers, strophes et rimes

Combien de vers comportent les textes A et B ? Dans chacun de ces poèmes, combien de syllabes compte chaque vers ? Comment les rimes sont-elles disposées ? Quel est l'effet produit dans chacun des cas ?

• RÉPONDRE À LA QUESTION POSÉE

4. Présenter une introduction

Présentez une rapide introduction à la question 1 à partir des éléments suivants :

a) Situez brièvement le texte (époque, auteur, œuvre).

b) **Caractérisez rapidement le genre*, la forme, le thème et le registre* principal du texte.**

c) **Rappelez la question posée et annoncez le plan de la réponse.**

5. Dégager l'essentiel et organiser la réponse

a) **Voici six arguments permettant de répondre à la question 3 (texte B). Classez-les dans l'ordre qui vous semble le plus pertinent.**

a) Des images permettent au locuteur* d'exprimer sa subjectivité.

b) Le poète fait de l'automne une image de son destin.

c) Le poète s'exprime à la première personne du singulier.

d) Les mots appartenant au réseau lexical* du sentiment sont nombreux et mis en valeur.

e) L'alexandrin, les allitérations* et les assonances* donnent au poème un rythme musical.

f) L'automne révèle les liens profonds de l'amour et de la mort.

b) **Relevez dans le texte des citations susceptibles d'illustrer ces arguments.**

6. Présenter une conclusion

Proposez une conclusion à la question 3.

a) **Résumez en deux ou trois phrases brèves l'essentiel de votre analyse (►** *Exercice 5*).

b) **Parmi les éléments suivants, lequel vous semble le plus pertinent pour élargir votre conclusion ?**

a) L'automne est la saison qui a le plus souvent inspiré les peintres et les poètes.

b) Apollinaire renouvelle la vision romantique de l'automne.

c) Dans *Alcools*, le lyrisme d'Apollinaire s'exprime à travers l'évocation des paysages et des saisons.

B Préparer la deuxième partie de l'épreuve

7. Mettre les textes étudiés en rapport avec les autres textes du groupement

Texte C

L'AUTOMNE

Salut, bois couronnés d'un reste de verdure !
Feuillages jaunissants sur les gazons épars !
Salut, derniers beaux jours ! le deuil de la nature
Convient à la douleur et plaît à mes regards.

Je suis d'un pas rêveur le sentier solitaire ;
J'aime à revoir encor, pour la dernière fois,
Ce soleil pâlissant, dont la faible lumière
Perce à peine à mes pieds l'obscurité des bois.

Oui, dans ces jours d'automne où la nature expire,
À ses regards voilés je trouve plus d'attraits ;
C'est l'adieu d'un ami, c'est le dernier sourire
Des lèvres que la mort va fermer pour jamais.

Ainsi, prêt à quitter l'horizon de la vie,
Pleurant de mes longs jours l'espoir évanoui,
Je me retourne encore, et d'un regard d'envie
Je contemple ses biens dont je n'ai pas joui.

Lamartine (1790-1869), *Méditations poétiques*, « L'automne », strophes 1 à 4, 1820.

Texte D

CHANT D'AUTOMNE

Bientôt nous plongerons dans les froides ténèbres ;
Adieu, vive clarté de nos étés trop courts !
J'entends déjà tomber avec des chocs funèbres
Le bois retentissant sur le pavé des cours.

Tout l'hiver va rentrer dans mon être : colère,
Haine, frissons, horreur, labeur dur et forcé,
Et, comme le soleil dans son enfer polaire,
Mon cœur ne sera plus qu'un bloc rouge et glacé.

J'écoute en frémissant chaque bûche qui tombe ;
L'échafaud qu'on bâtit n'a pas d'écho plus sourd.
Mon esprit est pareil à la tour qui succombe
Sous les coups de bélier infatigable et lourd.

Il me semble, bercé par ce choc monotone,
Qu'on cloue en grande hâte un cercueil quelque part,
Pour qui ? – C'était hier l'été ; voici l'automne !
Ce bruit mystérieux sonne comme un départ.

Charles Baudelaire (1821-1867), *Les Fleurs du mal*, LVI, I, 1857.

a) **Quels points communs apparaissent entre les textes A et B ? À quels aspects de l'automne Apollinaire et Verlaine sont-ils sensibles ?**

b) **Quelle vision de l'automne trouve-t-on dans les textes C et D ? Y a-t-il des points communs avec les textes A et B ? Justifiez votre réponse.**

c) **Qu'est-ce qu'un paysage état d'âme ? Quel texte du groupement vous semble le mieux illustrer cette notion ?**

8. Mettre le texte étudié en rapport avec l'objet d'étude

Quels rapports les poèmes lyriques* établissent-ils entre le paysage et le poète ? Par quels procédés la poésie lyrique exprime-t-elle ces rapports ?

A. André Chénier, *Iambes*
B. Gérard de Nerval, *Petits Châteaux de Bohême*
C. Paul Verlaine, *Sagesse*
D. Guillaume Apollinaire, *Alcools*

Texte A André Chénier, *Iambes*

Les Iambes *ont été composés pendant la Terreur alors que Chénier attendait son exécution à la prison Saint-Lazare.*

Comme un dernier rayon, comme un dernier zéphyre[1]
    Animent la fin d'un beau jour,
Au pied de l'échafaud j'essaye encore ma lyre.
    Peut-être est-ce bientôt mon tour.
Peut-être avant que l'heure en cercle promenée
    Ait posé sur l'émail brillant,
Dans les soixante pas où sa route est bornée,
    Son pied sonore et vigilant[2],
Le sommeil du tombeau pressera ma paupière.
    Avant que de ses deux moitiés
Ce vers que je commence ait atteint la dernière,
    Peut-être en ces murs effrayés
Le messager de mort, noir recruteur des ombres[3],
    Escorté d'infâmes soldats,
Ébranlant de mon nom ces longs corridors sombres,
    Où seul dans la foule à grands pas
J'erre, aiguisant ces dards[4] persécuteurs du crime,
    Du juste trop faibles soutiens,
Sur mes lèvres soudain va suspendre la rime ;
    Et chargeant mes bras de liens,
Me traîner amassant en foule à mon passage
    Mes tristes compagnons reclus[5]
Qui me connaissaient tous avant l'affreux message,
    Mais qui ne me connaissent plus.

André Chénier (1762-1794), *Iambes*,
« Derniers vers », 1794, publiés en 1819.

1. *zéphyre* : ou zéphyr, vent léger. **2.** *avant que l'heure… vigilant* : avant qu'une heure ne se soit écoulée. **3.** *noir recruteur des ombres* : le gardien chargé d'annoncer les noms de ceux qui allaient être guillotinés. **4.** *dards* : flèches que sont les vers. **5.** *reclus* : prisonniers.

Texte B Gérard de Nerval, *Petits Châteaux de Bohême*

Gérard de Nerval et quelques-uns de ses amis furent emprisonnés, en février 1832, pour tapage nocturne, dans une prison où étaient aussi détenus des prisonniers politiques.

POLITIQUE

1832

Dans Sainte-Pélagie[1],
Sous ce règne élargie[2],
Où, rêveur et pensif,
Je vis captif,

Pas une herbe ne pousse
Et pas un brin de mousse
Le long des murs grillés
Et frais taillés !

Oiseau qui fends l'espace...
Et toi, brise, qui passe[3]
Sur l'étroit horizon
De la prison,

Dans votre vol superbe,
Apportez-moi quelque herbe,
Quelque gramen[4], mouvant
Sa tête au vent !

Qu'à mes pieds tourbillonne
Une feuille d'automne
Peinte de cent couleurs
Comme les fleurs !

Pour que mon âme triste
Sache encor qu'il existe
Une nature, un Dieu
Dehors ce lieu,

Faites-moi cette joie,
Qu'un instant je revoie
Quelque chose de vert
Avant l'hiver.

Gérard de Nerval (1808-1855),
Petits Châteaux de Bohême, 1852.

1. *Sainte-Pélagie* : ancienne prison parisienne. 2. *Sous ce règne élargie* : agrandie sous Louis-Philippe. 3. *passe* : passes. La faute d'orthographe est due à la rime. 4. *gramen* : graminée (herbe en latin).

Texte C Paul Verlaine, *Sagesse*

Verlaine écrit ce poème en septembre 1873 dans la prison de Bruxelles, où il est incarcéré pour avoir blessé Rimbaud de deux coups de revolver quelques mois plus tôt.

Le ciel est, par-dessus le toit,
Si bleu, si calme !
Un arbre, par-dessus le toit,
Berce sa palme.

La cloche, dans le ciel qu'on voit,
Doucement tinte.
Un oiseau sur l'arbre qu'on voit
Chante sa plainte.

Mon Dieu, mon Dieu, la vie est là,
Simple et tranquille.
Cette paisible rumeur-là
Vient de la ville.

— Qu'as-tu fait, ô toi que voilà
Pleurant sans cesse,
Dis, qu'as-tu fait, toi que voilà,
De ta jeunesse ?

Paul Verlaine (1844-1896),
Sagesse, III, VI, 1881.

Texte D Guillaume Apollinaire, *Alcools*

En 1911, on vole au Louvre La Joconde *de Léonard de Vinci. Mêlé malgré lui à l'affaire, Apollinaire est incarcéré à la prison de la Santé sous l'accusation de recel. Il sera innocenté au bout d'une semaine.*

Que je m'ennuie entre ces murs tout nus
Et peints de couleurs pâles
Une mouche sur le papier à pas menus
Parcourt mes lignes inégales

Que deviendrai-je ô Dieu qui connaît ma douleur
Toi qui me l'as donnée
Prends en pitié mes yeux sans larmes ma pâleur
Le bruit de ma chaise enchaînée

Et tous ces pauvres cœurs battant dans la prison
L'Amour qui m'accompagne
Prends en pitié surtout ma débile[1] raison
Et ce désespoir qui la gagne

Guillaume Apollinaire (1880-1918),
Alcools, « À la Santé », IV, © Éditions Gallimard, 1913.

1. *débile* : faible.

Entraînement à l'étude du corpus : la question préalable

A Lire les questions préalables

- **SUJET A (SÉRIES GÉNÉRALES)**

Vous répondrez d'abord à la question suivante (4 points) :
Comparez les thèmes, la forme et les registres* des textes du corpus. Votre réponse sera brève et précise.

- **SUJET B (SÉRIES TECHNOLOGIQUES)**

Vous répondrez d'abord aux questions suivantes (6 points) :
1. Qui parle dans chacun des textes du corpus ? À quel destinataire s'adresse-t-il à chaque fois ?
2. Quels éléments caractérisent l'univers de la prison dans chacun de ces textes ?

B Étudier le corpus

1. Identifier l'objet d'étude et définir le contenu du corpus

À quel objet d'étude se rattachent les textes du corpus ? Quels éléments le constituent ? Quels renseignements apporte le paratexte* de chaque texte ?

2. Caractériser les textes du corpus

a) Quelle situation illustre chacun des poèmes du corpus ? Qui parle dans chacun des textes ? Quel est le temps utilisé ?

b) Quels vers sont utilisés dans les textes du corpus ? Comment ces vers sont-ils disposés ? Quelle est la disposition des rimes dans chacun des textes ?

c) À quel mouvement littéraire appartient Gérard de Nerval ? et Verlaine ? Quels procédés poétiques (rythme, choix des mots, ponctuation) montrent la modernité du texte D ?

d) Quel est le registre dominant de chacun des textes ? Justifiez votre réponse.

3. Confronter les textes

a) Quel est le thème commun aux textes du corpus ? Les situations évoquées sont-elles comparables ? Quel poème vous semble évoquer la situation la plus dramatique ? la moins terrible ? Justifiez votre réponse.

b) Cherchez dans un dictionnaire la définition du mot « iambes ». Quel est le sens moderne de ce mot ? Quels rapports pouvez-vous éventuellement établir entre les titres ou sous-titres des recueils dont sont issus les textes A, B, C et D et ces textes eux-mêmes ?

4. Formuler la problématique du corpus

Les enjeux de ces différents poèmes vous semblent-ils identiques ? Quels sont-ils ? Répondez en une phrase.

C Comprendre et traiter la question préalable

• Sujet A

5. Repérer les mots-clés

a) Quels sont les trois mots-clés du sujet ?

b) Reformulez le libellé sous une forme interrogative. Combien de questions sont en fait posées ? Comment devrez-vous organiser votre réponse ?

6. Dégager les éléments essentiels

a) Quels principaux éléments de convergence ont fait apparaître la caractérisation et la confrontation des textes ? dans la forme ? dans les registres* ?

b) Dans le texte A, quels termes désignent les vers écrits par le poète? À quel registre* appartiennent ces termes ? Quel registre particulier distingue le texte A des autres textes ?

c) Par quels procédés poétiques (effets de rythme, assonances*, allitérations*, rimes) les mots désignant les sentiments du poète sont-ils mis en valeur dans le texte D ?

7. Rédiger une réponse à la question préalable

En vous aidant des questions de l'exercice précédent, rédigez une réponse brève et argumentée.

• Sujet B

8. Repérer les mots-clés

a) Quels sont les mots-clés de chacune des deux questions posées ?

b) Quel type de discours* vous demande-t-on d'observer dans la question 2 ?

9. Dégager les éléments essentiels

a) Quels points communs présentent les situations d'énonciation* de ces textes ?

b) Dans le texte A quels termes désignent le lieu où se trouve le poète ? Quelle image est donnée de ce lieu ? Quels termes évoquent et décrivent la prison dans les textes suivants ? Quel point de vue différent propose le texte C ?

10. Rédiger une réponse à la question préalable

Rédigez une réponse brève et argumentée à la question 2. Vous y ferez apparaître les éléments suivants, que vous classerez dans un ordre convenable, reformulerez et développerez :

a) Verlaine ne décrit pas sa cellule, mais ce qu'il voit de sa fenêtre.
b) Le réseau lexical* de la clôture est très représenté.
c) Chaque poète évoque un lieu différent.
d) L'espace fermé de la prison s'oppose au monde extérieur.
e) Chénier métamorphose la prison en une sorte de lieu infernal.

sujets de BAC

► Questions préalables des deux sujets, p. 348.

• Sujet A (séries générales)

Vous traiterez un de ces sujets (16 points) :

1. Commentaire

Vous commenterez le texte d'André Chénier.

2. Dissertation

Qu'appelle-t-on un poème de circonstance ? Vous répondrez à cette question en un développement composé, prenant appui à la fois sur les documents proposés, ceux que vous avez étudiés en classe et vos lectures personnelles.

3. Invention

Un éditeur souhaite publier un recueil de poèmes écrits en prison. Vous en rédigez la préface. Votre texte dégage les caractéristiques communes à la plupart des poèmes et analyse ce qui fait leur diversité.

• Sujet B (séries technologiques)

Vous traiterez un de ces sujets (14 points) :

1. Commentaire

Vous commenterez le poème d'Apollinaire à partir du parcours de lecture suivant :

- Quels éléments décrivent la situation du poète en prison ?
- Quels procédés poétiques (répétitions, choix des mots, sonorités, rimes) expriment la détresse du prisonnier ?

2. Dissertation

Écrire ou lire des poèmes aide-t-il à surmonter des épreuves comme la prison, le chagrin ou le deuil ? Vous répondrez à cette question en un développement composé, prenant appui à la fois sur les documents proposés, ceux que vous avez étudiés en classe et vos lectures personnelles.

3. Invention

Un des poètes du corpus (Chénier, Nerval, Verlaine, Apollinaire, selon votre choix) partage sa cellule avec un autre détenu qui l'a vu écrire et s'en étonne. Le poète lui explique pourquoi il écrit et ce qu'il souhaite exprimer dans son texte.

Rédigez leur dialogue. Vous préciserez les circonstances de la conversation, vous tiendrez compte du contexte historique et choisirez un registre* adapté.

LIRE UN RECUEIL POÉTIQUE

L'unité d'un recueil poétique est moins évidente que celle d'un roman, fondée sur l'intrigue, ou celle d'une pièce de théâtre. Il est cependant nécessaire, pour comprendre les enjeux d'un poème, de le replacer dans son contexte et d'étudier la composition du recueil.

1. Observer le paratexte

• Observer le titre

• Son rôle est essentiel, car le titre a pour fonction de **désigner le recueil comme un ensemble** homogène, et d'indiquer dans quelle perspective les poèmes qui le composent ont été réunis.

Le titre *Les Fleurs du mal* (1857), choisi par Baudelaire entre plusieurs autres, souligne son désir d'exprimer la beauté du mal et de dissocier poésie et morale.

• Parfois le titre du recueil indique la **forme poétique adoptée**. C'est le cas des *Odes* de Ronsard (1550) ou des *Fables* de La Fontaine (1668-1693).

• D'autres titres, en apparence plus mystérieux, ont pour fonction de **suggérer une atmosphère** (Verlaine, *Fêtes galantes*, 1869) ou de **créer la surprise** (André Breton, *Les Champs magnétiques*, 1920 ; Jean Tardieu, *Monsieur Monsieur*, 1951).

• Lire la préface

• Le poète y expose **son projet** et les raisons qui l'amènent à regrouper des poèmes composés parfois à plusieurs années d'intervalle.

Victor Hugo écrit ainsi dans la préface des *Contemplations* (1856) : « Qu'est-ce que *Les Contemplations* ? C'est ce qu'on pourrait appeler, si le mot n'avait quelque prétention, *Les Mémoires d'une âme.* »

• Sorte de **manifeste poétique**, la préface apporte en même temps des indications précieuses sur la façon de lire le recueil.

Dans la préface du *Spleen de Paris* (1869), Baudelaire définit son ambition d'inventer une nouvelle écriture: « une prose poétique, musicale sans rythme et sans rime, assez souple et assez heurtée pour s'adapter aux mouvements lyriques de l'âme, aux ondulations de la rêverie, aux soubresauts de la conscience ».

• Observer la dédicace

Elle joue un rôle important, le plus souvent symbolique. En dédiant *Les Fleurs du mal* à Théophile Gautier, Baudelaire signale l'influence que l'esthétique du Parnasse (► p. 34) a exercé sur sa propre écriture.

Aragon dédie *Le Roman inachevé* (1956), recueil autobiographique, à la femme aimée qui l'a inspiré : « À Elsa, ce livre comme si je ne lui avais pas déjà donné. »

2. Observer la composition du recueil

• Étudier la table des matières

Elle fait apparaître l'organisation interne du recueil. Le plus souvent les poèmes sont regroupés en sections dont les titres sont significatifs.

Dans l'édition de 1861, les poèmes des *Fleurs du mal* se répartissent en six sections :

Spleen et Idéal	Poèmes	I à LXXXV
Tableaux parisiens		LXXXVI à CIII
Le Vin		CIV à CVIII
Les Fleurs du mal		CIX à CXVII
Révolte		CXVIII à CXX
La Mort		CXXI à CXXVI

• Étudier la composition du recueil

• L'examen de la table des matières permet de dégager les **principes de composition** du recueil. Certains recueils regroupent les poèmes en fonction de leur forme, d'autres proposent une organisation thématique.

Ainsi les différentes sections des *Trophées* (1893) de José Maria de Heredia révèlent les diverses sources d'inspiration du poète : « La Grèce et la Sicile », « Rome et les Barbares », « Le Moyen Âge et la Renaissance », etc.

• La composition du recueil peut encore obéir à une **progression** symbolique.

Les poèmes des *Fleurs du mal* sont organisés de façon à faire apparaître d'abord le conflit qui déchire le poète, divisé entre l'Idéal (l'élévation spirituelle, la recherche de la beauté) et le Spleen (la faute, l'ennui, le désespoir). Les sections qui suivent explorent les voies par lesquelles le poète croit successivement pouvoir échapper à son mal, avant de chercher un ultime refuge dans la mort.

Lire le premier et le dernier poème

Il convient de lire attentivement le premier et le dernier texte du recueil, qui occupent une place stratégique et revêtent souvent une importance particulière. **Le premier poème prolonge ou remplace la préface**, ou bien encore présente **un élément essentiel**. Le **dernier** a valeur de **conclusion**. Les confronter permet parfois de cerner les enjeux du recueil.

Victor Hugo a intitulé le premier poème des *Châtiments* (1853) « Nox » (« Nuit » en latin). Il y présente le contenu du recueil qui s'achève sur un poème symétrique, « Lux » (« Lumière »), ouvert sur l'avenir et l'espoir.

3. Dégager l'unité du recueil

Les textes d'un même recueil sont unis par plusieurs types de **caractéristiques communes**.

Identifier la forme et le registre*

• Un recueil peut tirer son unité d'une **forme poétique**, le sonnet* par exemple, ou d'un **registre***. Il arrive fréquemment que les deux se confondent :

Du Bellay a écrit tous les sonnets des *Regrets* (1558) sur deux registres, le registre lyrique* ou le registre satirique*.

• Un recueil peut aussi s'inscrire dans un **registre** dominant et jouer d'une grande diversité formelle.

Les poèmes de formes très diverses regroupés dans *Les Châtiments* (1853) de Victor Hugo tirent leur unité du registre polémique* de l'œuvre.

Identifier les thèmes

L'unité d'un recueil est aussi thématique. Si certains **thèmes** sont directement liés au sujet traité et à la source d'inspiration du poète (par exemple la femme aimée, le paysage), d'autres structurent plus profondément son imaginaire et apparaissent à travers des **images récurrentes**.

Ainsi les poèmes des *Contemplations* sont à la fois liés par une série de thèmes autobiographiques (l'amour, la mort) et par les grandes oppositions qui caractérisent l'imaginaire de Victor Hugo (opposition de l'ombre et de la lumière, de l'homme et du cosmos).

Définir une esthétique

• Le principal facteur d'unité d'un recueil tient avant tout à l'**idée que son auteur a de la poésie et de la beauté**.

Ronsard construit la plupart de ses recueils (*Les Amours*, 1552 ; *Sonnets pour Hélène*,1578) autour de la figure d'une femme aimée, symbole de beauté et de perfection. Chacune de ses inspiratrices, Cassandre, Marie, Hélène, représente en fait un type d'écriture poétique différent.

• Les recueils qui ont la plus grande unité sont ceux où le poète explore toutes les **potentialités d'une écriture poétique**, au travers d'une même forme (le poème en prose, par exemple, pour Baudelaire dans *Le Spleen de Paris*, 1869) ou de formes diverses (Apollinaire, *Alcools*, 1913).

Un recueil est **une œuvre à part entière**, organisée d'une façon qui lui est propre, et douée d'une unité à la fois formelle et thématique. Les poèmes d'un recueil s'éclairent donc mutuellement. Tout poème gagne à être confronté avec l'ensemble du recueil dont il est issu.

5 L'autobiographie

1 • Qui est le personnage central ? Que fait-il ?
2 • Étudiez la composition du tableau : quelles lignes de force distingue-t-on ?
3 • Observez les différents plans du tableau et les jeux de lumière. Que constatez-vous ?
4 • La scène représentée est-elle familière ou insolite ? Quelle est l'ambiance dominante ? Justifiez votre réponse.

André DERAIN (1880-1954), *Le Peintre et sa famille*, 1939.
Peinture à l'huile, 174 x 124 cm. Londres, Tate Gallery.

LES FORMES AUTOBIOGRAPHIQUES

1. Naissance des formes autobiographiques

• Montaigne, précurseur du genre

L'autobiographie est peu présente dans l'Antiquité et au Moyen Âge. Au XVIe siècle, avec la Renaissance et l'Humanisme, l'expression de soi se manifeste dans la poésie lyrique* (*Derniers vers,* Ronsard ; *Les Regrets*, Du Bellay) et surtout dans les *Essais* de Montaigne, grand précurseur du genre. En se peignant lui-même à travers la vie du corps et de l'esprit, Montaigne veut peindre tout homme et les *Essais* nouent un dialogue constant avec le lecteur. Ils constituent ainsi un autoportrait.

• Autobiographie religieuse et mémoires

La période classique (le XVIIe siècle) marque un recul. Le moi est, selon la formule de Pascal, « haïssable ». L'intérêt d'un homme pour lui-même est forcément coupable, **narcissique***. On lui préfère **l'autobiographie religieuse**, spirituelle, sur le modèle plus ancien des *Confessions* de saint Augustin ou **les mémoires**, dans lesquels le mémorialiste est témoin de son temps et des événements historiques.

• Autobiographie et journal intime

Au XVIIIe siècle, on voit se développer, à l'inverse, un intérêt pour l'individu et pour l'enfance, dans un contexte où religion et vie spirituelle comptent moins. Cela se traduit par le succès des romans à la première personne (Marivaux, *Le Paysan Parvenu*, 1735 ; *La Vie de Marianne,* 1742) où importent la personnalité d'un individu et son histoire personnelle, **singulière**. À cette époque apparaît également **le journal intime***. Dans la seconde moitié du siècle, *Les Confessions* signent vraiment l'acte de naissance de l'autobiographie et en deviennent le modèle : Rousseau invente un style de récit, réfléchit au rapport entre fiction et vérité et définit l'attitude de l'autobiographe.

• Autofiction

• Après *Les Confessions* de Rousseau, le romantisme favorise l'expression de soi dans des autobiographies réelles ou imitées. L'auteur adresse des confidences au lecteur qu'il considère comme un interlocuteur proche et bienveillant.

• Le XXe siècle est celui du succès des formes autobiographiques mais aussi de leur critique. Des formes nouvelles se créent comme **l'autofiction***, définie en 1977 par Serge Doubrovsky, qui mélange fiction et « vérité ». Cet écrivain légitime le choix de ce mot par l'importance de la **psychanalyse** et du rôle joué par l'inconscient* dans l'existence d'un individu : en transformant de façon romanesque son vécu, l'écrivain peut exprimer le côté caché de sa personnalité et l'importance de l'imaginaire.

2. Les genres autobiographiques

• L'autobiographie

L'autobiographie est le « récit rétrospectif en prose qu'une personne réelle fait de sa propre existence, lorsqu'elle met l'accent sur sa vie individuelle, en particulier sur l'histoire de sa personnalité » (Philippe Lejeune).

• Notions-clés

Pour qu'il y ait autobiographie, il faut que soient réunis les critères suivants :

- la forme de l'œuvre : un récit, en prose ;
- le thème de l'œuvre : histoire d'une vie et d'une personnalité réelles ;
- le moment de l'écriture : il se situe après les faits, il est donc **rétrospectif ; la narration est dite ultérieure** ;
- l'énonciation* adoptée : généralement la 1re personne avec identité entre auteur, narrateur* et personnage ; cette identité s'accompagne d'une sorte de contrat établi par l'auteur, qu'on appelle **pacte autobiographique** ;
- la présence d'un **pacte autobiographique**, qui définit ce que l'autobiographie prétend être : un récit fidèle à la réalité, sans dissimulation ; l'auteur prend ainsi un certain nombre d'engagements avec lui-même et avec son lecteur.

• Les genres voisins de l'autobiographie

Les critères de définition de l'autobiographie permettent de définir des genres voisins :

- **Les mémoires** (mot du masculin pluriel) : le **mémorialiste** n'est que témoin de l'histoire.
- **Le poème autobiographique** : la forme n'est pas la prose.
- **L'essai ou l'autoportrait** : le récit n'est pas rétrospectif, il illustre des réflexions, son organisation est thématique.
- **Le journal intime** : le récit de celui qui tient le journal, le **diariste**, n'est pas rétrospectif (même s'il n'est pas toujours quotidien et procède à des bilans sur une période de plusieurs jours ou quelques mois).
- **L'autofiction** : l'invention et la fiction se mêlent et réorganisent le récit.

• Les imitations

Certaines œuvres ressemblent à l'autobiographie mais sont en fait des fictions à la 1re personne. Ce sont :

- **Les mémoires fictifs ou apocryphes.** Ils sont écrits par une autre personne que le narrateur* déclaré. Il n'y a pas identité auteur-narrateur-personnage (*Mémoires d'Hadrien* de Marguerite Yourcenar).
- **Les autobiographies fictives ou imaginaires, les journaux fictifs** (*La Vie de Marianne* de Marivaux ; *Journal d'un curé de campagne* de Georges Bernanos).

• Les formes anti-autobiographiques

Certaines formes littéraires se définissent en opposition avec le genre* : antimémoires, anti-journal ou faux journal (*Antimémoires* de Malraux ; *Faux Journal* de Jude Stéfan).

Leurs auteurs ne croient pas :

- qu'un individu puisse se connaître lui même car sa vision est forcément **subjective, partiale** ;
- que l'écriture autobiographique soit possible car elle est partielle et inexacte ; on ne peut matériellement tout raconter de sa vie.

3. Autobiographie et autres genres (littéraires et artistiques)

• Roman, autobiographie et autofiction

Dans certains cas, il est difficile de distinguer roman et autobiographie :

- lorsque l'auteur intitule récit ou roman une œuvre de type autobiographique pour se protéger, protéger ses proches et échapper à d'éventuels procès (pour diffamation d'une personne) ou à la censure ;
- lorsque le personnage et l'auteur ne portent pas le même nom ; parfois ces noms sont proches et présentent les mêmes initiales (Jules Vallès – J. V. – fait de Jacques Vingtras – J. V. – son double et le héros de sa trilogie *L'Enfant, Le Bachelier, L'Insurgé*).

La **distinction des genres*** est de ce fait plus difficile pour le lecteur.

• Le roman personnel

On parle de roman personnel lorsque l'auteur diffère du personnage et narrateur* mais que l'œuvre fourmille d'éléments autobiographiques sans pour autant revendiquer clairement son appartenance au genre. Certains écrivains, comme André Gide, plaident en faveur de ce type de roman, d'après eux plus conforme à la vérité que leur autobiographie. Ils invitent surtout à lire roman et autobiographie comme des œuvres qui les révèlent et se complètent. Les romans personnels ne sont pas des autobiographies mais s'inscrivent dans « **l'espace autobiographique** » selon Philippe Lejeune.

• L'autofiction

À la différence du roman personnel, l'autofiction est généralement fondée sur l'identité entre le nom de l'auteur (le plus souvent conforme à l'état-civil de l'écrivain) du narrateur* et du protagoniste.

De nombreuses œuvres antérieures à l'apparition du mot autofiction correspondent en fait à ce genre. *Fils* (1975), modèle du genre crée par Serge Doubrovsky, ne se présente pas comme une autobiographie mais comme « une fiction d'événements et de faits strictement réels » et porte le sous-titre de « roman ».

• Autobiographie et poésie

Certains poètes soulignent la parenté entre poésie et autobiographie. Ainsi *Les Contemplations* de Victor Hugo sont-elles « les Mémoires d'une âme ». Écrire sa vie poétiquement est donc possible que l'on choisisse les vers, la prose ou une forme qui dépasse cette opposition classique comme la prose poétique*.

• Autobiographie et arts

L'autobiographie peut associer texte et image. Cette image peut être un tableau, un dessin, une photographie, une bande dessinée, un film. L'image peut aussi, indépendamment de l'écriture, raconter une vie.

LE MONDE RÉEL ET LES PERSONNAGES DANS LES ÉCRITS AUTOBIOGRAPHIQUES

Le monde réel est par nature inscrit dans le récit de type autobiographique (du grec bios *: vie, et* graphein *: écrire) dans lequel une personne raconte sa propre existence. Dans ce type de récit, le personnage a un statut particulier, distinct de celui du personnage de roman.*

1. Le monde réel

Monde réel et témoignage

• Les écrits autobiographiques **donnent à voir l'individu dans sa vie privée et publique**. Que l'on mette l'accent sur l'une ou sur l'autre, le **monde extérieur est nécessairement présent**.

La **représentation du monde réel** est particulièrement **importante** dans les écrits autobiographiques qui se présentent comme des **témoignages de type historique, géographique ou sociologique**.

• **Tous les genres autobiographiques sont concernés** : l'importance accordée à la représentation du monde réel dépend du désir de témoigner de l'autobiographe, de la fonction qu'il entend conférer à ce qu'il écrit.

Genres autobiographiques et témoignages

• **Dans les mémoires**, le témoignage sur des événements historiques, l'histoire d'une époque, d'une génération constituent l'essentiel (*Mémoires* du Cardinal de Retz).

• **Dans l'autobiographie**, le témoignage sur les événements du monde est librement présent, occupant le devant de la scène ou en constituant seulement l'arrière-plan.

• **Dans le journal personnel**, les événements du monde ne sont pas absents mais la fréquence de leur évocation varie selon le moment et l'humeur de son auteur.

Cependant, le journal peut avoir uniquement pour fonction de noter des faits et des informations qui ne sont pas d'ordre personnel, mais historiques ou politiques (*Verbatim*, Jacques Attali). On parle alors de **journal extime** par opposition au **journal intime**.

Lire un témoignage historique

• Dans un écrit autobiographique se présentant comme un témoignage historique, l'auteur-narrateur-personnage est **témoin ou acteur des événements qu'il narre**. On doit alors se poser, pour analyser son témoignage, les **mêmes questions que pour tout texte de nature autobiographique** : quels sont les motifs profonds qui poussent un écrivain à écrire et à croire en ce qu'il écrit ? Quels sont les motifs qui poussent le lecteur à s'intéresser à la vie d'autrui ?

• Cependant, selon que l'on est historien ou amateur d'autobiographies, on ne lit pas de la même façon les témoignages historiques.

Lectures par l'historien et par le lecteur d'autobiographies

• **Pour le lecteur historien**, le témoignage fait l'objet d'une réflexion sur les conditions dans lesquelles il a été produit. Il est traité dans sa singularité, comme une source, et de ce fait doit être examiné avec précaution.

• Tout témoignage postule l'existence d'un **lecteur au moins virtuel** et porte la trace de la **subjectivité de celui qui écrit : le lecteur d'écrits autobiographiques accorde autant d'importance** à la **subjectivité de l'auteur**, au **rôle actif que ce dernier lui confère**, qu'à **l'objectivité présumée de la narration**.

• Pour analyser un témoignage, on peut croiser les deux modes de lecture, afin de mettre en évidence les choix opérés par l'autobiographe, ses difficultés, ses silences et, enfin, le rôle qu'il joue en tant que témoin et/ou acteur de l'action.

2. Le personnage

Dans les écrits autobiographiques, dans la « littérature du moi », on est tenté de parler de **personne** plutôt que de **personnage**. Néanmoins, le texte autobiographique construit des « personnages », présentant même le plus souvent une **hiérarchie entre les personnages.**

Statut particulier des personnages

Par opposition avec le roman, l'œuvre autobiographique n'invente pas ses personnages. Néanmoins, elle **crée souvent de toutes pièces** un **personnage de lecteur** ou **transforme explicitement un personnage réel**.

• **Un personnage inventé : le lecteur**
Certains diaristes* (► p. 355) forgent une **figure de lecteur**, destinataire et interlocuteur de leurs écrits. Ils lui donnent un nom ou se contentent d'utiliser la deuxième personne dans leur journal. Ce personnage peut être un double d'eux-mêmes.

• **Le personnage transformé**
Dans tous les genres autobiographiques, on peut observer une **dissimulation ou une modification de l'identité de personnages réels.**

- **L'auteur décide de dissimuler certaines identités** : les changements de noms sont fréquents dans l'autofiction, par exemple.

- Les **contraintes sociales et éditoriales** poussent l'auteur ou l'éditeur à **taire l'identité réelle** d'une personne ou à **retoucher son portrait**, pour des raisons de **bienséance* ou de décence**, c'est-à-dire pour respecter la morale ou la vie privée d'autrui. Les femmes (écrivaines) qui signent des écrits autobiographiques aux XIXe et XXe siècles dissimulent leur véritable identité sous des **pseudonymes** (George Sand) ou se forgent une nouvelle identité (Colette).

• **Le personnage transposé d'un genre dans un autre : le passage du journal à l'autobiographie**

- Un auteur peut **se raconter lui-même dans plusieurs genres autobiographiques**. L'écriture dans un genre donné peut être antérieure, simultanée ou postérieure à celle effectuée dans un autre genre. La représentation du personnage varie à l'occasion de ces écritures. Elle va du **simple transfert** à la **transposition**, par exemple dans le passage du journal à l'autobiographie.

- **Le journal** est un **réservoir d'idées** pour l'écrivain : de nombreux écrits fictionnels ou non fictionnels prennent naissance dans un journal personnel.

- Le journal peut servir de **support à l'écriture d'une autobiographie** (Claude Mauriac, *Le Temps immobile*). L'autobiographie est alors élaborée en conformité ou en décalage par rapport aux écrits du diariste*.

Cela n'ôte pas au **journal** son **statut d'œuvre à part entière**.

Hiérarchie des personnages

• **L'auteur-narrateur** est le **personnage principal** (ou protagoniste).

• Les **personnages secondaires** et les **comparses*** (► pp. 226 à 228) appartiennent aux **différentes sphères de l'univers autobiographique** :

- la sphère familiale : les ancêtres, grands-parents, parents, enfants, famille élargie (dans la culture africaine par exemple) ;
- la sphère des relations, des amis et des amours ;
- la sphère sociale, professionnelle restreinte ou large ;
- la sphère des vivants (humains, animaux) ou des morts.

• Le texte autobiographique attribue à ces différentes sphères des **places distinctes et relatives.** Par exemple, l'évocation d'un animal domestique chéri peut être plus importante que celle d'un membre de la famille de l'autobiographe.

• L'auteur construit **un univers de références** qui part en général **de lui-même et non de la société.** Il peut cependant limiter la part qu'il s'accorde, par exemple dans ses mémoires, au profit de celle d'un personnage considéré comme important : la **notoriété** joue un rôle majeur dans **les mémoires** puisque **l'action présente des personnages qui ont joué un rôle important dans l'histoire d'une époque.** Elle s'oppose **à l'anonymat ou à l'insignifiance pour la société** de personnages qui prennent de l'importance dans le contexte autobiographique.

LE TEMPS

1. Présence du temps dans l'œuvre

• Le temps objectif et le temps subjectif, les repères temporels

Dans l'autobiographie, le temps est représenté sous deux formes :

- Le temps **objectif**, signalé par une date, une heure, une durée précise.
- Le temps **subjectif** : la durée vécue par l' individu, distincte du temps de l'horloge. Un événement très court peut par exemple être ressenti comme tel ou comme interminable selon son importance et les émotions qu'il a suscitées.

Pour les œuvres autobiographiques, les repères peuvent être très précis (une date) ou indéfinis (une époque, une saison).

• Le souvenir et la mémoire

• **Le souvenir**

- Pour combler les vides de la mémoire, l'autobiographie utilise les souvenirs d'autrui. Tel est le cas des récits de naissance et de petite enfance, rapportés par des proches. Portraits de famille et portraits photographiques aident aussi à **reconstruire** le souvenir.
- L'autobiographe peut aussi **dissimuler** un ou plusieurs souvenirs. L'intimité d'un individu, d'une famille ne se dit pas aisément. En dépit du pacte autobiographique et de ses exigences de vérité, celui qui écrit se censure lui-même. À cette **auto-censure** plus ou moins grande vient s'ajouter la **censure** exercée par la famille et la société (▸ *L'écrivain et le société*, p. 414).
- L'écriture du souvenir peut donc être **révélation d'un secret**. Certains écrivains comme Stendhal adoptent des codes qu'il faut décrypter pour comprendre. Cet usage est fréquent dans le journal car le diariste craint qu'on ne le lise à son insu.
- L'autobiographe peut **réécrire** un souvenir : un même souvenir n'est pas nécessairement raconté ni ressenti de façon identique par la même personne à des moments différents. Plusieurs œuvres d'un même auteur peuvent proposer des **réécritures** différentes d'un même souvenir.

• Mémoire volontaire et mémoire involontaire

- **La mémoire volontaire** est contrôlée et consciente : elle saisit le passé à l'aide de points de repère précis. À l'inverse, **la mémoire involontaire ou affective** se déclenche de façon imprévisible, inattendue. Le souvenir naît alors d'une sensation ou d'une émotion : une musique, une odeur, une saveur ressuscitent un passé totalement oublié.
- Proche de la mémoire involontaire, **la réminiscence** donne le sentiment troublant qu'un épisode vécu dans le présent a déjà été vécu dans un passé très lointain. L'individu a le sentiment d'avoir vécu des vies « antérieures ».

2. L'organisation temporelle et matérielle de l'œuvre

• Un récit chronologique

L'œuvre adopte souvent **une organisation chronologique relativement continue**. Souvent découpé en parties et chapitres, le récit peut couvrir :

- la vie entière (de la naissance à la mort) ;
- une période de la vie (enfance / adolescence / maturité / vieillesse).

Quand il ne porte que sur l'enfance et la jeunesse, le récit s'apparente au roman de formation ou d'apprentissage*. Quand les aventures et les voyages s'accumulent, l'autobiographie est proche du roman d'aventures ou du roman picaresque*.

• Un récit fragmenté

La structure peut être **fragmentée**, pour suivre le découpage du calendrier (comme dans le journal), mettre en évidence le fonctionnement réel de la mémoire par bribes (les souvenirs) ou pour exprimer un sentiment (désarroi, douleur par exemple). Quand l'organisation est thématique comme dans l'autoportrait (*Essais* de Montaigne), la structure de l'œuvre est également morcelée.

LIRE UN TEXTE AUTOBIOGRAPHIQUE

1. Identifier le genre autobiographique

Pour lire un texte autobiographique, il faut identifier le genre autobiographique auquel le texte appartient :
- À partir du titre qui indique clairement le genre (mémoires, journal).
- À partir des dates de composition ou de publication (les mémoires, genre le plus ancien ; l'autofiction, genre récent).

2. Situer l'œuvre dans son contexte

• À partir des indications fournies dans le paratexte*, il faut préciser l'identité de l'auteur, son statut (écrivain ou simple particulier qui écrit un journal, par exemple).

• Il faut ensuite définir le rapport temporel entre auteur, narrateur* et personnage en se posant deux questions :
- À quel moment l'auteur écrit-il ce récit ?
- Quel(s) moment(s) de la vie de l'auteur ce récit évoque-t-il ?

• On détermine alors si l'écriture est presque simultanée* (journal) ou largement postérieure aux faits racontés (mémoires de jeunesse écrits par un vieil homme).

• On situe l'extrait dans l'œuvre : s'agit-il d'un début ou d'une fin (de l'œuvre, d'un chapitre), d'une préface ?

3. Observer le thème et la forme du texte

• L'auteur parle-t-il de lui-même, d'un événement ou d'un thème précis ?

• Le texte est-il composé de plusieurs paragraphes ? Est-il plutôt compact ou morcelé ? Quel premier effet cette organisation produit-elle sur le lecteur ?

4. Analyser et interpréter le texte

• S'il s'agit d'un discours explicatif ou argumentatif,
- est-ce un pacte autobiographique ?
- est-ce une pause dans le récit qui permet au narrateur d'expliciter et d'analyser une situation ?
- le narrateur explique-t-il comment il écrit ?

• S'il s'agit d'un discours narratif, descriptif,
- est-ce un épisode mineur ou un moment-clé de l'existence de l'autobiographe ?
- est-ce un portrait : du protagoniste (autoportrait), d'un personnage important ou secondaire ?
- est-ce une description : d'un paysage, d'un objet ?
- est-ce une anecdote essentielle ou secondaire ?

Il convient ensuite d'observer si le texte comporte un ou plusieurs types de discours* et comment ceux-ci se succèdent.

5. Identifier les marques énonciatives et les modalisations

Il faut :
- définir locuteurs* et destinataires* et analyser le choix des personnes ;
- analyser la façon dont l'auteur construit son image ;
- étudier l'emploi des modes et des temps verbaux, leurs valeurs pour distinguer **écriture rétrospective*** et **écriture simultanée***.

6. Définir les enjeux du texte

Les enjeux du texte varient selon le genre* auquel il appartient.

Les enjeux du journal
- Le journal a-t-il un destinataire autre que le diariste* ? Porte-t-il sur le monde extérieur ou sur la vie intérieure du diariste* ?
- Présente-t-il des qualités d'écriture particulières ?

Les enjeux des mémoires
Les mémoires offrent-ils un témoignage important, voire unique ? sur quel sujet ? Le mémorialiste est-il un personnage-clé de son époque ?

Les enjeux de l'autobiographie
- S'agit-il d'enjeux personnels ou collectifs : l'autobiographe s'exprime-t-il au nom d'un groupe ?
- S'agit-il d'un texte manifeste* du genre autobiographique ? Dans ce cas, ses enjeux littéraires doivent être soulignés.

ÉCRIRE UN TEXTE AUTOBIOGRAPHIQUE

1. Définir le cadre de l'écriture

- Connaître les caractéristiques des différents genres.
- Observer leurs particularités dans les textes du corpus.

2. Analyser la consigne et s'y conformer

Quelle forme d'écriture demande-t-on ?

- **Imiter** un texte autobiographique, c'est respecter ses caractéristiques (formes de discours*, registres*, niveaux de langue*, structure), telles qu'elles sont observables dans le corpus pour en faire un pastiche ou les accentuer dans une intention précise, par exemple satirique* (parodie).
- **Transformer** un texte, c'est le plus souvent l'amplifier : on développe une scène, on introduit un dialogue entre plusieurs personnages. Cela suppose une bonne analyse de la situation initiale (action et contexte spatio-temporel), des types de personnages, de la modalisation*.
- **Transposer** un texte :
  - **changer de registre** peut entraîner une modification du vocabulaire, des figures*, des niveaux de langue* utilisés dans le texte d'appui ;
  - **changer de point de vue** conduit à ajouter, modifier ou effacer certaines personnes, certaines informations fournies par le texte, certaines modalisations* ;
  - **changer de genre** suppose de respecter les conventions du genre demandé. On peut, par exemple, changer ou ne pas changer de narrateur (écrire à partir du journal de X l'autobiographie de Y dont X fait le portrait).

3. Transposer dans un autre genre

Genre de départ Genre d'arrivée	Journal (d'une personne X) → Autobiographie	Journal → Mémoires	Notice autobiographique → Autofiction	Mémoires → Roman historique	Autobiographie → Lettre	Journal → Poème	Mémoires → Scène de théâtre
Énonciation A = auteur N = narrateur P = personnage	1re personne (A = N = P) avec ou sans changement d'identité	1re et 3e personnes P se définit comme N	Passer de la 3e personne à la 1re personne N devient P	Passer à la 3e personne	A = N = P 1re personne Interpellation du destinataire	A = N = P à conserver	Monologue ou dialogue Discours direct
Mise en page	Sans les entrées et les dates du journal	Moins morcelée que celle du journal	Rédaction suivie ou organisation en chapitres	Semblable (récit)	Codes de présentation épistolaire (date, lieu, formules, signature)	Respect de la forme poétique choisie, fixe ou non	Formes de l'échange théâtral
Choix des temps verbaux	Passé plutôt que présent, présent possible	Passé	Passé ou présent	Passé, présent	Présent d'énonciation	Présent, passé, futur	Présent
Éléments à conserver	En rapport avec le personnage désigné par le sujet	Témoignage historique, anecdotes	Trame des étapes d'une vie	Précisions temporelles faits historiques	Expression de soi (émotions, sentiments, jugements)	Lyrisme. Répétitions expressives. Date et lieu d'écriture en fin de poème	Propos présents dans le texte Attitudes des personnages
Éléments à supprimer	Notes sur le quotidien (liste de courses à faire, par exemple)	Remarques relevant de l'intime	Distance et neutralité constantes	Complicité avec le lecteur informé des événements	Explications pour le lecteur anonyme (Ici destinataire connu)	Marquage du journal. Éléments personnels trop précis	Effet de commentaire du narrateur (à intégrer dans les répliques ou les didascalies)
Éléments à transformer	Transformer un discours pour soi, spontané, répétitif, parfois maladroit du journal	Tenir un discours plus distancié	Développer les étapes mentionnées succinctement dans la notice. Inventer à partir de là et introduire l'intériorité de P.	Développer la contextualisation pour un lecteur ignorant des faits	Insister sur le temps de l'écriture	Transformer style (rythmes et images) et registres	Transformer notations (lieux, temps, gestes, etc.) en didascalies
Principe d'organisation	Thématique ou chronologique	Chronologique	Thématique ou chronologique	Chronologique	Double chronologie	Libre	Contraint par les règles du théâtre

EXERCICES
D'OBSERVATION ET D'INTERPRÉTATION

A Dégager les caractéristiques des genres autobiographiques

1. Observer une autobiographie

Au cours de l'année 1899, Émile Nouguier, condamné à mort lyonnais exécuté le 9 février 1900, rédige à la demande du criminologue A. Lacassagne, six cahiers intitulés Les Souvenirs d'un moineau ou les confidences d'un prisonnier.

Il [mon père] affectait des principes d'honneur qu'il ne suivait pas. Il me punissait si je dérobais un morceau de sucre mais pourquoi — approche-toi bien près que personne ne nous entende — pourquoi réprimait-il en moi le larcin pour me pousser au vol ? Oui, tu ne peux savoir combien de poules ne rentrèrent pas le soir à leur poulailler et pour cause, car elles étaient venues échouer dans mon carnier après avoir été arrêtées dans leur course par le fusil de mon père, tu ne peux savoir combien de grappes de raisin, de coings, de légumes manquèrent au champ ou au jardin du cultivateur, tu ne peux pas savoir que si quelque poule s'échappait du poulailler pour aller picorer les graines du clos voisin, c'était moi que mon père chargeait d'aller surprendre sur le perchoir improvisé la pauvre bête dans son sommeil et je pourrais t'en dire encore bien long sur ce sujet. Ce ne sont que de petits détails, mais crois-tu que cet encouragement au maraudage, au vol n'introduisit pas plus fortement en moi les mauvais sentiments ? Crois-tu que ce sont là les exemples et les conseils d'un père ?

Émile Nouguier (1878-1900), *Les Souvenirs d'un moineau*,
publication par Philippe Artières,
Drôle d'oiseau. Autobiographie d'un voyou à la Belle Époque,

a) Étudiez l'énonciation* : qui est le narrateur*-personnage ? A-t-il un interlocuteur ? Qui est le personnage central de la scène ?

b) Quelle est la thèse* présentée ? Par quels procédés cherche-t-on ici à agir sur le destinataire* ? dans quel but ?

2. Dégager les caractéristiques des mémoires

La Comtesse de Boigne écrit ses mémoires en 1837 à la demande de ses proches. Elle les intitule tout d'abord Récits d'une tante *puisqu'elle les adresse à son neveu. Elle y raconte son enfance à Versailles et son destin d'émigrée.*

J'ai été littéralement élevée sur les genoux de la famille royale. Le Roi et la Reine surtout me comblaient de bontés. Dans un temps où, comme je l'ai déjà dit, les enfants étaient mis en nourrice, puis en sevrage, puis au couvent, où, vêtus en petites dames et en petits messieurs, ils ne paraissaient que pour être gênés, maussades et grognons, avec mon fourreau de batiste[1] et une profusion de cheveux blonds qui ornait une jolie petite figure, je frappais extrêmement. Mon père s'était amusé à développer mon intelligence, et l'on me trouvait très sincèrement un petit prodige. J'avais appris à lire avec une si grande facilité qu'à trois ans je lisais et débitais pour mon plaisir et, même, dit-on, pour celui des autres, les tragédies de Racine.

Comtesse de Boigne (1781-1866), *Mémoires.*
Du règne de Louis XVI à 1820, tome I.

1. *batiste* : tissu en lin très fin.

a) Ce début de chapitre vous semble-t-il correspondre à ce que doivent être des mémoires, c'est-à-dire le récit d'un témoin privilégié de l'Histoire ?

b) Comparez ce texte au texte de l'exercice précédent : quelles similitudes, quelles différences observez-vous ?

3. Dégager les caractéristiques du journal intime

Henri-Frédéric Amiel a laissé, après sa mort, un journal intime de près de 16 900 pages. Il évoque ici un deuil familial.

Dimanche 12 mars 54

Le temps se maintient splendide depuis bien des jours. Journée de deuil et de famille. Innombrables visites reçues. J'emmène mon petit neveu à la Monnaie pour l'après-midi. Les enfants ne savent encore rien. La grand'maman est dans un affaissement muet et morne ; Jul.* est affligé, Fr.* saisi, les frères du mort sont frappés et les amis attristés, ou stupéfaits. – Pourtant tout cela manque un peu de recueillement. […]

H.-F. Amiel (1821-1881), *Journal intime* (janvier-juin 1854),

a) À quoi reconnaît-on qu'il s'agit d'un journal intime dans la présentation et la typographie ?

b) Quels sont les thèmes évoqués dans ce journal ?

4. Dégager les caractéristiques de l'autofiction

Dans L'Amant, *Marguerite Duras écrit : « L'histoire de ma vie n'existe pas ». Elle y évoque pourtant le pays où elle a vécu, l'Indochine à l'époque coloniale, et son histoire d'amour avec un homme très différent d'elle, plus âgé, riche, et membre de la communauté chinoise de Cholen.* L'Amant *est une autofiction.*

Que je vous dise encore, j'ai quinze ans et demi.
C'est le passage d'un bac sur le Mékong.
L'image dure pendant toute la traversée du fleuve.

J'ai quinze ans et demi, il n'y a pas de saisons dans ce pays-là, nous sommes dans une saison unique, chaude, monotone, nous sommes dans la longue zone chaude de la terre, pas de printemps , pas de renouveau.

Je suis dans une pension d'État à Saigon. Je dors et je mange là, dans cette pension, mais je vais en classe au-dehors, au lycée français. Ma mère, institutrice, veut le secondaire pour sa fille. Pour toi c'est le secondaire qu'il faudra. Ce qui était suffisant pour elle ne l'est plus pour la petite.

Marguerite Duras (1914-1996), *L'Amant*,

a) **Étudiez la situation d'énonciation*. À quoi « je » correspond-il ? Comment les paroles de la mère sont-elles reproduites ?**

b) **Combien de séquences composent cet extrait ?**

B Examiner un projet ou un pacte autobiographique

5. Dégager les caractéristiques du pacte autobiographique

Trois auteurs différents présentent les objectifs et la nature de l'autobiographie qu'ils écrivent :

Texte A

Je n'entretiendrai pas non plus la postérité du détail de mes faiblesses ; je ne dirai de moi que ce qui est convenable à ma dignité d'homme et, j'ose le dire, à l'élévation de mon cœur. Il ne faut présenter au monde que ce qui est beau ; ce n'est pas mentir à Dieu que de ne découvrir de sa vie que ce qui peut porter à des sentiments nobles et généreux.

Chateaubriand (1768-1848),
Mémoires d'outre-tombe, 1848-1850.

a) **Étudiez le choix et la valeur des temps verbaux.**

b) **Quelles sont les caractéristiques du pacte autobiographique ?**

Texte B

Mettre à nu certaines obsessions d'ordre sentimental ou sexuel, confesser publiquement certaines des déficiences ou lâchetés qui lui font le plus honte, tel fut pour l'auteur le moyen – grossier sans doute, mais qu'il livre à d'autres en espérant le voir amender – d'introduire ne fût-ce que l'ombre d'une corne de taureau dans une œuvre littéraire.

Michel Leiris (1901-1990), *De la littérature considérée comme une tauromachie*, préface à la réédition de 1946 de *l'Âge d'homme*, © Éditions Gallimard, 1946.

a) **Étudiez le choix et la valeur des modes et temps verbaux.**

b) **Comment le titre permet-il de comprendre l'image de « la corne de taureau » à introduire dans « une œuvre littéraire » ?**

Texte C

Je ne puis assurer mon objet[1]. Il va trouble et chancelant, d'une ivresse naturelle. Je le prends en ce point, comme il est, en l'instant que je m'amuse à lui. Je ne peins pas l'être. Je peins le passage : non un passage d'âge en autre, ou, comme dit le peuple, de sept ans en sept ans, mais de jour en jour, de minute en minute. Il faut accommoder[2] mon histoire à l'heure. Je pourrai tantôt[3] changer non de fortune[4] seulement mais aussi d'intention.

Montaigne (1533-1592), *Essais*, « Du repentir », III, 2, 1595.

1. *mon objet* : le sujet des *Essais*, Montaigne lui-même. 2. Il faut adapter la description au moment présent. 3. *tantôt* : tout à l'heure. 4. *la fortune* : le sort, le destin.

a) **Quelles définitions Montaigne donne-t-il de son « moi » ?**

b) **Quelle signification donnez-vous au mot « passage » ?**

6. Comparer des démarches autobiographiques

Relisez les trois textes de l'exercice 5 et répondez aux questions suivantes.

a) **Quel type d'écriture autobiographique ces trois textes présentent-ils ?**

b) **Observez le paratexte* : les titres des œuvres (et éventuellement des chapitres) vous paraissent-ils correspondre aux caractéristiques que vous avez dégagées pour chacune d'elles ?**

C Interpréter un titre d'œuvre

7. Interpréter un titre de journal

- *Journal d'une jeune fille mal dans son siècle* (1840-1859), Amélie Weiler (1822-1895)
- *Journal d'un poète* (1867), Alfred de Vigny (1797-1863)
- *Le mendiant ingrat* (1892-1896), Léon Bloy (1846-1917)
- *Journal inutile* (1968-1976), Paul Morand (1888-1976)
- *Journal de la création* (1996), Nancy Huston (née en 1953)
- *Cytomégalovirus. Journal d'hospitalisation* (1992), Hervé Guibert (1955-1991)
- *La vie extérieure* (1993-1999), Annie Ernaux (née en 1940)
- *En marge des jours* (2002), J.-B. Pontalis (né en 1924)
- *Feuilles mortes (*Journal 1946-1975*)*, Georges Perros (1923-1978)

a) **Quelles indications sur le contenu d'un journal ces titres donnent-ils ?**

b) **Quels sont les titres qui n'utilisent pas le mot « journal » ? Que signifie ce choix ?**

D Mesurer les enjeux de l'entreprise autobiographique

8. Mesurer l'enjeu de l'autobiographie chez Rousseau

Le texte ouvre le Livre I des Confessions *de Jean-Jacques Rousseau.*

INTUS, ET IN CUTE[1]

Je forme une entreprise qui n'eut jamais d'exemple et dont l'exécution n'aura point d'imitateur. Je veux montrer à mes semblables un homme dans toute la vérité de la nature ; et cet homme, ce sera moi.

Moi seul. Je sens mon cœur et je connais les hommes.

Je ne suis fait comme aucun de ceux que j'ai vus ; j'ose croire n'être fait comme aucun de ceux qui existent. Si je ne vaux pas mieux, au moins je suis autre. Si la nature a bien ou mal fait de briser le moule dans lequel elle m'a jeté, c'est ce dont on ne peut juger qu'après m'avoir lu.

Que la trompette du Jugement dernier sonne quand elle voudra ; je viendrai, ce livre à la main, me présenter devant le souverain juge. Je dirai hautement : voilà ce que j'ai fait, ce que j'ai pensé, ce que je fus. J'ai dit le bien et le mal avec la même franchise. Je n'ai rien tu de mauvais, rien ajouté de bon, et s'il m'est arrivé d'employer quelque ornement indifférent, ce n'a jamais été que pour remplir un vide occasionné par mon défaut de mémoire ; j'ai pu supposer vrai ce que je savais avoir pu l'être, jamais ce que je savais être faux. Je me suis montré tel que je fus, méprisable et vil quand je l'ai été, bon, généreux, sublime, quand je l'ai été : j'ai dévoilé mon intérieur tel que tu l'as vu toi-même.

Être éternel, rassemble autour de moi l'innombrable foule de mes semblables ; qu'ils écoutent mes confessions, qu'ils gémissent de mes indignités, qu'ils rougissent de mes misères. Que chacun d'eux découvre à son tour son cœur aux pieds de ton trône avec la même sincérité et puis qu'un seul te dise, s'il l'ose : Je fus meilleur que cet homme-là.

Jean-Jacques Rousseau (1712-1778),
Les Confessions (1767-1770), 1782.

1. Épigraphe* tirée d'un vers du poète latin Perse : « Connais-toi intérieurement et dans ta chair ».

a) Étudiez l'énonciation* : quel est le registre* du texte ?

b) Quels sont les enjeux de l'écriture de l'autobiographie présentés dans ce préambule* ?

c) Dégagez la thèse défendue par l'autobiographie : à quel(s) genre(s) oratoire(s) appartient ce texte ? (► *Les genres argumentatifs*, p. 186)

d) Pourquoi ce texte est-il considéré comme le manifeste* du genre autobiographique ?

E Étudier l'expression de soi et du souvenir dans les œuvres autobiographiques

9. Étudier l'expression de soi dans une autobiographie poétique

Voici un extrait de « Finalement » (Septembre-octobre 1964), conclusion du « roman poème » de Georges Perros, Une vie ordinaire.

FINALEMENT

Je parle de choses vécues
par moi bien sûr par vous peut-être
aussi mais vous n'aurez pas cru
devoir les mettre à la fenêtre
afin qu'elles sèchent au gré
comme un linge bien lavé
de toute la malpropreté de nos subjectivités rances
qui s'envoleront [...]

Georges Perros (1923-1978), *Une vie ordinaire*,
© Éditions Gallimard, 1967.

a) Quelle image Georges Perros utilise-t-il ? Quels sont les deux éléments rapprochés ?

b) Relevez les pronoms personnels : qui est le destinataire* du poème ?

c) Quel rôle joue la disposition des mots sur la page ?

10. Étudier la naissance du souvenir dans un récit

Dans ses Mémoires d'outre-tombe, *Chateaubriand raconte une promenade, un soir, dans le parc du château de Montboissier.*

Je fus tiré de mes réflexions par le gazouillement d'une grive perchée sur la plus haute branche d'un bouleau. À l'instant, ce son magique fit reparaître à mes yeux le domaine paternel ; j'oubliai les catastrophes dont je venais d'être le témoin, et, transporté subitement dans le passé, je revis ces campagnes où j'entendis si souvent siffler la grive. Quand je l'écoutais alors, j'étais triste de même qu'aujourd'hui ; mais cette première tristesse était celle qui naît d'un désir vague de bonheur, lorsque l'on est sans expérience ; la tristesse que j'éprouve actuellement vient de la connaissance des choses appréciées et jugées.

Chateaubriand (1768-1848),
Mémoires d'outre-tombe, 1848-1850.

a) Par quel processus le souvenir naît-il ?

b) Quelles figures de style sont utilisées dans la dernière phrase ? Analysez leur fonctionnement et leur rôle.

11. Observer le rôle du lecteur

Dans le Livre IV des Confessions, *Rousseau raconte un voyage qu'il effectue en compagnie de Mlle Galley et Mlle de Graffenried. Il conclut ainsi :*

Ceux qui liront ceci ne manqueront pas de rire de mes aventures galantes, en remarquant qu'après beaucoup de préliminaires, les plus avancées finissent par baiser la main. Ô mes lecteurs ! Ne vous y trompez pas. J'ai peut-être eu plus de plaisir dans mes amours, en finissant par cette main baisée, que vous n'en aurez jamais dans les vôtres, en commençant tout au moins par là.

Jean-Jacques Rousseau (1712-1778),
Les Confessions (1767-1770), 1782.

a) Comment Rousseau imagine-t-il ses lecteurs ?

b) Quelle relation établit-il avec eux ?

c) Quel registre* utilise-t-il ?

F Lire un témoignage

12. Étudier des témoignages sur l'univers concentrationnaire

Texte A

Charlotte Delbo, après avoir milité dans les jeunesses communistes et après avoir travaillé pour le théâtre (assistante de Louis Jouvet), s'est engagée dans la Résistance. Elle a été déportée à Auschwitz puis à Ravensbrück. Voici le début de son ouvrage posthume, La Mémoire et les jours *(1985).*

Expliquer l'inexplicable. L'image du serpent qui laisse sa vieille peau pour en surgir, revêtu d'une peau fraîche et luisante, peut venir à l'esprit. J'ai quitté à Auschwitz une peau usée – elle sentait mauvais, cette peau – marquée de tous les coups qu'elle avait reçus, pour me retrouver habillée d'une belle peau propre, dans une mue moins rapide que celle du serpent, toutefois. Avec la vieille peau s'en allaient les traces visibles : les prunelles fixes au fond des orbites plombées, la démarche tirée en avant, les gestes peureux. Avec la nouvelle peau revenaient les gestes de la vie antérieure : se servir d'une brosse à dents, de papier hygiénique, d'un mouchoir, d'un couteau et d'une fourchette, manger posément, dire bonjour en entrant, fermer la porte, se tenir droit, parler, plus tard sourire des lèvres, et, plus tard encore, sourire à la fois des lèvres et des yeux. Retrouver les odeurs, les saveurs, l'odeur de la pluie. À Birkenau, la pluie faisait ressortir l'odeur de diarrhée. C'est l'odeur la plus fétide que je connaisse. À Birkenau, la pluie rabattait sur le camp, sur nous, la suie des crématoires et l'odeur de chair qui brûle. Nous en étions imprégnés.

Il a fallu quelques années pour que la peau neuve se reconstitue, se consolide.

Débarrassé de sa peau morte, le serpent n'a pas changé.

Moi non plus, en apparence. Reste que...

Comment se défaire de quelque chose enfoui beaucoup plus profond : la mémoire et la peau de la mémoire. Je ne m'en suis pas dépouillée. La peau de la mémoire s'est durcie, elle ne laisse rien filtrer de ce qu'elle retient, et elle échappe à mon contrôle. Je ne la sens plus.

Au camp, on ne pouvait jamais faire semblant, jamais se réfugier dans l'imaginaire. Je me rappelle Yvonne Picart, un matin que nous portions des briques, sur un chantier de démolition. Porter deux briques à la fois, d'un tas à l'autre. Nous marchions côte à côte, nos briques sur le cœur, ces briques que nous avions arrachées à un tas couvert de glace, en nous arrachant la peau des mains. Lourdes, les briques s'alourdissaient à mesure qu'avançait le jour. Nos mains étaient bleues de froid, nos lèvres fendues par les gerçures. Yvonne me dit :

« Pourquoi ne puis-je m'imaginer que je suis boulevard Saint-Michel, que je me rends à mon cours, mes livres sur le bras ? » et elle met ses deux briques sur son avant-bras, comme les étudiants portent leurs livres. « C'est impossible. On ne peut s'imaginer, ni être autre, ni être ailleurs. »

Charlotte Delbo (1913-1985), *La Mémoire et les jours*,

a) Comment la narratrice commence-t-elle son récit ? Observez la composition matérielle du texte : que traduit-elle ?

b) Quelles progressions thématiques trouve-t-on dans le premier paragraphe (► p. 105) ?

c) Quelle est la figure de style dominante ? Pourquoi ce choix ?

d) Quel rôle jouent les sensations dans cet extrait ?

Texte B

Geneviève de Gaulle Anthonioz, résistante dès 1940, est arrêtée en 1943, internée à Fresnes puis à Ravensbrück. Un jour, dans le camp, elle est interrogée par deux personnes dont elle ignore l'identité en présence du commandant du camp, Surhen, qui l'a déjà lui-même interrogée.

L'entretien commence par des questions sur mon arrestation, sur les raisons qui l'ont motivée, si j'ai à me plaindre d'interrogatoires de la Gestapo, du traitement dans la prison de Fresnes. Je tiens à préciser que je n'ai pas été personnellement torturée, seulement jetée à terre et rouée de coups de poing et de coups de pied, ce qui paraît beaucoup choquer l'officier qui prend des notes. J'évoque le terrible voyage, l'arrivée à Ravensbrück, le dépouillement complet, les chiens, les coups, la terreur. Ensuite, en essayant de suivre un ordre chronologique, je décris la destruction progressive de ce qui constitue un être humain, de sa dignité, de sa relation avec les autres, de ses droits les plus élémentaires. Nous sommes des « Stucks », c'est-à-dire des morceaux ; n'importe quelle surveillante et même les policières de camp, les chefs de baraque détenues comme nous – peuvent impunément nous injurier, nous frapper, nous piétiner à terre, nous tuer, ça ne sera jamais qu'une vermine de moins. J'ai vu, j'ai subi cet écrasement, alors que déjà le corps n'en peut plus. La faim, le froid, le travail forcé sont certes des épreuves mais pas les pires.

Que comprennent mes visiteurs ? Parfois l'un ou l'autre sursaute, m'interrompt pour que je précise un fait, surtout quand les mauvais traitements me concernent personnellement. Suhren réalise peut-être que cette détenue-là est encore capable de témoigner et même de juger. Si l'Allemagne nazie est vaincue, il y aura des responsables qui devront rendre compte. À moins de supprimer les survivants jusqu'au dernier ? Est-ce que cette déposition est pour me tester ? éprouver ma force d'accusation plus tard, si je sors de Ravensbrück ?

Je ne sais combien de temps dure l'étrange enquête. Elle se poursuit hors de ma cellule, dans l'infirmerie des SS, près de la Kommandantur. C'est le jeune officier qui la conduit devant le docteur Trommer que j'avais aperçu une fois pendant une rechute de pleurésie. Il a demandé mon dossier médical… Quelle dérision ! Et s'indigne quand, après m'avoir fait passer une radio, il constate que j'ai été sérieusement atteinte aux poumons sans avoir jamais reçu aucun soin. Mes plaies de scorbut le choquent aussi, comme l'état de mes yeux, ma maigreur extrême, ma grande faiblesse. Je ne suis sûrement pas une bonne référence pour le camp de Ravensbrück !

Geneviève de Gaulle Anthonioz,
La Traversée de la nuit,
© Éditions du Seuil, 1998.

a) Quel est le sujet et l'enjeu de « l'entretien » ? Quel rapport cet entretien a-t-il avec le sujet du livre ?

b) Sur quoi l'auteur s'interroge-t-il dans l'avant-dernier paragraphe ? Comment cette interrogation est-elle présentée ?

13. Étudier des témoignages d'auteurs non francophones sur l'univers concentrationnaire

Texte C

Traduit sous le titre français de Refus de témoigner, *le livre de Ruth Klüger est une réflexion sur sa vie. Autrichienne déportée dans les camps, puis installée aux États-Unis, elle confronte son expérience de « rescapée » au regard de ses contemporains, américains, allemands ou autrichiens.*

Nous étions assises à cinq sur la couchette du camp des femmes, nous avions une cuvette d'eau dont je ne sais plus d'où elle provenait, mais nous devions la partager. J'étais la dernière et la plus petite, je suppliais, laissez-m'en aussi un tout petit peu ; la femme en face de moi lève sur moi un regard méchant, me semble-t-il, les yeux plissés, elle boit encore une fois. Avant d'arriver jusqu'à moi la cuvette était vide. C'était le soir, je croyais ne pas pouvoir passer la nuit avec une soif pareille, mais j'ai quand même fini par m'endormir.

Je ne suis jamais retournée à Auschwitz, et je n'ai pas non plus l'intention de jamais y retourner dans cette vie. Auschwitz n'est pas pour moi un lieu de pèlerinage. Je pourrais être fière d'y avoir survécu, c'est-à-dire que ce lieu ne soit pas resté le mien, que j'en sois sortie et qu'il n'ait pas pu me retenir. Mais c'est une dangereuse absurdité d'imaginer que l'on a beaucoup contribué à son propre salut. En ce lieu que j'ai vu, senti, redouté, et qui n'est plus aujourd'hui qu'un musée, je n'ai pas ma place, je n'y ai jamais eu ma place. C'est un lieu pour ceux qui repeignent les barrières[1].

Et pourtant, pour tous ceux qui y ont survécu, on fait d'Auschwitz une sorte de lieu d'origine. Le nom d'Auschwitz a aujourd'hui un rayonnement, même négatif, tel qu'il détermine dans une large mesure la réflexion sur une personne, à partir du moment où l'on sait qu'elle y a été. Même à mon propos, les gens qui ont l'intention de dire quelque chose d'important signalent que j'ai été à Auschwitz. Mais ce n'est pas si simple, car quoi que vous puissiez en penser, je ne viens pas d'Auschwitz, je suis originaire de Vienne. On ne peut pas effacer Vienne, on l'entend à l'accent, alors qu'Auschwitz m'était aussi fondamentalement étranger que la lune. Vienne fait partie intégrante des structures de mon cerveau et parle en moi, alors qu'Auschwitz a été le lieu le plus aberrant où j'aie pu me trouver, et son souvenir demeure un corps étranger dans mon âme, comme une balle que l'on ne pourrait extraire du corps. Auschwitz n'a jamais été qu'un épouvantable hasard.

Ruth Klüger, *Refus de témoigner* (titre original *weiter leben*),
© Éditions Viviane Hamy, 1992.

1. Allusion à l'activité de deux jeunes étudiants allemands rencontrés par Ruth Klüger qui, dans le cadre de leur service civil, ont repeint en blanc les clôtures d'Auschwitz.

a) Observez la progression du texte : comment le récit et la réflexion s'articulent-ils ?

b) Quel jugement la narratrice porte-t-elle sur les discours que l'on tient « aujourd'hui » au sujet des déportés ?

c) D'après ce texte, quelle est la démarche de Ruth Klüger ?

Texte D

À Budapest, en 1944, Gyorgy Koves, jeune hongrois de 15 ans, portant l'étoile jaune, est arrêté. Il est conduit à Auschwitz-Birkenau : il découvre et observe ce qui lui arrive et le raconte dans Être sans destin *qui se présente comme un simple récit, apparemment neutre.*

L'extrait suivant se situe vers la fin du livre.

Dans un premier temps, il a semblé hésiter. Effectivement, a-t-il dit, ce n'était que maintenant que commençaient à « apparaître vraiment les atrocités » et il a ajouté que « le monde est pour l'instant perplexe devant cette question : comment, de quelle façon tout cela a-t-il pu se produire ? » Je ne dis rien et alors, se tournant vers moi, il dit soudain : « Ne voudrais-tu pas, mon garçon, raconter ce que tu as vécu ? » J'étais un peu étonné et j'ai répondu que je n'aurais pas grand-chose d'intéressant à lui dire. Alors il a souri un peu et a dit : « Pas à moi : au monde entier. » Sur quoi, encore plus étonné, je lui demande : « Mais raconter quoi ? » « L'enfer des camps », répond-il, sur quoi je dis que je ne pourrais absolument rien en dire, puisque je ne connais pas l'enfer et serais même incapable de me l'imaginer. Il a déclaré que ce n'était qu'une comparaison : « Ne faut-il pas, a-t-il demandé, nous imaginer un camp de concentration comme un enfer ? » et j'ai répondu, en traçant du talon quelques ronds dans la poussière, que chacun pouvait se le représenter selon son humeur et sa manière, et qu'en revanche pour ma part je pouvais en tout cas m'imaginer un camp de concentration, puisque j'en avais une certaine connaissance, mais l'enfer, non. Il insistait : « Et si tu essayais quand même ? », et après quelques nouveaux ronds, j'ai répondu : « Alors je me l'imaginerais comme un endroit où on ne peut pas s'ennuyer » ; cependant, ai-je ajouté, on pouvait s'ennuyer dans un camp de concentration, même à Auschwitz, sous certaines conditions, bien sûr. Il s'est tu un moment, puis il a demandé, mais déjà presque à contrecœur, me semblait-il : « Et comment expliques-tu cela ? », et après une brève réflexion, j'ai trouvé la réponse : « Le temps. » « Comment ça, le temps ? » « Je veux dire que le temps, ça aide. » « Ça aide... ? À quoi ? » « À tout », et j'ai essayé de lui expliquer à quel point c'était différent d'arriver par exemple, dans une gare pas nécessairement luxueuse mais tout à fait acceptable, jolie, proprette, où on découvre tout petit à petit, chaque chose en son temps, étape par étape. Le temps de passer une étape, de l'avoir derrière soi, et déjà arrive la suivante. Ensuite, le temps de tout apprendre, on a déjà tout compris. Et pendant qu'on comprend tout, on ne reste pas inactif : on effectue déjà sa nouvelle tâche, on agit, on bouge, on réalise les nouvelles exigences de chaque nouvelle étape. Si les choses ne se passaient pas dans cet ordre, si toute la connaissance nous tombait immédiatement dessus, sur place, il est possible qu'alors ni notre tête ni notre cœur ne pourraient le supporter – essayais-je d'une certaine manière de lui expliquer, sur quoi il m'a tendu une cigarette d'un paquet déchiré qu'il avait extirpé de sa poche, mais j'ai refusé, puis, après deux grosses bouffées, les coudes appuyés sur les genoux, le tronc penché en avant et sans me regarder, il a dit d'une voix blanche et sourde : « Je comprends. » D'autre part, ai-je poursuivi, le problème, le désavantage, dirais-je, était qu'il fallait meubler le temps. J'avais vu par exemple, lui dis-je, des détenus qui vivaient depuis quatre, six ou même douze ans déjà – plus précisément : survivaient – en camp de concentration. Et donc ces quatre, six ou douze années, à savoir dans ce dernier cas douze fois trois cent soixante-cinq jours, c'est-à-dire douze fois trois cent soixante-cinq fois vingt-quatre heures, et donc douze fois trois cent soixante-cinq fois vingt-quatre fois... et tout cela, à rebours, minute par minute, heure par heure, jour par jour : c'est-à-dire qu'ils ont dû meubler tout ce temps d'une certaine manière. Mais d'autre part, ai-je ajouté, c'est justement ce qui les aidait parce que si ces douze fois, trois cent soixante-cinq fois, vingt-quatre fois, soixante fois, et encore soixante fois leur étaient tombées dessus d'un seul coup, alors ils n'auraient sûrement pas pu les supporter comme ils avaient pu le faire – ni avec leur corps, ni avec leur cerveau. Et comme il se taisait, j'ai ajouté encore : « C'est à peu près comme ça qu'il faut se l'imaginer. » Et alors lui, exactement comme quelques instants auparavant, mais sans la cigarette qu'il avait jetée, et donc tenant son visage à deux mains, ce pourquoi sa voix était encore plus sourde, plus étouffée, il a dit : « Non, c'est inimaginable », et pour ma part j'en convenais. Et je me suis dis que c'était apparemment pour cette raison qu'on préférait dire enfer, sans aucun doute.

Imre Kertész (né en 1929), *Être sans destin*, 1975 (éd. originale), © Actes Sud, 1998.

a) Comment la question du témoignage est-elle présentée ?

b) Observez les notations temporelles. Que constatez-vous ? Quel est l'effet produit ?

c) Quel emploi l'auteur fait-il des temps verbaux dans cet extrait ?

d) En vous aidant du paratexte, définissez la démarche autobiographique de l'auteur.

14. Exercice bilan

Comparer les quatre témoignages sur l'univers concentrationnaire

a) En vous aidant du paratexte, comparez les contextes d'écriture : quels sont les points communs entre les quatre auteurs ?

b) Quelles remarques pouvez-vous faire sur les titres choisis, en français ou en traduction ?

c) À quelles difficultés se heurtent, dans leurs récits, les acteurs et témoins de cette période ?

d) En quoi les démarches adoptées dans les textes C et D sont-elles originales et novatrices ?

e) D'après ces quatre textes, quels sont les enjeux de l'écriture du témoignage ?

au commentaire

A Examiner méthodiquement le texte

1. Définir le thème et la progression d'un texte

Né à Port-au-Prince (Haïti), Émile Ollivier évoque son enfance dans Mille eaux, *« récit » dont chaque chapitre est précédé d'un court poème.*

Il est des noms qui prédestinent au malheur. Madeleine Souffrant ! Ainsi s'appelait celle qui m'a donné la vie. Elle a failli la dévorer, non point par méchanceté mais par mégarde. Elle aurait voulu que nous vivions comme si j'étais, moi, une île, elle, l'eau. Elle m'entourait d'un anneau de tendresse si étroit qu'elle aurait pu m'étouffer. Elle jetait sur moi ses larmes de souffrance, me changeant en tertre sur lequel elle construisait sa vie. Il faut bien vivre, répétait-elle souvent. Ces mots, sur ses lèvres ourlées d'ironie destinée à masquer son lot de misères, rendaient un son incongru. Fallait-il vraiment vivre, se contenter d'être là ? Tout allait de travers dans sa vie et chaque jour la trouvait plus triste, plus pauvre, plus seule. Et, pourtant, la logique de vivre l'emportait malgré tout, comme si elle s'accrochait à un paysage aperçu dans une sorte de vision et dont elle espérait qu'un jour elle foulerait les vertes prairies. Il se développait chez cette femme une étrange ambiguïté. Il y avait celle dont l'esprit vacillait, souvent retranchée derrière une vitre d'angoisse. Il y avait celle qui se battait pour marcher droit dans le sillon, qui s'efforçait de tenir à distance le désespoir menaçant, implacable. Il y avait celle qu'un rien parfois suffisait à emplir d'allégresse.

Émile Ollivier (1940-2002), *Mille eaux*,
© Éditions Gallimard, 1999.

a) Quel est le point de départ du texte ? Quel est le fil conducteur du texte ?

b) Le texte progresse-t-il en suivant ce fil conducteur ?

c) Quels sont les deux champs lexicaux* dominants ?

d) ÉCRITURE Rédigez un paragraphe de commentaire dans lequel vous présenterez et analyserez la progression de ce texte

2. Étudier la présentation des personnages

Lisez le texte d'Émile Ollivier (► *Exercice 1*) et répondez aux questions.

a) Comment les personnages sont-ils désignés ? par quels pronoms ?

b) Quelles sont les images utilisées par le narrateur pour décrire les différentes attitudes de Madeleine Souffrant ?

3. Étudier le rythme d'un texte en prose

Lisez le texte d'Émile Ollivier (► *Exercice 1*) et répondez aux questions.

a) Quels procédés donnent un rythme au texte ? Quel rôle jouent l'emploi des verbes et le choix des temps verbaux dans la création de ce rythme ?

b) Quelle correspondance peut-on établir entre le rythme et le personnage évoqué ?

B Préparer, organiser, développer le commentaire

4. Définir un projet de lecture

Lisez le texte d'Émile Ollivier (► *Exercice 1*) et répondez aux questions.

a) Quelle est l'impression produite par le texte à la première lecture ? Quelles sont les principales caractéristiques du passage ?

b) Présentez en deux phrases un projet de lecture de ce texte.

5. Dégager des idées directrices

Les Mémoires de Léonard[1] *(1889), ancien garçon maçon, sont l'œuvre de Martin Nadaud qui partit travailler à Paris comme maçon à l'âge de quatorze ans et devint député de la Creuse sous la IIIe République. Il peint, dans ses mémoires, les conditions de vie des ouvriers et les événements historiques qu'il a vécus et auxquels il a participé activement.*

Préparatifs du départ pour Paris

Levé longtemps avant le jour, je revêtis l'accoutrement que ma mère m'avait fait confectionner à cette occasion, selon les habitudes du pays. Quel drap avait-elle choisi ? Naturellement du droguet, produit de la laine de nos brebis. Veste, pantalon et gilet, tout était de même étoffe. L'ensemble était raide comme du carton et paralysait presque tous les mouvements du corps, avec cela de gros souliers qui ne devaient pas tarder à m'écorcher les pieds, un chapeau haut-de-forme, à la mode du jour, que nous étions allés acheter à Saint Georges. C'est avec cette armure sur le corps qu'il me fallut entreprendre à pied le voyage de la Creuse à Paris.

Ainsi harnaché, le 26 mars 1830, je fis avec mon père mes adieux à ma famille. Il fallut même nous soustraire aux embrassements de ma mère, de ma grand-mère, de mes sœurs. Ce fut un douloureux et pénible moment. Je crois que, si on nous eût portés en terre, les cris de ces femmes n'eussent pas été plus déchirants.

Martin Nadaud (1815-1898), *Léonard, maçon de la Creuse*,
© La découverte / Poche de Borée, 1998.

1. Martin Nadaud choisit de rendre hommage à son père, prénommé Léonard, dans le titre de ses mémoires.

Parmi les idées suivantes, choisissez-en trois qui pourraient constituer les idées directrices d'un parcours de lecture et justifiez votre choix :

a) Le texte porte les marques du genre autobiographique.

b) La précision du récit prouve que la scène racontée est vraie.

c) Le narrateur se montre sincère mais aussi critique.

d) Le thème du départ pour la ville est un thème classique dans l'histoire et la littérature du XIXe siècle.

e) Le narrateur insiste sur la souffrance physique et morale du personnage.

6. Trouver des arguments

Lisez le texte de Martin Nadaud (► *Exercice 5*, p. 367). Pour trouver des arguments qui correspondent à l'idée suivante : « Le texte porte les marques du genre autobiographique » (► *Exercice 5*), répondez aux questions.

a) Quelle est la situation d'énonciation* ?

b) Quelles sont les marques temporelles présentes dans le texte ? Quel rôle jouent-elles ?

c) Quelles indications le titre donné par Martin Nadaud à son œuvre, *Les Mémoires de Léonard*, nous donne-t-il ?

d) Indiquez sous forme de liste les arguments dégagés en répondant aux questions précédentes.

7. Illustrer des arguments

Lisez le texte de Martin Nadaud (► *Exercice 5*, p. 367). Pour illustrer le lien entre précision et vérité du récit (*Exercice 5*, idée b : « La précision du récit prouve que la scène racontée est vraie »), répondez aux questions.

a) Quels termes se rapportent au champ lexical* du vêtement ? Classez-les selon leurs connotations (niveau de langue et appréciation subjective).

b) Rédigez un paragraphe de commentaire, portant sur la description du vêtement.

- Vous y introduirez les citations suivantes, en les commentant : « Naturellement du droguet, produit de la laine de nos brebis », « un chapeau haut-de-forme, à la mode du jour, que nous étions allés acheter à Saint Georges ».
- Vous pourrez appuyer aussi votre commentaire sur l'analyse des phrases non verbales et sur la valeur documentaire du passage.

8. Élaborer un plan

Lisez le texte d'Émile Ollivier (► *Exercice 1*, p. 367) et élaborez un plan de commentaire en répondant dans l'ordre aux questions suivantes :

- Comment le portrait de la mère est-il construit ?
- Comment la complexité et la richesse du personnage de la mère sont-elles suggérées ?
- Comment l'autobiographe se met-il en scène lui-même ?

9. Définir un projet de lecture et un plan de commentaire comparé

Texte A

Blaise Cendrars, né en Suisse, grand voyageur, s'est engagé dans la légion en 1914. Revenu manchot de la guerre, il raconte son expérience dans La Main coupée *(1946), ensemble de récits dont « L'offensive de printemps » est le deuxième. L'action se situe en Artois.*

L'OFFENSIVE DE PRINTEMPS

Il y a exactement trente ans de cela. Oui, il y avait du nouveau. Mais ce n'était pas « l'offensive du printemps », ce grand tralala des états-majors qui n'avait pas abouti. Nous, une poignée d'hommes, nous avions bien percé, nous. (Le 9 mai 1915, à 12 h 1/4, mon escouade et moi, nous étions sur la crête de Vimy[1] avec quelques braves types, 2-300 hommes en tout, égarés comme nous qui avions poussé de l'avant en sautant quatre lignes de tranchées allemandes sans tirer un coup de fusil, et le front était crevé) ! Mais les états-majors qui avaient monté cette offensive et qui nous avaient fait coudre des carrés de drap blanc dans le dos pour que l'artillerie puisse suivre notre progression à la lunette (on sait qu'au printemps les dépôts de projets de « mouvement perpétuel » et de « quadrature du cercle », à *l'Office International des Patentes* à Berne[2] se font beaucoup plus nombreux que durant les autres saisons), les états-majors, eux, ne croyaient pas à la fameuse percée et quand nous eûmes atteint la crête de Vimy (que les Canadiens ne reprirent qu'en 1918) avec nos carrés blancs dans le dos nous fûmes une jolie cible pour nos 75 et, dès que nous bougions, pour les 77 et les gros noirs autrichiens qui nous amochaient, sans parler des Allemands que nous avions dépassés et qui nous visaient dans le dos avec d'autant plus d'aisance.

Blaise Cendrars (1887-1961), *La Main coupée*, © Denoël, 1946.

1. Il s'agit de la grande offensive du Maréchal Joffre en Artois (mai 1915) avec pour objectif la « grande crête de Vimy ». **2.** Cet Office est le lieu où sont déposés les brevets (« patentes ») internationaux depuis 1886 (Convention de Berne). Cendrars fait allusion aux nombreuses inventions, plus ou moins efficaces, voire absurdes, qui concernaient notamment les tenues militaires et le camouflage.

Texte B

Dans La Peau et les os *(1949), Georges Hyvernaud raconte son expérience du* stalag, *camp de travail allemand où il passe cinq ans comme prisonnier de guerre. Son récit commence par la fin, dans un chapitre « Passé composé » qui raconte son retour parmi les siens, en 1945. Occupé « à digérer la tarte », il les écoute parler d'eux-mêmes. Voici la scène :*

Je me tais, malveillant et irrité. Je me sens oublié comme un mort à son enterrement. Je n'intéresse personne. Personne n'intéresse personne. On fait semblant. Chacun parle de soi. On écoute les autres pour pouvoir leur parler de soi. Mais au fond on s'en fout.

Après que chacun a bien parlé de soi, la famille se rappelle pourtant ma présence. Vous autres aussi, dans vos camps, vous en baviez, dit la Famille. Forcément, on en bavait. Les têtes se tournent vers moi, c'est mon tour. La Famille veut savoir ce que nous mangions, si nos gardiens nous maltraitaient. Raconte un peu, demande Louise, le type qui s'est évadé dans une poubelle. Oh oui, raconte, implore la Famille. Je me fais l'effet d'être encore le petit garçon à qui on imposait de réciter au dessert *La Mendiante*, d'Eugène Manuel. Je me résigne : Eh bien, voilà, c'est un type qui...

Mes souvenirs, dans ces moments où je suis bien encastré dans la paix compacte de la Famille, c'est curieux comme ils perdent de leur mordant et de leur autorité. Ils sont sans force, ils n'ont même plus l'air vrai. Pas moyen de croire à ça quand on regarde Ginette servir le café en prenant soin de ne pas tacher la nappe. Quand on regarde Merlandon, le Vétérinaire, l'Oncle. Existences indiscutables et invincibles comme celle des choses. Comme celle du petit berger de bronze sur son napperon de dentelle – la même dignité, la même puissance sourde.

Georges Hyvernaud (1902-1983), *La Peau et les os*,
© Le dilettante,1998.

Pour préparer le commentaire comparé du texte de Blaise Cendrars (texte A) et du texte de Georges Hyvernaud (texte B), définissez un projet de lecture.

a) Les deux textes sont-ils plus proches par leur thème ou par leur forme littéraire ? Quel(s) registre*(s) ont-ils en commun ?

b) Quels éléments distinguent les deux textes : est-ce le contexte, la vision du monde ou les personnages ?

c) Quelles sont les personnes grammaticales employées dans chacun des deux textes ? Quelle place occupe le narrateur* dans chacun des cas ?

d) Formulez en une phrase un projet de lecture pour le commentaire comparé des textes A et B.

10. Organiser des arguments pour élaborer un plan de commentaire comparé

Lisez le texte de Blaise Cendrars (texte A) et le texte de Georges Hyvernaud (texte B) et élaborez un plan de commentaire comparé.

a) Regroupez autour de trois idées directrices que vous dégagerez les cinq arguments suivants :

a) Les textes partent tous deux du présent, mais ils évoquent un passé plus ou moins proche.

b) Les deux textes miment un discours oral et utilisent les mêmes niveaux* de langue.

c) Les deux textes expriment une volonté du narrateur* de se mettre à distance soit de la société civile soit de l'autorité militaire.

d) Les deux textes expriment une forme de violence ou de révolte.

e) Les deux textes apportent une réponse différente aux questions suivantes : « Peut-on témoigner de ce qu'on a vécu lors d'une guerre ? Quels obstacles rencontre-t-on ? Comment peut-on les vaincre ? ».

b) Classez et liez entre elles les trois parties pour élaborer le plan du devoir.

C Rédiger le commentaire

11. Rédiger une introduction

Rédigez l'introduction du commentaire du texte de Blaise Cendrars (▸ *Exercice 9*, p. 368) en reformulant et en présentant de façon cohérente les questions suivantes.

a) Quel rapport y a-t-il entre l'écriture de ce texte et la vie de l'auteur ?

b) Quelles sont les intentions de l'auteur ?
Reformulez la question b) sous la forme d'une phrase interro-négative, puis d'une interrogation indirecte. Quelle formulation vous paraît la meilleure ?

c) Rédigez l'annonce du plan en utilisant les termes suivants : précision, explication, spontanéité, satire*.

12. Rédiger un paragraphe

Rédigez un paragraphe sur la construction des phrases (▸ *La phrase*, p. 92) dans le texte de Blaise Cendrars (▸ *Exercice 9*, p. 368), en utilisant vos réponses aux questions suivantes :

a) Quelle est la longueur des phrases ? Quelle est la structure de la quatrième phrase (« Nous, ...nous ») ?

b) Relevez les propositions relatives : quelle est leur valeur ?

13. Rédiger une conclusion

Lisez le texte d'Émile Ollivier (▸ *Exercice 1*, p. 367) et répondez aux questions suivantes.

a) Quelles indications sont fournies par le paratexte* ?

b) À partir des indications fournies dans le paratexte et du caractère autobiographique du texte (Émile Ollivier fait le portrait de sa mère Madeleine Souffrant), vous introduirez dans la conclusion le thème du portrait d'un parent. Vous mettrez en rapport le thème traité par Émile Ollivier et le genre auquel son récit appartient. Vous utiliserez des références à des œuvres lues ou étudiées.

14. Rédiger une conclusion de commentaire comparé

Rédigez une conclusion pour le commentaire comparé du texte de Blaise Cendrars et du texte de Georges Hyvernaud (▸ *Exercice 9*, pp. 368-369) en introduisant et en développant l'argument suivant :

« Par différents moyens, les textes montrent combien le témoignage sur la guerre est nécessaire. »

Vous utiliserez les indications fournies par le paratexte et surtout par les titres des œuvres dont vous analyserez la signification. Vous insisterez sur le fait que les auteurs de ces deux textes ont vécu les événements qu'ils racontent.

A Analyser un sujet

1. Analyser un sujet sur le thème du récit d'enfance

Texte A

Georges Perec, dans W ou le souvenir d'enfance, *fait alterner deux textes, l'un « imaginaire » et l'autre autobiographique. Il définit le second comme « le récit fragmentaire d'une vie d'enfant pendant la guerre ». Voici le début de ce récit autobiographique (chapitre II) :*

« Je n'ai pas de souvenirs d'enfance. Jusqu'à ma douzième année à peu près, mon histoire tient en quelques lignes : j'ai perdu mon père à quatre ans, ma mère à six ; j'ai passé la guerre dans diverses pensions de Villars-de-Lans. En 1945, la sœur de mon père et son mari m'adoptèrent.

Cette absence d'histoire m'a longtemps rassuré : sa sècheresse objective, son évidence apparente, son innocence, me protégeaient, mais de quoi me protégeaient-elles, sinon précisément de mon histoire, de mon histoire vécue, de mon histoire réelle, de mon histoire à moi qui, on peut le supposer, n'était ni sèche, ni objective, ni apparemment évidente, ni évidemment innocente ? »

Georges Perec (1936-1982),
W ou le souvenir d'enfance, © Éditions Denoël, 1975.

Texte B

« Ô mon passé, ma petite enfance, ô chambrette, coussins brodés de petits chats rassurants, vertueuses chromos, conforts et confitures, tisanes, pâtes pectorales, arnica, papillon du gaz dans la cuisine, sirop d'orgeat, antiques dentelles, odeurs, naphtalines, veilleuses de porcelaine, petits baisers du soir, baisers de Maman qui me disait, après avoir bordé mon lit, que maintenant j'allais faire mon petit voyage dans la lune avec mon ami un écureuil. »

Albert Cohen (1895-1981),
Le Livre de ma mère, © Éditions Gallimard, 1954.

Texte C

À la deuxième page de ses *Antimémoires*, André Malraux s'exprime ainsi sur lui-même :

« Presque tous les écrivains que je connais aiment leur enfance, je déteste la mienne. »

André Malraux (1901-1976),
Antimémoires, © Éditions Gallimard, 1967, 1972.

Certains écrivains ignorent tout de leur enfance et en souffrent ; d'autres détestent ou vénèrent cette période de leur vie. Pensez-vous qu'il soit utile de connaître son enfance ?

Vous répondrez à cette question en vous appuyant sur les textes du corpus, ceux que vous avez étudiés en classe et vos lectures personnelles.

a) Quel est le thème évoqué dans le sujet ? Ce thème est-il uniquement abordé dans le genre biographique ?

b) Les textes du corpus considèrent-ils l'enfance de la même manière ?

c) L'intitulé du sujet invite-t-il à privilégier le point de vue des auteurs ou celui des lecteurs ?

B Rechercher des idées

2. Exploiter le corpus

Texte D

Le poète Jacques Roubaud, dans Quelque chose noir *(1986), évoque Alix Cléo, sa femme décédée en 1983 et dont le* Journal *a été édité en 1984. Elle était photographe.*

Cette photographie, ta dernière

Cette photographie, ta dernière, je l'ai laissée sur le mur,
où tu l'avais mise, entre les deux fenêtres,

Et le soir, recevant la lumière, je m'assieds, sur cette
chaise, toujours la même, la regarder, où tu l'as posée,
entre les deux fenêtres,

Et ce que l'on voit, là, recevant la lumière, qui décline,
dans le golfe de toits, à gauche de l'église,   ce qu'on
voit,   les soirs, assis sur cette chaise, est, précisément,

Ce que montre l'image laissée sur le mur, sur le papier
brun sombre du mur, entre les deux fenêtres, la lumière,

Avance, en deux langues obliques, coule, dans l'image,
vers le point exact où le regard qui l'a conçue, le tien,
a conçu, de verser indéfiniment de la lumière vers qui,
moi, la regarde,

Posée, au cœur, de ce qu'elle montre,

parcequ'en ce cœur, le cœur de ce qu'elle montre, que
je vois, il y a aussi, encore   l'image elle même, contenue

en lui,   et la lumière, entre, depuis toujours, depuis le
golfe de toits à gauche de l'église,   mais surtout il y a,
ce qui maintenant manque

Toi.   parceque tes yeux dans l'image, qui me regardent,
en ce point, cette chaise, où je me place, pour te voir, tes
yeux,

Voient déjà, le moment, où tu serais absente, le pré
voient, et c'est pourquoi, je n'ai pas pu bouger de ce lieu-
là.

Jacques Roubaud (1932), *Quelque chose noir*, VI,
© Éditions Gallimard, 1986.

Texte E

Dans Le Testament français *(1995), Andreï Makine, installé en France, reçoit un jour une longue lettre que sa grand-mère russe lui a adressée avant de mourir. Elle lui révèle son identité véritable.*

« Cette femme, qui s'appelait Maria Stepanovna Dolina, était ta mère. C'est elle qui a voulu qu'on ne te dise rien le plus longtemps possible... »

Une petite enveloppe était agrafée à cette dernière page. Je l'ouvris. Il y avait une photo que je reconnus sans peine : une femme en grosse chapka aux oreillettes rabattues, en veste ouatée. Sur un petit rectangle de tissu blanc cousu à côté de la rangée des boutons – un numéro. Dans ses bras, un bébé entouré d'un cocon de laine...

La nuit, je retrouvai dans ma mémoire l'image que j'avais toujours crue une sorte de réminiscence prénatale me venant de mes ancêtres français et dont, enfant, j'étais très fier. J'y voyais la preuve de ma francité[1] héréditaire. C'était ce jour d'automne ensoleillé, à l'orée d'un bois, avec une invisible présence féminine, avec un air très pur et les fils de la Vierge ondoyant à travers cet espace lumineux... Je comprenais maintenant que ce bois était, en fait, une taïga infinie, et que le charmant été de la Saint-Martin allait disparaître dans un hiver sibérien qui durerait neuf mois. Les fils de la Vierge, argentés et légers dans mon illusion française, n'étaient que quelques rangées de barbelés neufs qui n'avaient pas eu le temps de rouiller. Avec ma mère, je me promenais sur le territoire du « camp de femmes »... C'était mon tout premier souvenir d'enfance.

Andreï Makine (né en 1957), *Le Testament français*, © Mercure de France, 1995.

1. *la francité* : fait d'être français, associé ici à la naissance (celle qu'il croit être sa grand-mère est française).

Quel rôle des documents comme la photographie peuvent-ils avoir dans la construction d'une autobiographie ? Vous répondrez à cette question en vous appuyant notamment sur les textes du corpus.

a) La situation d'énonciation* est-elle semblable dans les deux textes ?

b) Par qui la photographie a-t-elle été faite ou donnée ? La photographie permet-elle ou non à l'autobiographe d'écrire son passé ? son présent ?

3. Se référer à l'objet d'étude et exploiter des connaissances personnelles

Lisez les textes A, B et C et le sujet de l'exercice 1, puis répondez aux questions.

a) Quelle place le thème abordé tient-il traditionnellement dans l'autobiographie ? Pouvez-vous citer et présenter des œuvres dans lesquelles ce thème occupe une place centrale ?

b) Y a-t-il des genres autobiographiques où ce thème est absent ? Pourquoi ? Illustrez votre réponse.

C Élaborer un plan

4. Observer une annonce de plan rédigée

Lisez les textes A, B et C et le sujet suivant.

La lecture de différents récits autobiographiques peut-elle nous aider à comprendre notre propre enfance ? Vous répondrez à cette question en vous appuyant sur les textes du corpus, ceux que vous avez étudiés en classe et vos lectures personnelles.

Pour le traiter, on vous propose de suivre la démarche suivante :

« Il est évident que la lecture des œuvres biographiques nous aide à mieux comprendre l'autre par comparaison avec nous-même et donc à mieux nous connaître nous-même. Toutefois, cette compréhension trouve ses limites dans le caractère unique de chaque enfance. On peut donc dire que si ces récits d'enfance ne nous donnent pas de clés pour comprendre toute notre enfance, ils nous permettent toutefois de mieux comprendre les enjeux de cette période de notre vie ».

a) Quel est le problème posé ? Reformulez-le en une phrase.

b) Observez les liens logiques : quelles sont les différentes parties du devoir annoncées dans ce paragraphe ?

D Rédiger la dissertation

5. Rédiger l'introduction

Lisez les textes D et E et le sujet suivant.

L'autobiographie peut-elle aider celui qui écrit à vivre dans le présent ? Vous répondrez à cette question en vous appuyant sur les textes du corpus, ceux que vous avez étudiés en classe et vos lectures personnelles.

Rédigez une introduction à partir des éléments suivants que vous reformulerez en les plaçant dans un ordre progressif :

a) L'autobiographie comble une absence ou explique le passé.

b) L'autobiographie ravive, de manière poétique, les émotions fortes du passé.

c) L'autobiographie accorde un rôle majeur à la photographie.

6. Rédiger un paragraphe

Lisez les textes A, B et C et le sujet de l'exercice 1.

a) Comment le texte B traite-t-il ce thème ?

b) Comment les œuvres que vous avez lues ou étudiées abordent-elles l'enfance?

c) Avez-vous des souvenirs personnels qui illustrent ce thème ? lesquels ?

d) À partir de vos réponses aux trois questions ci-dessus (a,b,c), rédigez votre paragraphe sur le thème suivant : l'enfance, moment des premières émotions.

A Imiter

1. Écrire à la manière de...

La scène évoquée dans le Carnet I *du 3 octobre 1939 se déroule pendant la Première Guerre mondiale.*

Un peu plus tard, à Paris, j'écrivis sur un petit livre de cuir que Mme Picard m'avait donné et où l'on s'informait de mes goûts et répugnances, que mon désir le plus cher était d'être soldat et de venger les morts. Je ne me souviens pas sans honte de la scène : c'était rue Le Goff dans le bureau-salon. Mme Picard venait de m'apporter le livre et il était poli de remplir le questionnaire devant elle. Je m'installai au bureau de mon grand-père (je revois encore le sous-main, le buvard vert et taché d'encre rouge) et j'écrivais pendant que « ces dames » bavardaient, conscient de mes devoirs, sûr que j'allais être lu et me guindant dans de grands sentiments. Quand j'eus rédigé mes réponses, chacun s'extasia et je passai de main en main pour recevoir félicitations et baisers.

Jean-Paul Sartre (1905-1980), *Carnets de la drôle de guerre*, © Éditions Gallimard, 1995.

a) Quelle est la situation d'énonciation* ?

b) Quels procédés typographiques le narrateur utilise-t-il ?

c) ÉCRITURE À la manière de Jean-Paul Sartre, racontez un épisode de votre enfance qui vous a attiré les compliments de votre entourage.

B Transformer, amplifier

2. Écrire la suite d'un récit

La Promesse de l'aube *est le récit par Romain Gary de son enfance.*

J'avais déjà près de neuf ans lorsque je tombai amoureux pour la première fois. Je fus tout entier aspiré par une passion violente, totale, qui m'empoisonna complètement l'existence et faillit même me coûter la vie.

Romain Gary (1914-1980), *La Promesse de l'aube*, 1re partie, chapitre XI, © Éditions Gallimard, 1960.

ÉCRITURE En exploitant les informations fournies par le narrateur* dans l'introduction de son chapitre, vous écrirez la suite de ce récit.

a) Qu'attend-on ? Est-ce un récit, un ou plusieurs portraits? Déterminez votre choix.

b) Quelles indications allez-vous devoir amplifier ?

c) Quels éléments devez-vous totalement inventer ?

d) Quels effets souhaitez-vous créer ? Quels registres* allez-vous choisir ?

C Écrire un texte argumentatif

3. Écrire un dialogue

Marie d'Agoult, romancière sous le pseudonyme de Daniel Stern, désireuse d'écrire ses mémoires, demande conseil à ses amis et note, dans son Journal, *un résumé de ces délibérations. En voici un exemple :*

2 décembre 1861

Je demande *conseil* pour les mémoires.
Juliette oui.
Adam oui mais outre-tombe, ou du moins faits en deux parties, une de poésie actuelle et une de justice outre-tombe.
Texier oui, avec une *ficelle* pour dire *Elle* au lieu de *Je*.
Dollfus oui, en évitant le détail, en composant, des principaux traits, un bas-relief[1].
Girardin d'avis oui, « vous avez, dit-il, la fermeté et la mesure[2] ».

Marie d'Agoult (1805-1876), *Mémoires, Souvenirs et Journaux de la comtesse d'Agoult*, © Mercure de France, 1990.

1. *bas-relief* : désigne un ouvrage de sculpture légèrement en relief sur un fond uni. 2. *la mesure* : désigne le fait d'être modéré dans son comportement ou son jugement.

a) Quelle est la signification de l'« outre-tombe » ?

b) Combien de personnes différentes sont ici évoquées ?

c) Décrivez la situation d'énonciation* : qui parle et à qui s'adresse-t-il ?

d) Quelles sont les marques du discours* présentes dans le texte (► *Les discours rapportés*, p. 67) ?

e) ÉCRITURE Les amis de Marie d'Agoult défendent différentes conceptions des mémoires.

Imaginez la discussion entre les différents personnages présents sous la forme d'un dialogue respectant les marques du discours argumentatif.

4. Écrire un texte autobiographique

Émile Simon réfléchit, dans son Journal, *aux raisons pour lesquelles il écrit.*

Je n'écris que pour communiquer. Ces cahiers s'adressent à je ne sais quel auditoire invisible en qui mes paroles peut-être éveilleront un jour quelque écho. Je me sentirais heureux si j'avais la certitude que, fût-ce après ma mort, un jeune homme inconnu se trouvera guidé ou réconforté, éclairé ou mis en garde par ce que je lui aurai dit de moi, par les traces que j'aurai laissées pour lui de mon passage sur terre.

Émile Simon, *Journal*, dans *Journaux intimes inédits*, © La Nouvelle Revue Française, 1975.

a) Analysez les mots-clés et notamment « communiquer », puis « guidé ou réconforté, éclairé ou mis en garde » et « passage sur terre ».

b) Dégagez les éléments-clés de cette communication par l'intermédiaire du livre : idées, sentiments, émotions.

c) **ÉCRITURE** Vous êtes ce « jeune homme inconnu » (garçon ou fille) et vous rédigez une page de votre autobiographie. Vous expliquez comment la lecture d'Émile Simon vous a incité à écrire votre propre autobiographie. Vous prêterez attention à la situation d'énonciation*, au genre* demandé et à l'organisation de vos arguments.

D Transposer d'un art dans un autre : l'autoportrait d'artiste

5. Passer d'un tableau à un texte

Observez les trois tableaux suivants et répondez aux questions.

Tableau n°1 : Jean-Marie Faverjon (1828-1873), *Autoportrait en trompe l'œil*, Paris, Musée d'Orsay, © RMN / Hervé Lewandowski.

Tableau n°2 : Jean Siméon Chardin (1699-1779), *Autoportrait au chevalet*, Paris, Musée du Louvre, © RMN / J. G. Brizzi.

a) Comment l'autoportrait est-il cadré ?

b) Quelle activité de l'artiste est ici représentée ? Quels sont les objets qui illustrent cette activité ?

c) Comment le personnage se représente-t-il ?

d) Quelle est la technique picturale utilisée ? Appuyez votre réponse sur la lecture du paratexte.

e) Quel effet produisent les couleurs utilisées ?

f) **ÉCRITURE** Parmi ces trois autoportraits, choisissez-en un. Faites un autoportrait écrit de l'artiste en exploitant l'autoportrait pictural.

Tableau n°3 : Henri Fantin-Latour (1836-1904), *Autoportrait*, fusain, estompe, repris au pinceau, Paris, Musée du Louvre, © RMN / Michèle Bellot.

E Exercice bilan

Corpus : Tableau : Édouard Manet, *Portrait de Stéphane Mallarmé* / **Texte A :** Paul Léautaud, *Journal littéraire* (année 1898) / **Texte B :** André Gide, *Si le grain ne meurt*

Edouard Manet fait le portrait de Mallarmé en 1876.

Édouard Manet (1832-1883), *Mallarmé*, Paris, Musée d'Orsay, © RMN / Hervé Lewandowski.

Texte A

L'écrivain et poète Paul Léautaud tient un journal littéraire qu'il publie de 1954 à 1966. L'extrait suivant, qui date de 1898, témoigne de sa réaction à l'annonce de la mort du poète Stéphane Mallarmé.

Année 1898

10 Septembre. – Les journaux, ce matin, annoncent la mort de Mallarmé, hier, subitement, dans sa petite maison de Valvins. Celui-là fut mon maître. Quand je connus ses vers, ce fut pour moi une révélation, un prodigieux éblouissement, un reflet pénétrant de la beauté, mais en même temps qu'il me montra le vers amené à sa plus forte expression et perfection, il me découragea de la poésie, car je compris que rien ne valait que ses vers et que marcher dans cette voie, c'est-à-dire : imiter, ce serait peu digne et peu méritoire. Je me rappelle que j'en parlai à tous mes collègues de l'étude et que j'allai acheter chez Perrin un exemplaire de *Vers et Prose* pour chacun d'eux. Mallarmé est vraiment le seul poète. Depuis que je l'ai lu, j'ai cette opinion. Comme poète, par l'expression, la quintessence[1] de la forme, il est de beaucoup au-dessus de Hugo, et Verlaine, à côté de lui, n'est qu'un élégiaque[2]. Les vers de Mallarmé sont une merveille inépuisable de rêve et de transparence.

Paul Léautaud (1872-1956), *Journal littéraire* (choix),
© Mercure de France, 1968.

1. *quintessence* : densité et pureté de la forme, réduite à l'essentiel dans la poésie de Mallarmé. 2. *élégiaque* : poète qui pratique l'élégie, poésie qui exprime une plainte, des sentiments mélancoliques.

Texte B

Si le grain ne meurt *est une autobiographie que Gide désigne sous le nom de « mémoires », dans laquelle l'écrivain se dévoile beaucoup. Il évoque ici les réunions du mardi chez le poète Mallarmé, rue de Rome à Paris.*

Chez Mallarmé s'assemblaient plus exclusivement des poètes ; ou des peintres parfois (je songe à Gauguin et à Whistler). J'ai décrit par ailleurs cette petite pièce de la rue de Rome, à la fois salon et salle à manger ; notre époque est devenue trop bruyante pour qu'on puisse se figurer aisément aujourd'hui la calme et quasi religieuse atmosphère de ce lieu. Certainement Mallarmé préparait ses conversations, qui ne différaient souvent pas beaucoup de ses « divagations »[1] les plus écrites ; mais il parlait avec tant d'art et d'un ton si peu doctrinal qu'il semblait qu'il vînt d'inventer à l'instant chaque proposition nouvelle, laquelle il n'affirmait point tant qu'il ne semblait vous la soumettre, interrogativement presque, l'index levé, l'air de dire : « Ne pourrait-on pas dire aussi ?.. peut-être... » et faisant presque toujours suivre sa phrase d'un : « N'est-ce pas ? » par quoi sur certains esprits il eut sans doute le plus de prise. [...]

Certains soirs que l'on n'était pas trop nombreux autour de la petite table, Mme Mallarmé s'attardait, brodant, et près d'elle sa fille. Mais bientôt l'épaisseur de la fumée les faisait fuir ; car, au milieu de la table ronde autour de laquelle nous étions assis, un énorme pot à tabac où l'on puisait, chacun roulait des cigarettes ; Mallarmé lui-même fumait sans cesse, mais de préférence une petite pipe de terre. Et vers onze heures, Geneviève Mallarmé rentrait, apportant des grogs ; car, dans ce très simple intérieur, il n'y avait pas de domestique, et à chaque coup de sonnette le Maître lui-même allait ouvrir.

André Gide (1869-1951), *Si le grain ne meurt*,

1. *divagation* : désigne normalement une rêverie ou une sorte de pensée proche du délire.

ÉCRITURE D'INVENTION **À partir de ces trois représentations, une picturale et deux littéraires, de Stéphane Mallarmé, écrivez un extrait de la biographie de ce poète. Dans votre texte, vous ferez directement référence aux sources* que constituent les trois documents du corpus. Vous pourrez aussi privilégier l'une d'entre elles.**

Préparer le devoir

1. Analyser le sujet

a) Quelle est la consigne ? Quel en est le mot-clé ?

b) Comment devez-vous exploiter le corpus ?

2. Identifier le corpus, à partir du paratexte*

a) À quel genre autobiographique appartiennent les textes A et B ? Étudiez l'énonciation* : quelles sont les différences entre les deux textes ?

b) À quel mouvement artistique est lié le peintre Édouard Manet ?

c) Pourquoi peut-on considérer les documents du corpus comme des témoignages solides ?

3. Comprendre les textes A et B en vous aidant du paratexte et de vos connaissances en histoire littéraire (► *Repères culturels*, pp. 40 et suivantes)

a) Qui sont les artistes évoqués dans les deux textes ?

b) À quel mouvement littéraire de la fin du XIXe siècle Mallarmé appartient-il ?

c) Qu'est-ce qui caractérise sa poésie d'après le texte A ?

4. Rechercher des idées

a) Quelles informations sur le poète Stéphane Mallarmé le corpus donne-t-il ?

b) Sur quels aspects du personnage de Mallarmé ces informations portent-elles ? Y a-t-il des informations communes aux trois documents ? Les documents sont-ils complémentaires ?

c) Quelles informations originales chaque document donne-t-il au lecteur ? Sont-elles précises ?

d) Dans quelle attitude Mallarmé est-il représenté par Édouard Manet ? Analysez ce choix de peintre.

5. Construire un plan

a) Quels sont les objectifs de cet écrit ? S'agit-il de décrire ? d'argumenter ?

b) Que faut-il privilégier ? Quelle progression doit-on suivre dans le devoir ?

6. Rédiger le devoir

Définissez les contraintes du genre et les objectifs définies par le sujet.

a) Quelles sont les caractéristiques du discours biographique qu'il faut respecter ?

b) Quelle énonciation*, quels temps verbaux et quels registres* doit-on utiliser ?

7. Rédiger un paragraphe

a) Rédigez un paragraphe sur le thème de la réunion d'artistes, d'un cénacle* autour de Mallarmé en classant et en liant les éléments suivants :
- La phrase « s'assemblaient plus exclusivement des poètes ; ou des peintres parfois » ;
- Le rôle du « Maître » dans ces réunions ;
- Les lieux : l'appartement de la rue de Rome ;
- Les rituels : rapprocher le tableau de l'évocation du 2e paragraphe dans le texte d'André Gide (texte B).

b) Faites le portrait du personnage central en associant :
- l'évocation du tableau de Manet ;
- les attitudes décrites par Gide (texte B) ;
- l'importance du poète (texte A).

8. Rédiger la conclusion

Organisez la conclusion de votre devoir à partir d'une idée importante : pour insister sur le mélange de simplicité et de grandeur du poète, rédigez une ou deux phrases dans lesquelles vous reprendrez des mots et expressions choisis dans les textes du corpus. Vous respecterez les règles de présentation des citations.

à l'oral

Vous présenterez ces deux textes au sein d'un groupement consacré au récit de rêve et de rêverie comportant également un texte de Gérard de Nerval (première page d'*Aurélia*) et un texte d'André Breton (extrait de la section « Cinq rêves » premier rêve, première page, dans *Clair de terre*).

Texte A

Michel Leiris, écrivain et ethnologue, propose dans Nuits sans nuit et quelques jours sans jour *un recueil autobiographique composé uniquement de récits de rêve.*

FIN 1954

(au petit matin, après réveil prématuré)

Par besoin d'argent, je me suis engagé comme taureau dans une corrida. Au moment de la signature des papiers, l'imprésario me fait passer une visite pour s'assurer que je possède bien les cinq cornes stipulées sur le contrat par lequel il s'engage, en effet, à fournir un « taureau à cinq cornes ». Deux de ces cornes sont censément sur ma tête ; deux autres sont les sommets de mes omoplates, que l'imprésario palpe pour vérifier. Ma femme est là et je lui dis que cela me fait un peu froid dans le dos d'être palpé en cet endroit, un peu au-dessous de la nuque, là même où pénétrera l'estoc. Elle me dit : « Ce n'est qu'une mauvaise matinée à passer. Après, tu seras tranquille... » Je me révolte : « Après, je serai mort ! » Tout à fait furieux, je leur crie, à l'imprésario et à elle :

« Vous vous foutez de moi ! Je ne marche pas ! » Et j'ajoute : « J'aime encore mieux tenter ma chance comme torero ! » Le contrat ne sera pas signé et le rêve s'arrête là.

Presque tous ceux à qui je l'ai raconté m'ont demandé où se trouvait ma cinquième corne.

Michel Leiris (1901-1990), *Nuits sans nuit et quelques jours sans jour*, © Éditions Gallimard, 1961.

Texte B

Dans ses Confessions, *Rousseau évoque ses souvenirs d'une rêverie. Lors d'une promenade, il songe à son bonheur futur avec Madame de Warens.*

[...] Le son des cloches, qui m'a toujours singulièrement affecté, le chant des oiseaux, la beauté du jour, la douceur du paysage, les maisons éparses et champêtres dans lesquelles je plaçais en idée notre commune demeure, tout cela me frappait tellement d'une impression vive, tendre, triste et touchante, que je me vis comme en extase transporté dans cet heureux séjour où mon cœur, possédant toute la félicité qui pouvait lui plaire, la goûtait dans des ravissements inexprimables, sans songer même à la volupté des sens. Je ne me souviens pas de m'être élancé jamais dans l'avenir avec plus de force et d'illusion que je fis alors ; et ce qui m'a frappé le plus dans le souvenir de cette rêverie, quand elle s'est réalisée, c'est d'avoir retrouvé des objets tels exactement que je les avais imaginés. Si jamais rêve d'un homme éveillé eut l'air d'une vision prophétique, ce fut assurément celui-là. Je n'ai été déçu que dans sa durée imaginaire ; car les jours et les ans, et la vie entière, s'y passaient dans une inaltérable tranquillité ; au lieu qu'en effet tout cela n'a duré qu'un moment. Hélas ! mon plus constant bonheur fut en songe ; son accomplissement fut presque à l'instant suivi du réveil.

Jean-Jacques Rousseau (1712-1778), *Les Confessions*, Livre III, (1767-1770).

Illustration pour les *Confessions*
© Photothèque Hachette-Livre.

A Préparer la 1re partie de l'épreuve

1. Analyser les questions posées sur le texte A

[Question 1 : Quels sont les registres* de ce récit de rêve ?

a) Quels sont les registres* habituels d'un récit de rêve ? Quels registres originaux sont introduits dans le texte ?

b) Y a-t-il des registres qui s'opposent ?

[Question 2 : Quelles sont les caractéristiques du rêve ?

c) Quel est le thème central de ce rêve ?

d) Est-il évoqué avec précision ?

2. Analyser les questions posées sur le texte B

[Question 3 : Comment les sensations déclenchent-elles la rêverie de Rousseau ?

a) À quel endroit du texte les sensations sont-elles évoquées ?

b) Par quels procédés sont-elles liées à des sentiments ?

[Question 4 : Quels rapports passé, présent et avenir ont-ils entre eux, dans ce texte ?

c) Quels sont les modes et temps verbaux utilisés dans le passage ?

d) Passé, présent et avenir sont-ils évoqués successivement dans le cours du texte ?

- **Préparer la lecture analytique**

3. Étudier les marques de l'énonciation*

a) Dans les textes A et B, qui parle ? À qui le narrateur* s'adresse-t-il ?

b) Quels sont les types de discours* présents dans le texte A ?

c) Dans quels passages de chacun des textes s'exprime la subjectivité du locuteur* ?

4. Étudier l'expression du rêve

a) Comment l'imaginaire s'exprime-t-il dans chacun de ces textes ? Est-il associé à des sensations de plaisir ?

b) Le rêveur perd-il le contrôle de la situation ? Comment le rêve se termine-t-il dans chaque texte ?

- **Répondre à la question posée**

5. Présenter une introduction pour répondre à la question 1

a) Quels éléments traduisent l'influence du surréalisme* et de la psychanalyse* dans ce texte ?

b) Caractérisez le genre* du texte.

c) Rappelez la question posée et annoncez la réponse.

6. Dégager l'essentiel et organiser la réponse

Répondez à la question 3 (texte B) en développant et en illustrant à l'aide d'exemples les trois arguments suivants :

- Les sensations sont énumérées puis réunies pour ne former qu'un ensemble.
- À l'énumération des sensations répond celle des sentiments.
- Différents procédés valorisent l'expérience vécue par Rousseau.

7. Présenter une conclusion à la question 1

a) Parmi les éléments suivants, lequel vous paraît le plus important pour souligner l'intérêt du texte ?

- Michel Leiris, écrivain et ethnologue*, mène son récit avec précision et sans faire de commentaires.
- Le choix des registres* permet de gagner l'adhésion du lecteur à un récit pourtant invraisemblable.

b) Proposez un bilan de lecture.

B Préparer la 2e partie de l'épreuve

8. Mettre le texte étudié en rapport avec les autres textes du groupement

a) Quelles différences apparaissent entre les thèmes des textes A et B ?

b) Quels enseignements le rêve et la rêverie apportent-ils aux différents auteurs ?

c) Le retour au réel est-il un soulagement ou une déception ?

9. Mettre le texte étudié en rapport avec l'objet d'étude

a) Quelle importance le genre autobiographique accorde-t-il au thème du rêve et de la rêverie ?

b) Peut-on comprendre un récit de rêve ? Est-il nécessairement authentique ?

A. Stendhal, *Vie de Henry Brulard*
B. Joseph Delteil, *La Deltheillerie*
C. Marguerite Yourcenar, *Souvenirs pieux*

Texte A Stendhal, *Vie de Henry Brulard*

En 1835-1836, Stendhal (pseudonyme de Henri Beyle) écrit son autobiographie, Vie de Henry Brulard. *Dans le premier chapitre, il se trouve à Rome, sur le Mont Janicule, d'où il contemple la ville de Rome.*

Je me suis assis sur les marches de San Pietro et là j'ai rêvé une heure ou deux à cette idée : Je vais avoir cinquante ans, il serait bien temps de me connaître. Qu'ai-je été, que suis-je, en vérité je serais bien embarrassé de le dire.

Je passe pour un homme de beaucoup d'es[prit] et fort insensible, roué même, et je vois que j'ai été constamment occupé par des amours malheureuses. J'ai aimé éperdument Madame Kubly, Mlle de Griesheim, Mme de Dipholtz, Métilde, et je ne les ai point eues, et plusieurs de ces amours ont duré trois ou quatre ans. Métilde a occupé absolument ma vie de 1818 à 1824. Et je ne suis pas encore guéri, ai-je ajouté, après avoir rêvé à elle seule pendant un gros quart d'heure peut-être. M'aimait-elle ?

J'étais attendri et point en extase. Et Menti dans quel chagrin ne m'a-t-elle pas plongé quand elle m'a quitté ? Là j'ai eu un frisson en pensant au 15 septembre 1826 à San Remo, à mon retour d'Angleterre. Quelle année ai-je passée du 15 sep[tembre] 1826 au 15 sep[tembre] 1827 ! Le jour de ce redoutable anniversaire j'étais à l'île d'Ischia ; et je remarquai un mieux sensible, au lieu de songer à mon malheur directement, comme quelques mois auparavant, je ne songeais plus qu'au souvenir de l'état malheureux où j'étais plongé en octobre 1826 par exemple. Cette observation me consola beaucoup.

Qu'ai-je donc été ? Je ne le saurais. À quel ami, quelque éclairé qu'il soit, puis-je le demander ? M. di Fior[i] lui-même ne pourrait me donner d'avis. À quel ami ai-je jamais dit un mot de mes chagrins d'amour ?

Stendhal (1783-1842), *Vie de Henry Brulard*, chapitre I, 1890.

Texte B Joseph Delteil, *La Deltheillerie*

À la quatrième page de son « roman », qui est en réalité son autobiographie, Joseph Delteil évoque sa naissance dans l'Aude.

Mes aïeux vivaient entre les Pyrénées et l'Océan. À la recherche des rivières poissonneuses, des gués à rennes, des grottes à ours. Mon arrière-grand-père, le magdalénien, naquit en l'an 25 000 av. J.-C., du côté de la Dordogne. Il procréa sous un tilleul, d'où Delteil, du Tilleul. Ce livre est-il un peu entre les lignes la Vie de Delteil ?

Je suis né d'une femme, on l'oublie toujours. Je suis né dans une forêt, en avril, mois tempétueux, entre une bourrasque et une soleillée. L'état civil dit à Villar-enVal, mais j'imagine plutôt à Picarrot[1] (je dis parfois, de biais, sur les bords du Yang-tsé-kiang). Tantôt je vois une cabane de bruyère au soleil, tantôt une petite maison de lauzes[2] à vieilles tuiles romanes, sous les cerisiers en fleur. Papa bûcheron bûcheronnait aux alentours, j'avais trois ou quatre ans, je jouais à Adam. Je me souviens qu'il y avait un nid de roitelet, et la maman par intervalles entrait et sortait, avec son cri spécifique, un vermillon au bec. Les rayons de soleil traversaient les branchages et venaient jouer avec mes orteils. J'entends encore le ruisseau, j'entends le vent... j'avais les menottes pleines d'odeurs, les oreilles bourdonnantes d'abeilles. La terre était douce.

Joseph Delteil (1894-1978), *La Deltheillerie*, chapitre I, © Grasset, 1968.

1. « Hameau de la haute Ariège » d'où la famille de Delteil, installée dans l'Aude, est originaire.
2. Les lauzes sont des pierres plates utilisées dans le Sud de la France.

Texte C Marguerite Yourcenar, *Souvenirs pieux*

Premier volume d'une trilogie, Le Labyrinthe du monde, Souvenirs pieux *reflète un travail sur la mémoire. Au début du livre, Marguerite Yourcenar raconte sa naissance.*

L'être que j'appelle moi vint au monde un certain lundi 8 juin 1903, vers les 8 heures du matin, à Bruxelles, et naissait d'un Français appartenant à une vieille famille du Nord, et d'une Belge dont les ascendants avaient été durant quelques siècles établis à Liège, puis s'étaient fixés dans le Hainaut. La maison où se passait cet événement, puisque toute naissance en est un pour le père et la mère et quelques personnes qui leur tiennent de près, se trouvait située au numéro 193 de l'avenue Louise, et a disparu il y a une quinzaine d'années, dévorée par un building.

Ayant ainsi consigné ces quelques faits qui ne signifient rien par eux-mêmes, et qui, cependant, et pour chacun de nous, mènent plus loin que notre propre histoire et même que l'histoire tout court, je m'arrête, prise de vertige devant l'inextricable enchevêtrement d'incidents et de circonstances qui plus ou moins nous déterminent tous. Cet enfant du sexe féminin, déjà pris dans les coordonnées de l'ère chrétienne et de l'Europe du XXe siècle, ce bout de chair rose pleurant dans un berceau bleu, m'oblige à me poser une série de questions d'autant plus redoutables qu'elles paraissent banales, et qu'un littérateur qui sait son métier se garde bien de formuler. Que cet enfant soit moi, je n'en puis douter sans douter de tout. Néanmoins, pour triompher en partie du sentiment d'irréalité que me donne cette identification, je suis forcée, tout comme je le serais pour un personnage historique que j'aurais tenté de recréer, de m'accrocher à des bribes de souvenirs reçus de seconde ou de dixième main, à des informations tirées de bouts de lettres ou de feuillets de calepins qu'on a négligé de jeter au panier, et que notre avidité de savoir pressure au-delà de ce qu'ils peuvent donner, ou d'aller compulser dans des mairies ou chez des notaires des pièces authentiques dont le jargon administratif et légal élimine tout contenu humain.

Marguerite Yourcenar (1903-1987), *Souvenirs pieux*,

Entraînement à l'étude du corpus : la question préalable

A Lire les questions préalables

- **SUJET A (SÉRIES GÉNÉRALES)**

Vous répondrez d'abord à la question suivante (4 points) : Pourquoi le moment évoqué dans chacun des textes est-il essentiel dans une autobiographie ?

- **SUJET B (SÉRIES TECHNOLOGIQUES)**

Vous répondrez d'abord aux questions suivantes (6 points) :

1. Quel moment est évoqué par chacun des auteurs ?
2. Quel rôle joue le cadre spatio-temporel dans ces textes ?

B Étudier le corpus

1. Identifier l'objet d'étude et définir le contenu du corpus

a) À quel objet d'étude se rattachent les textes du corpus ? Appartiennent-ils à des genres précis ? Quel est leur thème principal ?

b) D'après le paratexte*, à quelle place se trouvent ces textes dans chacune des œuvres ?

2. Caractériser les textes du corpus

Étudiez la situation d'énonciation* dans chacun des textes. Quels types de discours sont utilisés ? Quels modes et quels temps verbaux sont présents ?

3. Comparer les textes du corpus

a) Les trois textes abordent-ils le même thème ?

b) Les auteurs accordent-ils de l'importance aux circonstances dans lesquelles ils écrivent ?

c) Quelle part les auteurs accordent-ils à leurs souvenirs personnels ?

d) Les auteurs rencontrent-ils des difficultés particulières pour parler d'eux-mêmes ?

4. Formuler la problématique du corpus

a) Le travail de la mémoire est-il identique dans les trois textes ?

b) Quel sentiment commun se dégage de ces trois récits ?

C Comprendre et traiter la question préalable

• Sujet A

5. Repérer les mots-clés

a) Quel est le mot-clé du sujet ?

b) Quelles sont les étapes importantes dans toute autobiographie ? Pourquoi ?

6. Dégager les éléments essentiels

a) Quelle est la composition de chacun des trois textes ?

b) Quels sont les registres de chaque texte ?

c) Qui sont le ou les destinataire(s) de chacun des textes ?

7. Rédiger la réponse à la question préalable

Rédigez une réponse à la question 6 a) et à la question 6 c) en utilisant les éléments suivants :

- L'écrivain confronte des temps différents pour éclairer sa personnalité.
- L'écrivain décide d'écrire pour répondre à des questions qu'il se pose sur lui-même.
- Les circonstances jouent un rôle important dans chacun des textes.

• Sujet B

8. Repérer les mots-clés

a) Quels sont les mots-clés de chacune des deux questions ?

b) Que signifie l'expression « cadre spatio-temporel » ? Que suppose-t-elle ?

9. Dégager les éléments essentiels

a) Qui sont les personnages évoqués dans chaque texte ?

b) Dans chacun des textes, l'auteur explique-t-il clairement pourquoi il prend la décision de parler de lui ?

c) Trouve-t-on les différentes formes de discours (narratif, descriptif, explicatif et argumentatif) dans ces textes ?

10. Rédiger la réponse à la question préalable

En vous appuyant sur les réponses aux questions 9 b) et 9 c), vous indiquerez comment se justifie l'évocation d'un tel moment dans un texte autobiographique.

sujets de BAC

► Questions préalables des deux sujets, p. 379.

• Sujet A (séries générales)

Vous traiterez un de ces sujets (16 points) :

1. Commentaire

Vous commenterez le texte de Stendhal.

2. Dissertation

La démarche de l'autobiographe peut-elle toujours se comparer à une enquête ?

Vous répondrez à cette question en prenant appui sur le corpus proposé, sur les œuvres que vous avez étudiées au cours de l'année et sur vos lectures personnelles.

3. Écriture d'invention

Stendhal affirme qu'il ne se connaît pas lui-même et que personne, pas même un ami, ne pourrait lui dire qui il est.

Vous lui écrivez pour lui démontrer le contraire, à savoir qu'il est possible à tout individu de se connaître. Vous utiliserez des éléments du texte pour construire votre argumentation.

• Sujet B (séries technologiques)

Vous traiterez un de ces sujets (14 points) :

1. Commentaire

Vous commenterez le texte de Stendhal en vous aidant du parcours de lecture suivant :

- En quoi la journée évoquée est-elle déterminante pour Stendhal ?
- Quel portrait Stendhal fait-il de lui-même ?

2. Dissertation

A-t-on besoin de connaître l'histoire de sa famille pour se connaître soi-même ?

Vous répondrez à cette question en prenant appui sur le corpus proposé, sur les œuvres que vous avez étudiées au cours de l'année et sur vos lectures personnelles.

3. Écriture d'invention

Ne supportant pas sa rupture avec Menti, Stendhal écrit à un ami une lettre emplie de désespoir. Vous rédigerez ce texte en respectant la situation d'énonciation et les règles d'écriture de la lettre.

LIRE UNE AUTOBIOGRAPHIE

La position du narrateur et la place du lecteur ne sont pas identiques dans l'autobiographie, les mémoires et le journal intime. Le roman personnel se lit comme un roman ; l'autofiction comme un roman et une autobiographie.

1. Lire une autobiographie

- **Situer l'œuvre dans son contexte**
  - Dans quel contexte historique l'œuvre est-elle écrite ?
  - Son auteur appartient-il à un mouvement artistique particulier ? Est-il engagé dans un combat littéraire, politique, philosophique, religieux ?
  - Quelle place son autobiographie occupe-t-elle dans son œuvre ?

- **Analyser le pacte autobiographique**
  - Le pacte est-il présent dans le titre de l'œuvre, en introduction ou dans le cours de l'œuvre ?
  - Quels engagements prend l'autobiographe avec lui-même et avec son lecteur ? Fonde-t-il son pacte sur la sincérité ou sur d'autres valeurs ?
  - Le pacte évolue-t-il, est-il remis en cause ?

- **Observer la composition de l'œuvre**
  - Quelle partie d'une existence est évoquée dans le texte : est-ce l'enfance ou toute la vie ?
  - Y a-t-il des ellipses* ?

- **Analyser la psychologie et la vision de la société**
  - Quels aspects de la personnalité de l'autobiographe sont privilégiés ? L'auteur fait-il des révélations, des aveux ?
  - Quelles sont ses occupations favorites ? Est-il sensible à la nature ? voyageur ?
  - Quelles sont les activités exercées par l'autobiographe ?
  - La peinture sociale occupe-t-elle une place importante ?

- **Définir la portée de l'œuvre**
  - Dans l'histoire de la littérature, cette autobiographie est-elle perçue comme une œuvre majeure ou au contraire injustement méconnue ?
  - Quels sont ses aspects les plus actuels ?
  - La relation auteur/lecteur vous paraît-elle importante et enrichissante ?

2. Lire des mémoires

- **Situer l'œuvre dans son contexte**
  - L'œuvre naît-elle d'une commande ou d'une initiative personnelle ?
  - Quel personnage ou période de l'Histoire les mémoires évoquent-ils ?

- **S'interroger sur la présence d'un pacte* et la composition de l'œuvre**

Le mémorialiste prend-il des engagements vis-à-vis du lecteur ou du commanditaire* de l'œuvre ? Comment la narration est-elle conduite (chronologie, analyses, mise en scène pour séduire ou impressionner) ?

- **Présenter les thèmes principaux de l'œuvre : histoire, introspection***

Le mémorialiste est-il témoin ou acteur de l'Histoire ? Que savons-nous de sa vie privée et de sa vie publique ?

- **Définir la portée de l'œuvre**
  - Ces mémoires ont-ils une valeur littéraire et historique ?
  - Le terme de « mémoires » est-il bien choisi ?
  - Le mémorialiste construit-il un mythe sur un personnage, une période historique, lui-même ?

3. Lire un journal intime

- **Situer le journal dans son contexte**
  - Dans quelles conditions le journal est-il écrit ? Est-il tenu secret ? A-t-il une histoire ?
  - Quel âge a le (ou la) diariste* ?
- **Observer rythme, durée et ton du journal**
  - Est-il tenu quotidiennement, avec régularité ou parfois délaissé par le (ou la) diariste* ?
  - Couvre-t-il toute une vie ou une période ?
- **Analyser le ton personnel du journal**
  - Admet-il des lecteurs ? Y a-t-il autocensure ?
  - A-t-il une fonction précise, comme un journal d'artiste, ou plusieurs fonctions ?
  - Est-il agrémenté de documents ?
  - Quelle relation le (ou la) diariste* paraît-il avoir avec lui-même et son entourage ?
  - Que ressent le lecteur : de l'intérêt, de la gêne, de la sympathie ?

6 Les réécritures

Sur le tableau de Manet (en haut à gauche) **:**

1 • Observez l'attitude, les vêtements et les accessoires que portent les personnages. Quels indices fournissent-ils ?

2 • Quelles sont les couleurs dominantes ?

3 • Dans quelle direction les personnages regardent-ils ?

Sur le tableau de Magritte (en bas à droite) **:**

1 • Quel est l'objet représenté ? Que constatez-vous ?

2 • Quels rapports peut-on établir entre le tableau de Magritte et celui de Manet ? Quel est l'effet produit ?

3 • Quel est le sens de cette réécriture, selon vous ?

Edouard MANET (1832-1883), *Le Balcon*, 1868.
Huile sur toile, 169 x 125 cm. Paris, Musée d'Orsay. © Lauros / Giraudon / Bridgeman.

René MAGRITTE (1888-1967), *Le Balcon de Manet*, 1950.
Huile sur toile, 84 x 65 cm. Musée des Beaux-arts de Gand. © Photothèque René Magritte-Adagp, Paris 2007.

DES FORMES DIVERSES DE RÉÉCRITURE

Les lectures d'un écrivain exercent sur ses écrits une influence complexe, plus ou moins consciente, qu'il n'est pas toujours aisé d'identifier.
L'écrivain peut aussi pratiquer des formes de réécriture impliquant divers modes de transformation d'un modèle nettement identifié : travail de correction, reprise, transposition ou détournement d'un texte.

1. Le travail de correction

Le texte définitif d'une œuvre se construit à partir des corrections successives apportées par son auteur. Ces modifications s'appellent des **variantes**. La correction, dans un cas extrême, peut consister dans la réécriture de l'œuvre entière.

Flaubert réécrit la première *Éducation sentimentale* et produit un second roman très différent du premier.

2. Les effets de reprise

• La citation

La citation est l'**insertion d'un texte dans un autre**, signalée par des guillemets, des caractères en italique.

La citation peut constituer un **argument d'autorité** ou avoir une **fonction ornementale**. Parfois le choix du texte cité, ainsi que la manière dont il est coupé et inséré ont une signification.

Montaigne, dans les *Essais*, empruntant constamment aux auteurs antiques, recourt ainsi aux fonctions argumentative et esthétique de la citation. Dans certains cas, il ne cite pas textuellement leurs propos, mais les résume, attirant ainsi l'attention du lecteur sur le fait et non sur la signature du propos. Parfois aussi, pour illustrer l'incertitude de notre jugement, Montaigne emprunte au même auteur deux citations soutenant des thèses opposées.

• Le plagiat

Le plagiat est une **citation volontairement dissimulée**. Cette pratique juridiquement condamnée porte atteinte à la propriété littéraire, mais elle constitue aussi un jeu pour certains écrivains modernes.

Par provocation, Lautréamont en fait un principe d'écriture dans *Les Chants de Maldoror*.

• L'allusion littéraire

L'allusion littéraire **établit une complicité entre l'auteur** et **le lecteur**, dont on attend qu'il la saisisse et dont on sollicite la mémoire et la culture.

• La variation autour d'un mythe

Le mythe littéraire est un récit symbolique dont le sens se situe au-delà de l'histoire racontée. C'est une histoire **adaptable, toujours semblable et toujours différente, susceptible de nombreuses reprises.**

Les mythes antiques, comme ceux d'Amphitryon, d'Œdipe, d'Antigone, d'Électre et de Médée, ou plus récents, comme le mythe de Don Juan, donnent lieu à des réécritures sans cesse renouvelées.

• L'adaptation

L'adaptation d'une œuvre consiste à la **transposer dans un genre différent** (du roman au théâtre ou au scénario de film, par exemple). Elle rencontre ainsi un nouveau public.

En 1852, Alexandre Dumas fils adapte au théâtre son propre roman, *La Dame aux camélias*, écrit en 1848. Le récit à la première personne d'Armand Duval, l'amant malheureux de Marguerite Gautier, devient un drame romantique en cinq actes.

3. La transposition

Les opérations de **transposition** peuvent toucher plusieurs éléments du texte, séparément ou simultanément. On peut ainsi :

- transposer le texte dans un **contexte nouveau**, en modifiant l'époque, le lieu de l'action, le statut social, le langage, le comportement des personnages ;
- transposer le texte dans un **registre* différent**, en opérant des choix lexicaux, grammaticaux, rhétoriques adaptés au nouveau registre et en adoptant ses thèmes ;

• transposer le texte dans un **genre* différent**, par exemple opérer une transposition du roman au théâtre, au scénario de film ou au poème, de la lettre au poème ou à l'essai. Cela oblige à adopter les règles d'écriture propres au nouveau genre, à adapter les pronoms personnels, les temps verbaux, les niveaux de langage.

Aragon transpose en poème la dernière lettre de Manouchian à son épouse Mélinée et l'intègre dans un ensemble plus vaste, en respectant sa triple dimension lyrique*, testamentaire et politique.

Jean Cocteau consacre une pièce au mythe d'Orphée en 1926 ; puis, il réalise deux films : *Orphée* (1950) et *Le Testament d'Orphée* (1960). S'il reste fidèle au mythe, Cocteau donne un rôle de plus en plus important à la Mort (qui finit par tenir le rôle principal dans les deux transpositions cinématographiques).

4. Le détournement d'un texte

Le pastiche et la parodie sont deux formes d'imitation issues de la tradition littéraire.

• **Le pastiche** (de l'italien *pasticcio*, « pâté », « mélange ») consiste à **imiter le style d'un auteur, en amplifiant ses caractéristiques principales**. Hommage rendu à l'écrivain, c'est aussi un jeu instauré avec le lecteur.

Dans *Pastiches et mélanges*, Marcel Proust imite le style de Flaubert, Balzac, Michelet ou Saint-Simon. Catherine Pozzi, dans le poème « Nyx », rend hommage à Louise Labé.

• **La parodie** (du grec *parôdia*, « contre-chant ») consistait, dans l'Antiquité, à détourner l'épopée* à des fins comiques.

Dans *Le Virgile travesti*, Scarron reprend un sujet épique (la fondation de Rome par Énée, telle que la raconte le poète latin Virgile) ; il le traite dans un style bas, de façon à susciter le rire.

Au sens large, la parodie consiste à **reprendre une œuvre célèbre**, à modifier son genre*, son registre* ou les valeurs qu'elle véhicule, **dans une intention comique ou satirique***.

5. Jeux d'écriture au XXe siècle : l'Oulipo

Fondé en 1960 par François le Lionnais et Raymond Queneau, l'Oulipo est un **atelier d'expérimentation littéraire**. Son nom qui signifie « **Ou**vroir de **li**ttérature **po**tentielle », souligne le caractère expérimental et collectif de la recherche (un ouvroir est en effet un « lieu de travail en commun »).
L'Oulipo explore les ressources du langage, en répertoriant et en inventant des **procédés permettant de créer de nouveaux textes**. Il réintroduit ainsi l'idée de contrainte d'écriture dans la création littéraire.
De nombreuses productions de l'Oulipo reposent sur des **opérations de réécriture**. En voici quatre exemples : la suppression, la substitution, le déplacement, l'expansion.

• **La suppression** peut prendre de nombreuses formes. Le **lipogramme**, par exemple, est un texte dans lequel on s'astreint à ne pas faire figurer une ou plusieurs lettres de l'alphabet.

Le roman de Georges Perec, *La Disparition*, ne comporte pas une seule fois la lettre « e ».

• **La substitution** porte sur la syntaxe ou le lexique du texte d'origine. Une méthode célèbre, dite S + 7, consiste à remplacer, dans un texte existant, chaque substantif par le septième substantif qui le suit dans le dictionnaire. Mais d'autres types de substitution sont envisageables.

Dans le **poème antonymique**, dont Marcel Bénabou donne un exemple, on remplace chaque mot par un mot de sens contraire.

• **Le déplacement** peut consister, par exemple, à **permuter** les substantifs d'un texte selon diverses règles. Raymond Queneau propose plusieurs exemples de permutation, dont le plus simple, les **permutations plates**, consiste à intervertir le premier substantif de la phrase avec le second, le troisième avec le quatrième et ainsi de suite.

• **L'expansion** consiste à ajouter des mots, des phrases, des paragraphes entiers dans un texte existant. On peut aussi remplacer chaque mot d'une phrase par sa définition : c'est le principe de la **littérature définitionnelle**.

Raymond Queneau applique ce dernier procédé au sonnet de Nerval, « El Desdichado ».

EXERCICES
D'OBSERVATION ET D'INTERPRÉTATION

A Observer et interpréter un travail de correction

1. Étudier la réécriture d'un projet de jeunesse : les deux *Éducation sentimentale*

Texte A

Flaubert a vingt-trois ans lorsqu'il entreprend d'écrire un roman qu'il refusera toujours de publier. C'est la première Éducation sentimentale, *qui retrace les destins fictifs de Jules, l'artiste, et d'Henry, l'homme à bonnes fortunes, promis à tous les succès. La première page du roman décrit l'arrivée d'Henry à Paris, accompagné de sa mère.*

Le héros de ce livre, un matin d'octobre, arriva à Paris avec un cœur de dix-huit ans et un diplôme de bachelier ès lettres.

Il fit son entrée dans cette capitale du monde civilisé par la Porte Saint-Denis[1] dont il put admirer la belle architecture ; il vit dans les rues des voitures de fumier traînées par un cheval et un âne, des charrettes de boulanger tirées à bras d'hommes, des laitières qui vendaient leur lait, des portières[2] qui balayaient le ruisseau. Cela faisait beaucoup de bruit. Notre homme, la tête à la porte de la diligence, regardait les passants et lisait les enseignes.

Quand, après être descendu de voiture, avoir payé sa place, avoir fait visiter ses paquets par l'employé des contributions indirectes[3], s'être choisi un commissionnaire et décidé enfin pour un hôtel, il se trouva tout à coup dans une chambre vide et inconnue, il s'assit dans un fauteuil et se prit à réfléchir, au lieu de déboucler ses malles et de se laver la figure.

Les poignets sur les cuisses, les yeux tout grands ouverts, il contemplait d'un air stupide les quatre pieds de cuivre d'une vieille commode en acajou plaqué qui se trouvait là. […]

Sa mère lui dit :

— Eh bien ! à quoi rêves-tu donc ?

Et comme il ne bougea nullement, elle le secoua par le bras en réitérant[4] la même question.

— Ce que j'ai ? ce que j'ai ? dit-il, se redressant en sursaut, mais je n'ai rien du tout !

Il avait pourtant quelque chose.

Gustave Flaubert (1821-1880),
La Première Éducation sentimentale, ch. I, 1845.

1. *Porte Saint-Denis* : arc triomphal élevé en 1672, en souvenir de la guerre de Hollande remportée par Louis XIV. 2. *portières* : concierges. 3. *contributions indirectes* : octroi, impôt dont étaient frappés certains objets de consommation courante à leur entrée dans Paris. 4. *réitérant* : répétant.

Texte B

L'Éducation sentimentale, *qui paraît en 1869, a peu à voir avec l'œuvre de jeunesse. L'histoire de la vie ratée de Frédéric Moreau se double de la peinture de toute une génération. Flaubert donne à son œuvre une dimension historique et une épaisseur documentaire qui l'éloignent du récit de jeunesse.*

La première page du roman décrit le retour à Nogent-sur-Seine du jeune Moreau, après un séjour au Havre.

Le 15 septembre 1840, vers six heures du matin, la *Ville-de-Montereau*[1] près de partir, fumait à gros tourbillons devant le quai Saint-Bernard.

Des gens arrivaient hors d'haleine ; des barriques, des câbles, des corbeilles de linge gênaient la circulation ; les matelots ne répondaient à personne ; on se heurtait ; les colis montaient entre les deux tambours, et le tapage s'absorbait dans le bruissement de la vapeur, qui, s'échappant par des plaques de tôle, enveloppait tout d'une nuée blanchâtre, tandis que la cloche, en avant, tintait sans discontinuer.

Enfin le navire partit ; et les deux berges, peuplées de magasins, de chantiers et d'usines, filèrent comme deux larges rubans que l'on déroule.

Un jeune homme de dix-huit ans, à longs cheveux et qui tenait un album sous son bras, restait auprès du gouvernail, immobile. À travers le brouillard, il contemplait des clochers, des édifices dont il ne savait pas les noms ; puis il embrassa, dans un dernier coup d'œil, l'île Saint-Louis, la Cité, Notre-Dame ; et bientôt, Paris disparaissant, il poussa un grand soupir.

M. Frédéric Moreau, nouvellement reçu bachelier, s'en retournait à Nogent-sur-Seine, où il devait languir pendant deux mois, avant de faire son droit. Sa mère, avec la somme indispensable, l'avait envoyé au Havre voir un oncle, dont elle espérait, pour lui, l'héritage.

Gustave Flaubert (1821-1880),
L'Éducation sentimentale,
première partie, ch. I, 1869.

1. *Ville-de-Montereau* : bateau à vapeur qui assurait le transport des voyageurs sur la Seine.

a) **Quels renseignements le lecteur attend-il d'une première page de roman ? Quelles informations fournit chacune de ces pages ? L'attente du lecteur est-elle satisfaite ?**

b) **Quelles similitudes, quelles différences remarquez-vous dans la situation des deux héros ? Qu'y a-t-il de paradoxal dans la première page de la seconde *Éducation sentimentale* ?**

c) **Repérez les passages descriptifs. La vision de Paris donnée dans les deux pages est-elle identique ?**

d) **Quelle idée se fait-on de chacun des héros d'après ces quelques lignes ?**

e) **Quel est le statut du narrateur* dans chacun des textes ?**

B Étudier des effets de reprise et d'échos

2. Étudier la fonction de la citation

La mère du narrateur est une lectrice assidue des Lettres *de Mme de Sévigné, qu'elle cite volontiers dans ses propres lettres, imitant en cela sa propre mère défunte.*

Parmi les causes qui faisaient que maman m'envoyait tous les jours une lettre, et une lettre d'où n'était jamais absente quelque citation de Mme de Sévigné, il y avait le souvenir de ma grand-mère. Maman m'écrivait : « Mme Sazerat[1] nous a donné un de ces petits déjeuners dont elle a le secret et qui, comme eût dit ta pauvre grand-mère, citant Mme de Sévigné, nous enlèvent à la solitude sans nous apporter la société. » Dans mes premières réponses, j'eus la bêtise d'écrire à maman : « À tes citations, ta mère te reconnaîtrait tout de suite. » Ce qui me valut, trois jours après, ce mot : « Mon pauvre fils, si c'était pour me parler de *ma mère*, tu invoques bien mal à propos Mme de Sévigné. Elle t'aurait répondu comme elle fit à Mme de Grignan : « Elle ne vous était donc rien ? Je vous croyais parents[2]. »

Marcel Proust (1871-1922), *À la recherche du temps perdu, La Prisonnière*, posth. 1923.

1. *Mme Sazerat* : une relation de la mère du narrateur. 2. *je vous croyais parents* : dans une lettre datée du 5 janvier 1676, Mme de Sévigné écrit à sa fille : « Vous me dites bien sérieusement [...] : *monsieur mon père*. J'ai cru que nous n'étions point du tout parentes. Que vous était-il à votre avis ? »

a) Combien de citations distinguez-vous dans ce passage ? Sont-elles explicites ? Comment sont-elles signalées ?

b) Qui cite ? Qui est cité ? Répondez avec précision.

c) Pourquoi les mots « *ma mère* » sont-ils en italique ?

d) Quelle fonction remplit la première citation de Mme de Sévigné ? La seconde citation joue-t-elle le même rôle ? Quelle est sa fonction ?

3. Étudier un plagiat

Dans Les Chants de Maldoror, *Lautréamont pratique délibérément le plagiat. Au début du chant V, la description du vol des étourneaux est une citation littérale et non signalée par Lautréamont de l'*Encyclopédie *du docteur Chenu. C'est nous qui signalons par l'italique le passage emprunté.*

[...] *cette multitude d'oiseaux, ainsi réunis par une tendance commune vers le même point aimanté, allant et venant sans cesse, circulant et se croisant en tous sens, forme une espèce de tourbillon fort agité, dont la masse entière, sans suivre de direction bien certaine, paraît avoir un mouvement général d'évolution sur elle-même, résultant des mouvements particuliers de circulation propres à chacune de ses parties, et dans lequel le centre, tendant perpétuellement à se développer, mais sans cesse pressé, repoussé par l'effort contraire des lignes environnantes qui pèsent sur lui, est constamment plus serré qu'aucune de ces lignes, lesquelles le sont elles-mêmes d'autant plus qu'elles sont plus voisines du centre.* Malgré cette singulière manière de tourbillonner, les étourneaux n'en fendent pas moins, avec une vitesse rare, l'air ambiant, et gagnent sensiblement, à chaque seconde, un terrain précieux pour le terme de leurs fatigues et le but de leur pèlerinage. Toi, de même, ne fais pas attention à la manière dont je chante chacune de ces strophes.

Lautréamont (1846-1870), *Les Chants de Maldoror*, chant V, strophe 1 (fin), 1869.

a) À quel type d'ouvrage Lautréamont emprunte-t-il la description du vol des étourneaux ? L'auteur cherche-t-il à dissimuler le plagiat ?

b) Quel rapport peut-on établir entre le vol de l'étourneau et le travail de l'écrivain ? Quelle relation établit-il avec son lecteur ?

c) Quel est le registre* de la dernière phrase du texte ?

4. Étudier la fonction de l'allusion littéraire

Le personnage, dont le narrateur de L'Inquisitoire *rapporte les propos, est un domestique dur d'oreille et inculte ; ce dernier raconte la représentation théâtrale donnée, lors d'une fête dans le parc du château de ses maîtres.*

[...] donc ils ont commencé vers onze heures vingt, ça s'appelait les *Foutreries d'Escarpin* une histoire compliquée où le larbin fait le pitre tout le temps il veut que son jeune patron se marie et le père ne veut pas à ce que j'ai compris il met des bâtons dans les roues, Escarpin lui fait des entourloupes et il le met dans un sac pour le battre.

Robert Pinget (1919-1997), *L'Inquisitoire*, © Éditions de Minuit, 1962.

a) À quelle pièce de Molière le texte fait-il allusion ? En quoi consiste la déformation ?

b) Quel est le registre* du passage ? Justifiez votre réponse.

c) Quelle relation l'allusion établit-elle entre le narrateur et le lecteur ? Sur quels éléments cette relation repose-t-elle ?

5. Étudier une variation autour d'un mythe

Le mythe d'Amphitryon a été repris par de nombreux dramaturges depuis l'Antiquité. Au XVII*e siècle, Molière s'inspire directement de Plaute, son prédécesseur latin.*
L'action se situe en Grèce. Amphitryon, général thébain, aime d'un amour partagé Alcmène, sa vertueuse épouse. Le roi des dieux, Jupiter, entreprend de séduire Alcmène, avec l'aide du dieu Mercure. Pour parvenir à ses fins, Jupiter prend l'apparence d'Amphitryon tandis que Mercure se dissimule sous les traits de Sosie, un esclave, valet d'Amphitryon. Sosie et Mercure métamorphosé en Sosie se rencontrent.

Texte A

MERCURE. — Jamais de la vie tu ne m'empêcheras d'être aujourd'hui Sosie.

SOSIE. — Et toi, morbleu, tu ne m'empêcheras pas d'être moi-même, et d'appartenir à notre maître. Il n'y a chez nous d'autre esclave, d'autre Sosie que moi, moi qui ai quitté cette maison pour suivre Amphitryon à l'armée.

MERCURE. — Il est fou.

SOSIE. — C'est toi qui l'es. Quoi, morbleu, ne suis-je pas Sosie, esclave d'Amphitryon ? Notre vaisseau ne m'a-t-il pas conduit ici, cette nuit, depuis le port Persique[1] ? Mon maître ne m'a-t-il pas envoyé ici ? Ne suis-je pas ici debout devant notre maison ? N'ai-je pas une lanterne à la main ? Ne parlè-je pas ? Ne suis-je pas éveillé ? Cet autre ne m'a-t-il pas tout à l'heure labouré de coups de poing ? Je ne l'ai pas rêvé, morbleu : ma pauvre mâchoire en est encore toute endolorie. Qu'ai-je donc à douter ? Entrons chez nous.

MERCURE. — Hein, chez vous ?

SOSIE. — Oui, chez nous.

MERCURE. — Autant de paroles, autant de mensonges. C'est moi, entends-tu, qui suis Sosie, esclave d'Amphitryon. Notre vaisseau a cette nuit levé l'ancre du port Persique, et nous avons pris d'assaut la ville où régna le roi Ptérélas[2] ; et nous avons par la force de nos armes capturé les légions téléboennes[3] et de sa propre main Amphitryon a tué le roi Ptérélas dans la bataille.

SOSIE. (*à part.*) — À l'entendre parler, j'arrive à douter de moi-même. Il n'y a pas à dire : tout ce qui s'est passé là-bas, il le rapporte exactement.

Plaute (254-184 av. J.-C.),
Amphitryon, Acte I, scène 1, v. 398 à 417,
trad. d'Alfred Ernout, © Les Belles Lettres.

1. *port Persique* : port cité plusieurs fois dans l'œuvre, qui ne correspond à aucun lieu réel. 2. *Ptérélas* : roi des Téléboens, peuple mythique de Grèce centrale que combat Amphitryon, pour le compte de Créon, roi de Thèbes. 3. *légions téléboennes* : voir la note précédente.

Texte B

MERCURE.

Tu te dis Sosie ?

SOSIE.

Oui. Quelque conte frivole...

MERCURE.

Sus, je romps notre trêve[1] et reprends ma parole.

SOSIE.

N'importe, je ne puis m'anéantir pour toi,
Et souffrir[2] un discours si loin de l'apparence.
Être ce que je suis est-il en ta puissance ?
Et puis-je cesser d'être moi ?
S'avisa-t-on jamais d'une chose pareille ?
Et peut-on démentir cent indices pressants ?
Rêvé-je ? est-ce que je sommeille ?
Ai-je l'esprit troublé par des transports[3] puissants ?
Ne sens-je pas bien que je veille ?
Ne suis-je pas dans mon bon sens ?
Mon maître Amphitryon ne m'a-t-il pas commis[4]
À venir en ces lieux vers Alcmène sa femme ?
Ne lui dois-je pas faire, en lui vantant sa flamme,
Un récit de ses faits[5] contre nos ennemis ?
Ne suis-je pas du port arrivé tout à l'heure ?
Ne tiens-je pas une lanterne en main ?
Ne te trouvé-je pas devant notre demeure ?
Ne t'y parlé-je pas d'un esprit tout humain ?
Ne te tiens-tu pas fort de ma poltronnerie
Pour m'empêcher d'entrer chez nous ?
N'as-tu pas sur mon dos exercé ta furie ?
Ne m'as-tu pas roué de coups ?
Ah tout cela n'est que trop véritable,
Et plût au Ciel le fût-il moins !
Cesse donc d'insulter au sort d'un misérable,
Et laisse à mon devoir s'acquitter de ses soins.

MERCURE.

Arrête, ou sur ton dos le moindre pas attire
Un assommant éclat de mon juste courroux[6].
Tout ce que tu viens de dire
Est à moi, hormis les coups.

Molière (1622-1673), *Amphitryon*,
Acte I, scène 2, v. 422 à 453, 1668.

1. *notre trêve* : Mercure et Sosie ont conclu un accord donnant à Sosie le droit de dire tout ce qu'il veut sans être battu par Mercure. 2. *souffrir* : supporter. 3. *transports* : délires. 4. *commis à venir* : chargé de venir. 5. *faits* : actions, exploits. 6. *courroux* : colère.

Texte C

Giraudoux, en 1929, dénombre trente-sept œuvres consacrées au mythe d'Amphitryon depuis l'Antiquité. Il intitule alors sa pièce Amphitryon 38. *Hymne à l'amour conjugal, la pièce de Giraudoux valorise le rôle d'Alcmène et renonce à tirer parti des effets comiques de dédoublement des personnages.*

SOSIE. — C'est toi, le trompette de jour ?

LE TROMPETTE. — Si j'ose dire, oui. Et toi, qui es-tu ? Tu ressembles à quelqu'un que je connais.

SOSIE. — Cela m'étonnerait, je suis Sosie. Qu'attends-tu ? Sonne !

LE TROMPETTE. — Si j'ose dire, oui. Et toi, qui es-tu ? Que dit-elle, votre proclamation ?

SOSIE. — Tu vas l'entendre.

LE TROMPETTE. — C'est pour un objet perdu ?

SOSIE. — Pour un objet retrouvé. Sonne, te dis-je !

LE TROMPETTE. — Tu ne penses pas que je vais sonner sans savoir de quoi il s'agit ?

SOSIE. — Tu n'as pas le choix, tu n'as qu'une note à ta trompette.

LE TROMPETTE. — Je n'ai qu'une note à ma trompette, mais je suis compositeur d'hymnes. [...] Dis moi donc de quel objet perdu il s'agit, pour que je compose mon air muet en conséquence.

SOSIE. — Il s'agit de la paix.

Jean Giraudoux (1882-1944),
Amphitryon 38, Acte I, scène 2, 1929.

a) **Quelles fonctions a le jeu des doubles dans les textes A et B ? Comment appelle-t-on le procédé théâtral utilisé par Plaute et par Molière ? Quel est le registre* des textes ?**

b) **Observez les répliques de Sosie dans les textes A et B, les types de phrases et le vocabulaire utilisés. Comment le trouble du personnage est-il exprimé ?**

c) **Quel plaisir procure le jeu des masques et des doubles ? À quelles réflexions invite-t-il sur la nature de l'homme ? sur la nature et les pouvoirs du théâtre ?**

d) **Quelle réplique du texte C montre que Giraudoux renonce à exploiter le thème du double ? Quelle allusion à l'actualité trouve-t-on dans la scène ? Qu'est-ce qui pourrait menacer le bonheur d'Amphitryon et d'Alcmène ?**

6. Étudier une adaptation

Texte A

Femme de mauvaise vie, Marguerite Gautier aime Armand Duval d'un amour partagé. Le père d'Armand s'oppose au mariage. Il obtient de Marguerite qu'elle quitte Armand, en lui laissant croire qu'elle ne l'aime plus. S'étant ainsi sacrifiée par amour, Marguerite mourra d'une maladie de poitrine. Après la mort de Marguerite, Armand se confie à un ami dans un récit à la première personne.

Au chapitre X, Armand raconte comment, très épris, il tente de convaincre Marguerite de renoncer à sa vie dissolue.

Marguerite, très pâle et la bouche entrouverte, essayait de reprendre haleine. Par moments, sa poitrine se gonflait d'un long soupir qui, exhalé, paraissait la soulager un peu, et la laissait pendant quelques secondes dans un sentiment de bien-être.

Je m'approchai d'elle, sans qu'elle fît un mouvement, je m'assis et pris celle de ses mains qui reposait sur le canapé.

« Ah ! c'est vous ? » me dit-elle avec un sourire.

Il paraît que j'avais la figure bouleversée, car elle ajouta :

« Est-ce que vous êtes malade aussi ?

— Non ; mais vous, souffrez-vous encore ?

— Très peu ; et elle essuya avec son mouchoir les larmes que la toux avait fait venir à ses yeux ; je suis habituée à cela maintenant.

— Vous vous tuez, madame, lui dis-je alors d'une voix émue ; je voudrais être votre ami, votre parent, pour vous empêcher de vous faire mal ainsi.

— Ah ! cela ne vaut vraiment pas la peine que vous vous alarmiez, répliqua-t-elle d'un ton un peu amer ; voyez si les autres s'occupent de moi : c'est qu'ils savent bien qu'il n'y a rien à faire à ce mal-là. »

Après quoi elle se leva et, prenant la bougie, elle la mit sur la cheminée et se regarda dans la glace.

« Comme je suis pâle ! dit-elle en rattachant sa robe et en passant ses doigts sur ses cheveux délissés. Ah ! bah ! allons nous remettre à table. Venez-vous ? »

Mais j'étais assis et je ne bougeais pas.

Elle comprit l'émotion que cette scène m'avait causée, car elle s'approcha de moi et, me tendant la main, elle me dit :

« Voyons, venez. »

Je pris sa main, je la portai à mes lèvres en la mouillant malgré moi de deux larmes longtemps contenues.

« Eh bien, mais êtes-vous enfant ! dit-elle en se rasseyant auprès de moi ; voilà que vous pleurez ! Qu'avez-vous ?

— Je dois vous paraître bien niais, mais ce que je viens de voir m'a fait un mal affreux.

— Vous êtes bien bon ! Que voulez-vous ? je ne puis pas dormir, il faut bien que je me distraie un peu. Et puis des filles comme moi, une de plus ou de moins, qu'est-ce que cela fait ? Les médecins me disent que le sang que je crache vient des bronches ; j'ai l'air de les croire, c'est tout ce que je peux faire pour eux.

— Écoutez, Marguerite, dis-je alors avec une expansion que je ne pus retenir, je ne sais pas l'influence que vous devez prendre sur ma vie, mais ce que je sais, c'est qu'à l'heure qu'il est, il n'y a personne, pas même ma sœur, à qui je m'intéresse comme à vous. C'est ainsi depuis que je vous ai vue. Eh bien, au nom du ciel, soignez-vous, et ne vivez plus comme vous le faites.

— Si je me soignais, je mourrais. Ce qui me soutient, c'est la vie fiévreuse que je mène. Puis, se soigner, c'est bon pour les femmes du monde qui ont une famille et des amis ; mais nous, dès que nous ne pouvons plus servir à la vanité ou aux plaisirs de nos amants, ils nous abandonnent, et les longues soirées succèdent aux longs jours. Je le sais bien, allez, j'ai été deux mois dans mon lit ; au bout de trois semaines, personne ne venait plus me voir.

— Il est vrai que je ne vous suis rien, repris-je, mais si vous le vouliez je vous soignerais comme un frère, je ne vous quitterais pas, et je vous guérirais. Alors, quand vous en auriez la force, vous reprendriez la vie que vous menez, si bon vous semblait ; mais j'en suis sûr, vous aimeriez mieux une existence tranquille qui vous ferait plus heureuse et vous garderait jolie.

Alexandre Dumas fils (1824-1895),
La Dame aux camélias, ch. X, 1848.

Texte B

En 1852, Alexandre Dumas tire de son roman un drame en cinq actes.

SCÈNE 9

MARGUERITE, *seule, essayant de reprendre sa respiration.* — Ah !... (Elle se regarde dans la glace.) Comme je suis pâle !... Ah !...

Elle met sa tête dans ses mains et appuie ses coudes sur la cheminée.

SCÈNE 10

Marguerite, Armand

ARMAND, *rentrant.* — Eh bien, comment allez-vous, madame ?

MARGUERITE. — Vous, monsieur Armand ! Merci, je vais mieux… D'ailleurs, je suis accoutumée…

ARMAND. — Vous vous tuez ! Je voudrais être votre ami, votre parent, pour vous empêcher de vous faire mal ainsi.

MARGUERITE. — Ah ! vous êtes bien bon ! Regardez les autres, s'ils s'occupent de moi.

ARMAND. — Les autres ne vous aiment pas comme je vous aime.

MARGUERITE. — C'est juste ; j'avais oublié ce grand amour.

ARMAND. — Vous en riez ?

MARGUERITE. — Dieu m'en garde ! j'entends tous les jours la même chose ; je n'en ris plus.

ARMAND. — Soit ; mais cet amour vaut bien une promesse de votre part.

MARGUERITE. — Laquelle ?

ARMAND. — Celle de vous soigner.

MARGUERITE. — Me soigner ! Est-ce possible ?

ARMAND. — Pourquoi pas ?

MARGUERITE. — Mais si je me soignais, je mourrais, mon cher. Ce qui me soutient, c'est la vie fiévreuse que je mène. Puis, se soigner, c'est bon pour les femmes du monde qui ont une famille et des amis ; mais, nous, dès que nous ne pouvons plus servir au plaisir ou à la vanité de personne, on nous abandonne, et les longues soirées succèdent aux longs jours ; je le sais bien, allez ; j'ai été deux mois dans mon lit : au bout de trois semaines, personne ne venait plus me voir.

ARMAND. — Il est vrai que je ne vous suis rien, mais si vous le vouliez, Marguerite, je vous soignerais comme un frère, je ne vous quitterais pas et je vous guérirais. Alors, quand vous en auriez la force, vous reprendriez la vie que vous menez, si bon vous semble ; mais, j'en suis sûr, vous aimeriez mieux alors une existence tranquille.

Alexandre Dumas fils (1824-1895),
La Dame aux camélias, Acte I, scènes 9 et 10, 1852.

a) Quel est le texte le plus long ? Observez la longueur de la scène 9 du texte B. Que constatez-vous ? Que veut obtenir Dumas dans le texte B ?

b) Le contenu des textes A et B est-il parfaitement identique ? Quel élément, simplement suggéré dans le texte A, est explicite dans le texte B ? Pourquoi cette modification ?

c) Qu'est-ce qui, dans le texte romanesque, facilite son adaptation en dialogue de théâtre ?

C Observer et interpréter une transposition

7. Étudier une transposition par changement de genre* : de la lettre au poème

En 1956, Aragon publie, en hommage aux résistants fusillés du groupe Manouchian, un poème dans lequel figurent dix vers directement inspirés de la dernière lettre que Manouchian[1] écrivit à sa femme Mélinée, avant d'être exécuté.

Texte A

21 février 1944, Fresne

Ma chère Mélinée, ma petite orpheline bien aimée. Dans quelques heures je ne serai plus de ce monde. On va être fusillé cet après-midi à 15 heures. Cela m'arrive comme un accident dans ma vie, je n'y crois pas, mais pourtant, je sais bien que je ne te verrai plus jamais. Que puis-je t'écrire, tout est confus en moi et bien clair en même temps. Je m'étais engagé dans l'armée de la Libération en soldat volontaire et je meurs à deux doigts de la victoire et du but. Bonheur ! à ceux qui vont nous survivre et goûter la douceur de la liberté et de la Paix de demain. J'en suis sûr que le peuple français et tous les combattants de la liberté sauront honorer notre mémoire dignement. Au moment de mourir, je proclame que je n'ai aucune haine contre le peuple allemand et contre qui que ce soit. Chacun aura ce qu'il méritera comme châtiment et comme récompense. Le peuple Allemand et tous les autres peuples vivront en paix et en fraternité après la guerre qui ne durera plus longtemps. Bonheur ! à tous ! — j'ai un regret profond de ne t'avoir pas rendue heureuse. J'aurais bien voulu avoir un enfant de toi comme tu le voulais toujours. Je te prie donc de te marier après la guerre sans faute et avoir un enfant pour mon honneur et pour accomplir ma dernière volonté. […]

Adieu.

Ton ami Ton camarade Ton mari

Manouchian Michel.

Michel Manouchian (mort en 1944),
fac-similé de la *Lettre à Mélinée* (syntaxe du fac-similé),
21 février 1944, © D.R.

1. *Manouchian* : résistant arménien responsable du groupe des FTPF (Francs-tireurs et Partisans français) de la région parisienne, fusillé par les Allemands avec ses camarades de combat en février 1944.

Texte B

STROPHES POUR SE SOUVENIR

Vous n'avez réclamé la gloire ni les larmes
Ni l'orgue ni la prière aux agonisants
Onze ans déjà que cela passe vite onze ans
Vous vous étiez servi simplement de vos armes
La mort n'éblouit pas les yeux des Partisans

Vous aviez vos portraits sur les murs de nos villes
Noirs de barbe et de nuit hirsutes menaçants
L'affiche[1] qui semblait une tache de sang
Parce qu'à prononcer vos noms sont difficiles
Y cherchait un effet de peur sur les passants

Nul ne semblait vous voir Français de préférence
Les gens allaient sans yeux pour vous le jour durant
Mais à l'heure du couvre-feu des doigts errants
Avaient écrit sous vos photos MORTS POUR LA FRANCE
Et les mornes matins en étaient différents

Tout avait la couleur uniforme du givre
À la fin de février pour vos derniers moments.
Et c'est alors que l'un de vous dit calmement
Bonheur à tous Bonheur à ceux qui vont survivre
Je meurs sans haine en moi pour le peuple allemand

Adieu la peine et le plaisir Adieu les roses
Adieu la vie adieu la lumière et le vent
Marie-toi sois heureuse et pense à moi souvent
Toi qui vas demeurer dans la beauté des choses
Quand tout sera fini plus tard en Erivan[2]

Un grand soleil d'hiver éclaire la colline
Que la nature est belle et que le cœur me fend
La justice viendra sur nos pas triomphants
Ma Mélinée ô mon amour mon orpheline
Et je te dis de vivre et d'avoir un enfant

Ils étaient vingt et trois quand les fusils fleurirent
Vingt et trois qui donnaient leur cœur avant le temps
Vingt et trois étrangers et nos frères pourtant
Vingt et trois amoureux de vivre à en mourir
Vingt et trois qui criaient la France en s'abattant

Louis Aragon (1897-1982), « Strophes pour se souvenir », *Le Roman inachevé*, © Éditions Gallimard, 1956.

1. *l'affiche* : à l'occasion de l'arrestation du groupe Manouchian, les Allemands placardèrent une affiche qui assimilait la Résistance à une action terroriste menée par des Juifs et des étrangers. **2.** *Erivan* : capitale de l'Arménie.

a) **Quelles caractéristiques du genre épistolaire* trouve-t-on dans la lettre de Manouchian ? Quelles sont les fonctions de la lettre ? Est-ce seulement une lettre d'amour ?**

b) **Qui désigne le pronom « vous » dans le poème ? Qui parle ? À qui s'adresse la dernière strophe ?**

c) **Quel type de vers, quelle forme strophique adopte le poème ? Comment la citation de la lettre de Manouchian est-elle signalée ?**

d) **Quelles transformations Aragon fait-il subir à la lettre ? Que conserve-t-il ? Qu'est-ce qui commande la réécriture ?**

D Étudier le détournement d'un texte

8. Étudier un pastiche

Sur la trame d'un fait divers, l'affaire Lemoine, ingénieur qui prétendait fabriquer des diamants et fut arrêté pour escroquerie, Proust rédige neuf pastiches d'auteurs différents. Le pastiche de Flaubert met en évidence des traits stylistiques caractéristiques de cet auteur. Le passage évoque le procès de Lemoine.

Déjà des farceurs commençaient à s'interpeller d'un banc à l'autre, et les femmes, regardant leurs maris, s'étouffaient de rire dans un mouchoir, quand un silence s'établit, le président[1] parut s'absorber pour dormir, l'avocat de Werner[2] prononçait sa plaidoirie. Il avait débuté sur un ton d'emphase[3], parla deux heures, semblait dyspeptique[4] et chaque fois qu'il disait « Monsieur le Président » s'effondrait dans une révérence si profonde qu'on aurait dit une jeune fille devant un roi, un diacre devant l'autel. Il fut terrible pour Lemoine, mais l'élégance des formules atténuait l'âpreté du réquisitoire. Et ses périodes[5] se succédaient sans interruption, comme les eaux d'une cascade, comme un ruban qu'on déroule. Par moments, la monotonie de son discours était telle qu'il ne se distinguait plus du silence, comme une cloche dont la vibration persiste, comme un écho qui s'affaiblit.

Marcel Proust (1871-1922), L'« Affaire Lemoine » par Gustave Flaubert, *Pastiches et mélanges*, © Éditions Gallimard, 1919.

1. *président* : président du tribunal. **2.** *Werner* : Julius Werner, président de la De Beers, société spécialisée dans l'exploitation des mines de diamants, avait versé une forte somme à Lemoine pour sa prétendue découverte. Quand il prit conscience de l'escroquerie de l'ingénieur, il porta plainte contre lui. **3.** *emphase* : exagération. **4.** *dyspeptique* : qui digère difficilement. **5.** *périodes* : longues phrases contenant de nombreuses propositions subordonnées.

a) **L'imparfait est-il utilisé pour décrire un état qui se prolonge, comme cela est habituel, ou un changement et une action ? Quelle utilisation du passé simple trouve-t-on dans le passage ?**

b) **Repérez les emplois de la conjonction « et ». Est-elle utilisée dans des groupes nominaux ou pour relier des propositions ?**

c) **Quelle figure de style* est utilisée de façon répétée dans le passage ?**

d) **Quel est le statut du narrateur* dans le passage ? Quel regard porte-t-il sur l'avocat ? Quel est le registre* utilisé ?**

e) **Établissez un bilan des traits de style mis en évidence par Proust. Cela correspond-il à ce que vous connaissez de l'écriture de Flaubert ?**

9. Étudier une parodie

Dans le Virgile travesti, *Scarron reprend fidèlement les différents épisodes de* L'Énéide *du poète latin Virgile, mais les traite dans un registre trivial. Revue par Scarron, la mort de Didon, la reine de Carthage abandonnée par le troyen Énée, perd grandeur et solennité.*

Texte A

« Nous mourrons sans vengeance, mais mourons. Oui, c'est bien ainsi qu'il me plaît de descendre chez les ombres. Que de la haute mer le Dardanien[1], le cruel, emplisse ses yeux de ce feu, qu'il emporte avec soi l'augure de notre mort. » Elle avait dit et avant qu'elle n'achève, ses servantes la voient retombée sur le fer, l'épée couverte d'une écume de sang, ses mains sans vie.

Virgile (70-19 av. J.-C.), *L'Énéide*,
livre IV, v. 659 à 665,
trad. de Jacques Perret, © Les Belles Lettres, 1989.

1. *le Dardanien* : le Troyen (Énée). Dardanus était le fondateur légendaire de la ville de Troie, d'où Énée est originaire.

Texte B

« Mourons, et sans être vengée,
Dit-elle. C'est là le destin
Que doit avoir une putain ;
Et qu'Æneas[1], voyant reluire
La flamme qui me va détruire,
Ait le cerveau tout étonné[2]
De ce présage infortuné ! »
Ayant parlé de cette sorte,
On la vit tomber demi-morte,
Sans dire un seul mot d'*In manus*[3].
Un glaive[4] entre ses tétons nus
Avait fait un large passage
Par où cette dame peu sage
Répandit de bon sang humain
Par terre, non pas plein la main,
Mais plein une bonne écuellée[5]
Et son âme parmi mêlée[6]
S'en alla je ne sais pas où.

Scarron (1610-1660), *Virgile travesti*,
livre IV, 1648-1653.

1. *Æneas* : nom latin d'Énée. 2. *étonné* : abasourdi. 3. *In manus* : premiers mots en latin d'une prière pour le repos de l'âme. 4. *glaive* : épée. 5. *écuellée* : le contenu d'une écuelle. 6. *son âme parmi mêlée* : son âme mêlée au sang.

a) **Quelle est la place du narrateur dans chacun des textes ?**

b) **Le vers de l'épopée* est le décasyllabe ou l'alexandrin. Quel type de vers choisit Scarron ? Quel est l'effet produit ?**

c) **Quelle expression du texte B est anachronique ? Justifiez votre réponse.**

d) **Quels termes du texte B relèvent du vocabulaire usuel ou grossier ? Quel est le registre* du texte ?**

e) **En quoi consiste le « travestissement » de *L'Énéide* opéré par Scarron ? Quels éléments du modèle conserve-t-il ? Que transforme-t-il ? Répondez sous la forme d'un paragraphe rédigé et organisé.**

E Observer des jeux de réécriture au XXe siècle

• LA SUPPRESSION

10. Observer et interpréter un lipogramme en « e »

Voici les quatrains du sonnet « Voyelles » d'Arthur Rimbaud et le lipogramme proposé par Raymond Queneau, qui réécrit le sonnet en supprimant la voyelle « e ».

Texte A

VOYELLES

A noir, E blanc, I rouge, U vert, O bleu : voyelles,
Je dirai quelque jour vos naissances latentes[1] :
A, corset noir velu des mouches éclatantes
Qui bombinent autour des puanteurs cruelles,

Golfes d'ombre ; E, candeurs des vapeurs et des tentes,
Lances des glaciers fiers, rois blancs, frissons [d'ombelles,
I, pourpres, sang craché, rire des lèvres belles
Dans la colère ou les ivresses pénitentes ;
[...]

Arthur Rimbaud (1854-1891), « Voyelles »,
strophes 1 et 2, *Poésies*, 1891.

1. *latentes* : cachées.

TexteB

VOCALISATIONS

A noir (un blanc), I roux, U safran, O azur :
Nous saurons au jour dit ta vocalisation :
A, noir carcan poilu d'un scintillant morpion[1]
Qui bombinait autour d'un nidoral[2] impur,

Caps obscurs ; Qui cristal du brouillard ou du taud[3],
Harpons du fjord hautain, rois blancs, frissons d'anis ?
I, carmins, sang vomi, riant ainsi qu'un lis
Dans la punition d'un courroux, d'un sanglot ;
[...]

Raymond Queneau (1903-1976),
dans *Oulipo, la littérature potentielle*, © Éditions Gallimard, 1973.

1. *morpion* : pou du pubis. 2. *nidoral* : terme créé par Queneau à partir de l'adjectif *nidoreux*, qui a une odeur d'œufs pourris. 3. *taud* : abri de toile que l'on tend sur le pont d'une embarcation quand il pleut.

a) **Queneau respecte-t-il le type de vers et la disposition des rimes adoptés par Rimbaud ?**

b) **Quelles transformations grammaticales entraîne la disparition de la voyelle « e » ?**

c) **Quels termes renvoient à la blancheur de la voyelle « e », dans le texte A ? Justifiez les substitutions opérées par Queneau, dans le texte B.**

d) **Quel est l'effet produit par l'expression « un blanc » au vers 1 du texte B ? par l'interrogation des vers 5 et 6 ?**

e) **À quel registre* le terme « morpion » rattache-t-il les vers 3 et 4, dans le texte B ?**

La substitution

11. Étudier un poème « antonymique »

Marcel Bénabou propose une version « antonymique » du poème de Stéphane Mallarmé, « L'Azur ». Il remplace chacun des mots du poème par son contraire. Voici la première strophe du poème de Mallarmé et sa transformation.

Texte A

L'Azur

De l'éternel azur la sereine ironie
Accable, belle indolemment comme les fleurs,
Le poète impuissant qui maudit son génie
À travers un désert stérile de Douleurs.

Stéphane Mallarmé (1842-1898),
« L'Azur », strophes 1 à 3, *Poésies*, 1862-1864.

Texte B

La Gueule

De la gueule éphémèr(e) la gravité soucieuse
Allège, laide insolemment comme l'épine
Le prosateur fécond qui bénit sa torpeur
Au sein d'une oasis fertile de Bonheurs

Marcel Bénabou (né en 1939), dans *Oulipo, la littérature potentielle*, © Éditions Gallimard, 1973.

a) Le texte B reprend-il ou transforme-t-il le type de vers, la structure grammaticale et la disposition des rimes du texte A ? Justifiez votre réponse.

b) Les termes « gravité », « épine », « torpeur » sont-ils les antonymes* respectifs des termes « ironie », « fleurs », « génie » ? Le choix de Bénabou repose-t-il sur la dénotation* ou sur les connotations* de chacun des termes ? Justifiez votre réponse.

c) Cherchez dans un dictionnaire tous les sens du mot « gueule » au singulier et au pluriel et justifiez le choix de Bénabou.

d) Le texte B conserve-t-il le registre* du texte A ? À quel registre nouveau se rattache-t-il ?

Le déplacement

12. Étudier un exemple de permutations

Raymond Queneau applique à une strophe de Racine le principe des « permutations plates » : il permute le premier substantif de la phrase avec le second, le troisième avec le quatrième et ainsi de suite.

Texte A

Tandis que le sommeil réparant la nature
Tient enchaînés le travail et le bruit
Nous rompons ses liens, ô clarté toujours pure,
Pour te louer dans la profonde nuit.

Racine (1639-1699), « Le lundi à matines », strophe. 1,
Hymnes du bréviaire, 1655-1656.

Texte B

Tandis que la nature réparant le sommeil
tient enchaînés le bruit et le travail,
nous rompons ses clartés, ô lien toujours pur,
pour te louer dans la profonde nuit.

Raymond Queneau (1903-1976),
dans *Oulipo, la littérature potentielle*, © Gallimard, 1973.

a) La permutation entraîne-t-elle des transformations grammaticales ?

b) Quelles modifications de sens entraîne la permutation ?

L'expansion

13. Étudier un exemple de littérature définitionnelle

Raymond Queneau applique à la première strophe du sonnet de Nerval, « El Desdichado », le principe de la littérature définitionnelle : il remplace chaque mot du texte de départ par une périphrase équivalente.*

Texte A

Je suis le ténébreux, – le veuf, – l'inconsolé,
Le prince d'Aquitaine à la tour abolie :
Ma seule *étoile* est morte, – et mon luth constellé
Porte le *Soleil noir* de la *Mélancolie*.

Gérard de Nerval (1808-1855),
« El Desdichado », strophe 1, *Les Chimères*, 1854.

Texte B

Je suis celui qui est plongé dans les ténèbres, celui qui a perdu sa femme et n'a pas contracté de nouveau mariage, celui qui n'est pas consolé ; celui qui possède une souveraineté sur une contrée de l'ancienne Gaule correspondant à peu près au bassin de la Garonne, et dont sa sorte de bâtiment très élevé et de forme ronde ou carrée est supprimée ; mon astre fixe qui brille par sa lumière propre et qui est sans compagnie a cessé de vivre et mon ancien instrument de musique à cordes parsemé d'étoiles soutient le poids, la charge de l'astre lumineux au centre des orbites de la terre et des planètes, astre de l'état morbide de tristesse et de dépression.

Raymond Queneau (1903-1976), dans *Oulipo, la littérature potentielle*, © Éditions Gallimard, 1973.

a) Qu'appelle-t-on une périphrase ?

b) Le principe choisi est-il appliqué de façon rigoureuse ? Justifiez votre réponse.

c) L'adjectif « noir », au vers 4, est-il remplacé par sa définition ? Pourquoi ?

d) Quel est le registre* du texte A ? et le registre du texte B ? Justifiez votre réponse en vous appuyant sur des citations précises.

EXERCICES
D'OBSERVATION ET D'INTERPRÉTATION

F Observer une affiche de film

14. Étudier trois images sur *Germinal*

La couverture d'un roman, l'affiche de film qui s'inspire de son adaptation cinématographique, peuvent proposer des lectures différentes voire divergentes du texte. Ainsi, ces trois images illustrent des points de vue particuliers, parfois surprenants, sur Germinal *d'Émile Zola et son héros Étienne Lantier.*

Observez les trois images suivantes et répondez aux questions.

▲ **Image n° 1** : Couverture de *Germinal*, édition de 1930, © Flammarion.

a) Comment ces trois images présentent-elles le héros de *Germinal* Étienne Lantier ?

b) En quoi ces trois représentations constituent-elles des interprétations du livre ?

Image n° 3 : Affiche de *Germinal*, film de Claude Berri, réalisé en 1993, avec Renaud, Judith Henry, Miou-Miou, Gérard Depardieu, © Collection Christophe Lee. ▶

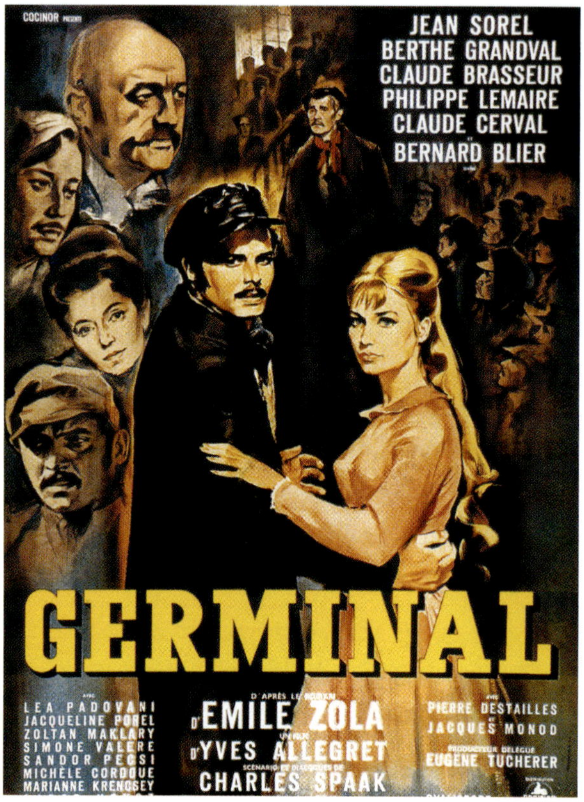

▲ **Image n° 2** : Affiche de *Germinal*, film d'Yves Allégret, réalisée en 1962, avec Jean Sorel, Berthe Granval, Claude Brasseur, Bernard Blier, © Collection Christophe Lee.

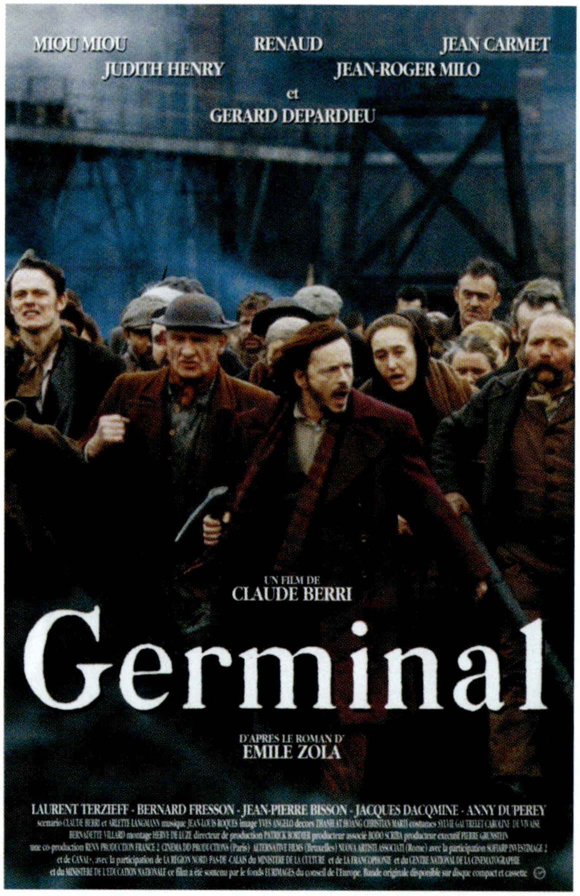

au commentaire

A Examiner méthodiquement le texte

1. Situer le texte réécrit

Texte A

L'INVITATION AU VOYAGE

Mon enfant, ma sœur,
Songe à la douceur
D'aller là-bas vivre ensemble !
Aimer à loisir,
Aimer et mourir
Au pays qui te ressemble !
Les soleils mouillés
De ces ciels brouillés
Pour mon esprit ont les charmes
Si mystérieux
De tes traîtres yeux,
Brillant à travers leurs larmes.

Là, tout n'est qu'ordre et beauté,
Luxe, calme et volupté.

Des meubles luisants,
Polis par les ans,
Décoreraient notre chambre ;
Les plus rares fleurs
Mêlant leurs odeurs
Aux vagues senteurs de l'ambre,
Les riches plafonds,
Les miroirs profonds,
La splendeur orientale,
Tout y parlerait
À l'âme en secret
Sa douce langue natale.

Là, tout n'est qu'ordre et beauté,
Luxe, calme et volupté.

Vois sur ces canaux
Dormir ces vaisseaux
Dont l'humeur est vagabonde ;
C'est pour assouvir
Ton moindre désir
Qu'ils viennent du bout du monde.
— Les soleils couchants
Revêtent les champs,
Les canaux, la ville entière,
D'hyacinthe et d'or ;
Le monde s'endort
Dans une chaude lumière.

Là, tout n'est qu'ordre et beauté,
Luxe, calme et volupté.

Charles Baudelaire (1821-1867), « L'invitation au voyage », « Spleen et Idéal », LIII, *Les Fleurs du mal*, 1857.

Texte B

L'INVITATION AU VOYAGE

Il est un pays superbe, un pays de Cocagne[1], dit-on, que je rêve de visiter avec une vieille amie. Pays singulier, noyé dans les brumes de notre Nord, et qu'on pourrait appeler l'Orient de l'Occident, la Chine de l'Europe, tant la chaude et capricieuse fantaisie s'y est donné carrière, tant elle l'a patiemment et opiniâtrement illustré de ses savantes et délicates végétations.

Un vrai pays de Cocagne, où tout est beau, riche, tranquille, honnête ; où le luxe a plaisir à se mirer dans l'ordre ; où la vie est grasse et douce à respirer ; d'où le désordre, la turbulence et l'imprévu sont exclus ; où le bonheur est marié au silence ; où la cuisine elle-même est poétique, grasse et excitante à la fois ; où tout vous ressemble, mon cher ange.

Tu connais cette maladie fiévreuse qui s'empare de nous dans les froides misères, cette nostalgie du pays qu'on ignore, cette angoisse de la curiosité ? Il est une contrée qui te ressemble, où tout est beau, riche, tranquille et honnête, où la fantaisie a bâti et décoré une Chine occidentale, où la vie est douce à respirer, où le bonheur est marié au silence. C'est là qu'il faut aller vivre, c'est là qu'il faut aller mourir !

Oui, c'est là qu'il faut aller respirer, rêver et allonger les heures par l'infini des sensations. Un musicien a écrit l'*Invitation à la valse*[2] ; quel est celui qui composera l'*Invitation au voyage*, qu'on puisse offrir à la femme aimée, à la sœur d'élection ?

Oui, c'est dans cette atmosphère qu'il ferait bon vivre, – là-bas, où les heures plus lentes contiennent plus de pensées, où les horloges sonnent le bonheur avec une plus profonde et plus significative solennité.

Sur des panneaux luisants, ou sur des cuirs dorés et d'une richesse sombre, vivent discrètement des peintures béates, calmes et profondes, comme les âmes des artistes qui les créèrent. Les soleils couchants, qui colorent si richement la salle à manger ou le salon, sont tamisés par de belles étoffes ou par ces hautes fenêtres ouvragées que le plomb divise en nombreux compartiments. Les meubles sont vastes, curieux, bizarres, armés de serrures et de secrets comme des âmes raffinées. Les miroirs, les métaux, les étoffes, l'orfèvrerie et la faïence y jouent pour les yeux une symphonie muette et mystérieuse ; et de toutes choses, de tous les coins, des fissures des tiroirs et des plis des étoffes s'échappe un parfum singulier, un revenez-y de Sumatra, qui est comme l'âme de l'appartement.

Un vrai pays de Cocagne, te dis-je, où tout est riche, propre et luisant, comme une belle conscience, comme une magnifique batterie de cuisine, comme une splendide orfèvrerie, comme une bijouterie bariolée ! Les trésors du monde y affluent, comme dans la maison d'un homme laborieux et qui a bien mérité du monde entier [...]

Des rêves ! toujours des rêves ! et plus l'âme est ambitieuse et délicate, plus les rêves l'éloignent du possible. Chaque homme porte en lui sa dose d'opium naturel, incessamment sécrétée et renouvelée, et, de la naissance à la mort, combien comptons-nous d'heures remplies par la jouissance positive, par l'action réussie et décidée ? Vivrons-nous jamais, passerons-nous jamais dans ce tableau qu'a peint mon esprit, ce tableau qui te ressemble ? [...]

Charles Baudelaire (1821-1867), « L'invitation au voyage », XVIII, *Le Spleen de Paris*, 1869.

1. *pays de cocagne* : pays imaginaire où l'on a tout en abondance.
2. *l'Invitation à la valse* : œuvre célèbre de Weber, musicien allemand (1786-1826).

Texte C

INVITATION AU VOYAGE

à Louis Bergerot

Les trains ! Les trains par les tunnels étreints
Ont fait de ces cabarets roses
Où les tziganes vont leur train
Les tziganes aux valses roses
Des îles chastes de boulingrins[1].

Il passe sur automobiles
Il passe de fragiles rentières
Comme sacs à loto mobiles.
Vers des parcs aux doux ombrages
Je t'invite ma chère Élise.
Élise ! je t'invite au voyage
Vers ces palais de Venise.

Pour cueillir des fleurs aux rameaux
Nous déposerons nos vélos
Devant les armures hostiles
Des grillages *modern-style*
Nous déposerons nos machines
Pour les décorer d'aubépine
Nous regarderons couler l'eau
En buvant des menthes à l'eau.

Peut-être que sexagénaires
Nous suivrons un jour ces rivières
Dans d'écarlates automates
Dont nous serons propriétaires !
Mais en ces avenirs trop lents
Les chevaux de Panhard[2]
Ne seront-ils volants ?

À vendre : quatre véritables déserts
À proximité du chemin de fer,
S'adresser au propriétaire-notaire
M. Chocarneau, 18, boulevard Carnot.
Écrit en 1903.

Max Jacob (1876-1944), *Le Laboratoire central*, © Au sans pareil, 1921.

1. *boulingrin* : parterre de gazon entouré de bordures. 2. *Panhard* : marque d'automobile.

a) Observez le paratexte* de chacun des textes. À quelle époque a été écrit chacun d'eux ?

b) Lequel de ces textes est le texte-source ? Quels textes sont des réécritures ?

c) Comment interprétez-vous l'absence d'article dans le titre du texte C ?

2. Identifier genre et registre

Lisez les textes de Baudelaire (▶ *Exercice 1*, textes A et B, p. 395**) et de Max Jacob (▶** *Exercice 1*, texte C, p. 396**) et répondez aux questions.**

a) À quel genre* littéraire appartiennent les trois textes ? Quelles différences formelles présentent-ils ?

b) Étudiez l'énonciation* du texte A ? Qui parle ? À qui ? Quel est le temps et le mode dominant ? Quel est le registre* du texte A ?

c) Qui parle dans le texte B ? À qui ? Quelles formes de discours* trouve-t-on dans ce texte ? Quel est son registre ?

d) Quelles marques de la modernité présente le texte C ? Observez les vers 3, 8, 26 notamment et la dernière strophe : à quel registre se rattachent-ils ? Quel est le registre* dominant du texte de Max Jacob ?

3. Étudier la composition du texte

Lisez les textes de Baudelaire (▶ *Exercice 1*, textes A et B, p. 395**) et de Max Jacob (▶** *Exercice 1*, texte C, p. 396**) et répondez aux questions.**

a) Combien de strophes y a-t-il dans le texte A ? Quels types de vers, quelle disposition des rimes trouve-t-on dans chaque strophe ? Quel est l'effet produit ?

b) Quelle particularité présente la composition du texte A ?

c) Observez les répétitions dans le texte B et le jeu des pronoms personnels. Quelle est la composition du texte B ? Peut-on la rapprocher de celle du texte A ? Pourquoi ?

d) Combien de strophes comporte le texte C ? Ont-elles le même nombre de vers ? La même disposition des rimes ?

e) Quelle est la composition du texte C ? Que suggère la dernière strophe ?

4. Identifier la réécriture proposée

Lisez les textes de Baudelaire (▶ *Exercice 1*, textes A et B, p. 395**) et de Max Jacob (▶** *Exercice 1*, texte C, p. 396**) et répondez aux questions.**

a) Les trois douzains* du texte A évoquent-ils le même paysage ou le même décor ? Quel rapport ces trois strophes entretiennent-elles avec le refrain ?

b) Quelles similitudes thématiques et formelles trouve-t-on dans les textes A et B ?

c) La réécriture en prose (texte B) de « L'Invitation au voyage » (texte A), proposée par Baudelaire, est-elle une continuation ? une amplification ? une transposition ? une variation ?

d) **Comparez les textes A et C. Quelles similitudes, quelles différences présentent-ils dans leurs thèmes et dans leur forme ? Max Jacob écrit-il une imitation ? une variation ?**

5. Déterminer les enjeux de la réécriture

Lisez les textes de Baudelaire (▸ *Exercice 1*, textes A et B, p. 395**) et de Max Jacob (▸** *Exercice 1*, texte C, p. 396**) et répondez aux questions.**

a) **Que devient le refrain du poème en vers (texte A) dans le poème en prose (texte B) ? La réécriture en prose (texte B) du poème en vers (texte A) interdit-elle le lyrisme* ?**

b) **Qu'exprime le paragraphe final du texte B ? Retrouve-t-on le sentiment de plénitude qui clôt le poème en vers (texte A) ?**

c) **Le texte C correspond-il seulement à un jeu fantaisiste ? La réécriture de Max Jacob est-elle ludique ? subversive ? sérieuse ? Justifiez votre réponse en vous appuyant sur des citations précises.**

B Préparer, organiser et développer le commentaire

6. Définir un projet de lecture

Lisez « L'Invitation au voyage » en vers (▸ *Exercice 1*, texte A, p. 395**) puis le texte en prose de Baudelaire (▸** *Exercice 1*, texte B, p. 395**) et répondez aux questions.**

a) **En quoi consiste la réécriture par Baudelaire du poème en vers « L'Invitation au voyage » ? Dégagez ses caractéristiques principales en mettant en évidence les similitudes et les différences entre les textes A et B.**

b) **Quel est l'enjeu principal de la réécriture, dans le texte B ? Quelle est sa fonction ?**

c) **En vous aidant des réponses aux questions précédentes, formulez un projet de lecture en une phrase rédigée.**

7. Même exercice

Texte A

Ma femme [...] je vous envoie la lettre consolatoire[1] de Plutarque à sa femme, traduite par lui[2] en français ; bien marri[3] de quoi la fortune vous a rendu ce présent si propre, et que, n'ayant enfant qu'une fille longuement attendue, au bout de quatre ans de notre mariage, il a fallu que vous l'ayez perdue dans le deuxième an de sa vie. Mais je laisse à Plutarque la charge de vous consoler, et de vous avertir de votre devoir en cela, en vous priant le croire pour l'amour de moi ; car il vous découvrira mes intentions, et ce qui se peut alléguer en cela, beaucoup mieux que je ne le ferai moi-même. Sur ce, ma femme, je me recommande bien fort à votre bonne grâce, et prie Dieu qu'il vous maintienne en sa garde.

De Paris, ce 10 septembre 1570.

Votre bon mari,
Michel de Montaigne.

Montaigne (1533-1592), Lettre-dédicace pour la traduction de la *Lettre de consolation* de Plutarque à sa femme, 1570.

1. *lettre consolatoire* : dans l'Antiquité, la lettre de consolation, écrite à un ami ou un proche à l'occasion du décès d'un être cher, est un genre littéraire. 2. *lui* : Étienne de La Boétie, ami de Montaigne, mort prématurément. 3. *marri* : désolé, attristé.

Texte B

Bardamu, le héros de Voyage au bout de la nuit, *est médecin à Rancy dans la banlieue parisienne. Il s'efforce vainement de soigner Bébert, un jeune patient atteint de typhoïde. Bébert est mourant et Bardamu achète par hasard, chez un bouquiniste, un volume de Montaigne.*

En l'ouvrant, je suis juste tombé sur une page d'une lettre qu'il écrivait à sa femme le Montaigne, justement pour l'occasion d'un fils à eux qui venait de mourir. Ça m'intéressait immédiatement ce passage, probablement à cause des rapports que je faisais tout de suite avec Bébert. « Ah ! qu'il lui disait le Montaigne, à peu près comme ça à son épouse. T'en fais pas va ma chère femme ! Il faut bien te consoler !... Ça s'arrangera !... Tout s'arrange dans la vie... Et puis d'ailleurs, qu'il lui disait encore, j'ai justement retrouvé hier dans des vieux papiers d'un ami à moi une certaine lettre que Plutarque envoyait lui aussi à sa femme dans des circonstances tout à fait pareilles aux nôtres... Et que je l'ai trouvée si joliment bien tapée sa lettre ma chère femme, que je te l'envoie sa lettre !... C'est une belle lettre ! D'ailleurs je ne veux pas t'en priver plus longtemps, tu m'en diras des nouvelles pour ce qui est de guérir ton chagrin !... Ma chère épouse ! Je te l'envoie la belle lettre ! Elle est un peu là comme lettre celle de Plutarque !... On peut le dire ! Elle a pas fini de t'intéresser !... Ah non ! Prenez-en connaissance ma chère femme ! Lisez-la bien ! Montrez-la aux amis. Et relisez-la encore ! Je suis bien tranquille à présent ! Je suis certain qu'elle va vous remettre d'aplomb ! Vostre bon mari. Michel. » Voilà que je me dis moi, ce qu'on peut appeler du beau travail. Sa femme devait être fière d'avoir un bon mari qui ne s'en fasse pas comme son Michel. Enfin, c'était leur affaire à ces gens. On se trompe peut-être toujours quand il s'agit de juger le cœur des autres. Peut-être qu'ils avaient vraiment du chagrin ? Du chagrin de l'époque ?

Louis-Ferdinand Céline (1894-1961), *Voyage au bout de la nuit*,

a) **Montaigne exprime-t-il les sentiments inspirés par la mort de sa fille ? Quel est l'objectif de sa lettre ? Quel pouvoir attribue-t-il à la lettre de Plutarque ?**

b) Quels éléments du texte B relèvent de la langue orale ? Quel est le niveau* de langue utilisé ? Justifiez votre réponse par des citations précises.

c) Bardamu croit-il au pouvoir consolateur de la lettre de Plutarque ? et de celle de Montaigne ? Quelle lecture fait-il de la lettre de Montaigne ? Quel jugement porte-t-il sur son auteur ?

d) En vous aidant des réponses aux questions précédentes, formulez un projet de lecture en une phrase rédigée.

8. Dégager des idées directrices

Lisez les textes de Baudelaire (▸ *Exercice 1*, textes A et B, p. 395) et le texte de Max Jacob (▸ *Exercice 1*, texte C, p. 396) et répondez aux questions.

a) Qui est invité au voyage dans le poème de Max Jacob ? à quel voyage ? Quelle situation paradoxale* évoque cette réécriture ? Le titre est-il en accord avec la situation évoquée ?

b) Quelle part le poème fait-il aux jeux de mots ? à l'invention verbale ? aux jeux de sonorités ?

c) Le locuteur déplore-t-il sa situation et celle d'Élise ? Quels indices la composition, le registre* dominant du poème donnent-ils sur les enjeux de cette réécriture ?

d) En vous aidant des réponses aux questions précédentes, dégagez trois idées directrices pour le commentaire du poème de Max Jacob.

9. Trouver des arguments

Lisez « L'Invitation au voyage » en vers (▸ *Exercice 1*, texte A, p. 395) et sa réécriture en prose par Baudelaire (▸ *Exercice 1*, texte B, p. 395). Pour préparer le commentaire du poème en prose (▸ texte B), trouvez deux ou trois arguments susceptibles d'étayer chacune des idées directrices suivantes.

- Le poème en prose reprend les thèmes du poème en vers.
- En dépit du changement de forme poétique, le poème en prose conserve le lyrisme* du poème en vers.
- Le poème en prose rompt avec le sentiment de plénitude sur lequel s'achève le poème en vers.

10. Illustrer les arguments

Lisez « L'Invitation au voyage » en vers (▸ *Exercice* 1, texte A, p. 395) et sa réécriture en prose par Baudelaire (▸ *Exercice* 1, texte B, p. 395). Pour préparer le commentaire du poème en prose (▸ texte B), illustrez par des exemples les arguments suivants.

- La femme invitée est une sœur, une vieille amie ; comme dans le poème en vers, la femme aimée est belle et apaisante.
- Le poème évoque l'appel au voyage et non le voyage lui-même.
- Le poème propose une synthèse des décors flamand et oriental.
- Le refrain du poème en vers se retrouve dans le poème en prose.

11. Élaborer un plan

Lisez la lettre de Montaigne à son épouse (▸ *Exercice* 6, texte A, p. 397) et sa réécriture par Céline (▸ *Exercice* 6, texte B, p. 397). Pour élaborer un plan de commentaire pour le texte B, répondez aux questions.

a) Dans la liste suivante, donnée en désordre, dégagez trois idées directrices et faites correspondre à chacune d'entre elles deux arguments pertinents.

- L'existence de lois permanentes du cœur humain est mise en question par Bardamu.
- Dans la réécriture, l'auteur instaure un jeu littéraire avec un autre auteur, Montaigne, lui-même coutumier de la citation et de la réécriture.
- Le désespoir prend l'aspect de la dérision.
- La langue orale et le niveau* de langue familier sont au service de la dérision.
- Le texte dénonce comme une hypocrisie l'attitude stoïque devant la mort.
- La drôlerie se mêle au pathétique suscité par la mort prochaine de Bébert.
- Le texte propose la réécriture d'une lettre de Montaigne, sur le mode de la dérision.
- Comme Montaigne, Bardamu exprime indirectement la douleur et l'impuissance ressenties face à la mort d'un enfant.
- La progression du texte de Céline correspond à la composition de la lettre de Montaigne.

b) Illustrez les arguments d'exemples précis empruntés au texte.

c) À l'aide des réponses aux questions précédentes, proposez un plan détaillé du commentaire.

C Rédiger le commentaire

12. Rédiger une introduction

Lisez « L'Invitation au voyage » en prose de Baudelaire (▸ *Exercice 1*, texte B, p. 395). Rédigez une introduction pour le commentaire de ce texte, en vous aidant des directives suivantes.

a) À partir des éléments donnés par le paratexte*, présentez le texte.

b) Formulez un projet de lecture.

c) À partir de l'énoncé des idées directrices données dans l'exercice 9, annoncez le plan du commentaire.

13. Rédiger une conclusion

Lisez le texte de Max Jacob (▸ *Exercice 1*, p. 396). Rédigez une conclusion pour le commentaire de ce texte (bilan et élargissement).

Entraînement

à la dissertation

A Analyser le sujet

1. Étudier l'énoncé d'un sujet et dégager le problème posé

Texte A

I SONNET AVEC LA MANIÈRE DE S'EN SERVIR

Réglons notre papier et formons bien nos lettres :

Vers filés à la main et d'un pied uniforme,
Emboîtant bien le pas, par quatre en peloton ;
Qu'en marquant la césure, un des quatre s'endorme…
Ça peut dormir debout comme soldats de plomb.

Sur le *railway*[1] du Pinde[2] est la ligne, la forme ;
Aux fils du télégraphe : — on en suit quatre, en long ;
À chaque pieu, la rime — exemple : chloroforme.
— Chaque vers est un fil, et la rime un jalon.

— Télégramme sacré – 20 mots. – Vite à mon aide…
(Sonnet – c'est un sonnet –) ô Muse d'Archimède !
— La preuve d'un sonnet est par l'addition :

— Je pose 4 et 4 = 8 ! Alors je procède,
En posant 3 et 3 ! — Tenons Pégase[3] raide :
« Ô lyre ! Ô délire ! Ô… » — Sonnet — Attention !

Tristan Corbière (1845-1875),
Les Amours jaunes, 1873.

1. *railway* : chemin de fer, voie ferrée. 2. *le Pinde* : montagne de Grèce (Thessalie), consacrée à Apollon et aux Muses (à la poésie par conséquent). 3. *Pégase* : cheval ailé de la légende, symbole de l'inspiration poétique.

Texte B

Le pré est vénéneux mais joli en automne
Les vaches y paissant
Lentement s'empoisonnent
Le colchique couleur de cerne et de lilas
Y fleurit tes yeux sont comme cette fleur-là
Violâtres comme leur cerne et comme cet automne
Et ma vie pour tes yeux lentement s'empoisonne

Les enfants de l'école viennent avec fracas
Vêtus de hoquetons et jouant de l'harmonica
Ils cueillent les colchiques qui sont comme des mères
Filles de leurs filles et sont couleur de tes paupières
Qui battent comme les fleurs battent au vent dément

Le gardien du troupeau chante tout doucement
Tandis que lentes et meuglant les vaches abandonnent
Pour toujours ce grand pré mal fleuri par l'automne

Apollinaire (1880-1918), « Les colchiques »,
Alcools, © Éditions Gallimard, 1913.

Texte C

Le feu hantait nos jours et les accomplissait
Son fer blessait le temps à chaque aube plus grise,
Le vent heurtait la mort sur le toit de nos chambres,
Le froid ne cessait pas d'environner nos cœurs.

Ce fut un bel été, fade, brisant et sombre,
Tu aimas la douceur de la pluie en été
Et tu aimas la mort qui dominait l'été
Du pavillon tremblant de ses ailes de cendre.

Cette année-là, tu vins à presque distinguer
Un signe toujours noir devant tes yeux porté
Par les pierres, les vents, les eaux et les feuillages.

Ainsi le soc déjà mordait la terre meuble
Et ton orgueil aima cette lumière neuve,
L'ivresse d'avoir peur sur la terre d'été.

Yves Bonnefoy (né en 1923), « Le Bel Été »,
Hier régnant désert, © Mercure de France, 1978.

La forme du sonnet est-elle un carcan pour le poète moderne, ou peut-elle être remodelée, exploitée à des fins nouvelles ? Vous répondrez à cette question en vous appuyant sur les textes du corpus, les œuvres étudiées en classe et vos lectures personnelles. Vous pourrez élargir la question à des formes poétiques traditionnelles autres que le sonnet.

a) Quelle est la nature de l'énoncé ?

b) L'intitulé du sujet demande-t-il d'expliquer un point de vue ? de le justifier ? de le réfuter ? de discuter un jugement ? d'exprimer une opinion personnelle ?

c) Quels sont les mots-clés du libellé ? Quel est le domaine général concerné ? Quel est le problème particulier posé par le sujet ?

d) Confrontez le sujet au corpus. Quels aspects formels ou thématiques des textes renvoient au problème posé ?

2. Même exercice

Texte A

Fille du roi de Colchide, Médée est éprise de Jason. Grâce à ses dons de magicienne, elle aide Jason à s'emparer de la Toison d'or, qu'il est venu conquérir avec les Argonautes. Fuyant avec Jason, elle dépèce son frère et jette ses membres un à un sur la route, pour retarder ses poursuivants. Pour assurer le pouvoir à Jason, elle commet de nombreux crimes. Mais Jason la répudie pour épouser Créüse, la fille de Créon, roi de Corinthe. Médée tue Créüse, Créon, puis ses propres enfants.
La scène, extraite de la tragédie de Sénèque, se situe à Corinthe, après la répudiation de Médée. Créüse et Créon, empoisonnés par Médée, se meurent. Médée s'adresse à sa nourrice, qui la presse de fuir.

Moi ? Répandre le sang de mes enfants ?

Fureur et folie
Je n'irai pas jusque-là
Jusqu'à cet acte inouï
Ce meurtre impossible
Ce crime de nuit
Quelle faute les malheureux expieraient-ils ?
Ils sont pourtant criminels
Leur crime est d'avoir Jason pour père
Et pis encore Médée, pour mère
Qu'ils meurent, ce ne sont pas mes fils
Qu'ils meurent, ils sont à moi
Criminels sans faute et sans reproche
Criminels innocents
Je l'avoue
Mon frère aussi était innocent
Et alors ? Tu vacilles ? Courage !
Pourquoi des larmes sur ton visage ?
Pourquoi ces hésitations ?
Tantôt l'amour, tantôt la colère
Un double tourbillon t'entraîne dans ses incertitudes
Comme lorsque des vents violents s'affrontent sur l'océan et soulèvent le flots les uns contre les autres
Comme la mer qui bouillonne sans réussir à se [former
Mon cœur est ballotté par le flux et le reflux
La colère repousse l'amour maternel
L'amour repousse la colère
Douleur cède à l'amour d'une mère
Venez enfants, venez ma postérité
Seule consolation d'une maison à l'agonie
Venez sur moi et serrez-moi dans vos bras
Que m'importe si votre père vous garde sains et saufs
Pourvu que votre mère vous conserve aussi
D'un instant à l'autre on va me chasser
D'un instant à l'autre je vais devoir partir
Et on les arrachera de mes bras pour me jeter [dehors
Ils pleureront, ils gémiront
Qu'ils meurent pour leur père
Pour leur mère ils sont déjà morts
La douleur revient et grandit
La haine bouillonne
L'antique Érinys[1] est de retour
Elle guide ma main sans que j'y puisse rien
Colère je vais où tu me conduis

Sénèque (4-65, ap. J.-C.), *Médée*, scène X, v. 929 à 957, trad. de Florence Dupont, © Éditions de l'Imprimerie nationale, 1992.

1. *Érinys* : déesse qui châtie les crimes (notamment contre la famille).

Texte B

Dans son roman Médée, *l'écrivain allemand Christa Wolf fait entendre les voix alternées de l'héroïne mythique, de Jason et d'autres personnages empruntés au mythe ou inventés, témoins de la répudiation de Médée par Jason. Le roman est précédé d'une préface dont voici la fin.*

[...] Descendons-nous chez les Anciens, nous rattrapent-ils ? Qu'importe. Il suffit de tendre la main. Sans cérémonie, ils nous rejoignent, hôtes étrangers, pareils à nous. Nous possédons la clé qui ouvre toutes les époques, parfois nous l'utilisons sans vergogne, jetons un regard pressé par l'entrebâillement, avides de jugements rapides, mais il devrait être également possible de nous approcher pas à pas, avec pudeur face au tabou, résolus à extorquer non sans peine aux morts leur secret. L'aveu de notre détresse, c'est par là que nous devrions commencer.

Les millénaires fondent sous une forte pression. La pression doit donc demeurer. Vaine question. De fausses questions troublent la silhouette[1] qui veut se libérer des ténèbres de la méconnaissance. Nous devons la mettre en garde. Notre méconnaissance forme un système fermé, rien ne peut la réfuter. À moins que nous nous risquions jusqu'au plus intime de notre méconnaissance, celle de nous-mêmes également [...]. À nos côtés, nous l'espérons, cette silhouette magique, dans laquelle les époques se rencontrent, processus douloureux. Dans laquelle notre époque nous saisit. Cette femme sauvage.

À présent ces voix, que nous entendons.

Christa Wolf (née en 1929), « Voix », Préface de *Médée*, traduit de l'allemand par Alain Lance et Renate Lance-Otterbein, © Fayard, 1997.

1. *la silhouette* : Médée.

Texte C

La dernière voix du roman de Christa Wolf est celle de Médée, déjà entendue à deux reprises. Médée, chassée de Corinthe, a trouvé refuge dans la forêt. Voici la page finale.

Morts[1]. Ils[2] les ont assassinés. Lapidés, dit Arinna[3]. Et moi qui pensais que leur soif de vengeance s'apaiserait avec mon départ. Je ne les connaissais pas.

[...]

Les dieux veulent-ils m'obliger à croire à nouveau en eux ? Cela me fait rire. Je suis au-dessus d'eux maintenant. Ils ont beau tâter mon corps de leurs organes cruels, ils ne trouveront sur moi aucune trace d'espoir ou de crainte. Rien, rien. L'amour est brisé. La douleur a cessé elle aussi. Je suis libre. Sans aucun désir j'écoute en moi le vide qui m'emplit totalement.

Et les Corinthiens n'en ont pas fini avec moi. Qu'est-ce qu'ils racontent ? Que c'est moi, Médée, qui ai tué mes enfants. Que j'ai voulu me venger de l'infidèle Jason. Qui peut donc le croire, ai-je demandé. Arinna dit : tout le monde. Même Jason ? Lui n'a plus rien à dire. Mais les Colchidiens[4] ? Ils sont tous morts, sauf les femmes dans les montagnes, mais elles sont revenues à l'état sauvage.

[...]

Voilà. C'est ce qu'ils veulent ? que pour les générations futures je demeure celle qui a tué ses enfants.

Mais qu'est-ce que ce sera, comparé aux horreurs qu'ils auront connues entre-temps. Cela nous ne l'apprendrons jamais.

Que me reste-t-il à faire. À les maudire. Malédiction sur vous tous [...]. Que votre vie soit atroce et votre mort misérable. Que vos hurlements montent vers le ciel sans l'émouvoir. Moi, Médée, je vous maudis.

Où vais-je aller. Y a-t-il un monde, une époque où j'aurais ma place ? Personne, ici, à qui le demander. Voilà la réponse.

Christa Wolf (née en 1929), *Médée*, traduit de l'allemand par Alain Lance et Renate Lance-Otterbein, © Fayard, 1997.

1. *morts* : Médée parle de ses enfants. 2. *ils* : les Corinthiens. 3. *Arinna* : fille de Lyssa, la sœur de lait de Médée, originaire de Colchide comme Médée et qui l'accompagne dans ses aventures et son errance (personnages inventés par Christa Wolf). 4. *Colchidiens* : habitants de Colchide, pays d'où Médée est originaire.

Dans la rencontre avec la figure mythique de Médée, « notre époque nous saisit », dit Christa Wolf. Un mythe antique peut-il nous renvoyer à nous-mêmes ? Que peut nous apprendre sa réécriture ?

Vous répondrez à cette question en vous appuyant sur les textes du corpus, sur les œuvres étudiées en classe et vos lectures personnelles, sans vous limiter au mythe de Médée.

a) Quelle est la nature de l'énoncé ?

b) L'intitulé du sujet demande-t-il d'expliquer un point de vue ? de le justifier ? de le réfuter ? de discuter un jugement ? d'exprimer une opinion personnelle ?

c) Quels sont les mots-clés du libellé ? Quel problème pose le sujet ?

d) Quelle transformation essentielle Christa Wolf introduit-elle dans la légende de Médée ? Quel sens donner à sa réécriture ?

B Rechercher des idées

3. Se référer à l'objet d'étude et exploiter un corpus

Lisez les textes de Corbière (► *Exercice 1*, texte A, p. 399), d'Apollinaire (► *Exercice 1*, texte B, p. 399) et de Bonnefoy (► *Exercice 1*, texte C, p. 399) ainsi que le libellé du sujet qui les accompagne. Pour préparer la dissertation proposée, répondez aux questions suivantes.

a) Quels sont l'objet d'étude et la forme particulière concernés ?

b) Observez la disposition des rimes dans le texte A. Le sonnet* de Tristan Corbière est-il régulier ? Quel est le registre* du sonnet ? Quelle est la cible visée ?

c) On a pu parler de « sonnet fantôme » à propos du poème d'Apollinaire (► texte B). Pourquoi ? Appuyez votre réponse sur l'étude de la composition du poème. Quel est son registre* ?

d) Le sonnet* de Bonnefoy (► texte C) est-il régulier ? Quel est le discours* dominant du poème ? Observez le jeu des pronoms personnels. Quel est le registre du sonnet ?

e) Quel traitement du sonnet proposent les textes du corpus ? sur le plan formel ? sur le plan thématique ? Quel est l'enjeu de chacun des textes ?

4. Exploiter les lectures personnelles

Lisez les textes de Sénèque (► *Exercice 2*, texte A, p. 400) et de Christa Wolf (► *Exercice 1*, textes B et C, p. 400) ainsi que le libellé du sujet qui les accompagne. Pour préparer la dissertation proposée, répondez aux questions suivantes.

a) Avez-vous lu d'autres textes traitant du mythe de Médée ? la tragédie d'Euripide ? celle de Corneille ?

b) À quels autres mythes antiques pourriez-vous vous référer pour traiter le sujet ? Quelles grandes familles de la mythologie connaissez-vous ?

C Élaborer un plan

5. Dégager des idées directrices

Lisez les textes de Sénèque (► *Exercice 2*, texte A, p. 399) et de Christa Wolf (► *Exercice 2*, textes B et C, p. 400) ainsi que le libellé du sujet qui les accompagne. Pour dégager des idées directrices permettant de traiter le sujet, répondez aux questions suivantes.

a) Qu'est-ce qu'un mythe* ? Est-ce un récit complexe ? Une histoire figée ou une histoire adaptable? A-t-il une signification unique ?

b) Pour ne pas dénaturer le mythe, la réécriture doit-elle respecter son sens symbolique ? le détail de ses épisodes ? la forme littéraire (tragédie, poème épique*) léguée par les auteurs antiques ?

c) Pourquoi les auteurs contemporains choisissent-ils de réécrire un mythe antique ?

d) Les réécritures contemporaines s'intéressent-elles au destin, à la fatalité qui pèse souvent sur les héros mythiques ? En quoi consiste le tragique contemporain ? Quel sens prend la figure de Médée, par exemple, dans le roman de Christa Wolf ?

e) À l'aide des réponses aux questions précédentes, dégagez trois idées directrices.

6. Développer les idées directrices avec des arguments et des exemples

Lisez les textes de Corbière (► *Exercice 1*, texte A, p. 399), d'Apollinaire (► texte B) et de Bonnefoy (► texte C) ainsi que le libellé du sujet qui les accompagne.

a) Pour développer chacune des idées directrices suivantes, trouvez des arguments :

- l'introduction du récit dans le sonnet permet de mettre à distance la première personne ;
- le jeu avec la forme du sonnet ouvre la voie à la modernité poétique.

b) Illustrez chaque argument par un ou deux exemples pris dans les textes du corpus.

Entraînement à l'écriture d'invention

A Étudier le corpus et comprendre la consigne

1. Étudier le corpus, préciser et clarifier la consigne

Texte A

Ô beaux yeux bruns, ô regards détournés,
Ô chauds soupirs, ô larmes épandues,
Ô noires nuits vainement attendues,
Ô jours luisants vainement retournés[1] ;

Ô tristes pleins[2], ô désirs obstinés,
Ô temps perdus, ô peines dépendues[3],
Ô mille morts en mille rets[4] tendues,
Ô pires maux contre moi destinés ;

Ô ris[5], ô front, cheveux, bras, mains et doigts ;
Ô luth plaintif, viole[6], archet et voix ;
Tant de flambeaux pour ardre[7] une femelle !

De toi me plains, que, tant de feux portant,
En tant d'endroits, d'iceux[8] mon cœur tâtant,
N'en est sur toi volé quelque étincelle[9].

Louise Labé (1524-1566),
Sonnets (orthographe modernisée), 1555.

1. *retournés* : qui reviennent. 2. *pleins* : plaintes. 3. *dépendues* : qui dépendent de la situation actuelle. 4. *rets* : pièges. 5. *ris* : rires. 6. *viole* : instrument de musique. 7. *ardre* : brûler. 8. *d'iceux* : par ces flammes tâtant mon cœur. 9. *étincelle* : le mot est sujet du verbe voler.

Texte B

Au début du XXe siècle, Catherine Pozzi propose une réécriture du sonnet de Louise Labé.

NYX

À Louise aussi de Lyon et d'Italie.

Ô vous mes nuits, ô noires attendues
Ô pays fier, ô secrets obstinés
Ô longs regards, ô foudroyantes nues
Ô vol permis outre[1] les cieux fermés.

Ô grand désir, ô surprise épandue[2]
Ô beau parcours de l'esprit enchanté
Ô pire mal, ô grâce descendue
Ô porte ouverte où nul n'avait passé

Je ne sais pas pourquoi je meurs et noie
Avant d'entrer à l'éternel séjour.
Je ne sais pas de qui je suis la proie.
Je ne sais pas de qui je suis l'amour.

Catherine Pozzi (1882-1934), *Très Haut Amour,*
Poèmes et autres textes, © Éditions Gallimard, 2002.

1. *outre* : au-delà de. 2. *épandue* : répandue.

Texte C

Ne verse point de pleurs sur cette sépulture,
Passant, ce lit funèbre est un lit précieux,
Où gît d'un corps tout pur la cendre toute pure ;
Mais le zèle du cœur vit encore en ces lieux.

Avant que de payer le droit de la nature
Son âme, s'élevant au-delà de ses yeux,
Avait au Créateur uni la créature,
Et marchant sur la terre elle était dans les cieux.

Les pauvres bien mieux qu'elle ont senti sa richesse :
L'humilité, la peine, étaient son allégresse,
Et son dernier soupir fut un soupir d'amour.

Passant, qu'à son exemple un beau feu te transporte,
Et loin de la pleurer d'avoir perdu le jour,
Crois qu'on ne meurt jamais quand on meurt de la
[sorte.

Pierre Corneille (1606-1684),
« Épitaphe sur la mort de Damoiselle Elisabeth Ranquet »,
Poésies, 1654.

Texte D

Ami et disciple de Corneille, Brébeuf met dans ses poésies cette épitaphe, en 1658. On ignore qui, de lui ou de Corneille, écrivit en fait l'épitaphe.

Passant, ne gémis point sur cette sépulture,
Tu vois de Léonor le tombeau précieux,
Où gît d'un corps tout pur la cendre toute pure ;
Mais l'éclat de son nom brille encore en ces lieux.

Avant que de payer ses droits à la nature,
Son esprit, s'élevant au-dessus de ses yeux,
Allait au Créateur unir la créature,
Et, marchant sur la terre, elle était dans les cieux.

Les pauvres bien mieux qu'elle ont connu sa richesse ;
Ne chercher que Dieu seul fut sa seule allégresse
Et son dernier soupir fut un soupir d'amour.

Calme donc les assauts que le regret te livre
Et, loin de t'affliger qu'elle ait perdu le jour,
Crois que mourir ainsi c'est commencer à vivre.

Guillaume de Brébeuf (1617-1661),
« Épitaphe de Madame de ... », *Œuvres*, 1658.

Quelle différence y a-t-il entre l'imitation et le plagiat ? Vous en débattez avec un interlocuteur assurant que toute imitation est un plagiat. Vous êtes d'un avis différent. Rendez compte de cet échange sous la forme d'un dialogue organisé et argumenté.

a) Quel procédé d'écriture du texte A reprend Catherine Pozzi dans le texte B ? Conserve-t-elle la forme du texte A dans sa réécriture ?

b) La réécriture reprend-elle seulement des éléments formels ? Qu'indique la phrase placée en exergue du poème ? S'agit-il d'un plagiat ou d'une imitation ?

c) Quels éléments du texte C reprend le texte D ? La forme du poème, la disposition et la nature des rimes changent-elles d'un texte à l'autre ? S'agit-il d'une imitation ? Peut-on parler de plagiat ?

d) Quels sont les mots-clés du libellé ? Expliquez leur sens.

e) Identifiez le problème posé par le sujet.

f) Quel type d'écrit d'invention attend-on ? La consigne est-elle explicite ? Impose-t-elle une forme ? un contenu précis ?

2. Étudier le corpus et comprendre la consigne

Reboux et Müller imaginent, venue de l'au-delà, une lettre de La Rochefoucauld, l'auteur des Maximes. *La Rochefoucauld s'y indigne que l'on ait publié, en les déformant, une série de ses maximes*. Il prie le journaliste de publier un rectificatif. Voici un extrait de cette lettre fictive.*

> *[...] C'est bonnement le contraire que j'avais écrit, et le traître me fait parler tout au rebours de mon sentiment. Mais ne laissons point de citer quelques exemples. Voici ce qu'il publie :*
>
> *C'est une grande folie de vouloir être sage tout seul.*
>
> *
>
> *Il y a de bons mariages, mais il n'y a en a point*
> *de délicieux.*
>
> *
>
> *Il n'y a que ceux qui sont méprisables*
> *qui craignent d'être méprisés.*
>
> *
>
> *La fortune fait paraître nos vertus et nos vices*
> *comme la lumière fait paraître les objets.*
>
> *
>
> *Et voici ce que j'avais écrit :*
>
> C'est une grande sagesse
> de vouloir être sage tout seul.
>
> *
>
> Il y a de délicieux mariages,
> mais il n'y en a point de bons.
>
> *
>
> Il n'y a que ceux qui sont méprisables
> qui ne craignent pas d'être méprisés.
>
> *
>
> La fortune obscurcit nos vertus
> et nos vices comme l'ombre obscurcit les objets.
>
> *

Paul Reboux (1877-1963) et Charles Müller (1877-1914), *À la manière de...* © Grasset, 1964.

À votre tour, écrivez à la manière de Reboux et Müller, un pastiche des maximes suivantes de La Rochefoucauld.

> Nous promettons selon nos espérances,
> et nous tenons selon nos craintes.
>
> *
>
> Ceux qui s'appliquent trop aux petites choses
> deviennent ordinairement incapables des grandes.
>
> *
>
> On s'ennuie presque toujours
> avec ceux que l'on ennuie.
>
> *
>
> Qu'une femme est à plaindre lorsqu'elle
> a tout ensemble de l'amour et de la vertu !

a) Qu'est-ce qu'une maxime* ?

b) Dégagez les principales caractéristiques d'écriture de la maxime. Quelle est la personne utilisée ? Quel est le temps verbal dominant ? Quelle est sa valeur ? Le vocabulaire est-il abstrait ou concret ? À quel domaine appartient le vocabulaire utilisé ?

c) Qui est le destinataire* de la maxime ? Quel est l'effet visé ?

d) Quel principe de réécriture ont adopté Reboux et Müller ? À quels indices repère-t-on les fausses maximes ?

e) Quel type d'écrit d'invention attend-on ?

B Pratiquer l'écriture d'invention

• Produire un écrit d'invention argumentatif

3. Écrire un dialogue

Lisez les textes de Louise Labé (► *Exercice 1*, texte A, p. 402), de Catherine Pozzi (► *Exercice 1*, texte B, p. 402), de Corneille (► Texte C, p. 402) et de Guillaume de Brébeuf (► Texte D, p. 402) et le sujet qui les accompagne. Pour traiter ce sujet, répondez aux questions.

a) Combien d'interlocuteurs comporte le dialogue demandé ? Le libellé leur attribue-t-il des identités, des caractéristiques précises ?

b) Quels éléments sont indispensables pour assurer la compréhension du dialogue ?

c) Le sujet donne-t-il des indications sur les diverses thèses défendues dans le dialogue ? Formulez ces thèses et trouvez deux ou trois arguments et des exemples pour soutenir chacune des thèses.

d) Rédigez le dialogue en veillant à définir une progression et à enchaîner les répliques.

C Écrire un pastiche ou une parodie

4. Écrire un pastiche

Lisez le texte proposé par Reboux et Müller (► *Exercice 2*, p. 403) et le sujet qui l'accompagne. Pour traiter le sujet, répondez aux questions suivantes.

a) Qu'est-ce qu'un pastiche ?

b) Étudiez chacune des maximes à imiter. Quelles caractéristiques d'écriture du texte original faut-il reprendre ?

c) Quels sont les termes importants dans chacune des maximes à imiter ? Quels sont les thèmes abordés ?

d) Quelle vision de la nature humaine propose La Rochefoucauld ?

e) Quels termes faut-il modifier pour « renverser » chacune des maximes ? Justifiez votre choix.

f) Écrivez le pastiche demandé.

LES RÉÉCRITURES DU MYTHE DE DON JUAN

1. Le mythe : une histoire vouée à la réécriture

• La réécriture des mythes antiques

• L'histoire de Don Juan est considérée comme un **mythe**, c'est-à-dire une **histoire fictive contenant une vérité et répondant à des questions essentielles.**

• Les mythes antiques grecs, d'abord portés par les récits d'Hésiode ou d'Homère, ont été souvent le support de **tragédies** : Eschyle, Sophocle et Euripide (Vᵉ et IVᵉ siècles av. J.-C.) mettent en scène les malheurs de Prométhée, d'Œdipe, d'Antigone ou d'Électre. Repris et transformés à l'époque moderne, ces récits ont revêtu d'autres significations (chez Gide, Cocteau, Sartre ou Giraudoux, par exemple, au XXᵉ siècle).

• Une histoire vouée à la réécriture

Il est dans la nature même du mythe de passer **d'un genre* à un autre** (du récit au théâtre), **d'un registre* à un autre** (du tragique* au burlesque*), **d'une époque à une autre** (de l'Antiquité à l'époque moderne).

2. Don Juan : un mythe récent

• Don Juan : un mythe moderne

• Le mythe de **Don Juan**, qui traite de l'infidélité d'un homme **avide de conquêtes féminines**, a traversé tous les genres, du théâtre à l'art lyrique*, à la poésie et à l'essai.

• Il présente la particularité d'être un **mythe moderne**. À partir du moment où le mariage devient un sacrement devant Dieu, le fait de séduire puis d'abandonner des femmes multiples, qu'elles soient mariées ou jeunes filles, apparaît comme un défi lancé à l'ordre social et religieux. Don Juan représente l'**impie** et le **libertin** – celui qui revendique sa liberté de penser au mépris de tous les dogmes. Le mythe pose la question : **peut-on tout désirer** ?

• Faust, un autre mythe moderne

• Le mythe de Don Juan se rapproche d'un autre grand mythe moderne, celui de Faust. **Peut-on chercher à tout savoir**, au péril de son âme ? Telle est la question que pose le héros de Goethe.

• Don Juan et Faust sont les deux grands mythes modernes sur les limites du désir et du savoir, à une époque où l'on se demande toujours s'il faut fixer des bornes à la recherche du plaisir ou de la connaissance.

3. Don Juan à travers les siècles

Les reprises du mythe de Don Juan sont très nombreuses depuis le XVIIᵉ siècle. En voici quelques exemples.

• Le mythe de Don Juan au XVIIᵉ siècle

• La première version théâtrale reconnue est celle du prêtre espagnol Tirso de Molina, *L'Abuseur de Séville*, en 1625.

• Le mythe est déjà à la mode en France lorsque **Molière** décide de l'adapter, après l'échec du *Tartuffe*, dans son *Dom Juan ou le Festin de Pierre*, en 1665.

• Plusieurs dramaturges italiens reprennent le mythe et, en 1787, **Mozart** et **Da Ponte** transposent la pièce à l'opéra dans le célèbre *Don Giovanni.*

• Le mythe de Don Juan au XIXᵉ siècle

Le XIXᵉ siècle européen et romantique trouve ensuite dans Don Juan une figure privilégiée de la **révolte** et de **l'échec**, à travers divers genres poétiques, narratifs, dramatiques, chez l'anglais **Byron** (*Don Juan*, 1824), les Allemands **Hoffmann** (*Don Juan*, 1813) et **Lenau** (*Don Juan*, 1844), le Russe **Pouchkine** (*L'Invité de pierre*, 1830).

• Le mythe de Don Juan au XXᵉ siècle

Le XXᵉ siècle reprend cette figure et la tourne parfois en dérision ; Cyrano de Bergerac plonge le personnage aux enfers dans *La Dernière Nuit de Don Juan* d'Edmond **Rostand**, en 1921 ; Henry de **Montherlant** en fait un vieil homme cynique, bouffon et persécuté dans *La Mort qui fait le trottoir* en 1958 ; le héros de Max **Frisch**, l'écrivain suisse de langue allemande, trop sérieux pour se laisser prendre au mensonge de l'amour, met en scène sa propre damnation en épousant une prostituée et rit de voir les lecteurs inventer de son vivant le mythe de Don Juan (*Don Juan ou l'amour de la géométrie*, 1953).

4. Don Juan : une énigme moderne

La dérision n'exclut pas qu'on continue de prendre cette figure au sérieux. Don Juan reste en effet une énigme : **pourquoi séduit-il les femmes ? Pour lancer un défi à Dieu** auquel, au fond, il croit (c'est le *Don Juan* de Milosz en 1906) ? **Par simple goût du jeu et de la provocation** (c'est le *Don Juan* de Bernard Shaw en 1901) ? Pour brûler sa vie, **par hantise du temps et de la mort** (c'est la vision désespérée, au XIXe siècle, qu'en ont Balzac ou Théophile Gautier) ? Les réécritures du mythe de Don Juan permettent de superposer ces interprétations : voilà ce que nous propose avec ironie le romancier Albert Cohen, à travers la voix de son personnage séducteur et amoureux, Solal, dans *Belle du seigneur* (1968).

5. Comment interpréter le mythe de Don Juan ?

• Les invariants du mythe

D'une œuvre à l'autre, le fil de l'histoire ou de l'action reste toujours sensiblement identique : un grand seigneur avide de conquêtes féminines, accompagné de son valet bouffon, poursuit sa quête du plaisir, alors qu'il reçoit des avertissements du Ciel. Il est invité à dîner par la statue du Commandeur – un homme qu'il a tué autrefois. Relevant le défi, il se rend à cette invitation et est alors entraîné aux enfers.

• Des interprétations multiples

• On peut proposer des interprétations multiples de cette attitude : **courage** de l'homme qui refuse d'autres lois que celles de son plaisir et de sa sensualité, **combat du grand seigneur d'Ancien Régime** qui n'accepte pas de se soumettre à un ordre, **défi lancé aux institutions sacrées et à la morale** pour savoir si Dieu existe vraiment.

• **Le genre*, le registre*, le style choisis entraînent chaque fois un nouveau regard sur le personnage.** L'Espagnol Tirso de Molina condamne Don Juan. Molière en fait ensuite un grand seigneur méchant homme dans une comédie plus ambiguë. Mozart le dote d'une sensualité débordante, écrasée par la violence finale du Commandeur.

Réécrire le mythe de Don Juan revient donc à lui donner un langage, une forme qui est, à chaque fois une nouvelle façon de le présenter, de l'expliquer, de le juger. D'où l'intérêt de confronter divers traitements du mythe pour montrer à quel point la figure peut changer selon les modalités de son approche, de son inscription dans un genre, de sa réécriture.

Dom Juan entre deux femmes, illustration pour *Dom Juan* de Molière, © Photothèque Hachette-Livre.

Entraînement

à l'oral

Vous présenterez ces textes au sein d'un groupement consacré au mythe de Don Juan : Molière (1622-1673), *Don Juan*, Acte I, scène 2, ligne 40 à 80, 1665 ; Mozart (1756-1791) et Da Ponte (1749-1838), *Don Giovanni*, Acte II, scène 1 (le catalogue), 1787 ; Henry de Montherlant (1895-1972), *La Mort qui fait le trottoir* (Don Juan), Acte I, scène 1, 1958, © Éditions Gallimard, 1972.

Texte A

Solal, le héros de Belle du Seigneur*, conseille Adrien Deume, fonctionnaire sans talent qui travaille sous ses ordres et qui veut écrire un roman sur Don Juan. Amoureux d'Ariane, l'épouse de Deume, Solal prodigue ses conseils par téléphone, en présence de la jeune femme qu'il entend ainsi séduire.*

« Expliquez bien aussi pourquoi cette rage de séduire chez Don Juan. Car en réalité, il est chaste et il apprécie peu les ébats de lit, les trouve monotones et rudimentaires, et somme toute comiques. Mais ils sont indispensables pour qu'elles l'aiment. Ainsi sont-elles. Elles y tiennent. Or, il a besoin d'être aimé. Primo, divertissement pour oublier la mort et que nulle vie après, que nul Dieu, nul espoir, nul sens, rien que le silence d'un univers sans raison. Bref, par l'amour d'une femme, s'embrouiller et recouvrir l'angoisse. Secundo, recherche d'un réconfort. Par l'adoration qu'elles lui vouent elles le consolent d'être dépourvu de semblables. Telle est la grandeur dont la suivante et dame d'honneur a nom Solitude. Tertio, elles le consolent aussi de n'être pas roi, car il est fait pour être roi, de naissance et sans y prendre peine. Roi il ne peut, chef politique il ne daigne. Car pour être choisi par la masse, il faut être semblable à elle, un ordinaire. Il règnera donc sur les femmes, sa nation, et il les choisira nobles et pures car quel plaisir d'asservir une impure ? D'ailleurs, les nobles et pures sont meilleures servantes de lit. Antipathique, est-elle[1] en train de penser, et c'est bon signe.

« Mais le plus important mobile de cette rage, c'est l'espoir d'un échec et qu'une enfin lui résistera. Hélas, jamais d'échec. Assoiffé de Dieu, chacune de ses mélancoliques victoires lui confirme, hélas, le peu d'existence de Dieu. Toutes ces nobles et pures qui, l'une après l'autre, tombent si vite en position horizontale, hier visages de madone et aujourd'hui furieusement langueuses et languières[2] lui sont la preuve sans cesse renouvelée qu'il n'est pas d'absolue vertu et que, par conséquent et une fois de plus, ce Dieu qu'il espère ne veut pas être, et qu'y puis-je ? Maintenant, cher Adrien, je te quitte car il me faut séduire celle-ci qui m'écoute et me hait [...]. »

Albert Cohen (1895-1981), *Belle du Seigneur*, deuxième partie, XXXV, © Éditions Gallimard, 1968.

1. *elle* : Ariane Deume assiste à la conversation téléphonique en silence. Elle a relevé le défi de Solal qui lui a promis de la séduire en trois heures, pourvu qu'elle l'écoute sans mot dire pendant ce laps de temps. 2. *langueuses et languières* : adjectifs inventés par Albert Cohen à partir du mot « langue ».

Texte B

Don Juan aime Anna d'un amour partagé. Il aspire à l'absolu dans l'amour et la beauté, mais le juge inaccessible. Désespéré, en proie à l'ennui, il abandonne Anna et devient un séducteur, semant autour de lui la désolation et la mort. Lassé de cette vie dissolue et voulant se donner tout entier à la géométrie, autre forme d'absolu, Don Juan finit par mettre en scène sa propre mort. Ayant épousé Miranda, une prostituée devenue duchesse de Ronda, il vit caché dans le château de la duchesse, tandis que grandit sa légende. Voici le dénouement de la pièce.

MIRANDA. — Que s'est-il passé avec ce livre ?
DON JUAN. — Ah bah !
MIRANDA. — Est-ce toi qui l'a jeté dans le coin ?
DON JUAN. — De quel livre s'agit-il en fait ?
MIRANDA. — Tu viens de demander s'il est imprimé, mais c'est lui : *Le Trompeur de Séville ou le Convive de Pierre*[1].
DON JUAN. — Eh bien, c'est lui[2] qui nous l'a donné.
MIRANDA. — Et pourquoi l'as-tu jeté dans le coin ? (*Don Juan lui avance un fauteuil.*) Est-il l'heure de dîner ? (*Elle s'assied.*) T'es-tu mis en colère ? (*Don Juan s'assied.*) Tu es injuste avec moi, Juan.
DON JUAN. — Certainement, ma chérie, certainement.
MIRANDA. — Il m'a fallu vraiment m'étendre quelques instants.
DON JUAN. — Prends-tu du vin ?
MIRANDA. — Non, merci.
DON JUAN. — Pourquoi non ?
MIRANDA. — Subitement j'ai été prise à nouveau de tels vertiges. Je crois que nous allons avoir un enfant.
DON JUAN. — Un enfant ! (*Le domestique paraît.*) Nous y sommes.
Le domestique sort.
MIRANDA. — Tu n'es pas obligé d'affirmer dès à présent, Juan, que cela te comble : mais je serai si heureuse le jour où je verrai que cela te comble vraiment.
Le serviteur entre avec le plateau d'argent et sort.
DON JUAN. — Bon appétit.
MIRANDA. — Bon appétit.
Ils commencent à manger en silence. Le rideau descend lentement.

Max Frisch (1911-1991), *Don Juan ou l'Amour de la géométrie*, Acte V, trad. de Henry Bergerot, © Éditions Gallimard, 1969.

1. *Le Trompeur de Séville* : ou *L'Abuseur de Séville*, titre de la pièce de l'auteur espagnol Tirso de Molina, qui a proposé la première version théâtrale du mythe. 2. *lui* : le personnage qui a apporté le livre, après avoir aidé Don Juan à mettre en scène sa propre mort et à disparaître.

Question 1 (texte A, p. 406) : Quelles raisons le personnage de Solal donne-t-il à la conduite amoureuse de Don Juan ? Pourquoi ?

Question 2 (texte B, p. 406) : En quoi ce dénouement est-il parodique ? Que devient Don Juan dans la pièce de Max Frisch ?

A Préparer la 1re partie de l'épreuve

• Analyser la question posée

1. Analyser la question 1

a) Que recherche Don Juan auprès des femmes, selon Solal ? Quelle est la raison principale de sa « rage de séduire » ?

b) L'image qui est donnée de Don Juan correspond-elle à l'image traditionnelle ?

2. Analyser la question 2

a) Quels sont les mots-clés dans la question 2 ?

b) Quel épisode traditionnel du mythe ce dénouement remplace-t-il ? Quelle image de Don Juan propose Max Frisch ?

• Préparer la lecture analytique

3. Situer et caractériser le texte

a) Dans le texte A, quels éléments apparentent cette communication téléphonique à une sorte de leçon à distance ?

b) À quel moment de l'action se situe la scène dans le texte B ? Comment comprendre les répliques finales et la dernière didascalie* ? À quel registre* se rattachent-elles ?

c) Quelles marques de dérision envers Don Juan trouve-t-on dans le texte A ? et dans le texte B ?

4. Étudier les effets produits par la parole du héros dans le texte A

a) Qui sont tous les destinataires* de cette parole, grâce au téléphone ? Quels sont les effets différents produits sur les destinataires ?

b) Quelles sont les marques du langage familier et les marques d'un langage plus solennel ? Quel effet produisent ces dissonances et ces ruptures de ton ?

c) Quelle est la part des registres didactique*, lyrique* ? Quelle est la part de l'ironie* dans ce texte ?

d) Quel rôle est conféré au lecteur ?

5. Étudier les effets théâtraux dans le texte B

a) Les propos échangés sont-ils solennels ? banals ? En quoi consiste le « coup de théâtre » ? Quel effet produit-il ?

b) Comment comprendre la réplique de Don Juan : « Nous y sommes » ?

c) Quel rôle joue l'allusion à la pièce de Tirso de Molina ?

6. Dégager les enjeux des textes A et B

a) Quelle conception de la séduction présente le personnage de Solal, dans le texte A ?

b) Don Juan marié et père de famille est-il imaginable ? Quel sens donner au choix de Max Frisch ?

c) Le personnage de Solal vous apparaît-il comme un anti-Don Juan ou comme un nouveau Don Juan ? et le personnage de Max Frisch ? Pourquoi ?

• Répondre à la question posée

7. Présenter une introduction à la question 1

Préparez une rapide introduction à partir des éléments suivants.

a) À l'aide du paratexte*, situez le passage dans l'œuvre et rappelez l'ironie de la situation.

b) Dégagez le problème posé par la question : sur quel paradoxe* repose le texte ?

c) Annoncez le plan de votre réponse.

8. Dégager l'essentiel du texte A

a) Don Juan est-il séducteur par amour du plaisir, est-il un être sans scrupule ou un être tourmenté ?

b) L'existence a-t-elle un sens pour Don Juan ? Que cherche-t-il, d'après Solal ?

9. Présenter une conclusion à la réponse à la question 1

Résumez en deux ou trois phrases l'essentiel de votre analyse et proposez un élargissement à partir des éléments suivants :

- l'intérêt du texte tient au retraitement du mythe de Don Juan ;
- le donjuanisme est la réponse apportée à l'angoisse existentielle.

B Préparer la 2e partie de l'épreuve

10. Mettre le texte étudié en rapport avec les autres textes du groupement et avec l'expérience de spectateur

a) Avez-vous assisté à une mise en scène d'un *Don Juan* au théâtre ou à l'opéra ? Quelle interprétation du personnage proposait-elle, positive ou négative ?

b) Peut-on imaginer une fin heureuse à l'histoire de Don Juan ? Pourquoi ?

A. Virgile, *Géorgiques*
B. Ronsard, « L'Orphée, en forme d'élégie », *Les Quatre saisons de l'an, avec une églogue*
C. Rilke, *Sonnets à Orphée*
D. Cocteau, « Tragédie en un acte et un intervalle », *Orphée*

Texte A Virgile, *Géorgiques*

Personnage légendaire, fils du roi de Thrace Oeagre et de la muse Calliope, Orphée passe pour avoir inventé la cithare. Son chant charme les dieux, les mortels, les bêtes et les êtres inanimés. Pour obtenir le retour à la vie d'Eurydice, son épouse disparue, il descend aux Enfers, mais il échoue dans son entreprise. Affligé par la perte définitive d'Eurydice, il dédaigne l'amour des femmes de Thrace et est puni de son indifférence par les Ménades, femmes consacrées à Dionysos, qui le mettent en pièces.

Il chantait et du fond de l'Érèbe[1] accouraient les ombres chétives et les fantômes privés de lumière, aussi nombreux que les oiseaux qui se rassemblent par milliers sous le feuillage, quand le soir ou les pluies de l'hiver les chassent des montagnes. C'étaient des mères et des époux, des héros magnanimes dont la vie avait quitté les corps, des enfants, de jeunes vierges, des fils que le bûcher funèbre avait dérobés aux yeux de leurs parents.

Victimes qu'emprisonnent de ses eaux dormantes bordées de hideux roseaux le sinistre marais du Cocyte[2] et les neuf replis du Styx[3]. Ses chants frappèrent de stupeur le Tartare[4] lui-même, le plus profond séjour de la Mort et les cruelles Euménides[5] aux crinières entrelacées de noirs serpents ; les trois gueules de Cerbère[6] en restèrent béantes et muettes et le vent qui faisait tourner la roue d'Ixion[7] s'arrêta.

Déjà, ayant échappé à tous ces périls, Orphée retrouvait les brises terrestres, suivi d'Eurydice qu'un décret de Pluton[8] lui avait rendue, quand une folie soudaine s'empara de l'imprudent amant, faute bien pardonnable, si les Mânes[9] savaient pardonner.

Il était presque parvenu à la lumière, lorsque, oublieux, hélas ! de sa promesse et vaincu par l'amour, il se retourna pour regarder sa chère Eurydice.

Au même instant, il perdit le fruit de tant de peines, le pacte tyrannique fut rompu et par trois fois l'Averne[10] retentit avec fracas. « Qui, se demanda-t-elle, qui donc me perd, misérable, et toi, Orphée ? Si grande est sa fureur ! Voici que les cruels Destins me rappellent et le sommeil plonge mes yeux dans l'ombre de la mort. Adieu ! Une nuit illimitée m'enveloppe, en vain, je tends vers toi des mains défaillantes ; hélas, je ne suis plus à toi. »

Aussitôt dit, elle disparut à ses yeux comme une fumée se dissipe dans les airs. […]

Les vers suivants racontent la douleur et la longue errance d'Orphée, son refus de tout amour nouveau.

Seul, il erra à travers les glaces de l'Hyperborée[11] les neiges du Tanaïs[12] et les plaines des Riphées[13] jamais veuves de frimas, pleurant Eurydice et l'inutile bienfait de Pluton. Irritées par ses dédains, les femmes de Thrace, au cours des mystères et des orgies nocturnes de Bacchus[14], mirent le jeune homme en pièces et les dispersèrent dans les champs. Cependant, sa tête, séparée de son col marmoréen, jetée au milieu des tourbillons, roulait, portée par l'Hèbre[15] de Thrace, et sa langue glacée prononçait encore d'une voix mourante : « Eurydice ! ah, malheureuse Eurydice ! », et les rives du fleuve en répercutaient l'écho.

Virgile (70-19 av. J.-C.), *Géorgiques*, livre IV, v. 470 à 498 et 517 à 527, 29 av. J. -C., traduction de S. Jacquemart et J. Brosse, in *Orphée ou l'initiation mystique*, © Bayard, 1998.

1. *Érèbe* : séjour provisoire des âmes qui expient leurs fautes. **2.** *Cocyte* : le « gémissant », fleuve des Enfers. **3.** *Styx* : fleuve des Enfers, que l'on ne peut retraverser une fois franchi. **4.** *Tartare* : lieu le plus profond des Enfers, où les coupables subissent leur châtiment. **5.** *Euménides* : les Bienveillantes, nom qui désigne en fait les Érinyes, déesses vengeresses redoutables, dont on évite ainsi de prononcer le nom maléfique. **6.** *Cerbère* : monstre à trois têtes, gardant la porte des Enfers. **7.** *Ixion* : roi des Lapithes, qui ayant offensé Zeus, fut attaché à une roue enflammée tournant éternellement. **8.** *Pluton* : dieu des Enfers. **9.** *Mânes* : âmes des morts. **10.** *Averne* : gouffre de Campanie par lequel Énée pénétra aux Enfers ; ici, les Enfers eux-mêmes. **11.** *Hyperborée* : Nord. **12.** *Tanaïs* : le Don, qui sépare Europe et Asie. **13.** *Riphées* : monts de Scythie. **14.** *Bacchus* : nom latin de Dionysos. **15.** *Hèbre* : fleuve de Thrace.

Texte B Ronsard, « L'Orphée, en forme d'élégie », *Les Quatre saisons de l'an, avec une églogue*

Orphée raconte sa descente aux Enfers, le pacte avec Pluton et la perte définitive d'Eurydice.

[...] La Parque que jamais pleurer on n'avait vue,
Écoutant ma chanson, à pleurer fut émue ;
Tantale n'eut souci de sa punition,
Sisyphe de son roc, de sa roue Ixion,
En repos fut la cruche et la main des Belides[1],
Et dit-on que longtemps des fières Euménides
La face en larmoyant de pitié se pâlit,
Tant ma douce chanson le cœur leur amollit ! [...]
Un sentier est là-bas, tout obscur et tout sombre,
Entremêlé de peur et de frayeur et d'ombre.
Par ce chemin je sors, et ja[2] presque j'avais
Passé le port d'Enfer, les rives et le bois,
Quand, las ! vaincu d'amour, je regarde en arrière,
Et mal-caut[3], je jetai sur elle ma lumière,
Faute assez pardonnable en amour, si Pluton,
Savait hélas ! que c'est que de faire pardon.
Là mon labeur fut vain, s'écoulant en risée,
Là du cruel Tyran le pacte fut brisé ;
Je voulais l'embrasser, quand sa piteuse[4] voix,
Comme venant de loin, j'entendis par trois fois :
« Quel malheureux destin nous perd tous deux ensemble ?
Quelle fureur d'amour notre amour désassemble ?
Pour m'être trop piteux tu m'as été cruel,
Adieu, mon cher époux, d'un adieu éternel !
Le Destin me rappelle en ma place ancienne,
Et mes yeux vont nageant dedans l'eau Stygienne.
Or[5] adieu, mon ami ! je re-meurs derechef[6],
Une nuit ombrageuse environne mon chef[7]. »
Par trois fois retourné, je la voulus reprendre,
Et l'ombre par trois fois ne me voulut attendre,
Se dérobant de moi, et s'envola devant,
Comme un léger fétu s'envole par le vent. [...]

Pierre de Ronsard (1524-1585), « L'Orphée, en forme d'élégie »,
Les Quatre saisons de l'an, avec une églogue, 1563.

1. *Bélides* : les Danaïdes, petites-filles de Belus, condamnées, après le meurtre de leurs maris, à verser éternellement de l'eau dans des tonneaux sans fond. **2.** *ja* : déjà. **3.** *mal-caut* : imprudent. **4.** *piteux, piteuse* : pitoyable. **5.** *or* : maintenant. **6.** *derechef* : une seconde fois. **7.** mon *chef* ; ma tête.

Texte C Rilke, *Sonnets à Orphée*

Les Sonnets à Orphée *sont l'hommage du poète Rilke à Orphée, le poète par excellence, origine de toute poésie.*

Mais toi, le Divin, toi le Poète jusqu'au dernier souffle,
à la foule hurlante des Ménades ta voix,
pure hauteur, imposa son ordre, toi, la Beauté,
le temple de ton chant jaillit de leur saccage.

Il n'y en eut aucune pour tuer ta tête et ta lyre.
Comme elles te harcelaient et se sont épuisées !
Toutes ces pierres acérées qu'elles te lançaient au cœur,
sur toi sont devenues douceur et ont nourri l'écoute.

Et si, enivrées de rage, elles ont fini par te briser,
ta clameur demeure dans les lions, les rochers,
les arbres, les oiseaux. En eux tu chantes pour toujours.

Ô Dieu perdu ! Ô toi, trace infinie !
Et ce n'est que par toi, déchiré par leur haine,
que nous sommes aujourd'hui l'écoute et une bouche de la nature.

Rainer Maria Rilke (1875-1926), *Sonnets à Orphée*, I, XXVI, 1922,
traduction de G. Signoret, © Michel de Maule, 1996.

Texte D Cocteau, « Tragédie en un acte et un intervalle », *Orphée*

Dans la pièce de Cocteau, Orphée, poète contemporain, a arraché son épouse Eurydice à l'influence des Bacchantes, que commande la poétesse Aglaonice. Cette dernière empoisonne Eurydice. L'Ange Heurtebise conduit Orphée aux Enfers : ils ramènent Eurydice avec, pour Orphée, l'interdiction de la regarder ; mais Orphée ne tient pas sa promesse et Eurydice disparaît définitivement. Orphée comprend qu'on ne fréquente pas impunément les puissances de l'au-delà et il accepte la mort que lui réservent les Bacchantes. Elles approchent au rythme des tambours.

HEURTEBISE. — Que voulez-vous faire ?

ORPHÉE. — Rejoindre Eurydice.

HEURTEBISE. — Vous ne le pouvez plus.

ORPHÉE. — Je le peux. [...]

Oh ! ces tambours, ces tambours ! Ils approchent, Heurtebise, ils tonnent, ils éclatent, ils vont être là.

HEURTEBISE. — Vous avez déjà fait l'impossible.

ORPHÉE. — À l'impossible je suis tenu.

HEURTEBISE. — Vous avez résisté à d'autres cabales.

ORPHÉE. — Je n'ai pas encore résisté jusqu'au sang.

HEURTEBISE. — Vous m'effrayez...

Le visage d'Heurtebise exprime une joie surhumaine.

ORPHÉE. — Que pense le marbre dans lequel un sculpteur taille un chef d'œuvre ? Il pense : on me frappe, on m'abîme, on m'insulte, on me brise, je suis perdu. Ce marbre est idiot. La vie me taille, Heurtebise ! Elle fait un chef d'œuvre. Il faut que je supporte ses coups sans les comprendre. Il faut que je me raidisse. Il faut que j'accepte, que je me tienne tranquille, que je l'aide, que je collabore, que je lui laisse finir son travail.

HEURTEBISE. — Les pierres !

Des pierres brisent les vitres et tombent dans la chambre.

ORPHÉE. — Du verre blanc. C'est la chance ! C'est la chance ! J'aurai le buste que je voulais.

Une pierre casse la glace.

HEURTEBISE. — La glace !

ORPHÉE. — Pas la glace[1] ! (*Il s'échappe sur le balcon.*)

HEURTEBISE.— Elles vont vous écharper.

On entend des clameurs et des tambours.

ORPHÉE, *de dos sur le balcon, il se penche.* — Mesdames ! (*Rafale de tambours.*) Mesdames ! (*Rafale de tambours.*) Mesdames ! (*Rafale de tambours.*)

Il se précipite vers la droite, partie invisible du balcon. Les tambours couvrent sa voix. Ténèbres. Heurtebise tombe à genoux et se cache le visage. Tout à coup une chose vole par la fenêtre et tombe dans la chambre. C'est la tête d'Orphée. Elle roule vers la droite et s'arrête au premier plan. Heurtebise pousse un faible cri. Les tambours s'éloignent.

Jean Cocteau (1889-1963), « Tragédie en un acte et un intervalle », *Orphée*,
scène IX, © Stock, 1927.

Gustave Moreau (1826-1898),
Orphée sur la tombe d'Eurydice,
Paris, Musée Gustave Moreau,
© RMN.

1. *la glace* : dans la pièce de Cocteau, on accède au monde de l'au-delà en traversant les miroirs. C'est ainsi qu'Orphée a retrouvé Eurydice une première fois.

à l'étude du corpus : la question préalable

A Lire la question préalable

Vous répondrez d'abord à la question suivante (4 points) : **Quels épisodes communs de la légende d'Orphée évoquent les textes du corpus ? Que représente Orphée dans ces quatre textes ?**

B Étudier le corpus

1. Identifier l'objet d'étude et définir le contenu du corpus

a) À quel objet d'étude se rattache le corpus ? Quels éléments le montrent ?

b) De quels textes le corpus est-il constitué ? À quelle époque chacun des textes a-t-il été écrit ? Qui sont leurs auteurs ?

2. Caractériser les textes du corpus

a) À quel genre* littéraire chacun des textes appartient-il ?

b) Quel épisode de la légende d'Orphée raconte chacun des textes ? Où et quand se déroule l'action dans chaque cas ?

c) Quelle est la position du narrateur* par rapport à l'histoire dans les textes A et B ?

d) Quelles sont les étapes du récit* dans le texte A ? Dans le texte B ? Quel effet produisent les paroles rapportées au style direct ? Quels registres* se mêlent dans le texte B ?

e) Qui parle dans le texte de Rilke ? Quelle est la forme du poème ? Quel est son registre* ? Quel est son thème ?

f) Quel rôle joue Heurtebise dans le texte D ? Quel est le registre de la scène ? Quel rapport peut-on établir entre cette scène et le sous-titre de la pièce « Tragédie en un acte et un intervalle » ?

3. Confronter les textes

a) Comparez les textes A et B. Quelles similitudes, quelles différences présentent-ils ? Quelle conception de l'imitation révèle le texte de Ronsard ?

b) Quel aspect du mythe intéresse Rilke ? Pourquoi ?

c) Quel sens Cocteau donne-t-il à la mort d'Orphée ?

4. Formuler la problématique du corpus

a) Quel est l'enjeu principal du mythe d'Orphée dans les textes A et B ?

b) L'enjeu est-il le même dans les textes de Rilke et de Cocteau ?

c) Quelle conception de la poésie, quelle vision du poète présentent les textes du corpus ?

C Comprendre et traiter la question préalable

5. Repérer les mots-clés

a) Quels sont les mots importants de la question ? Que vous invite-t-on à faire ?

b) Quel est le lien entre les deux parties de la question ? Quel aspect du mythe doit être mis en évidence ?

6. Dégager les éléments essentiels

a) Quels éléments de convergence ont fait apparaître la caractérisation et la confrontation des textes ?

b) Quelle image du poète présentent les textes de Rilke et de Cocteau ? Cette image est-elle déjà présente dans les deux textes antérieurs ?

c) Quelle importance accorder au chant d'Orphée et à son pouvoir ?

7. Rédiger une réponse à la question préalable

a) Comment devrez-vous organiser la réponse à la question ? Faut-il répondre séparément à chaque partie de la question ? Faut-il relier les deux parties dans la réponse ? Justifiez votre choix.

b) Sur quels arguments, quels éléments de la légende vous appuierez-vous pour répondre à la deuxième partie de la question ?

c) Rédigez une réponse brève et argumentée à la question posée. Vous y ferez apparaître les éléments suivants :
- reformulation de la question posée ;
- arguments, illustrés d'exemples brefs et précis empruntés aux textes du corpus ;
- conclusion apportant une réponse synthétique à la question posée.

sujets de BAC

► Question préalable, p. 411.

Vous traiterez un de ces sujets (16 points) :

1. Commentaire

Vous commenterez le texte de Jean Cocteau.

2. Dissertation

La réécriture du mythe assure-t-elle sa permanence, ou le détruit-elle en le déformant ? Sans vous en tenir au mythe d'Orphée, vous répondrez à cette question en vous appuyant sur les textes du corpus, sur les œuvres étudiées en classe et sur vos lectures personnelles.

3. Invention

« L'histoire d'Orphée et Eurydice pouvait-elle avoir une autre fin que l'issue tragique relatée par Virgile ? » s'interrogent deux lecteurs des *Géorgiques*. L'un répond par la négative, l'autre propose une fin différente. Vous rendez compte de cette conversation sous la forme d'un dialogue à deux personnages.

7 Écrire, lire, publier

1 • Quel aspect prend le livre représenté ci-contre ?

2 • Quelle est l'attitude des différents personnages ?

3 • Pourquoi le dessinateur a-t-il titré : « Le grand livre » ?
Quelle conception du livre et de la lecture révèle ce dessin ?

Roland TOPOR (1938-1997), « Le grand livre », 1970.
Münchner Stadtmuseum. © Adagp, Paris 2007.

Le grand livre, 1970

L'ÉCRIVAIN ET LA SOCIÉTÉ

1. La place des écrivains

• Origine sociale de l'écrivain

Les écrivains ont longtemps appartenu aux couches les plus cultivées et les plus aisées de la société. Ils sont, jusqu'au XVIIIe siècle inclus, le plus souvent issus de l'aristocratie puis de la bourgeoisie. Aux XIXe et XXe siècles, la situation évolue : l'origine sociale des écrivains se diversifie.

• Auteur et propriété littéraire

La notion d'auteur est peu présente dans les premiers textes écrits en langue française, au Moyen Âge : souvent les œuvres sont le fruit d'un travail collectif ; elles sont anonymes ou attribuées à un auteur qui porte un pseudonyme. La notion de propriété littéraire, par laquelle un texte appartient à une personne, n'existe pas. Il faut attendre l'invention de l'imprimerie et le XVIe siècle pour que cette propriété commence à être reconnue. Elle est protégée par des lois à partir du XVIIIe siècle, grâce au combat que mènent notamment des écrivains comme Beaumarchais.

• L'avènement de l'écrivain

Écrire est souvent présenté comme une activité mineure, sorte de jeu de société dont son auteur ne tire pas toujours fierté ou gloire. Avec le temps, on assiste à une reconnaissance de la création littéraire. Le XIXe siècle marque l'avènement de l'écrivain qui revendique un rôle majeur dans la société même si celle-ci le rejette.

2. Les conditions de vie des écrivains

• Une situation de dépendance

Certains écrivains, issus des couches sociales les plus élevées comme Marguerite de Navarre (1492-1549), sœur du roi François Ier et auteur de *L'Heptaméron*, pratiquent leur activité littéraire sans difficulté. Tel n'est pas le cas de la plupart des auteurs qui doivent se placer sous la protection d'un **mécène**, c'est-à-dire d'un personnage puissant, pour écrire. De ce fait, ils dépendent de celui qui leur permet de vivre (en leur accordant pensions ou charges sous l'Ancien Régime) et réalisent pour lui des œuvres de commande. Au service des souverains français à qui ils cherchent à plaire, ils produisent une **littérature de cour**.

• La difficile conquête de l'indépendance

Au XVIIIe siècle, les écrivains gagnent une certaine indépendance financière. Au XIXe siècle, la question de la subsistance de l'écrivain fait débat. Souvent contraint à travailler, dans le journalisme par exemple, le poète déplore de ne pas pouvoir se consacrer exclusivement à la littérature. En même temps, la diffusion du livre et le développement de la presse lui offrent des possibilités nouvelles. De nombreux romans sont par exemple publiés en feuilletons dans des journaux ou revues.

• Écrire n'est pas un métier

Au XXe siècle, les écrivains sont issus de toutes les catégories sociales et le nombre de femmes écrivains (ou écrivaines) augmente. La plupart de ces écrivains exercent une activité professionnelle faute de pouvoir vivre exclusivement de leur plume.

3. L'écrivain et les autorités

La société a exercé et exerce un contrôle des œuvres littéraires. Ce contrôle dépend en général du pouvoir politique, religieux ou de la justice. Il détermine la censure totale ou partielle des écrits avant et après leur publication. Quand elle s'exerce avant la publication, la censure est dite préalable. Au XVIIIe siècle, elle dépend d'un **censeur** nommé par le **Chancelier du roi** qui autorise ou non la publication d'un livre. Après lui, le **Parlement**, la **faculté de théologie** et le lieutenant de police peuvent encore interdire un livre. Le lieutenant général de police est aidé par deux organismes : l'un d'eux est **l'inspection de la librairie**. La mention du « Privilège » qui figure sur la page de titre indique que l'ouvrage est autorisé à paraître.

• La censure politique

• Jusqu'au XXe siècle, la censure politique est très importante et touche tous les genres littéraires. Cette censure vise à empêcher la parution d'ouvrages critiquant le système politique (par exemple la monarchie absolue) sous tous ses aspects.

Au XVIIe siècle, elle interdit à l'auteur de théâtre d'évoquer les monarques ou les événements récents. Cela explique en partie que la tragédie aborde des sujets lointains, empruntés de préférence à l'histoire grecque ou romaine.

• Au XXe siècle, la censure politique est forte pendant les périodes de guerre. C'est le cas sous l'Occupation, où des listes de livres interdits sont publiées. Les ouvrages concernés sont saisis et détruits. Certains éditeurs sont dépossédés de leurs biens. Des éditions clandestines naissent, comme les Éditions de Minuit qui symbolisent la Résistance et publient *Le Silence de la Mer* de Vercors en 1942.

La censure religieuse

• Les cibles de la censure

La censure religieuse poursuit les œuvres qui attaquent la religion catholique. L'incroyance, l'hérésie*, la critique des pratiques religieuses et de l'Église sont ses principales cibles. Elle touche aussi les œuvres qui paraissent contraires à la morale et aux bonnes mœurs, comme la littérature libertine* aux XVIIe et XVIIIe siècles.

• Les censeurs

Elle est exercée par les représentants du pouvoir religieux. En France, il s'agit surtout de la faculté de théologie, c'est-à-dire de la Sorbonne avant le XVIIe siècle, à quoi s'ajoute le pouvoir de censure direct du Pape qui peut interdire (mettre à l'index) un livre.

• Les mesures répressives

Les livres censurés sont confisqués, brûlés ; leurs auteurs excommuniés, c'est-à-dire exclus de l'Église. Cette censure peut aller jusqu'à condamner sévèrement les écrivains jugés coupables (au XVIIIe siècle, ils sont embastillés). Les éditeurs et les libraires peuvent aussi subir de lourdes sanctions.

Les formes plus récentes de censure

Dans un état laïque, la censure vise des ouvrages considérés comme dangereux d'un point de vue moral. La définition de ces dangers évolue avec le temps. Aujourd'hui, on estime que la société doit assurer la protection des individus (celle des enfants par exemple) tout en garantissant la liberté d'expression, conformément à la Déclaration des droits de l'homme et du citoyen de 1789.

Les autres formes de censure

• Certains **destinataires*** d'une œuvre en effectuent la censure.

• C'est le cas au théâtre au XVIIIe siècle. Les **comédiens** chargés d'interpréter une pièce peuvent décider de corriger le texte qu'ils interprètent. Ces corrections ou suppressions s'apparentent à une véritable censure quand elles résultent de raisons politiques ou religieuses. Les acteurs s'approprient le texte.

• Les **familles** des écrivains exercent aussi parfois une censure très forte, notamment contre les écrits de genre autobiographique, aux XIXe et XXe siècles.

L'écrivain face à la censure

Malgré la censure, les écrivains réussissent à publier de nombreux ouvrages.

• Soit ils profitent de la protection de leurs **mécènes**. Parfois, les censeurs et libraires eux-mêmes sont favorables aux idées nouvelles et aident les écrivains. Tel est le cas de Malesherbes qui assure la direction de la Librairie et tâche d'assouplir la censure au XVIIIe siècle. Au XXe siècle, l'**entraide des écrivains** joue souvent ce rôle.

• Soit ils utilisent d'autres moyens pour publier. Ils font imprimer leur ouvrage **à l'étranger** ou font croire que cet ouvrage a été imprimé à l'étranger. Dans les deux cas, on trouve la mention de ce lieu (Londres, Genève ou La Haye par exemple) en couverture. Ils ne suivent pas le circuit normal d'autorisation et demandent directement le droit de vendre leur livre. Quand l'écrivain est exilé, la **publication** est **clandestine**. Victor Hugo est ainsi contraint de publier les *Châtiments* à Bruxelles, en 1853. L'édition française n'est possible qu'en 1870, après la chute de Napoléon III.

• Ils peuvent enfin dissimuler leurs attaques en ne signant pas de leur nom, en utilisant des **pseudonymes.** Ils peuvent présenter leurs œuvres comme des œuvres d'imagination ou situer l'action dans un contexte lointain. Les *Contes philosophiques* de Voltaire illustrent ces différentes possibilités. L'art cinématographique utilise également souvent ce moyen.

L'ÉCRIVAIN, LA LANGUE ET LES CULTURES

1. L'écrivain et les cultures : l'oral et l'écrit

• L'oralité de l'œuvre écrite

Nous étudions une littérature écrite. Toutefois, la langue utilisée par l'écrivain peut présenter les caractéristiques de la langue orale. On parle alors de l'oralité de l'œuvre. Son importance varie selon les époques. Au Moyen Âge et au XVIe siècle, la diction et l'accompagnement musical comptent autant que le texte. À l'époque classique, l'oralité reste importante. Dans de nombreux genres, théâtre, poésie, éloge ou blâme, le texte est fait pour être dit. Enfin, certains écrivains revendiquent leur attachement à une culture orale que le texte littéraire exprime et défend. Cette présence de l'oralité caractérise souvent la rencontre entre des cultures différentes.

• Littérature et culture populaire

La culture populaire, avant d'être fixée, est transmise oralement. Or la littérature intègre ces cultures dans ses formes (fable, conte, farce ou proverbe par exemple) et dans la langue elle-même (chanson, vocabulaire, régionalismes*). La présence des différents parlers (parler paysan, parler ouvrier, parler enfantin par exemple), qu'on appelle aussi **parlures**, témoigne de cette intégration de cultures différentes dans la littérature, à toutes les époques. Les œuvres de Rabelais, au XVIe siècle, ou les comédies de Molière au XVIIe siècle, illustrent cette présence de la culture populaire. Toutefois, certains genres, considérés comme nobles, telle la tragédie classique*, excluent cette référence.

• Marques de l'oralité dans l'œuvre

Un écrivain peut, dans son œuvre, accentuer les marques d'oralité (procédés typographiques, indications sur la diction du texte, sur la musique ou les effets sonores). Il peut aussi utiliser une langue orale, souvent différente, en français, de celle qui est réservée à l'écrit.

• Oralité et création de l'œuvre

L'oral joue aussi un rôle important au moment de la création d'une œuvre : certains écrivains ont besoin de dire leur texte à haute voix quand ils l'écrivent. Flaubert soumet son texte à ce qu'il appelle l'épreuve du « gueuloir ». D'autre part, les lectures publiques ont été longtemps la première diffusion d'une œuvre littéraire. Dans les salons, à la cour, l'écrivain s'exposait directement à la critique et aux réactions d'un auditoire choisi à qui il faisait découvrir son œuvre avant qu'elle ne soit publiée. Les poètes, au XIXe siècle, livrent ainsi leurs œuvres aux membres des cénacles qu'ils fréquentent.

2. L'écrivain et la langue française

• Le travail sur la langue

L'écrivain entretient avec la langue qu'il écrit des relations très variées. Il peut, par exemple, aimer sa langue mais se battre avec elle. Il peut chercher à défendre la langue française en la forgeant, comme le font, au XVIe siècle, les poètes de La Pléiade. Il peut vouloir la transformer, l'enrichir par d'autres langues comme le font au XXe siècle les poètes francophones à l'instar des poètes de la négritude*. Enfin, certains écrivains ont choisi d'utiliser la langue française plutôt que leur langue maternelle pour écrire.

• La francophonie

On observe la variété de la langue et de ses usages, ordinaires ou littéraires, dans la francophonie. Le mot **francophonie**, apparu à la fin du XIXe siècle, désigne une réalité géographique et exprime, après la décolonisation*, une volonté politique, culturelle, voire un idéal commun aux pays de langue française. Géographiquement, le français est présent sur les cinq continents. Politiquement, il réunit des pays très différents par leur développement, leurs pratiques religieuses et culturelles. Associée à des formes de coopération, la francophonie s'appuie sur des institutions internationales, comme l'Agence intergouvernementale de la francophonie qui regroupe une cinquantaine d'états.

• Les langues régionales

La littérature française inclut également les littératures de langue régionale. Avant d'être le français, la langue littéraire dominante est, aux XIIe et XIIIe siècles, la langue d'Oc présente dans le Midi de la France. Aujourd'hui, les littératures en langue régionale font toujours preuve de dynamisme et de créativité.

CONTEXTUALISER UN TEXTE OU UNE ŒUVRE

Contextualiser un texte signifie le situer dans la période où il est écrit. Il faut donc analyser les indications fournies par le paratexte et par le texte ou l'œuvre elle-même.

1. Analyser le paratexte

Le **paratexte** est l'ensemble des textes qui entourent l'œuvre. Il nous donne des **informations** différentes selon qu'il est écrit par l'éditeur ou par l'auteur.

• Analyser le paratexte de l'éditeur

• Formes du paratexte

Il concerne le plus souvent la **page de titre**, la **couverture**, parfois uniquement le dos appelé **4e de couverture**. Il intègre aussi des informations commerciales et publicitaires. Les impératifs de vente ont, dès le XVIe siècle, transformé la page de titre dans sa décoration et sa composition. Ce paratexte donne des précisions sur la **réception*** de l'œuvre c'est-à-dire sur la façon dont elle est ou sera lue, selon l'éditeur.

• Fonctions du paratexte

Le paratexte de l'éditeur indique les dates de publication de l'œuvre : sont-elles très anciennes ou récentes ? Quand il s'agit d'un écrivain contemporain, s'agit-il de sa première œuvre ? D'un auteur reconnu ? Son livre fait-il suite à d'autres, d'une même série ? L'œuvre a-t-elle été rééditée et corrigée par l'auteur de son vivant ? Parfois, ces informations sont capitales pour comprendre une œuvre. Tel est le cas des *Essais* de Montaigne, enrichis au cours de leurs trois éditions successives par leur auteur.

Enfin, **l'édition posthume** (après le décès de l'auteur) d'une œuvre peut constituer un événement. Chateaubriand a, de son vivant, organisé la parution de ses *Mémoires d'outre-tombe* après sa mort.

• Analyser le paratexte de l'auteur

• Formes du paratexte

Il comprend le **nom de l'auteur**, le **titre** mais aussi les différents types de **préface** et **postface**, notes et table des matières. Peuvent s'y ajouter une **dédicace** (hommage de l'auteur à la personne à qui il adresse son livre), une **épigraphe** (citation brève placée en titre d'ouvrage). Ces différents textes sont inséparables de l'œuvre et aident à la contextualiser. Ils nous fournissent des indications sur l'époque où une œuvre a été écrite puis publiée (il peut y avoir un écart entre dates d'écriture et d'édition) sur son genre, son registre* et ses destinataires*.

• Fonctions du paratexte

Le nom de l'auteur, **patronyme** ou **pseudonyme**, la connaissance de l'histoire littéraire aident à identifier une œuvre et à préciser dans quel contexte elle naît. L'étude du titre et des sous-titres, comme celle de la table des matières, donnent des indications. Attention, le titre a parfois une **fonction incitative*** ou énigmatique* et **non informative**.

• Définir, à partir des deux paratextes, le moment et le lieu où l'œuvre est écrite

- À quelle époque l'écrivain a-t-il vécu ? sous quel régime politique ?
- Quand et dans quel cadre écrit-il ?

On peut formuler des hypothèses si le texte a un contenu qui implique une connaissance du contexte historique et géographique. On ne lit pas l'œuvre du poète courtisan comme celle du poète exilé.

2. Analyser l'œuvre ou l'extrait

Par son genre, sa langue, son thème, l'œuvre ou l'extrait peut se situer de lui-même dans une époque précise. Mais ce n'est pas toujours le cas. Les écrivains imitent souvent des formes anciennes de façon sérieuse ou parodique*. La forme ne suffit donc pas à contextualiser une œuvre. De même, il faut être prudent face à un extrait : il n'est pas toujours représentatif de l'œuvre.

LIRE UNE PRÉFACE

La préface se définit par sa place liminaire, en tête d'ouvrage. Elle est faite pour être lue avant l'œuvre. Elle peut porter différents noms, prendre des formes littéraires variées et remplir diverses fonctions. Lire une préface passe par l'étude de ces trois aspects : on en mesure ainsi les enjeux.

1. Observer l'identité et l'importance données à la préface

• S'agit-il d'un **préambule** (petit texte introductif, souvent suivi d'une introduction plus longue ; il indique les intentions de l'auteur, le point de départ du texte et sa raison d'être), d'un **prologue*** extérieur à l'œuvre, d'un **avis** ou **avertissement** souvent dit « au lecteur » (explication fournie au lecteur), d'un **avant-propos** (courte introduction) ?

• A-t-elle un destinataire* précis ? S'agit-il d'un destinataire explicitement désigné comme **dédicataire*** de l'œuvre, du lecteur ou d'un destinataire implicite que l'on découvre en lisant la préface ?

• Est-elle signée ? Est-ce par l'auteur, l'éditeur, un spécialiste de l'œuvre, un artiste défenseur de l'œuvre ? Il arrive que l'éditeur soit en fait l'auteur lui-même.

• Ce texte introductif est-il très bref ou long ? Est-il composé de plusieurs parties ? Est-il unique ou accompagné d'autres préfaces ?

2. Observer le genre littéraire, le type de discours et les registres

• La préface peut être par exemple un poème, une scène de théâtre ou un récit. Elle adopte un genre qui n'est pas toujours celui de l'œuvre qu'elle introduit. Ainsi, un texte de théâtre est souvent introduit par un **discours argumentatif**. Elle peut intégrer des descriptions et des dialogues.

Elle utilise donc tous les types de discours*, narratif, descriptif et argumentatif. De même les **registres*** sont très **variés** et se mêlent souvent. Certaines préfaces sont aussi des **pastiches*** ou des **parodies*** de préface (ou des anti-préfaces).

• L'étude de la **situation d'énonciation*** permet d'interpréter les marques de la présence du locuteur*, du destinataire* et le choix des temps verbaux.

3. Définir les fonctions de la préface

Extérieure à l'œuvre, la préface peut avoir quatre fonctions essentielles :

• **Présenter l'histoire d'une œuvre** et **justifier son écriture** par un contexte, une commande.
Le récit fait dans la préface peut être imaginaire ou retracer les événements réels qui ont conduit l'écrivain à écrire.

• **Présenter la démarche de l'auteur**. La préface est souvent le lieu où l'écrivain explique ce qu'il veut ou a voulu faire. Dans le genre biographique, il expose les règles qu'il s'engage à respecter, son pacte* d'écriture et de lecture.

• **Défendre l'œuvre** et son auteur contre des attaques probables, déjà formulées ou violentes quand il s'agit de vrais procès ou de **cabales***. Les préfaces de pièces de théâtre jouent ce rôle.

• **Exposer un art poétique***, c'est-à-dire une théorie, du genre de l'œuvre.
On se demandera de quel genre littéraire il s'agit et si cet art poétique est celui d'un individu seul ou d'un groupe. Dans ce dernier cas, elle est le manifeste* d'un mouvement artistique et littéraire.

4. Mesurer les enjeux d'une préface

Lire une préface permet de **contextualiser**, situer une œuvre dans l'histoire de la littérature. La préface peut être **révolutionnaire (d'avant-garde)** dans sa défense d'idées nouvelles ou **académique (classique)** dans le respect des règles établies qu'elle exprime.

EXERCICES D'OBSERVATION ET D'INTERPRÉTATION

A Réfléchir sur les rapports entre l'écrivain, la langue et les cultures

1. Définir le rapport entre oralité et écriture

Né à la Martinique, fondateur du courant de défense de la culture antillaise, l'antillanité, Édouard Glissant réfléchit au rapport entre oralité et écriture.

Toute écriture, ou plutôt toute œuvre d'écriture, prend la succession d'une expression et d'une « vision » orales et tant que l'humanité ou plutôt les humanités ont été ancrées dans l'oralité, nombre de fonctions de l'être humain se sont maintenues. Par exemple, la fonction de la mémoire : il fallait, avant l'écriture, exercer sa mémoire, et on sait que les conteurs et les chanteurs grecs étaient capables d'apprendre par cœur quarante mille vers et de les réciter. Cet exercice de la mémoire, de la répétition – car la mémoire ne se fait pas sans répétitions, sans ressassement – disparaît au fur et à mesure que d'une part, l'écriture s'affirme, et que d'autre part, on abandonne cette espèce d'étendue, d'étalement des facultés de l'homme, qui le porte à « apprendre les choses », les réciter, les redire, les reprendre, et qu'on essaie de définir l'être, non pas par un étalement, un ressassement, ou une reprise, mais par une acuité[1], non seulement de la perception, mais aussi de l'expression. Et cette acuité passe par l'écriture. C'est une des conquêtes de l'écriture.

Édouard Glissant (né en 1928), *Le chaos-monde, l'oral et l'écrit*, dans *Écrire la parole de la nuit, la nouvelle littérature antillaise*, © Éditions Gallimard, 1994.

1. *acuité* : intensité et finesse de l'expression écrite.

a) Quel rôle a joué l'oralité dans l'histoire de l'humanité ?

b) Quelle fonction nouvelle est attribuée à l'écriture ?

2. Observer le rôle de l'écrivain dans l'évolution de la langue française

En 1549, Du Bellay écrit une Défense et illustration de la langue française *où il fait l'éloge du français et montre comment l'utiliser et l'enrichir. En voici un extrait :*

« Use hardiment de l'infinitif pour le nom comme *l'aller, le chanter, le vivre, le mourir*. De l'adjectif substantivé, comme le liquide des eaux, le vide de l'air, le frais des ombres, l'épais des forêts, l'enroué des cymbales, pourvu que telle manière de parler ajoute quelque grâce et véhémence ; et non pas, *le chaud du feu, le froid de la glace, le dur du fer*, et leurs semblables. Des verbes et participes, qui de leur nature n'ont point d'infinitifs après eux, avec des infinitifs, comme *tremblant de mourir et volant d'y aller*, pour *craignant de mourir et se hâtant d'y aller*. Des noms pour les adverbes, comme *ils combattent obstinés*, pour *obstinément, il vole léger*, pour *légèrement*, et mille autres manières de parler, que tu pourras observer par fréquente et curieuse lecture. »

Joachim Du Bellay (1522-1560), *Défense et illustration de la langue française*, 1549.

a) Que signifie, au XVIe siècle, défendre la langue française ? Avec quelle langue faut-il rivaliser ?

b) Pourquoi Du Bellay accorde-t-il autant d'importance à la langue ?

c) À qui le texte est-il destiné ? À quoi servent les exemples ?

3. Observer la situation des langues régionales, les « pratiques linguistiques des Français »

Dans son rôle d'observation des pratiques linguistiques, la Délégation générale à la langue française et aux langues de France a financé une enquête, à l'occasion du recensement général de la population de 1999. Un volet linguistique avait été introduit dans les questionnaires traditionnellement destinés à fournir des données sur l'évolution de la famille en France. L'enquête était réalisée par l'INSEE et conçue avec le concours de l'Institut national d'études démographiques (INED). 380 000 adultes vivant en métropole ont été interrogés sur la transmission familiale des langues : « Quelle(s) langue(s), dialecte(s) ou patois vous parlaient, quand vous aviez cinq ans, votre père ou votre mère ? ». Les résultats, rendus publics en février 2002, contribuent grandement à une meilleure connaissance de la situation en France.

Si cette enquête révèle en termes absolus un niveau important de bilinguisme (26 %, plus du quart de la population), elle révèle également que le taux de transmission des langues autres que le français est très bas : à peine plus d'un adulte sur trois (35 %), qui a reçu dans son enfance une langue donnée, l'a lui-même transmise à ses enfants. Le « taux d'érosion » est donc élevé, l'héritage linguistique de l'enfance est rarement retransmis à la génération suivante : près de 90 % des adultes actuels à qui leur père parlait breton, flamand ou occitan à l'âge de cinq ans n'ont pas fait de même avec leurs propres enfants. Pour le catalan, le taux de non-transmission est de 70 %, pour le corse de 66 %. Pour le berbère, le basque, l'arabe et le portugais, il est de l'ordre de 50 à 60 %.

La francophonie dans le monde, 2002-2003, Organisation internationale de la francophonie, conseil consultatif, © Larousse-VUEF, 2003.

a) Quel est le thème de cet article ?

b) Quels sont les résultats de l'enquête évoquée dans le texte ?

c) Vous sentez-vous concerné par cette situation ? Faut-il prendre des mesures ?

d) EXPRESSION ORALE L'école doit-elle et peut-elle jouer un rôle dans ce domaine ? Débattez-en à plusieurs.

4. Analyser l'idéal de la francophonie

En 1962, c'est-à-dire à la fin de la période de la décolonisation, Léopold Sédar Senghor écrit un article pour un numéro de la revue Esprit, *souvent considéré comme le manifeste fondateur de la francophonie. Voici la conclusion de cet article.*

Que conclure, de tout cela, sinon que nous, politiques noirs, nous, écrivains noirs, nous sentons pour le moins, aussi libres à l'intérieur du français que de nos langues maternelles. Plus libres, en vérité, puisque la liberté se mesure à la puissance de l'outil : à la force de création.

Il n'est pas question de renier les langues africaines. Pendant des siècles, peut-être des millénaires, elles seront encore parlées, exprimant les immensités abyssales[1] de la Négritude. Nous continuerons d'y pêcher les images-archétypes[2] : les poissons des grandes profondeurs. Il est question d'exprimer notre authenticité de métis culturels, d'hommes du XXe siècle. Au moment que, par totalisation et socialisation, se construit la Civilisation de l'Universel, il est, d'un mot, question de nous servir de ce merveilleux outil, trouvé dans les décombres du Régime colonial. De cet outil qu'est la langue française.

La Francophonie, c'est cet Humanisme intégral, qui se tisse autour de la terre : cette symbiose des « énergies dormantes » de tous les continents, de toutes les races, qui se réveillent à leur chaleur complémentaire. « La France, me disait un délégué du F.L.N.[3], c'est vous, c'est moi : c'est la Culture française. » Renversons la proposition pour être complets : la Négritude, l'Arabisme[4], c'est aussi vous, Français de l'Hexagone. Nos valeurs font battre maintenant, les livres que vous lisez, la langue que vous parlez : le français, Soleil qui brille hors de l'Hexagone.

Léopold Sédar Senghor,
« Le français, langue de culture »,
revue *Esprit*, 1962.

1. *abyssales* : très profondes et vastes. 2. *images-archétypes* : images qui servent de modèle, images primitives. 3. *F.L.N.* : Front de libération national, parti nationaliste algérien qui lutta pour l'indépendance de l'Algérie. 4. *la Négritude, l'Arabisme* : mouvements en faveur des cultures arabes et noires dans le contexte francophone.

a) Quelles sont les marques de la situation d'énonciation* ? Qui parle ? à qui ?

b) Que signifie le mot *Humanisme* ?

c) Comment le poète Léopold Sédar Senghor définit-il la francophonie ? Quelles valeurs défend-il ?

B L'écrivain et la société : observer la place de l'écrivain dans la société

5. Observer une dédicace

La Fontaine adresse le second recueil de ses Fables *(1678), à sa protectrice, Madame de Montespan, la favorite de Louis XIV.*

À MADAME DE MONTESPAN

Tout auteur qui voudra vivre encore après lui[1]
Doit s'acquérir votre suffrage[2].
C'est de vous que mes vers attendent tout leur prix :
Il n'est beauté dans nos écrits
Dont vous ne connaissiez jusques aux moindres traces.
Eh ! qui connaît que vous[3] les beautés et les grâces ?
Paroles et regards, tout est charme dans vous.
Ma Muse, en un sujet si doux,
Voudrait s'étendre davantage;
Mais il faut réserver à d'autres cet emploi ;
Et d'un plus grand maître[4] que moi
Votre louange est le partage.
Olympe[5], c'est assez qu'à mon dernier ouvrage
Votre nom serve un jour de rempart et d'abri ;
Protégez désormais le livre favori
Par qui j'ose espérer une seconde vie ;
Sous vos seuls auspices[6], ces vers
Seront jugés, malgré l'envie,
Dignes des yeux de l'univers.
Je ne mérite pas une faveur si grande ;
La fable en son nom la demande :
Vous savez quel crédit[7] ce mensonge a sur nous.
S'il procure à mes vers le bonheur de vous plaire,
Je croirai lui devoir un temple pour salaire :
Mais je ne veux bâtir des temples que pour vous.

La Fontaine (1621-1695), *Fables*,
livre VII, v. 17 à 41, 1678.

1. *après lui* : après lui-même, qui voudra continuer à vivre après sa mort par son œuvre. 2. *suffrage* : jugement favorable. 3. *que vous* : si ce n'est vous (Madame de Montespan). 4. *plus grand maître* : Louis XIV ; La Fontaine réserve au Roi le soin de vanter les mérites de Madame de Montespan. 5. *Olympe* : surnom donné par La Fontaine à Madame Montespan. Il la rapproche des dieux. 6. *Sous vos seuls auspices* : sous votre protection seule. 7. *crédit* : autorité, pouvoir.

a) Quels sont les vers utilisés dans cet extrait de la dédicace ? Comment ces vers sont-ils disposés ?

b) Comment Madame de Montespan est-elle désignée par La Fontaine ?

c) Quel type de discours* utilise La Fontaine ?

d) Comment le fabuliste La Fontaine se présente-t-il lui-même ?

e) Que nous apprend ce poème sur la position de l'écrivain dans la société de son temps ?

6. Observer les difficultés que rencontre un jeune écrivain

Dans les Illusions perdues *de Balzac, le journaliste Lousteau explique à Lucien de Rubempré, venu à Paris pour devenir écrivain, toutes les difficultés qui l'attendent.*

Mon cher, dit gravement Étienne Lousteau en voyant le bout des bottes que Lucien avait apportées d'Angoulême et qu'il achevait d'user, je vous engage à noircir vos bottes avec votre encre afin de ménager votre cirage, à faire des cure-dents de vos plumes pour vous donner l'air d'avoir dîné quand vous vous promenez, en sortant de chez Flicoteaux, dans la belle allée de ce jardin, et à chercher une place quelconque. Devenez petit-clerc d'huissier si vous avez du cœur, commis si vous avez du plomb dans les reins, ou soldat si vous aimez la musique militaire. Vous avez l'étoffe de trois poètes ; mais, avant d'avoir percé, vous avez six fois le temps de mourir de faim, si vous comptez sur les produits de votre poésie pour vivre. Or, vos intentions sont, d'après vos trop jeunes discours, de battre monnaie avec votre encrier. Je ne juge pas votre poésie, elle est de beaucoup supérieure à toutes les poésies qui encombrent les magasins de la librairie[1]. [...] Mon pauvre enfant, je suis venu comme vous le cœur plein d'illusions, poussé par l'amour de l'Art, porté par d'invincibles élans vers la gloire : j'ai trouvé les réalités du métier, les difficultés de la librairie et le positif de la misère.

Honoré de Balzac (1799-1850), *Illusions perdues*, 1837-1843.

1. *la librairie* : le commerce des livres.

a) **Quel sort attend le jeune poète à Paris ? L'écrivain peut-il vivre de ses œuvres ?**

b) **Comment le monde littéraire est-il décrit par Lousteau ?**

c) **Quel métier Lousteau exerce-t-il ? Quels conseils Lousteau donne-t-il à Lucien ?**

C Observer la défense des droits des écrivains

7. Observer une chronologie

Voici quelques étapes importantes du combat pour la reconnaissance de la propriété littéraire en France. Observez cette chronologie et répondez aux questions.

1686 : Loi sur les **privilèges perpétuels** (monopoles d'exploitation) accordés aux libraires, qui se voyaient ainsi compensés pour les investissements technologiques de plus en plus onéreux qu'ils étaient obligés de faire. Mais la portée de cette loi n'est pas seulement économique : la plupart des monopoles se donnent en effet à des libraires parisiens, ce qui facilite la surveillance, pour ne pas dire la censure, de ce qui se publie.

30 août 1777 : Arrêts de Necker (préparés par Turgot et Malesherbes) sur la **répression des contrefaçons** et la **durée des privilèges**. Ces arrêts accordent aux écrivains le droit d'éditer et de vendre leurs ouvrages, et distinguent (un peu) plus clairement privilèges accordés aux auteurs d'une part et privilèges accordés aux libraires-éditeurs d'autre part.

1776-1780 : « Affaire des auteurs dramatiques ». Elle voit s'opposer un groupe de 24 auteurs, et surtout leur porte-parole Beaumarchais, aux artistes de la Comédie-Française, accusés d'abuser de leurs privilèges dans le domaine des représentations théâtrales pour priver les auteurs de leur part de recette. Cette « affaire » est généralement considérée comme le tremplin vers ce qui sera plus tard la propriété littéraire.

19 janvier 1791 : Première véritable loi sur le droit d'auteur votée par **l'Assemblée** nationale et signée par Louis XVI. Cette loi prévoit de plus que les héritiers [...] restent propriétaires de l'œuvre pendant cinq années après la mort de l'auteur. Les ouvrages de tous les auteurs morts depuis cinq ans sont déclarés « propriété publique ».

19 juillet 1793 : Décret-loi voté par la Convention qui constitue la base du droit d'auteur moderne.

5 février 1810 : Décret impérial qui limite en fait la loi de 1793, tout en étendant sa durée à 20 ans après la mort de l'auteur.

16 avril 1838 : Fondation notariale de la Société des gens de lettres, destinée à défendre les droits moraux et matériels des écrivains, et que dirigera Balzac de 1839 à 1840.

Janvier et mars 1841 : Villemain, ministre de l'Instruction publique, dépose un projet de loi sur la propriété littéraire. Ce projet plaide pour une extension de la loi à un délai de 50 ans après le décès de l'auteur. En mars, le Parlement limite le délai à 30 ans.

Juin 1878 : Fondation, à l'occasion de l'Exposition universelle, de l'Association littéraire et artistique internationale dirigée par Victor Hugo. Cette association jouera un rôle capital dans le rétablissement et la défense de la notion de « propriété » littéraire.

14 juillet 1886 : Extension de la loi à 50 ans après le décès de l'auteur.

1886 : Convention de Berne : base du droit d'auteur européen (en vigueur aujourd'hui).

Chronologie librement adaptée de celle figurant dans *Le Combat du droit d'auteur*, textes réunis et présentés par Jan Baetens, © Les Impressions nouvelles, 2001.

a) **Quelles sont les sociétés d'auteurs ? Citez deux écrivains qui ont joué un rôle important dans le combat pour défendre la propriété littéraire.**

b) À l'aide d'une chronologie de l'Histoire de France, indiquez sous quel régime politique sont votées les lois.

c) Dans ce combat, quels sont les différents partis qui s'opposent ?

D Observer la censure

8. Observer un document officiel

Observez le document ci-dessous et répondez aux questions.

Nature du document : Arrest de la cour du Parlement à l'encontre de Voltaire, 1734, Paris, Bibliothèque nationale, © BNF.

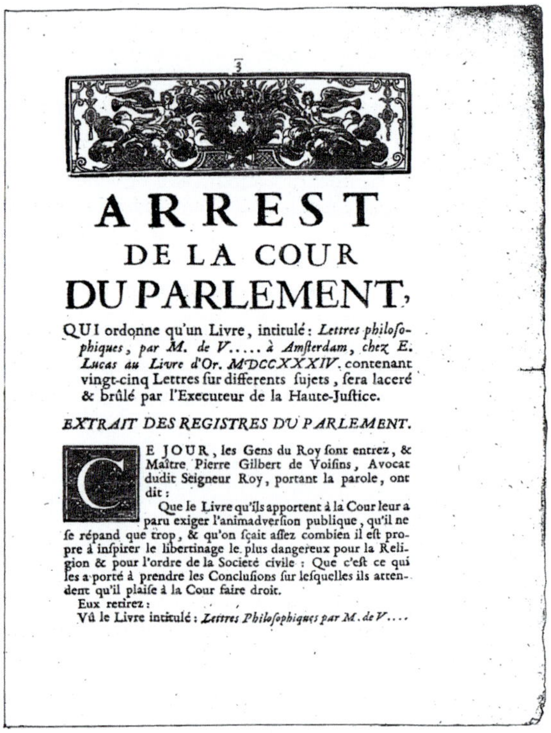

3

ARREST
DE LA COUR
DU PARLEMENT,

QUI ordonne qu'un Livre, intitulé : *Lettres philoſophiques, par M. de V..... à Amſterdam, chez E. Lucas au Livre d'Or. M.DCCXXXIV.* contenant vingt-cinq Lettres ſur differents ſujets, ſera laceré & brûlé par l'Executeur de la Haute-Juſtice.

EXTRAIT DES REGISTRES DU PARLEMENT.

CE JOUR, les Gens du Roy ſont entrez, & Maître Pierre Gilbert de Voiſins, Avocat dudit Seigneur Roy, portant la parole, ont dit :

Que le Livre qu'ils apportent à la Cour leur a paru exiger l'animadverſion publique, qu'il ne ſe répand que trop, & qu'on ſçait aſſez combien il eſt propre à inſpirer le libertinage le plus dangereux pour la Religion & pour l'ordre de la Societé civile : Que c'eſt ce qui les a porté à prendre les Concluſions ſur leſquelles ils attendent qu'il plaiſe à la Cour faire droit.

Eux retirez :

Vû le Livre intitulé : *Lettres Philoſophiques par M. de V....*

a) Quel est le livre censuré ? Le nom de l'auteur est-il indiqué ?

b) Où ce livre a-t-il été publié ? Pour quelles raisons ce lieu de publication a-t-il été choisi ?

c) Quel sort ce livre doit-il subir selon la justice ?

d) Que reproche-t-on à l'ouvrage dans l'extrait des registres du Parlement ?

9. Observer les arguments du censeur

En 1857 a lieu le procès des Fleurs du mal *de Charles Baudelaire. Le réquisitoire est prononcé par Ernest Pinard qui demande et obtient la condamnation du poète.*

De bonne foi, croyez-vous qu'on puisse tout dire, tout peindre, tout mettre à nu, pourvu qu'on parle ensuite du dégoût né de la débauche et qu'on décrive les maladies qui la punissent ?

Messieurs, je crois avoir cité assez de passages pour affirmer qu'il y a eu offense à la morale publique. Ou le sens de la pudeur n'existe pas, ou la limite qu'elle impose a été audacieusement franchie.

Réquisitoire d'Ernest Pinard (1857) dans *Charles Baudelaire* (1821-1867), *Œuvres complètes*, © Éditions Gallimard, 1975.

a) Quels sont les arguments utilisés par le Procureur ?

b) Au nom de qui le Procureur s'exprime-t-il ?

10. Observer les conséquences de la censure

Voltaire est incarcéré pour la première fois à la Bastille en 1717-1718 pour avoir composé des vers scandaleux, notamment sur le Régent et sa fille. Il raconte son arrestation.

LA BASTILLE

Or ce fut donc par un matin, sans faute,
En beau printemps, un jour de Pentecôte,
Qu'un bruit étrange en sursaut m'éveilla.
(Voltaire échange quelques mots avec son valet)
En achevant ce discours ingénu,
Je vois paraître au bout de ma ruelle[1],
Non un pigeon, non une colombelle,
De l'Esprit Saint oiseau tendre et fidèle,
Mais vingt corbeaux de rapine[2] affamés,
Monstres crochus que l'enfer a formés.
L'un près de moi s'approche en sycophante[3] :
Un maintien doux, une démarche lente,
Un ton cafard[4], un compliment flatteur,
Cachent le fiel[5] qui lui ronge le cœur.
« Mon fils, dit-il, la cour sait vos mérites ;
On prise fort les bons mots que vous dites,
Vos petits vers, et vos galants écrits ;
Et, comme ici tout travail a son prix,
Le roi, mon fils, plein de reconnaissance,
Veut de vos soins vous donner récompense,
Et vous accorde, en dépit des rivaux,
Un logement dans un de ses châteaux.
Les gens de bien qui sont à votre porte
Avec respect vous serviront d'escorte ;
Et moi, mon fils, je viens de par le roi
Pour m'acquitter de mon petit emploi.
(Voltaire a beau protester, il est conduit à la Bastille.)
Me voici donc en ce lieu de détresse,
Embastillé, logé fort à l'étroit,
Ne dormant point, buvant chaud, mangeant froid,
Trahi de tous, même de ma maîtresse.

Voltaire (1694-1778), « La Bastille », 1717-1718.

1. *ruelle* : espace, dans la chambre, entre le lit et le mur. **2.** *rapine* : vol, pillage. Les « corbeaux » sont avides de pouvoir piller et voler. **3.** *sycophante* : dénonciateur, mouchard, espion. **4.** *cafard* : hypocrite. **5.** *fiel* : animosité, haine.

a) Comment se déroule l'arrestation de Voltaire ? Quelle image est utilisée pour présenter les acteurs de cette arrestation ?

b) De quelle façon les raisons de l'arrestation de Voltaire sont-elles présentées ?

c) Quel registre* et quelle figure* sont employés par Voltaire dans tout le poème?

E Contextualiser un texte ou une œuvre

11. Contextualiser à l'aide du paratexte

Relisez les paratextes* présents dans les exercices 2, 5, 6, 9 et 12 et répondez aux questions suivantes.

a) À quelle époque, sous quel régime politique, l'écrivain publie-t-il son œuvre ?

b) Cet écrivain appartient-il à un mouvement littéraire ou artistique précis ? lequel ?

c) Le paratexte a-t-il de l'importance pour comprendre certains aspects du texte ? Justifiez votre réponse.

F Lire une préface

12. Lire une préface de pièce de théâtre

En 1664, Molière représente Tartuffe *à Versailles. La comédie qui se moque des dévots* déclenche des attaques très violentes et se voit interdite. Molière obtient finalement l'autorisation du Roi en 1669. La pièce est imprimée et précédée d'une préface dont voici le début.*

PRÉFACE

Voici une comédie dont on a fait beaucoup de bruit, qui a été longtemps persécutée ; et les gens qu'elle joue ont bien fait voir qu'ils étaient plus puissants en France que tous ceux que j'ai joués jusqu'ici. Les marquis, les précieuses, les cocus et les médecins ont souffert doucement qu'on les ait représentés, et ils ont fait semblant de se divertir, avec tout le monde, des peintures que l'on a faites d'eux ; mais les hypocrites n'ont point entendu raillerie ; ils se sont effarouchés d'abord, et ont trouvé étrange que j'eusse la hardiesse de jouer leurs grimaces, et de vouloir décrier un métier dont tant d'honnêtes gens se mêlent. C'est un crime qu'ils ne sauraient me pardonner, et ils se sont tous armés contre ma comédie avec une fureur épouvantable. Ils n'ont eu garde de l'attaquer par le côté qui les a blessés ; ils sont trop politiques pour cela, et savent trop bien vivre pour découvrir le fond de leur âme. Suivant leur louable coutume, ils ont couvert leurs intérêts de la cause de Dieu ; et le *Tartuffe*, dans leur bouche, est une pièce qui offense la piété. Elle est, d'un bout à l'autre, pleine d'abominations, et l'on n'y trouve rien qui ne mérite le feu. Toutes les syllabes en sont impies ; les gestes mêmes y sont criminels ; et le moindre coup d'œil, le moindre branlement de tête, le moindre pas à droit ou à gauche, y cachent des mystères qu'ils trouvent moyen d'expliquer à mon désavantage.

J'ai eu beau la soumettre aux lumières de mes amis, et à la censure de tout le monde : les corrections que j'y ai pu faire ; le jugement du roi et de la reine, qui l'ont vue ; l'approbation des grands princes et de messieurs les ministres, qui l'ont honorée publiquement de leur présence ; le témoignage des gens de bien, qui l'ont trouvée profitable, tout cela n'a de rien servi. Ils n'en veulent point démordre, et, tous les jours encore, ils font crier en public des zélés indiscrets, qui me disent des injures pieusement, et me damnent par charité.

Molière (1622-1673), *Tartuffe*, 1669.

a) Qui Molière désigne-t-il comme les destinataires* ?

b) Quels sont les arguments utilisés par Molière pour vanter les mérites de sa pièce ?

c) Relevez les procédés d'insistance : quel est leur effet ?

13. Lire une préface de roman épistolaire

Choderlos de Laclos publie, en 1782, Les Liaisons dangereuses *qui provoquent le scandale. Le roman est précédé de deux textes : un avertissement de l'éditeur (texte A) et une préface du rédacteur (texte B) dont voici deux extraits.*

Texte A

AVERTISSEMENT DE L'ÉDITEUR

Nous croyons devoir prévenir le Public, que, malgré le titre de cet Ouvrage et ce qu'en dit le Rédacteur dans sa Préface, nous ne garantissons pas l'authenticité de ce Recueil, et que nous avons même de fortes raisons de penser que ce n'est qu'un Roman.

Il nous semble de plus que l'Auteur, qui paraît pourtant avoir cherché la vraisemblance, l'a détruite lui-même et bien maladroitement, par l'époque où il a placé les événements qu'il publie. En effet, plusieurs des personnages qu'il met en scène ont de si mauvaises mœurs, qu'il est impossible de supposer qu'ils aient vécu dans notre siècle ; dans ce siècle de philosophie, où les lumières, répandues de toutes parts, ont rendu, comme chacun sait, tous les hommes si honnêtes et toutes les femmes si modestes et si réservées.

Notre avis est donc que si les aventures rapportées dans cet Ouvrage ont un fond de vérité, elles n'ont pu arriver que dans d'autres lieux ou dans d'autres temps ; et nous blâmons beaucoup l'Auteur, qui, séduit apparemment par l'espoir d'intéresser davantage en se rapprochant plus de son siècle et de son pays, a osé faire paraître sous notre costume et avec nos usages, des mœurs qui nous sont si étrangères.

Texte B

PRÉFACE DU RÉDACTEUR

Cet Ouvrage, ou plutôt ce Recueil que le Public trouvera peut-être encore trop volumineux, ne contient pourtant que le plus petit nombre des Lettres qui composaient la totalité de la correspondance dont il est extrait. Chargé de la mettre en ordre par les personnes à qui elle était parvenue, et que je savais dans l'intention de la publier, je n'ai demandé, pour prix de mes soins, que la permission d'élaguer tout ce qui me paraîtrait inutile ; et j'ai tâché de ne conserver en effet que les Lettres qui m'ont paru nécessaires, soit à l'intelligence des événements, soit au développement des caractères.

Choderlos de Laclos (1741-1803), *Les Liaisons dangereuses*, 1782.

a) Pourquoi le livre propose-t-il deux « préfaces » ?

b) Observez le texte A. Pourquoi est-il indispensable que cette introduction soit celle de l'éditeur ?

c) Observez le texte B. Le rédacteur se présente-t-il comme l'auteur du roman ?

d) Faut-il croire l'éditeur et le rédacteur ? Qui sont-ils par rapport à l'auteur ?

14. Lire une préface de roman

George Sand est révélée comme romancière par son roman Indiana. *Voici un extrait de la préface de ce roman.*

PRÉFACE DE L'ÉDITION DE 1832

Si quelques pages de ce livre encouraient le grave reproche de tendance vers des croyances nouvelles, si des juges rigides trouvaient leur allure imprudente et dangereuse, il faudrait répondre à la critique qu'elle fait beaucoup trop d'honneur à une œuvre sans importance ; que, pour se prendre aux grandes questions de l'ordre social, il faut se sentir une grande force d'âme ou s'attribuer un grand talent, et que tant de présomption n'entre point dans la donnée d'un récit fort simple où l'écrivain n'a presque rien créé. Si, dans le cours de sa tâche, il lui est arrivé d'exprimer des plaintes arrachées à ses personnages par le malaise social dont ils sont atteints ; s'il n'a pas craint de répéter leurs aspirations vers une existence meilleure, qu'on s'en prenne à la société pour ses inégalités, à la destinée pour ses caprices ! L'écrivain n'est qu'un miroir qui les reflète, une machine qui les décalque, et qui n'a rien à se faire pardonner si ses empreintes sont exactes, si son reflet est fidèle.

Considérez ensuite que le narrateur n'a pas pris pour texte ou pour devise quelques cris de souffrance et de colère épars dans le drame d'une vie humaine. Il n'a point la prétention de cacher un enseignement grave sous la forme d'un conte ; il ne vient pas donner son coup de main à l'édifice qu'un douteux avenir nous prépare, son coup de pied à celui du passé qui s'écroule.

George Sand (1804-1876), *Indiana*, 1832.

a) Quelles sont les marques de la situation d'énonciation* ? Qui parle ? Qui sont les destinataires* de cette préface ?

b) Quelles sont les fonctions de cette préface ?

15. Lire une préface de recueil poétique

René Char présente son recueil En trente-trois morceaux et autres poèmes *(1956), série de fragments poétiques dans un court préambule dont voici la seconde partie.*

Une des nuits dernières, passant ici et songeant à lui[1], la masse verticale et peu illuminée de mes premiers ouvrages posée en équilibre sur ma tête, j'avançais sans prudence. De loin en loin une mèche d'arbre surgissait dans l'intervalle de deux maisons. Soudain – à la suite de quelle maladresse ? – la tour de mes poèmes s'écroula au sol se brisa comme verre. Sans doute, forçant l'allure et rencontrant le vide, avais-je voulu saisir, contre son gré, la main du Temps – le Temps qui choisit –, main qu'il n'était pas décidé à me donner encore. *Le Marteau sans maître, Placard pour un chemin des écoliers, Art bref, Dehors la nuit est gouvernée*, n'avaient plus du livre que le nom. Je ramassai trente-trois morceaux. Après un moment de désarroi je constatai que je n'avais perdu dans cet accident que le sommet de mon visage.

Paris, 8 avril 1956.
René Char (1907-1988),
En trente-trois morceaux et autres poèmes,

1. Il s'agit de Marcel Proust, évoqué dans le passage qui précède.

a) Quel est le registre* principal du texte ?

b) À quel mouvement littéraire du XXe siècle René Char a-t-il été lié ? Quels aspects du texte témoignent de son appartenance à ce mouvement ?

16. Lire des préfaces courtes

Texte A

Georges Perros (1923-1978) introduit son recueil Une vie ordinaire *(1967) de la façon suivante :*

La préface est à l'intérieur.

Texte B

Joseph Delteil, écrivain français (1894-1978) qui a appartenu dans les années vingt au mouvement surréaliste, introduit son « roman » Choléra *(1923) de la façon suivante :*

L'Art, c'est moi. J. D.

a) Quel est le rôle de ces deux introductions ?

b) Quel est le registre* de ces deux textes ?

HISTOIRE DE L'ŒUVRE : DU MANUSCRIT À LA PUBLICATION

On a longtemps représenté l'écrivain comme un poète, inspiré et guidé par les Muses. Cette théorie de l'inspiration* a fait l'objet de débats dans l'histoire de la littérature. Or les manuscrits d'écrivain et surtout les manuscrits modernes démontrent l'importance du travail dans la création.*

1. Le manuscrit moderne

• Manuscrits anciens et modernes

Avant l'invention de l'imprimerie, on parle de **manuscrit ancien**. Il a un intérêt historique, culturel et artistique. Avec l'imprimerie, le manuscrit n'est plus la seule version d'un texte : il est remplacé par le **livre**. On parle de **manuscrit moderne**.

• Le manuscrit littéraire

Avant le XIXe siècle, le **manuscrit littéraire** n'est pas toujours conservé. Il est en général détruit après l'impression du livre. Il est donc **rare**, à moins que l'écrivain ne meure en laissant une œuvre inachevée – c'est le cas des *Pensées* de Pascal au XVIIe siècle. L'écrivain peut aussi choisir d'utiliser le manuscrit pour faire connaître son œuvre quand elle est censurée ou interdite. Au XVIIIe siècle circulent des manuscrits clandestins.

Avant le XIXe siècle le manuscrit est rarement écrit de la main de l'auteur puisque les écrivains ont des secrétaires. Rousseau, par son origine modeste et sa répugnance à avoir des secrétaires, constitue une exception.

• La conservation des manuscrits littéraires modernes

Il faut attendre la fin du XVIIIe siècle et la reconnaissance d'un vrai **statut de l'écrivain** pour que les manuscrits soient conservés. À partir de l'époque romantique*, on considère le manuscrit comme faisant partie du **patrimoine littéraire national**. Quand, en 1881, Victor Hugo lègue ses manuscrits à la Bibliothèque Nationale de Paris, il accomplit un acte essentiel. D'autres écrivains suivent son exemple – Zola en 1904, etc.

Le manuscrit est également reconnu pour sa valeur intellectuelle. Pourtant tous les écrivains ne souhaitent pas que l'on connaisse leurs manuscrits. Certains sont indifférents, d'autres très hostiles au point de faire disparaître ces témoins de leur travail.

Le manuscrit moderne, qu'il soit littéraire, artistique ou scientifique, a une valeur marchande : il se vend cher, est recherché par les collectionneurs.

• L'étude des manuscrits littéraires

On donne aujourd'hui le nom de **manuscrits** à tous les états d'un texte écrits à la main que l'on a conservés (y compris les documents dactylographiés, les épreuves* corrigées à la main).

Très récente, l'étude des manuscrits n'a pas pour but de juger une œuvre en considérant que **la version définitive imprimée** est, par exemple, meilleure que **le premier jet (ou première version)**. Elle a pour objectif de décrire et de comprendre la création d'une œuvre littéraire, le travail accompli par l'écrivain.

2. Le travail de l'écrivain

On appelle ce travail **genèse (création, naissance) de l'œuvre** et l'étude de cette genèse **étude génétique**.

• L'étude génétique

Cette étude consiste à observer, définir et analyser des **processus** de création. On les observe à condition d'avoir accès au travail effectué avant la première publication d'une œuvre (dans les manuscrits ou avant-textes). On peut aussi étudier les modifications faites par l'auteur d'une édition à une autre.

• Le dossier génétique

L'ensemble de ces avant-textes s'appelle **dossier génétique**. Ce dossier comporte plusieurs parties qui correspondent aux **étapes** ou **phases** de la création. Chaque artiste procède de façon particulière mais sa démarche s'inscrit souvent dans une **progression-type**.

La démarche de l'écrivain

La **progression-type** est la suivante :

- **Avant la rédaction**

L'écrivain rédige des **plans**, des **notes** et réunit de la **documentation**, effectue des lectures.

- **La rédaction**

L'écrivain développe ses plans, fait ses **brouillons**, puis écrit le(s) manuscrit(s) – ou tapuscrit*, manuscrit dactylographié – de l'œuvre.

- **La mise au point de l'œuvre** avant et par l'édition (phase éditoriale)

L'écrivain rédige le **manuscrit** définitif, le remet à l'éditeur. L'éditeur le donne à l'imprimeur ; l'imprimeur renvoie ce qu'on appelle des **épreuves**. Après les dernières corrections, l'écrivain donne l'autorisation finale d'imprimer (**le bon à tirer**).

La phase éditoriale peut se développer à travers les éditions successives d'une œuvre (mises à jour, corrections, ajouts, etc.), du vivant de l'auteur et après sa mort.

L'observation du dossier génétique

Pour pouvoir dégager ces étapes, il faut auparavant **observer le dossier génétique** (s'il existe) et classer les documents qui le composent. L'écrivain ne garde pas tout ; parfois il mélange et réutilise ce qu'il a déjà écrit.

La codicologie

Pour classer, on utilise, si nécessaire, des **techniques scientifiques (analyse chimique, radiographique etc.)** afin de dater le papier, l'encre et ainsi établir un ordre de succession des documents. Cette science s'appelle **la codicologie**.

Les rites d'écriture

Ce classement prend en compte **les habitudes** de chaque écrivain dans le choix des **supports** (papier, cahier, carnet) et des instruments d'écriture (plumes, machines à écrire, ordinateurs). Les écrivains ont des usages, des manies et des rites d'écriture que l'étude génétique peut observer.

La transcription

Après le classement, il faut transcrire les plans, brouillons, manuscrits, car ils sont souvent difficiles à déchiffrer. Cette phase est celle de **la transcription**. Il existe plusieurs types de transcription : la plus fidèle au texte est **la transcription diplomatique** qui reproduit le texte tel qu'il est exactement.

Les phases de la création

Cette transcription permet de **décrire chacune des phases de la création** que l'on classe **par ordre chronologique** (de la première à la dernière avant la version définitive). On appelle ces étapes des **campagnes d'écriture**.

Les modifications du manuscrit

Cette transcription permet de **repérer les types de modifications** introduites par l'écrivain dans l'ensemble de l'œuvre ou dans une page, voire une phrase.

Ces modifications sont proches des fonctions que l'on trouve sur l'ordinateur :

- supprimer (souvent par la rature) ;
- remplacer (souvent par la rature) ;
- ajouter ;
- déplacer, permuter (copier, coller).

Ces opérations se font **pendant l'écriture** (rature et remplacement immédiat) ou **après** (rature et remplacement par ajout entre deux lignes ou dans une marge ou par collage d'un bout de papier).

Le travail de création

L'ensemble permet de voir **comment l'écrivain travaille** à partir des consignes ou **notes de régie** qu'il s'impose à lui-même, du type : « utiliser ou supprimer tel mot, aborder telle question ». On observe aussi les **codes** qu'il utilise, les changements de couleur d'encre, d'écriture et son utilisation de la page, des marges notamment.
Enfin, on découvre **comment l'écrivain vit son travail de création** à travers ses remarques, dessins et graffitis qui accompagnent le texte.

OBSERVER UN DOSSIER GÉNÉTIQUE

1. Observer l'ensemble du dossier

• La démarche de l'écrivain

L'écrivain réunit-il beaucoup de documents avant de commencer à écrire ? S'agit-il de lectures, d'enquêtes sur le sujet qu'il veut aborder, de croquis, de photographies des lieux qu'il veut représenter dans un roman ? Fait-il des listes de mots à utiliser ? A-t-il des modèles ?

• **Comment l'écrivain organise-t-il son œuvre ?**
Pour répondre à cette première question, il faut déterminer si l'écrivain établit une progression de l'œuvre avant d'écrire.

• **Y a-t-il un ou plusieurs plans d'ensemble de l'œuvre ?**
S'il fait des plans de son œuvre avant d'écrire, on parle d'**écriture à programme**.

Par exemple, Émile Zola établit un plan des *Rougon-Macquart*.

• **Écrit-il sans avoir fait de plan ?**
On parle alors d'**écriture à processus**. Les œuvres de George Sand et de Marcel Proust appartiennent à cette catégorie.

L'écriture à programme et l'écriture à processus peuvent se combiner.

• **L'écrivain réécrit-il beaucoup ?**
Combien de brouillons pour telle page ou tel chapitre, tel poème, telle scène ?
Combien de brouillons, manuscrits, textes dactylographiés au total ?
Quand l'écrivain cesse-t-il de retravailler son œuvre ?

2. Observer un aspect du dossier génétique

Pour chacun des points suivants, il faut observer le manuscrit avant la transcription afin de saisir le rythme de l'écriture, l'utilisation de la page, des couleurs. Le manuscrit est un atelier, le lieu de multiples bricolages (collages, montages). Il présente aussi des petits dessins, notes ou graffitis de l'écrivain qui se distrait en écrivant. Avant sa **mise au net ou « au propre »**, le brouillon est par définition peu présentable, souvent mal écrit et illisible.

• Observer une étape précise

• De quelle partie de l'œuvre (chapitre, incipit* ou excipit*) s'agit-il ? Le texte porte-t-il un titre ?

• Comment la page est-elle utilisée : y a-t-il beaucoup de corrections ? S'agit-il de ratures, ajouts, déplacements ou suppressions ?

• Quels sont les éléments modifiés ? Est-ce l'emploi des personnes, des modes et temps verbaux ; le vocabulaire, les images, la ponctuation ?

• Observer une succession d'étapes

On compare les différentes étapes (texte n° 1, n° 2, etc.) proposées en suivant l'ordre chronologique.

• Y a-t-il des modifications importantes, une extension, une diminution du texte n° 1 ?

• Les changements importants apportés au contenu concernent-ils les personnages, l'action, les lieux ?

• Quelle orientation l'écrivain donne-t-il à son texte en le modifiant ?

• Observer le travail de l'écrivain en fonction du genre littéraire de son œuvre

• **Un texte de théâtre**
Le dramaturge* pense à la représentation et peut supprimer ce qui appartient au code de l'écrit mais ne passe pas à l'oral.
Les sonorités des phrases ou les didascalies* sont-elles retravaillées ? pour quelles raisons ?

• **Un texte poétique**
Dans le genre poétique, il faut prêter attention au travail sur la présentation typographique du texte et la musicalité du poème.

- Y a-t-il des suppressions ou déplacements de vers ou de strophes ?
- La ponctuation est-elle corrigée, supprimée ?
- Les images sont-elles modifiées ? de quelle façon ?

• **Un texte narratif**
Selon le type de narration (conte, roman, autobiographie) des corrections particulières apparaissent :

- Sont-elles liées au genre, aux risques de censure, au choix des registres* ?
- Concernent-elles l'énonciation, la place du narrateur* ?

EXERCICES D'OBSERVATION ET D'INTERPRÉTATION

A Décrire le travail de l'artiste

► *La formation des mots*, p. 58 ; *Rythmes de la phrase*, p. 101.

1. Observer le nom donné par l'écrivain au travail de l'écriture

Voici des termes utilisés par les écrivains pour désigner leur travail :

- Victor Hugo : « manuscrits, carnets, reliquats, océans, tas de pierres, copeaux. »
- Aragon : « grifouillis. »
- Montaigne : « allongeails. »
- Baudelaire, pour désigner le travail du poète Edgar A. Poe :
« Maintenant, voyons, la coulisse, l'atelier, le laboratoire, le mécanisme intérieur, selon qu'il vous plaira de qualifier la *Méthode de composition.* »

(Préface de la traduction du texte d'Edgar Poe, *La Genèse d'un poème*, 1859).

a) Comment les mots soulignés sont-ils formés ? (► *La formation des mots*, p. 58**) Quel est leur sens ?**

b) À quels champs lexicaux* appartiennent les termes utilisés par ces écrivains ? Quels sont leurs réseaux de signification ?

2. Observer la représentation du travail de l'écrivain dans une phrase

Texte A

Paul Valéry : « [...] le sentiment que j'ai devant tout ce qui est écrit, que c'est matière à tripoter – à corriger, et toujours un état entr'autres – d'un certain groupe d'opérations possibles. »

Cahiers (anthologie), © Éditions Gallimard, 1973-1974.

Texte B

Georges Perec : « [...] recopier, relire, raturer, jeter, réécrire, classer, retrouver, attendre que ça vienne, essayer d'arracher à quelque chose qui aura toujours l'air d'être un barbouillis inconsistant, quelque chose qui ressemblera à un texte, y arriver, ne pas y arriver, sourire (parfois), etc. »

Espèces d'espaces, © Galilée, 1974.

a) Quels mots définissent le travail de l'écrivain ?

b) Quel est le rythme de ces phrases ? (► *Rythmes de la phrase*, p. 101**)**

c) Comment les écrivains représentent-ils leur travail ?

3. Observer la représentation du travail de l'écrivain dans un texte

De tout cela le lecteur ne sait jamais rien. Coulisses de la création, matériaux bruts, amorces et fondations, rien ne doit transparaître dans l'œuvre achevée. Il reconnaît quelques bribes au passage qui l'alertent, il devine la maturation, les sutures, la fusion nécessaire de tous les éléments. Les masses romanesques, les personnages, les paysages s'assemblent et, dès cet instant, rompent toute référence avec le réel : ils n'entretiennent plus de relation qu'entre eux, en un circuit fermé. Je crois, au sein du roman, à la nécessité de cette interrelation constante qui assure la fusion des masses et ferme le roman dans un jeu de réfractions infinies. Un roman, c'est à l'origine un objet, une vision, deux ou trois obsessions, un mot même, voire une couleur, coagulés dans l'imaginaire et qui se liquéfient soudain.

Philippe Le Guillou (né en 1959),
La Main à plume, © Arpus, 1987.

a) Quels sont les champs lexicaux* présents ?

b) Quelles métaphores* désignent la création romanesque ?

c) Quelle place le lecteur a-t-il ?

4. Observer la représentation du travail de l'écrivain dans un texte et un dessin

Dans Journal d'un inconnu, *Jean Cocteau consacre un chapitre à la naissance d'un poème. En voici un extrait.*

DE LA NAISSANCE D'UN POÈME

Ayant décidé de mettre à l'étude la naissance d'un de mes poèmes « L'Ange Heurtebise », propre, me semblait-il, à dépeindre les rapports de la conscience et de l'inconscience, du visible et de l'invisible, je m'aperçus que je ne pouvais pas écrire. Les mots se desséchaient, se bousculaient, s'enchevêtraient, s'aggloméraient, s'insurgeaient, à la manière de cellules malades. Ils affectaient sous ma plume des positions qui les empêchaient de s'emboîter et de faire une phrase. Je m'entêtai, mettant cela sur le compte de cette clairvoyance factice que j'essaye d'opposer à ma nuit. J'en arrivai à croire que je ne serais jamais libre, ou que l'âge rouille mon véhicule, ce qui serait pire, puisque libre ou pas libre, je me voyais incapable de prétendre à n'importe quel travail. Je l'effaçai, déchirai, recommençai. Chaque fois se présentait la même impasse. Je butais chaque fois contre le même obstacle.

J'allais renoncer, lorsque je trouvai mon livre *Opium* qui traînait sur une table. Je l'ouvris au hasard (si j'ose m'exprimer ainsi) et lus un paragraphe qui me renseigna sur mon impuissance. Ma mémoire se trompait, interpolait des dates, forçait des rouages, gauchissait des mécanismes. Une mémoire plus profonde se révoltait sans que j'y prisse garde, et s'opposait à mes erreurs.

Jean Cocteau (1889-1963), *Journal d'un inconnu*, © Grasset, 1953.

a) Quel projet le poète Jean Cocteau a-t-il quand il commence à écrire « De la naissance d'un poème » ? Expliquez ce titre.

b) Quels sont les réseaux de signification présents dans le texte ?

c) Quels sont les temps verbaux choisis pour décrire cette expérience ? Quelles valeurs ont-ils ?

5. Même exercice

Jean Cocteau était aussi un dessinateur. Le Mystère de Jean l'oiseleur *offre une suite de trente-et-un autoportraits dont voici le quinzième :*

Le Mystère de Jean l'oiseleur n°15, 1924, dessin, © Collection Liliane et Etienne de Saint-Georges / ADAGP, Paris 2007.

a) Quels sont les différents éléments qui composent cet autoportrait de Jean Cocteau ?

b) Comment peut-on les interpréter ?

6. Comparer diverses représentations du travail d'écrivain

Comment les écrivains présentent-ils leur travail (► *Textes des exercices 2, 3, 4 et 5*, pp. 428-429**) ? Leurs expériences sont-elles comparables ?**

7. Observer la description d'une genèse par un observateur extérieur

Édouard Ourliac, dans Histoire de la grandeur et de la décadence de César Birotteau, par M. de Balzac, *évoque la façon dont Balzac a écrit ce roman*

MALHEURS ET AVENTURES DE *CÉSAR BIROTTEAU* AVANT SA NAISSANCE

« L'imprimerie était prête et frappait du pied comme un coursier brillant.

« M. de Balzac envoie aussitôt deux cents feuillets crayonnés en cinq nuits de fièvre. On connaît sa manière. C'était une ébauche, un chaos, une apocalypse, un poème hindou.

« L'imprimerie pâlit. Le délai est bref, l'écriture inouïe. On transforme le monstre, on le traduit à peu près en signes connus. Les plus habiles n'y comprennent rien de plus. On le porte à l'auteur.

« L'auteur renvoie les deux premières épreuves collées sur d'énormes feuilles, des affiches, des paravents. C'est ici qu'il faut frémir et avoir pitié. L'apparence de ces feuilles est monstrueuse. De chaque signe, de chaque mot imprimé part un trait de plume qui rayonne et serpente comme une fusée à la Congreve[1], et s'épanouit à l'extrémité en pluie lumineuse de phrases, d'épithètes et de substantifs soulignés, croisés, mêlés, raturés, superposés ; c'est d'un aspect éblouissant.

« Imaginez quatre ou cinq cents arabesques de ce genre, s'enlaçant, se nouant, grimpant et glissant d'une marge à l'autre, et du sud au septentrion. Imaginez douze cartes de géographie enchevêtrant à la fois villes, fleuves et montagnes. – Un écheveau brouillé par un chat, tous les hiéroglyphes de la dynastie de Pharaon, ou les feux d'artifice de vingt réjouissances. [...]

« Le lendemain, M. de Balzac renvoie deux feuilles de pur chinois. Le délai n'est plus que de quinze jours. Un prote[2] généreux offre de se brûler la cervelle.

« Deux nouvelles feuilles arrivent très lisiblement écrites en siamois. Deux ouvriers y perdent la vue et le peu de langue qu'ils savaient.

« Les épreuves sont ainsi renvoyées sept fois de suite. On commence à reconnaître quelques symptômes d'excellent français ; on signale même quelques liaisons dans les phrases.

« Mais le terme arrive, l'ouvrage ne paraîtra pas. La désolation est au comble, et c'est ici que le travail se complique d'un admirable concours de calamités. [...] « C'est tout simplement à cette heure un ouvrage de deux volumes, un tableau immense, un poème entier écrit et corrigé à quinze reprises par M. de Balzac en vingt jours, et déchiffré, débrouillé et réimprimé quinze fois dans le même délai [...].

EXERCICES D'OBSERVATION ET D'INTERPRÉTATION

Il fut composé en vingt jours par M. de Balzac malgré l'imprimerie, composé en vingt jours par l'imprimerie malgré M. de Balzac. »

Édouard Ourliac, in *Histoire de la grandeur et de la décadence de César Birotteau*, par M. de Balzac, 1838, tome II, cité dans *Les manuscrits des écrivains*, © Hachette / CNRS Éditions, 1993.

1. *à la Congreve* : à la manière du style de William Congreve, écrivain anglais (1670-1729). **2.** *prote* : contremaître dans l'imprimerie.

a) **Quelles sont les figures présentes dans la première phrase ? Quels sont leurs effets ?**

b) **Quelles sont les différentes étapes de la genèse du roman *César Birotteau* de Balzac ?**

c) **Quelles sont les personnes qui participent à la naissance du livre ?**

d) **Quelles comparaisons Édouard Ourliac utilise-t-il pour évoquer le travail de Balzac dans le 5e paragraphe (« Imaginez... ») ?**

e) **Quel est le registre* dominant du texte ?**

f) BILAN **Pourquoi dit-on que la genèse d'une œuvre littéraire est une véritable aventure ?**

B Observer le travail d'un écrivain

8. Observer la composition d'un dossier génétique

Voici un exemple de ce que comporte le dossier génétique d'une œuvre de Flaubert :

« mentions éparses dans un carnet de travail, notes documentaires, plans avec l'essentiel des chapitres, scénarios de plus en plus développés, ébauches comportant des débuts de rédaction, brouillons rédactionnels, résumés intermédiaires, mises au net, copies définitives autographes*, copies du copiste. »

Almuth Grésillon, *Éléments de critique génétique*, © PUF, 1994.

a) **Trouvez un synonyme pour désigner chacune de ces étapes.**

b) **Selon ce descriptif du dossier, quelle phase ou étape est ici la plus développée ?**

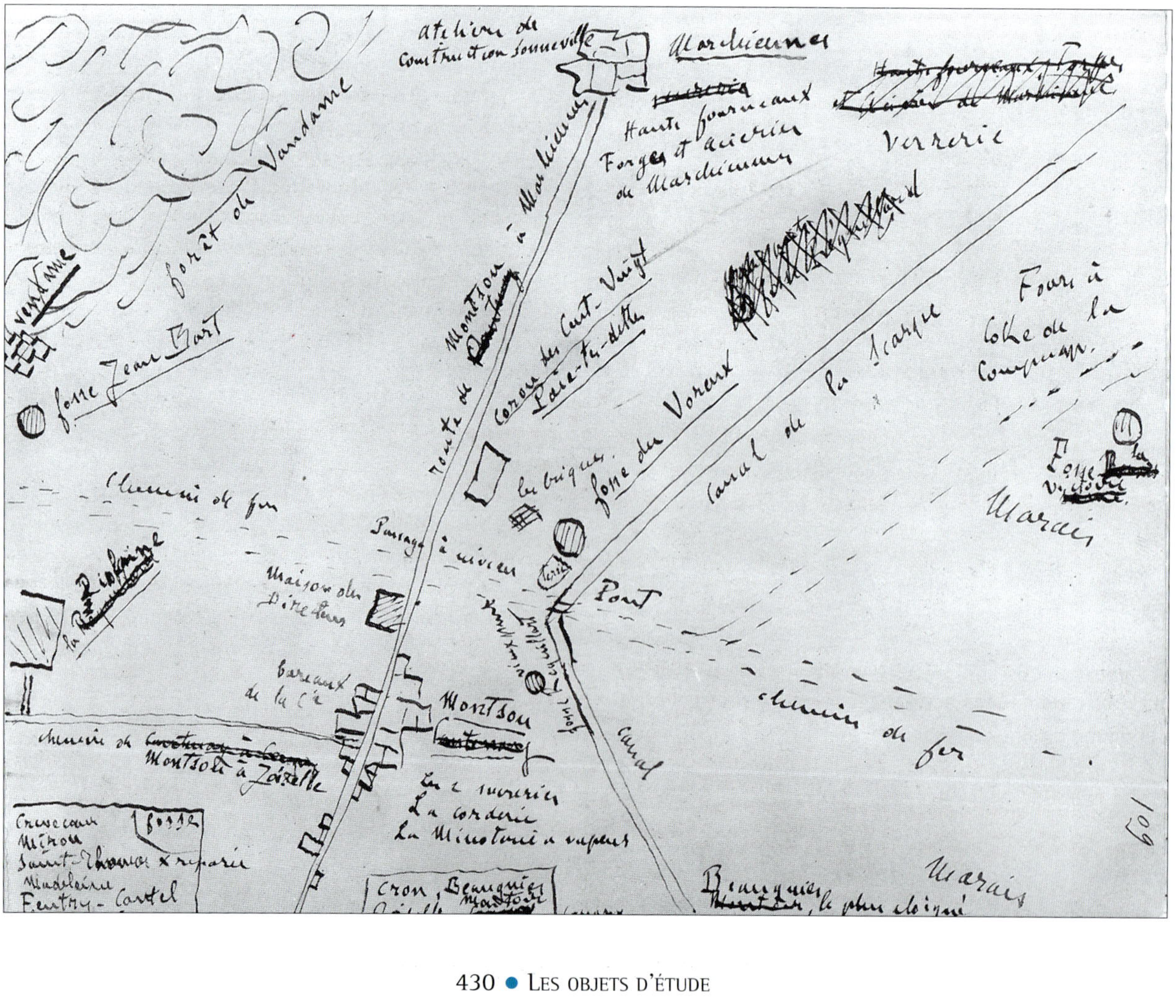

Émile Zola, Plan pour *Germinal*, Paris, Bibliothèque nationale, © Photothèque Hachette Livre.

9. Observer le travail préparatoire d'un écrivain

Observez la description du dossier préparatoire de L'Assommoir *et répondez aux questions suivantes.*

Il occupe un volume de deux cent seize feuillets* (notés f.) qui sont disposés comme suit :

- f. 1 à 87 : plans (f. 2 et f. 3 : plan général ; f. 4 à 87 : plans détaillés des chapitres) ;
- f. 88 à 91 : éléments d'intrigue divers destinés à être distribués dans les chapitres du roman ;
- f. 93 à 99 : notes de lecture sur l'alcoolisme (traité du Dr Magnan, 1874) ;
- f. 101 à 117 et f. 194 et 195 : croquis et notes descriptives sur le quartier de la Goutte d'or, les rues, les cafés, les cabarets et les bals ;
- f.118 à 138 : personnages (liste et profils) ;
- f. 140 à 155 : notes de lecture sur le milieu ouvrier et son langage (Le Sublime ou le Travailleur comme il est en 1870 et ce qu'il peut être, de Denis Poulot) ;
- f. 157 à 163 : ébauche ;
- f. 176 à 190 : notes sur les métiers de blanchisseuse, couvreur, chaîniste, boulonnier ;
- f. 192 à 205 et f. 209 et 210 : notes de lecture sur l'argot (Dictionnaire de la langue verte, d'Alfred Delvau) ;
- f. 211 à 215 : coupures de presse et notes sur des faits divers.

Henri Mitterand, « Les manuscrits de Zola »,
Brouillons d'écrivains, © BNF, 2001.

a) Quelles sont les sources* utilisées par l'écrivain ? Rattachez les différentes parties de ce dossier aux domaines suivants : histoire du travail, médecine, langue, géographie.

b) Quelles sont les parties du dossier qui concernent directement l'écriture du roman ?

c) Quelle utilisation Zola peut-il faire des « coupures de presse et notes sur des faits divers » ?

10. Observer un croquis d'écrivain (► p. 430)

Émile Zola (1840-1902) invente et représente les lieux dans lesquels se déroule l'action de Germinal, *roman sur la mine et les conditions de vie ouvrière. Il a auparavant mené une enquête dans les régions minières du nord de la France. On distingue les noms de deux localités : Montsou (en bas du croquis) et Marchiennes (en haut).*

a) Pourquoi Émile Zola réalise-t-il ce croquis ?

b) Quel rôle les axes dessinés comme les routes et le chemin de fer jouent-ils dans la représentation du paysage ?

c) Où se situent les zones du travail (mines, fosses, hauts fourneaux, bureaux de la Cie) et celles de la vie des mineurs (corons) ?

11. Observer une liste

Émile Zola dresse une liste des titres possibles de son roman La Bête humaine. *Ce roman, publié en 1890, a notamment pour sujet le chemin de fer.*

Sous le progrès
Le Réveil du loup
Hors du bois
Les Carnassiers
Les Fauves

Détruire
Le Coup de dents
Ce qu'on ne voit pas
L'ancien meurtre
La Soif du sang
En marche

L'Homme mangeur de l'homme
L'entre-égorger
Son frère
La horde en marche
Mal faire
En route pour
Ceux qui tuent
L'humanité en marche
La volonté du meurtre
Vouloir et faire
l'Homicide
Le droit au meurtre
Le meurtre
incompréhensible
La logique du meurtre
Le fauve
L'assassinat
L'instinct
La victime innocente
Sans motif sans cause
Pour le plaisir
Sans vouloir
Pour rien Sans raison
Par instinct

Sans volonté
Sans le vouloir
Par instinct

a) Quelles sont les caractéristiques communes aux titres suivants :
« Les Carnassiers », « Les Fauves », « Le Coup de dents », « la Soif du sang », « Ceux qui tuent » ?

b) « L'instinct », « Sans volonté », « Sans le vouloir », « Le droit au meurtre » sont-ils des titres synonymes ? Justifiez votre réponse.

c) À quel(s) genre(s) de livre les titres cités dans les questions a) et b) pourraient-ils correspondre ?

d) Quelles différences voyez-vous entre les titres auxquels Zola a pensé et celui qu'il a finalement adopté pour son roman : *La Bête humaine* ?

12. Relier le travail d'un écrivain à un courant littéraire

À quel mouvement littéraire correspond la démarche de l'écrivain Émile Zola ? Justifiez votre réponse en vous servant de l'observation des documents des exercices 9, 10 et 11.

C Observer une transcription génétique et l'analyser

13. Observer une étape d'écriture : un manuscrit et sa transcription

Voici une page du manuscrit (**Texte A**) de la *Vie de Henry Brulard* de Stendhal et sa transcription (**Texte B**).
Il s'agit du début du chapitre 5 intitulé " Petits souvenirs de ma petite enfance " dans l'édition définitive.

Texte A

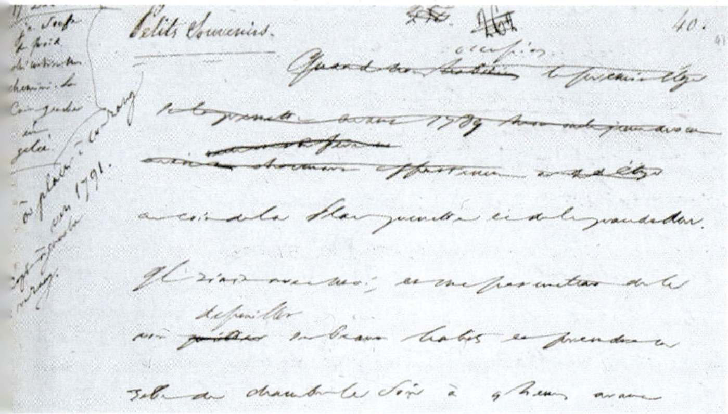

Stendhal, *Vie de Henry Brulard écrite par lui-même.*
Grenoble, Bibliothèque municipale.

Texte B

17 Déc. 1835
je souffre du froid. collé contre ma cheminée. La cuisse gauche est gelée

à placer à son rang vers 1791
copier à gauche à son rang

~~250~~ ~~262~~ *40.

Petits Souvenirs.

occupions
~~Quand nous habitions le premier étage~~

~~sur la grenette avant 1789 mon oncle jeune avocat~~
~~<au dessus du premier>~~
~~avait un charmant appartement au 2^d étage~~

au coin de la Place grenette et de la grande Rue.

Il riait avec moi, et me permettait de le

dépouiller
voir ~~quitter~~ ses beaux habits et prendre une

robe de chambre le Soir à 9 heures avant

Souper. C'était un moment délicieux pour moi,

Stendhal (1783-1842), *Vie de Henry Brulard écrite par lui-même* (1835-1836). Édition diplomatique du manuscrit de Grenoble, transcription établie par Gérald et Yvonne Rannaud, © Klincksieck, 1996.

a) Quels renseignements sur le travail de l'écrivain trouve-t-on dans cette transcription de manuscrit ?

b) Comment l'écrivain utilise-t-il l'espace de la page ?

c) À quoi les chiffres figurant sur la page peuvent-ils correspondre ?

14. Observer une transcription génétique

Observez pages 433 et 434 la transcription des trois premières versions successives du premier scénario général de *Madame Bovary* (1857) de Flaubert (1821-1880).

a) Comment la transcription du manuscrit est-elle présentée dans le premier scénario général ?

b) Quels types de modifications graphiques apparaissent ?

c) Comment l'écrivain utilise-t-il la page ?

d) Comment appelle-t-on les annotations comme « commencer par », « poser ses antécédents » ? À qui s'adressent-elles ? (► *Observer un dossier génétique*, p. 427)

D Observer plusieurs versions d'un même texte

15. Observer une succession d'étapes et les analyser

a) Comparez le contenu des modifications faites par Flaubert entre le 1er scénario (► p. 433) et le 2e scénario (► p. 433) : quels éléments supplémentaires viennent caractériser Charles Bovary ?

b) Dans quel ordre les étapes de sa vie sont-elles présentées dans les deux premiers scénarii ?

Voici le sens de quelques termes figurant sur ces scénarii :
carabin : étudiant en médecine ; *grisette* : jeune fille de condition modeste et de mœurs faciles ; *les us* : les usages ; *être reçu officier de santé* : avoir son diplôme de médecin ; *poitrinaire* : malade de la tuberculose.

16. Observer les ajouts

a) Dans le 3e scénario général (► p. 434), à quoi les ajouts figurant sur la partie gauche de la feuille correspondent-ils dans le texte ?

b) Quels sont les différents éléments qui composent le portrait de Charles Bovary ?

17. Observer l'évolution d'un scénario, d'un style

a) Quelle évolution générale du scénario de *Madame Bovary* les trois versions successives (reproduites p. 433 et p. 434) permettent-elles d'observer ?

b) Quels types de phrases Flaubert utilise-t-il dans les différents scénarii ? (► *La phrase*, p. 94). Quelle est l'évolution du style de l'écrivain du premier au dernier scénario ?

Madame Bovary.

Commencer par son entrée au
collège. – use ses habits
de campagne dans les récréations.

loge sur l'eau de Robec

μ. vient de temps à autre chez
Charles passer 8 j. 15 jours.

poser ces antécédents
dans le cours des
développements postérieurs
si ce n'est peut-être la
mine du père

Charles Bovary officier de santé 33 ans quand commence le livre
veuf déjà d'une femme plus vieille que lui épousée par
spéculation ou plutôt par bêtise et dont il a été dupe
– vagabondage dans les champs – époque où l'on brasse –
– son enfance à la campagne jusqu'à 15 ans – trois ou
~~le~~
quatre ans au collège ~~officier de santé~~ puis Carabin
à gd peine – misère sotte et dont il n'a pas conscience
esprit doux sensible, droit juste obtus, sans imagination
une ou deux grisettes lui font connaître l'amour
μ. ambitieuse & tripotière – le père, ivrogne &
est reçu – sa mère avec lui – puis sa première femme

Me Bovary Marie (signe Maria, Marianne
ou Marietta) fille d'un cultivateur aisé élevée au
souvenir de ses rêves quand elle repasse devant le
couvent à Rouen – nobles amies – toilette piano – couvent.
Au spectacle aux foires St Romain quand son père
bon gars piété du pays de Caux ~~y vient~~ = (père Desnoyers)
y vient.

Premier scénario général (début), dans *Plans et scénarios de* Madame Bovary *de Gustave Flaubert.*

Madame Bovary

A. son nom bredouillé à la chasse. hurra de la classe
& rire du professeur = Charbovari

provisions de beurre

1 Charles Bovary entre en cinquième à l'étude de ~~1/h~~ 1h. – habits de
le poser à A
campagne – récréation de quatre heures – bouts de manche fromage de Neufchâtel
salé dans son pupitre –
use ses vieux habits les jours de classe – uniforme seulement pr la promenade
pas de pensums – régulier & tranquille
bonnet de police – reste trois ans au collège – son père ancien dentiste de régiment
chic empire retiré à la campagne *crâne* & ivrogne – sa mère bonne femme, maigre
intrigante, tracassière ménagère & vaniteuse. – aux vacances il se retrempe dans
les us de la campagne – Carabin se loge sur l'eau de Robec

B à l'époque de l'année où l'on re/commence à disséquer
et à manger des marrons rêvait à l'odeur des
pommes – au pressoir dont la vis crie – au cidre en
bouteille –

C ami du maître de café avec qui ~~ils~~/l caus~~ent~~/e raison
lui aide même une fois à mettre du vin en bouteille.

2. chez un teinturier – n'apprend rien – deux ou trois grisettes lui font connaître la
passion – nature douce, sensible comme un jeune homme doit être et en ayant les
C il
écarts qques petites dettes de café – ne peut dans le travail fixer son attention et
où il a été élevé jusqu'à 15 ans – sait panser les chevaux & brasser B
rêve aux champs. – se présente une fois et est refusé – est reçu à la seconde
1
va s'établir à Tôtes. sa mère ~~en ménagère~~ l'emménage – puis le marie
à une vieille femme poitrinaire qui a 15 cents frs de rente et qui meurt au bout
de deux ans.

il quitte le bonnet
de coton & prend le
foulard

Poser la maison de Tôtes – gd cabas tout en rez-de-chaussée Rouault
il se marie à 30 ans à Melle Emma Lestiboudois – son père –
– sa mère morte d'un cancer au sein X
3 type carré du fermier cauchois – éducations d'Emma élevée au couvent d'Ernemont

Deuxième scénario général (début), dans *Plans et scénarios de* Madame Bovary *de Gustave Flaubert.*
Présentation, transcription et notes par Yvan Leclerc,

étude de 1h. – entrée de Charles – portrait
classe – récréation de 4. h. – costumes explication.
sa famille – ~~caractère~~ – correspondant, le fait rentrer à 7 h.
timidité – geste pr s'asseoir
esprit – il était en dehors de nous – lit Télémaque & Anquetil –
– économie – rangé – pupitre – respect
se fâche au réfectoir. – ~~par rapport aux professeurs~~
en promenade est réduit à causer avec le domestique et un
mulâtre – fort, et lourd. – un jour fume une pipe d'emblée
~~pas de pensum~~ – par rapport aux professeurs
se roidit. – accessit – pas de pensum – on le retire à la fin
de la troisième

—
gaucherie portrait physique –

—
fait rire en classe
récréation –

peu de notre m intell
lecture –
femme
ignore
de là reven aux
études

Madame Bovary.

I.

Me Bovary. mère
enfant –
éducation
collège relier

Charles Bovary entre au collège de Rouen en cinquième. ~~il~~ à 15 ans. – le proviseur le présente à l'étude de 1 heure – habits de campagne – il va en classe. son nom bredouillé à la classe fait rire tout le monde "Charbovari" – le poser à la récréation de quatre heures. – habit veste, bouts de manche, provision de beurre salé dans son pupitre. – il use dans le collège ses vieux habits de campagne et ne porte l'uniforme que les jours de promenade ou de sortie. caractère régulier et tranquille – esprit simple droit & borné, pas de pensums – ~~d~~/aux vacances il se retrempe dans la paysannerie. – son père ancien chirurgien des armées, ~~ancien~~ puis petit fabricant, vit à la campagne dans une demi-misère – chic empire,– ivrogne & bravache. sa mère intrigante, bonne femme, tracassière, assommante, ménagère vaniteuse.

étourdi ~~de l~~ du fracas extérieur de la Science
ce à quoi il mord un peu plus c'est la botanique

il reste trois ans au collège et se met à étudier la médecine – il loge chez un teinturier sur l'eau de Robec – il ne fait rien. inaptitude au travail son esprit est aux champs où il a été élevé & qu'il aime. – à l'époque de l'année où l'on recommence à disséquer et à manger des marons il rêve à l'odeur des pommes, au pressoir dont la vis crie. il sait panser les chevaux de ferme, & brasser – pauvre vie triste & misérable dont il n'a pas conscience.

1

Troisième scénario général (début), dans *Plans et scénarios de* Madame Bovary *de Gustave Flaubert*. Présentation, transcription et notes par Yvan Leclerc, © CNRS Éditions/Zulma, 1995.

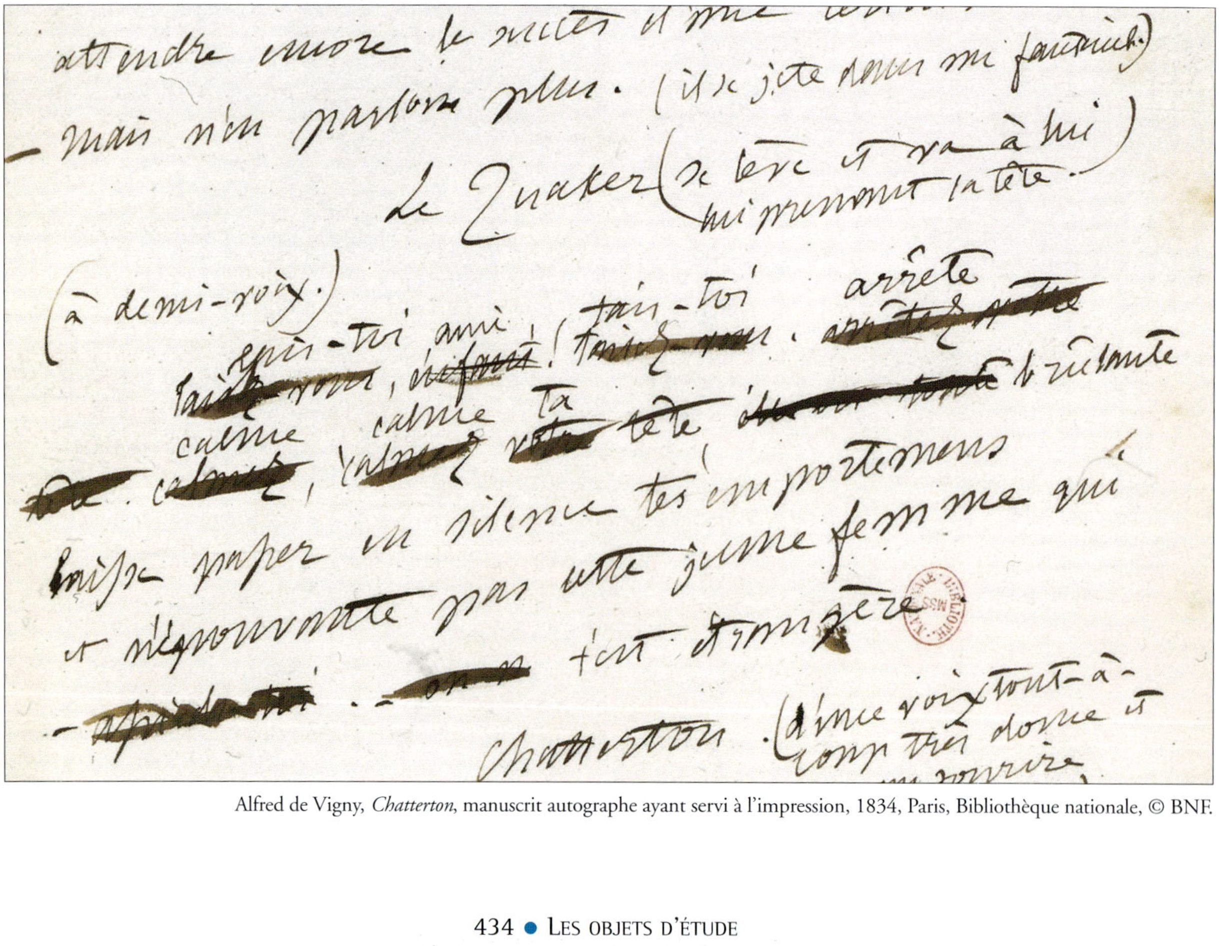

Alfred de Vigny, *Chatterton*, manuscrit autographe ayant servi à l'impression, 1834, Paris, Bibliothèque nationale, © BNF.

E Observer une correction sur un manuscrit

18. Observer une correction sur le manuscrit d'un texte de théâtre

Texte A (manuscrit)

Dans Chatterton *(1835), Alfred de Vigny dépeint l'amour de Chatterton, poète romantique, pour Kitty Bell, jeune femme mélancolique mariée à un industriel riche et insensible à la souffrance de ses ouvriers. Le Quaker, vieillard qui observe la société qui l'entoure, tâche d'aider et de protéger Chatterton et Kitty Bell. Il s'adresse ici au poète en présence de la jeune femme. L'action se situe en Angleterre, en 1770.*

Texte B (transcription)

ACTE II - SCÈNE 4

Le Quaker[1] *se lève et va à lui, lui prenant la tête. À demi-voix. —*

Version du manuscrit (avant correction) **:**

Taisez-vous, enfant ! Taisez-vous. Arrêtez votre rêve,
calmez , calmez votre tête, elle est toute brûlante
laisse passer en silence tes emportements et n'épouvante pas cette jeune femme qui
(— assieds-toi on n[2]) t'est étrangère

Version définitive :

Tais-toi, ami, tais-toi, arrête. — Calme, calme ta tête brûlante. (Laisse passer en silence tes emportements, et n'épouvante pas cette jeune femme qui t'est étrangère.)

Chatterton se lève sur le mot étrangère, et dit avec une ironie frémissante. Il n'y a personne sur la terre à présent qui me soit étranger. Devant tout le monde je dois saluer et me taire. Quand je parle, c'est une hardiesse bien inconvenante, et dont je dois demander humblement pardon... Je ne voulais qu'un peu de repos dans cette maison, le temps d'achever de coudre l'une à l'autre quelques pages que je dois ; à peu près comme un menuisier doit à l'ébéniste quelques planches péniblement passées au rabot. — Je suis ouvrier en livres, voilà tout.

Alfred de Vigny (1797-1863), *Chatterton*, 1835.

1. *le quaker* : membre d'une société protestante qui défend des idées pacifistes et généreuses. 2. Le passage barré correspondait à une nouvelle réplique remplacé par « qui t'est étrangère ».

a) Comparez le début de la réplique du quaker sur le manuscrit et dans la version définitive : de quel type sont les modifications graphiques ? Ces modifications sont-elles présentes dans la fin de la réplique ? À quel moment selon vous sont-elles effectuées par Vigny ? (► *Observer un dossier génétique*, p. 401)

b) Sur quoi ces modifications portent-elles ?

c) En vous aidant du paratexte*, répondez à la question suivante : pourquoi Vigny a-t-il introduit ces modifications dans le discours du quaker ?

F Observer l'aspect matériel d'un tapuscrit et faire une transcription

19. Observer un tapuscrit

Créée en 1983 en l'honneur de Madeleine Renaud qui joue la vieille dame, Savannah Bay, *du nom d'une petite ville du Siam, est une pièce dans laquelle dialoguent deux femmes, Madeleine et la « Jeune Femme », soit une grand-mère et sa petite fille comme nous l'apprenons au cours de la pièce. La « Jeune Femme » rend chaque soir visite à Madeleine qui, vieille comédienne, perd la mémoire. Elle lui demande toujours le récit de la même histoire, celle de la passion entre une jeune fille âgée de seize ans et un jeune homme inconnu. Cet amour qui a pour cadre une pierre blanche au milieu de la mer s'achève par le suicide de la jeune fille, le jour où elle met au monde sa fille. Or, cette jeune fille était la fille de Madeleine et donc, la mère de cette « Jeune Femme » qui dix-huit ans plus tard s'interroge sur elle-même et sur son passé. Le dialogue entre les deux personnages féminins s'offre comme un lent travail de remémoration de cette histoire familiale et amoureuse.*

Le passage étudié est extrait de la scène 2. Le tapuscrit (► p. 436) en est la quatrième version. On y lit des corrections.

a) Quels sont les types d'écritures (ou graphismes) présents dans cette page?

b) Comment sont-ils associés dans le cadre matériel de la page ?

c) Quels sont les différents types de ratures présents ?

d) Faites la transcription de ce tapuscrit.

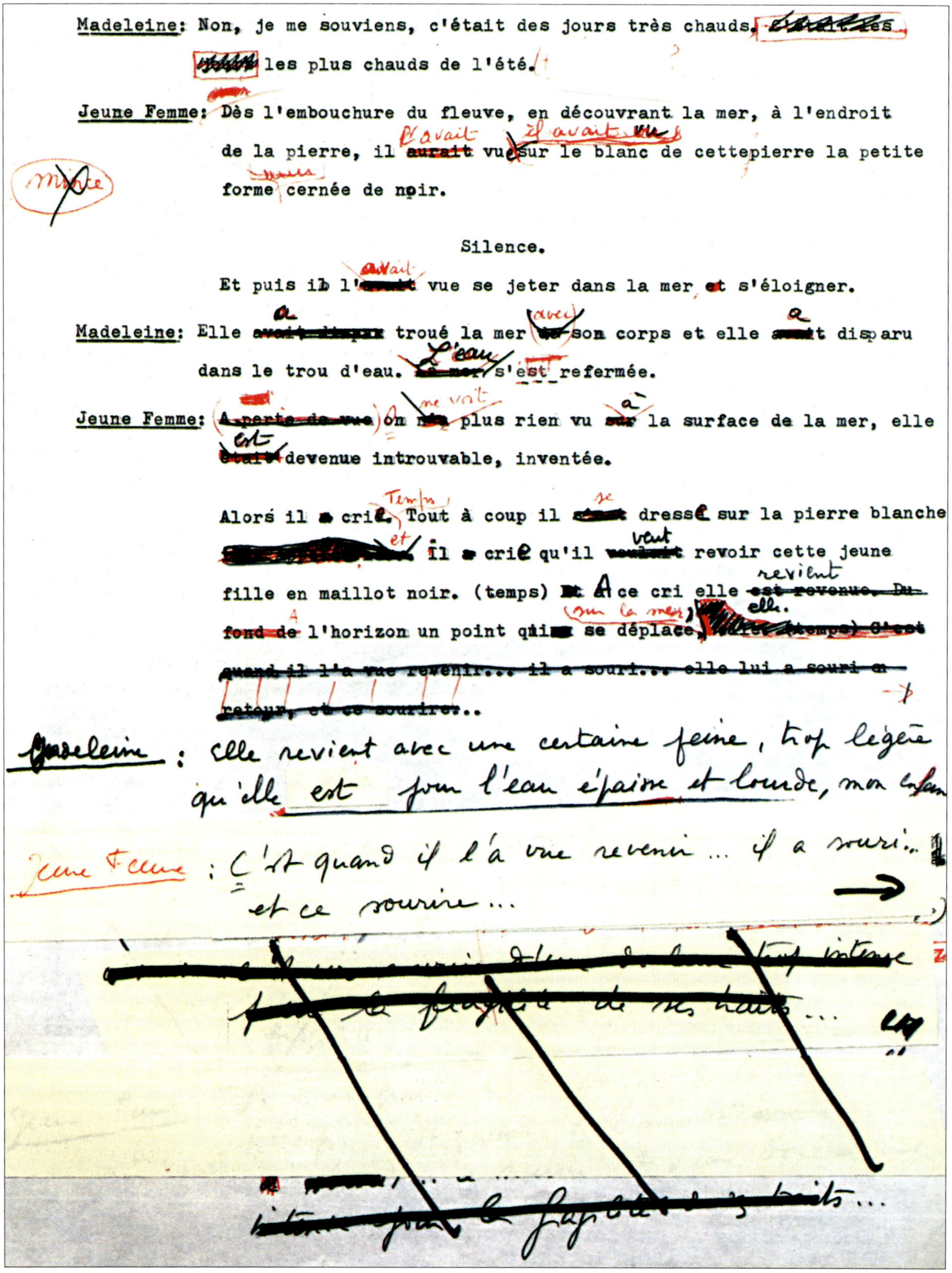

Madeleine: Non, je me souviens, c'était des jours très chauds, les plus chauds de l'été.

Jeune Femme: Dès l'embouchure du fleuve, en découvrant la mer, à l'endroit de la pierre, il l'avait vu, il avait vu sur le blanc de cettepierre la petite forme cernée de noir.

Silence.

Et puis il l'avait vue se jeter dans la mer et s'éloigner.

Madeleine: Elle a troué la mer avec son corps et elle a disparu dans le trou d'eau. L'eau s'est refermée.

Jeune Femme: On ne voit plus rien à la surface de la mer, elle est devenue introuvable, inventée.

Alors il crie. Temps. Tout à coup il se dresse sur la pierre blanche et il crie qu'il veut revoir cette jeune fille en maillot noir. (temps) A ce cri elle revient sur la mer, elle.

l'horizon un point qui se déplace,

Madeleine: elle revient avec une certaine peine, trop légère qu'elle est pour l'eau épaisse et lourde, mon enfant

Jeune Femme: C'est quand il l'a vue revenir… il a souri…

et ce sourire…

Marguerite Duras (1914-1996), *Savannah Bay*, scène 2, reproduit dans *Les plus beaux manuscrits du théâtre français*, Paris, Bibliothèque nationale de France-Robert Laffont, 1996, © IMEC.

20. Comparer le tapuscrit et le texte définitif

Voici le texte définitif de ce passage de Savannah Bay.

MADELEINE. Non, je me souviens, c'était des jours très chauds, les plus chauds de l'été.

JEUNE FEMME, *geste.* Dès l'embouchure du fleuve, en découvrant la mer, à l'endroit de la pierre, il l'avait vue. Il avait vu sur le blanc de cette pierre la petite forme cernée de noir. (*Temps long.*) Et puis là il l'avait vue se jeter dans la mer, s'éloigner.

MADELEINE. Elle a trouvé la mer avec son corps. Et elle a disparu dans le trou d'eau. L'eau s'est refermée.

JEUNE FEMME. On ne voit plus rien à la surface de la mer. (*Temps.*) Alors, il crie. (*Temps.*) Tout à coup il se dresse sur la pierre blanche et il crie. Il crie qu'il veut revoir cette jeune fille en maillot noir. (*Temps.*) Elle, à ce cri, elle revient.

MADELEINE. Elle revient avec une certaine peine, trop légère qu'elle est pour l'eau épaisse et lourde, mon enfant.

JEUNE FEMME. C'est quand il l'a vue revenir... il a souri... et ce sourire...

Marguerite Duras (1914-1996), *Savannah Bay*,
© Éditions de Minuit, 1982.

Dans les deux premières répliques les formes verbales ont subi des modifications :
« C'était des jours » est supprimé dans la première, tandis que, dans la seconde,
« (il) aurait (vu) » est remplacé par « l'avait (vu)e » auquel est ajouté « il avait vu ».

a) **Comment ces modifications sont-elles disposées et écrites, dans le texte ?**

b) **Quelles différences entre les deux versions introduisent-elles ?**

c) **Peut-on déterminer combien de campagnes de correction ont eu lieu ?**

G Observer le dessin d'un écrivain

21. Observer un dessin placé au début d'un ouvrage

L'écrivain Claude Simon (1913-2005) place ce dessin en tête de son livre *Orion aveugle*, Éditions Skira, 1970.

D. R.

a) **Quels sont les éléments représentés ?**

b) **Quelle signification peut-on attribuer à ce dessin ?**

H Écrire en suivant la méthode d'un écrivain

22. Préparer la rédaction d'une nouvelle en détaillant les étapes du travail dans un dossier génétique

Sujet d'invention

Le manuscrit d'une œuvre d'un écrivain très connu a été égaré. Cette œuvre n'a jamais été publiée. L'éditeur de cet écrivain (vivant ou disparu) et deux lecteurs, fanatiques de cet écrivain, partent à la recherche de ce manuscrit...

a) **Pour écrire votre nouvelle, préparez votre travail en faisant successivement :**
- un plan général de l'action ;
- un plan des lieux de l'action ;
- la liste des personnages ;
- une liste de titres possibles ;
- le plan de l'introduction de votre nouvelle.

b) **Rédigez une première introduction, puis une deuxième en changeant de temps et de personne.**

HISTOIRE DE LA LECTURE ET DU LECTORAT

1. Histoire de la lecture et des lecteurs

L'histoire de la lecture est liée à l'histoire du « livre » et est marquée par quelques étapes-clés, révolutions des techniques de production du livre ou des pratiques de lecture.

• Le *volumen* antique

Dans l'Antiquité, le texte, inscrit en colonnes sur un rouleau de papyrus (*volumen*), impose **une lecture à haute voix**. Les lectures publiques sont nombreuses.

• Le codex

Dans les premiers siècles de notre ère, malgré l'apparition du livre en cahiers (**codex**) les habitudes de lecture à voix haute demeurent. C'est au Moyen Âge (XIIe-XIIIe siècles) que **la lecture silencieuse** s'impose et avec elle que commence à apparaître l'usage de conventions graphiques comme la ponctuation, les majuscules, les paragraphes qui facilitent le travail du lecteur.
Véritable révolution, cette lecture silencieuse établit une relation entre le lecteur et le texte différente, plus intérieure, plus secrète. Parallèlement la lecture courtoise, dans les châteaux et les jardins, se développe : elle concerne les hommes et les femmes. Les **formats** de livre varient. Il y a le grand format qui doit être posé pour être lu et le petit format du livre portable.

• L'imprimerie

L'invention par Gutenberg de l'imprimerie, révolution technique essentielle, ne modifie pas les pratiques de lecture. Au XVIe siècle, elles sont surtout très liées aux pratiques religieuses qui imposent des formes de lecture soit publiques soit personnelles. De nombreux livres sont consultés et non lus. Par ailleurs, les livres imprimés ne sont pas toujours faciles à lire en raison de leur présentation très serrée.

• La production en série

À la fin du XVIIIe siècle a lieu une autre révolution : la production de livres, les possibilités de lire sans acheter (sociétés de lecture et librairies de prêt) engendrent une « fureur de lire ». Le lecteur apprend le livre par cœur et manifeste émotions et sentiments à son égard.

• L'édition électronique

La dernière révolution est celle, très actuelle et technique, de l'édition électronique : la lecture sur un écran d'ordinateur modifie notre rapport physique et intellectuel au livre. Le lecteur peut intervenir sur les textes et les réécrire. Et surtout, l'électronique met à la disposition du lecteur tous les livres et réalise le rêve d'une bibliothèque universelle.

2. Types de lecture

• La lecture humaniste

La lecture humaniste (XVIe siècle), consiste à relever citations et exemples et à les classer par catégories pour les réutiliser. Quelques rares auteurs ne pratiquent pas cette lecture, comme Montaigne qui préfère lire et écrire librement.

• La diversification des types de lecture

Au XVIIe siècle, la lecture participe à la formation de l'« honnête homme* » mais elle concerne une minorité de lecteurs en raison de nombreux obstacles. En effet, peu de gens peuvent et savent lire et un grand nombre de Français parlent une langue régionale, comprennent mal le français. Au XVIIIe siècle, la lecture de textes autres que religieux se développe. Au XIXe siècle, les lectures se diversifient en même temps que le nombre et la diversité sociale des lecteurs augmentent. Toutefois la lecture, celle des filles en particulier, est très contrôlée. Ce **contrôle** dépend du sexe, de l'âge des lecteurs et s'exerce aussi sur l'écriture.

- **ALPHABÉTISATION ET ILLETTRISME**

L'alphabétisation, condition d'une lecture personnelle du livre, est pratiquement achevée en 1939. Aujourd'hui **l'illettrisme*** repose la question de la lecture tandis que le choix de livres s'étend considérablement.

3. La lecture critique

Les œuvres littéraires ont donné lieu à une lecture spécialisée que l'on appelle lecture critique ou **critique littéraire**. Cette lecture a évolué depuis son apparition, très ancienne.

Dans cette évolution, on distingue plusieurs étapes.

- **AU MOYEN ÂGE**

Au Moyen Âge, la critique consiste à proposer des commentaires et jugements sur une œuvre et des biographies des écrivains. À partir de l'invention de l'imprimerie, elle classe les œuvres et, au XVIe siècle, elle a notamment pour but d'éditer un texte qui soit fidèle à l'original. Elle effectue ce travail sur des œuvres de l'Antiquité ou sur des œuvres contemporaines.

- **AU XVIIe SIÈCLE**

Au XVIIe siècle, la critique littéraire juge les œuvres. Elle le fait au nom du respect de règles qu'elle établit pour chaque genre. Elle relève donc les entorses aux règles. À partir de cette observation, elle condamne ou loue les écrivains.

La présence de ces règles ou normes déclenche des affrontements. Ainsi, à la fin du XVIIe siècle, la **querelle des Anciens et des Modernes** oppose les Anciens, défenseurs de l'imitation de la littérature de l'Antiquité, considérée comme un modèle, aux Modernes qui souhaitent développer une littérature française moderne, liée à la société et à l'histoire récente de la France. Cette critique se fait beaucoup dans les Salons*.

- **AU XVIIIe SIÈCLE**

Au XVIIIe siècle, la critique est sensible à l'influence en France des littératures étrangères. Les auteurs de l'*Encyclopédie* tâchent de la définir.

- **AU XIXe SIÈCLE**

Au XIXe siècle, la critique évolue. Madame de Staël (1766-1817) montre l'importance du contexte dans lequel un écrivain crée. Elle privilégie aussi, tout comme Chateaubriand (1768-1848) la compréhension de l'œuvre. Elle rejette le jugement fondé sur le respect de règles incontestables. Critique contesté par la suite, Sainte-Beuve (1804-1869) défend une explication de l'œuvre par la connaissance de l'auteur. À la fin du XIXe siècle, des critiques tâchent de définir une méthode pour lire les textes littéraires. Ils annoncent la critique du XXe siècle.

- **AU XXe SIÈCLE**

Au XXe siècle, la critique littéraire s'étend et se diversifie beaucoup. Elle est sensible à l'influence des sciences exactes et des sciences humaines*. Elle ne cherche pas à classer mais à découvrir ce qu'est la création. Pour ce faire, elle peut analyser le contexte dans lequel naît une œuvre, les motivations personnelles conscientes ou inconscientes de l'écrivain, les thèmes abordés, le langage et les techniques d'écriture utilisées dans une œuvre. Elle peut privilégier le travail de création présent dans les brouillons et manuscrits, n'observer que le texte définitif, examiner la façon dont le lecteur perçoit une œuvre. Très variée, elle donne lieu à des débats virulents, se dote d'un **langage critique précis**.

Elle joue enfin un rôle dans la redécouverte d'auteurs oubliés ou « maudits », rejetés à leur époque.

4. Les critiques

La critique littéraire est faite par ceux que l'on appelle des critiques. Ils peuvent être :

- des artistes qui lisent, critiquent et éditent les œuvres d'autres artistes ;
- des spécialistes d'un auteur ou d'une époque, d'une forme de critique particulière ;
- des journalistes de la presse écrite ou parlée.

Aujourd'hui, la profession de critique est reconnue et la critique occupe une place importante. Elle constitue presque **un genre** à part entière, aux côtés de l'essai.

Méthode

ANALYSER LA LECTURE CRITIQUE D'UN TEXTE

On peut analyser une lecture critique d'une œuvre pour elle-même ou pour la confronter à d'autres, différentes voire opposées. Il faut au préalable connaître l'œuvre ou l'auteur. Dans le cas contraire, la lecture critique peut introduire la découverte de l'œuvre et fournir des indications importantes pour la suite.

1. Contextualiser le texte critique

Le paratexte* permet d'identifier l'auteur, l'époque à laquelle il vit et la nature de son œuvre.

• L'auteur : s'agit-il d'un critique professionnel, spécialiste, journaliste ? Attention, cette information n'est pas toujours facile à obtenir. S'agit-il de l'auteur lui-même qui explique au lecteur son œuvre ? Cette information s'obtient facilement et est déterminante.

• De quelle époque date le texte ? Se rattache-t-il à un courant artistique ou à un mouvement littéraire ?

• Quel est le sujet de la critique ? À quel genre appartient l'œuvre présentée ? Est-elle ancienne ou contemporaine de l'auteur de la critique ? S'agit-il d'un problème général ou d'un aspect précis de l'œuvre ?

• Ce texte est-il destiné à un large public ? Cela revient à se demander :
  - Quel est son contexte de publication : article de presse, chronique radiophonique ou télévisuelle publiée, article savant, article de vulgarisation* ?
  - Quels sont les niveaux* de langue et les références culturelles utilisés par l'auteur ?

2. Analyser le texte critique

Que la lecture du texte critique se fasse avant ou après la lecture de l'œuvre littéraire, on se posera les questions suivantes :

• Analyser le thème, la visée de la lecture critique

• Quel est le thème de ce texte critique ? S'agit-il de présenter le contexte de l'œuvre ou du texte littéraire, son auteur, la façon dont il a été lu ou perçu ? S'agit-il d'éclairer un passage de l'œuvre ?

• Quelles informations ce texte critique donne-t-il sur l'œuvre ?

• Quelle lecture de l'œuvre (ou du texte) le critique privilégie-t-il ? Cherche-t-il à classer cette œuvre dans un genre, à la juger, à la comprendre ?

• À quels aspects de l'œuvre le critique est-il attentif ?

• Analyser le type de discours utilisé

Puis on déterminera le type de discours* utilisé :

• Est-ce un discours descriptif, narratif ?
Aborde-t-il le rapport entre l'œuvre et l'auteur, la publication ou la réception de cette œuvre ?

• Est-ce un discours argumentatif ?
Quels sont les arguments, les exemples utilisés ? À quelles conclusions parvient-on ?
Cette argumentation formule-t-elle une réponse explicite ou implicite à un jugement sur l'œuvre ? Lequel ?

• Rapprocher ce texte d'autres textes critiques

On cherchera ensuite à rapprocher ce texte d'autres textes critiques :

• Adopte-t-il une méthode de type historique, sociologique*, linguistique* ? Cherche-t-il à expliquer l'œuvre par l'imaginaire ou l'inconscient de l'écrivain ?

• Analyse-t-il le travail de l'écrivain à travers ses brouillons et manuscrits ? Analyse-t-il les réactions des lecteurs, de la société ?

• Mélange-t-il plusieurs types d'analyse ? pour quelles raisons ?

• Tirer des conclusions de la lecture critique

• Quelle est la thèse formulée dans ce texte critique ? Est-elle acceptable par le lecteur ?

• Quels enseignements le lecteur tire-t-il de la lecture de ce texte critique ? Peut-il mieux comprendre l'œuvre littéraire, sa place dans l'histoire de la littérature, ses enjeux ?

• Confronter lecture personnelle et lecture critique

On confrontera cette lecture critique à une lecture personnelle de l'œuvre.

EXERCICES
D'OBSERVATION ET D'INTERPRÉTATION

A Observer la représentation de la lecture et du lecteur

1. Lire à voix haute ou basse

Dans ses Confessions, *saint Augustin décrit saint Ambroise lisant silencieusement.*

Lisait-il, ses yeux couraient sur la page dont son esprit perçait le sens : mais sa voix et sa langue se reposaient. Souvent, quand je me trouvais là – car sa porte n'était jamais défendue, l'on entrait sans être annoncé –, je le voyais lisant tout bas et jamais autrement. Peut-être évitait-il une lecture à haute voix de peur qu'un auditeur attentif et captivé ne l'obligeât, à propos de quelque passage obscur, à s'engager dans des explications, à discuter sur de difficiles problèmes et à perdre ainsi une partie du temps destiné aux ouvrages dont il s'était proposé l'examen, et puis la nécessité de ménager sa voix qui se brisait aisément pouvait encore être une juste raison de lire tout bas. Au surplus, quelle que fût son arrière-pensée, elle ne pouvait être que bonne chez un homme tel que lui.

Saint Augustin (IVᵉ siècle après J.-C.), *Confessions*, 397-401.

a) Quand se passe la scène décrite ? Quelle est la façon de lire la plus répandue à cette époque ?

b) Comment saint Augustin explique-t-il la façon de lire de saint Ambroise ?

2. Observer l'importance de la pratique de la lecture

Dès le milieu du XVIIIᵉ siècle, des voyageurs allemands font état de changements considérables dans les modes de lecture : en Angleterre, pendant la pause des repas les couvreurs se faisaient apporter des journaux qu'ils lisaient sur les toits ; dans la métropole française, on pouvait observer les scènes suivantes :

« À Paris, tout le monde lit [...]. Tous les gens – et surtout les femmes – ont un livre dans leur poche. On lit en voiture, sur la promenade, au théâtre pendant l'entracte, au café, au bain. Dans les boutiques, les femmes, les enfants, les compagnons, les apprentis lisent. Le dimanche, les gens lisent, assis sur le devant de leur porte ; les laquais lisent sur la banquette arrière, les cochers sur leur siège, les soldats en montant la garde... »

Reinhard Wittmann, « Une révolution de la lecture à la fin du XVIIIᵉ siècle ? » dans *Histoire de la lecture dans le monde occidental*, sous la direction de G. Cavallo, R. Chartier, © Seuil, 1997.

a) Quelle description est faite de la lecture à Paris dans le passage entre guillemets ?

b) À quelles catégories les lecteurs décrits appartiennent-ils ?

3. Décrire l'expérience d'un jeune lecteur

Lisez le texte suivant et répondez aux questions

Colette évoque ses souvenirs de jeune lectrice et sa relation personnelle avec les livres.

Je n'ai qu'à fermer les yeux pour revoir, après tant d'années, cette pièce maçonnée de livres. Autrefois, je les distinguais aussi dans le noir. Je ne prenais pas de lampe pour choisir l'un d'eux, le soir, il me suffisait de pianoter le long des rayons. Détruits, perdus et volés, je les dénombre encore. Presque tous m'avaient vue naître.

Il y eut un temps où, avant de savoir lire, je me logeais en boule entre deux tomes du Larousse comme un chien dans sa niche. Labiche et Daudet se sont insinués, tôt, dans mon enfance heureuse, maîtres condescendants[1] qui jouent avec un élève familier. Mérimée vint en même temps, séduisant et dur, et qui éblouit parfois mes huit ans d'une lumière inintelligible. *Les Misérables* aussi, oui, *Les Misérables*, malgré Gavroche ; mais je parle là d'une passion raisonneuse qui connut des froideurs et de longs détachements. Point d'amour entre Dumas et moi, sauf que *le Collier de la Reine* rutila, quelques nuits, dans mes songes, au col condamné de Jeanne de la Motte. Ni l'enthousiasme fraternel, ni l'étonnement désapprobateur de mes parents n'obtinrent que je prisse de l'intérêt aux *Mousquetaires*...

[...] Des livres, des livres, des livres... Ce n'est pas que je lusse beaucoup. Je lisais et relisais les mêmes. Mais tous m'étaient nécessaires. Leur présence, leur odeur, les lettres de leurs titres et le grain de leur cuir...

Colette (1873-1954), *La Maison de Claudine*, © Hachette, 1960.

1. *condescendants* : protecteurs et supérieurs.

a) Quels sont les livres que Colette évoque ? De quelle façon choisit-elle et lit-elle ces livres ?

b) Quelles relations a-t-elle avec les livres et avec leurs auteurs ?

c) Son expérience vous paraît-elle réservée à l'enfance ?

4. Décrire l'expérience d'un lecteur adulte

Julien Gracq, romancier contemporain, décrit ses sensations de lecteur et évoque des écrivains du XIXᵉ siècle, Balzac, Dostoïevski et Stendhal.

Si je lis Balzac, si je lis Dostoïevski[1], la déformation qu'un tempérament souverain imprime[2] à ma vision du monde s'impose à moi comme à tout autre, et cependant, quand je rouvre les yeux, ce monde, j'y suis, j'y suis toujours. Mais si je pousse la porte d'un livre de Beyle[3], j'entre en Stendhalie[4], comme je rejoindrais une maison de vacances : le souci tombe des épaules, la nécessité se met en congé, le poids du monde s'allège ; tout est différent : la saveur de l'air, les lignes du paysage, l'appétit, la légèreté de vivre, le salut même, l'abord des gens. Chacun le sait (et peut-être le répète-t-on un peu complaisamment, car c'est tout de même beaucoup dire), tout grand romancier crée un « monde » – Stendhal, lui, fait à la fois plus et moins : il fonde à l'écart pour ses vrais lecteurs une seconde patrie habitable, un ermitage[5] suspendu hors du temps, non vraiment situé, non vraiment daté, un refuge fait pour les dimanches de la vie, où l'air est plus sec, plus tonifiant, où la vie coule plus désinvolte et plus fraîche – un Eden[6] des passions en liberté, irrigué par le bonheur de vivre, où rien en définitive ne peut se passer très mal, où l'amour renaît de ses cendres, où même le malheur vrai se transforme en regret souriant.

Julien Gracq (né en 1910), *En lisant, en écrivant*, © Corti, 1980.

1. Écrivain et romancier russe (1821-1881). 2. *la déformation qu'un tempérament souverain imprime à ma vision* : Julien Gracq, sous l'action de la lecture des romans de Balzac et Dostoïevski , voit le monde autrement. 3. *Beyle* : vrai nom de Stendhal. 4. *la Stendhalie* : invention de Julien Gracq pour désigner le monde de Stendhal. 5. *ermitage* : endroit où l'on se retire pour vivre hors du monde. 6. *Eden* : un paradis.

a) Comment l'univers réel et l'univers de la lecture se rencontrent-ils ?

b) Quelle image Julien Gracq utilise-t-il pour définir l'univers des romans de Stendhal ?

c) Quelles sont les vertus de la lecture selon Julien Gracq ? Que lui apporte-t-elle ?

B Observer la peinture de la critique ou du critique

5. Observer une définition de la critique

La Bruyère, moraliste du XVIIe siècle, commence ses Caractères *par un chapitre consacré à l'écriture et au livre. Il définit aussi la critique.*

La critique souvent n'est pas une science ; c'est un métier, où il faut plus de santé que d'esprit, plus de travail que de capacité, plus d'habitude que de génie. Si elle vient d'un homme qui ait moins de discernement que de lecture, et qu'elle s'exerce sur de certains chapitres[1], elle corrompt et les lecteurs et l'écrivain.

La Bruyère (1645-1696), *Les Caractères*,
« Des ouvrages de l'esprit », 1688.

1. *qu'elle s'exerce sur de certains chapitres* : si cette critique porte sur certains sujets.

a) Quelle est la forme littéraire adoptée par La Bruyère ?

b) Comment définit-il la critique ? Expliquez le raisonnement de La Bruyère.

6. Observer le portrait d'un critique par un critique

Angelo Rinaldi, critique, auteur de chroniques littéraires pour la presse écrite, présente à ses lecteurs un livre de Sainte-Beuve, célèbre critique du XIXe siècle qu'il dépeint ici.

SITUATION : CRITIQUE

Ne traitez pas le critique de salaud. Appelez-le Sainte-Beuve, ce qui revient au même, mais vous épargne procès ou voies de fait[1]. Car telle est l'exécrable réputation du créateur d'un genre favorisé par l'essor du journalisme au XIXe siècle, et dont on exhume les observations, notes et papiers secrets[2]. Ils changent du tout au tout l'idée qu'on avait du personnage. Nous sommes plus aptes qu'en 1926 – date de la première édition de ce livre involontaire – à en mesurer l'importance, en goûter l'acidité, et à voir également que l'auteur a été, au principal, victime de son look. [...] Il est le saint Sébastien[3] d'une profession sans doute impossible à exercer avec l'unique souci de cerner le vrai d'une œuvre : applaudissez, ce ne sera jamais assez fort ; émettez une réserve, vous êtes une canaille ; taisez-vous, et l'on sentira du mépris, et non la surabondance de la charité.

Sainte-Beuve, qui avait trois chats et une vieille mère à nourrir, a estimé plus sage de réserver le fond de son cœur à ses cahiers intimes. Ce qui donne une suite d'impressions vives et de réactions spontanées devant les auteurs et les écrits. Lamartine ? « Le plus sublime et le plus charmant des sots. » Michelet ? « Une nature de cuistre[4] qui fait le pimpant. » Quant à Victor Hugo – puisque l'on ne connaît bien que ses proches –, c'est simple, il le déchiquette.

Angelo Rinaldi, *Service de presse*,
© Commentaire/Plon.

1. *voies de fait* : violences ou insultes. 2. On réédite un livre de Sainte-Beuve, *Mes poisons*. 3. *le saint Sébastien* : le martyr. 4. *Une nature de cuistre* : un caractère de pédant ridicule.

a) Quels sont les niveaux* de langue utilisés par Angelo Rinaldi ?

b) Quel portrait fait-il de Sainte-Beuve ?

c) Comment peut-on définir la critique journalistique à travers cet extrait d'article d'Angelo Rinaldi ? Quels sont les objectifs de cette critique ?

C Analyser une lecture critique d'un texte

7. Observer la critique faite par un écrivain

L'écrivain Jean Giraudoux donne, en 1936, cinq conférences sur Jean de La Fontaine. Voici un extrait de la dernière d'entre elles, intitulée « La tentation littéraire » dans laquelle il évoque les débuts du fabuliste, chez le surintendant Fouquet, son protecteur, à Vaux-le-Vicomte.

On ne saurait imaginer de plus grande distance entre un poète et son chef-d'œuvre, que celle qui séparait à son arrivée à Paris, ou sur le Parnasse, comme il disait, La Fontaine de ses fables. De tous les personnages en quête d'auteur réunis pour l'accueillir, aucun n'avait la moindre attache avec ce genre terne et désuet, et secondaire. Tous les personnages grecs et romains étaient là. Tous les personnages de la Renaissance italienne. Tous les personnages bibliques. Tous les personnages espagnols. Tous se pressaient aux portes de Vaux[1] comme bientôt aux portes de Versailles, au-devant des premiers auteurs qui allaient vers eux : Molière, Racine, Pradon[2], comme aux Enfers la foule de ces ombres qui accueille Ulysse et réclame à boire un peu de son sang.

Jean Giraudoux, *Les Cinq tentations de La Fontaine*, « La tentation littéraire », © Grasset, 1995.

1. Il s'agit du château de Vaux-le-Vicomte, propriété du puissant surintendant des finances, Fouquet, protecteur de La Fontaine. **2.** *Pradon* : dramaturge* du XVIIe siècle.

a) **Quel est le thème précis de cette présentation ?**

b) **Quelles images décrivent la situation littéraire que rencontre La Fontaine ?**

c) **Qui sont les personnages énumérés dans le texte ?**

8. Observer la critique du XXe siècle

L'œuvre de Mikhaïl Bakhtine illustre l'importance de la critique étrangère dans l'évolution de la critique littéraire. Il s'intéresse ici aux romanciers français du XIXe siècle.

Dans les romans de Stendhal et de Balzac apparaît une nouvelle et notable localisation des péripéties : le salon (au sens large). Naturellement, ils ne sont pas les premiers à en parler, mais c'est chez eux qu'il acquiert sa signification pleine et entière, comme lieu d'intersection des séries spatiales et temporelles du roman. Du point de vue du sujet et de la composition, c'est là qu'ont lieu les rencontres qui n'ont plus l'ancien caractère spécifique de la rencontre fortuite, faite « en route », ou dans « un monde inconnu ». Là se nouent les intrigues et ont lieu souvent les ruptures, enfin (et c'est très important), là s'échangent des dialogues chargés d'un sens tout particulier dans le roman, là que se révèlent les caractères, les « idées » et les « passions » des personnages.

La signification du salon de réception pour le sujet et la composition est parfaitement compréhensible : sous la Restauration et la monarchie de Juillet, on y trouve le baromètre de la vie politique et celui des affaires. Les réputations politiques, bancaires, sociales, littéraires y sont édifiées ou détruites ; les carrières y naissent et s'effondrent, les destins de la haute politique, de la haute finance s'y jouent, le succès ou l'échec d'un projet de loi, d'un livre, d'une pièce, d'un ministre, d'une courtisane-chanteuse, s'y décident. Les échelons de la nouvelle hiérarchie sociale y sont assez complètement représentés (et réunis au même endroit, au même moment). Enfin, sous ses formes concrètes et visibles apparaît l'omniprésent pouvoir du nouveau maître de la vie : l'argent !

Mikhaïl Bakhtine (1895-1975), *Esthétique et théorie du roman*, © Éditions Gallimard, 1978.

a) **Quel thème Mikhaïl Bakhtine analyse-t-il ? Que veut-il démontrer ?**

b) **Quel rôle joue selon lui le contexte historique dans lequel les écrivains vivent ?**

9. Observer une démarche critique

Dans Sur Racine, *Roland Barthes analyse le théâtre de Racine. Il examine ici* Phèdre, *tragédie de la passion dont le thème est emprunté à la mythologie grecque. Phèdre, épouse de Thésée, tombe amoureuse de son beau-fils Hippolyte. C'est un amour interdit.*

PHÈDRE.

Dire ou ne pas dire ? Telle est la question. C'est ici l'être même de la parole qui est porté sur le théâtre : la plus profonde des tragédies raciniennes est aussi la plus formelle ; car l'enjeu tragique est ici beaucoup moins le sens de la parole que son apparition, beaucoup moins l'amour de Phèdre que son aveu. […] Dès le début Phèdre se sait coupable, et ce n'est pas sa culpabilité qui fait problème, c'est son silence[1] : c'est là qu'est sa liberté. Phèdre dénoue ce silence trois fois : devant Œnone (I, 3), devant Hippolyte (II, 5), devant Thésée (V, 7). Ces trois ruptures ont une gravité croissante ; de l'une à l'autre, Phèdre approche d'un état toujours plus pur de la parole.

1. Phèdre, atteinte d'un mal qu'elle s'obstine à taire… (I, 1).

Roland Barthes, *Sur Racine*, © Seuil, 1972.

a) **Analysez l'argumentation de Roland Barthes : que veut-il prouver ?**

b) **Comment les références au texte sont-elles introduites ?**

c) **Le raisonnement est-il inductif* ou déductif* ?**

Ma Bohême (Fantaisie)

Je m'en allais, les poings dans mes poches crevées ;
Mon paletot aussi devenait idéal ;
J'allais sous le ciel, Muse ! et j'étais ton féal ;
Oh ! là là ! que d'amours splendides j'ai rêvées !

Mon unique culotte avait un large trou.
– Petit-Poucet rêveur, j'égrenais dans ma course
Des rimes. Mon auberge était à la Grande-Ourse.
Mes étoiles au ciel avaient un doux frou-frou

Et je les écoutais, assis au bord des routes,
Ces bons soirs de septembre où je sentais des gouttes
De rosée à mon front, comme un vin de vigueur ;

Où, rimant au milieu des ombres fantastiques,
Comme des lyres, je tirais les élastiques
De mes souliers blessés, un pied ~~tout~~ près de mon cœur !

Arthur Rimbaud

Annexes

ÉVALUEZ VOTRE COMMENTAIRE

	-	+
1. CORRECTION DE LA LANGUE		
• Respect des règles de l'orthographe		
• Respect des règles de la grammaire		
• Utilisation correcte des signes de ponctuation		
• Utilisation d'un niveau de langue approprié		
• Utilisation correcte de la terminologie		
• Utilisation d'un vocabulaire précis et approprié		
2. CONTENU DU DEVOIR		
Introduction		
• Approche du texte (nom de l'auteur, titre de l'œuvre et date de parution)		
• Présentation du texte (genre littéraire, forme, texte) et situation éventuellement		
• Mise en place d'un projet de lecture (ou problématique de lecture)		
• Annonce du plan du commentaire ou justification du choix de la lecture linéaire		
Développement		
• Développement qui répond au projet de lecture		
• Existence d'un plan (2 ou 3 parties s'enchaînant et se complétant)		
• Équilibre des parties du devoir		
• Mise en évidence des grandes articulations de l'argumentation (même dans le cas d'une lecture linéaire)		
• Classement des remarques en paragraphes à l'intérieur de chacune des parties		
• Transition entre les parties		
• Identification exacte du fait textuel (réseau lexical, figure de rhétorique, syntaxe expressive…)		
• Pertinence dans l'interprétation du fait textuel		
• Exactitude de la citation		
• Insertion de la citation dans la phrase de commentaire		
• Utilisation correcte de la citation : illustrer, justifier l'interprétation donnée		
• Élimination de la paraphrase		
Conclusion		
• Bilan qui ne répète pas l'introduction		
• Ouverture pertinente vers d'autres perspectives (mise en relation avec les autres textes du corpus, d'autres textes du même auteur…)		
3. CRITÈRES DE PRÉSENTATION		
• Sauter une ligne entre les différentes parties du devoir		
• Marquer des alinéas à chaque paragraphe		
• Citations de l'œuvre entre guillemets		
• Pour toute coupure du texte cité, mettre le signe […]		

ÉVALUEZ VOTRE DISSERTATION

	-	+
1. CORRECTION DE LA LANGUE		
• Respect des règles de l'orthographe		
• Respect des règles de la grammaire		
• Utilisation correcte des signes de ponctuation		
• Utilisation d'un niveau de langue approprié		
• Utilisation correcte de la terminologie		
• Utilisation d'un vocabulaire précis et approprié		
2. CONTENU DU DEVOIR		
Introduction		
• Approche brève du sujet		
• Énoncé du sujet		
• Formulation du problème posé		
• Annonce du plan		
Développement		
• Compréhension du sujet		
• Existence d'un plan (3 parties s'enchaînant et se complétant)		
• Choix judicieux d'un type de plan		
• Mise en évidence des grandes articulations de l'argumentation (mots de liaison notamment)		
• Transition entre les parties		
• Choix pertinent des arguments		
• Classement des arguments à l'intérieur de chacune des parties		
• Articulation logique des arguments		
• Fréquence et variété des exemples et/ ou des citations		
• Choix approprié de l'exemple et/ou de la citation		
• Utilisation correcte de l'exemple et/ou dela citation : illustrer, justifier l'argumentation proposée		
Conclusion		
• Bilan de l'argumentation		
• Prise de position claire sur la question posée par le sujet		
• Ouverture pertinente vers d'autres perspectives		
3. CRITÈRES DE PRÉSENTATION		
• Sauter une ligne entre les différentes parties du devoir		
• Marquer des alinéas à chaque paragraphe		
• Citations de l'œuvre entre guillemets		
• Pour toute coupure du texte cité, mettre le signe [...]		

ÉVALUEZ VOTRE ÉCRIT D'INVENTION ARGUMENTATIF

	-	+
1. CORRECTION DE LA LANGUE		
• Respect des règles de l'orthographe		
• Respect des règles de la syntaxe		
• Utilisation correcte des signes de ponctuation		
• Utilisation d'un registre de langue approprié		
• Utilisation d'un vocabulaire précis et approprié		
2. CONTENU DU DEVOIR		
···› **Respect des contraintes du genre prescrit :**		
• Respect des catégories formelles du genre		
• Respect des catégories thématiques du genre		
• Choix pertinent de la situation d'énonciation (locuteur et destinataire)		
···› **Respect des objectifs et des enjeux imposés :**		
• Respect du registre prescrit ou choix pertinent du registre		
• Choix pertinent des formes de discours		
···› **Qualité de l'argumentation :**		
• Compréhension du problème posé		
• Choix pertinent de la stratégie argumentative		
• Choix pertinent d'arguments destinés à convaincre		
• Choix approprié des exemples		
• Utilisation pertinente des exemples		
• Articulation logique des arguments		
• Cohérence du propos (implicite et/ou explicite)		
• Cohésion du propos (reprises, temps verbaux)		
• Choix pertinent de procédés d'écriture destinés à persuader		
3. CRITÈRE DE PRÉSENTATION		
• Présentation typographique appropriée au genre prescrit		

Glossaire

A

Absurde : forme moderne du tragique, illustrée par des écrivains de la seconde moitié du XXe siècle. Le théâtre de l'absurde montre l'homme face à un univers dépourvu de sens.

Abyme (mise en) : reproduction d'une scène ou d'un sujet sous une forme réduite dans un tableau ou une œuvre littéraire. Au théâtre, elle peut prendre la forme de « la pièce dans la pièce ».

Académique *(adj.)* : se dit d'une œuvre (notamment d'un tableau ou d'une sculpture) conforme aux règles et aux traditions des écoles (académies de peinture, de dessin, etc.) et donc sans originalité ; souvent péjoratif.

Accent tonique : marque orale d'intensité placée, en français, sur la dernière syllabe d'un mot (*apoloGIE*) ou d'un groupe de mots (*un acTEUR*). Si cette syllabe est caduque (comporte un *e* muet), l'accent tonique porte sur la syllabe précédente (ex. : apoLOGU[e]). En poésie, les accents sont déterminés par la place du mot dans le vers. Dans un alexandrin ils portent sur la 6e et la 12e syllabe.

Accumulation : suite de groupes de mots de même nature et de même fonction produisant un effet de précision, voire de *gradation*.

Acte : partie d'une pièce de théâtre regroupant plusieurs scènes et correspondant à une étape importante de l'action. Les grandes pièces classiques (du XVIIe siècle) comportent cinq actes ; l'acte I présente l'exposition, l'acte V le dénouement. ▸ *Le théâtre, texte et représentation, p. 272.*

Acte de langage : acte accompli par la parole ; ce peut être un constat, une injonction ou une question. Un acte de langage peut être indirect, c'est-à-dire réalisé au moyen d'un autre acte de langage. On peut par exemple donner un ordre en utilisant l'interrogation : *Pouvez-vous fermer la porte ?* ▸ *Agir par la parole, p. 84.*

Action : dans une pièce de théâtre ou dans un roman, succession des événements qui constituent une histoire. ▸ *Le théâtre, texte et représentation, p. 272.*

Alexandrin : vers de douze syllabes, de rythme souvent binaire. ▸ *Vers et formes poétiques, p. 316.*

Allégorie : **1.** *Peinture* : représentation d'une notion abstraite de manière concrète. **2.** *Rhétorique* : figure qui met en relation des mots désignant des réalités concrètes (personnages, objets, lieux, etc.) pour représenter un thème abstrait. ▸ *Les figures de style, p. 112.*

Allitération *(Rhétorique)* : répétition d'une même consonne. (*Tout en faisant trotter ses petites bottines* – Arthur Rimbaud.) ▸ *Les figures de style, p. 112.*

Amplification : technique argumentative, souvent utilisée dans l'**éloge** et le **blâme**, qui consiste à donner la même information plusieurs fois de suite. ▸ *Les figures de style, p. 113.*

Anacoluthe : rupture de construction, fautive du point de vue de la grammaire : *Exilé sur le sol au milieu des huées, ses ailes de géant l'empêchent de marcher* (Baudelaire).

Anagramme *(nom fém.)* : mot formé au moyen des lettres d'un autre mot disposées dans un ordre différent (*Alcofribas Nasier* est l'anagramme de *François Rabelais*).

Analogie : ressemblance établie par l'imagination entre deux ou plusieurs objets.

Anaphore *(nom fém.)* : répétition d'un même mot ou d'une même tournure en tête d'une phrase ou d'un membre de phrase. ▸ *Les figures de style, p. 112.*

Antanaclase *(nom fém.)* : reprise d'un même mot avec un sens différent. *Le cœur a ses raisons que la raison ne connaît pas* (Pascal).

Antiphrase ▸ *Les figures de style, p. 112.*

Antithèse : figure qui consiste à rapprocher ou à mettre en parallèle deux termes de sens opposé.

Antonyme : mot de sens contraire à un autre mot. *Faux* est l'antonyme de *vrai.* ▸ *Les réseaux lexicaux, p. 61.*

Aparté *(nom masc.) (Théâtre)* : réplique (brève) que le personnage s'adresse à lui-même. Seul le public est censé surprendre ce propos qui reste ignoré des autres personnages.

Aphorisme : phrase très brève, qui résume une théorie ou énonce une *maxime.*

Apologie : discours qui présente l'éloge et la défense d'une personne ou d'une idée.

Apologue *(nom masc.)* : récit exemplaire contenant une vérité morale ; la *fable* est un apologue. ▸ *Les genres argumentatifs, p. 186.*

Apostrophe *(Rhétorique)* : figure par laquelle l'orateur ou l'écrivain adresse directement la parole à quelqu'un ou à quelque chose. ▸ *Les figures de style, p. 113.*

Archaïsme : mot ou expression qui ne sont plus employés. ▸ *Variété de la langue, p. 60.*

Argument : idée ou fait invoqués pour soutenir une affirmation, une thèse. ▸ *Convaincre et persuader, p. 173.*

Argument « du doigt dans l'engrenage » : argument qui consiste à dire que la décision envisagée va inévitablement avoir des conséquences non souhaitées. ▸ *Convaincre et persuader, p. 173.*

Argument du « gaspillage » : argument qui consiste à dire que la décision envisagée aura pour conséquence la perte des acquis précédents. ▸ *Convaincre et persuader, p. 173.*

Argument affectif : argument destiné à persuader ; les principaux arguments affectifs consistent à donner une bonne image de soi pour créer la confiance du public, à provoquer certains sentiments et émotions utiles pour faire adhérer à sa **thèse**. ► *Convaincre et persuader, p. 174.*

Argument logique : argument destiné à convaincre ; les principaux arguments logiques sont la **déduction** et l'**induction**. ► *Convaincre et persuader, pp. 173-174.*

Argument « ad hominem » : argument dirigé contre la personne qui énonce la thèse adverse. ► *Convaincre et persuader, p. 173.*

Argument d'autorité : argument fondé sur le prestige de la source à laquelle on se réfère, ou sur la position hiérarchique de celui qui l'avance. ► *Convaincre et persuader, p. 173.*

Argumentation : discours organisé par lequel l'énonciateur vise à convaincre son interlocuteur de la validité d'une *thèse* en s'appuyant sur des arguments. ► *L'argumentation, p. 172.*

Art poétique : traité pratique, en vers ou en **prose** qui indique normalement une manière de composer une œuvre, selon son genre. ► *Lire une préface, p 418.*

Assonance *(nom fém.)* : **1.** *Versification* : ancêtre de la rime, limitée à l'identité de la voyelle finale. **2.** *Rhétorique* : répétition d'une même voyelle. *Tout m'afflige et me nuit et conspire à me nuire.* (Racine.) ► *Les figures de style, p. 112.*

Aspect verbal : manière dont la forme verbale présente l'action ; les temps verbaux en français présentent quatre types d'aspects : aspect accompli ou non accompli, action présentée comme décomposable en une succession d'instants, action présentée comme un tout non décomposé en une succession d'instants. ► *Les notions de mode, temps, aspects, p. 72.*

Auditoire : public formé par l'ensemble des personnes qui écoutent un orateur.

Autobiographie : récit qu'un narrateur fait, à la première personne, des événements de sa propre vie. ► *Les formes autobiographiques, p. 354.*

B

Ballade : poème à forme fixe composé de trois *strophes* égales, terminées par un refrain. La ballade s'achève sur un envoi d'une *demi-strophe* où le poète s'adresse à son destinataire.

Baroque *(adj. et nom)* : **1.** *Arts* : production artistique postérieure à la *Contre-Réforme* catholique, qui s'est développée en Europe du XVIe au XVIIIe siècle et qui a cherché à susciter la ferveur religieuse par le faste, l'exubérance, le mouvement, les effets de trompe-l'œil et le pathétique. **2.** *Littérature* : forme esthétique que l'on oppose traditionnellement au classicisme et caractérisée par la richesse des images (métaphores, antithèses), la démesure, le goût du théâtral et du pathétique, les thèmes de la mort, de l'inconstance humaine et de la vanité de la vie terrestre. ► *Art et littérature à l'époque baroque, p. 18.*

Base : mot ou partie de mot qui sert à former un autre mot.

Bienséances : à l'époque classique, ensemble des principes moraux, religieux, littéraires auxquels une œuvre doit se conformer pour ne pas choquer les idées ou les goûts du public. ► *Du théâtre classique à l'époque contemporaine, p. 274.*

Biographie : récit de la vie d'un être (homme, demi-dieu ou saint) par un narrateur que l'on nomme biographe. On distingue la **biographie classique** (de l'Antiquité au XVIIIe siècle) dont le personnage central se définit en général par son importance politique, religieuse. Dès la fin du XVIIIe siècle, on parle de **biographie romantique** : le biographe cherche à comprendre la personnalité et la sensibilité de celui dont il raconte la vie. Enfin, au milieu du XIXe siècle, on voit apparaître une nouvelle forme de **biographie, dite moderne ou scientifique** : le biographe s'aide des acquis des sciences notamment humaines* pour réunir des informations fiables et précises.

Blâme : discours qui dévalorise quelqu'un ou quelque chose. ► *L'éloge et le blâme, p. 182.*

Blason : genre poétique, particulièrement développé au XVIe siècle, consistant à faire une description détaillée, en forme d'**éloge** ou de **blâme**, d'une partie du corps (en général féminin) ou d'un objet.

Bucolique : qui a trait à l'univers poétique de la campagne.

C

Calligramme : poème dont les mots sont disposés de façon à dessiner l'objet dont parle le texte.

Calligraphie : art de bien dessiner les caractères de l'écriture.

Caricature : portrait simplifié qui déforme et exagère certains traits, dans l'intention de faire rire ou de se moquer d'une personne.

Catharsis : notion médicale grecque (purgation) utilisée par Aristote pour expliquer l'effet du spectacle théâtral ; interprétée dans un sens moral par le théâtre classique, la *catharsis* permet au spectateur de se débarrasser, dans la vie, des passions qu'il a éprouvées en s'identifiant au héros tragique, le temps du spectacle.

Césure *(Versification)* : point de séparation entre les deux *hémistiches* du vers ; la césure est placée après un accent métrique (dans l'alexandrin régulier, après la 6e syllabe).

Champ lexical : ensemble de mots se rapportant au même domaine de sens. ► *Les réseaux lexicaux, p. 61.*

Champ littéraire : ensemble des individus (auteurs publiés, éditeurs, lecteurs) et des institutions qui constituent l'état de la littérature à un moment donné.

Champ sémantique : ensemble des sens dénotés et connotés d'un mot dans le dictionnaire ou dans un texte. ► *Les réseaux lexicaux, p. 61.*

Chiasme *(nom masc.)* : figure de construction qui consiste à croiser l'ordre des termes là où on attendrait un parallélisme. *Prêts à tout, à tout indifférents* (La Fontaine). ► *Les figures de style, p. 112.*

Chute : partie finale d'un texte ou d'une phrase, souvent inattendue pour la forme ou pour le fond.

Classicisme : phénomène littéraire et artistique du XVIIe siècle qui culmine dans les années 1660-1680. La littérature est alors fondée sur l'imitation des Anciens, la raison, la recherche de la vérité morale, un idéal d'équilibre. Elle associe le plaisir esthétique et l'intention didactique.

Classique : **1.** *(adj.)* : qui concerne les grands auteurs, notamment ceux de l'époque de Louis XIV. **2.** *(nom)* : auteur reconnu, consacré par le temps et étudié dans les classes.

Cohérence textuelle : le fait que, dans un texte, les informations soient liées de façon logique. ► *Cohésion et progression d'un texte, p. 105.*

Cohésion textuelle : mécanismes qui font que les phrases composant un texte sont liées les unes aux autres. ► *Cohésion et progression d'un texte, p. 105.*

Commanditaire : personne qui passe commande de l'œuvre et rétribue son auteur.

Comparaison *(Rhétorique)* : figure qui associe à un terme, le *comparé* (ce dont on parle), un autre terme appartenant à un domaine différent de la réalité, le *comparant*, ces deux termes comportant une *qualité* commune. Le rapprochement est opéré explicitement par un outil comparatif, souvent *comme*. *Le cierge [...] brûlait comme une blessure ouverte.* ► *Les figures de style, p. 112.*

Comparse : au théâtre, personnage muet jouant un rôle insignifiant ; dans un roman, le terme désigne un personnage qui n'apparaît que de manière fugace et qui ne joue quasiment aucun rôle dans l'histoire.

Complainte : poème populaire chanté et nostalgique.

Connecteurs : conjonctions de coordination ou adverbes qui marquent un lien logique ou chronologique.

Connotation : valeur affective ou culturelle, variable selon le contexte et la situation d'*énonciation*, qui s'ajoute au sens lexical d'un mot (*dénotation*). Les connotations de « noir » peuvent être la tristesse, l'austérité, le deuil, etc.

Conte : genre littéraire qui rapporte des aventures imaginaires sans souci de réalisme dans l'intention de distraire et éventuellement d'instruire le lecteur.

Conte philosophique : au XVIIIe siècle, conte qui met en scène des personnages et des événements conçus pour transmettre une vérité, un message. Il constitue une forme *d'apologue* et un moyen de diffuser les critiques et les opinions des philosophes des Lumières.

Contre-Réforme : réforme entreprise par l'Église catholique, notamment au concile de Trente (1545-1563), pour s'opposer aux progrès du protestantisme. Elle a été marquée par la création de l'ordre religieux des jésuites (1540).

Convaincre : amener le destinataire à reconnaître la validité d'une proposition en usant d'arguments rationels ► *Convaincre et persuader, p. 173.*

Coupe *(Versification)* : dans un vers, point de séparation (qui peut être placé à l'intérieur d'un mot) entre deux groupes rythmiques.

Courtoisie : idéal social et littéraire qui se développe à partir du XIIe siècle et se caractérise par le raffinement des manières et le respect d'un code amoureux (soumission absolue à la dame).

D

Dédicataire : personne à qui une œuvre est adressée.

Déduction : un raisonnement *déductif* part d'un principe général qu'il applique à un cas particulier.
► *Convaincre et persuader, p. 173.*

Délibératif *(adj.)* : dans l'Antiquité, le genre délibératif constitue un des trois genres de l'éloquence, avec le *genre épidictique* et le *genre judiciaire* (qui cherche à distinguer le vrai du faux par un débat contradictoire). Le genre délibératif expose le pour et le contre dans la recherche d'une décision. ► *L'argumentation : définition et enjeux, p. 172.*

Démontrer : partir d'une hypothèse, c'est-à-dire d'une proposition donnée comme vraie, et mener un raisonnement qui conduit à une conclusion irréfutable. ► *L'argumentation : définitions et enjeux, p. 172.*

Dénotation : sens lexical d'un mot, tel que le donne un dictionnaire, à la différence de la *connotation*. La *dénotation* du noir est l'absence de couleur.

Désinence : terminaison à valeur grammaticale : par exemple le *-s* du pluriel.

Destinataire : **1.** celui à qui s'adresse le message, **2.** celui à qui est destinée l'action accomplie par le sujet. ► *Action et narration, p. 220.*

Destinateur : **1.** auteur du message adressé au destinataire, **2.** force qui pousse le sujet à agir. ► *Action et narration, p. 220 ; Personnage de théâtre, p. 277.*

Dévot : **1.** attaché aux pratiques religieuses, pieux. **2.** *(Péjoratif).* Qui simule la dévotion de façon outrée et ostentatoire (voir *Le Tartuffe* de Molière).

Diariste : personne qui tient un *journal intime*.

Diatribe : écrit ou discours dans lequel on attaque, sur un ton violent et souvent injurieux, quelqu'un ou quelque chose ; critique violente.

Didactique *(adj.)* : qui vise à enseigner quelque chose au lecteur.

Didascalie *(Théâtre)* : texte qui n'est pas prononcé par les personnages (liste des personnages, noms en tête des répliques, mentions des divisions en actes et scènes, indications de mise en scène, etc.). ► *Le théâtre, texte et représentation, p. 272.*

Dilemme : Nécessité dans laquelle se trouve une personne de devoir choisir entre les deux termes contradictoires et également insatisfaisants d'une alternative.

Diptyque : tableau formé de deux volets. Au sens figuré, œuvre en deux parties.

Discours : production écrite ou orale. L'*énonciateur* peut raconter des faits (*discours narratif*), décrire quelqu'un ou quelque chose (*discours descriptif*), expliquer quelque chose de manière neutre (*discours explicatif*), convaincre ou persuader quelqu'un d'adopter une thèse (*discours argumentatif*). ► *Les discours, p. 117.*

Discours rapporté : propos rapportés par un tiers. On peut distinguer :
- le *discours direct*, qui reproduit exactement les propos (avec tirets ou guillemets) ;
- le *discours indirect*, qui inclut les propos dans le discours de l'*énonciateur* (ils sont rapportés dans des subordonnées complétives et font l'objet de diverses transformations de temps et de personnes) ;
- le *discours indirect libre*, forme mixte qui conserve la souplesse du discours direct (pas de subordination) mais procède à des transpositions de temps et de personnes ;
- le *discours narrativisé*, qui résume les propos sans rapporter les paroles. ► *Les discours rapportés, pp. 67-68.*

Discuter : étudier une thèse ou un jugement en examinant les arguments pour et contre. ► *La dissertation, p. 163.*

Disposition : partie de la *rhétorique* qui traite de l'organisation d'ensemble, du plan du discours.

Distique *(nom masc.)* : groupement de deux vers pourvu d'un sens complet.

Dizain : strophe de dix vers.

Double énonciation ► *Le théâtre, texte et représentation, p. 272.*

Drame : pièce de théâtre en vers ou en prose d'un genre mixte, entre la comédie et la tragédie. ▸ *Les genres, p. 122.*

Drame romantique : théorisé par Victor Hugo (Préface de *Cromwell*, 1827), il a pour principales caractéristiques l'utilisation de l'histoire, le mélange des registres et la liberté formelle.

E

École : groupe d'écrivains qui partagent les mêmes principes (ex. : l'école symboliste). On parle aussi de *mouvement* quand le phénomène prend une extension plus grande et mêle différentes formes d'art (ex. : le mouvement surréaliste).

Élégie : poème lyrique et triste. Un ton *élégiaque* est un ton plaintif et mélancolique. ▸ *Les genres, p. 122.*

Éloge *(nom masc.)* : discours **laudatif**, qui valorise une personne ou un objet. ▸ *L'éloge et le blâme, p. 182.*

Ellipse : **1.** omission d'un ou plusieurs mots dans un *énoncé* dont le sens reste clair. **2.** partie du temps de l'*histoire* que la *narration* passe sous silence dans un récit. ▸ *Le temps, p. 235.*

Emphatique : **1.** un ton ou un style emphatique est un ton ou un style trop solennel, grandiloquent, qui utilise trop d'*hyperboles*. **2.** Une tournure ou une forme de phrase emphatique est une tournure qui permet de mettre en relief le **thème** ou le **propos** d'une phrase. ▸ *Le thème et le propos d'une phrase, p. 93.*

Engagement : attitude d'un écrivain ou d'un artiste (définie par Sartre en 1945) qui prend nettement position en matière politique et exprime ses opinions dans son œuvre et dans ses actes.

Enjambement : décalage entre la syntaxe et le rythme habituel du vers : une phrase commencée dans un premier vers déborde sur un deuxième vers, sans qu'il soit possible de marquer une pause ou un temps d'arrêt. *Ma seule étoile est morte et mon luth constellé / Porte le soleil noir de la Mélancolie* (Nerval). ▸ *Vers et formes poétiques, p. 316.*

Énoncé : suite de mots qui résulte d'une *énonciation* ; on distingue les énoncés ancrés dans la situation d'énonciation et les énoncés coupés de la situation d'énonciation. ▸ *Énoncé et énonciation, p. 66.*

Énonciateur : quiconque utilise le langage et produit des discours (oraux ou écrits).

Énonciation : action pour communiquer avec quelqu'un dans un lieu et à moment précis. Les termes qui désignent le locuteur, l'interlocuteur et le repérage spatio-temporel sont les indices d'énonciation ; ils définissent la *situation d'énonciation.* ▸ *Énoncé et énonciation, p. 66.*

Envoi ▸ *Ballade.*

Épicurisme : **1.** *(Philosophie)* : doctrine du philosophe grec Épicure (341-270 av. J.-C.) fondée sur une conception du monde matérialiste et qui propose à l'homme d'atteindre une forme de bonheur en maîtrisant ses désirs. **2.** Au sens large, morale orientée vers la recherche du plaisir.

Épicurien : partisan de l'épicurisme.

Épidictique *(genre)* : dans l'Antiquité, genre de discours qui fait l'éloge ou le blâme d'une personne ou d'une idée.

Épigramme *(nom fém.)* : court poème satirique terminé par un trait d'esprit, une pointe.

Épigraphe : courte citation qu'un auteur place en tête d'un texte (chapitre, poème) pour en indiquer l'esprit.

Épilogue *(nom masc.)* : fin d'une œuvre. Antonyme : *prologue.*

Épître : **1.** Lettre des Apôtres. **2.** Poème qui adopte le ton d'une lettre.

Éponyme (éponymie) : personnage qui donne son nom à l'œuvre dont il est le héros.

Épopée : poème narratif (en vers) exaltant les exploits et les valeurs d'une communauté. Plus généralement, on parle de *registre épique* pour qualifier des éléments caractéristiques de l'épopée : mise en scène de foules, de héros dotés de qualités surhumaines, grossissement de la réalité. ▸ *Les registres, p. 121, Les genres, p. 122.*

Épreuve : première forme imprimée d'un texte que l'auteur doit corriger. ▸ *Histoire de l'œuvre, p. 425.*

Équivoque *(nom fém.)* : propos à double entente.

Essai : genre littéraire souple, de longueur variable, qui présente de manière libre et sans souci d'exhaustivité les réflexions de l'auteur sur un sujet donné.

Ethnologie : science humaine qui étudie le fonctionnement des divers groupes humains à partir d'observations et de documents réunis par l'*ethnographe.*

Étymologie : **1.** origine des mots. **2.** étude de l'origine des mots.

Euphémisme : figure de style par laquelle on essaie d'atténuer la dureté de la réalité, par exemple, *Il nous a quittés* pour dire *Il est mort* est un euphémisme. ▸ *Les figures de style, p. 113.*

Évangélisme : au XVIe siècle, attitude des *humanistes* chrétiens comme Érasme et Rabelais qui souhaitaient épurer les dogmes et les pratiques de l'Église catholique en les ramenant à la lettre et à l'esprit des Évangiles.

Excipit (ou explicit) : dernière page d'un récit. ▸ *Le récit, p. 243.*

Exemple : un exemple peut être *argumentatif* quand il sert à construire un raisonnement *inductif* : il est alors un cas particulier à partir duquel on généralise. L'exemple *illustratif* sert seulement à illustrer concrètement un raisonnement déjà construit. Souvent le même exemple est utilisé de façon illustrative et argumentative (il illustre un premier *raisonnement* et sert de point de départ à un second raisonnement). ▸ *Convaincre et persuader, p. 174.*

Exorde *(nom masc.) (Rhétorique)* : entrée en matière du discours.

Exposition *(Théâtre)* : partie de la pièce qui fournit les éléments nécessaires à la compréhension de la situation initiale (lieux, époque, personnages, données de l'intrigue).

F • G

Fable : **1.** Court récit en prose ou en vers illustrant une morale (synonyme : *apologue*). **2.** Dans une œuvre narrative, ensemble des événements imaginaires composant l'histoire (synonyme : *fiction*).

Fantastique : registre des textes rapportant des événements mystérieux, où un personnage (et/ou le lecteur) hésite entre une explication rationnelle et l'intervention de forces surnaturelles.

Farce ▸ *Les genres, p. 122.*

Fiction : histoire inventée ; peut être synonyme de *fable.*

Figure de rhétorique (ou figure de style) : élément de discours agencé pour produire un effet plus expressif que celui de l'usage ordinaire de la langue (par exemple, *hyperbole, méta-*

phore, métonymie). ► *Les figures de style, p. 112.*

Finale *(nom masc.)* : dernier mouvement d'une composition musicale ; par extension, fin d'un récit.

Focalisation (synonyme de **point de vue narratif**) : manière dont les événements rapportés sont perçus par le narrateur (et donc présentés au lecteur). On distingue la *focalisation interne* (vision limitée, subjective d'un personnage sur les autres), la *focalisation externe* (vision « objective » d'un témoin observant les personnages de l'extérieur), la *focalisation zéro* (vision illimitée d'un narrateur omniscient). ► *Le point de vue, p. 221.*

Genre : catégorie qui permet de classer les œuvres littéraires selon des caractères communs. Les grands genres sont le roman, la poésie, le théâtre, la littérature d'idées (ou l'*essai*). Ce terme a été employé dans un sens plus restreint pour caractériser le style et le registre des œuvres (par exemple les genres *comique, grotesque, polémique, élégiaque*, etc.). ► *Les genres, p. 122.*

Grâce : dans la religion chrétienne, aide que Dieu apporte à l'homme pour le rendre capable de faire son salut, de gagner la vie éternelle.

Gradation ► *Les figures de style, p. 112.*

H

Hagiographie : récit de la vie d'un saint qui doit servir d'exemple au lecteur ; récit très *élogieux* de la vie d'un personnage.

Hémistiche ► *Vers et formes poétiques, p. 316.*

Hérésie : doctrine religieuse qui s'écarte du dogme en vigueur ; *thèse* qui ne suit pas une doctrine officielle.

Histoire : ensemble des actions accomplies par les personnages dans un lieu et un temps donnés. ► *Le récit, p. 214.*

Historiographie : écriture de l'histoire officielle d'une période ou d'un souverain (par un historiographe).

Honnête homme : qui a toutes les qualités propres à se rendre agréable en société. Idéal humain du XVIIe siècle unissant des qualités sociales (bienséance, savoir-vivre), morales (modestie, probité, modération) et une bonne culture générale.

Humanisme : mouvement représenté par les *humanistes* de la Renaissance qui cherchaient à développer l'esprit humain en renouant avec la culture antique. ► *Le courant humaniste en Europe, p. 14.*

Humanités : langues et littératures gréco-latines.

Hymne : poème lyrique d'éloge.

Hypallage *(nom fém.)* : un adjectif caractérise un autre terme que le terme attendu ou un nom remplace l'adjectif attendu. *C'était pendant l'horreur d'une profonde nuit* (Racine).

Hyperbate *(nom fém.)* : inversion de l'ordre normal des mots ou poursuite d'une phrase qui semblait terminée. *Tout ceci est à moi, et les domaines qui palpitent là-dessous* (Supervielle).

Hyperbole *(Rhétorique)* : figure qui substitue au mot propre un mot de sens beaucoup plus fort (on qualifie, par exemple, de *géant* un homme grand, de *nain* un homme petit). ► *Les figures de style, p. 112.*

I • J

Idéologie : ensemble des idées et des croyances propres à une époque et à une société.

Idylle : petit poème mettant en scène un univers de bergers amoureux.

Illettrisme : fait de ne pas savoir lire ni écrire ; analphabétisme qui touche une société. ► *Histoire de la lecture et du lectorat, p. 438.*

Image *(Rhétorique)* : figure (*comparaison, métaphore* ou *métonymie*) qui conduit à interpréter un terme par un autre.

Implicite : contraire d'*explicite*. Est *explicite* ce qui est dit de manière non cachée ; est *implicite* ce qui est dit de manière indirecte. voir *sous-entendu* et *présupposé*. ► *Agir par la parole, p. 84.*

Incidente : phrase insérée à l'intérieur d'une autre et commentant celle-ci. ► *Ordre des mots dans la phrase, p. 100.*

Incipit : début d'un récit, première page. ► *Le récit, p. 243.*

Incise : phrase insérée à l'intérieur d'une autre et indiquant que celle-ci est un discours rapporté. ► *Ordre des mots dans la phrase, p. 100.*

Inconscient : phénomènes de la vie psychique qui échappent au contrôle de la conscience, mais influencent grandement le comportement de l'individu.

Induction : un raisonnement inductif part d'un cas particulier qu'il généralise. ► *Convaincre et persuader, p. 174.*

Institution littéraire : ensemble des instances (la critique et les médias, les académies, les prix littéraires, l'école) qui permettent la diffusion des œuvres et assurent leur légitimité.

Interrogation rhétorique : *acte de langage indirect* qui consiste à feindre de poser une question qui est en réalité une assertion : *Qui ne fait châteaux en Espagne ?* (La Fontaine) signifie « Tout le monde fait des châteaux en Espagne ». L'interrogation rhétorique a un très grand pouvoir de persuasion, car elle implique l'interlocuteur et force ainsi son adhésion à l'assertion contenue dans l'interrogation rhétorique. ► *Convaincre et persuader, p. 174.*

Intertextualité : dans un texte littéraire, ensemble des références, *implicites* ou *explicites*, à d'autres textes (allusions, citations, transformations), qui constituent les *intertextes* de l'œuvre.

Intrigue : ensemble des actions accomplies par les personnages.

Introspection : observation, étude de soi-même, mouvement de réflexion sur soi, examen de conscience (domaine religieux). L'introspection est caractéristique de l'*autobiographie*.

Ironie : l'ironie met à distance un énoncé en montrant que le locuteur s'en désolidarise : *De l'horrible danger de la lecture* (Voltaire). Pour être comprise, l'ironie suppose une connivence entre le *locuteur* et le *destinataire*. ► *Les registres, p. 121, et Les figures de style, p. 112.*

Jansénisme *(Théologie)* : doctrine chrétienne (XVIIe siècle) qui nie la possibilité pour l'homme d'assurer par lui-même son salut (Dieu n'accorde sa *grâce* qu'à des élus) et prône une morale très rigoureuse ; elle a été combattue par l'Église (notamment par les jésuites) et Louis XIV.

Journal intime : journal personnel tenu par un individu. ► *Les formes autobiographiques, p. 355.*

L

Laudatif (*adj.*) : qui contient un éloge. Peut qualifier un terme ou un registre.

Libelle (*nom masc.*) : pamphlet de forme très brève.

Libertin (libertinage) : **libertin de pensée** : personne qui refuse de se soumettre aux règles de la religion établie, qui manifeste son incrédulité ; **libertin de mœurs** : personne qui vit de façon dissolue ou débauchée.

Libertinage : **1.** *Au XVIIe siècle* : attitude de celui qui ne respecte pas les dogmes religieux et la morale qui leur est attachée, et règle sa vie selon la raison et la nature. **2.** *Depuis le XVIIIe siècle*, le mot n'a plus que le sens moral de vie dissolue, guidée par la recherche du plaisir.

Lieu commun : à l'origine, terme rhétorique désignant les idées et les raisonnements connus de tout le monde. Au sens moderne, thème fréquent ou banal, cliché.

Linguistique : science humaine* qui désigne l'étude scientifique de la langue comme système, fondée par Ferdinand de Saussure (1857-1913).

Litote : figure de style qui consiste à dire le moins pour exprimer le plus ; elle est souvent de forme négative : *je ne détesterais pas devenir riche* (signifie « j'adorerais devenir riche ») ; elle s'allie souvent (mais pas toujours) à l'**ironie**. ► *Les figures de style, p. 113.*

Locuteur : être fictif qui prend la responsabilité de l'*énonciation* (figure du poète, *narrateur*, personnage de théâtre ou de roman).

Lumières (*Philosophie* des ou *écrivains des*) : mouvement philosophique du XVIIIe siècle, caractérisé par l'idée de progrès, la critique de la tradition et de l'autorité, la foi dans la raison et l'instruction, l'invitation à penser et à juger par soi-même. ► *Les idées des Lumières, p. 26.*

Lyrique ► *Les registres, p. 121, Les genres, p. 122.*

Lyrisme *(poésie lyrique)* : **1.** Expression poétique d'émotions, de sentiments personnels ou collectifs. La longue histoire de la poésie *lyrique* amoureuse qui remonte à la Renaissance (avec les poètes de la Pléiade) se prolonge avec le *romantisme* et la poésie du XXe siècle. **2.** *(Musique)* : on parle d'œuvre lyrique pour désigner une œuvre mise en musique pour être chantée sur scène. ► *Lire un poème en vers, p. 322, Lire un poème en prose, p. 326.*

M

Manifeste : texte par lequel un mouvement littéraire se définit (ex. : *Manifeste* de 1924 du surréalisme).

Maxime : formule brève et frappante qui énonce une observation psychologique ou une règle morale.

Mécénat : aide financière apportée aux artistes par une institution ou une personne (un *mécène*).

Mémoires (*nom masc. pl.*) : récit qu'une personne fait de sa vie et des événements dont elle a été témoin. ► *Les formes autobiographiques, p. 355.*

Merveilleux : *registre* des textes où l'existence du surnaturel est pleinement acceptée, comme l'*épopée* ou le conte de fées.

Métaphore (*Rhétorique* voir *Comparaison*) : figure de similitude construite sans outil comparatif et qui assimile *comparé* et *comparant* (la flamme est une *métaphore* de l'amour). Dans la métaphore filée (ou continuée), le comparant se développe dans plusieurs termes et crée un *réseau lexical* original. ► *Les figures de style, p. 112.*

Métonymie *(Rhétorique)* : image dont les deux éléments sont dans un rapport de proximité spatiale ou logique. Elle désigne le tout par la partie, le contenu par le contenant, etc. Le cœur, siège supposé des sentiments, est une métonymie de l'amour. ► *Les figures de style, p. 112.*

Mètre : vers français, fondé sur le décompte des syllabes prononcées (ex. : *alexandrin*, décasyllabe, octosyllabe). ► *Les figures de style, p. 112.*

Modalisateurs : procédés utilisés pour exprimer une modalisation : lexique, utilisation des modes et des valeurs modales, niveaux de langue... ► *Marques de la subjectivité, pp. 80-81.*

Modalisation : appréciation portée sur le contenu d'un *énoncé* (adhésion, distance, rejet) ou bien, dans un sens élargi sur un objet (évaluation, sentiment). On distingue les *modalisations de la vérité* qui montrent le degré de vérité attribué à un énoncé, les *modalisations de la volonté* qui présentent l'action comme voulue, obligatoire, nécessaire ou permise, les *modalisations de l'évaluation et de l'appréciation* qui expriment un jugement de valeur ou une évaluation quantitative, et les *modalisations de l'affectif* qui expriment une réaction émotionnelle. ► *Marques de la subjectivité, pp. 80-81.*

Modalité : caractère d'un *énoncé* qui indique le type de communication établie. On distingue quatre types de modalités exprimés par quatre types de phrases : *déclarative, interrogative, exclamative, impérative.* ► *Types et formes de phrase, p. 94.*

Monologue : parole que profère le personnage seul sur la scène, comme s'il se parlait à lui-même.

Moraliste : écrivain qui décrit les mœurs d'une époque et analyse la nature humaine.

Mot simple : mot hérité d'une autre langue. ► *La formation des mots, p. 58.*

Mot composé : mot construit en assemblant deux mots autonomes : poisson-chat, garde-barrière. ► *La formation des mots, p. 58.*

Mot construit : mot formé à partir d'autres mots français. ► *La formation des mots, p. 58.*

Mot dérivé : mot construit par l'adjonction d'un *préfixe* et/ou d'un *suffixe* à une *base*. ► *La formation des mots, p. 58.*

Mot-valise : mot construit par la fusion de deux autres mots : *franglais*. ► *La formation des mots, p. 58.*

Motif : **1.** En peinture, sujet d'un tableau (*peindre sur le motif*, c'est peindre devant le modèle ou la scène représenté(e)). **2.** Ornement qui réapparaît dans une œuvre (musique, architecture, dessin). **3.** Élément thématique récurrent dans une œuvre littéraire (ex. : le motif de l'ogre dans *Germinal*).

Mythe ► *Les réécritures de Don Juan, p. 404.*

N

Narcissique : dérivé du nom de Narcisse, personnage mythologique, l'adjectif désigne le fait d'être plongé dans la contemplation de soi-même, d'être avant tout préoccupé de soi.

Narrataire : interlocuteur fictif à qui s'adresse le narrateur dans le récit. Il ne se confond pas avec le *lecteur*, être réel. ► *Action et narration, p. 221.*

Narrateur : voix qui produit le récit et qui n'existe qu'à l'intérieur de celui-ci. Il ne se confond pas avec la personne de l'*auteur*. Un personnage peut exercer la fonction de narrateur. ▸ *Action et narration, p. 221.*

Narration : manière de raconter l'**histoire**. ▸ *Action et narration, p. 220.*

Narration panoramique : récit qui évoque de façon résumée et condensée une longue période.

Naturalisme : mouvement littéraire défini par Zola (1840-1902) en réaction contre la littérature romantique et idéaliste. Il se propose, dans la lignée du *réalisme*, de donner une image exacte et complète de l'homme et de la société.

Négritude : revendication en faveur du respect et des valeurs du peuple noir ; mouvement littéraire du XXe siècle qui prend en charge ce combat et regroupe des écrivains noirs francophones.

Niveau de langue : caractère de la langue utilisée. On distingue les niveaux de langue *soutenu*, *courant* ou *familier*.

Néologisme : mot nouveau (*internaute*). ▸ *Variété de la langue, p. 60.*

Nouveau Roman : mouvement littéraire français, illustré dans les années 1960-1970 par les romanciers Alain Robbe-Grillet, Samuel Beckett, Michel Butor, Nathalie Sarraute et Claude Simon. Il refuse les structures traditionnelles du roman (héros romanesques, temps, histoire, etc.) et l'*engagement*.

O

Octosyllabe : vers de huit syllabes.

Ode *(nom fém.)* : dans la poésie grecque et romaine, l'ode était un poème lyrique constitué de *strophes* identiques, destiné soit à célébrer de grands événements, soit à exprimer des sentiments personnels. Introduite en France par Ronsard, l'ode est une forme souple caractérisée par l'inspiration lyrique.

Oraison funèbre *(fém.)* : discours solennel qui fait l'*éloge* d'un mort.

Oxymore : figure de style qui consiste en une alliance de deux termes contradictoires dont l'un dépend grammaticalement de l'autre : *un silence éloquent, se hâter lentement.* ▸ *Les figures de style, p. 112.*

P

Pacte d'écriture ou de lecture : pacte qui indique les engagements que prend un écrivain dans l'écriture de son livre (dans le genre biographique par exemple).

Pamphlet : petit ouvrage à visée satirique qui attaque violemment une institution, une doctrine ou une personne liée à l'actualité.

Panégyrique : discours solennel, officiel, qui fait l'*éloge* d'une personne.

Parabole : récit allégorique cachant une leçon (ex. : dans l'Évangile, la parabole de l'enfant prodigue).

Paradoxe : **1.** Énoncé contraire à l'opinion commune. **2.** *(Rhétorique)* : rapprochement de mots ou d'idées ordinairement opposés pour exprimer une idée de manière originale et saisissante. ▸ *Les figures de style, p. 112.*

Paradoxal : qui va contre l'opinion commune ou qui paraît contradictoire.

Parallélisme *(Rhétorique)* : répétition dans deux *énoncés* voisins d'une même structure (sonore, lexicale, syntaxique) pour accentuer un rapprochement ou une *antithèse*. ▸ *Les figures de style, p. 112.*

Paraphrase : figure d'*amplification* qui consiste à répéter une même assertion sous des formes diverses et en en montrant tous les aspects.

Paratexte : ensemble des indications qui entourent le texte (titre, préface, dédicace, etc.).

Parnassien : de l'*école* du Parnasse. Les poètes parnassiens (Théophile Gautier, José Maria de Heredia, Leconte de Lisle), dans la seconde moitié du XIXe siècle, rompent avec le *lyrisme* romantique et cultivent l'Art pour l'Art.

Parodie : forme de réécriture qui consiste tantôt à insérer une citation en la détournant de son sens, tantôt à imiter un genre littéraire ou à reprendre des éléments d'une œuvre en la transformant. Sa visée est parfois comique ou satirique, parfois sérieuse. ▸ *Des formes diverses de réécriture, p. 384.*

Parodique : qui relève de la parodie.

Pastiche : imitation du style d'un auteur, le plus souvent par jeu ou comme exercice littéraire. ▸ *Des formes diverses de réécriture, p. 384.*

Pastoral : qui met en scène des bergers, dans un cadre idéalisé. Le *roman pastoral* était très à la mode dans la première partie du XVIIe siècle. Les motifs pastoraux ont aussi largement inspiré la musique du XVIIe et du XVIIIe siècle.

Pathétique *(adj.)* : qui vise à émouvoir, à faire pleurer, en montrant le spectacle de la souffrance. ▸ *Les registres, p. 121.*

Patrimoine littéraire : ensemble des œuvres littéraires qui appartiennent à une communauté humaine.

Pause : arrêt du temps de l'**histoire** dans un récit, pour insérer une description ou un commentaire. ▸ *Le temps, p. 235.*

Péjoratif *(adj.)* : un mot est péjoratif quand il exprime un point de vue négatif ou critique.

Périphrase *(Rhétorique)* : figure qui consiste à désigner une réalité non par le mot propre mais par un groupe de mots qui met en valeur une de ses qualités (ex. : *L'ermite de Croisset* pour Flaubert). ▸ *Les figures de style, p. 112.*

Péroraison *(Rhétorique)* : conclusion du discours.

Personnification ▸ *Les figures de style, p. 112.*

Persuader : amener le destinataire à penser ou à faire quelque chose, en usant d'*arguments* intellectuels, mais aussi affectifs. ▸ *Convaincre et persuader, p. 173.*

Plagiat : imitation frauduleuse d'un texte.

Plaidoirie/plaidoyer : une plaidoirie est un discours prononcé par un avocat pour défendre son client au cours d'un procès ; un plaidoyer est un discours qui prend la défense de quelqu'un ou de quelque chose.

Plan (terme cinématographique) : **1.** prise de vue effectuée sans interruption. Une séquence est constituée de plusieurs plans. **2.** rapport de l'objet ou du personnage et du décor, déterminé par la distance entre la caméra et le sujet filmé. On distingue plusieurs sortes de plans (plan général, plan de mi-ensemble, etc.) ▸ *Lire et analyser une image, pp. 134-135.*

Phrase non verbale : phrase dont le noyau n'est pas un verbe, mais un nom (*Quelle histoire !*), un adjectif (*Étonnant !*), un adverbe (*Oui !*), une interjection (*Zut !*). ▸ *Structures de phrases, p. 92.*

Phrase simple : phrase qui ne comporte qu'une seule proposition. ▸ *Structures de phrases, p. 92.*

Phrases (types et formes de) : il existe quatre types de phrases : phrase *déclarative*, phrase *impérative*, phrase *interrogative*, phrase *exclamative* ; chaque phrase relève d'un et d'un seul de ces types. Il existe huit formes de phrases (*affirmative, négative, active, passive, personnelle, impersonnelle, non emphatique, emphatique*) ; les formes de phrases peuvent se combiner entre elles (par exemple phrase impersonnelle et négative) ; les types de phrases se combinent avec les formes de phrases (par exemple phrase déclarative négative). ► *Types et formes de phrases, pp. 94-95.*

Poétique *(nom fém.)* : théorie et esthétique de la poésie. La poétique de Saint-John Perse, par exemple, désigne à la fois l'idée que ce poète a de la poésie et les traits caractéristiques de son écriture.

Point de vue (focalisation) : désigne la perspective adoptée par le narrateur pour raconter l'*histoire*. ► *Le point de vue, p. 221.*

Point de vue narratif : voir *focalisation.*

Pointe : trait d'esprit inattendu, piquant et ironique, qui peut clore un *sonnet*. voir *chute*. ► *Vers et formes poétiques, p. 316.*

Polémique *(adj)* : dans un débat d'idées, se dit d'un discours qui a une visée agressive et cherche à discréditer l'adversaire en recourant à des procédés violents : ironie, insultes, arguments « ad hominem », etc. ► *Les registres, p. 121.*

Polysémie : le fait qu'un mot ait plusieurs sens. ► *Le sens des mots, p. 59.*

Polysémique : se dit d'un mot qui peut se comprendre de différentes façons.

Posthume (édition) : qui se produit, qui paraît après la mort de son auteur.

Précieux : propre à la *préciosité*, recherché, voire affecté. Beaucoup de romans du XVIIe siècle sont inspirés par le mouvement précieux.

Préciosité : phénomène littéraire né au XVIIe siècle dans les milieux féminins aristocratiques. Il est caractérisé par la recherche de raffinement extrême dans le langage comme dans la vie morale ou sociale, et contient certains aspects féministes. ► *Art et littérature à l'époque baroque, p. 18.*

Préfixe : élément d'origine adverbiale ou prépositionnelle qui, placé avant une *base*, sert à la formation d'un mot : *incroyable*. ► *La formation des mots, p. 58.*

Prémisse *(nom fém.)* : chacune des deux propositions sur lesquelles se fonde le raisonnement par *syllogisme* ; la première est appelée la « majeure » et la seconde la « mineure ». Dans un sens élargi, proposition, affirmation entrant dans une démonstration dont on tire une conclusion. ► *Convaincre et persuader, p. 173.*

Présentatif : mot ou locution servant à mettre en relief un groupe nominal ou pronominal qui devient le *propos* de la phrase : *voici, voilà, c'est, il y a.*

Présupposé : une des deux formes de l'*implicite* : le présupposé est inscrit dans l'énoncé, mais n'est pas présenté comme une information nouvelle : *Pierre a cessé de fumer* présuppose que Pierre fumait. ► *Les actes de langage et l'implicite, p. 84.*

Progression thématique : désigne la manière dont on progresse d'une phrase à l'autre en s'appuyant sur le *thème* ou sur le *propos* de la phrase précédente. On distingue la *progression à thème constant* (le même thème est repris d'une phrase à l'autre), la *progression linéaire* (le propos d'une première phrase devient le thème de la suivante), la *progression à thèmes dérivés* (le thème de la première phrase est détaillé par une suite de sous-thèmes). ► *Cohésion et progression d'un texte, p. 105.*

Prologue *(nom masc.)* : **1.** partie d'une pièce de théâtre qui introduit ou précède l'action. **2.** texte introductif d'une œuvre, sorte de préface. **3.** début d'une œuvre qui résume les événements. Antonyme : *épilogue.*

Propos : information nouvelle à propos du *thème* de la phrase ; le propos est ce qui correspond à la réponse à la question que l'on peut poser : *Si Pierre aime le chocolat noir* répond à la question « quelle friandise aime Pierre ? », « chocolat noir » est le propos. ► *Le thème et le propos d'une phrase, p. 93.*

Prose : tout discours qui n'est pas en vers.

Prosodie : ensemble des ressources rythmiques et musicales du vers.

Prosopopée ► *Les figures de style, p. 112.*

Psychanalyse : théorie du psychisme de l'homme élaborée par Freud et ses disciples fondée sur l'importance de l'inconscient ; pratique et méthode de soins des troubles psychiques.

Q

Quatrain : *strophe* de quatre vers. Dans un *sonnet*, les deux premières strophes sont des quatrains. ► *Vers et formes poétiques, p. 316.*

Querelle des Anciens et des Modernes : conflit littéraire qui opposa, à la fin du XVIIe siècle, le parti des Anciens, favorables à l'imitation des auteurs de l'Antiquité, au parti des Modernes, qui contestaient leur autorité et défendaient l'idée de progrès en littérature.

Question rhétorique (ou *oratoire*) : phrase interrogative qui n'exprime pas une question mais une affirmation ou un ordre, selon des visées différentes qui vont de l'atténuation à l'indignation.

Quiproquo ► *Le théâtre, texte et représentation, p. 272.*

R

Raisonnement a fortiori : raisonnement qui montre que ce qui est vrai pour X l'est à plus forte raison pour Y. *Il est frileux l'été, a fortiori l'hiver.*
► *Convaincre et persuader, p. 173.*

Raisonnement par analogie : raisonnement qui pose une similitude de rapports entre deux couples d'objets : Ronsard fait une analogie entre la femme dont le temps détruit la beauté et la rose dont le temps fait faner les pétales.
► *Convaincre et persuader, p. 174.*

Raisonnement par l'absurde : raisonnement qui montre qu'un argument est absurde parce que contradictoire avec ses *prémisses* ; méthode de raisonnement qui, pour établir la vérité d'une proposition, montre que sa négation conduirait à une absurdité. *Une bicyclette est un engin à deux roues ; car s'il n'a qu'une roue, pas de roue ou plus de deux roues, ce n'est plus une bicyclette.*
► *Convaincre et persuader, p. 174.*

Ralenti : dans un récit désigne un passage où la *narration* développe longuement des instants très brefs de l'*histoire*.
► *Le temps, p. 235.*

Rationalisme : attitude d'esprit qui se fonde sur la raison pour parvenir à la vérité.

Réalisme : **1.** Tendance littéraire qui, principalement dans le roman, vise à donner de la réalité une représentation exacte, complète et éclairante, en rejetant toute idéalisation et toute intention moralisatrice. **2.** Plus largement, on peut qualifier de *réaliste* une description ou un récit qui évoque sans la farder, parfois de manière très crue, une réalité jugée triviale, grossière ou horrible.

Réception : façon dont une œuvre est perçue et comprise par les lecteurs, dans un contexte donné.

Récit : **1.** (*Théâtre*) : longue tirade relatant une action que l'on ne représente pas sur scène. **2.** Histoire fictive ou réelle telle qu'elle est racontée dans un roman (par un *narrateur*).

Réforme : changement dans la doctrine et le culte catholiques introduit au XVIe siècle par Luther et Calvin, et qui a donné naissance au protestantisme.

Réfuter : prouver qu'une *thèse* ou un raisonnement est faux. ► *La dissertation, p. 163.*

Régionalisme : mots ou expressions employés spécialement dans une région. ► *Variété de la langue, p. 60.*

Registre : **1.** Synonyme de *niveau de langue* (on distingue les registres soutenu, courant, familier). **2.** *Tonalité* générale d'un texte, liée à des genres et à des procédés d'écriture récurrents. On distingue notamment les registres *lyrique, épique, satirique, ironique, polémique, comique, pathétique* et *laudatif.* ► *Les registres, p. 121.*

Rejet *(Versification)* : phénomène de discordance entre la phrase et le vers, qui consiste à rejeter au début du vers suivant un élément verbal court (inférieur à l'hémistiche) pour le mettre en valeur. ► *Vers et formes poétiques, p. 316.*

Renaissance : période historique marquée par un mouvement de retour à la culture antique (langues, œuvres, pensée, art) qui s'est développé en Europe du XIVe siècle (Italie) au XVIe siècle (France) en réaction à la culture du Moyen Âge. ► *Le courant humaniste en Europe, p. 14.*

Réplique ► *Le théâtre, texte et représentation, p. 272.*

Réquisitoire : antonyme de plaidoyer ; discours d'accusation contre quelqu'un ou quelque chose.

Réseau lexical : ensemble des mots d'un texte qui appartiennent au même *champ notionnel*, c'est-à-dire qui renvoient au même domaine de la réalité.

Réseau de signification : un réseau de signification se crée quand plusieurs mots ont un élément commun dans leur *connotation* ou dans leur *dénotation*, ou quand des éléments rythmiques, phoniques ou syntaxiques participent à la même signification ; le réseau de signification se distingue du *thème* du texte qui est le sujet dont on parle. Par exemple, ces vers de Baudelaire : *Une femme passa, d'une main fastueuse / Soulevant, balançant le feston et l'ourlet*, contiennent un réseau de signification exprimant la féminité (« femme », « feston » et « ourlet » sont des détails de l'élégance vestimentaire, « soulevant, balançant » créent un rythme régulier et dansant évoquant une démarche élégante, « main fastueuse » évoque le luxe des bijoux). ► *Les réseaux lexicaux, p. 61.*

Rhétorique : art de bien dire, de persuader ou de convaincre grâce aux ressources du langage.

Roman par lettres : roman constitué par les lettres fictives qu'échangent les personnages.

Romantisme : mouvement littéraire et artistique qui s'est développé en Europe à partir de la fin du XVIIIe siècle, plus particulièrement en France entre 1820 et 1850. Lié à l'effondrement de l'Empire, il est marqué par un sentiment de désenchantement, le « mal du siècle », et par son opposition à la tradition *classique* et au *rationalisme* des philosophes du XVIIIe siècle. Il a valorisé la sensibilité, la spiritualité chrétienne, l'expression du moi, affirmé une exigence de liberté et de modernité, renouvelé les sources d'inspiration artistiques (intérêt pour le Moyen Âge, l'Orient, l'Europe du Nord).

Rondeau (rondel) : forme poétique fixe. Il s'agit d'un poème construit sur deux rimes et trois *strophes* de type variable : un quintil (5 vers), un *tercet* (3 vers), un quintil. Les deux dernières *strophes* sont suivies d'un vers plus court, qui reprend le premier vers ou le premier hémistiche du poème en guise de refrain. ► *Vers et formes poétiques, p. 316.*

S

Satire : **1.** Au XVIIe siècle : poème qui attaque par le rire les vices ou les mœurs d'une personne, d'une époque, d'une institution ou d'une classe sociale (ex. : les *Satires* de Boileau). **2.** Plus généralement, les œuvres ou les discours qui adoptent cette visée relèvent du registre satirique (ex. : *Les Châtiments* de Victor Hugo). ► *Les registres, p. 121.*

Satirique : qui relève de la satire.

Scénario : texte qui décrit le contenu d'un film. L'action est divisée en séquences qui comportent, outre les dialogues, de nombreuses indications techniques.

Scène : dans un récit, désigne un passage où le temps de la *narration* correspond à peu près au temps de l'*histoire*. ► *Le temps, p. 235.*

Schéma actanciel : ensemble des fonctions des personnages : sujet, objet, adjuvant, opposant, destinateur, destinataire. ► *Action et narration, p. 221.*

Sciences humaines : sciences qui étudient l'homme dans des domaines précis et selon des méthodes rigoureuses (psychologie, sociologie, anthropologie, linguistique, etc.).

Sens lexical (ou *dénoté*) : sens du mot dans la langue (c'est le sens indiqué dans les dictionnaires).

Sentence : pensée exprimée sous une forme concise.

Sermon : discours prononcé par un prêtre, à l'église, et obéissant à un certain nombre de règles rhétoriques.

Siècle des Lumières : le XVIIIe siècle, caractérisé comme une époque où les connaissances se répandent grâce à l'action des écrivains (par exemple l'entreprise de l'*Encyclopédie*), qui seront désignés par la postérité comme « philosophes des Lumières ».

Sigle : mot construit par la combinaison d'une série d'initiales. Ex. : ONU (Organisation des Nations Unies). ► *Formation des mots, p. 58.*

Sizain ► *Vers et formes poétiques, p. 316.*

Sociologie *(adj. sociologique)* : Ce terme créé par Auguste Comte désigne l'étude scientifique des phénomènes sociaux, de façon générale ou précise (sociologie du travail par exemple). La sociologie appartient aux sciences humaines*.

Sommaire : dans un récit, passage qui résume une longue période en quelques mots. ► *Le temps, p. 235.*

Sonnet : poème à forme fixe composé de quatorze vers groupés en deux quatrains (comportant chacun les mêmes jeux de rimes embrassées : *abba*) et deux tercets formant un sizain (comportant trois autres jeux de rimes : *ccdeed* ou *ccdede*). ► *Vers et formes poétiques, p. 316.*

Sources : documents sur lesquels se fonde l'historien ou le biographe pour réunir des informations sur le sujet qu'il traite.

Souscription : ensemble des informations contenues au bas d'une lettre (formules finales, signature).

Sous-entendu : une des deux formes d'*implicite* ; il n'est décelable que grâce au contexte : ainsi, « il est cinq heures » peut sous-entendre, selon le contexte, « nous sommes en retard » ou « nous avons tout notre temps ». ► *Les actes de langage et l'implicite, p. 84.*

Statut de l'écrivain : position sociale de l'écrivain dans la société.

Stéréotype : **1.** idée, conception d'une chose, toute faite et généralement admise. **2.** expression toute faite.

Stoïcisme : école philosophique (Zénon, Sénèque, Épictète, Marc-Aurèle) qui place le bonheur dans la vertu, la liberté, l'exercice de la raison, la maîtrise de la sensibilité et des passions.

Stratégie argumentative : c'est l'ensemble des moyens utilisés par un *locuteur* pour convaincre et persuader : raisonnements *déductifs* ou *inductifs*, *arguments affectifs*. ► *Lire un texte argumentatif, p. 180.*

Strophe *(Poésie)* : groupe de vers dans lequel l'organisation des vers et la disposition des rimes répondent à des règles. Les *quatrains* d'un *sonnet* comportent quatre vers aux rimes embrassées.

Subjectivité (marques de la) : ce sont toutes les traces de l'*énonciateur* dans un *énoncé* : indices d'*énonciation* et *modalisateurs*. ► *Marques de la subjectivité, pp. 80-81.*

Substitut lexical : mot utilisé pour en remplacer un autre déjà utilisé dans le contexte proche. ► *Cohésion et cohérence d'un texte, p. 105.*

Suffixe : élément qui peut s'ajouter à une *base* pour former un mot ; le suffixe détermine la catégorie grammaticale du *mot construit* : *rougir, rougeur, rougissant.* ► *La formation des mots, p. 58.*

Surréalisme : mouvement intellectuel et artistique qui, après la Première Guerre mondiale, a exprimé un violent sentiment de révolte et l'exigence de libération des avant-gardes contre le *rationalisme*, la société et l'art établi.

Symbole : être ou objet représentant une idée abstraite. Ex. : la balance est le symbole de la justice.

Symbolisme : mouvement littéraire de la deuxième moitié du XIXe siècle qui privilégie l'image, souvent concrète, pour figurer un thème ou un sentiment de façon musicale, expressive et nouvelle.

Synecdoque (*nom fém.*) : figure qui consiste à remplacer un élément par un autre qui lui est lié par un rapport d'inclusion (le tout pour la partie, l'objet pour la matière, l'individu pour l'ensemble, etc.). ► *Les figures de style, p. 112.*

Syllogisme : forme de raisonnement *déductif* qui, comporte trois parties : une proposition générale (première *prémisse*), un cas particulier de cette proposition générale (seconde *prémisse*) et la conclusion. ► *Convaincre et persuader, p. 173.*

T

Tapuscrit : état dactylographié d'un texte qui peut être établi par l'écrivain ou une autre personne. ► *Histoire de l'œuvre, p. 425.*

Tautologie : raisonnement fondé sur une identité du *thème* et du *propos*, qui disent la même chose : « un homme est un homme », « ce qui est mouillé n'est pas sec ». On a donc le sentiment d'un raisonnement qui n'avance pas.

Tercet : groupement de trois vers. Dans un *sonnet*, les deux dernières *strophes* sont des *tercets*. ► *Vers et formes poétiques, p. 316.*

Thème : **1.** dans un texte, le thème est le sujet dont parle le texte, et qui pourrait lui servir de titre. **2.** dans une phrase, le thème est le point de départ de la communication, ce dont on parle, qui est supposé connu, et sur quoi on apporte une information nouvelle (le *propos*). ► *Le thème et le propos d'une phrase, p. 93.*

Théologie : étude des questions et des textes religieux.

Thèse : idée à laquelle on essaie de faire adhérer son interlocuteur grâce à l'argumentation.

Tirade *(Théâtre)* : longue réplique d'un personnage. ► *Le théâtre, texte et représentation, p. 272.*

Tonalité (ou registre) : du point de vue affectif, impression d'ensemble causée par un texte.

Tragique ► *Les registres, p. 121, Les genres, p. 122 et Du théâtre classique à l'époque contemporaine, p. 274.*

Typographie : manière dont un texte est imprimé (mise en page, choix des caractères).

U • V • Z

Utopie : étymologiquement, lieu qui n'existe nulle part. Genre littéraire inauguré par Thomas More (*L'Utopie*, 1516) qui présente, sous la forme d'une *fiction*, une société idéale dont les principes et l'organisation sont opposés à ceux de la société réelle. ► *Le courant humaniste en Europe, p. 14.*

Utopique : qui relève de l'utopie.

Valeurs modales : les temps de l'indicatif expriment parfois autre chose qu'une indication de temps ; on dit qu'ils ont une valeur modale ; par exemple, le futur peut avoir une valeur modale d'ordre (comme l'impératif) dans des phrases comme « vous ferez ce travail sans document ». ► *Indicatif : les temps du présent et du futur, pp.73-74 ; Indicatif : les temps du passé, p. 75.*

Verset : **1.** À l'origine, chacun des courts paragraphes qui constituent le texte des livres saints. **2.** Dans la poésie moderne, ensemble de longueur très variable, marqué par un alinéa et dont l'unité est à chercher plus dans le rythme que dans la syntaxe.

Vraisemblance : dans le théâtre classique, et plus généralement dans le récit, exigence née du désir de rendre l'action crédible ; l'histoire racontée doit paraître vraie sans l'être réellement. ► *L'âge classique en France, p. 22 ; Du théâtre classique à l'époque contemporaine, p. 274.*

Zeugma : un zeugma met sur le même plan, par coordination ou juxtaposition, des éléments dissemblables. *Il admirait l'exaltation de son âme et les dentelles de sa jupe* (Flaubert).

Table des auteurs

Table des auteurs

Table des œuvres

Table des œuvres